GUO XUE

國學

第十一集

四川師範大學中華傳統文化學院
四川省人民政府文史研究館　主辦

巴蜀書社

我刊學術委員萬光治先生因感染時疫,於癸卯立春(二〇二三年二月四日)

晚上八時急歸道山,享年八十歲。我刊第五集出版後,曾臨停刊,幸得先

生斡旋,由四川師範大學中國傳統文化學院與四川省文史研究館繼續刊行。

我刊第八集有先生題辭及為學自述之長文為平生治學之總結。

萬光治先生,一九四三年生,成都人。四川師範大學文學院教授、博士生導師,

曾任院長。先生師承郭預衡和啟功先生,以治賦學名著。代表著作漢賦通論

輯為經典,主編有辭賦論文集,為歷代辭賦彙編表。撰寫有教材中國古

代文學史長編。先生自幼喜好音樂,晚年致力於四川民歌的搜集整理,主編

有卷帙浩繁和四川民歌系風錄,去年九月,先生發表論民歌的鄉村文化

特質長文,考為先生之絕筆。先生學識廣博,才華橫溢,治學謹嚴,注重

文獻徵信,主張沉潛研究,力主創新精神,故成果豐碩,境界高遠。先生之

業未竟而辭世,我刊同仁,甚為悲痛,於此謹表哀悼。

國學編輯部 二〇二三年二月六日

《國學》編輯部：深切哀悼我刊學術委員萬光治先生

論道國學

弘揚傳統

壬寅大雪 王元勇

四川省人民政府文史研究館館長王元勇題詞

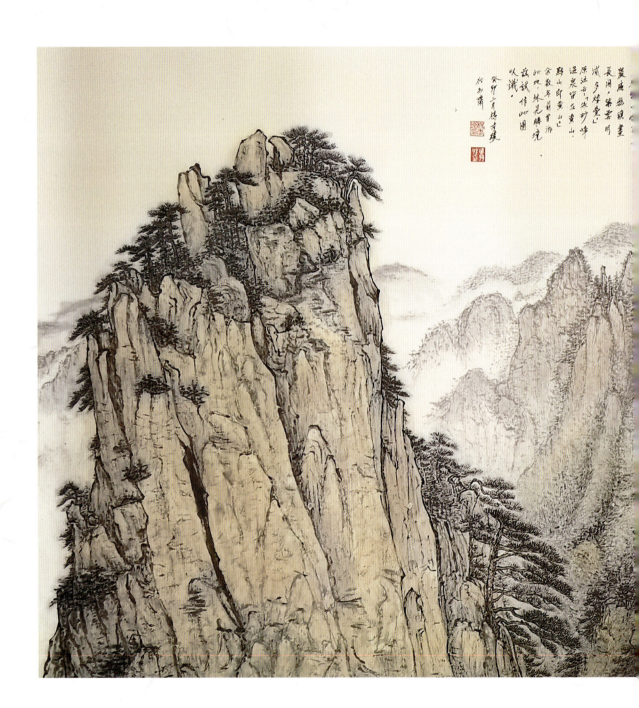

岩廪無頭畫
長開朱雲叩
浪多好寒山
原注言失初峰
温泉甲在黄山
黔山即黄山也
余数年前曾游
如此峰光勝況
試試作此圖
以識

癸卯二月楊善深

黟山勝境

宏徽畫家詩詞排
索墨，以此有野山
字名，黃山乩燿徑
作野山。唐代大
詩人李白為野山為
前山。在廠詩
方北百二十八里。
集志稱野山有
峯天甚云之首，
諸峯在七期成
煙姿亮容，雲云
去云，此詩黃云
命鳥，與容九年，
洋丘立同排，合并
於此牟台有有
七黃山四千胡，
工二二連峯有
大石柱，面甚金
走摩，仙人攻玉
走翔化有逢歡乙
三二永辛五月

巴蜀詩書畫研究會、四川巴蜀中國畫研究院畫師楊秀瓊女史畫作《黟山勝境》（180cm×90cm）

目　録

稿　約

CONTENTS

Notice to Contributors

學術心路自述

寧宗一述　張芷萱輯録

編者按：

　　寧宗一先生，1931 年生於北京市，滿族。1954 年畢業於南開大學中文系，留校任教。1986 年參與組建南開大學東方藝術系。曾任南開大學學術委員會委員、中文系學術委員會副主任等職。社會兼職有中國武俠文學學會創會會長、天津《紅樓夢》文化研究會創會會長、中國《儒林外史》學會名譽會長等。主要學術研究方向為中國文學史、小説戲曲美學，并努力建構心靈美學。專著有《中國古典小説戲曲探藝錄》《心靈文本》《心靈投影》《傾聽民間心靈回聲》《點燃心靈之燈》《名著重讀》《走進困惑》《教書人手記》《説不盡的〈金瓶梅〉》《〈金瓶梅〉可以這樣讀》《〈金瓶梅〉十二講》《寧宗一小説戲劇研究自選集》《走進心靈深處的〈紅樓夢〉》等。

　　我刊特從先生九十口述《一個教書人的心史》（中國大百科全書出版社，2021 年）中輯録先生論學之語，以見先生的學術研究由教學引出，而反思是學人的天職。這對青年朋友們治學當有啓迪意義。

一、教書人的使命：從知識到思想的轉化

　　一輩子做教書人的我，當然要把自己定位為知識人，而知識人與生俱來的文化、歷史使命就是創造思想、介入現實。具體而言，就是現實關懷、文化焦慮和學術創見。教書人當然不是政治操作者，但不能没有人間情懷，特别是從事我這行——文學教學的，必須從

始至終認識到文學是捍衛人性的。越是一個靈魂不安的時代，越需要文學的撫慰。我是如此緩慢地認識到，文學真的是"軟化"人的心靈的，文學最終是表達内心又回歸内心世界深處的。回想我的老師給我們講魯迅、講托爾斯泰，指引我們一步步領悟到大作家表達的内心怎樣進入到我們的内心（反觀有些作品，我們真的讀不出作者所寫人群的内心，讓我們感到的僅僅是他們狹隘的自我。對照之下就會發現，這樣的作家表達的祇是他們的内分泌，而不是内心），由此我纔認識到，祇要人心不死，文學就不會消亡。我和我的一代又一代學生都是站在這個基點上共同探討文學的，但這是我歷經一段漫長的歲月纔領悟到的。

而另一個更加漫長的過程，就是知識如何轉化為思想，思想如何傳遞知識。在 20 世紀 80 年代初，讀 17 世紀法國思想家帕斯卡爾的《思想錄》時，我就牢記他說的"思想形成人的偉大""人的全部尊嚴就在於思想"。那時我思考的就是：知識是重要的，但是一個教師僅僅擁有知識是不夠的，還必須把知識轉化為思想，因為任何知識都不可能囊括和代替思想。我又想起弗里德曼的名言："祇有一種東西不可能，也永遠不會成為商品，那就是思想的火花。"讀《赫爾岑論文學》時，我看到他明確地說道："那些不帶思想的學者，其實處於反芻動物的第一胃的地位，他們咀嚼着反復咀嚼過的食物，唯是愛好咀嚼而已。"

捫心自問，一個教師是很容易陷入這種反芻動物第一胃水準的。一份講稿，就能講個三年五載……就在 20 世紀 80 年代的節骨眼上，我曾反思過，我不要做一個反芻動物，不斷去咀嚼那些第一胃的食物。後來，是在給天津大學建築系博士生上美學史課時，我纔第一次覺悟到，思想乃是生命體驗、生命熱情所燃燒的知識，是知識的升華，是理論、思辨和洞見交融的結果。原來，沒有"已故的思想"，"已故的思想"祇是知識，真正的思想活在自我與知識的交互關係之中，是彼此的互動與重塑。從此我纔逐漸明白，作為一個教書人，思想必須是敞開的、不斷吸納的。我應當像王元化先生說的那樣追求有思想的學術和有學術的思想。為此，擴大學術視野是我的第一要務。錢鍾書先生在《談藝錄·序》中所說的"東海西海，心理攸同；南學北學，道術未裂"，化成了我一生教學的座右銘。

二、文藝理論的影響

我對理論感興趣始於 20 世紀 50 年代。50 年代前期我主要是讀《馬恩列斯論文藝》，當時是作為經典讀。今天還有人在微信上跟我談怎麼看馬克思、恩格斯，我一直認為他們二位是哲學家，在很多方面真的超越了費爾巴哈、謝林、黑格爾。但是他們一直很謙虛，認為黑格爾是他們的老師。另外，他們對自己的哲學思想一直在反思，把自己的思想看作是一個過程。我認為，應該看一看恩格斯的《在馬克思墓前的講話》，不再像早年那麼强調階級鬥爭。我讀書時最早的印象就是，馬克思、恩格斯是在不斷反思的。我後來也持這種觀點，要經常反思。我不贊成把馬克思主義實用化、教條化，把他一些早期的篇章孤立地拿出來説教。

當時讀的文學理論還有毛澤東的《在延安文藝座談會上的講話》。還有另類的，比如胡風的、阿壟的理論，那個時候他們不在正統裏面，可是我看了很多他們的代表作。那時正統的還是俄羅斯、蘇聯的文藝理論。

俄羅斯文藝理論對我影響最大的是"別車杜"——別林斯基、車爾尼雪夫斯基和杜勃羅留波夫，他們的著作是最重要的經典，也是我的導師許政揚最欣賞的。我那時經常跟許先生討論別林斯基對果戈理的深入分析。從文本、從作家的經歷來研究，別林斯基是再深刻不過了。車爾尼雪夫斯基則完全是從美學的角度來講。我看得比較多的是他的《生活與美學》。當時看杜勃羅留波夫著作的人比較少，而我看了他的兩卷選集，特別是第一卷，真的是精讀，讀得很細。比如，他專門論大奧斯特羅夫斯基的《黑暗的王國》和《黑暗王國的一綫光明》，都是圍繞一個作家、一個文本進行深入分析。"別車杜"給我構築了一個最基本的認知，就是回歸文本，以文本為主，以作家的生平道路、思想為主，進而上升到理論高度進行分析，這也是我最喜歡的。"別車杜"都是真正的革命民主主義思想家。

我覺得直到今天，我們也不能輕視俄羅斯 19 世紀的文藝思潮。那時候湧現出了那麼多的偉大作家，從普希金到托爾斯泰、屠格涅夫、契訶夫等，同時也湧現了像赫爾岑、"別車杜"這些理論家。無論是創作方面、理論批評方面還是美學建構方面，19 世紀都是群星燦爛，真是一個了不起的時代！

後來，我最喜歡蘇聯的一位理論家葉爾米洛夫，他有幾部書曾經獲過大獎。其中有一本書是《陀思妥耶夫斯基論》，他重點分析了世界觀與創作的關係，我認為到現在也很難超越。

孟志孫先生知道我喜歡理論，我當時又是教研室秘書，所以讓我來主持 50 年代古典文學教研室的教師業務理論學習。當時主要是讀《蘇聯文藝理論譯叢》。那個時候人民文學出版社做了很多好事，從 1956 年、1957 年開始出版《古典文藝理論譯叢》，這些書我永遠珍藏。除了集體的業務理論學習之外，我個人最喜歡的是讀葉爾米洛夫的作品。他的《論契訶夫的戲劇創作》，可以説是我的"枕邊書"。葉爾米洛夫真了不起！我認為，他實際上是繼承了別林斯基和杜勃羅留波夫的傳統，甚至於他用的術語，我發現也是從"別車杜"來的。

我對悲劇性和喜劇性的理解，是受到了葉爾米洛夫的影響。這個問題別林斯基已經強調了，而到了葉爾米洛夫又有所發展。很多偉大的作品之所以偉大，往往就在於把握了喜劇性、悲劇性的交叉點。我寫的一些論文，對此也有所借鑒。過去我們總是孤立地談悲劇意識、喜劇意識，悲劇、喜劇，實際上那些文學大師往往是寫在悲劇性和喜劇性的交叉點上。我覺得，這又跟黑格爾的觀點很相似。黑格爾也說，悲劇并不就是善與惡之間的鬥爭，而是兩難、無奈。我覺得這是深刻的。

至於葉爾米洛夫關於"潛流"的理論就更重要了，他說文學作品的背後有一股流淌的潛流，就是我們所說的內蘊吧。我在看那些偉大作品、經典作品時，確實感受到了它們都有深邃的內蘊。我們作為評價者，必須把作品的潛流、內蘊挖掘出來。我後來寫的一些文章，經常提到"潛流"論，比如我寫《玉鏡臺》的文章（《生活的潛流——就〈玉鏡臺〉的評價問題與王季思同志商榷》）。

改革開放以後，蘇聯的文藝理論家中，對我影響比較大的是巴赫金。他的經典代表作、第一本被翻譯過來的是《陀思妥耶夫斯基詩學問題》，也是論陀思妥耶夫斯基的，他把小說創作的奧秘說透了。巴赫金提出了一個特殊術語——複調小說理論，他開門見山就談這個理論。後來我也運用了這個理論，比如談《金瓶梅》的第 75 回和第 76 回，就是講到西門慶已經死了，這時潘金蓮和吳月娘之間發生衝突，兩個人吵架，然後吳月娘的娘家人也參與，潘金蓮的"閨蜜"孟玉樓來調解。你看這一段，寫得太棒了！妻妾之爭走向了頂端，每個人的面目都出來了，這就是複調小說。複調小說是巴赫金理論的核心，後來又被凝練成一個最通俗的詞：衆聲喧嘩。陀思妥耶夫斯基寫小說不像托爾斯泰。托爾斯泰的小說內心獨白比較多，有時翻過四五頁還是寫內心活動，但陀思妥耶夫斯基寫的是衆聲喧嘩。我不是研究俄國小說的專家，這種比較不一定對，但是我得到了啓發。

我的前妻李蒙英看的文學作品很多，我看的主要是評論和理論文章，作品本身看得不多，祇看過一部分，比如說普希金，比如契訶夫的戲劇和短篇小說，比如托爾斯泰的《安娜·卡列尼娜》，但是《戰爭與和平》就沒有看。有的時候讀理論就像讀文學作品一樣，都會有所發現。有所發現是因為跟自己的需要正對口。這就是周汝昌先生說的，腦子裏有很多的"問題"時，看書一定會有發現。越看得多了，就越能有所發現。蘇聯的文藝理論確實提高了我們的理論思想素質。我們不能因為蘇聯現在已經解體了，就否定蘇聯文藝理論對我們有過正面影響。現在搞文藝批評史的，有點忽視文藝理論方面的修養，我不客氣地說，他們在這方面有缺失。

從 20 世紀 50 年代開始，人民文學出版社先後出版了《古典文藝理論譯叢》和《外國文藝理論叢書》，西方名家的文藝理論那時都能看到了。這真的讓人"腦洞大開"。叢書出了 11 輯，我見一本趕緊買一本。我記得，最後一本很難買到，我還是托人從人民文學出版社倉庫裏面給找出來的。另外，上海文藝出版社、人民文學出版社特別是三聯書店出版了一些法國作家論文學、英國作家論文學的書，還有像灕江出版社、譯文出版社等出版了托爾斯泰論創作、雨果論文學的書。朱光潛先生翻譯了《歌德談話錄》。中國社科院文學研究所和外國文學研究所編譯了《歐美古典作家論現實主義和浪漫主義》。更早的還有《高爾基論文學》。那時這類書出來很多。我願意看經典作家論文學的書，想要瞭解作家是怎麼樣創作的，他們是怎麼看別人創作的，文學的規律是什麼，他們有什麼發現，他們怎麼評價其他名家。

當時中國社科院外國文學研究所還翻譯了《莎士比亞評論彙編》，其中有一篇歌德寫的《説不盡的莎士比亞》。我後來寫《説不盡的〈金瓶梅〉》小册子時，實際上套用了這個題目，是從經典裏汲取的靈感。這種啓發我覺得是順理成章的，一看到就覺得跟我的心思正好契合。

我看重方法論，比較文學方法論對我產生了較大影響。比較文學研究主要有兩大派，一個是法國的影響研究，一個是美國的平行研究（蘇聯原來還有類型比較研究，後來没推行下去）。所謂影響研究是從源頭探討不同作家作品所受影響的比較，平行研究是指同時代類似題材和蘊含的比較。這兩大派對我的教學和研究都很有好處，也可以啓發同學。我研究《金瓶梅》的第一篇文章（《試論〈金瓶梅〉萌發的小説新觀念及其以後之衍化》），實際上在無意中受了比較文學的方法論影響，一方面將《金瓶梅》放在中國小説史中和其他小説進行了比較，另一方面又把它和《查泰萊夫人的情人》做了比較（我當時看了香港版的《查泰萊夫人的情人》）。

對我影響比較大的方法論還有接受美學。接受美學核心的概念是期待視野，是講一種期待值，讀者隨時都得有對這個作品的再接受，文本給你留下了思考的空間，也讓你有了再闡釋的空間。我覺得接受美學其實在咱們中國早就有，中國的詩論、畫論和審美實踐、閱讀實踐中有很多是和接受美學暗合的。但是現代的接受美學又上升到一個方法論的高度，這一點很有意思，也是讓我開竅了的。

後來我還注意了其他一些方法論，比如蘇珊·朗格的符號學，還有後來的敘事學。現代派提出來的一些觀點，我也都看了看。還有文本細讀，有的時候他們就拿出一個句子進行分析。我覺得，這跟西方的哲學體系有關係，我們中國講的是綜合研究，他們是分析的、具體的研究。就像西醫給你解剖，而中醫是給你號脈，這兩者都不可偏廢，但是差異很大！

當時中國的文藝理論家也有一些是我崇拜的，古典文學方面，我看得比較多的是何其芳先生的文章，他的文章都對當時的學術討論帶有些總結性。比如在關於李煜詞、關於《紅樓夢》《儒林外史》《琵琶記》的討論中，他都寫過文章。我分析《金瓶梅》裏吳月娘的形象時，受到何先生對《紅樓夢》裏薛寶釵這個人物分析的啓迪很大。

當時研究《紅樓夢》的還有蔣和森先生，他實際上主要寫了一本書——《紅樓夢論稿》，我覺得他寫得真是詩情畫意。為什麼我關注他呢？我發現，他也是受"別車杜"影響比較大，他的理論體系有很多是來自別林斯基和杜勃羅留波夫。他寫的第一篇《賈寶玉論》，得到何其芳先生的贊賞。後來他又寫了《林黛玉論》《薛寶釵論》等，成了《紅樓夢論稿》。他這本書比一般的《紅樓夢》研究有深度，有思想高度。我和蔣先生見過兩面，他走得太早了，60歲出頭就走了。

我最崇拜的中國理論家是王朝聞先生。他的書我讀得最全，可以說是不可須臾離開的。我很少在讀書時勾畫，但在看他的書時勾畫、折頁最多。他的《新藝術創作論》《論藝術的技巧》《面向生活》《以一當十》《喜聞樂見》，這些論文集我幾乎都有。王朝聞先生是從延安來的，他是有藝術實踐能力的，不是一般的空談，從美術、雕塑，到戲劇、戲曲、說唱文學他都涉及。他提出了很多重要概念，我記得他講到"欣賞，再創造"，我們讀文本，欣賞的過程也是再創造的過程。王先生提出這個概念時，可能還沒有接觸到接受美學，但是他們的思想是相通的。

在博大精深方面，那時候我就崇拜錢鍾書先生。他傳統文化的基礎太深厚了，太棒了，同時他旁徵博引多種外國文獻讓你參照。許政揚先生也很欣賞錢先生的學問，他把他讀過的《談藝錄》傳給了我。《談藝錄》是錢鍾書先生31歲時完成的，而許先生31歲的時候完成了《古今小說》新校注，我老做這個比較。《談藝錄》裏涉及了從拉丁語到英語多種歐洲語言，我完全看不懂（後來，我把這本書傳給了傅善明①，我也希望這本書有人來繼承）。"文革"後，錢先生又出版了《七綴集》，是在他的《舊文四篇》後又加了三篇。其中的一篇《通感》讓我開竅了，中國的詩詞原來有那麼多的通感。我覺得，這幾位當時國內的前輩：王朝聞先生、何其芳先生、錢鍾書先生，確實是我知識的引路人。他們的一些觀點也進入我的講稿，給同學介紹參考書的時候，我會告訴學生他們的作品是必讀的。

在我的同齡人中，李澤厚對我影響比較大。我們都是1931年生人。我和他祇見過一次，是編《中國小說史簡編》的時候，請他提提意見。他那時住在和平里，我們去拜訪他。我說："李先生，你有一篇文章啟發了我，你知道是哪篇嗎？"他說："是《美的歷程》吧？"我說："不對，是在《光明日報》'文學遺產'上你發表的那篇《評古典文學研究中的一些錯誤論點》。"那篇文章是1955年發表的，很早了，那時候我剛畢業不久，可是到現在印象還是很深的，題目就很厲害！我看了那篇文章後，覺得李澤厚這個研究哲學的人在寫文學問題的時候太厲害了。我很早就喜歡美學，我覺得跟我注重文學審美有關係。比較系統地鑽研則是我們東方藝術系建立了美學碩士點時，當時沒有人講美學思想史，我被"趕鴨子上架"教了美學史。

感謝朱光潛先生，他把黑格爾的《美學》翻譯了出來。黑格爾的《美學》啃起來極其吃力，但我是從頭到尾捋了一遍。朱光潛先生了不起的地方就在於用了中國的一些概念來

---

① 時為南開大學文學院博士。

翻譯，比如意蘊，西方不會有這個詞，他在注釋裏面專門談了意蘊。他的翻譯有點兒"化"的意思，儘量用中國比較接近的一些概念、辭彙來翻譯，這挺對我的口味。我覺得翻譯家中最好的是朱光潛先生、滿濤先生和辛未艾先生。

我又讀了鮑桑葵的一大冊《美學史》，也是比較困難的，太抽象。當時影響我們很大的還有美國韋勒克和沃倫合著的《文學理論》，是三聯書店出的，薄薄一冊。我認為這本書是好書，是可以講課用的教材，我不知道現在的教師是不是還注意這本書。其中有很多方法和審美的東西，當時很熱，現在好像大家不提了。這本書沒有什麼神奇的東西，但是很扎實，我經常引用。書裏還提出了"外部研究"和"内部研究"的概念，具有方法論意義。

我的路子現在可以勾勒出一個綫索：從《馬恩列斯論文藝》啟蒙，到"別車杜"《蘇聯文藝理論譯叢》，到各國名家論文學，《文藝理論譯叢》《外國文藝理論叢書》……學習了這些之後，我選擇了兩種方法論：比較美學和接受美學，後來又讀了一點兒更加抽象的美學著作。我最遺憾的是，現在的年輕人對俄羅斯、蘇聯的文藝理論不太知道了，很多人也不知道王朝聞先生是誰了。我覺得一代有一代人的學術，一代有一代人讀的書。現在新的理論有些我也跟不上了。

三、小說戲曲心解

陳寅恪先生曾經強調過學術研究的發現意識，我覺得這確實是很重要的，而我的發現意識是跟我的教學密切聯繫的。我不是像現在的學者有課題、有專案，我完全不是這樣，都是在備課過程中發現的問題。比如我在讀元稹的《鶯鶯傳》、睢景臣的《高祖還鄉》、關漢卿的《謝天香》時有過一些發現，寫成了文章，可以算是代表作吧。

《鶯鶯傳》是唐傳奇，雖然不是我講課的重點，但是我剛開始教書時，許政揚先生就讓我看了陳寅恪先生的《元白詩箋證稿》。我在看其中《讀鶯鶯傳》這篇文章時，就有了疑問。這涉及一個比較大的問題：陳先生指出，唐代很多考進士的人都跟妓女有故事，這是當時的風氣。所以他認為，《李娃傳》也好，《霍小玉傳》也好，《鶯鶯傳》也好，都和妓女有關。可是我是一個文本主義者，我覺得《鶯鶯傳》原文并沒有露出任何進士和藝妓的關係。不管是我的第一印象，還是後來反復琢磨，都覺得陳先生有些誤讀。這是我思考的起點。《李娃傳》《霍小玉傳》是講妓女的，而《鶯鶯傳》不是這樣，不能用一個套路去套。後來，我又看到有些人的觀點，說鶯鶯是怨而不怒、逆來順受的，我也不以為然。實際上當張生後來想去看鶯鶯的時候，鶯鶯拒絕了，而且寫了那封非常強硬的信。因為不太同意這些觀點，所以我有所發現，在講課的時候，就希望把我的觀點告訴同學，教給同學一個認識文本的方法，理解文本真正的内涵。

恰好，80年代初人民文學出版社特約我和其他幾個人寫《唐傳奇鑒賞集》，大家分別去寫幾個名篇的鑒賞，當時誰都不領《鶯鶯傳》這篇，我説就給我吧。①我從文本出發，對鶯鶯的内心世界進行了分析，認為元稹寫出了鶯鶯這個具有獨特命運和性格的人物。我還將鶯鶯給張生的信和普希金《葉普蓋尼·奥涅金》中達吉雅娜給奥涅金的信作了對比，分析兩封信的相同之處與不同之處。我認為，元稹不愧是一個"心靈探索者"，掌握了人物的"心靈辯證法"。當時大家都覺得我寫得不錯。程毅中先生後來説，直到現在寧宗一論《鶯鶯傳》還没有人超越。山東大學的馬瑞芳告訴我，她跟她的博士生説，要研究小説文本必須要看寧宗一的這篇文本分析。另外就是我的好友閻鳳梧，説我這篇文章可以進入經典，當然是半開玩笑的。

後來，我仍然感覺到陳寅恪先生那篇《讀鶯鶯傳》影響很大，陳先生完全是從史學家的角度，而没有從文學的角度來看這篇作品。我不同意這種讀文學作品的角度。我覺得需要直接表明我的態度，所以又寫了那篇跟陳寅恪先生商榷的文章（《考據，不應該遮蔽審美視綫——讀陳寅恪的〈讀鶯鶯傳〉》）。當然，這時陳先生已經去世了，不可能有回音。但是别人有回音，那個人考證的結果更神奇，認為崔鶯鶯是外國人。我又寫了一篇《崔鶯鶯：妓女？外國人？》駁他，發表在《光明日報》的"文學遺產"欄目中。文章最後，我有一點兒調侃，説把一個愛情小説的主角先説成是一個妓女，後來又説成一個外國人，如果把這兩個結論結合起來，崔鶯鶯竟成了一個外國妓女！這次討論是很平等的交流，但是也暴露出學界的一些問題，我還是從文學審美的角度來看文學作品。

關於睢景臣的《高祖還鄉》，是我在許先生研究的基礎上前行，站在老師的肩膀上寫出的。許先生在50年代就推出了他的代表作《論睢景臣的〈高祖還鄉〉》，這篇文章受到何其芳先生的充分肯定。許先生將文本研究與文獻考據高度融合，對照元代的典章制度，指出《高祖還鄉》并不是寫漢代的劉邦，而是寫元代統治者，諷刺他們看上去浩浩蕩蕩、神氣十足、十分威武，實際上是一群流氓奪取了天下。

我受到許先生的啓發，又往前推進了一步。我在教學中感到，許先生研究到了第二步，揭示出睢景臣通過歷史故事批判現實，而我在此基礎上，進一步走向象徵意蘊的分析，這是我所學習的文藝理論幫助了我。我覺得經典作品都有一種超越題材、超越時空的象徵意味和典型意義，這種象徵意蘊正是經典作品的核心價值。實際上，睢景臣諷刺的是過去歷代統治階級，他們都起自流氓，顯赫起來之後就忘記了原來的老祖宗，作威作福，表現出來一番聲勢浩大、勞民傷財。我做了這個發揮，既繼承了許先生的研究成果，又有所發展。

---

① 《貴在寫出人物的獨特命運和靈魂——讀〈鶯鶯傳〉隨想》，人民文學出版社編：《唐傳奇鑒賞集》，人民文學出版社，1983年。

這不是狂妄，而是學術研究應該如此。我在文章裏説明了許先生已經考證到什麼情況，我在這個基礎上又談了一些。這篇文章比較長，一直被人轉載。

至於《謝天香》，關漢卿寫了一系列有關妓女的戲曲，有一些妓女確實很有反抗性，比如《救風塵》中的趙盼兒，那是很不錯的。而謝天香過去被看作是沒有任何反抗性的，滿足於做別人的小妾。她的幽怨就是認為主人沒有青睞於她。我們的前輩先賢王季思先生就對《謝天香》不滿，基本持否定態度，認為這是關漢卿并不成功的作品。我的好朋友黃克，他的畢業論文是《關漢卿雜劇人物論》，其中專門談到了《謝天香》，也認為是不成功的作品。我則不然。

我認為關漢卿寫出了各色妓女的人物肖像，寫出了她們的生平、她們的性格和她們的人性。《謝天香》確實不像《救風塵》那樣，寫妓女對於玩弄她們的人的抗議，而且主人公還幫助自己的姐妹懲罰了那些嫖客。然而我覺得，謝天香這個人物更符合當時社會中妓女的那種心態。她們從事賣身活動往往是由家庭環境和社會處境所造成的，不僅不光彩，而且是被玩弄的。謝天香也是一個正派的女子，她的想法就是跳出火坑，嫁人從良，不再去做妓女，而想做一個規規矩矩的媳婦兒。這就是她的追求。"祇要有人願意讓我從良，我一定爭取從良"，持這種心理狀態的妓女恐怕比富有反抗性的妓女更有普遍性。

因此，我不同意王季思先生和黃克對《謝天香》的否定，我在講元曲專題課的時候專門談了一下我對謝天香的認識，我覺得這個人物是另外一種妓女的典型。典型應該是多種多樣的，富有不同的性格、心靈和人性。如果祇用一種觀念去概括典型，那就有些簡單化了。這裏也有我的人生體驗。我也曾經長期被壓制，我能够體會到那種環境下受壓迫的人的内心狀態。我理解妓女并不都是反抗的，但一個正派的、不想墮落的女子内心其實都有一個想法，就是希望跳出火坑。

我的文章《另一種精神世界的透視——為關漢卿〈謝天香〉一辯》在《戲曲藝術》雜誌發表，王季思先生讀後寫給我一封長信（由他的學生執筆），認同我的觀點，對我予以鼓勵。我寫這幾篇文章都是在教學中有所發現而寫出來的。

我關於《金瓶梅》的第一篇論文（《試論〈金瓶梅〉萌發的小説新觀念及其以後之衍化》）是在中國古代小説發展史中看《金瓶梅》的創新，并且與一些西方古典小説作了比較。這篇文章先是 1983 年在大連舉辦的第一屆明清小説研討會上宣讀，被章培恒先生發現，在他的鼓勵下後來正式發表，并收錄到他主編的《〈金瓶梅〉研究》中。恰好同一年南開大學舉辦了一次全國性的比較文學學術討論會。朱維之先生讓我參加這次研討會。會上大部分文章是對不同國家的文學作品進行比較，而我的文章其實主要是比較一國之内的文學，但没想到我發言後，一位女老師進行評論，她認為我的論文屬於比較文學。我大為吃驚，我那時候還不是有意識地運用比較的方法，算是歪打正着。後來我這篇文章也被收到最早的《比較文學論文集》裏，這當然給我鼓了勁兒。

我在兩次研討會上宣讀這篇文章，這也是我研究《金瓶梅》的開篇。後來我又寫了小册子《説不盡的〈金瓶梅〉》等。我對"金學"始終是在反思的，不願意陷入簡單化。我真的不是專門研究《金瓶梅》的，但我先後寫了一些文章，主調是反對《金瓶梅》被污名化。關於性描寫的問題，我曾經也有教條的思想，認為删去那19100字的性描寫，《金瓶梅》仍然是巨著。不過現在我認為，儘管那19100字不是很成功，但它們就是《金瓶梅》的組成部分，是不能割裂的。聶紺弩先生曾一針見血地説，《金瓶梅》是"把没有靈魂的事寫到没有靈魂的人身上"，這句話説得太到位了，很有分寸！《金瓶梅》寫的是没有靈魂的故事，而且寫出了那些没有靈魂的人物。

我的出發點是希望用小説美學來進行研究。我一直呼籲"回歸文本"，我覺得很多學者對作品文本整體的把握不夠，我反對那種對《金瓶梅》作者蘭陵笑笑生的過度考證，以致出現"金外綫"的傾向（就像《紅樓夢》研究中的"紅外綫"傾向，脱離了文本去考證作者和歷史原型）。我認為與其進行一些"偽考證"，不如將笑笑生視作一個天才作家的文化符號。我認為通俗小説家的署名，就是一個文化符號，没辦法考證。那時小説作者要不就是"書會才人"，要不就是遊民知識分子（王學泰先生語，李慎之先生也很肯定這個概念）。古代中國有太多科舉失意的人，大部分遊走於民間，説他們幫助書商改編小説，并不是想象之詞，而是符合實際邏輯的。《金瓶梅》要真是名人寫的，不會在寫到朝廷的事時那麼露怯，作者肯定没有參與過朝堂大事。而且，非要把作者落實到某一個名人身上，并不一定會提高《金瓶梅》的價值。書會才人體現了民間作家的智慧。《金瓶梅》實際上是帶有商業性的，雖然是個人獨創，但是裏面還有想博取觀衆、讀者的意思，不僅僅是性描寫，它整個的操作都帶有商業性，因為要由商人印這書，得賣出去，所以商業性是非常明顯的。

《金瓶梅》是小説，不是一個歷史記録，所以我努力地想用小説美學來觀照《金瓶梅》。我在這方面的反思可能有些自己獨特的想法，或者説有一點貢獻吧，也是被别人承認的。我很看重《金瓶梅》的原創性。它不像《三國演義》《水滸傳》那樣是到歷史中去尋找故事、尋找人物，而是寫"當下"的故事，寫"身邊人"。《金瓶梅》誕生以來的歷史發展，可以證明它不是一時的小説，而是永恒的經典，是小説發展史上的一個里程碑。我覺得，蘭陵笑笑生是用完美的藝術語言和當時最高的藝術表現形式，結合自己的人生感悟和審美體驗，寫成了這部小説，揭示了那個時代現實生活中的假、惡、醜。我曾經説"《金瓶梅》是小説史的一半"，有學者就批評我誇大了《金瓶梅》的意義。其實，我這是描繪性的，不是數學式的。《金瓶梅》和《三國演義》《水滸傳》《紅樓夢》既相依存又相矛盾，它可以説是中國獨一無二的"黑色"小説，中國小説史如果没有《金瓶梅》，就不是我們心中完美的、豐富多彩的小説史了。

《史裏尋詩到俗事咀味——明代小説審美意識的演變》是我 2000 年到新加坡参加一個明代小説史會議時的發言，回來以後在《天津師範大學學報》發表，很快被《新華文摘》轉載。後來《新華文摘》出精華本，又把這一篇作為 2002 年文學評論卷的代表作之一。這篇文章是我對中國小説審美三次更新的認識。第一次是《三國演義》《水滸傳》，産生於元末明初的戰爭年代，這個時代背景下産生的小説觀念就是要寫出英雄主義和豪邁的詩情，所以有了這兩部 "史裏尋詩" 的傑作。第二次是《金瓶梅》，是在明代中後期，對理想主義、英雄主義、浪漫情懷的反動，是帶有濃厚的市井色彩的，把生活中的否定性人物作為主人公，把現實的醜引進到小説世界，這是小説審美意識的又一次變革。《金瓶梅》之後出現大批效顰之作，出現大量才子佳人模式化小説以及豔情 "穢書"，直到《儒林外史》《紅樓夢》出現，又把小説創作推到了一個新的階段，讓小説審美意識有了進一步的覺醒。

相比於斤斤計較細節，我更願意研究小説美學。我希望學術研究是有思想、有哲學意味的。把文學研究提高到一種哲學的高度，對我們的認知是有好處的。我對文本是整體把握的。我也作人物分析，也是整體把握。現在敘事文學的研究對 "窺聽" "窺視" "身材" 的分析，我完全不懂。這些可以研究，但是我不會研究，也不會走這條路。

《三國演義》為什麼是歷史演義？《水滸傳》為什麼有歷史元素又超越歷史？我想追求點科學定位，所以寫得比較抽象。即使是鑒賞《鶯鶯傳》這樣的短篇小説，我也有一點理論的東西在裏面。我希望追求有思想的研究，就像王元化先生説的："有學術的思想，有思想的學術。" 不過，我還是得承認我的短板，我沒有進行版本研究、作者考證，這是明顯的短板，也和我的興趣有關。我走了一條不一樣的路，反思起來，是因為我有我自己的短板，必須通過理論彌補這個短板。

四、反思文學史書寫

我一開始工作的時候，就是給歷史系學生講 "中國文學史" 一年的課，108 節。在外語系，我還講過 "古典名著選讀"。在中文系本系，我們的文學史要講三年，分六段，我講的是宋元。這門課是中文系的重中之重，所以我在這方面打下了基礎。因為要教學，就要想這些問題。同時還有一個大的背景，在 80 年代的時候，整個文學史學界有一次大的轉變。十一屆三中全會開啓改革開放後，文藝政策有所改變，文藝不再是簡單地為政治路綫服務了。這時學界也有了編寫新的文學史的要求。最初是在現當代文學研究中提出了 "重寫文學史" 的口號，繼而古典文學的研究者也開始了重寫文學史的探索與實踐。

當時的對立面實際上是改革開放之前的文學史，就是用實用主義、庸俗社會學、簡單的階級分析來寫的文學史。此前不僅是文學史，整個文學研究、文學創作都是走那條路綫。重寫文學史就是要面對活生生的文學自覺。

我 1983 年發表在《光明日報》的《文學史要探索文學的發展規律》，其創作是《光明日報》發起的。我記得有一位姓張的編輯，是位老先生，他讓我先寫第一篇，引發討論。後來圍繞編寫文學史的問題，《光明日報》連續發了一系列文章。中國社科院文學研究所鄧紹基先生還對我提出的問題進行了一些評論。1990 年，《文學遺產》雜誌在廣西師大舉行了一次"文學史觀與文學史"討論會。我在大會上做了發言，後來形成文章，就是《關於文學史觀與文學史編寫的若干斷想》。《文學遺產》的主編徐公持先生特別看重這篇文章，發表時作為那一期的第一篇。① 在這篇文章中，我以為在"重寫文學史"時，歷史意識和當代意識必須結合，不可偏廢，而且我特別強調了要以當代意識來重構中國文學史。

當代意識的重點是應該有當代思維的科學精神、當代的文化立場。當代意識也是隨着時代變化的，是通過現在來理解過去，是當代的感悟。文學史書寫不能單純地整理史料，而忽視了歷史與現實之間的內在聯繫。關於這個問題，會上還進行了熱烈的討論，有人強調客觀，有人強調主觀。包括後來還有人寫文章，認為強調當代意識會導致以偏概全、隨心所欲，無視文學史的本相。我覺得，這是對我的誤解。我強調當代意識，并非否定歷史。但是歷史是無法完全復原的，文學史更是不具有一般歷史那樣的相對確定性，越是重要的文學現象、作家、作品，在文學史家眼中就越會見仁見智。一部文學史無論怎樣標榜客觀公允，也必然帶有學術個性。

心靈史研究是這麼多年貫穿我教學、研究的一條綫。這個命題，我最早是在 80 年代時提出的。在 1986 年馮爾康先生主持的首屆中國社會史研討會上，我做了一個《戲曲史·心史·社會史》的發言，後來在《社會科學戰綫》上發表。我提到"心史"，當時也有一個背景。那時人們常說文學是人學，說這是高爾基的話。可是我找遍《高爾基論文學》，也沒有發現這句話。我認為，"文學是人學"等於沒說，因為很多學科都是研究人的，心理學、政治學、醫學等，說"文學是人學"太寬泛而沒有意義。到底文學是研究什麼的？和其他學科的區別在哪里？我認為，文學應該更看重內心世界，就是心靈的問題。因此，我提出不妨把文學史作為"心史"來研究。我經常引用勃蘭兌斯在《十九世紀文學主流》引言中的那句話："文學史，就其最深刻的意義來說，是一種心理學，研究人的靈魂，是靈魂的歷史。"這句話我倒背如流，這句話也讓我有了底氣。回歸內心是很重要的。文學史是靈魂的歷史，離開了人的靈魂，怎麼去研究文學史？

我承認，我的思想和理論還是很不成熟的，但是我要提出這個問題。我的"若干斷想"

---

① 《文學遺產》1992 年第 5 期。

寫得很幼稚，不過也有自己的探索。我在文章後半部分嘗試着做了三個試驗，就是以實例來探索我怎麼看文學史。試驗一是對屈原的研究，試驗二是對元雜劇史研究的建構，試驗三是對小說史研究的探討。我是希望排除庸俗社會學、簡單的階級分析，否定實用主義，回歸文學自覺，回歸文學的主體——人，寫人的內心世界，寫真正的人生，而不是用別的東西來套。

心靈史、心靈美學，既可以作為方法論，又可以作為一個課題來研究。當然，文學史研究的前提還是從文本出發，因此我寫文章提出"名著重讀"是"重構文學史"的前提。因為名著已經過歷史的篩選，是濃縮了的人類歷史文明，也是打開時代靈魂的心理學。要拓展文學史家的思維空間，首先要重建文學史研究者的閱讀空間。這篇文章本來是一篇書評。當時，研究文學史的學者陸續推出重寫文學史的實踐成果，代表作是章培恒、駱玉明二位先生的《中國文學史》。《復旦學報》的張兵先生把書寄給我，讓我寫一篇書評。我充分肯定了這部文學史的價值，指出章培恒先生他們是想提出一種新的概念，來反對過去的教條主義、庸俗社會學、階級分析，但是章先生在全書導言中提出要用人性論作為一條紅綫去貫穿文學史，我發表了不同意見。我的書評，章培恒先生看後認為可以接受。

改革開放以前，文學史是以階級鬥爭為綫來貫穿的，對於作家要作階級分析，是用階級性批判人性論。章培恒先生這時是把人性論作為正面的來談。但是我認為，文學史是一個複雜的存在，遠不是用一種思想可以貫穿到底的。我認為文學史必須是多元的、綜合的，不是一條綫就能貫穿下來的，最終還要具體問題具體分析。

心靈問題就比較寬了，祇要寫人，就要寫人的內心世界，寫人的靈魂。文學不可能離開人的靈魂來進行創作，文學史也不可能離開人的靈魂進行評論。一個評論者之所以可以和創作者進行對話，就是思想感情可以溝通，評論者得去體會創作者的內心世界。我們研究小說和戲曲，過去主要是作性格分析，但我不願止步於此。性格史是非常必要的，但是如果轉換到靈魂史的角度可能就更深入了。我所說的心靈史、心史、靈魂史都是一個東西，我希望以後有人能夠真正建立起心靈美學。心靈美學這個概念之前沒有看到別人提。我讀書很少，特別是經典文本讀得少，外國文學作品讀得更少了，所以建立心靈美學需要一些對這方面有所追求的同道一起合作。古代作家的心態史，這時已經開始有人研究了，像南開的羅宗強、張毅，他們都有這方面的著作。當時黃克是文化藝術出版社社長，他也想出一套古代作家的心態史研究叢書，我們倆聊天，我覺得這是一個很好的課題。後來"交卷"的是中國社科院的幺書儀，她寫出了《元代文人心態》。我寫了一篇書評（《探尋心靈的辯證法——讀幺書儀〈元代文人心態〉兼論"心史"之研究》），後來她這本書再版，把我這篇書評作為序。這是我對文學史書寫的一個正面倡議，就是説文學史不僅僅要研究文學規律，而且也和作家的心態研究很有關係。這是我在反思基礎上進行的新的開拓。

　　我的心史研究最後還是回歸到審美，是講心靈美學。我有些文章涉及一點這個問題，比如我研究《玉鏡臺》《金瓶梅》《紅樓夢》的文章。但是説着容易做着難，這不是為自己辯解，我提出這個值得思考的問題，自己不見得能够完全回答，現在更沒有力量寫出有分量的東西了。

　　關於文學史，我還有一篇長文——《二十世紀中國文學史研究與中國社會》。1998 年馮爾康先生在南開舉辦"二十世紀中國社會史研究"系列學術講座，又邀請我去講了一場。這是逼着我思考問題。我的題目雖然是文學史研究與中國社會，但側重講文學史。馮先生讓我放開了講，所以我講得很長，講稿有三萬五六千字，後來寄給《復旦學報》的張兵先生，沒想到他全文刊載了。學報能發這麽長篇幅的文章很不容易。《復旦學報》復刊 30 年出精選集《光華文存》時，又收錄了這篇文章，可能他們看到了我的思考。我在這篇文章裏談了有關文學史的十個問題，把我過去十幾年的思考整個梳理了一遍，包括當代意識的問題、重寫文學史的問題、學院派的問題、名著重讀的問題、心史的問題、整體意識的問題等。

　　現在你看，我前後總共有五六篇，如果説有一條貫穿的綫，那就是反思。我在 1999 年還有一篇文章，發表在《南開學報》，題目就是《反思與取向：中國文學史 40 年》。這裏面是把我自己擺進去的，我一直從事文學教學和科研，但是我覺得像我這一代學人，經歷了那麽多的政治運動，過去在那種教條的、公式化的情况下，我寫過很多大批判文章，也寫過很多教條式的文章，我們很長時間把複雜的文學教條化了。最典型的就是我 60 年代初寫的《中國戲曲藝術發展規律淺探》，雖然是在《光明日報》發表了一整版，但今天來看很僵化很教條，就是按照模式來寫的。因為有過這些教訓，所以我就逼迫自己，不能再堅持過去的教條，應該對文學教學和文學研究進行反思，這是學術良知的問題。

五　結語

　　考據性的文章，第一我不怎麽會寫，第二我不怎麽愛寫。有所發現當然好，但是我還是沒有那種耐心，也不是我的追求。我還是願意研究理論性問題，關注方法論的問題，從理論思想闡釋、從方法論切入，是沿着文本，到理論，到方法。我覺得這可能跟我教書有關係，我得告訴學生注意哪些問題。我的學術研究是服務於教學的，所以也就造就了我走這麽一條學術路綫。

　　我一直説，我在最美好的青春時代沒有讀書。另一方面，在學術問題上，我因為喜歡文藝理論，走了自己的一條路。比如，我不喜歡過多的考證，我沒有走那條被人看作是實學的路，更希望提出自己的理論。我從來也沒有在學術上吹牛，因為我知道自己讀書太少了，祇是有時有點兒靈感，寫了一些文章。

我經歷了一部歷史，也演出了這部歷史，真的是有悲有喜。我愛過人，也被愛過。我一直堅信一點：愛比被愛更幸福。在感情經歷中，我有我的道德感，有一般人的人性，也有我的底綫。我尊重別人，但是我反感那些傲氣十足的人。我對不喜歡的人，真的無話可說，我不會很圓滑地去對待。喜歡我的人說，寧宗一是個真人，不喜歡我的人理由就很多了。我覺得，家國情懷、憂患意識、悲憫之心，這三條我都有。

我們在那個時候就是沒有任何自己獨立的思想，認為一切都是正常的、應該的，沒有思考。對我來說，重新認識自己的問題，必須成為核心。我在認識自己的問題上，深度、廣度都不夠。我痛苦的是，一方面懶，從來不記日記；另一方面生活太紛亂，有各方面的公事、私事，還有讓我愁緒滿頭腦的事。我沒法像有些朋友那樣，把事情記得那麼清楚，有些事情也想不起來了，還需要你去考據。但是，如果讓我拋開反思與懺悔，我無法生存。

作者單位：　南開大學東方藝術系
四川省社會科學院文學所

用科學方法整理國故的先驅

——論王國維在國學運動中的意義

謝桃坊

中國的國學保存會於 1903 年在上海成立。1905 年，國學會創辦《國粹學報》，以弘揚國粹為宗旨。1911 年辛亥革命期間《國粹學報》停辦，但國粹思想仍然存在。國粹派學者以信古的態度，以傳統的治學方法，力圖保存中國固有的學術以抵制新學，而且賦予國學以重大的社會政治道德的使命。1919 年新文化學者胡適發表《新思潮的意義》，提倡以批判的態度對待中國傳統文化，以科學方法整理國故，自此國學的新傾向形成并逐漸成為國學運動的主流。王國維是國學運動的重要人物，被譽為國學大師，他是較早投入國學研究并産生巨大學術影響的學者，是從國粹派轉到新傾向派陣營的。胡適將王國維視為舊式學者，他於 1922 年説："現今的中國學術界真凋敝零落極了，舊式學者祇剩王國維、羅振玉、葉德輝、章炳麟四人；其次則半新半舊的過渡學者，也祇有梁啓超和我們幾個人。内中章炳麟是在學術上已半僵化了，羅與葉没有條理系統，祇有王國維最有希望。"[1] 胡適稱自己與梁啓超等為半舊半新的學者乃是自謙，他們實為國學運動新傾向的代表學者，而王國維確實是文化保守主義的舊式學者，但他又與思想頑固守舊的舊式學者有所區别。顧頡剛於 1927 年評價王國維的學術成就説："他的學問，恐怕一般人要和别的老先生老古董們相提并論，以為他們都是研究舊學，保存國粹的；這是極大錯誤……靜安先生在二十年前治哲學、文學、心理學、法學等，他的研究學問的方法已經上了世界學術界的公路。"[2] 王國維

---

① 中國社會科學院近代史研究所中華民國史研究室編：《胡適的日記》，北京：中華書局，1985 年，第 440 頁。

② 顧頡剛：《悼王靜安先生》，見陳平原、王楓編：《追憶王國維》，北京：中國廣播電視出版社，1997 年，第 132 頁。(以下祇出注書名、頁碼)

的學術是突破了舊學的範圍而開啓了國學研究新傾向的。他在清華的同事蔣復璁曾追念説：
"要説清華國學研究院的傳統就不能不想到靜安先生的道德與學問，在'五四'後講用科
學方法整理國故，這條路子是他開創而有光輝的成績。"① 我們考察王國維在國學運動中的
意義，是可以認爲他是用科學方法整理國故的先驅的。

一

王國維走上國學研究的道路是違背他的個性的，而且是極偶然的。王國維（1877—1927）
於 1896 年二十歲時離開家鄉浙江海寧，到上海在汪康年創辦的《時務報》工作，旋入羅振玉
辦的東方學社學習新學，此後開始翻譯西方學術著作并研究西方哲學。1905 年王國維二十九
歲，將所發表的哲學、文學、教育學等文章編輯爲《靜庵文集》。他在文集序言中云：

> 余之研究哲學，始於辛壬（1901—1902）之間，癸卯（1903）春始讀汗德（康
> 德）之《純理批評》，苦其不可解，讀幾半而輟。嗣讀叔本華之書而大好之。自癸卯
> 之夏，以至甲辰（1904）之冬，皆與叔本華之書爲伴侶之時代也。其所尤慊心者，則
> 在叔本華之《知識論》，汗德之説得因之以上窺。然於其人生哲學觀，其觀察之精鋭與
> 議論之犀利，亦未嘗不心怡神釋也。然漸覺其有矛盾之處。去夏所作《紅樓夢評論》，
> 其立論雖全在叔氏之立腳也，然於第四章內已提出絕大之疑問。旋悟叔氏之説，半出
> 於其主觀的氣質，而無關於客觀的知識。此意於《叔本華及尼采》一文中始暢發之。
> 今歲之春，復返而讀汗德之書，嗣今以後，將以數年之力，研究汗德。他日稍有所進，
> 取前説而讀之，亦一快也。②

我們從《靜庵文集》所收的論文，可見王國維對西方哲學的研究已經很深入，并對中
國哲學亦有獨特的見解，而在評論中國古典文學時有引入西方的美學觀念。這時張爾田記
述王國維給他的印象説："憶初與靜庵定交，時新從日本歸，任蘇州師範校務，方治康德、
叔本華哲學，間作詩詞。其詩學陸放翁，其詞學納蘭容若。時時引用新名詞作論文，强余
輩談美術，固儼然一今之新人物也。"③ 這時的王國維受到維新思潮的感染，吸收了西方哲

---

① 蔣復璁：《追念逝世五十年的王靜安先生》，《追憶王國維》，第 197 頁。

② ［民］王國維：《靜庵文集自序》，《靜庵文集》卷首，《王國維遺書》，上海：上海古籍書店影印，1983 年，第
5 册。（以下衹出注書名、頁碼）

③ 張爾田：《雁塔寒音》，《追憶王國維》，第 90 頁。

學與學術，并表現出新的思想，確為新學的人物。我們從其序言可見到他當時仍熱衷於西方哲學，準備以數年之力研究德國古典哲學家康德的哲學，然而又可見到他對叔本華的哲學已產生懷疑。此後他未繼續研究哲學，而是在向西方尋求真理的過程中感到困惑和失望，造成了精神的危機。1907 年王國維三十歲（實齡）時深感自己因理性思辨的限制，不可能成為真正的哲學家，僅有可能成為哲學史家。尤其是他自以為是真理的東西，他却并不喜愛，也以為不可信，而偏偏喜愛某些明知是謬誤的東西，顯然沒有從西方哲學中找到真理。這時他感到煩悶和苦惱，試圖轉向文學，希望以填詞自娛。雖然此後數年間王國維在宋元戲曲研究和詞的創作方面皆取得成功，但并未從中獲得其追求個性和思想自由解放的精神慰藉。1911 年辛亥革命期間，王國維隨羅振玉寓居日本，開始轉向國學研究。

羅振玉（1866—1940）在清代末年任學部參議和京師大學堂農科監督，亦是收藏和研究金石學的著名學者。自從王國維到上海受到羅振玉的賞識後，他們便結下了深厚的學術情誼。從此王國維的學術研究與生活皆受到羅振玉的引導、扶植和資助。近世文獻學家張舜徽評價羅振玉云："然自其所效力於學術者觀之，有助於考證古史為不淺。近人言考古者多宗師王國維，而不知推尊振玉，雖或言及，亦徒目為骨董收藏家，此殊不然也。"① 此評價是較公允的。羅振玉是忠實於清王朝的遺老，在學術思想方面屬於國粹派的舊學者。1911 年辛亥革命成功後，羅振玉於 10 月決定東渡日本，王國維偕眷屬同羅振玉一家及羅氏之婿劉季英一家赴日本東京，寓居於京都鄉郊吉田山下之田中村。羅振玉記述道：

> 及辛亥冬國變作，予掛冠神武，避地東渡，公（王國維）攜家相從，寓日本京都，是時予交公十四年矣。……至是予乃勸公專研國學，而先於小學、訓詁植其基，并與論學術得失，謂尼山之學在信古，今人則信今而疑古。國朝學者疑《古文尚書》，疑《尚書孔注》，疑《家語》（《孔子家語》），所疑固未嘗不當，及大名崔（述）氏著《考信錄》，則多疑所不必疑。至今晚近變本加屬，至謂諸經皆出偽造。至歐西之學，其立論多似周秦諸子，若尼采諸學說，賤仁義，薄謙遜，非節制，欲創新文化以代舊文化，則流弊滋多。方今世論益歧，三千年之教澤不絕如綫，非矯往不能反經。士生今日，萬事無可為，欲拯此橫流，捨反（返）經信古末由也。公方年壯，予亦未至衰暮，守先待後，期與子共勉之。公聞而惺然，自慰以前所學未醇，乃取行篋《靜安文集》百餘冊悉摧燒之，欲北面稱弟子。予以東原（戴震）之於茂堂（段玉裁）者謝之。②

① 張舜徽：《清人文集別錄》，北京：中華書局，1980 年，第 671 頁。
② 羅振玉：《海寧王忠愨公傳》，《追憶王國維》，第 8—9 頁。

　　羅振玉是以儒家倫理道德學説作為國粹的，他勸王國維專研國學的目的是承傳儒家學説，返回儒家經典，宣揚信古的觀念。他清楚地見到西方哲學與中國傳統文化的核心——儒家價值觀念的背離，必然導致固有價值觀念的喪失和精神的迷惘，因而返經信古是抵制新文化的治學的必由之路。然而羅振玉的治學道路又是承傳了清代的考據學的，他特別推崇顧炎武以來的乾嘉考據學大師戴震、程易疇、錢大昕、汪中、段玉裁、王念孫和王引之，并將他們的著作贈與王國維，實即欲引導王國維承傳清代的考據學。這又促使王國維在專研國學方面走上了一條正確的道路。自《靜安文集》編定之後，王國維轉向文學研究，致力於宋元戲曲史的探討，但他不是從文學史和文學批評角度去研究，而是進行系列的史實的考證。辛亥革命之前，他在《國粹學報》發表的著作即有《戲曲考原》《優語錄》《唐宋大曲考》《錄曲餘談》。他因此接受了羅振玉的勸導，從學習小學和訓詁入手，投入國學研究，在日本的五年間完成的國學論著計有《簡牘檢署考》《宋元戲曲考》《明堂寢廟通考》《齊魯封泥集成》《秦郡考》《漢郡考》《兩漢魏晉鄉亭考》《流沙墜簡考釋》《宋代金文著錄表》《國朝金文著錄表》《邸閣考》《鬼方昆夷獫狁考》《胡服考》《古禮器略説》《生霸死霸考》等，取得了國學研究的巨大成就。王國維的同學兼好友樊炳清（志厚）記述云：“（辛亥）是年冬，參事（羅振玉）辭職，避地日本，君（王國維）亦挈眷從之。初參事勸君治國學，君乃從受小學訓詁，顧頻年治他學，未遑專攻，居東後乃屏除一切，專意治經。參事富藏書，而以經學、小學、金石、考據之書為尤夥，爰檢其切要者悉以贈君。君由是盡棄以前所治歐西之學，先讀三禮，次及諸經，以至金石考古之學，與參事互相考核。蓋君之畢生，惟此時為學最力，進德亦最猛，著述多且精，駸駸乎與參事并駕矣。”①

　　寓居日本期間是王國維治學過程的重大轉折，當其決定專研國學時，絶意不再治哲學與文學，所以將隨身所帶的百餘部《靜庵文集》全部燒毀，這於他是非常痛苦的決定。劉蕙孫深知王國維此一轉折是經過激烈的思想鬥爭的，他説：“看來實際上不是學術轉向，而是一個人世界觀的轉變。靜安先生的世界觀，可以説有兩重性：一方面為人拘謹，封建文化包袱背得很重，有意出人頭地；另一方面，受到維新思潮的激蕩，特別是尼采、叔本華等的自我解放思想的尖鋭刺激，想徹底解放自己，作一個時代的超人。”② 王國維厭棄哲學，試圖從文學創作中得到慰藉，結果仍然失望，而轉向國學，既違反其追求自我解放的個性，更不可能由此得到慰藉，然而却可以發展其潜在的才能與創造的天賦，因此玉成其為一代國學大師。

---

①　樊炳清：《王忠愨公事略》，《追憶王國維》，第 13 頁。
②　劉蕙孫：《我所瞭解的靜安先生》，《追憶王國維》，第 547 頁。

二

"國學" 與 "國故" 是中國晚清時期學術界出現的新概念，從而掀起了國學運動思潮。1902 年梁啓超在日本曾準備創辦《國學報》，1903 年國學保存會於上海成立，1905 年國學保存會創辦《國粹學報》，1910 年章太炎在日本出版《國故論衡》，1911 年 1 月羅振玉創辦《國學叢刊》，1923 年胡適發表《北京大學國學季刊發刊宣言》。王國維於 1911 年作《國學叢刊序》，并於此年冬在所作的《譯本琵琶記序》裹使用了 "國故" 的新概念，而且他是較早致力於國學研究的學者，并闡釋了對國學的認識。

自 1898 年戊戌變法之後，維新運動的發展，西學東漸的加劇，使清王朝開始逐漸推行新政，開辦京師大學堂，改革學制，翻譯西方學術著作，向西方派遣留學生，設新學書院，廢除科舉制度。中國學者在對待西學與中學的問題上甚為惶惑，如黃節説：

> 國界亡而學界即亡也。持是以往，萃漢宋儒者之家法，而蠅蠅於十三經、二十四史、諸子百家之文，罔亦該博焉，而國日蹙，而民日艱，而種族日淆，而倫理日喪亂。一睨乎泰西諸國之政、之法、之藝、之學，則以為非先王之道而辭而辟之，辟之而不足以勝之也；一譽乎泰西諸國之政、之法、之藝、之學，則以為非中國所有而貌而襲之，襲之而仍不足以敵之也。則還而質諸吾國何以無學，吾學何以不國，而吾之國之學何以遜於泰西之國之學，則懵然而皆莫能言。①

當時許多學者或者反對與排斥西學，結果不能抵制；或者模仿西學，結果難以抗衡。為什麽中國之學遠遜於西學，應當怎樣對待中國之學？為此國粹派學者主張 "發明國學，保存國粹" 以復興中國。1905 年 1 月《國粹學報發刊辭》宣稱：

> 泰西學術輸入中邦，震旦文明，不絕一線。無識陋儒，或揚西抑中，視舊籍如菹土。夫天下之理，窮則必通。士生今日，不能藉西學證明中學，而徒炫皙種之長，是猶有良田而不知闢，徒咎年凶；有甘泉而不知疏，徒虞水竭，有是理哉？嗟乎！舊籍未淪，風徽未沫，舊國舊都，望之暢然。雖百世之下，猶將感發興起，況生於其邦可

---

① ［民］黃節：《國粹學報敍》，《國粹學報》1905 年總第 1 期，臺北：臺灣商務印書館，1974 年影印。（以下祇出注書名、頁碼）

不知，尚論其人乎！夫前賢學派，各有師承，懿行嘉言，在在可法。至若陽明（王守仁）授徒，獨稱心得；習齋（顏元）講學，趨重實行；東原（戴震）治經，力崇新理。椎輪篳路，用能別闢途徑，啓發後人。承學之士，正可師三賢之意，綜百家之長，以觀學術之會通，豈不懿歟！①

國粹派學者力圖弘揚國粹以抵制西學，希望達到"保種愛國存學"之目的。1911 年辛亥正月，羅振玉在北京創辦《國學叢刊》時，正值中學與西學之爭最激烈之際。王國維此時理解的國學即是中國傳統學術——中學。他於《國學叢刊序》裏主要闡發了怎樣對待中學與西學的問題。他以為學術無新與舊、中與西、有用與無用之別，因而不應有新舊之爭、中西之爭和有用無用之爭，應以科學的態度來看待它們。因為世界的學問大致為科學、史學和文學的知識，它們在西方和中國都是存在的。中學與西學之異僅在於治學的廣狹疏密之別，二者是互補的，而非對立的，二者的發展并不相妨礙。王國維主張中西學的互相推動，他說："余謂中西二學，盛則俱盛，衰則俱衰。風氣既開，互相推動。且居今日之世，講今日之學，未有西學不興而中學能興者，亦未有中學不興而西學能興者。"他已預見到中國學術將對世界學術產生的影響，在慨歎中國學術乏貧的同時，進而提出中國學術的使命：

> 夫天下之事物，非由全不足以知曲，非致曲不足以知全。雖一物之解釋，一事之決斷，非深知宇宙人生之真相者，不能為也。而欲知宇宙人生者，雖宇宙中之一現象，歷史上之一事實，亦未始無所貢獻。故深湛幽渺之思，學者有所不避焉；迂遠繁瑣之譏，學者有所不辭焉。事物無大小，無遠近，苟思之得其真，紀之得其實，極其會歸，皆有裨於人類之生存福祉。②

王國維的論述已大大超越了國學的狹窄範圍，而是關係到人類整體學術的層面。我們應該注意到，首先，他很看重學術上"一物""一事"的具體問題，而且特別強調在解決這類狹小的個案時應具有關於宇宙人生的宏觀意識。這樣雖然探究的是"一現象""一事實"，則它們對宇宙人生皆有貢獻。其次，他強調學術研究的求真、求實的崇高境界，體現出對宇宙人生真理的追求。因為王國維的學術視野廣闊，故他在專攻國學時便表現出了非凡的才能。

《國學叢刊》創辦不久，因辛亥革命而停刊。1914 年，羅振玉將所輯之稿分類編集，仍名《國學叢刊》，王國維代為作序。這時王國維正在日本全力投入國學研究，因而在序裏

---

① 《國粹學報發刊辭》，《國粹學報》總第 1 期。
② ［民］王國維：《國學叢刊序》，《觀堂別集》卷四，《王國維遺書》，第 4 冊。

著重論述中國學術的歷史發展與演變。他認為中國學術自秦漢以來，迄於清代，曾有幾次重大變化，每次變化皆造成學術的興盛：第一次的興盛是西漢儒家經學立為學官；第二次是東漢古文經學的發展；第三次是魏晉玄學和唐代經學的成就；第四次是宋代新經學和金石考古學的興起；第五次是清代考據學的成就與學術領域的開拓。他也對晚清以來由西學的衝擊、儒家倫理道德的破壞所導致的"大道多歧，小雅盡廢"的現狀深感憂懼，但同時強調新資料的發現將開啓新的學問，必將造成學術的興盛：

> 然而問諸故府，方策如新，瞻彼前修，典型未沫。重以地不愛寶，天啓之心。殷官太卜之所藏，《周禮》盟府之所載，兩漢塞上之牘，有唐壁中之書，并出塵埃，麗諸日月。芒洛古塚，齊秦故墟，絲竹如聞，器車踵出。上世禮器之制，殊異乎叔孫；中古衣冠之奇，具存於明器。并昔儒所未見，幸後死之與聞。非徒興起之資，彌見鑽求之亟。至於先人底法，僅就椎輪，歷代開疆，尚多甌脱。作室俟堂構之飾，析薪資負荷之勞。功有相因，道無中止。譬諸注坡之馬，造父不能制其勢；建瓴之水，神禹不能回其流。觀往昔之隆污，撫今兹之際會。盛衰之數，蓋可知矣。①

此文是代羅振玉作的，模擬羅氏文風，故極晦澀。文中所述新發現的史料有殷墟甲骨文、西域的漢晉簡牘、敦煌文獻，以及諸多古代的金石碑刻和器物。這些引發了新的學問，而且皆與羅振玉有較密切的關係。王國維對這些新的學術資料極感興趣，預感到新學問的研究將是治國學的新方向。我們從王國維此序可見，他對中國學術已有了進一步的確切的認識，體現出其純學術的觀念，尤其他對宋代考據學的興起和清代考據學的成就給予了很高的評價，似在追溯國學新傾向的歷史淵源。這些在王國維後來的著述中得到了體現。

國學運動新傾向的學者繼承清代的考據學，認為這種考據學是符合科學方法的，并且以為它是自宋代即興起的。胡適説："這種考證方法，不是來自西洋，實係地道的國貨。三百年來的考證學，可以追溯至宋。"② 傅斯年説："近千年來之實學，一炎於兩宋，一炎於明清之際……至乾嘉而大成。"③ 在此之前，王國維已清楚地論述了考據學的淵源，以為考據學至宋代而大盛：

> 宋代學術方面最多進步，亦最著。其在哲學，始則有劉敞、歐陽修等脱漢唐舊注

---

① ［民］王國維：《國學叢刊序》（代作），《觀堂集林》卷二十三，《王國維遺書》，第4册。

② 胡適：《考證方法之來歷》，胡適：《胡適文集》（12），北京：北京大學出版社，1998年，第112頁。（以下祇出注書名、頁碼）

③ 傅斯年：《致王獻唐》，傅斯年：《傅斯年全集》，長沙：湖南教育出版社，2003年，第七卷，第100—101頁。（以下祇出注書名、頁碼）

之桎梏，以新意説經；後乃有周敦頤、程顥、程頤、張載、邵雍、朱熹諸大家，蔚為有宋一代之哲學。其在科學，則有沈括、李誡等於曆數、物理、工藝均有發明。在史學，則有司馬光、洪邁、袁樞等各有龐大之著述。繪畫，則董源以降始變唐人畫工之畫，而為士大夫之畫。在詩歌，則兼尚技術之美，與唐人尚自然之美者蹊徑迥殊。考證之學，亦至宋而大盛。①

宋代學者對金石碑刻的研究采用了考證方法，取得了前所未有的成功，同時在史料真偽的辨別方面也開啓了考據之風尚。清代的考據學承傳和發展了宋人之學，方法更趨於完善。王國維在談到清代學術時，著重論述了考據學的發展。他説：

> 我朝三百年間，學術三變：國初一變也，乾嘉一變也，道、咸以降一變也。順、康之世，天造草昧，學者多勝國遺老，離喪亂之後，志在經世，故多為致用之學，求之經史，得其本原，一掃明代苟且破碎之習，而實學以興。雍、乾以後，紀綱既張，天下大定，士大夫得肆意稽古，不復視為經世之具，而經史小學專門之業興焉。道、咸以降，涂轍稍變，言經者及今文考史者兼遼金元，治地理者逮四裔，務為前人所不為，雖承乾嘉專門之學，然亦逆睹世變，有國初諸老經世之志。故國初之學大，乾、嘉之學精，道、咸以降之學新。②

王國維的國學研究正是發揚了乾嘉考據學的精密專致，而又承襲了晚清學者所開拓的新的學術領域，在這兩方面又均大大超越了清代學者。其弟王國華説："先兄治學之方，雖有類於乾嘉諸老，而實非乾嘉諸老所能範圍。其疑古也，不僅抉其理之所難符，而必尋其偽之所自出。其創新也，不僅羅其證之所應有，而必通其類例之所在。此有得於西歐學術精湛綿密之助也。"③王國維具有新的國學觀念，采用了新的科學方法，尤其是使用新的資料并致力於新的學術領域，故而取得了新的學術成就。

三

王國維的治學範圍極廣博，我們從他手定的《觀堂集林》所收的論文可見其學術領域

---

① ［民］王國維：《宋代之金石學》，《靜庵文集續編》，《王國維遺書》，第4冊。
② ［民］王國維：《沈乙庵先生七十壽序》，《觀堂集林》卷二十三，《王國維遺書》，第4冊。
③ ［民］王國華：《王靜安先生遺書序》，《王國維遺書》卷首。

涉及儒家經典、古代禮制、訓詁學、文字學、音韻學、古史、地理學、金石學、校勘學等，在這些傳統的學術領域裏，他皆有新的創見。他對中國學術所產生的積極的重大影響有兩個方面：一是承繼晚清學者開拓的對中國四裔及遼金元史的研究；二是由新出現的史料而出現的新學問的研究。這是王國維在國學運動中作出的傑出貢獻。

西方漢學家研究中國學問的關注對象和所使用的方法與中國傳統學術是有很大差異的。傅斯年曾舉例説："我們中國人多是不會解決史籍上的四裔問題的，丁謙君的《諸史外國傳考證》遠不如沙萬君之譯外國傳。玉連之解《大唐西域記》，高幾耶之注《馬哥博羅遊記》，米勒之發讀回紇文書，這都不是中國人現在已經辦到的。凡中國人所忽略，如匈奴、鮮卑、突厥、回紇、契丹、女真、蒙古、滿洲等問題，在歐洲人却施格外的注意。説句笑話，假如中國學是漢學，為此學者是漢學家，則西洋人治這些匈奴以來的問題，豈不是虜學，治這些學者豈不是虜學家嗎？然而也許漢學之發達有些地方正借重虜學呢！"[①] 關於中國古代王朝周邊偏遠之地的所謂"四裔"的研究，自來甚為薄弱，晚清始有學者涉獵，而王國維在這方面已取得很大的成就，其所發表的論著有：《鬼方昆夷獫狁考》《西胡考》《西域井渠考》《黑車子室韋考》《韃靼考》《萌古考》《金界壕考》《南宋人所傳蒙古史料考》《蒙文元朝秘史跋》《元朝秘史之主因亦兒堅考》《高昌寧朔將軍麴斌造寺碑跋》《九姓回鶻可汗碑跋》《胡服考》《月氏未西徙大夏故地考》《西域雜考》《邸閣考》《摩尼教流行中國考》《大元馬政記跋》。這些皆是以考據學方法對中國歷史上之四裔的諸多疑難的具體事實進行的研究。此外王國維的相關著作還有《聖武親征實錄校注》《〈長春真人西遊記〉校注》《蒙韃備録箋證》《黑韃事略箋證》及《古行記四種校録》。史念海談到王國維對四裔研究的貢獻時説："靜安先生更重視西北地理學研究，論其淵源可能有兩個方面：其一是乾、嘉以後學術界興起一種新的學派和學風，注意四裔之學。當時西北一隅尤為强鄰所覬覦，舉國上下為此憂心忡忡，因而研究西北地理蔚然成為一時的風氣。其二是西北地區考古發現日益繁多，敦煌石室儲藏的豐富，都使舉世驚奇，引起東西方學者的競相研究。靜安先生出其餘力，博得中外學者的好評。"[②] 王國維也對有關四裔具體問題的個案研究的學術意義有過説明：

1. 關於中國古代史涉及的鬼方、昆夷、獫狁，王國維説："我國古時有一强梁之外族，其族西自汧、隴，環中國而北，東及太行、常山間，中間或分或合，時入侵暴中國。其俗尚武力，而文化之度不及諸夏遠甚；又本無文字，或雖有而不與中國同。是以中國之稱之也，隨世異名，同地殊號。至於後世，或且以醜名加之。其見於商、周間者，曰鬼方，曰

①　傅斯年：《歷史語言研究所工作之旨趣》，《傅斯年全集》，第三卷，第 6 頁。
②　史念海、曹爾琴：《王靜安對歷史地理學的貢獻》，吳澤：《王國維學術研究論集》第 1 輯，上海：華東師範大學出版社，1983 年，第 126 頁。（以下衹出注書名、頁碼）

混夷、曰獫鬻。其在宗周之際，則曰獫狁。入春秋後，則始謂之戎，繼號曰狄。戰國以降，又稱之曰胡、曰匈奴。綜上諸稱觀之，則曰戎、曰狄者，皆中國人所加之名；曰鬼方、曰混夷、曰獫鬻、曰獫狁、曰胡、曰匈奴者，乃其本名。而鬼方之方、混夷之夷，亦為中國所附加。當中國呼之為戎狄之時，彼之自稱決非如此，其居邊裔者，尤當仍其故號。故戰國時，中國夷、狄既盡，强國闢土，與邊裔接，乃復以其本名呼之。"① 中國典籍關於匈奴名稱的記載隨時變化，甚為紛繁，王國維以大量的文獻進行考證，解決了匈奴的族源問題，有助於解讀先秦古史的四裔問題。林幹説："王國維從古器物、古文字考出匈奴的族源來自鬼方、昆夷、獫狁，所發多前人所未發，自為對匈奴史研究的一大貢獻。"②

2. 關於蒙古的族源問題，王國維曾有《韃靼考》，繼又有《萌古考》。他説："余曩作《韃靼考》，始證明元之季世諱言韃靼，故韃靼之名雖已見於唐代，而宋、遼、金三史中乃不概見，又或記其實而没其名，其於蒙古亦然。蒙兀之名亦見於唐世，《遼史》雖兩記萌古來聘事，而部族屬國中并無其名。《金史·兵志》雖有萌骨部族節度使及萌骨糺詳穩，而《地理志》部族節度使八處詳穩、九處皆無之。知元人諱言其祖與諱言韃靼同。"③ 為證實此説，他對中國史籍所記關於元王朝以前之事實加以綜合考證而得出確鑿的結論。余大鈞説："《萌古考》是研究成吉思汗 1206 年建國以前蒙古諸部落歷史的重要論著。此文廣泛收集了漢文史籍和《蒙古秘史》中的散見材料，把成吉思汗建國以前五六百年間蒙古諸部在歷史上的活動情况提供出來，為進一步研究早期蒙古史提供了豐富資料。"④

3. 再如關於摩尼教在中國流行的史事。摩尼教是古波斯（伊朗）人摩尼所創立的宗教。摩尼出生於公元 216 年，精通天文，擅長繪畫，熟悉幻術。其教雜糅基督教與佛教教義，宣揚光明與黑暗互相對立，為善惡的本原，摩尼為光明的代表，故又稱明教或明尊教。此教於晉代傳入中國。關於中國唐宋時期摩尼教的情况，王國維説："考唐代置摩尼寺之地，北則兩都（長安與洛陽）、太原，南則荆、揚、洪、越諸州。會昌禁絶後，回鶻摩尼師雖絶迹於中土，然中土人傳習者尚如其故。至於五季，尚有陳州母乙之亂、明教襖鬼之事，及大中祥符重修《道藏》，明教經典乃得因緣編入。東都盛時（北宋），其流蓋微。南北之交，死灰復燃。尋其緣起，别出三山（福州）。蓋海舶賈胡之傳，非北陸《大雲》之舊矣。南渡（南宋）文人不能紀遠，僉謂出自黄巾，祖彼張角。放翁《筆記》（陸游《老學庵筆記》）亦僅上援《稽神錄》為其濫觴。實則'二宗''三際''明使'等語，具見唐譯摩羅尼經中，故唐宋彼教其源或殊，其實則一。"⑤ 此前蔣黼於 1909 年在《跋巴黎所藏摩尼教殘

---

① ［民］王國維：《鬼方昆夷獫狁考》，《觀堂集林》卷十三，《王國維遺書》，第 2 册。

② 林幹：《王國維對匈奴史的研究》，《王國維學術研究論集》第 1 輯，第 100 頁。

③ ［民］王國維：《萌古考》，《觀堂集林》卷十五，《王國維遺書》，第 2 册。

④ 余大鈞：《論王國維對蒙古史的研究》，《王國維學術研究論集》第 1 輯，第 257 頁。

⑤ ［民］王國維：《摩尼教流行中國考》，《觀堂别集》卷一，《王國維遺書》，第 4 册。

經卷》中附有《摩尼教入中國源流》一文，僅論及唐代會昌為止，法國漢學家伯希和增補了宋代摩尼教事實。王國維此文在此二家所列之史實的基礎上進行大量增補，依年代順序排列史料，於是摩尼教在中國流行的歷史清楚了。摩尼教在中國的流傳，印證了中國古代的文化開放和中西的文化交流。

4. 王國維對中國四裔之學的研究繼承了晚清學術變化的新方向。他對於晚清新資料引發的新學問的探討最能體現其學術的創造活力。王國維晚年在清華國學研究院時，於《學衡》雜誌第 45 期發表了《最近二三十年中國新發見之學問》一文，論述了殷墟甲骨文字、敦煌塞上及西域各地之簡牘、敦煌千佛洞之文獻、清代内閣大庫檔案和中國境内之古外族遺文的新資料的發現情形及其學術價值。他稱贊道，"故今日之時代，可謂之發見時代，自來未有能比者也"，并認為這些發現是具有國際學術意義的："然此等發見物，合世界學者之全力研究之，其所闡發尚未及其半，況後此之發見，亦正自無窮。此不能不有待少年之努力也！"[1] 這五項重大發現所引發的新學問皆與羅振玉有關。羅振玉搜集了大量文物資料，并從事編印與研究。當王國維在羅振玉的勸導下專研國學時，即是從研究甲骨文字著手，繼而對漢晉簡牘和敦煌文獻進行研究，并在這三種新學問的研究過程中發表了一系列國學論著。

5. 關於殷墟甲骨文字最初的研究情況，王國維説："雖然，書契文字之學，自孫（詒讓）比部，而羅（振玉）參事，而余，所得發明者，不過十之二三。而文字之外，若人名，若地理，若禮制，有待於考究者尤多。故此新出之史料，在在與舊史料相需，故古文字、古器物之學與經史之學實相表裏。惟能達觀二者之際，不屈舊以就新，亦不紐新以從舊，然後能得古人之真，而其言乃可信於後世。"[2] 早期研究甲骨文的學者僅限於對文字的辨識，王國維開始主張以之參核金石器物及歷史文獻，進行多學科的研究，貫通新舊資料以求真知。他發表的相關論著有：《殷卜辭中所見先公先王考》《殷卜辭中所見先公先王續考》《殷周制度論》《説自契至成湯八遷》《殷虛書契考釋序》《甲骨卜辭中所見地名考》《戩壽堂所藏殷虛文字考釋》。

甲骨文字是中國古代殷商時期通行的文字，由於它的被發現而為殷商歷史文化的研究提供了新的資料，可由此解決諸多疑難的學術問題。王國維第一次以甲骨文考實了殷商諸帝王的世系。他記述道："甲寅（1914）歲暮，上虞羅叔言（振玉）參事撰《殷虛書契考釋》，始於卜辭中發見王亥之名。嗣余讀《山海經》《竹書紀年》，乃知王亥為殷之先公，并與《世本·作篇》之胲、《帝系篇》之核、《楚辭·天問》之該、《吕氏春秋》之王冰、《史記·殷本紀》及《三代世表》之振、《漢書·古今人表》之垓，實係一人。嘗以此語參

---

① ［民］王國維：《最近二三十年中國新發見之學問》，《靜庵文集續編》，《王國維遺書》，第 5 册。

② ［民］王國維：《殷虛文字類編序》，《觀堂別集》卷四，《王國維遺書》，第 4 册。

事及日本內藤博士（虎次郎）……於是卜辭中人物，其名與禮皆類先王而史無其人者，與夫父甲兄乙等名稱之浩繁、求諸《帝系》而不可通者，至是亦理順冰釋，而《世本》《史記》之為實錄，且得於今日證之。"① 中國最早以文字記載史事始於殷商時期，這一結論自此得到確證，表明中國這時已進入了文明社會。稍後郭沫若説："我們要論中國的歷史先要弄明白中國的真正的歷史時代究竟是從那兒開幕。這點如不弄明瞭，簡直就等於是海中撈月一樣了。""可以斷言的是：商代纔是中國歷史的真正起頭。"② 王國維《殷卜辭中所見先公先王考》的發表，是中國學術史上的大事。趙萬里説："卜辭之學，至此文出，幾如漆室忽見明燈，始有脈絡和途徑可尋，四海景從，無有違言。三千年來迄今未見之奇迹，一旦於卜辭中得之，不僅為先生一生學問最大之成功，亦近世學術史上東西學者公認之一盛事也。"③ 我們於此可見國學研究的意義。

6. 在敦煌塞上及西域簡牘方面，王國維記述道："光緒戊申（1908），英人斯坦因博士訪古於我新疆、甘肅，得漢、晉木簡千餘以歸。法國沙畹博士為之考釋。越五年癸丑（1913）歲暮，乃印行於倫敦。未出版，沙氏即以手校之本寄上虞羅叔言參事，參事復與余重行考訂，握槧逾月，粗具條理。乃略考簡牘出土之地，弁諸篇首，以諗讀是書（《流沙墜簡》）者。案古簡所出，厥地凡三：一為敦煌迤北之長城，二為羅布淖爾北之古城，其三則和闐東北之尼雅城及馬咱托拉、拔拉滑史德三地也。敦煌所出，皆兩漢之物。出羅布淖爾北者，其物大抵上自魏末，迄於前涼。其出和闐旁三地者，都不過二十餘簡，又皆無年代可考。然其最古者猶當為後漢遺物，其近者亦當在隋唐之際也。"④ 王國維關於這批新的資料而發表的論著有：《流沙墜簡序》《流沙墜簡後序》《羅布淖爾東北古城所出漢簡跋》《尼雅城北古城所出晉簡跋》《羅布淖爾北所出前涼西域長史李柏書稿跋》《流沙墜簡考釋補正》。

他全面研究了這些簡牘，考證了簡牘出土之地，如敦煌北之漢長城、玉門關、樓蘭、海頭、高昌、鄯善等的歷史地理情況，以及西域各地之烽燧設置情況。此外，他又對敦煌漢簡及尼雅晉簡之殘片作了詳細考釋。這些考釋是據新資料研究四裔之學的新發展，為中國西域歷史與地理的研究提供了新的事實依據，解決了西域研究中諸多複雜的學術問題。

7. 關於敦煌文獻的披露是從羅振玉於 1909 年 9 月在《國粹學報》上發表的《鳴沙石室秘錄》開始的。羅振玉在敦煌學興起的過程中具有開創的意義。王國維記述道："己酉（1909）冬日，上虞羅氏就伯氏（伯希和）所寄影本，寫為《敦煌石室遺書》，排印行世。

① ［民］王國維：《殷卜辭中所見先公先王考》，《觀堂集林》卷九，《王國維遺書》，第 2 冊。
② 郭沫若：《中國古代社會研究》，郭沫若：《郭沫若全集·歷史編》，北京：人民出版社，1982 年，第 1 卷，第 18—19 頁。
③ 趙萬里：《靜安先生遺著選跋》，《王國維學術研究論集》第 1 輯，第 311 頁。
④ ［民］王國維：《流沙墜簡序》，《觀堂集林》卷十七，《王國維遺書》，第 3 冊。

越一年，複印其景本，為《石室秘寶》十五種。又五年癸丑（1912），復刊行《鳴沙石室逸書》十八種。又五年戊午，刊行《鳴沙石室古籍叢殘》三十種。皆巴黎國民圖書館之物。"① 王國維是在羅振玉的影響與支持下研究敦煌文獻的，其發表的論著有：《書巴黎國民圖書館所藏唐寫本切韻後》《於闐公主供養地藏王菩薩畫像跋》《曹夫人繪觀音菩聯像跋》《唐寫本殘職官令跋》《唐寫本太公家教跋》《唐寫本大雲經跋》《唐寫本韋莊秦婦吟跋》《唐寫本雲謠集雜曲子跋》《唐寫本殘小説跋》《唐寫本敦煌縣户籍跋》《宋初寫本敦煌縣户籍跋》《唐寫本新鄉衆百姓謝司徒施麥牒跋》《唐寫本季布歌孝子董永傳殘卷跋》《唐寫本摩訶般若波羅密經殘卷跋》。

　　1908 年 10 月，法國漢學家伯希和到了北京，將所獲敦煌文書寄回法國，留下部分重要卷子隨身攜帶。中國學者見到這些卷子大為驚奇，它們多為早已散佚的資料和典籍。王國維對所見到的敦煌卷子作了初步研究，時有學術創見。他在《唐寫本敦煌縣户籍跋》裏具體研究了唐代授田文書，發現官方史籍關於授田數目的記載與實際情況有很大差異，揭示了歷史的真相。他糾正了《大雲經》為唐代武則天所偽造之説，考證它乃是後凉僧人竺法念等所譯，這樣關於武則天稱帝的歷史背景可以作出重新的認識。他從于闐公主供養地藏王菩薩的題記"故大於闐金玉國聖天公主李元供奉"考釋出此乃于闐王李氏聖天之女，她是沙州歸義軍的曹氏夫人，"聖天"是回鶻語的漢語譯音。唐代詩人韋莊的《秦婦吟》敘述作者於唐僖宗廣明三年（881）往京都應舉時，恰逢黃巢軍攻陷長安，親見悲慘的情景。此長篇敘事詩久佚，王國維最初見到《秦婦吟》殘卷中的兩句"内庫燒為錦繡灰，天街踏盡公卿骨"，遂從《北夢瑣言》記述此兩句而斷定其為韋莊之作；繼又對伯希和寄來的照片進行研究，終於使此長詩重現於世，為研究唐末農民起義提供了新的史料。王國維很重視敦煌文獻中所保存的中國通俗文學的新資料，1920 年在《東方雜誌》十七卷八號上發表了《敦煌發現唐朝之通俗詩及通俗小説》一文，第一次介紹了敦煌變文《捉季布傳文》《李陵變文》《大目連乾冥間救母變文》，小説《唐太宗入冥記》，曲子詞《西江月》《菩薩蠻》《鳳歸雲》《天仙子》，并分別給予了簡要的評論。他就所見的《雲謠集雜曲子》殘卷所存的數首曲子詞，對詞體的起源作了新的推測，并通過《望江南》和《菩薩蠻》在河西的流行證明中原文化與敦煌文書之連接關係。這些細小問題的考證足見王國維知識之廣博與研究之精深。

　　當然，在國學研究中對某些困難的學術問題的考證是可能出現錯誤的，也是學者在尋求真知過程中難以避免的。王國維以為《尚書》中的《堯典》和《大禹謨》皆為歷史之實録，以為帝嚳乃殷之始祖，將漢代的裴岑誤為裴遵，對樓蘭古城遺址的論定有誤，關於戴

---

① ［民］王國維：《最近二三十年中國新發見之學問》，《静庵文集續編》，《王國維遺書》，第 5 册。

震盜竊趙一清《水經注》資料的斷定態度輕率，關於上古音五聲說之錯誤論斷，對某些甲骨文字的辨識存在問題：這些都是偶然的判斷失誤所造成的，并不足以影響其在國學研究方面取得的卓著成就和開拓新學問的貢獻。

四

1925 年，曹聚仁發表《春雷初動之國故學》一文，認為國故學之新傾向已經形成，其標誌是新考證之盛行。他分析其形成原因為：一、清代的舊考證包含的精英甚多，通過修正可以繼續發展；二、新的科學方法與傳統考據學的結合相得益彰；三、提倡以科學方法整理國故的導師們的大力提倡與推動；四、中國傳統的歷史文獻為研究國故者提供了廣闊的學術領域和豐富的資料。他考察了自北京大學《國學季刊》創刊以來的數年間，國故之資料由新的考證而日漸正確，因此：

> 綜合諸相：國故學之新傾向，昭然顯呈於吾人之前，新考證之盛行，即昭示吾人以國故學中心之所在。按考證之工作，清初已發其端，乾、嘉而後益盛，近頃之考證，原無以出清儒之範圍。所不同者：清儒之考證，其方法東鱗西爪，不可捉摸；近頃之考證，其方法較為具體，學者得襲取而用之也。[1]

國學的新傾向是相對於文化保守主義者的國粹派而言的。自新傾向形成之後，迅即成為國學運動的主流。我們可將新傾向派的學術特徵歸結為三點：一、國學為純學術性質的研究，以尋求中國歷史文化的真知為目標；二、研究的對象是中國文化與歷史上存在的若干狹小的學術問題；三、以科學方法與傳統考據學相結合為研究方法。我們以此考察王國維的國學研究，可見其是符合這三個學術特徵的。

王國維自從進入學術研究領域以來即堅持純學術的方向。他於 1905 年評論學術界的現狀時即以為："學術之所爭，祇有是非真偽之別耳。於是非真偽之別外，而以國家、人種、宗教之見雜之，則以學術為一手段，而非以為一目的也。未有不視學術為一目的而能發達者，學術之發達，存於其獨立而已。然則吾國今日之學術界，一面當破中外之見，而一面毋以為政論之手段，則庶可有發達之日歟！"[2] 學術研究的目的是辨明學術的真理，為保持

---

① 曹聚仁：《春雷初動中之國故學》，見桑兵等編：《國學的歷史》，北京：國家圖書館出版社，2010 年，第 387 頁。
② ［民］王國維：《論近年之學術界》，《靜庵文集》，《王國維遺書》，第 5 冊。

學術的獨立，不應將它作為達到任何社會現實利益的手段。因此，"學術為目的"是王國維始終主張的。他慨歎晚清時期真正的學者已經罕見："十年以前，士大夫尚有閉户著書者，今雖不敢謂其絕無，然亦如鳳毛麟角矣。夫今日欲求真悦學者，寧於舊學中求之。以研究新學者之真為學問歟？抑以學問為羔雁歟？吾人所不易知。不如深研見棄之舊學者，吾人能斷其出於好學之真意故也。"① 在當時崇尚技藝或視學術為手段的情形下，若求真正喜好學術者，王國維以為似乎應在研治舊學——中國傳統學術範圍內去尋找。1906 年，王國維正處於哲學研究告一段落的思想困惑之時，已發現研究中國學術更能接近"學術為目的"的境界。我們從他轉向國學研究後的著述來看，其所涉及的諸多關於中國傳統文化的探討，均在於從文獻和歷史事實的考辨而求得真知或求得歷史的真實，踐行了其"學術為目的"的理念。我們從《觀堂集林》和《觀堂別集》所收入的最能體現王國維學術水準的衆多論文的題目，可以發現它們關注的均是中國文獻與歷史上存在的各種狹小的學術問題，例如中國四裔之學、殷墟甲骨文、漢晉簡牘、敦煌文獻等。狹小的學術問題的解決往往是很困難的，其所涉及的學術範圍又是極廣的，有的問題尚需要在前人研究的基礎上作進一步的探討，且某種結論亦尚待證實。它們具有多學科綜合研究的特點，這正是國學研究的獨特之處。梁啓超在評價王國維的學術成就時説："先生之學，從宏大處立脚，而從精微處著力；具有科學的天才，而以極其嚴正之學者的道德貫注而運用之。其少年喜譚哲學，尤酷嗜德意志人康德、叔本華、尼采之書，晚年棄置不甚治，然於學術之整個不可分的理想，印刻甚深。故雖好從事於個別問題，為窄而深的研究，而常能從一個問題與他問題之關係上，見出最適當之理解，絕無支離破碎專己守殘之蔽。"② 這種對"個別問題為窄而深的研究"正是治國學的最基本的特徵。王國維治國學的方法已經體現了科學方法與傳統考據學的結合，而他又有自己的特點。科學是分門別類的知識體系，關於這一點王國維在早年研究哲學時即有認識。他説："凡學問之事，其可稱科學以上者，必不可無系統。系統者何？立一系以分類是已。分類之法，以系統而異，有人種學上之分類，有地理學上之分類，有歷史上之分類。三者畫然不相謀已。"③ 每門科學皆有自己特定的研究對象和知識系統，應按照系統將知識予以分類。王國維研究國學即善於將所見到的零散材料加以分類研究，所以羅振玉説："本朝經史考證之學，冠於列代。大抵國初以來，多治全經，博大而精密略遜；乾、嘉以來，多分類考究，故較密於前人。予在海東（日本），與忠愨（王國維）論今日修學宜用分類法，故忠愨撰《釋幣》《胡服考》《簡牘檢署考》，皆用此法。"④ 分類的

① ［民］王國維：《教育小言十則》，《靜庵文集續編》，《王國維遺書》，第 5 册。
② ［民］梁啓超：《王靜安先生紀念號序》，《追憶王國維》第 99 頁。
③ ［民］王國維：《歐羅巴通史序》，《靜庵文集續編》，《王國維遺書》，第 4 册。
④ 羅振玉：《集蓼編》，《追憶王國維》，第 26 頁。

研究可以使研究的對象具體而形成專題，故可促進研究工作的細緻精密。王國維曾向羅振玉提及治學的存疑問題：“今之學者於古人之制度文物、學説無不疑，獨不肯自疑其立説之根據。”① 科學研究的立説是指導研究工作的理論，它僅具假設性質，故王國維很注意立説的根據，如果根據不足，或有錯誤，則此説難以成立，而且立説設定之後尚需求證和檢驗。因此他認為，能自疑立説的根據在由疑而得信的過程中是應首先考慮的。王國維總結自己的經驗説：“苟考之史事與制度文物，以知其時代之情狀；本之《詩》《書》求其文之義例；考之古音，以通其義之假借；參之彝器，以驗其文字之變化：由此而之彼，即甲以推乙，則於字之不可釋、義之不可通者，必間有獲焉。”② 這是在采用多種研究手段之後對研究對象所作的綜合的類推過程，由此可以得到可靠的結論。王國維晚年還總結出二重證據法：“吾輩生於今日，幸得紙上之材料外，更得地下之新材料。由此種材料，我輩固得據以補正紙上之材料，亦得證明古書之某部分全為實錄。即百家不雅馴之言，亦不無表示一面之事實。此二重證據法，惟在今日始得為之。”③ 由於二重證據法之應用，王國維解決了許多困難的學術問題。在以上幾種主要方法之外，王國維還應用了博徵、比較、歸納、校勘、訓詁等科學方法與考據學方法，這是他在國學研究中取得成就的主要原因。王國維以國學是“為學術而學術”的純學術性質，以中國文獻與歷史上存在的狹小學術問題為國學研究的對象，以科學與考據學相結合的方法進行研究，這完全與國學運動新傾向派的旨趣相一致。王國維自辛亥革命之後即專研國學，在國學運動早期國粹派盛行之際，他已具備新的國學觀念，用科學方法整理國故，開拓了國學研究的新途徑，取得了巨大的學術成就。我們完全可以認為他是後來用科學方法整理國故的新傾向派的先驅者。

王國維早年研究西方哲學時是具有崇高的學術信念的。1905 年他在發表的《論哲學家與美術家之天職》裏表現了對學者使命之自信及對學術意義的崇尚。他説：

> 夫哲學與美術之所志者，真理也。真理者，天下萬世之真理，而非一時之真理也。其有發明此真理（哲學家）或以記號表之（美術）者，天下萬世之功績，而非一時之功績也。唯其為天下萬世之真理，故不能盡與一時一國之利益合，且有時不能相容，此即其神聖之所存也。④

王國維所説的哲學與美術實際包括所有的人文學科，這些學者所探求的是“宇宙人生

---

① 羅振玉：《觀堂集林序》，《觀堂集林》卷首，《王國維遺書》，第 1 冊。
② ［民］王國維：《毛公鼎考釋序》，《觀堂集林》卷六，《王國維遺書》，第 1 冊。
③ ［民］王國維：《古史新證第一二章》，顧頡剛編：《古史辨》，上海：上海古籍出版社影印，1982 年，第 1 冊，第 265 頁。
④ ［民］王國維：《論哲學家與美術家之天職》，《靜庵文集》，《王國維遺書》，第 5 冊。

之真理"，所以他們的工作是"最神聖最尊貴"的，因而他希望"今後之哲學美術家毋忘其天職，而失其獨立之位置"。然而自從轉向專研國學之後，他再也沒有發表過類似的言論。後來，王國維對哲學感到厭煩和失望，而試圖從文學研究特別是填詞中得到慰藉，但仍然歸於失望。研究國學雖然最能發揮其聰明才智的潛在優勢，他也能從學術的創獲中為求得真知而喜悅，但他能否由此而認識宇宙人生的真理，能否由此得到感性的慰藉，能否保持早年的對學者使命的信念：這些我們都不得而知。關於他晚年以悲劇方式結束自己的生命，梁啓超以為：

　　　　王先生的性格很複雜而且可以說很矛盾：他的頭腦很冷靜，脾氣很和平，情感很濃厚，這些是可從他的著述、談話和文學作品看出來的。祇因有此三種矛盾的性格合并在一起，所以結果可以至於自殺。①

　　梁啓超對這位在清華國學研究院的同事兼好友的死因的分析是很合理的。清代眾多的考據學家，他們所從事的枯燥乏味和繁瑣細微的工作，往往要經過數十年窮年累月的研究，還得設法將著作刊行，纔能有所成就。他們的考據學不為清代統治階級支持，更與科舉入仕無關，不可能帶來任何現實的利益。有的學者家境清貧，生活條件十分困難，但他們堅持下去了。李慈銘將清代考據學與明代以來的理學相比較，以為"若我朝諸儒之為漢學也，則違忤時好，見棄眾議，學校不以是為講，科第不以是為取"，然而"諸君子之抱殘守闕，斷斷鍥素，不為利疚，不為勢詘，是真先聖之功臣，晚世之志士"。② 我們可以相信，清代的許多考據學家持有保存中華傳統文化的信念，相信祇要民族文化存在，漢民族便有復興的希望。顯然王國維沒有從國學研究中認識到它的意義，因而缺乏學術信念和學者使命感，以致使學術事業中斷。我們從後來新傾向的國學家們推進國學運動的不懈努力，可見到他們認識到了國學的意義，由此不斷地去完成學術的使命。

作者單位：　　　　四川省社會科學院文學所

四川省人民政府文史研究館

---

① ［民］梁啓超：《王靜安先生墓前悼辭》，《追憶王國維》，第 95 頁。
② ［清］李慈銘：《越縵堂讀書記》，北京：中華書局，1983 年，第 761 頁。

試論胡適、梁啓超的 "國學書目" 與西學東漸

何 鑫

總體上看，近代的國學研究 "乃是數百年間中西文化的交流融合，特別是晚清西學東漸之風的鼓蕩，最終導致中國文化在學術層面上由傳統走向現代。西學不僅刺激了國學研究的興起，更制約着其發展趨向"①。晚清西學東漸以來，面臨西學的衝擊，如何閱讀傳統的國學書成了問題。1923 年，爲了在短期內掌握國學常識，清華大學一批即將赴美留學的學生請胡適擬定一個有關國學的書目②。不久，梁啓超也應《清華週刊》記者之邀，撰寫了《國學入門書要目及其讀法》。青年學生期待胡適、梁啓超等先生可以有條理、有系統地梳理古書，能根據學生的現實水準進行有益的推薦。以胡適、梁啓超在當時的影響力，二人開列的書目引起了廣泛的討論和爭議。

一、胡適、梁啓超的 "國學書目" 詳情

1922 年 3 月，《國學季刊》編輯部成立，胡適爲主任。1923 年 1 月，《國學季刊》第一期出刊。是年 2 月 25 日，胡適開列的《一個最低限度的國學書目》在《東方雜誌》第 20 卷第 4 號上發表，後又於 3 月 4 日載入《努力週報》的增刊《讀書雜誌》第 7 期。在《一個最低限度的國學書目》的序言中，胡適談道："這四五年來，我不知收到多少青年朋友詢

① 桑兵：《晚清民國時期的國學研究與西學》，《歷史研究》1996 年第 5 期，第 30—46 頁。
② 胡適在《一個最低限度的國學書目》的序言中寫道："這個書目是答應清華胡敦元等四個人擬的。"

問 '治國學有何門徑' 的信。"① 可見青年學子欲治國學者甚衆，却苦於没有門路。意識到在國學方面有成績的人往往是下了死功夫和笨功夫，國學在當時尚無門徑可言的現狀，為幫助青年朋友在短時期得到國故學的常識，胡適共列出書目 180 餘種，分為工具之部、思想史之部、文學史之部三大類。其中，工具之部包括《書目舉要》《書目問答》《四庫全書總目提要》等 14 種工具書；思想史之部包括先秦諸子、佛教典籍、歷代思想史著作共 92種；文學史之部包括詩詞、元曲和明清戲曲、清代文集、清詩和明清小説共 77 種。其中有不少《全漢三國晉南北朝詩》《全唐詩》《宋詩鈔》《元曲選百種》《六十種曲》這類大部頭書籍，所列書目數量之龐大，連胡適自己也表明："這個書目不單是為私人用的，還可以供一切中小學校圖書館及地方公共圖書館之用"②。

　　隨後的 4 月 26 日，梁啓超在《清華週刊》第 281 期上，也開列了一個國學書目，即《國學入門書要目及其讀法》，共收書約 160 種。梁啓超將國學入門書分為五大類：修養應用及思想史關係書類、政治史及其他文獻學書類、韻文書類、小學書及文法書類、隨意涉覽書類。梁啓超對韻文書雖有所保留，但認為 "若非有志研究斯學者，并此諸書不讀亦無妨耳"③。而胡適在序言中却表明後悔以前勸人治國學從小學入手，先通音韻訓詁。在胡適看來，音韻訓詁衹是學者的工具，而不是初學的門徑。同時，梁啓超還附錄了三篇文章，即《最低限度之必讀書目》《治國學雜話》《評胡適之的〈一個最低限度的國學書目〉》。在《治國學雜話》中，梁啓超認為，對於學生而言，除了課堂上的功課，課外學問是必要的，讀課外書便是課外學問的主要部分。梁啓超所列的書目之廣博或與他的這一觀念有關。

　　《清華週刊》的記者後來致書胡適，認為其所列書目一方面範圍太窄，衹涉及中國思想史、文學史，像是給有志於專攻哲學或文學的人作參考的；一方面過於深奧，并非 "最低限度"。記者還強調時間和地位問題，具體而言：清華學生的求學時間為八年，期間除了必讀的西文課程外，切實研究國學能達到何種程度？清華學生大多留美，教育家對留美學生的國學素養有何種程度的期待？因此，該刊記者希望胡適另列一個真正意義上的最低的國學書目，讓無論是理工科還是文史哲的學生都應該讀。針對記者提出的所列書目範圍窄的問題，胡適在《答書》中表明，思想與文學即國學最低限度。而在記者所説的書目過於深奧，且數量太多，短期内無法讀完這一點上，胡適則認為一是考慮到針對的是清華的學生，二是列出許多書目可以給學生選擇的餘地。胡適列出那麼多書目，實際上頗有故意提倡走極端的意味。就像其主張全盤西化一樣，明白文化上的惰性，知道後人會偷懶，會調和。

---

① 胡適：《胡適文存二集》，見胡適：《胡適文存》，北京：外文出版社，2013 年，第 165 頁。（以下衹出注書名、頁碼）

② 同上，第 166 頁。

③ 同上，第 216 頁。

但胡適最終還是有所妥協，將書目進行删減，擬出了一個實在不能再少的書目，共計 39 種。考慮到青年學生校課既繁，且并不是專門研究國學的，梁啓超也精選 25 種書目作爲《最低限度之必讀書目》。既然是 "最低限度"，因而梁啓超强調："若并此未讀，真不能認爲中國學人矣。"①

胡適列出的一個真是不能再少的 39 種書目包括：《書目問答》《法華經》《左傳》《中國人名大辭典》《阿彌陀經》《文選》《壇經》《樂府詩集》《中國哲學史大綱》《宋元學案》《全唐詩》《老子》《明儒學案》《宋詩鈔》《四書》《王臨川集》《宋六十家詞》《墨子間詁》《朱子年譜》《元曲選一百種》《荀子集注》《王文成公全書》《宋元戲曲史》《韓非子》《清代學術概論》《綴白裘》《淮南鴻烈集解》《章實齋年譜》《水滸傳》《周禮》《崔東壁遺書》《西遊記》《論衡》《新學僞經考》《儒林外史》《佛教遺經》《詩集傳》《紅樓夢》《九種紀事本末》；梁啓超擬出的一個 "真正之最低限度" 的 25 種書目包括：《四書》《易經》《書經》《詩經》《禮記》《左傳》《老子》《墨子》《莊子》《荀子》《韓非子》《戰國策》《史記》《漢書》《後漢書》《三國志》《資治通鑒》《宋元明史紀事本末》《楚辭》《文選》《李太白集》《杜工部集》《韓昌黎集》《柳河東集》《白香山集》。胡、梁二人經過删減的書目中，相同的僅有《四書》《左傳》《老子》《荀子》《文選》《詩經》。

胡適所列書目的著録專案包含書名、作者、版本，間或有對書目的注釋和評價。梁啓超雖未列出版本，但從《國學入門書要目及其讀法》這一題目便可看出，其補充了各種書目的讀法，因而相較於胡適《一個最低限度的國學書目》更具指導意義。如面對浩瀚難讀的史書，梁啓超給出了幾點讀法：就書而讀、就事分類而摘讀志、就人分類而摘讀傳。又如梁啓超認爲：《論語》《孟子》《老子》宜熟讀成誦；《莊子·內篇》及《雜篇》中之《天下篇》宜精讀；《韓非子》《吕氏春秋》《論衡》《抱朴子》等書宜瀏覽。不僅如此，梁啓超還推薦了相關注本，方便學生根據自身水準進行選擇。"《論語》《孟子》之文，并不艱深，宜專讀正文，有不解處，方看注釋。"② 梁啓超認爲 "朱熹《四書集注》有墮入宋儒理學障處，宜分別觀之"③，因而更推薦戴震的《論語注》《孟子字義疏證》、焦循的《論語通釋》《孟子正義》。

在《評胡適之的〈一個最低限度的國學書目〉》中，梁啓超認爲，既然是 "最低限度"，便是爲 "除却讀商務印書館教科書之外没有讀過一部中國書" 的青年們打算。但胡適的 "最低限度" 却更像是爲 "國學已有根柢而知識絶無系統" 的人説法，因而梁啓超認爲胡適所列書目文不對題、不合用，一方面墨漏太多，一方面博而寡要。讓梁啓超最詫異

---

① 《胡適文存二集》，《胡適文存》，第 223 頁。
② 同上，第 192 頁。
③ 同上。

之處便是胡適的書單裏没有史部書。梁啓超認定史部書是國學的最主要部分，在他看來：
"除先秦幾部經書、幾部子書以外，最要緊的便是讀正史、《通鑑》、宋元明紀事本末和
《九通》中之一部分，以及關於史學之筆記文集等，算是國學常識，凡屬中國讀書人都要讀
的。"① 其實，胡適的書單裏并非没有史部書，祇是在分類時，胡適將《三國志》和《文史
通義》與歷代各類詩詞曲一同列入了文學史之部，將《朱子年譜》和《史記探源》與先秦
諸子、佛教典籍一同列入了思想史之部。可見，胡適書目中的文學史之部包含了文學與文
學史著作，這其實是圖書編目分類的問題。

此外，梁啓超指出，應當告訴學生一個讀書的先後次序，如唐詩應該先讀哪家後讀哪
家，而不是直接讓學生讀《全唐詩》自行抉擇。更為重要的是，梁啓超認為胡適忽略了向
他索要書目的這些學生如若缺乏最普通的國學常識，很多書便都不能讀了：

> 試問連《史記》没有讀過的人，讀崔適《史記探源》，懂他説的什麽？連《尚書》
> 《史記》《禮記》《國語》没有讀過的人，讀崔述《考信録》，懂他説的什麽？連《史
> 記‧儒林傳》《漢書‧藝文志》没有讀過的人，讀康有為《新學偽經考》，懂他説的
> 什麽？②

梁啓超的批評確有道理，胡適列出的書目有高而不當之嫌，實在不能算是最低限度。
裘匡廬對此亦有所指摘："聽者不察而深信之，始則扞格不入，繼則望洋生歎，終亦必至甘
於自暴自棄而已。"③

二、胡適、梁啓超的"國學書目"産生的歷史原因

20 世紀 20 年代初期，在新文化運動的刺激下，出於對傳統文化的自我反省，"整理國
故"運動高漲，胡適等人試圖借鑒西方的科學方法來研究本國的歷史和文化，所謂"要發
揮我們的文化，非借他們的文化做途徑不可"④。在此影響下，"國學概論"等相關課程受

---

① 《胡適文存二集》，《胡適文存》，第 233—234 頁。
② 同上，第 235 頁。
③ 裘匡廬：《青年修習國學方法》，轉引自劉夢溪主編《中國現代學術經典‧錢基博卷》，石家莊：河北教育出版
社，1996 年，第 888 頁。
④ 梁啓超：《歐遊心影録》，北京：商務印書館，2014 年，第 51 頁。（以下祇出注書名、頁碼）

到追捧，但一直沒有統一的教材①；同時，中國古籍浩如煙海，數量巨大且難以讀懂，一般人若想從舊書中得到國學知識，往往要下很大的功夫；此外，受西學的影響，傳統課程在中學課堂裏被逐漸削弱，留美預備班學制照搬美國，使得學生與中國傳統文史之學日漸疏離。

在《一個最低限度的國學書目》的序言中，胡適有兩點聲明：一是這個書目并不是為有國學根柢的人設想，祇為想要得到一點系統的國學知識的普通青年設想。梁啓超在評價胡適的書目時指出："這個書目為'國學有根柢而知識絕無系統'的人說法，或者還有一部分適用。"② 雖不認同胡適所說的這個書目是為普通青年設想的說法，但梁啓超卻也認識到并肯定了胡適所列書目的系統性。強調知識的系統性，這和胡適在序言中聲明的第二點 "這雖是一個書目，卻也是一個法門"③ 是一致的。胡適把這個法門叫作 "歷史的國學研究法"，即："用歷史的綫索做我們的天然系統，用這個天然繼續演進的順序做我們治國學的歷程。"④ 胡適的書目便是按照這個觀念做的。如思想史之部，胡適列出從《韓昌黎集》到《章氏叢書》的共三十七種書目，欲以此明示唐代以來思想史發展的脈絡。"歷史的國學研究法" 強調方法與結構，這是胡適模仿杜威的科學方法，附會西學系統，嘗試改造中國傳統學問的體現。從這一點來看，胡適列出書目的具體數量并不重要，更為關鍵的則是閱讀這些書目的學子能否掌握科學的方法。

在答復《清華週刊》記者來書時，胡適闡明了對留學生國學素養的期待。胡適認為，正是因為 "當代教育家不非難留學生的國學程度，所以留學生也太自菲薄，不肯多讀點國學書，所以他們在國外既不能代表中國，回國後也沒有多大影響"⑤。早在 1912 年，胡適作有《非留學篇》，以為留學乃國之大恥，乃 "學不能競" 的表現。但在留學乃大勢所趨的情況下，哪怕是為留學生開設最低限度的國學書目，胡適仍舊不自覺地對學生的國學素養提出了高要求。同胡適一樣，梁啓超也希望清華同學諸君在國學上，相較於其他學校的學生更為用功。"諸君回國之後對於中國文化有無貢獻，便是諸君功罪的標準。"⑥ 在梁啓超看來，清華學生赴美留學，更需好好治國學。要牢記自己的身份是中國留學生而不是美國學生，應當融貫東西文化，不祇做一方的宣傳者。

在《新思潮的意義》中，胡適曾指出："若要知道什麼是國粹，什麼是國渣，先須要

---

① 胡適在《中學國文的教授》中談道："這個學制根本動搖的時代，我們全沒有現成的標準可以依據，也沒有過去的經驗可以參考。" 參見《胡適文存》卷一，第 303 頁。
② 《胡適文存二集》，《胡適文存》，第 231 頁。
③ 同上，第 165 頁。
④ 同上，第 166 頁。
⑤ 同上，第 189 頁。
⑥ 同上，第 230 頁。

用批判的態度，科學的精神，去做一番整理國故的功夫。"① 從"整理國故"到為青年學子開列"國學書目"，"國故"與"國學"有何異同，有何聯繫？胡適曾在 1923 年 1 月《國學季刊》的發刊宣言中談及了他對於"國學"的理解：

> "國學"在我們的心眼裏，祇是"國故學"的縮寫。中國的一切過去的文化歷史，都是我們的"國故"；研究這一切過去的歷史文化的學問，就是"國故學"，省稱為"國學"。"國故"這個名詞，最為妥當，因為他是一個中立的名詞，不含褒貶的意義。"國故"包含"國粹"，但他又包含"國渣"。我們若不瞭解"國渣"，如何懂得"國粹"？所以我們現在要擴充國學的領域，包括上下三四千年的過去文化，打破一切的門戶成見：拿歷史的眼光來整統一切，認清了"國故學"的使命是整理中國一切文化歷史，便可以把一切狹陋的門戶之見都掃空了。……我們所謂"用歷史的眼光來擴大國學研究的範圍"，祇是要我們認清國學是國故學，而國故學包括一切過去的文化歷史。②

質言之，在胡適看來，國故學就是國學，而國學就是系統的中國文化史。這樣一來，國學的範圍自然也就擴大了。正是因為不論國粹、國渣都是國故，因此對國故進行整理尤為重要。胡適指出"用歷史的眼光來擴大國學研究的範圍"，讓大家認識到研究國學就要研究中國過去一切的歷史文化。

梁啓超所列書目的產生，與其這一時期思想心態及文學觀念的轉變有關。1918 年底至 1920 年初，梁啓超出遊歐洲。此次歐洲之行，梁啓超本抱着向西方學習的心態，但却看到了在物質文明發達之後，人們精神文明的空虛。在《歐遊心影錄》中，梁啓超談道："歐洲人做了一場科學萬能的大夢，到如今却叫起科學破產來。……讀者切勿誤會，因此菲薄科學，我絕不承認科學破產，不過也不承認科學萬能罷了。"③ 目睹了歐洲經歷第一次世界大戰後的景象，梁啓超對西方的物質文明感到失望，對科學的權威產生了質疑。對於這一點，胡適在《我們對於西洋近代文明的態度》中也有所提及："近幾年來，歐洲大戰的影響使一部分的西洋人對於近世科學的文化起一種厭倦的反感，所以我們時時聽見西洋學者有崇拜東方的精神文明的議論。"④ 正是在這樣的背景下，梁啓超開始熱心於用西方的科學方法，整理傳統文化中的優秀成分，注重與西方的物質文明相對應的東方的精神文明⑤。尤

---

① 胡適：《胡適文集》，北京：北京大學出版社，1998 年，第 2 冊，第 557 頁。
② 《胡適文存二集》，《胡適文存》，第 11 頁。
③ 《歐遊心影錄》，第 18 頁。
④ 《胡適文存三集》，《胡適文存》，第 3 頁。
⑤ 參見陳平原、王德威、商偉編：《晚明與晚清：歷史傳承與文化創新》，武漢：湖北教育出版社，2002 年，第 244 頁。

其是看到歐洲的文藝復興使其思想由復古而得解放，梁啓超便寄希望於傳統文化的復興，其個人的文學思想因此也傾向於復歸傳統。在《中國人對於世界文明之大責任》中，梁啓超甚至發出這樣的呼喊："我們可愛的青年啊！立正！開步走！大海對岸那邊有好幾萬萬人，愁着物質文明破産，哀哀欲絶的喊救命，等着你來超拔他哩。"①

早在避居日本期間，梁啓超受日本政治小説的影響，注意到小説對於啓蒙的重要作用，宣導 "小説界革命"，重視小説的社會效果。在《小説與群治之關係》中，梁啓超認為 "小説為文學之最上乘"。但在歐洲之行後，在西方觀念中被視為正宗文學的小説不再受到梁啓超的重視。同時，梁啓超逐漸遠離政治，被他視為政治思想傳聲筒的小説自然也就退位了。梁啓超對於小説態度的轉變，在《國學入門書要目及其讀法》中可見一斑："吾以為苟非欲作文學專家，則無專讀小説之必要。"② 此時，梁啓超認為居於文學正統地位的應是傳統的詩文，在他列出的書目中，不見一本小説。

《國學入門書要目及其讀法》不僅體現了梁啓超在文學觀念上復歸傳統詩文的傾向，更流露出其對於國民素養養成的期待：

> 好文學是涵養情趣的工具，做一個民族的分子，總須對於本民族的好文學十分領略。能熟讀成誦，纔在我們的 "下意識" 裏頭，得着根柢，不知不覺會 "發酵"。③

梁啓超以為，像《論語》《孟子》這樣的經典著作，是國人思想的源泉，早已在全社會形成了一種共同意識。作為社會的一分子，應瞭解這些經典書目，最好熟讀成誦，纔不至於和社會的共同意識相隔。或許這也是梁啓超撰寫《國學入門書要目及其讀法》的重要動機，希望青年學子掌握作為一個中國人的基本國學常識。梁啓超在東南大學國學研究所發表的講演《治國學的兩條大路》中已表明，對於研究國學來説，文獻的學問與德性的學問同樣重要：文獻的學問用客觀的科學方法去研究國學，這是 "整理國故" 所承擔的任務；德性的學問用内省的躬行的方法去研究國學，這是一種人生哲學。二者相結合，知行合一，方是治國學的正道。與胡適强調閲讀國學書目要注重科學方法相比，梁啓超在科學的方法外，還注重涵養人生的實際功用。

---

① 《歐遊心影録》，第52頁。
② 《胡適文存二集》，《胡適文存》，第214頁。
③ 同上，第230頁。

三、胡適、梁啓超的 "國學書目" 的反響與意義

在《現代中國文學史》中，錢基博曾言：

> 一時大師，駢稱梁、胡。二公揄衣揚袖，囊括南北，其於青年實倍耳提面命之功，惜無抉困持危之術。啓超之病，生於嫵媚；而適之之病，乃為武譎。①

錢基博肯定了胡、梁二人在當時的影響力，尤其是對青年的感召力，却認為二人均缺乏為青年學子指路的技巧。但有賴於這一 "耳提面命之功"，自從胡適、梁啓超的 "國學書目" 發表之後，相繼有李笠的《國學用書撰要》、支偉成的《國學用書類述》、陳伯英的《國學書目舉要》、曹功濟的《國學用書舉要》、上海國學書局的《國學書目提要》、楊滄濟的《治國學門徑書》、陳鍾凡的《治國學書目》、呂思勉的《經史解題》、錢基博的《四書講解及其讀法》問世②。除此之外，"國立大學拿 '整理國故' 做入學試題，副刊雜誌看國故文字為最時髦的題目。結果是綫裝書的價錢十年以來漲了二三倍"③。

1925 年 1 月，受胡、梁二人書目的影響，《京報副刊》的編輯孫伏園發表啓事，徵求 "青年必讀書十部"。胡適、梁啓超、周作人、馬裕藻、林語堂、顧頡剛、俞平伯等 78 位學者進行了推薦。胡適此時列出的書目中，除五本外文著作外，中文書籍包括王弼《老子注》、孫詒讓《墨子間詁》《論語》《論衡》《崔東壁遺書》；梁啓超列出的則全為中國典籍，包括《孟子》《左傳》《荀子》《漢書》《後漢書》《資治通鑒》《通志》二十略、《傳習録》《唐宋詩醇》《詞綜》。梁啓超在附注中説明了選取這十本書的標準：一、修養資助；二、歷史及掌故常識；三、文學興味。近人著作、外國著作不在此數。④ 在注重培養青年學子對於文史的興味外，梁啓超還强調閲讀時内在精神的修養。

胡適、梁啓超提倡整理國故，將整理的方法與結果公之於眾，指導青年學生閲讀古書，自有益處。整理國故在胡適看來是要根據此時此地的需求去重新估定一切價值，這本身是一種現代科學精神的體現。但在胡適提倡整理國故後不久，研究國學成了出風頭的一種捷徑，在青年當中搞得烏煙瘴氣，胡適不得不轉變態度，指出國學是一條死路：

---

① 錢基博：《現代中國文學史》，上海：上海古籍出版社，2011 年，第 390 頁。
② 耿雲志、黎文明：《現代學術史上的胡適》，北京：生活·讀書·新知三聯書店，1993 年，第 319 頁。
③ 《胡適文存三集》卷一，《胡適文存》，第 215 頁。
④ 梁啓超：《飲冰室合集·集外文》，北京：北京大學出版社，2005 年，中册，第 975 頁。

現在一班少年人跟着我們向故紙堆去亂鑽，這是最可悲的現狀。我們希望他們及早回頭，多學一點自然科學的知識與技術，那條路是活路，這條故紙堆的路是死路。①

到 1927 年，胡適發表《整理國故與 “打鬼”》，認為整理國故的目的和功用就是 “打鬼”，輸入新知識與整理國故 “打鬼” 也變得互相對立起來。承認國學是一條死路反映出胡適作為反傳統的 “五四” 新文化人不得不與復古派劃清界限的尷尬②，但更體現出他為了奉勸青年離開故紙堆、多學點實用的科學技能的良苦用心。

科學家與國學家何者對當時的中國更有裨益的爭論，其背後是 “西方科學” 與 “國學” 之西與中的對立。胡適對於治國學的態度正是在兩者之間努力維持一種平衡與作出調和。這也是胡適思想基本矛盾的體現，“他一方面致力於對中國傳統的漸進改革，一方面却對中國傳統做整體性的反抗”③。當時國人雖缺乏自信，但胡適以為盲目的自大更不可取。因為警惕狹隘的民族主義，他擔心 “過分頌揚中國傳統文化，可能替反動思想助威”④。按照胡適所說，國學即國故學的縮寫，那麼整理國故即整理國學。1928 年，胡適在致胡樸安的信中明確表明了自己對待整理國故的看法，是要讓政治與學術分離，追求學問的獨立性，實事求是：

> 我不認為中國學術與民族主義有密切的關係。若以民族主義或任何主義來研究學術，則必有誇大或忌諱的弊病。我們整理國故祇是研究歷史而已，祇是為學術而作工夫，所謂實事求是也，從無發揚民族精神感情的作用。⑤

胡適希望以一種科學的態度研究國學，實事求是，不帶民族情感，但其為喚醒國民自覺意識的用心與民族國家的立場表露無遺。與胡適強調科學的方法相似，曾任《國學季刊》編輯的顧頡剛在《北京大學研究所國學門週刊》發刊詞上表示：

> 研究國學，就是研究歷史科學中的中國的一部分，也就是用了科學方法去研究中國歷史的材料。所以國學是科學中的一部分（如果是用了科學方法而作研究），而不是與科學對立的東西。⑥

---

① 《胡適文存三集》卷二，《胡適文存》，第 205 頁。
② 陳平原：《中國現代學術之建立——以章太炎、胡適之為中心》，北京：北京大學出版社，2010 年，第 11 頁。
③ 林毓生：《中國傳統的創造性轉化》，北京：生活·讀書·新知三聯書店，2011 年，第 215 頁。
④ 胡頌平：《胡適之先生晚年談話録》，北京：中國友誼出版社，1993 年，第 233 頁。
⑤ 胡適：《胡適書信集》，北京：北京大學出版社，1996 年，上冊，第 465 頁。
⑥ 顧頡剛：《北京大學研究所國學門週刊》發刊詞，《北京大學研究所國學門週刊》1926 年第 2 卷第 13 期。

　　將國學作為一門科學，為真理而求真理，超越國家和民族的道德的政治的限制，追求國學自身的獨立性，自有其合理之處。正如王國維指出的："學術之發達，存乎其獨立而已。"① 順着這條綫索發展到現在，國學在現代學科中的定位有如謝桃坊所言，國學"是關於中國傳統文化與學術的高深而煩瑣的考證，它是獨立而純粹的學術，除了學術自身之外，不負擔其他政治的、倫理的、社會的任務"②。但在 20 世紀 20 年代特殊的背景之下，推薦國學書目與傳統學術的轉型以及啓蒙救亡的需要緊密相連，其背後是學者們的一片苦心。典型的如錢基博對於國學的理解是："國學"即國性之自覺，包括兩方面的含義：一曰"必自覺國性之有不可蔑"；一曰"必自覺國性之有不盡適"③。

　　近代中國在物質層面上落後於西方，尤其是甲午戰爭之後，自信心的喪失使得國人關注的重心更多地向與物質相對的精神文明轉移。新文化運動之後，胡適提倡"整理國故"，認為這是最好發力且最易顯出成效的一種努力方向，即國學能够與世界範圍的學術相比較。自 1902 年致函黃遵憲擬創辦《國學報》以來，梁啓超經常使用"國學"一詞。在梁啓超眼裏，國學"不僅涵蓋自古流傳的各種流派的學術思想，而且包括當代乃至將來新出現的'可以代表當時一國之思想'的各種新理論、新學説"④。雖然對於"國學"的理解有所不同，但從胡適、梁啓超整理必讀書目的發力方向可見，近代意義的國學是在西學的影響下傳統學術的轉型，和新學相比，是舊學；和西學相比，是中學。國學及其學人與對於國民的素養養成與自覺意識覺醒的期待緊密相連，更與國家民族的存亡發展密不可分。

作者單位：華東師範大學中文系

---

① 傅傑編校：《王國維論學集》，昆明：雲南人民出版社，2008 年，第 258 頁。
② 謝桃坊：《國學論集》，北京：社會科學文獻出版社，2011 年，第 13 頁。
③ 錢基博：《經史子集入門——錢基博談治國學》，合肥：黃山書社，2009 年，第 13 頁。
④ 連燕堂：《梁啓超對於國學研究的開創性貢獻》，《文學遺産》2009 年第 6 期，第 99—110 頁。

吴宓與《紅樓夢》

文天行

　　就 20 世紀中國文學史來看，新談《紅樓夢》，吴宓應屬乾首之列。這種新談不是洋洋灑灑數萬言之文，而是綱領、全面之論，給人以述而不作的感覺。他不僅將《紅樓夢》率先置於世界名著之林，而且還認為少有能及者。與其他人還有不同的是，他談《紅樓夢》談着談着不僅把自己談進去了，還把其他人也往裏面談。也許正因如此，他頗受歡迎，所到之處多有"紅樓熱"出現。

一

　　吴宓與《紅樓夢》結緣，是從少年時期開始的，之後就愛不釋手。1907 年，也就是吴宓十四歲那年，在新疆迪化為官的嗣父仲旗公為奔母喪回陝西。"仲旗公帶回之行李中，有《增評補圖石頭記》（此書，俗稱曰《紅樓夢》，一部，鉛印本，十六冊。本書為第一冊）。""宓見之大喜，趕即閱讀，并於夜間，伏衾中枕上，燃小煤油燈讀之，每晝夜可讀五回至六回。故得於明年正月中旬（宏道下學期開學前）讀畢全書。"[1] 1908 年，他十五歲。讀書之暇，他說他"借得前半部木刻小冊《石頭記》，課餘恒讀之，甚欣快。故宓於《石頭記》第二十至四十回一部分最熟，亦最欣賞其內容也"[2]。并不止於自我閱讀，他還關注《紅樓夢》的社會輿論。1913 年，他二十歲，已進清華。他"讀商務印書館所出之《小説月報》

---

① 吴宓：《吴宓自編年譜》，北京：生活・讀書・新知三聯書店，1995 年，第 74 頁。（以下衹出注書名、頁碼）
② 同上，第 78 頁。

多册"，其中一篇小説，引用"元和陳鍾麟所作《紅樓夢曲》（七古），集唐人詩句，綜述《石頭記》全書内容。必讀之，即能成誦……"[1] 基於閲讀《紅樓夢》數年的體會和對《紅樓夢》社會動向的關注，他逐漸有了對《紅樓夢》的進一步認識與評價。1915 年，他二十二歲。他在日記中寫道："中國寫生之文，以《史記》為最工，小説則推《石頭記》為巨擘。而此二書之聲價，正以其所敘述皆瑣屑而真摯也。"[2] 1917 年，他二十四歲，雖已在美國留學，對《紅樓夢》仍興味盎然，并將所閲讀之外國小説與《紅樓夢》進行類比。他説，他上 "《英文小説》一課，每次須讀書約二三百頁，每星期讀畢二書。近讀 Richardson's *Pamela* 及 *Clarissa* 二書，甚喜之。以為頗肖《石頭記》也"[3]。他還忍不住對《紅樓夢》"下了手"，戲改了《石頭記》之目録。閲讀積累，為學提升，留學拓展，吳宓對《紅樓夢》有了自己的創新認識，為綱領性的《〈紅樓夢〉新談》一文之破土奠定了堅實的基礎。

當然，還有客觀原因的促使。吳宓在哈佛大學留學時，中國學生會有定時自主選題講演的習慣。他自然也不會例外。選什麼呢？他選了興味盎然的《紅樓夢》。正由於這樣，1919 年一月初，他纔撰寫成了《〈紅樓夢〉新談》。《吳宓自編年譜》謂："蓋哈佛大學中國學生會規定，每兩星期開晚會一次，每次請二位同學演講（中、英語，隨意）。本年一月中旬一次晚會，輪值 (1) 孫學悟、(2) 吳宓演講。宓所講，即《〈紅樓夢〉新談》之内容，而更加以發揮。是晚會中，衆皆急盼 (1) 孫君速完畢，而得聆宓講。麻省理工學院及波士頓大學亦各有中國學生數人來會，為聽宓講《紅樓夢》云。"吳宓講演，開門就紅，還產生了一定的社會影響。陳寅恪有《〈紅樓夢新談〉題辭》見贈："等是閻浮夢裏身，夢中談夢倍酸辛。青天碧海能留命，赤縣黄車更有人。世外文章歸自媚，燈前啼笑已成塵。春宵絮語知何意，付與勞生一愴神。""黄車"即黄車使者，吳宓曾以此號自稱。吳宓視陳寅恪為知己，且"深為傾倒"，録之於日記。不過，此為講演之"新談"而非刊物發表之"新談"。

演講之後，吳宓不僅没有止步，還對《紅樓夢》的藝術内容和價值與外國文學作了進一步的比較和思考。1919 年 7 月 29 日他的日記載："作《紅樓夢新談》，兹覺其意有未盡。因讀 *Shelburne Essays* 中論小説巨擘應有之數事，《紅樓夢》似皆具之。"日記中，他著重談了甄、賈以及太虚幻境，并有了新的啓發，但筆墨却未動，因為還没有機緣促使。不久，機緣來了。翌年初，亦即 1920 年正月 26 日，他的日記載："《民心》出版，宓未嘗作文。

---

① 吳宓：《吳宓自編年譜》，北京：生活·讀書·新知三聯書店，1995 年，第 125 頁。

② 吳宓：《吳宓日記》，北京：生活·讀書·新知三聯書店，1998 年，第 1 册，第 493 頁。（以下衹出注書名、頁碼）

③ 《吳宓日記》，第 2 册，第 15 頁。

尹君來函催索，并指明去歲所作之《紅樓夢新談》，命速寄去備登。不得已，乃費三日夜之力，重作一過，并求錫予代為刪潤，乃得於今晚寄去云。"① 改後的"新談"終於面世，登於 3 月 27 日出版的《民心週報》第一卷第十七至十八期。這是一篇綱領性文章，奠定了他之後撰寫、講演、比附的基礎。

這個發表的"新談"新在什麼地方呢？其新就新在對《紅樓夢》價值的認識有了新的提升。

《紅樓夢》是中國古典名著不言而喻，但這之前它的影響範圍基本是在國內，是吳宓首次將其置之於世界小說之林，而且進而斷言，雖說西方名著難以勝數，但如果與《紅樓夢》相比的話，也少有能及者。"新談"開端就說："《石頭記》（俗稱《紅樓夢》）為中國小說一傑作。其入人之深，構思之精，行文之妙，即求之西國小說中，亦罕見其匹。西國小說，佳者固千百，各有所長，然如《石頭記》之廣博精到，諸美兼備者，實屬寥寥。"他還作了闡釋。他那時正在哈佛上小說課，"授小說一科"的英文老師 Dr. G. H. Magnadier "嘗采諸家之說，融會折衷，定為繩墨。謂凡小說之傑構，必具六長"，方可稱之為傑作。六長者何？一為"宗旨正大"，二為"範圍寬廣"，三為"結構謹嚴"，四為"事實繁多"，五為"情景逼真"，六為"人物生動"。他認為"《石頭記》實兼此六長"，於是中西比較，對這六個方面進行了綱領性的全面論證，向人們揭示了《紅樓夢》為什麼在眾多燦爛的外國名著中其位也至尊。"新談"寫於"五四"前夕，發表於"五四"之中。如果聯繫辛亥革命成功、國內西化之風越吹越烈——用康有為的話來說就是對歐美"殆無不力追極模，如影之隨形"、對中國傳統文化越來越鄙薄的背景來看，吳宓這篇"新談"就還有提振民族自信的意義。

"新談"以"六長"為標準，對《紅樓夢》作了對號入座的藝術分析。"一長"為"宗旨正大"，吳宓論此較詳。《紅樓夢》是怎樣"正大"的呢？他認為，雖然理解各有不同——仁者見之謂仁，智者見之謂智，但也有共識之處。"上等小說，必從大處落墨。《石頭記》作者，尤明此義。"此"係寫情小說"，所寫者實又"不止男女之情"，故而"神味深永，能歷久遠，得讀者之稱賞"。細釋之，"由小及大，約有四層"，而"每層中各有鄭重申明之義，而可以書中之一人顯示之"。這"四層"是哪四層呢？他說，第一層是"個人本身之得失（為善，作惡，向上，向下）"。外的體現是"教育之要"，內的體現是"以理制欲"，具體落實到賈寶玉的身上。賈寶玉缺乏教育，又乏修養自治之功。與其同道者"有盧梭，亦富於感情，故以一窮書生，而行踪所至，名媛貴婦，既美且顯者，悉與歡好"。第二層是"人在社會中之成敗"，是"直道而行則常失敗"與"著惡報施之不公"，體現在

---

① 《吳宓日記》，第 125 頁。

林黛玉身上。她"本有其完美資格，此席斷不容他人攙占，然黛玉直道而行，不屈不枉，終歸失敗"。而寶釵等不同，"以術干，以智取，隨時隨地，無不自顯其才識，以固寵於賈母、王夫人，雖點戲小事，亦必細心揣摩。又納交襲人，甚至使黛玉推心置腹，認為知己。權變至此，宜有大方家之號，而卒得成功"。世事實在讓人感歎無已："蓋理想與實事，常相徑庭，欲成事而遂欲者，每不得不趨就卑下，以俗道馭俗人，乘機施術，甚至昧心滅理，此世事之大可傷者。"進而他又認為："又天道報施，常無公道，有其德者無其名，有其才者無其位，有其事者無其功，幾成為人間定例。"他告誡道："而聖智熱誠之人，真欲行道，救世或自救者，則不得不先看透此等情形，明知其無益而盡心為之，明知其苦惱而欣趨之。"第三層是"國家團體之盛衰""弄權好貨之貽害大局"，體現在王熙鳳身上。吳宓說："凡小說巨製，每以其中主人之禍福成敗，與國家—團體—朝代之興亡盛衰相連結，相倚伏。"他說《石頭記》寫黛寶情緣，亦寫賈府之歷史。他把重點放在了王熙鳳身上進行分析："賈府王熙鳳桀驁自逞，喜功妄為，聚斂自肥，招尤致謗，群眾離心，致賈府有查抄之禍。奸雄弄權，貽害國家，亦猶是也。王熙鳳最善利用人之弱點，供其驅使。賈母精明而仁厚，王夫人則乏才。由賈母而王夫人，由王夫人而王熙鳳，每況愈下矣。蓋古今亡國，多出一轍。"當然，不排除賈府上下奢侈淫亂、子弟均不好學也是衰亡的原因。第四層是"千古世運之升降"，一在於"物質進化而精神上之快樂不增"，二在於"歸真返樸之思想"。這個體現在劉姥姥身上。吳宓說："堂堂賈府中，或則奢侈淫蕩，或則高明博雅，而皆與劉姥姥之生平，反映成文。劉姥姥二進榮國府，宴於大觀園，見鴿蛋墮地，顧惜而歎。此歎微婉得神，與上言縫衣之歌，一則憤激，一則淳厚，甚相懸殊也。劉姥姥為人，外樸實而內精明，又有俠義之風。"

"二長"為"範圍寬廣"。吳宓說，《石頭記》人物多至五百餘人，色色俱備，包羅萬象。通過人物可見賈府，而賈府實足能"顯示當時中國社會全副情景"。其所描述，如"醫卜、星相、書畫、琴棋之附帶論及者，亦可為史料"。他說："昔人謂但丁作 Divine Comedy 一卷詩中，將歐洲中世數百年之道德宗教，風俗思想，學術文藝，悉行歸納。《石頭記》近之矣。"所謂"近之"者，指"《石頭記》中材料，悉經十分融化過來"，渾然一體。吳宓認為，小說作者，最難能而可貴的是"識解之高，能通觀天人之變，洞明物理之原"，從而"以中正平和之心，觀察世事，無所蔽而不陷一偏，使輕重小大，各如其分，權衡至當，褒貶咸宜。《石頭記》之特長，正即在此。故雖寫寶黛等多人之愛情，而讀者解得愛情僅為人生之一事，非世界中男女，皆晝夜浮沉情海者也。雖寫王熙鳳等之機謀，而見得世中仍有方正之賈政，忠厚之李紈，坦率之湘雲，非盡人皆蘇、張、操、莽也。餘可類推"。他還與西方小說作了這樣的比較，說西國近世小說，作者"僅著眼於一點"，所敘者"或專寫婚姻之不美滿，或專言男女情欲之不可遏抑，或專述工人之生活，或專記流氓之得志。如 George Moore，Theodore Dreiser，Zola，Balzac 以及托爾斯泰，皆犯此病"。讀這樣的書畢，常有惡感産生，好像"世界中，祇是一種妖魔宰制，一種禽獸横行，一種機械絆鎖，甚爲懊喪驚駭"。究其原因，"皆由作者祇見一偏之故"。而《紅樓夢》却"不陷一偏"，没有這些弊端，其勝出自然是理所當然。

"三長""四長""五長""六長"，亦即結構謹嚴、事實繁多、情景逼真、人物生動四個方面，吳宓談得比較簡略。他説《紅樓夢》以"一件大事爲主幹，爲樞軸，其他情節，皆與之附麗關合""行而不滯，續不起斷""如河流之蜿蜒入海"；一切事實，"全在情理之中"，不無端出没，亦無以意造作。他説一般小説有三病：議論連篇累牘，空言呶呶；人物心理，"考究過詳，分析過細，敘説過多"；"風景服飾器皿等，描畫精詳，而與書中之人之事，無切要之關係"。"《石頭記》均無以上之病。""《石頭記》敘事，情景至爲真切，而當極複雜紛亂之境，尤能層次井然，照應周密，各人自見其身份。"總的來講，"《石頭記》中人物，栩栩如生，而均合乎人情；其性行體貌等，各各不同，而賢愚貴賤，自合其本人之身分。且一人前後言行相符，無矛盾之處。人數既衆，於是有反映，兩兩相形，以見别異"。换句話説，也就是人物性格具有相當的複雜性，而又有機地統一於一身，形象而又真實。

《紅樓夢》是一部什麽樣的小説一直是有爭議的問題。1920 年前後，中國學界刮起了辨古之風。1921 年 11 月 12 日，胡適撰就《〈紅樓夢〉考證》。他説《紅樓夢》是什麽書的問題許多人都"附會"了。他將"附會"分作三派："第一派説《紅樓夢》是爲清世祖與董鄂妃而作，兼及當時的諸名王奇女。"代表是王夢阮的《紅樓夢索隱》。"第二派説《紅樓夢》是清康熙的政治小説。這一派可用蔡孑民先生的《石頭記索隱》作代表。""第三派的《紅樓夢》附會家，雖然略有小小的不同，大致都主張《紅樓夢》記的是納蘭成德的事。"在引證了曹雪芹及其家世的材料後，胡適作了結論："我們看了這些材料，大概可以明白《紅樓夢》這部書是曹雪芹的自敘傳了。這個見解，本來并没有什麽新奇，本來是很自然的，不過因爲《紅樓夢》被一百多年來的紅學大家越説越微妙了。"1923 年 4 月，俞平伯《紅樓夢辨》一書出版。他對胡適的評價頗高，説："《紅樓夢》是一部自傳，這是最近的發現，以前人説得很少。"其實，此説在吳宓 1919 年 1 月撰就、1920 年 3 月在《民心週報》上刊出的《〈紅樓夢〉新談》中就明確説過了。吳宓説："賈寶玉者，書中之主人，而亦作者之自况也。""自况"與"自敘"似乎没有多少差别。接着吳宓還以小説内容證之："護花主人讀法，釋《石頭記》之宗旨，曰'譏失教也'。開卷第一回，作者敘述生平，'少壯不努力，老大徒傷悲'，追悔往昔，自怨自艾。第五回《紅樓夢》歌曲《世難容》一曲，亦夫子自道。……第五回，警幻有勸告寶玉之言。第十二回，風月寶鑒有正反二面。而第百二十回，卷末結處，猶是此意。"由此觀之，俞平伯"最近的發現"之"花"

應先落誰家，當不言而喻。

　　當然，在美國吳宓還不祇"新談"這一個理論成果，他還有關於《紅樓夢》的其他述説和戲劇藝術的表現見報。《吳宓自編年譜》稱，他除有"述《紅樓夢》全書之大旨及故事綱要"文外，還有默劇面世。1921 年 2 月 28 日，波士頓之中國留學生要舉行晚會，招待波城之富豪巨賈及將前往中國商議財政之要員。其目的是為華北水災募捐、籌賑，欲得戲劇藝術表演以助其力。"中國女留學生所籌備之晚會節目，其一為《紅樓夢》默劇（Pantomime），用中國人之服裝、動作，表演《紅樓夢》之故事綱要。劇中男子如賈政、寶玉等，亦全由女生扮演。"吳宓説："此晚會之英文節目單及默劇之英文説明書，特派宓撰成、付印。猶恐不足，更於晚會前數日，派宓持介紹函及宓自有之《增評補圖石頭記》一部，二册，至《波士頓星期郵報》（Boston Sunday Post）社，與社員某談商，助吾人宣傳。某聆宓口説而筆記之。最後某要求宓選《石頭記》書中'最熱烈的愛情場面'（a love-scene），逐字逐句直譯出原文，而彼寫錄。宓祇得以晴雯臨終，寶玉往訪一段應之。以上均在 1921 二月二十七日（星期日）該報中登出。"馬紅軍《吳宓留美期間譯介〈紅樓夢〉考述》披露了報載具體情形及其説明，稱在 1921 年 2 月 27 日的《波士頓郵報週刊》第 40 版發現配有大幅舞臺劇照，刊有"標題為'英文版中國愛情劇在《郵報》上演'（Chinese Love-Play in English for Post）的文章"。"該文篇幅約占 2／5 版面。首先簡短描述劇照配圖，説明中國學生將於第二天（1921 年 2 月 28 日）為本國華北旱災募捐義演浪漫默劇小品，并對劇照中演員姓名逐一介紹。其次用三句話概括該劇要旨：主題為'中國的忠貞愛情'（devotion of lovers in China），中國大學生將展示這份忠貞如何恒久；這是一個天朝的愛情故事，堪比中國的'羅密歐與朱麗葉'；本劇出自中國小説《紅樓夢》，作者是'中國的薩克雷'——曹雪芹（Hsieh - Chin Tsao, th Thackery of China）。最後是本文主體，即哈佛大學中國學生'Mr. M. Wu'第一次將中國所有愛情故事中最感人的《紅樓夢》片段譯成英文舞臺劇，名為'寶玉探晴雯'（The Days of the Chambermaid）。"還説："獨幕劇'幕落'（Curtain）之後，吳宓似乎意猶未盡，在末尾又添加了四段話，算作對故事衝突最終結局的説明和總結：晴雯因憂鬱而死，寶玉母親因認定晴雯帶壞寶玉，未按習俗將其下葬，而是挫骨揚灰以示懲罰；寶玉得知晴雯死訊，悲痛之餘為晴雯絹帕作詩，隨即燒掉手帕，祇願晴雯魂歸'天堂'（Paradise）。"毫無疑義，吳宓對《紅樓夢》的介紹和默劇的推出也產生了一定的影響。

二

1921 年 8 月，吳宓歸國。他除了在東南大學任教之外，還致力於《學衡》雜誌的創辦與經營。當時，國內看貶中國傳統文化之風尚甚，一些人在心中雖鬱積着不滿，但未暢表於言。情勢很快就有了變化。1920 年 3 月，梁啓超回國。他立即對國內過度貶低中國傳統文化的現象提出了批評；吳宓回國後，也對視中國古文學為死文學、視打倒孔家店為時髦者表示了迥然反對的態度。如果說梁啓超們的演講和文章比較理性與溫良，吳宓們的文章感情色彩就比較强烈了，表述也更為火辣。不然，胡適會說《學衡》是《學罵》嗎？不知不覺中，在哈佛熱過一下的《紅樓夢》在吳宓心中潛藏了起來，他在一段時間裏很少談紅樓了。"九一八"後，在清華執教的吳宓纔又開始了對《紅樓夢》的進一步關注。

吳宓一直在思考文學和人生。從 20 世紀 30 年代開始，他就在清華大學開設了"文學與人生"之課，"研究人生與文學之精義及二者間之關係"，供學生選修。此課，他從 30 年代講到 40 年代，從西南聯大講到燕京大學、武漢大學、西北大學，從昆明講到成都、西安、武漢，有十數年之久。《紅樓夢》是他引述的重要具體範本之一。在談到小說和人生時，吳宓引用了衡量名著的六條標準，將《紅樓夢》納之於其中進行分析。時代畢竟不同了，吳宓自己也從學生走上了講臺，而且溫故而知新之後又有了認識上的提升，在具體表述上自然也有了某些變化。

他說，"小說家的正大宗旨"是"真理與愛"，而真理就等於"客觀理想主義"，亦即"生活與社會的完整畫面"；愛就等於"實際宗教"，亦即"人心之深邃與複雜"①。《紅樓夢》中的太虛幻境就是這樣的體現，理想和現實都融入其中。太虛幻境是什麼呢？從哲學上看，太虛幻境是"理想的世界"，亦即"理想與價值的世界"；賈府、大觀園就是"現實世界"——"感知經驗與實際生活的世界"②。從藝術上看，太虛幻境是"小說（藝術）世界，憧憬（更高的現實）；人生歸結為藝術邏輯與價值"；賈府、大觀園是"實際生活的世界，實際上（低現實）混亂、神秘，和無意義的生活"。這些都在人物中得以了體現。賈寶玉是"小說中的理想人物，接受皈依的人物"，猶如維特。甄寶玉是"生活中的真實人物，未經改造的人"，猶如歌德。而曹雪芹正"像寶玉本身，并未出家為僧"，亦如歌德并未自殺③。警幻仙姑是誰呢？等於曹雪芹。他是崇高的藝術家：全知"并且能預見和指導事

---

① 吳宓：《文學與人生》，北京：清華大學出版社，1993 年，第 28 頁。（以下祇出注書名、頁碼）

② 同上，第 40 頁。

③ 同上。

件”，“但無力去做任何違抗藝術的法則與要求的事”①。相較而言，小説比歷史更真，“小説包含了大量被溶解了的真理，多於以反映一切真象為目的的（歷史）卷册”②。故而，“小説高於歷史”，“小説比歷史更真實”③。吳宓對太虛幻境之思考并非起於 30 年代，早在《〈紅樓夢〉新談》撰寫完成後的 1919 年 7 月 29 日，他在日記中就記錄了這樣的思考：“天下有真、幻二境，欲人所見眼前形形色色，紛拏擾攘，謂之真境；而不知此等物象，毫無固著，轉變不息，一刹那間，盡已消滅散逝，蹤影無存。故其實幻境也。”然而“物象雖消，而此等真理至美，依然存住。内觀反省，無論何時皆可見之。此等陶熔冶煉而成之境界，隨人生之靈機而長在，雖是幻境，其實乃惟一之真境 Disillusionp 也。”他説《紅樓夢》寫寶、黛、晴、襲等甑、賈二境人，身在幻局之内而自以為真。而身居幻局之外之人就不同了，是另一番感受。“旁觀清晰，表裏洞見”，他們感受到的是“如醉後乍服清涼之解酒湯”。他説：“《紅樓夢》中，此例最著者，為黛玉臨殁前焚稿斷癡情，及寶玉出家，皆 Disillusionp 之作用也。”他説，《紅樓夢》第一回，訪道求仙的空空道人將“石頭記”從頭至尾閲覽并抄寫回來之後，就有這樣的敘述：“從此空空道人因空見色，由色生情，傳情入色，自色悟空，遂改名情僧，改‘石頭記’為‘情僧録’。”色即空，空即色，情即幻，幻即情。而且，他還從詩的角度對此作了進一步的藝術概括。他提及英國 17 世紀之玄學詩人，認為他們的詩不外“（1）入實以求幻，（2）實幻以成真”。亞里士多德的《詩學》也有此“發明”。隨即他想到：“而《石頭記》之太虛幻境、賈假甑真，亦言此理。固藝術之通則也。”④

　　至於愛的問題，自然就涉及男人和女人。吳宓回溯了中國文學與中國歷史上對愛的認識的變化，説其“對上帝之愛與對婦女之愛都不存在；因此，也缺乏理想主義與浪漫主義”。中國社會等於羅馬而不等於英美，“我們的傳統的對於婦女的尊敬是社會性的，而不是個人的；如賢母良妻，而不是作為才女、智媛、美人、巧匠、交際家（因此“女子無才便是德”）。在近代中國（自 1600 年以後）我們看到這種對於婦女的新理想之逐步發展（道德上的、西方騎士傳統對於婦女的尊敬），始於唐，而再起於明，大盛於清——如《石頭記》中所表現”。⑤ 這從賈寶玉身上就可以看出。“賈寶玉謂當時所見諸女子，一切皆在我之上”，反映了“在其經歷方面，及其對於賢而美的女性以及所有的值得尊敬的女性的概念方面”，曹雪芹與薩克雷相一。“曹雪芹先生把各種程度的價值觀傾注到‘愛’裏，從而描寫了、創造了高級的高貴的各型女性。她們在道德方面與社會方面都引人注目。”曹雪芹在兩個方面進行了具體描寫：一是意淫，“想象中的愛：審美的或藝術的愛”；一是體淫，

① 吳宓：《文學與人生》，北京：清華大學出版社，1993 年，第 41 頁。
② 同上，第 42 頁。
③ 同上，第 46 頁。
④ 吳宓：《吳宓詩集》卷十三，上海：中華書局，1935 年，第 17 頁。（以下祇出注書名、頁碼）
⑤ 《文學與人生》，第 48、49 頁。

"肉體的愛：感觀上的滿足"①。吳宓引述了他自己在愛方面的經歷來闡釋對愛的理解。他說他"在愛情上的失敗及在生活中缺乏幸福，因此是注定了的；而他自己對此也是知道并理解得很清楚的。他的浪漫主義＝他的道德的理想主義（殉情即是殉道）；他的愛情＝宗教精神"。② 他說他"在道德上比在社交上更有資格做一個'君子人'"③。他把自己比做堂·吉訶德。他說："愛存在於（生活於）人心，亦為人心所感受，所覺察。"愛有很多種，真的、假的，高尚的、卑劣的，等等，"小說家試圖顯示體現在不同人物身上的、不同性質和不同生活環境的各種愛。這樣可使讀者愛上'真誠的愛'。在這一意義上，薩克雷被稱為'一個精神的現實主義者'。曹雪芹亦然"。④《紅樓夢》反映的也正是如此。吳宓評論說："曹雪芹先生的巨大成就不僅在於（i）寫了一部具有完美藝術與技巧的偉大小說，還在於（ii）把一種新的、'較高級的、對人生和愛情的概念引入中國文學與社會。"⑤

全面抗戰爆發之後，吳宓對《紅樓夢》的關注前所未有，也是他一生中最熱衷紅樓的時期。這表現在理論與活動兩個方面。

1939 年 1 月他寫了《〈石頭記〉評贊》。此稿為英文所寫，不久就遺失了，再不久又復得了，讓吳宓十分欣喜。1939 年 12 月 1 日他在日記中寫道："遂與徐芳、顧良談，知宓之《人生哲學大綱》及《〈石頭記〉評贊》二稿，均在顧良處。甚為欣快，蓋久尋不得者也。"1940 年 1 月 2 日日記又載："晚黃維來，顧良托帶還宓所撰《人生哲學大綱》及《〈石頭記〉評贊》（均英文）二稿，甚喜其無失。"他說，這篇文章主要之點："一、《石頭記》之小說技巧至為完美，故為中國說部中登峰造極之作。二、《石頭記》之價值，可以其能感動（或吸引）大多數讀者證明之，而所謂 universal appeal 是也。異時異世，中國男女老少之人，其愛讀《石頭記》者，仍必不減；若全書譯成西文，西人之愛談《石頭記》者亦必與俱增，可斷言也。三、《石頭記》為一史詩式（非抒情詩式）之小說，描繪人生全部（a complete of life），包羅萬象。但其主題為愛情，故《石頭記》又可稱為'愛情大全'（a complete book of love），蓋其描寫高下優劣各類各級之愛情，無不具備（例如，上有寶黛之愛，下有賈璉及多姑娘等），而能以哲學理想與藝術描寫鎔於一爐，可與柏拉圖《筵話篇》，加斯蒂里遼《廷臣論》，斯當達爾《愛情論》等書比較。四、《石頭記》為中國文明最真最美而最完備之表現，其書乃真正之中國文化、生活、社會各部各類之整全的縮影，既美且富，既真且詳。五、《石頭記》之文學，為中國文（漢文）之最美者。……蓋為文明國家，中心首都，貴族文雅社會之士女，日常通用之語言，純粹、靈活、和雅、圓潤，切近

---

① 《文學與人生》，第 50 頁。
② 同上，第 52 頁。
③ 同上。
④ 同上，第 34 頁。
⑤ 同上，第 53 頁。

實事而不粗俗，傳達精神而不高右。……《石頭記》書中用之，而表現其人之性格，纖悉至當，與目前情事適合。……《石頭記》之文筆更為難及，可云具備中國各體各家文章之美於一人一書者，每一文體（如詩、詞、曲、誄、八股等均為示範），尤其餘事。六、《石頭記》具有亞里士多德所云莊嚴性（eigh—seriougness），可於其人生觀見之。……《石頭記》乃敘述某一靈魂向上進步之歷史，經過生活及愛情之海，率達完成自己之目的（可與柏拉圖《筵話篇》，聖奧古斯丁《懺悔錄》，但丁《新生》及《神曲》，歌德《威廉麥斯特傳》相比較，又可與盧梭《懺悔錄》及富蘭克林《自傳》反比）。此《石頭記》之人生觀也。七、《石頭記》之偉大，亦可於其藝術觀見之。作者蓋欲（1）造成完必之幻境；（2）創作全體人生之理想的寫照；（3）藉藝術家之理想的摹仿之法，而造成人類普遍性行之永久紀錄。此《石頭記》之藝術觀也。八、吾信《石頭記》全書一百二十回，必為一人所作（曹雪芹，名霑，1719—1764，其生平詳見胡適君之考證）之作。九、《石頭記》之價值光輝如此，而攻訐之者恒多，不可以不辯。……十、舊評或問曰：‘《石頭記》伊誰之作？曰：我之作。何以言之？曰：語語自我心中爬剔而出。’此一語，蓋能道出《石頭記》之真價值，有如英國 Sir Philip Sidney 十四行中所云 Lock into thyb eart wrice 是也。吾儕讀《石頭記》，有類 Wm Hazitt 所謂‘感情激動之回憶’（impassioned recollection）。”[①]

　　1943 年 2 月吳宓撰寫并發表了《〈紅樓夢〉之文學價值》。這篇文章也是在《〈石頭記〉評贊》的基礎上撰寫的，內容大同。開篇他就説：“予近年在昆明及成都，屢為人講説《紅樓夢》（此書正名應稱《石頭記》）。所講多觸機起意，存之於心，偶而筆寫出者，亦僅為節目綱要之體，詞簡章賅，讀者莫省。其作為文章而刊印者，僅有《〈石頭記〉評贊》一篇，登載中國旅行社出版之《旅行雜誌》第十六卷第十一期（民國三十一年十一月）。”《〈紅樓夢〉之文學價值》列了《〈石頭記〉評贊》一文中之贊，祇不過祇選了十贊中之前五贊，作的都是藝術上的概析。如説小説技術完美，“中國説部中登峰造極之作”；其“主題為愛情”，可稱為“愛情大全”；其價值，可以“能感動（或吸引）大多數讀者證明之”；它的表現最真、最美、最完備，是中國文化“各部各類之整全的縮影”；它的文字，是“為中國文（漢文）之最美者”。發揮得多的是第五贊。此贊談到戲曲問題，吳宓生發了開去，説“文明首都，貴族文雅之女士，日常所用之語言，或是幻覺。這是他性靈中的寶藏，是一種有原有價值的經驗，是上帝賜與他的使命，他非傳給別人去經驗一下不可的。要看戲的人當然感覺這種經驗之可貴，為人一世非得間常去感受一下不可。”“論至此，戲劇創作的真意義，批評的真標準也就不言而喻了。”他認為，作品如“能産生如上面所論的變化，使他們能欣賞得到他自己已見到的意境幻象或幻覺，那就是一篇貨真價實的

---

　　①　轉引王錦厚：《吳宓先生的兩篇舊文》，《成都師範學院學報學報》2016 年第 2 期。

成功作品了"。

　　上述兩文，均植根於其 20 年代發表的《〈紅樓夢〉新談》。它們都强調了《紅樓夢》在中國文學史和世界文學史上難以匹敵的至尊地位。在具體評價上，《〈石頭記〉評贊》在藝術的分析上比 "新談" 要精細得多，但也是綱領性的。有一點為 "新談" 所無，那就是在談到《紅樓夢》全書為誰所作時，這裏明確地説《石頭記》全書為一人所作。在古史辨的思潮中，1921 年胡適在《〈紅樓夢〉考證》中説："《紅樓夢》後四十回確然不是曹雪芹作的。" 1923 年俞平伯在他的《〈紅樓夢〉辨》中也持此説："《紅樓夢》原書祇有八十回，是曹雪芹作的；後面的四十回，是高鶚續的。" 似乎成了主流看法，但吴宓對他們説了 "不"。除了上述兩篇文章之外，吴宓還發表了一些短文，多是在成都發表的，如《賈寶玉之性格》《論紫鵑》《〈紅樓夢〉之教訓》《〈紅樓夢〉之人物典型》《王熙鳳之性格》。這些文章可以説是對《〈石頭記〉評贊》概括性的藝術分析的細化，將分析落到了具體人物身上。

<h1 style="text-align:center">三</h1>

　　吴宓研究《紅樓夢》與一般人的研究還有所不同。一般人都是把《紅樓夢》作為純研究客體，分析它的藝術價值、思想價值、歷史價值等等；而吴宓却不限於此，他把自己也研究進去了。

　　《紅樓夢》寫了賈寶玉與林黛玉、薛寶釵等衆多正册、副册、再副册中女子的故事，也可以説寫了金陵十二釵等如水做的女兒圍着賈寶玉轉的故事。吴宓將《紅樓夢》引進了自己的生活，或者説將自己的生活注入到了《紅樓夢》中。他自比賈寶玉，而將與他有若即若離關係的一些女性比之為《紅樓夢》中的靚妹情女。他也有空桑三宿的時候，流連忘返，不已又已，已又不已。與吴宓走得近的女子不乏其人，雖説不上環拱之，想走出柏拉圖精神戀愛的人還是有的。

　　瓊者，張爾瓊也，與吴宓同為聯大教師。她留法歸國，端莊玉立，質美格高，時著藍布衫、黑褂。吴宓傾之倒之，與之識久而生情，由情而生戀，結果是 "宓愛瓊之心漸深矣"[1]。他傳書、邀約，與她聚會、懇談，真有點兒 "一日不見，如三秋兮" 的味道。如果瓊生病，吴宓就憂而歎、歎而憂。《耶誕節夕，病榻率賦，慰問瓊》一詩可以為證："相送未行遽病侵，膏肓滕理問刀針。一身痛苦誰能代（《涅槃經》語），諸件常需須自尋。昏廈

---

① 《吴宓日記》，第 8 册，第 68 頁。

獨棲寒漠漠，泥途遠赴雨淋淋。少年兒女欣佳節，亦感風霜病榻吟。"① 至於瓊，開始不甚明朗，後來或許也點兒意思，但終於還是放棄了。她明確地對吳宓表示了拒絕，并發了絕交之長函，對吳宓高聲指斥。吳宓病了，她明明知道，卻連照面都不打，讓吳宓更加惆悵。吳宓約與其言，瓊説話已講完。吳宓仍癡戀於她，悲郁煩躁。1942 年 4 月 17 日日記載："往訪瓊，不遇。夕，作函致瓊……又述《石頭記》中二種不同之發怒。（甲）黛玉之怒寶玉，（乙）鳳姐之怒賈瑞。蓋宓甘受（甲）而未敢以（乙）疑瓊也。……云云。"事實是瓊對他之怒并非"黛玉之怒寶玉"，但他仍自責不已。1941 年 4 月 30 日日記載："自去冬以來，《吳宓日記》中，屢記每次遇瓊之事實及感情。惜未獲示瓊，遂至絕交……得讀瓊責我并絕交之長函，悲痛萬分。……若他日終不獲與瓊有交，則至宓將死之日，或已死之後，托友以此日記示瓊。瓊能為我灑一滴淚歟？"他不怨瓊，但畢竟没有得到"葡萄"，實在求之不得，也就祇有後退一步，以《紅樓夢》人物自慰了。1942 年 6 月 13 日日記載："晨作《小病》詩，比瓊為妙玉（自比寶玉）。蓋欲美化瓊，變對瓊之情為柏拉圖式愛，藉以結束對瓊之公案，而自慰自救也。"僅隔三天的 6 月 16 日，他與瓊聚，似又有點心亂，他説《石頭記》中"妙玉之愛寶玉，過於寶玉之愛妙玉。宓適得其反耳"。雖然，瓊述其不愛宓之理由，讓宓"心中至為痛憤。紛亂激擾，如湖海洶濤。觀瓊所言，純用霸道，鞭笞群雄。宓始以瓊為黛玉，繼以瓊為妙玉，今晚始覺瓊之性行中有探春與王熙鳳之成分在，咄咄其可畏也。……"然而"寢後，思瓊事，久不成寐。瓊嘗自擬炒玉。'欲潔何曾潔，云空未必空。可伶金玉質，終是陷泥中。'"既是"陷泥中"，哪里還起得來？他又想到更傾心而不得的彥與《紅樓夢》。1942 年 8 月 9 日日記載："宓近頃仍專心於彥，擬化癡情為善果。而對瓊則祇覺其為妙玉。寶玉如向妙玉求愛，亦必遭拒斥，且必自己廢然止步。故宓并不怨瓊。惟自悔不應對瓊求愛，既亂我之步驟，且失此一佳友，為可憾耳。"

　　彥者，毛彥文也。吳宓自以為與之曾有一段美好時光，但很快也就燈滅光消。吳宓渴望光陰逆轉，但毛并不領情。不僅如此，毛對他的拒絕還非常果斷、堅決，即使毛已經嫁給年長她三十歲的丈夫熊公，乃至丈夫去世後，她都没有給吳宓一點機會。可吳宓并未放手，他還在"氓之蚩蚩"，而且還一直癡迷下去，難以自拔。哪怕是在與其他女子神戀時，他腦海中也浮現着毛的影子。實無法可想了，他祇好乞求占卜給予明示。1939 年 7 月 13 日，其日記載："七月十一晚歸，曾以《石頭記》占卦。卜與彥今後之關係，成敗如何，得 55 回。鳳姐私語平兒：'好，好，好！好個三姑娘！我説不錯。祇可惜他命薄，没托生在太太肚裏。'按本年五月與錢學熙君詳談。熙曾有'彥始終精神上屬於宓，宓并未失却彥。彥與熊公徒有夫婦之名而已'之語。宓歸後以《石頭記》占卦，卜彥事之結果，得 57

---

① 《吳宓日記》，第 7 册，第 282 頁。

回：'紫鵑笑道，你知道我并不是林家的人……'此語究當何解，亦俟異日事實指證。……"一個"命薄"、一個"不是林家"人，讓吳宓更加失落了。但他并不死心，1939年7月19日其日記又載，他極想與彥聯繫，又求卜以明示。"乃以《石頭記》卜之，得72回。司棋聞潘又安去，自思'縱然……真男人沒情意，先就走了！'一句，殊未能解。……""男人沒情意"先走，他有情意并未走，好像又見到了一點亮光。然而占卜靈驗否？吳宓接連給彥寫了一封又一封信，彥却一個字也不回。他傷心後也想到了放棄，還將瓊扯上，怨她亂了自己的步驟。不過，他還不死心，傳書送信不行，那就通過藝術吧。有人給他出主意了。1943年7月23日日記載："沈君又力勸宓速撰作《新舊姻緣》小說，敘述宓與彥事。即按事實詳說，再插入各時各地之背景，已足成一部大書，而大可感人。且不必強效《石頭記》，穿插入許多人物之事迹，反使結構不嚴整，賓主不分明。宜祇敘述宓與彥之情史，便可成書，而能傳世。而則此小說之最後一段，可作為理想之預言；或者，其書出版後，彥讀之感動，便自願照此行事，則尤宓作者之大幸也云云。"① 這實際給吳宓出了難題：想起來容易，動起手來難。有時他的確很是悲傷。1941年3月11日日記載："彥志久決。凡宓所思所為，祇徒勞耳。其他千百女子，其不為琰與彥者，又幾人耶？宓無富貴之境遇，又無俊逸之形貌，而有賈寶玉之性情，此實宓生之大不幸與悲劇。則宓亦祇能效法寶玉之佛性而出家，而終不能竊比寶玉之色情而求愛。成敗短長，祇盡於是。宓年近五十，略知天命於宓者何如矣。……"於是，他以《紅樓夢》曲《世難容》自悼起來："氣質美如蘭，才華馥比仙。天生成孤僻人皆罕。你道是啖肉食腥膻，視綺羅俗厭；却不知好高人愈妒，過潔世同嫌。可歎這，青燈古殿人將老，辜負了，紅粉朱樓春色闌……"由識而生情，由情而生愛，由愛而生痛，由痛而生悲，還真有點像賈寶玉的樣子。"宓由此更知《石頭記》之所以偉大。夫寶玉之於女子，崇拜愛護可謂極矣。顧其夢遊太虛幻境時，竟眼見諸多美麗之女子立地化為可怖之魔鬼前來追逐吞噬，寶玉急逃。蓋即表現作者類此之觀感而已。嗚呼，人生如孽海乘筏，惟宗教為一綫之光明燈耳。此最真至之人生觀也。"② 他要仿賈寶玉出家，而且不止一次表露要去峨嵋山削髮為僧的意願。

吳宓就這樣飄過來，蕩過去，沒完沒了。《紅樓夢》第一回不是有個《好了歌》嗎？"好就是了，了便是好；若不了，便不好；若要好，須是了。"他是好又不能好，了又了不了，不了還想好，總是了不了，結果還是不了，也祇有了了。

吳宓也不祇是將自己比作賈寶玉，還比過其他人。1951年6月9日日記載："又談論《紅樓夢》，宓自言昔為賈寶玉、柳湘蓮，而今則為甄士隱與警幻仙姑一流人物，蓋乃注重道德之高僧與俠士。"

---

① 《吳宓日記》，第9冊，第81頁。
② 《吳宓日記》，第6冊，第364頁。

　　他不僅況己，還況了他人。1940 年 5 月 30 日日記載："晚，與楡瑞談林語堂之為人可比探春。今者載譽回國，如探春之遠嫁歸來，比前更為超逸俊爽。而適逢家難，未免傷心。又見惜春道姑打扮，尤覺難以為懷。惜春者即宓也。" 1941 年 9 月 24 日日記載："至螺翠山莊赴水約茶敘。……席間，以《石頭記》人物比擬。巽謂瓊宜比黛玉或惜春（按此與宓最初所擬瓊者合）。我方自擬紫鵑之忠誠，而瓊乃再三以宓比擬賈赦。宓頗不懌。瓊蓋以鴛鴦自寓者。按錚曾以瓊比鴛鴦，將以孤居没世耳！歸途，瓊與宓議論，益不和……"① 1942 年 5 月 10 日日記載：赴學生宴請，甚樂。一女生頗使其悦，聯想 "其憨態直逼《石頭記》之湘雲與香菱矣"。

　　他不僅以《石頭記》比人，還比事。1942 年 9 月 3 日日記載：宴畢，"燕君論及部聘教授，不無忌嫉譏諷之意。宓答言甚為憤激，謂聯大同人如視宓為教育部之'漢奸'，宓即可離校他適云云。夫宓自覺此事得與寅恪、彤并列，正如探春受命陪釵、黛謁見南安太妃（七十一回）。而教授同人之忌嫉刻薄，乃過於怡紅院中諸婢之不滿於小紅、五兒等之偶獲倒茶侍應寶玉也"。② 又，1939 年 7 月 14 日日記載："訪吳達元，以清華下年聘書交付，應聘書簽章攜回。蓋暑中陳福田回檀香山，命宓代理清華外文系主任職務。宓遂不得不躬親瑣事，如分發全系教授、教員聘書，是其一耳。又昨函薦殷炎麟任呈貢昆華女中英文教員，亦其一事。餘不悉記。宓自傷如《石頭記》中，假設王熙鳳歿，秋桐扶為賈璉正室，宓則如平兒，今日不得不服侍秋桐。寧非冤屈？"③ 1939 年 7 月 15 日日記載：葉公超 "近年益習於貪鄙好利……超每於群衆中，把臂附耳，外示與宓親厚，宓完全在其掌握。而實則對宓既褻侮，又不利。如課程則强宓從彼，不許授《文學與人生》。又命宓與葉檉、楊西崑同為超治傢俱。……宓如李紈，超如王熙鳳。宓如陳宮，超如曹操。昔 1928 黄華曾戒宓勿全信托此人。"④ 如此這般，不一而足。

　　吳宓況己況人之風也感染了其他《紅樓夢》愛好者，他們也跟着況起來了。如有人認為吳宓不是寶玉而是妙玉。40 年代，瓊不是將他比為賈赦嗎？此風還從 1949 年以前吹到了 1949 年以後。1967 年 2 月 12 日日記載："昔劉文典以宓擬妙玉，而 1941 宓遂改《石頭記》之《世難容》曲以自悼。"

---

①　《吳宓日記》，第 8 册，第 177 頁。

②　《吳宓日記》，第 7 册，第 374 頁。

③　同上，第 30 頁。

④　同上，第 31 頁。

四

　　吳宓是《紅樓夢》的癡迷者、研究者，也是大眾化之講演者。他除了在昆明、成都任教的本校之外，還去外校、電臺侃談紅樓之夢。他的侃談與過去、當時甚至今天那些普講《紅樓夢》者有很大的不同，那就是他把自己放進去了。他的講演有理論——這些理論基本上是他早年《〈紅樓夢〉新談》綱領的細述、拓展、深化與發揮；有引證——也就是《紅樓夢》中的賈寶玉、林黛玉、薛寶釵、王熙鳳等等的故事與場景的描述；有聯繫——他自己的戀愛親身經歷、愛與不愛的矛盾糾結以及對道德的追求與戀愛的關係的認識等，難怪他每到一處就會受到邀請，受到歡迎。

　　在昆明演講《紅樓夢》，他主要是在聯大，有時也在校外。他講演的時間有時候還很密集。1942 年 4 月 29 日日記載："在南區第十教室，應中國文學會之邀演講《紅樓夢》。聽者填塞室內外。宓略講《〈石頭記〉評贊》中六、七兩段，繼則答問。因暢敘一己之感慨，及戀愛婚姻之意見，冀以愛情之理想灌輸於諸生。而詞意姿態未免狂放，有失檢束，不異飲酒至醉云。"① 三個月後，他開始了密集講演。1942 年 7 月 29 日日記載："9：00 在南區 8 教室作第一次《〈紅樓夢〉講談》。聽者約二十人……宓分析愛讀《石頭記》者之理由及動機。……" 8 月 5 作第二次講演："在校中北區 5 甲教室，續講《〈紅樓夢〉與現代生活》。聽者三四十人。宓假述今世有如賈寶玉、曹雪芹之性行者，其生活愛情經驗，及著作小說之方法，應為如何。并述《紅樓夢》與今世愛情小說之兩大異點：（一）《紅樓夢》以寶玉為中心，而諸女環拱之。如昔之地球中心說。今則多男多女，情勢較複雜而錯綜牽掣，如地球繞日。而太陽系外，且有千百星系，互相吸引而平衡迴旋。故以小說描寫，決難統一、集中，而有整個之組織。充其量，祇能寫成 'Vanity Fair' 之三五男女愛情故事，牽連交互而已。（二）昔者女卑男尊，男選擇而女競爭。今則男追求，視女為理想鵠的。女有教育男、引男向前向上之能力。男在追求女中，表現己之最優點，由追求女子以達於歸依上帝。且男之一生固經歷過諸多女子，而女之一生亦必經歷過諸多男子。此亦較昔複雜變化之處也。……"② 8 月 12 日作第三次《紅樓夢》講演："宓講《注重愛情之人生觀》及《愛情之實況》。"他又"思《紅樓夢》講稿，自覺確係愛情充溢，有耶穌上十字架之願力"。8 月 19 日在地質系所管南區作第四次《紅樓夢》講演，8 月 26 日在南區 2 甲教室作第五次《紅樓

① 《吳宓日記》，第 8 冊，第 287—288 頁。
② 同上，第 355—356 頁。

夢》講演。9 月 2 日又在南區 2 甲教室作第六次《紅樓夢》講演，9 月 9 日仍在南區 2 甲教室，作第七次《紅樓夢》講演。他在校外之講演也有多次。1943 年 10 月 21 日日記載："在小學演講《紅樓夢》。計分（一）考據，（二）作成，（三）愛情三段。聽者百數十人。畢，又招待茶點。休息片時，諸人伴送至小石壩部（寺址）內，在室中安歇。"1944 年 4 月 6 日日記載："至云大……在至公堂演講《〈紅樓夢〉人物評論》，聽者滿堂。"7 月 30 日日記載："宓為職員來賓約五六十人講《〈紅樓夢〉人物之分析》，又答五人之筆問，甚為激昂淋漓。"10 月 2 日日記載："晚，君川邀赴戲劇班學生歡迎茶會，講《石頭記》人物。"10 月 6 日日記載："在社會服務處為外文系及大眾講《紅樓夢》。"10 月 8 日又記："晚 7–9 講《紅樓夢》。"等等。

　　1944 年 11 月，吳宓接受成都燕京校長梅貽寶之邀，赴成都任教。他的《紅樓夢》隨之從雲南講到了成都。11 月 28 日日記載，在川大數理館教室，中文、外文、國文、英語四系學生舉行茶會歡迎吳宓。"布列整齊，糕點豐富，并預定請宓講演《紅樓夢》。""是晚，宓演講《紅樓夢》頗動聽。純等亦發言，共討論。宓又答諸生所問。前後歷三小時。宓連啖三桔。是晚主席為女生徐自愛。饒孟侃教授（子離，南昌。）被命介紹宓時，謂宓之道德勝於學問。又謂平生所見之人中，惟宓最真且正。真而能正，斯為不易得云云。此言實能道出宓一生志事。與碧柳民國十五年十二月十日西安圍城函（《吳白屋先生遺書》卷十四第二十二頁上。）中所云'自經此變，益仰吾兄天性之厚，非人所及，四海難知，三秦無并'，皆使宓感慰無窮者也。"12 月 30 日下午又"在禮堂續講《賈寶玉之性格》及《薛寶釵評論》，聽眾鼓掌"。[①] 1945 年 4 月 7 日"在燕大講《晴雯與襲人》。……宓準備不足，所講全無精彩。久久不懌"。9 月 24 日宴畢，"穌促宓為座客七八人（皆金大畢業，文、穌之學生）講《紅樓夢》。宓不得已，乃述此書作成之步驟，以明世傳影射之非"。不過，在成都講《紅樓夢》不像他在雲南那麼愜意，因為有了反對的聲音。1944 年 12 月 31 日日記載："今晨接'《新民報》之一讀者'寄來郵函，'北外何寄'。責宓當今國難緊急，戰士浴血捨身之時，不應對青年講《石頭記》賈寶玉等題材。問宓是何居心，促宓在《新民報》中作文答復。宓與諸君商，決置不理云。"若干時日之後，他對成都有了不同於昆明的看法，從而也產生了苦惱。1946 年 7 月 28 日日記載："下午蒲肇楷來，久坐。自言為碧柳成大學生，強邀宓至青年會演講，恐宓脫逃，如捕賊盜。宓不得已，允之。按成都人士，惟知享樂，聲色貨利，酒博征逐。在此演講，正言則不能入，而自見其愚。若再專講《紅樓夢》，則如優伶之賤，而宓深見愧恥，故宓極以演講為苦也。"

　　1946 年 8 月吳宓到武漢大學任教了，也把《紅樓夢》講到了武漢。1947 年 12 月 20

---

① 《吳宓日記》，第 9 冊，第 390 頁。

日，他在武大醫院講《紅樓夢》。他説："是日所講，為《石頭記》作成三段之假説。坐立聽衆約二百人。而以周校長等中座，宓多所顧忌，神意不舒。故所講殊乏精采，未能酣暢淋漓。"1948 年 1 月 10 日，他至洞庭街平漢聯誼社會堂"演講《紅樓夢》，復答問題。聽衆男女約四百人。鄒公安衆主席。宓是晚，因母新喪，心中極不安，兼之連日勞倦。故所講極陋劣，不足副主人鋪張請客之盛意。久久不舒，甚悔此舉輕於由宓發動也"。1948 年 2 月 1 日，他到民衆教育館，"在該館之民衆會堂演講《〈紅樓夢〉人物評論》"。1948 年 2 月 6 日"晚 7—11 在瑞宅宓講《紅樓夢》，并答座客問，兼及宓之出處主張，甚為酣暢淋漓。座客三十餘人"。

在武漢大學任教其間，他也到西安講《紅樓夢》。那是 1948 年 4 月應馬師儒之請，往西北大學講學，後共 15 天。西安《建國日報》載：吴宓 4 月 10 日與 17 日講了《紅樓夢》，反響很大。吴須曼在《先兄吴宓演講紅樓夢》中回憶吴宓 1948 年西北大學的紅學演講時説："聽講的人很多，我當時也去了。偌大一個禮堂座無虛席，每一個窗臺都被人占用了……"劉明華《吴宓教育年譜》謂："1948 年 4 月 5 日至 17 日，西北大學學術演講：大學的起源與理想（4 月 7 日）；《紅樓夢》的文學價值、論紫鵑（4 月 10 日、17 日）；世界文學史綱；文學概論；中國小説。"特別説明了這一説法來自水天明的《我所認識的吴宓先生》。"查水氏原文，其中有'紅學專家吴宓教授此次來陝講學，聽者極為踴躍，本月十日，吴氏曾假西大講述《紅樓夢》的文學價值，并定於 17 日下午繼續演講'，又有'在我的記憶中，他那次還專門講了一次《紅樓夢》中的紫鵑，并由我整理了他的舊稿'"。不久，《長青》雜誌刊發了三篇吴宓在西北大學的紅學演講記錄稿。"這三篇文章的題目分別為《〈石頭記〉如何作成》《檻外人——妙玉》《秦可卿》。""三篇講稿中的觀點看似很平常，却包含了吴宓一貫提倡的文學思想和人生哲學。《〈石頭記〉如何作成》……表現的是人類更普遍的生存狀況。""如果説《〈石頭記〉如何作成》反映了吴宓的文學思想，那《檻外人——妙玉》、《秦可卿》主要體現了他的人生哲學。"[①]

五

1921 年，胡適在他撰就的《〈紅樓夢〉考證》中説"《紅樓夢》是曹雪芹的自述傳"，又説"《紅樓夢》後四十回確然不是曹雪芹做的"。吴宓也認為《紅樓夢》是自述傳，且説得比胡適還早些。後來他還有了新證。在 1954 年 4 月 3 日的日記中，他説他讀了影印的

---

① 劉浩、馬晴：《新見吴宓西北大學紅學演講記錄稿三篇》，《〈紅樓夢〉學刊》2014 年第 2 期。

《越縵堂日記補》，該書內有載：八月十三日，越縵堂主"在圍城中（時聞廬兵齊化門外），讀《紅樓夢》以自遣。除關於版本，親見有六十回之抄本兩種外，力辟寶玉乃指納蘭成德之說。續謂，據作者之管見，賈寶玉必係八旗貴介，自記述其真實之戀愛經歷，故能寫得如是親切。後者曹雪芹取其書，擴而充之，演為小說，并增醜事為詆，遂成今書，云云"。吳宓稱此說與他的主張"頗相合"，還說其能"為我張目"。至於後四十回是不是高鶚續作，胡適在《〈紅樓夢〉考證》中說得很肯定，還說平心而論，"高鶚補的四十回，雖然比不上前八十回，也確然有不可埋沒的好處"。我們"不能不佩服"，"不但佩服，還應該感謝他，因為他這部悲劇的補本，靠著那個'鼓擔'的神話，居然打倒了後來無數的團圓《紅樓夢》，居然替中國文學保存一部有悲劇下場的小說"。1923年，上海亞東圖書館出版了余平伯的《〈紅樓夢〉辨》，秉承了這種看法，內有一專節為"辨原本回目祇有八十"，并說："《紅樓夢》原書祇有八十回，是曹雪芹作的；後面的四十回，是高鶚續的。"還稱：此《〈紅樓夢〉辨》"不是我一個人做的，是我和顧剛兩人合作的"。這似乎已成了定論。吳宓不認同此說。而且，他在《〈紅樓夢〉新談》中明確地說過："吾信《石頭記》全書一百二十回，必為一人所作之作。"之後，他的看法一直沒有變過，并且覺得有了新證。1944年12月21日他在日記中寫道：探寅恪病，寅恪"詳告宓《故宮博物院畫報》各期載有曹寅奏摺。及曹氏既衰，朝旨命李榕繼曹寅之任，以為曹氏彌補任內之虧空。李曾任揚州鹽政。外此尚有諸多文件，均足為考證《石頭記》之資，而可證書中大事均有所本。而後四十回非曹雪芹所作之說，不攻自破矣。又曹氏有女，為某親王妃。此殆即元春為帝妃之本事。而李氏一家似改作為王熙鳳之母家。若此之綫索，不一而足，大有可研究之餘地也。云云"。再後來，其態度似乎有了點鬆動。1953年2月10日他在日記中寫道："宓假得俞平伯著《〈紅樓夢〉研究》歸，讀至深夜。畢，甚為欣慰。此書乃修改1921所作而1922出版之《〈紅樓夢〉辨》，更加增改而成。要點為曹雪芹原書，約一百一十回。前八十回即今本之1–80回，為高鶚所續成81–120回，而1791程偉元鉛印行世者。原書之後三十回即81–110回，曹雪芹業已撰成，但其稿已散佚（高、程迄未搜得）。今祇能由有正書局《脂硯齋評本》之評注中窺其大略。大體根據曹雪芹之實在生活，賈府以（一）抄家、（二）內訌、（三）辦皇家事用費浩大，不能節儉之故，日趨衰敗。抄家極嚴厲，寶玉、熙鳳等皆入獄。巧姐被賣入娼寮，遇劉姥姥救出。抄家後，并無給還家產及復世職之事。黛玉先死，而後寶玉娶寶釵，釵、黛并非敵對。'悲金悼玉'證明釵、黛各有所長而寶玉實兼愛。寶玉始終本其個性，不再入塾，不習八股文，不應科舉，更無受封文妙真人及成仙得道之事。既遭窮困，無以為生，遣散婢妾，遂命襲人嫁蔣玉函，襲人亦欣願。最後惟留麝月一人。湘雲嫁夫衛若蘭（金麒麟）而寡。諸人中惟李紈以子得享富貴，然賈蘭成名未久，李紈即死。其他如香菱則死於夏金桂之手。如王熙鳳則為姑邢夫人、夫賈璉所休而回王家。總之，一切逼真而悲慘，決無調和剝復之事。寶玉出家，半由窮困，半由痛恨一般人情，非僅因失黛而厭世。凡此雪芹原定之寫法，固遠勝於《後夢》《續補》等書，亦高出於高鶚之續作也。高鶚之續作，力求合於曹雪芹之本意。遵照原定計劃，揣摩求合。惟以高鶚非特出之天才，見解庸俗，必求如是方得快意，故使寶玉出家而獲榮顯，賈府亦失勢而得重興，亦自然之勢也。按宓談《紅樓夢》多憑揣想，未考版本，且素不信高鶚續補之說。若俞君所言，實甚分明，而更合於'千紅一窟（哭）''萬豔同杯（悲）'之本旨，使宓廢然矣。"① 自此之後，沒有見到吳宓有進一步的見解。

吳宓還有個未了的心願，那就是創作長篇小說《新舊姻緣》。按他的設想，這是一部仿《紅樓夢》的巨製，也可以看成是他的《紅樓夢》。這在他早年的日記中就有體現。1933 年 12 月 12 日他說："我今生祇作三部書，（1）詩集。（2）長篇章回小說《新舊姻緣》，或改名。（3）《人生要義》或名《道德哲學》，係由直接感覺體驗綜合而成之人生哲學。取東西古今聖賢之言，觸處闡釋其確義，而以日常實際公私事物為之例證。今《詩集》既已出版，即擬專心致力於其餘二者。所成如何，殊未敢必。"② 在這之後，他在日記中時有這方面的記載，到 40 年代更有緊迫感。1942 年 4 月 28 日記載："下午及晚，讀《石頭記》。流淚，多身世之感。擬拋棄一切，趕撰《新舊姻緣》云。"③ 1946 年 11 月 26 日又記曰，縈懷了多年的《新舊姻緣》又在腦海中閃現了出來："按宓日前，中宵枕上，曾仿《石頭記》，撰回目如下。（1）梅迪生艱逝播州城，胡適之榮長北大校。（2）吳雨僧情道齊虧損，馮友蘭名利兩雙收。（3）陳寅恪求醫飛三島，俞大維接軌聯九州。亦可見宓之志矣。"1947 年 10 月 17 日日記說他讀楊絳作五幕劇《弄真成假》，以為第三幕寫馮祖光致書求婚、張燕華欲嫁，而反怨憤而去，徑嫁另一人，"類宓與彥之情事，兩人之功過得失，亦正相同"。於是，他遂又聯想到擬仿《紅樓夢》而創作的《新舊姻緣》。1947 年 10 月 19 日又稱："宓細讀錢鍾書作《圍城》小說，殊佩。……自恨此生無一真實成就。《新舊姻緣》既未動筆，即論才力，亦謝錢君，焉得如《圍城》之成績也者？……今後決當深藏自隱，倚托佛教，而對外則隨緣應付，勿太熱心，勿多用力，逐漸脫離世務。勉強赴美講學一載（1948－1949）。歸來之後（1949），年正值五十六，是我出世之年。即不披薙為僧，亦決入蜀，定居成都。一面教授川大、華西兩校，一面在王恩洋君之東方文教學院，參研佛經，以佛教誠虔之居士終。至所著之《新舊姻緣》，當以佛教及柏拉圖哲學為觀察人生、描寫人生之根據，而為融化無迹、自由改造之自傳。舉宓一生之小小知識、小小經驗之精華，人生、愛情之必得，

---

① 吳宓：《吳宓日記續編》，北京：生活·讀書·新知三聯書店，1998 年，第 1 册，第 493—494 頁。
② 《刊印自序》，《吳宓詩集》，第 6 頁。
③ 《吳宓日記》，第 8 册，第 287 頁。

道德、宗教之企望，文章、詩詞之成績，全入其中。"① 其創作衝動雖强烈，到底還是没有動筆。筆雖未動，願却難消。這個心願一直延續至 1949 年以後。1970 年他編訂了《吴宓自編年譜》，在談及 1899 年的往事時有如此之按語："宓自幼讀《石頭記》，則恒以胡德厚堂為我之榮國府、大觀園。今之詳記宓幼年所知、所見胡氏之種種人物、事實，不厭其繁瑣者，正猶宓在撰作我之長篇小說《新舊因緣》，姑先草出'冷子興演説榮國府'及'大觀園試才題對額'兩回，將其中人物及地理大要，綜合敘述，交代清楚而已！"由於種種原因，他帶着没有完成的心願，長眠在了陝西涇陽。

作者單位：四川省社會科學院文學研究所

---

① 《吴宓自編年譜》，第 262 頁。

潘光旦人文生物學視野下的孔門社會哲學

郭一丹

　　潘光旦，字仲昂，1899 年出生於江蘇寶山縣羅店鎮，少時就讀於北京清華學校（1913—1922），稍長留學美國，攻讀生物學，研習遺傳學、優生學，獲學士、碩士學位（1922—1926），曾在美國達特茅斯學院、紐約冷泉港實驗所、哥倫比亞大學、馬薩諸塞州海濱生物研究所從事學術研究。他主動放棄繼續留美攻讀博士學位的機會，於 1926 年回國，以學術報國為終身志業，曾在上海光華、復旦大學、清華大學、昆明西南聯大、中央民族學院任教授，擔任過清華大學教務長、清華大學圖書館館長、西南聯大教務長等職務。潘光旦治學廣博，背着縮印本《十三經注疏》負笈海外，買書不惜傾囊錢，帶着英文版《達爾文全集》回國，終身韰韰，没而後已。潘光旦不僅術有專攻，而且學貫中西，文理兼通。他曾譯注英國藹理士的性科學《性的教育》《性的道德》《性心理學》、小赫胥黎的《自由教育論》、恩格斯的《家族、私產與國家的起源》《瑪爾克》、達爾文的《人類的由來》、美國傳教士明恩溥的《中國人的特性》、美國學者亨丁頓的《自然淘汰與中華民族性》。他的譯介信、達、雅兼而有之，譯注更顯洞見深刻，博聞多識。他的學術貢獻還表現在其專著以及各種文論之中，思想深刻，行文質樸，條理清晰，創見迭出，不刻意擺弄晦澀，詭譎莫測，堪為早期開啓智識、促進相互發明的典範。他被稱為"後五四時代"思想家，被認為是那個時代智識界的中堅力量。"也許他們（包括潘光旦在內）的主張多具書生意氣，但其優勢也是很明顯的，他們的西學知識不再是支離破碎的、一知半解的，他們對於社會問題和文化問題的判斷，往往經過了科學的盤詰，具有更加扎實的學理依據。"①潘光旦的著作、譯注積銖累寸，洋洋灑灑，凡六百萬言，另民族史料彙編也達上百萬字，

---

① 吕文浩：《中國現代思想史上的潘光旦》，福州：福建教育出版社，2009 年，第 11 頁。

其成果堪為一座綜合性、開放性、多學科的學術寶庫。他是早期自覺運用系統的、整體的眼光觀察社會、研究民族健康及民族競存出路的視野宏闊的思想者。

就先秦儒家思想而言，潘光旦坦言自己是拳拳服膺的，深信它是適合斯土斯民砥礪廉隅、相忍為國的主流思想。他旗幟鮮明地反對食洋而不化，以筆為鋒，理性剖析民族種種病象，努力探索民族復興療愈之方，積極發掘民族元氣仍存的文化證據。在美留學期間，潘光旦對孔門思想與具體時代洪流中的社會思潮或聯結、或斷裂的是非功過發表觀點，分析靶點，啓發民智。從他的論說中不難發現他贊同中西方古典文化中的先哲智慧，如他認為古希臘德爾斐神廟的認識你自己、凡事勿過度與中國傳統文化的修身正己、中庸之道實為日常之需，異曲同工，皆為維繫生生與共的軟體操作系統。衹是"道不遠人，遠人非道"，先哲思想有的隨着自然與社會演化之變遷顯現出各種 bug，需要根據具體時間空間、根據具體所需不斷地作 bug 修訂，因地制宜，因時制宜。他的論說至今看來仍然切中肯綮，樸實厚重，值得研習。鄙文以潘光旦留學時發表於《留美學生季報》的生物學眼光下的孔門社會哲學相關文字為研究對象，嘗試作簡要述評，管窺其筆墨恣縱、學力深厚之一斑，聊表崇敬與追慕。

一、潘光旦與《留美學生季報》

1911 年，《留美學生季報》於上海創刊，由留美學生會編輯，中華書局發行，為中美文化接觸打開了一扇落地之窗，為中西文化取長補短、文明交流互鑒提供了一處別開生面的百花園。《季報》總編有朱起蟄、任鴻雋、張貽志、胡適、潘光旦等，陳衡哲、劉樹杞、江紹原、侯德榜、汪懋祖等曾任該刊編輯。潘光旦當年身在異鄉，心繫祖邦，切實踐行"秉先民之遺規，參以美國之成業，考其用意，擷其精華，以斟酌而張大之"的辦刊宗旨，不惜筆力，不計名利，撰寫文章，弘揚傳統文化。

在潘光旦看來，《季報》是一個留學生之間意見交換及問題討論的學術陣地，是對善於思考、談鋒嚴謹，而又往往"不肯形成負責任的主張，與留學界其他部分共收觀摩融會之效"的留美學界公共輿論寂寂無聲局面的起而行之，是對留美學界平日多有私議而無公論狀態的一個意識聯結，是給中國人自己看的。潘光旦在修習課業之餘，以一條殘腿投身《季報》，嘔心瀝血，不遺餘力。他說過，留美學界可發之言論大多不出五端，即西方學說與社會生活的介紹；留學界對於國內種種運動的意見或主張；采納西方文化時之標準問題；留學運動之方策問題；留學界自身生活之促進。潘光旦看重的是"給對於中國文物已有相當瞭解的留學同人等一個機會，來比較、估量、論列東西方種種文化勢力，使一般留學界與西方文化日常接觸之際，有所參考，不至一味墨守，亦不人云亦云"①。他提到老師梁啓超的一些觀點，如其《先秦政治思想史》曾批評西方的人權觀念，以及其中連帶出來的狹隘的功利主義等。潘光旦認為，留學生負笈海外，身處西方的種種文化氛圍之中，對其所帶來的功與罪、利與弊應該是觀察、體會得最為真切的，將諸如此類的思想觀念審慎地介紹回國內，在這樣一種文化氛圍中觀照父母之邦文化的功過是非，深入比較異同，形成對中國社會發展有價值的文化引導力，這是《季報》神聖的社會責任與價值。他提醒道，在這一譯介文化的過程之中，應儘可能避免逾淮為枳，水土不服。潘光旦雖身處西方世界，卻始終心繫國人的生活世界，在中西文化的比較與參照之中，探尋中國傳統文化的積極價值，深刻反省教訓短板。他一面進行必要的自我批判，另一面也保持誠摯的文化信仰，服膺優秀傳統文化的博大厚重，在向西學積極學習的同時，也為促進中國社會更好地發展而盡學人本分，盡到人事。他說："又如最近一二十年來，東方固有的文化，逐漸向西方發展散布，尤其是在藝術和哲學兩方面；大戰爭以後，歐美人士倦於物欲生活，想在東方文化裏覓解脫之法，所以東學西漸的趨勢，近數年來尤為明顯。此種趨勢，留學界地位特殊，最容易觀察，不妨將此種觀察記載下來，一面可以減少許多人自餒的心理，一面可使專拾西方牙慧的智識界回頭看看中土舊有的文物，未始非挽狂瀾之一助也。"② 誠摯的民族情感、家邦情懷，溫潤如玉，感通心流。

潘光旦反對學術研究存過多畛域派別之分，多有綜合創說。因專業為生物學，他對社會現象的觀察便多了一分生物科學的眼光，即他眼中的文化的生物學觀，力求"站在生物學的立腳點來觀察文化，觀察的結果，自然不能不繼以解釋"③。在他看來，"觀"兼具觀察與解釋兩重意義，相較而言，解釋更為重要。他的解釋兼具開放性、包容性，對哲學的、玄學的、科學的相關解釋都保持尊重，也保持距離。他甚至欣賞系統綜合、共同解釋，而非祇求各學科自說自話、自謀解釋。莊子說"天地與我共生"，"無問其名，無窺其情，物固自生"，博物之學，中西古來有之。潘光旦說，宇宙天地之間的各種存在本來就錯綜複雜而又綿續演化，并非為人類的分科之學或分級層研究而存在，分科之學不過是人為了便於更加深入瞭解或解釋某種現象而人為劃疆而治的產物。因此，人們需要謙遜地認識到各自的觀察或解釋不應定於一尊、局守一隅，更不會是毫無遮蔽、自洽圓融的唯一真理，而應充分尊重"現象無涯涘""因果無窮期"的客觀存在。他認為，分科之學即使能盡一人一手一足之烈，也決難以面面俱圓、八面見光。獨斷、單維地解釋或加以限制反而容易顧此

---

① 潘光旦：《今後〈季報〉與留美學生》，《潘光旦文集》，北京：北京大學出版社，1993年，第8卷，第116頁。（以下祇出注書名、頁碼。）
② 同上，第120—121頁。
③ 潘光旦：《文化的生物學觀》，《潘光旦文集》，第2卷，第312頁。

失彼，甚至"失之毫厘，謬以千里"。他贊成孔子"毋意，毋必，毋固，毋我"的求索精神，極力避免褊狹武斷，偏激固執，提倡孜孜矻矻，觸類旁通，兼收并蓄。

潘光旦的學説是一個複雜多面體，涵涉哲學、歷史學、民族學、生物學、優生學、性科學、人口學等諸多領域。他對拉馬克、馬爾薩斯、達爾文、恩格斯、孟德爾、高爾頓（戈爾頓）、藹理士等人學説的翻譯或詮釋，對從初民社會到近現代社會的長時段多維度觀察，大都運用了系統科學的綜合研究方法。梁啓超稱贊他頭腦瑩澈、情緒深刻，可擇一優長深入發展而成一方大家，他却是"吾愛吾師，吾更愛真理"，轉益多師是汝師，成了西南聯大公認的"通人"。事實上，他的研究也并非泛濫無歸，他是一位在生物學眼光中冷静探尋民族位育之道的博物學家，一位以生物血統、文化道統路徑探討民族元氣的生物社會學者。

二、對孔門社會哲學的盤駁問疑

潘光旦眼中的孔門社會哲學有着足以驚人的獨到之處。他認為："孔門社會哲學，粗看若一堆不相聯屬之觀念，實則條理井然，有近代系統哲學家之邏輯，而無其穿鑿。"[①] 孔、孟、荀的思想流變，因時代變遷自然存在一些矛盾抵牾的地方。在潘光旦看來，自演化的生物學發達以來，以往各種社會學説免不了要經過一番新的視野、新的社會語境的反思、批評和修正。他嘗試性寫作了《社會生物學觀點下學庸論孟》一文，後以《孔門社會哲學的又一方面》為題，發表於《留美學生季報》1927 年 5 月 20 日第 11 卷第 4 號。

在潘光旦看來，當時最廣受詬病而又亟須改正者主要集中於以下幾個問題，即人權觀念、性善或性惡之問、平等之論、環境能力之論。他并未深入討論人權問題，梁任公的探討早已珠玉在前。潘光旦認為，人性問題、平等問題、環境萬能論等，中西方如出一轍，自古言人人殊，爭論不止，可謂人類社會的元問題。孟子的性善論、平等論和環境萬能論等，與法國哲學家盧梭之學説如出一轍，荀子的性惡之説與基督教的自然邪僻説則很接近。儘管他對孔子與孟子學説的漸行漸遠存有幾分瞭解之同情，但經過生物學眼光的盤問與辯駁，他發現孟子學説中不乏不合常識、不切事理、讓人不能不為之一辯的地方。潘光旦此文對孔門著述的相關言説作了一番檢討，旨在"消極地"批評孔門社會哲學。

《中庸》謂"天命之謂性"，《孟子》謂"可欲之謂善"。潘光旦從生物學角度加以解釋，認為"天命就是生來就有的一切品質之總名目"，也即人性。從社會學角度看，"可

---

① 潘光旦：《生物學觀點之下孔門社會哲學》，《潘光旦文集》，第 8 卷，第 125 頁。

欲"是社會倫理的判斷，通俗地講就是"要得的"，是為善，這也是人的主觀判斷。《孟子·告子》篇有"性無善，無不善""性可以為善，可以為不善""有性善，有性不善"。孟子認為"性善"，荀子作"性惡"之論，仰望孔門之門牆的韓愈也探討過人性，認為性可以為善，也可以為不善……可見，性之善惡無可名狀，難以言説。潘光旦認為，天命的一切品性本來是無所謂善惡的，他傾向於人性"無善無不善""性可以為善，可以為不善""有性善，有性不善"，而在這三種説法之中，"有性善，有性不善"之説最近情理。他對孟子的"性善"、荀子的"性惡"斷言都表示不贊同。

孟子持性善説，主要有"人性之善也，猶水之就下也。人無有不善，水無有不下""四端"説。公都子問："今曰性善，然則彼皆非與？"孟子回答道："乃若其情，則可以為善矣，乃所謂善也。"潘光旦認為孟子應該是指如果順乎了人的性情、順乎理路就可以為善；"若夫為不善，非才之罪也"，并以"求得捨失""操存捨亡"來加以説明。孟子的類似言説隱隱然即指人的自由意志，而人心陷溺、自暴自棄的一半原因是由於個人的自身選擇，另一半原因是具體環境等客觀原因造成"富歲子弟多賴，凶歲子弟多暴"的結果。

孟子雖未直言平等之説，但從其性善、人皆可為堯舜説的邏輯上可以自然推導出其平等之説。這也是潘光旦試圖辨析的孟子學説的最為不足之處。他是持生物多樣性眼光的，也贊同差等之説。在他看來，關於平等有類別與程度之分，因社會生活簡單、交通不易、遠婚風氣未開，初民對於類別（人品底不齊）不易領會與覺知，同為圓顱方趾，同為人群裏的一分子，異致品性也呈現不多。因此，他認為這是孟子學説最為牽強附會的地方。在孟子的論説之中，對平等的贊同隨處可見，如"故凡同類者，舉相似也""聖人與我同類者""舜，何人也？予，何人也？有為者亦若是"……然而，孔門弟子尚且參差不齊，其心三月不違仁者，僅"復聖"顏淵一人而已。動輒輕言人人皆可為堯舜，又談何容易？這何嘗又是社會事實呢？他説："以我輩觀之，一個普通健全的人，總有幾分向上的欲望，這種欲望也可因教育、習慣之養成，而增益其效率。要是説他可以無限制地發展，到劃一的理想的程度，是萬萬做不到的。"① 就"亞聖"孟子自身而言，他實際也深知"物之不齊，物之情也""以堯為君而有象，以瞽瞍為父而有舜，以紂為兄之子，且以為君，而有微子啓、王子比干"等社會事實，也還有大人之事、小人之事，勞心者、勞力者，大德、小德等認知，其實這已在為他的平等之論證偽了，無法自圓其説。總之，潘光旦認為，絕對的性善論、人人有才可盡論（平等主義）是難以達到的彼岸世界，孟子的相關論説實際上是不能成立的。

潘光旦説，社會進化複雜多因，而演化因數主要有人的先天本質（天命）、後天環境

---

① 潘光旦：《孔門社會哲學的又一方面》，《潘光旦文集》，第8卷，第177頁。

（包括物質環境，如天時地利；精神的環境，如以往文物和目前教育）、自由意志三大類。孟子對這三個因數其實都有幾分信仰，而他偏偏要注其全力在後天環境和自由意志之上。為何孟夫子要對人的先天本質避重就輕、避實就虛，一味强調"過化存神""天將降大任於是人""捨我其誰"云云呢？對於人性問題，孔子是避而不談的，孔子不言性與天道，也不談怪力亂神，孟子却大談特談"性善""操存捨亡"諸説。以往人們以為《四書》所代表的儒家學説是一以貫之的，實則不然，其實孟子應該就是其中那位"實為負責之中堅人物"。後人（他應該暗指宋儒）若是將孔子"人之生也直"與孟子的"性善"附會起來，得出"人之初，性本善；性相近，習相遠"的論斷則更是一種誤導。孔夫子是更為高明的，儘管他有言"有教無類"，但也講"不憤不啓，不悱不發""聽其言而觀其行"，終究比孟子"苟得其養，無物不章；苟失其養，無物不消""過化存神"之論更為現實，這也正是孔聖人的偉大之處。潘光旦總結説："孟子底自由意志觀念似乎是承孔子之舊而發揮之。至於性善論，人類平等論，環境及教育萬能論是孟子比較別開生面的學説，不是孟子以前的學説。無論如何，與孔子不甚相干。我們一向以為孔孟為一脈相繩，如專在一般的哲理及玄學方面立論，對了；如在革新社會底學説方面立論，却是大錯。"[1] 換言之，他認為在社會改革方面，孔孟學説不能謂之一脈相承、陳陳相因。

他進一步總結説，《論語》中包含生來不平等、學了也未必平等的理念，因此意志力有限，環境力有限；《中庸》蘊含生來不平等，學説可以平等的理念，因此，意志力無限，環境力無限；《孟子》隱含生來平等，中間意志未定，境遇不佳而不平等，整頓意志而復歸於平等的理念，因此意志力萬能，環境力萬能。春秋、戰國到秦一統天下過程中的巨大社會變遷，此為外因；創立學説之人為何創立此説，與個人經歷、信仰密切相關，此為內因。外因主要包括兩種：人口底新支配（包括人口數量、品質上的蕃殖，外族內遷，徠民政策，階級混合），教育底下逮與庶民底騷動；內因也主要有兩種：學説底主義化，儒家"以己度人"底流病。外因之中的人口變遷與調動所引發的思想觀念的變遷，如春秋以前，平民貴族之分能被人們普遍接受，春秋之後，貴族政治無法在平民賤者中頭角崢嶸的分子那裏受到廣泛認同，類似"王侯將相，寧有種乎"的時代質問與思想觀念已若隱若現，漸入人心，而孟子則是將這些時代質問、思想觀念加以理論化、主義化的集大成者。

潘光旦是理解孟子超越性的初心的，但"以改革家的資格看孟子，我們可以原諒他，以哲學家的資格看孟子，後生小子就不免有微詞了"。[2] 他主要駁孟子的地方在於為"性""天命"尋找到一些天生本質即生物遺傳學上的科學根據，意在以近現代科學對古代玄學進行祛魅，不盲目折服於古人對於"性與天命"的玄學想象，因此他并不信服孟子的"性

---

① 潘光旦：《孔門社會哲學的又一方面》，《潘光旦文集》第 8 卷，第 196—197 頁。
② 同上，第 202 頁。

善"說與"平等論"。潘光旦對性與養、遺傳與環境下了一番斷語，得出"相對的常變之說"。他在承認這些自然事實與社會事實的前提下，冷靜地意識到"自自然界全般看去，宇宙先於生物，亦即先於遺傳；前途的推想，生物可滅，即遺傳可滅，而宇宙常存；換言之，即環境為常，而生物與遺傳為變。但自純粹的生物學方面及社會進化方面看去，其關係適與此相反，生物遺傳所憑的胚質，初不因普通之環境而發生變遷，可以環境就遺傳，而不能强遺傳就環境"。① 他認為，孟子相關論說的最為明顯的後果，就是把天演選擇的大原則打破了，可謂美言不信。"我們也不能不承認人類生來即有流品之分，應當把這種流品設法分別出來，因其流品之不同而差別其應得之訓練，輕重其應有之責任，古人之所謂用當其才，人稱其職，今人之所謂各盡所能，各取所需底理想纔有達到的希望。"② 潘光旦追求的是在一個事實上達不到完全平等的社會中，以更多睿智與平衡能力去追求人人各安其分、各得其所的"位育"的世界。

就筆者個人而言，潘光旦的流品説有一定科學依據，但在流品説之外，更有敬德保民、以德配天的觀察維度。如從周文王、周武王父子的"周雖小邦，其命維新""天聽自我民聽，天視自我民視"，到周厲王、周幽王祖孫的"國人不敢言，道路以目""性暴戾，少思維，耽聲色"，不都是一脈遺傳下來的嗎？"三監之亂"之"三監"與周武王難道不是同胞兄弟嗎？人能夠能動地認識世界和改變世界，潘光旦的流品説儘管有一定科學研究為依據，但尚不足以解釋單純生物科學成果以外諸如厚德載物、德行、意志、環境等因素與歷史陵夷變遷之間的深度關聯。正如柳詒徵《中國文化史》中所言："西周之政教至春秋時，有相沿而未變者，有蜕化而迥殊者。史家著論，多以為西周降至春秋，實為世衰道微之徵。然就一王定制而論，誠有陵夷衰微之象，就中國之全體而論，未始非民主進步之時。世無一成不變之局。讀史者，第當識其變遷，以明人民進化之階級，不必先立一成見也。"③ 國外也有學者認為："社會生物學應用於人文科學這一方法是否有價值，取決於它是否能夠幫助人類解釋用其他方法不能解釋的情況，提出通過其他途徑不可能提出的問題，并得出有意義的結論。換句話説，評判一個新的科學方法要依據它的成果，而不應從先驗出發。"④ 在這一點上，一百年前潘光旦的生物學眼光雖有新的視角，但解釋力還有一定邊界，尚不够成熟。

---

① 潘光旦：《孔門社會哲學的又一方面》，《潘光旦文集》第 8 卷，第 207 頁。

② 同上，第 210 頁。

③ 柳詒徵：《中國文化史》，上海：上海科學技術文獻出版社，2015 年，第 260—261 頁。

④ （美）J. 史密斯著，王雷、段曉蘭譯：《社會生物學的誕生》，《國外社會科學》1986 年第 4 期（摘自《新科學家》1985 年第 9 期）。

三、對孔門社會哲學的積極詮釋

潘光旦認為，孔門社會哲學的第一大特點是以人為主體，是與神本主義、物本主義或其他類似學說相區分的人本主義，且始終以人類生活經驗作為理論根據。儘管這種務實的人本主義是孔門社會哲學的第一大特點，但它尚不足以支撐起孔門的理論大廈，還要有親親之殺、尊賢之等、家國一體作為根基。他的《生物學觀點之下孔門社會哲學》一文，①在反思孔門社會哲學不逮之處的同時，也在努力挖掘孔門平凡深刻、可取可鑒的積極意義。

孔門親親尊賢之義，初看衹是基於人們社會經驗、社會生活的老生常談，潘光旦則驚歎於孔門學識的樸素深刻，大道至簡，靜水流深。他在篇首就引用自己上一篇文字（指《社會生物學觀點下之學庸論孟》，以《孔門社會哲學的又一方面》發表）文末結論道："孟子性善、平等、環境三論所以未能如火燎原者，有許多原因。最重要的是儒家早就成立而孟子自己亦嘗再三申說之親親主義與尊賢主義。親親主義之實施為家族制度，尊賢主義之實施為選舉制度。二者流弊雖多，要皆關乎二千年來中國民族之命脈，有不能不詳細討論者。"② 如果較之以近代西方之亂象叢生，陡變無常，如社會運動、家庭解體等千年未有之大變局，中國儒家傳統文化中的親親尊尊、尊賢尚德等社會哲學與社會政策堪稱厥角稽首，功莫大焉。他認為孔門社會哲學始終以人類生活經驗為理論之根據，二千餘年前已做到超脫神鬼、形上而上，這正是孔門哲學的務實、周密與獨到之處，堪稱人本主義之先導，是整理社會生活的實用哲學。

潘光旦引用英國威廉・科貝特（Wm. Cobbett）的社會差分說、英國生物遺傳學家威廉・貝特森（Wm. Bateson）的人類多形現象（差異性、多樣性）說，來說明中國社會自古"擬人必於其倫"的差等原則是基於先賢對前代社會經驗的細微體察與悉心總結。《論語》所謂生而知之、學而知之、困而知之，《中庸》之"故天之生物，必因其材而篤焉"，《孟子》之"夫物之不齊，物之情也……子比而同之，是亂天下也"，《荀子》之"萬物同宇而異體……人倫并處，同求而異道，同欲而異知""以其有辨也"，這些"人類之生而各異"是孔門承認的社會事實和邏輯前提。而孔門社會哲學的偉大堅韌也在於此，它一方面承認這一"不齊"之"天數"，另一方面又積極作為，明知不可為而為之，堅持主張"維齊非齊""不同而一"，努力在"人心惟危，道心惟微，惟精惟一"中去"允執厥中"，追

---

① 《社會生物學觀點下學庸論孟》一文，後以《孔門社會哲學的又一方面》發表於《季報》，實際成文早於《季報》先行發表的《生物學觀點之下孔門社會哲學》一文。

② 潘光旦：《生物學觀點下之孔門社會哲學》，《潘光旦文集》，第 8 卷，第 124 頁。

求 "致中和, 天地位焉, 萬物育焉"。孟子的 "物不齊"、荀子的 "非齊" 與社會生物學的 "個體變異 (individual variation)" "個別" (individual difference) 相似; 孔子的 "以人治人" 與社會生物學的 "個別待遇" (individual treatment; individualiazation) 相似; 孔門的倫、序、分、等、差、敘、殺、辨與社會生物學的社會差分 (social differentiation)、社會秩序、社會階級可謂殊途同歸; 孔門的 "人載其事, 各得其宜" "以群則和" "以獨則足" 與社會生物學的 "各盡所能, 各取所需" "社會位育" (social adjustment) 異曲相通, 殊途同歸; 而孔門的 "致中和" 之安所遂生的追求與生物學的生態學 (ecology) 綜合觀念也相差無幾, 大同小異。孔門極力在不齊之中追尋維護共同生存的安身立命之道, 追尋人間皆安、天下晏然猶一。

1962 年, 庫恩和費耶阿本德提出 "不可通約性", 後被列入自然辯證法名詞。以往論及中學、西學, 往往過分強化中西方的差異性, 言必稱 "不可通約性"。在潘光旦看來, 人類所孜孜追求的理想其實可謂吻合無間, 人我之間并非無法溝通, 無法跨越。中國人自古講厚德載物、天理良心, 道說、德論, 傳注疏箋, 薪火不絕, 是西方世界所追求的美善之邦。《理想國》中蘇格拉底儘管 "舌戰群儒", 也始終承認 "正義是心靈的德性, 不正義是心靈的邪惡"①。康德著名的 "頭頂的星空和心中的道德律" 之說, 亞當·斯密《道德情操論》中 "人與生俱來具有一顆神聖的同情心" 之說, 諸如此類, 與孟子之 "見孺子將入於井, 皆有怵惕惻隱之心", 何嘗又不是心有戚戚, 同鳴共振呢? 真、善、美是人類共同追求的永恒價值。

關於 "親親之殺" 與 "尊賢之等", 在潘光旦看來出於同一原理, 即梁啓超所謂 "環距之差別相, 實即所以表現同類意識覺醒之次第及程度"②。二者之中, 尊賢是以人的理智為根據, 難能可貴; 親親是出自人的自然情感和天性, 但絕不代表可以無止境地恣肆縱橫, 其中需有次第, 有輕重, 否則不同而和、群居合一又如何實現呢? 再如孔門言孝, 對代際之間的慈愛, 用出於人類天性或藉助基因的複製與傳遞 (潘光旦所謂胚質不滅之事實) 來加以說明, 而孝、順、恭則未必完全出自人之天性, 很多需要後天的教化、引導與規訓, 即荀子所謂 "化性起偽"。潘光旦總結孔門親親之殺的理論時說: "孔子茲三願者, 第一是悌字之應用, 第三是慈字之應用。應於平輩之朋友則重信, 抑亦推仁之義而已。"③ 他認為, 親親之殺利多弊少, 對於社會或種族是貢獻大於斫喪的。孔門此說, 行權合道, 不可或缺。

孔子說: "君子務本, 本立而道生; 孝悌也者, 其為人之本也。" 曾子說: "慎終追遠, 民德歸厚。" 孟子更是大張旗鼓地宣揚 "大孝終身慕父母" "修其孝悌忠信, 入以事其父

---

① (古希臘) 柏拉圖著, 郭斌和、張竹明譯:《理想國》, 北京: 商務印書館, 2002 年, 第 42 頁。

② 潘光旦:《生物學觀點下之孔門社會哲學》,《潘光旦文集》, 第 8 卷, 第 134 頁。

③ 同上, 第 137 頁。

兄，出以事其長上"，并認為堅持踐行，便能"人人親其親，長其長，而天下平"。對孟子論述的真切與尚善，潘光旦是持肯定、褒揚態度的。他以留學美國時觀察到的西方生活世界為反證來説明，西方的社會公益、社會意識、社會服務看似發達，但實則"操切不成熟"，有三大弊端存在，即"濫""淺""漫"（情感濫用、價值觀念凌亂、敷衍假冒），而這些情感被過度濫用、淺用或漫用，終歸不是社會之福，可能福兮禍所伏。西方社會的類似教訓恰好是"革新伊始之中國社會方從而師事者"。他認為家庭是"文化人類情感之中心用武地"，而"孔門學者蓋深悟一般人情感之易遷，乃申差等之説以維繫之；於是家庭之個性得以保全，而社會之治安賴以不破。此數千年來中國之制也。"① 當時的西方社會看似熙熙攘攘，聲色斐然，實則家庭離析，用情失中，隱憂叢生，於無聲處解構着人之存在，解構着需要在情感重心維繫下的社會寧帖，醞釀着不可忽視的社會心理危機。

　　潘光旦再三引用《中庸》之説："仁者人也，親親為大；義者宜也，尊賢為大。親親之殺，尊賢之等：禮所生也。"他認為此説道盡孔門兩大綱領，其一為"親親之殺"，其二是"尊賢之等"。孔門的衣鉢傳人中以荀子"寸尺尋丈檢式"之論最為貼切，是維持社會差分和社會秩序的一大工具，也是"人倫盡矣"之"社會位育之大目的"。他比較了柏拉圖的《理想國》與荀子的《儒效》之説，認為西方先哲對美善之邦的追求更加偏重強調理智或智慧的調動，而認同諸如荀説，認為"謫德量能"更為成熟厚重，更加根柢槃深。

　　孔門一面強調"親親為大"，一面強調"尊賢尚德"，到底二者之間是一種什麼關係？潘光旦認為，"仁"是親親與尊賢之間的接榫之處，或者説駁接之處。他列舉孔門"仁學"中種種有關"仁"的論述，試圖探討孔門在親親與尊賢的前提下蘊藏的社會意識、絕對的公意、自由意志、社會正義等問題。他承認人我之間的愛是有差等的社會事實，寄希望於人們能就此事實作出相應之整頓，使智愚能鄙、貴賤尊卑之分吻合為一，視其符合程度與貼合度來定社會正義之程度。

　　孔門的社會哲學既然如此美備精切，何以中國社會總難真正達到中和位育之境呢？孔門社會哲學之應用，又為何輕重不均至此呢？潘光旦認為有五點原因：1. 推"仁"有未盡；2. 釋"義"有未盡；3. 後世推崇孔子過當、失當；4. 玄學之蒙蔽；5. 科舉制之狹隘。例如，針對推"仁"有未盡的遺憾，潘光旦認為，孔門的原教旨是真正親親、仁民而愛物的，而後儒們却對親親之説偏聽偏信，專在"孝"之一端用盡功夫，使"親權"得以無限延展，使老壽與權威幾成一物。不僅如此，後儒"於二人之仁之真義"還揣着明白裝糊塗，大發祇有國君可與言懷仁、施仁之道，而與普通庶民無緣、無關之言論，使中國的社會意識的發育失去了適宜的機會與土壤，直接導致中國社會中家族之內、家庭之內"私"的過

---

① 潘光旦：《生物學觀點下之孔門社會哲學》，《潘光旦文集》，第 8 卷，第 139 頁。

度畸形發展，而社會之"公"的發育則遠有未逮。他對後儒還有很多不滿，批判"儒家而外無學問""古人而外無師範"的過度尊經衛道，崇儒黜他。此外，後儒的故弄玄虛也是潘光旦所不滿意的。他認為孔子不言鬼神、不言性與天道、不言怪力亂神的務實精神是最難能可貴的人本精神，而孟子强言"性善"之説，漢儒尊經弘道、崇尚訓詁音韻之小學，顯得泥古不化，宋明理學則極盡穿鑿臆斷之能事，更是離孔門原有之精神相去甚遠，離題萬里。因此，"孔門社會哲學，一誤於後儒解釋之不當；再誤於尊經衛道輩之擁護無方，致絶其伸縮活動之力；三誤於性理派之蒙蔽；至科學選士制末流之弊，猶其應用之末節耳"。① 這些并非孔門哲學之咎，實則被後世曲解誤用而已。他筆鋒犀利，入木三分，分析瑩澈，鞭辟入裏。

結　語

潘光旦留學美國時主攻優生學（遺傳學），優生學是以進化論和遺傳學為基礎，以社會學為構架的一門學問，其主要使命是為群體發展提供更多優質、健全的社會分子，如介於大聖大賢或巨惡大憝之間的社會中間分子。潘光旦追求真知的科學精神足以打動人心，他的學術貢獻對當時的中國是難能可貴、别具一格的。他自始至終都滿懷赤子之心，也有足够的勇氣去承受"酷虐"的科學真相或社會事實。"潘光旦的人文生物學視角一直試圖綜合生物學與文化學。這既不同於生物學決定論，也異於文化論者。這個視角與文化建構論迥乎不同在於，因為後者無視生物差異因素……也與生物決定論大有分歧，因為生物決定論忽略文化，而實際上文化因素反過來對生物性狀具有選擇作用。"② 他"融合了中國傳統文化的精髓，其'位育論'融進化論之精粹於傳統中國文化之中"。③ 因此，有學者認為，潘光旦的綜合考察可為生物學與社會科學的通家之好提供參考借鑒。

潘光旦的人文生物學論説，是他在留學時代的嘗試性觀察成果，略帶書生氣，有些判斷和結論的推導也難饜人望。他對孔子不言性與天道那種"言不盡意"的簡單詮釋，對孟子"性善"論、對盧梭平等之論的判斷，對荀子的低估，對後儒的輕視，對"流品"説的過度信仰，筆者都有疑惑。孟子説"民貴君輕"，其對"説大人，則藐之"的平等追求有什麼不對？孟子的"性善"論不比董仲舒的"性三品説"更加厚德包容嗎？孔子不言之

---

① 潘光旦：《生物學觀點下之孔門社會哲學》，《潘光旦文集》，第 8 卷，第 166 頁。

② 劉易平、盧立昕：《"童子操刀"：潘光旦關於青少年反社會行為的人文生物學分析》，《北京青年研究》2015 年第 1 期。

③ 劉建洲：《範式借鑒：生物學與社會科學的通家之好》，《學術交流》2003 年 12 月。

"性"、孟子道 "性善" 的 "性"、荀子道 "性惡" 的 "性"，三者的能指、所指、意指又是完全相同的嗎？盧梭對人類不平等的起源與基礎的抽絲剝繭，何嘗不是給了恩格斯《家庭、私有制與國家的起源》的創作以啓迪？徐復觀在《中國人性論（先秦篇）》中對相關議題的探討比學生時代的潘光旦的探討更為系統、精確與深刻，他對天命、性善、平等的解讀更具解釋力和感染力，也比冷峻的科學眼光下的辯駁與詮釋更有溫度，更具有孔門所推崇的生命情感。大衛·休謨的《人性論——在精神科學中采用實驗推理方法的一個嘗試》中對知識、情感、道德的論述更比潘光旦的論説精密嚴謹。事實上，正如休謨所説，不管我們把自然的理論想象得如何簡單，在任何時刻它都不會是看上去的那麼簡單、善惡無法證明。在筆者看來，孟子的 "性善" 論更似一種精神科學的啓蒙，或者更像是一種 "予豈好辯哉？予不得以也" 的積極心理學，或曰文化祝由術。潘光旦對 "性善" 論的責難一定程度上消解了人生面對艱難困苦時所需的無畏勇敢的精神韌性與童話想象。古希臘先哲亞里士多德贊譽的 "十全十美的悲劇"，索福克勒斯筆下的俄狄浦斯最終没能承受住生命的真相，自毀雙目、自我放逐，讓人何其難以承受？中國上古神話中女媧補天、精衛填海、后羿射日、夸父逐日等精神與孔門明知不可為而為之的堅韌意志，又何嘗不被中華民族薪火相傳？潘光旦對自由意志等 "玄學" 或存而不論，或一筆帶過，或許也是他的科學精神、科學態度使然。休謨説過，理性是情感的奴隸。在潘光旦的論述中，理性和情感的允執厥中確實難以把握，難以做到圓融通達。孔門的智慧終究是需要每個生命個體去格物致知，終生體悟，用生命證覺。所謂 "六合之外，聖人存而不論"，人之為人，人之生存繁衍，除了需要靠大腦啓航，更需要用心護航。在這點上，潘光旦生物學眼光下的人文生物學，對孔門哲學中重要微妙的心性智慧尚未展開探討。

　　需要説明的是，對潘光旦學術觀點的不完全贊同，并不影響筆者對他的崇敬與仰望之情。我們需要站在學術前輩的肩膀上去探索真理，更何況他 "東化西漸" 的文化信念那麼讓人感動而又鼓舞人心。如他所言，他那個時代的潮流是竭力遷就、接受 "目前宰制世界的西洋文化"，而將自己民族幾千年的生活經驗 "全都拋向故紙堆中去"。要在其中堅持真理是需要很大的學術勇氣與學術銳氣的。他曾問道："我們可能的幾微的貢獻究屬在哪裏？怎樣的可以整理出來，以供世界的采擇？世界能采擇到什麼程度，就等於我們轉移世界環境到什麼程度。"① "因為如果完全没有這些，人類的生命怕早就已經寂滅，不會維持到今日。人類可能會寂滅的恐懼，倒是近代科學昌明以後纔發生的事。"② 潘光旦筆下的孔門社會哲學博大精深，厚德載物，温暖厚重。誠然，西方學界也在不斷地反思自身，如盧梭、尼采，如馬克思、恩格斯，如霍克海默、阿多諾……盧梭説："我願意自由地生活，自由地

---

① 潘光旦：《當前民族問題的另一種説法》，《潘光旦文集》，第 9 卷，第 49 頁。
② 潘光旦：《人文學科必須東山再起——再論解蔽》，《潘光旦文集》，第 6 卷，第 67 頁。

死去。也就是説，我要這樣地服從法律：不論是我或任何人都不能擺脱法律的光榮的束縛。這是一種温和而有益的束縛，即使是最驕傲的人，也同樣會馴順地受這種束縛，因為他不是為了受任何其他束縛而生的。"① 潘光旦以生物學之物之不齊，駁孟子和盧梭的平等之説。其實，盧梭所説的人生而自由又無往不在枷鎖之中，何嘗不是社會事實？中國早期的王官之學到孔門之學的發展，也可謂一種"為天地立心，為生命立命"的禮與法，或如盧梭筆下的"温和而有益的束縛"，前提是人們能做到孔子所謂"篤信好學，守死善道"，能夠"惟精惟一，允執厥中"。今天，在西學與中學之間，在新學與舊學之間，在科學、玄學與哲學之間，在哲學與實學之間，我們仍然在路上，道阻且長，任重道遠；但我們依舊崇尚生生不息，薪火相傳，執著追求着周道如砥，行穩致遠。

作者單位：四川省社會科學院哲學研究所

---

① （法）盧梭著，李常山譯，東林校：《論人類不平等的起源和基礎》，北京：商務印書館，1997 年，第 51 頁。

論《春秋命曆序》記黃帝積年一千五百二十年

——兼論夏朝開國之年應精確化為公元前 2054 年

胡義成

　　漢代緯書《春秋命曆序》（以下簡稱"《命曆序》"）關於黃帝積年一千五百二十年的記載①，一直引起歷史研究者的關注。《終結"疑古"》的作者張國安說，《命曆序》裏的"這種年數有着無比重要性"②。李伯謙和許順湛也對它有所認可③。它最引我注目的是，國家專案"夏商周'斷代'工程"估算夏王朝開國於公元前 2070 年④，并把估算精度限定在

---

①　緯書《春秋命曆序》載黃帝"傳十世，一千五百二十年"，轉引自陝西省地方志編纂委員會編：《黃帝陵志》，西安：陝西人民出版社，2005 年，版第 359 頁。（以下祇出注書名、頁碼）《緯書·〈易〉緯·稽覽圖》：積年一千五百二十年，轉引自許順湛：《許順湛考古論集》，鄭州：中州古籍出版社，2001 年，第 199 頁。（以下祇出注書名、頁碼）《命曆序》在記載黃帝總積年 1520 年的同時，還有關於"顓頊傳九世，三百五十年"等記載。許順湛先生由此認為，《命曆序》關於黃帝積年 1520 年之記，不包括顓頊之後積年（《許順湛考古論集》，第 199 頁），似可再議。僅在文字表述上，它也難成立，因為，《命曆序》對黃帝積年 1520 年之記，與顓頊 350 年之記，分列在不同段落，故很難說黃帝總積年 1520 年不包括顓頊。從唐代王瓘《廣黃帝本行記》開始，繼承黃帝總積年 1520 年之說者，包括北宋張君房《雲笈七籤》、南宋《軒轅黃帝傳》諸書（《黃帝陵志》，第 405、429、452 頁），在文字表達間，都明確認為這個 1520 年，包括顓頊、帝嚳和堯、舜。聯繫作為黃帝都邑的西安楊址¹⁴C 測年數據，以及作為夏都遺址的河南二里頭¹⁴C 測年數據看，王瓘以後諸書的理解應是對的。而完全依許先生之見推算黃帝紀年，可以推出黃帝時期開始於距今 6400 多年（參見李伯謙：《黃帝時代的開始——黃帝文化與中國古代文明起源研究》，《光明日報》2017 年 8 月 26 日《國學》版），迄今缺乏對應的考古證據，故本文不采。

②　張國安：《終結"疑古"》，北京：人民出版社，2017 年，第 504、579 頁。（以下祇出注書名、頁碼）

③　李伯謙：《黃帝時代的開始》，《光明日報》2017 年 8 月 26 日《國學》版；《許順湛考古論集》，第 199 頁。

④　李學勤：《夏商周文明研究》，北京：商務印書館，2015 年，第 323 頁（以下祇出注書名、頁碼）；仇士華：《¹⁴C 測年與中國考古年代學研究》，北京：中國社會科學出版社，2015 年，第 429—430、159—168 頁；張海等：《王城崗遺址¹⁴C 測定、校正與擬合》，方燕明：《河南龍山文化和二里頭文化¹⁴C 測年的若干問題討論》，收入科技部社會發展科技司等編：《中華文明探源工程文集·社會與精神文化卷（1）》，成都：科學出版社，2009 年（以下祇出注書名、頁碼）；李伯謙：《感悟考古》，上海：上海古籍出版社，2015 年，第 143—144 頁。

"±20 年"①，而據我對西安楊官寨遺址（以下簡稱"楊址"）即黃帝都邑②及其[14]C測年數據、出土器物和相關神話的研究，在首位黃帝於公元前 3708 年辭世③後 134 年，後任黃帝於公元前 3574 年 1 月 17 日開始"迎日推策"，即制訂陰陽合曆，并於公元前 3574 年完成④，於是，從後任黃帝開始制訂陰陽合曆算起，到夏王朝開國之年，正好也是 1520 年（說明：如按夏王朝開國於公元前 2070 年算，這個年數應為 1504 年，與 1520 年差 16 年，但鑒於"'斷代'工程"把估算精度限定於"±20 年"，在這個意義上，可以忽略此 16 年誤差，認為"'斷代'工程"結論包含認可"公元前 2054 年"），直覺其中肯定有某種關聯。本文即專門討論這種關聯。

許順湛提出，"五帝"研究"首先是進行'五帝年代框架的研究'"⑤。後來去了我國臺灣的著名考古學家董作賓，曾批評"民國以來出版的教科書"，對"五帝"年代"多含糊其辭"，"使人惶惑，得不到真切的印象，而凡是寫出年代的，又沒有一個不是錯誤的數字"⑥。基於此，黃帝歷史研究專家王仲孚希望，能"以扎實的研究重建一個有年代指標的古史系統"⑦。時任國家科委主任的宋健，針對《中華文明探源研究專案》的立項也說過，該研究的一個關鍵是相關紀年的確認，包括"軒轅黃帝的年代是否能確定，炎黃子孫們寄希望於歷史學家和考古學家能作出科學結論"⑧。筆者認同且重視諸位前輩之見，本文也是回應前輩之作。

一、近年黃帝紀年研究新進展簡介

在"疑古"思潮的持續衝擊及西方放大其效應的背景下，中國近世的黃帝歷史及其紀年研究一直舉步維艱。"中華文明'探源'工程"的實施，本來從學術力量的聚集和財力

---

① 見文史哲編輯部編：《"疑古"與"走出疑古"》，北京：商務印書館，2010 年，第 81 頁。
② 參見石興邦名譽主編，胡義成等主編：《黃帝鑄鼎郊雍考辨與賦象——西安古都史新探》，西安：西安出版社，2011 年（以下祇出書名、頁碼）；胡義成：《西安楊官寨遺址是確定黃陵祭祀為國家公祭的考古學主證——論黃陵墓主即西安黃帝都邑楊官寨遺址族群盛期的首領》，收入陝西省黃陵祭祀工作辦公室：《黃帝陵是中華民族的精神標識》，西安：陝西人民出版社，2016 年；胡義成：《李伯謙先生"'探源'學術"簡單追蹤——"中華文明探源'工程'"考古學決策人學術述評之一》，《西安財經學院學報》2019 年第 3 期。
③ 胡義成：《黃帝逝世 5727：關於國家應實施"黃帝紀元"的建議》，《新西部》2019 年第 1 期。
④ 胡義成：《黃帝"考定星曆"的具體時間和過程》，《武陵學刊》2019 年第 4 期。
⑤ 轉引自曹兵武：《鑿枘於考古與歷史之間——許順湛先生訪談錄》，收入曹兵武：《考古與文化（續編）》，北京：中華書局，2012 年，第 366 頁。
⑥ 轉引自王仲孚：《中國上古史專題研究》，濟南：山東人民出版社，2017 年，第 4、141 頁。
⑦ 同上。
⑧ 宋健：《超越疑古 走出迷茫》，《文史哲》1998 年第 6 期。

保障上，都為黃帝歷史及其紀年研究提供了一個極佳契機，可它最後竟對黃帝歷史及紀年不置一詞，令人失望①。好在黃帝時期的主要遺址已出土，遠古神話仍在，學界和民間的黃帝歷史及其紀年研究綿延未絶。以下簡介近年研究的相關進展和思考。

（一）黃帝歷史三個紀年數據和一個空間位置難以否認

前述筆者偵知的關於黃帝歷史的三個紀年節點和一個空間節點（首位黃帝辭世時間，後任黃帝開始制訂陰陽合曆的時間，陰陽合曆制訂完成的時間，黃帝都邑即楊址），與¹⁴C測定的楊址存世時間數據吻合，形成了合乎科學邏輯與歷史邏輯的“時空結構證據鏈”，把黃帝都邑唯一地鎖定於楊址，大體勾勒出了黃帝歷史主要時空節點的初步輪廓，應當説如無其他具備確鑿證據的出現，相關結論很難被否定②。

在楊址“‘十二支’陶盤”已出土的情況下，此前學界所普遍認為的從堯帝開始中華纔有天象觀測和紀年③，甚至認為干支使用“是從西周後期開始的”④結論，均應再完善。近年，浙江義烏橋頭、蕭山跨湖橋等遺址，出土了陰陽爻卦畫符號和數字卦象符號⑤，説明中華易理及與其緊密相連的干支紀法⑥在距今八千年左右即已初步誕生。天文考古學家馮時則根據對河南濮陽西水坡45號墓葬出土實物的分析，認為早在六七千年前，中原天文曆法就已初步成型，構成了中華文明要素誕生的首要標誌⑦。楊址最早的黃帝遲於它們千年乃至兩三千年，獲得上述干支天象紀時成果，并非不可理解。本文即以上述“時空結構證據鏈”及其相關結論，作為立論出發點。

（二）《命曆序》記黃帝積年一千五百二十年，應是對五帝積年的一種不精確的可貴記載

鑒於《命曆序》記積年一千五百二十年，與筆者關於黃帝“迎日推策”開始到夏朝開國之年積年數據一致，是否可以設想，古代曾有人把黃帝開始“迎日推策”之年，確認并權威化為“黃帝元年”，由此形成了後人關於五帝積年為1520年的記載。要使這種猜想成立且合情合理，必須得有一個前提，即歷史上確實曾經出現過把黃帝“迎日推策”開始之時，權威性地設定為“黃帝元年”的情況。而據我研究，這種情況確實存在，這就是漢武帝制訂《太初曆》時的設定。《命曆序》的記載雖然是基於虛假設定的不精確的五帝積年，

①　胡義成：《李伯謙先生“‘探源’學術”簡單追踪——“中華文明探源‘工程’”考古學決策人學術述評之一》，《西安財經學院學報》2019年第3期。

②　胡義成：《鳳翔水溝遺址應即最早“黃帝都邑”——兼論炎黃并無戰事》，《寶雞社會科學》2020年第1—2期。

③　徐旭生：《中國古史的傳説時代》，北京：文物出版社，1985年，第12—13、219—220、1—2、12頁。

④　劉乃和：《中國歷史上的紀年》，北京：海豚出版社，2012年，第28、14、9、28頁。（以下祇出注書名、頁碼）

⑤　韓建業：《考古學極大地延伸了中國歷史軸綫》，《光明日報》2020年2月24日。

⑥　潘雨廷：《論天干地支與數字卦》，收入潘雨廷《易學史發微》，上海：上海古籍出版社，2017年，第1—10頁。

⑦　馮時：《文明以止——上古的天文、思想與制度》，北京：中國社會科學出版社，2018年，第13—45頁。（以下祇出注書名、頁碼）

但却是很可貴的記載，因為它經得住數據推敲和考古發現的檢驗（見下文）。於是，"'斷代'工程"估算的夏朝始年，應據它而進一步精準化。基於上述情況，本文以下將初步探討《太初曆》制訂中虛構"黃帝元年"，以及"'斷代'工程"的估算今天應被精準化這兩個問題。

由於此前楊址未出土，不會出現本文前述思路，故本文之論言人未言，屬於學術探險，難免出錯，懇請同好批評。

(三) 五帝積年 1520 年并非附會《四分曆》之 "一紀"

形成時間早於緯書的《周髀算經》，在論述中華陰陽合曆計算"回歸年"和"朔望月"關係時，提出在計算中應以 19 年為 1 "章"，4 "章"為 1 "蔀"，共 76 年；20 "蔀"為 1 "遂"，每一 "遂"是 1520 年①等。在中國古代較成熟的陰陽合曆即《四分曆》的計算模式"推步"中，1520 年又被稱為 "一紀"，因為每隔 1520 年，"紀日的干支周而復始"一次②。對此，《淮南子·天文訓》即説，凡 "一千五百二十年，大終，日月星辰復始甲寅元"。這在數學上意味着，1520 年即《四分曆》中協調太陽、月亮和地球運行時間的某種 "公倍數"③。後來，持 "天人感應"説的古人，逐漸發現此 "一紀"與從黃帝 "迎日推策"開始到夏朝建國共 1520 年的時間相同，遂認為這兩個 1520 年應是一個神秘的 "天人感應"現象。於是，有論者在分析《命曆序》關於黃帝一千五百二十年記載時，常聯繫到 "推步"關於 "一紀"為 1520 年的結論④。更有人由此而懷疑，緯書積年一千五百二十年的説法，源自對 "一紀"的附會，從而懷疑五帝積年 1520 年并非史實。

這種思路完全不能成立。其一，先秦時期，如《史記·三代世表》所説，在 "曆、譜、諜"和鄒衍 "終始五德之傳"等記載中，"黃帝以來皆有年數"，所以，在當時高層與知識界皆知黃帝年數的情況下，上述情況是不可能發生的。其二，由於中華史前曆法和干支紀法發達，故在夏朝立國後，高層與知識界就會掌握關於從黃帝 "迎日推策"開始，五帝積年共 1520 年的知識。而中華《四分曆》以 1520 年為 "一紀"的知識，在形成時間上肯定遠遠落後於夏朝立國，包括有論者認為《四分曆》成熟於春秋戰國時期⑤，果真如此，則較成熟的《四分曆》以 1520 年為 "一紀"的認識，也祇能在春秋戰國及其後形成。面對這兩種認識形成時間上的頗大差距，高層與知識界即使也會從 "天人感應"角度思索兩者關係，但絕對不會出現把五帝總積年簡單地看成附會 "一紀"的假造，故 "附會説"不攻自破。

---

① 程貞一等：《〈周髀算經〉譯注》，上海：上海古籍出版社，2012 年，第 149—150 頁。
② （日）藪內清：《中國的天文曆法》，北京：北京大學出版社，2017 年，第 203 頁。
③ 朱桂昌：《顓頊日曆表》，北京：中華書局，2012 年，第 540 頁。(以下祇出注書名、頁碼)
④ 程貞一等：《〈周髀算經〉譯注》，上海：上海古籍出版社，2012 年，第 149—150 頁。
⑤ 馮時：《天文學史話》，北京：社會科學文獻出版社，2011 年，第 132 頁。

二、《太初曆》制訂中司馬遷和公孫卿聯手假造 "黃帝元年"

漢武帝在鄒衍 "五德終始" 學説的激蕩[1]和齊燕方士的蠱惑下，在《太初曆》的制訂中，為確立劉漢皇室執政合理性及其標識化，對方士公孫卿轉述的種種黃帝神話很在意，包括對 "迎日" 神話的干支天象很感興趣，且在聽了公孫卿關於 "漢興復當黃帝之時，漢之聖者在高祖之孫且曾孫也"[2] 之類進言後，便亟欲以此干支天象為抓手，思謀把它與自己制訂的《太初曆》首日干支天象弄成一致，使大漢王朝與黃帝盛世直接前後掛鈎，顯出自己 "順天應命"，"漢之聖者在高祖曾孫" 且福祚綿延。這一思路至少在留意干支天象上是很精明的。因為，在公孫卿轉述的種種黃帝神話中，祇有 "迎日" 神話留下了完整的干支天象，它至少能讓人抓住黃帝 "迎日推策" 開始時的太陽、月亮和地球具體運行狀況，以便《太初曆》首日在干支天象上與之呼應。故深信 "天命" 的漢武帝緊緊地盯準了它，抓住不放。其實，這種 "盯準不放"，對今天的黃帝歷史研究也有適用之處。因為，在迄今仍傳世的所有黃帝神話中[3]，確乎祇有該神話不僅留下了黃帝開始 "迎日推策" 之日的干支天象，利用現代天文學技術可追尋出其具體年月日，而且還留下了黃帝 "迎日推策" 活動的具體地點荊山（即楊址所在地），故欲破解黃帝歷史的具體時空特徵，不僅離不開這個神話[4]，而且由這個神話推出的關於黃帝歷史的具體時空特徵，基於現代天文學技術，實行黃

---

① 陳嘉琪：《南宋羅泌〈路史〉上古傳説研究》，北京：中國社會科學出版社，2018 年，第 266—267 頁。

② 《史記·封禪書》。

③ 現存黃帝神話大體上可被分為三類。一是被《史記》以公孫卿轉述形式留傳下來的一組神話，可簡稱 "荊山黃帝神話"（"荊山" 即楊址近旁一山，見胡義成：《黃帝鑄鼎之 "荊山" 考——關於 "黃帝都邑" 西安楊官寨遺址的神話研究之一》，《地方文化研究》2018 年第 5 期）。由於公孫卿是鄒衍學派下沉民間前的方士後裔，故 "荊山黃帝神話" 最早應溯源自鄒衍學派。其所述黃帝歷史時空節點比較明確，顯示其歷史 "素地"，就是對黃帝族以楊址（在西安東北荊山腳下）為都邑時主要歷史事件的記憶。二是以孔子所述（存於儒家《五帝德》和《帝系姓》中）以及漢代緯書和《帝王世紀》等為代表的典籍所傳黃帝神話。現在看，它們應是對黃帝歷史後期在今河洛一帶崛起的割據勢力即諸軒轅氏歷史的神話化。由於諸軒轅氏當時仍打着 "黃帝" 旗號，故這批神話就把軒轅與黃帝混為一談了（胡義成：《河南 "河洛古國" 考古新發現和 "有熊國" 新探》，《中原文化研究》2020 年第 5 期）。三是關於黃帝與蚩尤之涿鹿大戰的神話。據筆者研究，其時間應在前述兩段黃帝歷史之後（胡義成：《華蚩對決——涿鹿大戰研究》，收入趙逵夫編：《先秦文學與文化》第八輯，上海：上海古籍出版社，2020 年）。

④ "迎日" 神話是黃帝族群先民在原始思維下對黃帝制訂陰陽合曆過程的追憶。由於制訂陰陽合曆對黃帝族群而言是極端重要的大事，也由於制訂新曆法離不開選擇開始之日及對該日太陽、月亮和地球具體時間的詳細記錄，故必須留下這一天具體的天象和干支。其他黃帝神話均不涉及制訂陰陽合曆，故一般不可能留下相關事件發生時完整的干支天象；當然，也有少數黃帝神話，由於敘事之需，或留下了紀日干支，或留下了事件發生當日的天象，但把當日干支和天象完整地留下來者，目前看來祇有 "迎日" 神話。細思之，這合乎情理，因為黃帝 "迎日推策" 即制訂陰陽合曆畢竟就祇有這麼一次。

帝神話學和考古發現相融合，可構成前述"時空結構證據鏈"，堪為定論①。

此前，由於黃帝都邑未出土，黃帝歷史的具體時空節點一直很模糊，同時鑒於公孫卿等方士的言行明顯帶有欺騙性，故除了制訂《太初曆》那一段時間（見下文），以及中外少數"中國古天文曆法歷史"研究者外，古今清醒的史家，一般都把公孫卿轉述的"迎日"神話看成騙術載體，很少有人在黃帝歷史探索中認真地深究過它。當然，也曾有人想由此下手探究黃帝歷史，但因為缺乏考古證據對應而墮入五里霧中。不過現在看，鑒於黃帝都邑已經出土且其^{14}C測定數據已公布②，復鑒於現代神話學承認某些神話是在原始思維的條件下先民記憶本氏族及其祖先歷史的意識形態，且黃帝神話明顯具有記史特徵，故為厘清黃帝歷史及紀年，也應結合楊址考古，仔細追究"迎日"神話所蘊含的歷史"素地"，以及與之相聯的漢武帝制訂《太初曆》和改年號為"太初"，并尋求"太初元年"與"黃帝元年"對應，從而導致積年一千五百二十年説法出現等歷史事件的真相。

（一）漢武帝為漢朝對應"土德"及其標識化而狂

按，在戰國秦漢盛行的鄒衍"五德終始"學説中，帝王們的執政合理性，源自其是否對應着"五德"模式；"五德"依土、木、金、火、水的次序排列，黃帝（五帝）對應着"土德"，後經夏、殷、周、秦四朝，故漢朝也對應着"土德"③。但對"五德"的排列次序還有別的説法，如依木、土、水、火、金為序④，或依木、火、土、金、水為序⑤，再加上人們對黃帝後諸帝應入圍者的理解差異也很大，故漢朝究竟對應着何德，一直存在爭論。漢初丞相張蒼就説漢朝對應着"水德"，而公孫臣則力主對應"土德"⑥。這種爭論加重了漢武帝對劉漢皇室執政合理性問題的擔心，力求在自己手中儘快解決這一紛爭，包括應在確定漢朝對應黃帝"土德"時儘快促使其標識化。所謂標識化，無論在漢武帝心中，或在方士公孫卿心裏，都首先指向新製《太初曆》首日的干支天象，應與黃帝開始"迎日推策"之日的干支天象完全一致。

其實，在解釋汾陰出土的所謂黃帝"元鼎"時，公孫卿就在給漢武帝説"迎日"神話的前提下，又説"今年得寶鼎，其冬辛巳朔旦冬至，與黃帝時等"⑦，意指汾陰寶鼎出土之年，正好是冬至與朔旦同日的辛巳年，與黃帝"迎日推策"之時的天象（朔旦冬至）一致。不僅如此，他還以此切入，特意煽動漢武帝説，"漢之聖者"應是高祖曾孫即漢武帝本

---

① 胡義成：《鳳翔水溝遺址應即最早"炎帝都邑"——兼論炎黃并無戰事》，《寶雞社會科學》2020 年第 1 期、第 2 期。

② 楊利平：《試論楊官寨遺址墓地的年代》，《考古與文物》2018 年第 4 期。

③ 饒宗頤：《中國史學上之正統論》，北京：中華書局，2015 年，第 23 頁。（以下祗出注書名、頁碼）

④ 同上，第 21—22 頁。

⑤ 同上，第 21—22 頁。

⑥ 《史記·封禪書》。

⑦ 《史記·封禪書》。

人。漢武帝對此説法特別受用，就示意麾下安排自己在"十一月辛巳朔旦冬至"這一天
"郊拜太一"①。大量資料顯示，漢武帝當時對冬至為朔旦日（即"朔旦冬至"）這種19年
重複出現一次的天象十分重視，每屆此日必舉行"祭禮"②。這些事情表現出漢武帝對黃帝
"迎日推策"開始時的天象已經高度在意，顯然力欲使之與漢朝新製曆法首日的天象一致。
雖然這種"在意"屬於迷信，但現在看，它却也體現着漢武帝追求漢王朝强盛一統的雄心。
因為，在周秦以來的戰亂中，作為以花圖騰統一中華區域的人文初祖，黃帝一直是中國人
追求國家統一和國力強盛的首要標誌性人物③；就漢武帝而言，其傾慕效仿黃帝的政治目
的，就是表達自己的雄心順應着當時中華民族的强勢崛起；就其他國人而言，在經歷了長
期亂世後，黃帝實質上就是帶領中國人追求幸福、富足和安定生活的最佳民族偶像。因此，
漢武帝追求漢朝對應黃帝的"土德"，從本質上看，也是在政治層面順應歷史潮流的一種表
現，未可一概否定。

　　在憑藉黃帝形象為大漢"土德"標識化努力的過程中，漢武帝在方士蠱惑下，當時已
經有過相當有力乃至頗顯瘋狂的表現，包括在國家形象方面，他在聽了公孫卿講述的黃帝
荊山鑄鼎并成功飛升的神話後，就曾為尋找象徵黃帝權力的"神鼎"而發狂④；在祭祀方
面，他也效法黃帝，親往泰山封禪⑤；在年號設置方面，他認定汾陰所出寶鼎即黃帝所鑄
"元鼎"，并把此事與自己的泰山封禪叠加，於公元前110年，改年號曰"元封"⑥，意在表
徵"元鼎現世"和"泰山封禪"；在以國家武裝力量致敬黃帝方面，他"勒兵十餘萬，還
祭黃帝塚橋山"⑦，首開國家公祭陝北黃帝陵之先河，等等。以這些舉措為背景，作為漢朝
"土德"標識化的重點，漢武帝謀劃實施了制訂《太初曆》以及改年號為"太初"的行動。

（二）在參與制訂《太初曆》過程中，方士公孫卿和太史令司馬遷聯手假造"黃帝元年"

1. 《太初曆》的制訂及處在紀年方式轉型期的司馬遷

　　漢武帝在與臣工的對話中曾明確提到，制訂新曆法的目的在於明確劉漢皇室"受命於
天"。在正式確定專案實施的詔書中，他又提出，制訂新曆法的主要思路是接續黃帝"迎日
推策"往事⑧，證明劉漢皇室是黃帝盛世的合格繼承者。從字面上即可悟出，《太初曆》和
漢武帝"太初"年號的取名，均強調這一制訂的新曆法是漢武帝直接完成黃帝"迎日推

① 《史記·封禪書》。
② 《顓頊日曆表》，第545、558頁。
③ 胡義成：《"黃帝都邑"西安楊官寨遺址"少玉"對應的黃帝宗教改革——論史前廟底溝文化發展擴張的主要秘
密》，《浙江樹人大學學報》2018年第3期；王緯林《彩陶·中華》，《人民日報》2020年9月14日。
④ 胡義成等：《周文化和黃帝文化管窺》，西安：陝西人民出版社，2015年，第277—279頁。
⑤ 《史記·封禪書》。
⑥ 《史記·封禪書》。
⑦ 《史記·孝武本紀》。
⑧ 《漢書·律曆志》。

策"的成果，即中國最早（"太初"）由國家制訂的精準曆法。

制訂《太初曆》的工作內容，可相對區分為"政治文化層面"和"科學技術層面"。這兩個層面相對獨立，前者對後者一般并不能形成決定性影響，既有的影響也僅涉及後者的"外層"。後一層面的主角，含天文專家鄧平和曆法專家落下閎等人，其制訂新曆有功於世，限於篇幅，本文不涉；前一層面的主角，包括方士公孫卿和太史令司馬遷等。在參與制訂《太初曆》過程中，公孫卿和司馬遷既把黄帝時期的"紀日干支'己酉'"混淆於後世的"紀年干支'己酉'"，又把黄帝"迎日推策"之時硬説成"黄帝元年"，在適應漢武帝追求的同時，嚴重攪亂了黄帝歷史及中華"黄帝以來皆有年數"的精準紀年體系。其中的"貓膩"首先在於，黄帝時期的干支僅用於紀日①；後來，從春秋時期開始，中國人在使用"歲星紀年"的同時，還試用干支紀年。《左傳》襄公三十年就有師曠把"紀日干支"與"紀年干支"互相換算的故事。漢武帝時期，干支紀年的試用進一步展開，但還不普遍，"歲星紀年"仍流行。處在干支紀時法從"紀日"向"紀年"擴展中的司馬遷，直接參與了《太初曆》"以正月為歲首"的工作②，故他對干支紀日、干支紀月與干支紀年及三者關係之歷史與現實應當清楚。在干支紀日與紀年的轉型期中，"《史記》所記年、月、日較準確"③，也可證明司馬遷在年代學上的知識相當過硬。於是，如果在他那裏，發生了把黄帝時的"紀日干支'己酉'"混淆於後世的"紀年干支'己酉'"的情況，就不能以其知識不足加以解釋，而應實事求是地看成有意為之。

2.《太初曆》要求的"'太初元年'首日"干支天象設定，決定了在《太初曆》制訂中"黄帝元年"必須出場

如前所述，要使《太初曆》被視為漢武帝完成黄帝"迎日推策"的直接成果，就不僅得讓《太初曆》背景中的"'太初元年'首日"天象，與黄帝開始"迎日推策"之日的天象"朔旦冬至"相同，還要把這一天的干支從"己酉"換成"甲子"，藉以表達《太初曆》純屬黄帝製曆的最終完成者。因為，從中華干支的使用上看，在黄帝時期干支祇能紀日的情況下，"己酉"表示着該日排在"六十甲子"序列中的第46位。這種情況誘使後人設想，"迎日推策"完成後頒行的新曆法，應正式開始於"甲子朔旦冬至"之日，即其紀日干支應由"己酉"變成"甲子"。究其原因，一方面是干支紀時法本身就很看重"甲子"，

---

① 史前以干支形式記錄時間，最初祇是達到"干支紀日"（《中國歷史上的紀年》，第6頁）。對甲骨文的紀時研究説明，中國直到殷朝仍沿用"干支紀日"方式（鄭慧生：《甲骨卜辭所見商代天文、曆法與氣象知識》，收入中國先秦史學會編：《中國古代史論叢（第八輯）》，福州：福建人民出版社，1983年，第87頁）。後來在春秋戰國時期，纔開始出現"大事紀歲"的紀時方式（薛夢瀟：《早期中國的月令與"政治時間"》，上海：上海古籍出版社，2018年，第227—230頁）。

② 《中國歷史上的紀年》，第22—23頁。

③ 同上。

認為它標誌着某一週期的開始，是個"吉日"，故《太初曆》首日的干支，必須為"甲子"；另一方面，黃帝開始校曆之日的干支為"己酉"，也是對當時舊"黃曆"不精準的顯示，對之必須糾正，使之回歸"甲子"，纔能表現出新曆法的精準。現在已可知，《太初曆》正是嚴格按此設想制訂的。《太初曆》制訂完成後，"太初元年首日"的干支天象，被漢武帝正式宣布為"甲子朔旦冬至"之日，"日得甲子，夜半朔旦冬至"①。此後，緯書《〈尚書〉緯·〈尚書〉考靈曜》對此進而解釋説，"天地開闢，曜滿舒光，元曆紀名，日月首'甲子'"②；緯書《〈樂〉葉圖徵》也謂，黃帝"'天元'以'甲子朔旦冬至'"③，説的都是"'太初元年'首日"干支天象必為"甲子朔旦冬至"的原因。參與《太初曆》制訂的司馬遷，不可能不領悟漢武帝本人的這一心思，不得不服從其關於《太初曆》首日干支天象必須與黃帝開始"迎日推策"之時干支天象完全一致的設定，故他在《史記·曆書》中對這種"完全一致"也有明確記載。

漢武帝這種"完全一致"的設定，也就決定了在制訂《太初曆》的過程中，以"己酉朔旦冬至"之日標誌的"黃帝元年"不能不出場。換句話説，為在"天人感應"框架下表達漢武帝是繼承黃帝大一統事業的人，"黃帝元年"就必須出場。如果它不出場，不僅《太初曆》首日"甲子朔旦冬至"的出場沒有根據，而且在政治層面上，整個《太初曆》的制訂也就沒有了必要。這當然絕對不行，漢武帝就第一個不答應。

3. "黃帝元年"出場的必要性、簡易性及其主要難點

進一步説，"黃帝元年"必須出場的原因還包括：

（1）在當時的神話傳説和漢武帝心目中，黃帝是中華人文始祖，他建立了中華最早的統一繁榮的盛世國家，所以是漢武帝值得模仿和直接繼承的偶像。漢武帝説過，"吾誠得如黃帝，吾視去妻子如脱履耳"④，可見他對黃帝的崇敬。這就決定了在制訂《太初曆》時，必須從曆法上標識出漢武對與黃帝的一脈相承。對漢武帝而言，制訂《太初曆》的首要政治價值就在這裏；至於這種標識在科技層面對指導農業生產是否精準有用，倒在其次。於是，這種政治格局決定了"黃帝元年"也必須出場。

（2）從天象曆法上標識漢武帝直承黃帝，也是當時標識劉漢皇室"天命神授"的最佳辦法。從干支天象上呈現"黃帝元年"與漢武帝"太初元年"遙相呼應，包括兩種曆法之"元年首日"的干支天象完全一致，就能使天下百姓都知道，劉漢皇室確實是"天命神授"。這樣，"黃帝元年"也必須出場。

---

① 《史記·曆書》。
② ［清］趙在翰輯，鍾肇鵬等點校：《七緯》，北京：中華書局，2012 年，第 201、351 頁。（以下祇出注書名、頁碼）
③ 同上，第 351 頁。
④ 《史記·孝武本紀》。

（3）從當時上層掌握的天文曆法既有知識看，這也祇能是一種騙局。因為，"迎日"神話已經表明了，380 年後"迎日推策"就完成了，何勞漢武帝再完成一次？何況，漢武帝頒行《太初曆》時，上距黃帝開始"迎日推策"已達 3470 年，這有悖於天文曆法常理，因為任何曆法的制訂，都不可能費時長達 3470 年纔最終完成。但從政治上説，這却是在當年人們普遍相信"天命"的情况下，為大漢王朝統一興盛製造"天命"聲勢的需要。且其"簡易性"在於，當年天文曆法知識祇被上層極少數人掌握；祇要皇帝示意，其麾下幾個關鍵人物弄假成真，其他任何人都不能再説三道四。何況，這種騙局的實施舉措也相當簡單，一是具有"朔旦冬至"天象的日子，每 19 年就會出現一次，故在制訂《太初曆》的 36 年中①，等待并選擇具有這種天象的年份作為"太初元年"，會有兩次機會；二是在這兩次選擇機會中，還可以通過"歲首異建"即調整該年份的歲首之月，形成該年首日即"甲子朔旦冬至"之日的情况。

製造這種騙局的主要難點在於，"黃帝元年"并非真實的歷史存在，故造假必會牽涉到一系列問題。真實的黃帝歷史是，早期"古國"首領并非世襲，現在祇知首位黃帝逝世於公元前 3708 年；在他逝世後 134 年，後繼黃帝，在公元前 3574 年的 1 月 17 日開始"迎日推策"，并於 380 年後完成②。在這種真實歷史的時間序列中，"黃帝元年"根本就不存在；至少，黃帝開始"迎日推策"之時，是在首位黃帝去世 134 年後，它絕對不會是"黃帝元年"。而公孫卿給漢武帝重點講述有干支天象的黃帝"迎日"神話，暗示黃帝"迎日推策"之時即"黃帝元年"，應讓它與"太初元年"形成天象干支呼應，於是，"甲子朔旦冬至"也就成了漢武帝要求《太初曆》元年首日必具之干支天象。

（4）制訂《太初曆》必須假造"黃帝元年"。漢武帝的不合理要求，形成了制訂"《太初曆》"必須假造"黃帝元年"的高壓態勢，逼着《太初曆》制訂者不得不造假。問題是，假造"黃帝元年"會在天文曆法上面臨一系列難題：一是如何解決已有的首位黃帝去世的紀年。該記載并無對其時干支天象的説明③，故要在制訂《太初曆》過程中，把它説成"黃帝元年"根本不可能。因為它與當時漢武帝的要求完全不符，祇能被捨棄。而這種捨棄，就意味着捨真而造假，即拋棄真實的首位黃帝及其紀年，把後來"迎日推策"的黃帝硬説成首位黃帝，硬把"迎日推策"開始之時説成"黃帝元年"。二是在此預設下，黃帝"迎日推策"神話所記干支"己酉"之日，祇能被理解成"己酉"之年，因為祇有"己酉"從紀日變成紀年，纔能被認成"黃帝元年"。但這就需要"變戲法"，既需要把"己酉"從紀日干支偷換成紀年干支，從而把黃帝"迎日推策"所在之年，硬説成"黃帝元年"，又

---

① 《漢書·律曆志》。
② 胡義成：《黃帝"考定星曆"的具體時間和過程》，《武陵學刊》2019 年第 4 期。
③ 胡義成：《黃帝逝世 5727 年：關於國家應實施"黃帝紀元"的建議》，《新西部》2019 年第 1 期。

必須造成"太初元年"首日即"甲子朔旦冬至"之日的事實。在《太初曆》制訂時的這種既有格局中，無論如何，如此假造"黃帝元年"已難以避免。

(5) 司馬遷和方士公孫卿默契而聯手假造"黃帝元年"。公孫卿對漢武帝察言觀色，盡力突現"迎日"神話中的干支天象，暗示"迎日"之時即"黃帝元年"① 的較早表現，是他在講述"迎日"神話的前提下，又對漢武帝大講黃帝到泰山封禪且能"不死"的往事，促使漢武帝效法黃帝，於"十一月辛巳朔旦冬至"之日，親自"郊雍上帝"。"有司"為迎合漢武帝，竟説當天被"郊"的黃帝祠上"夜有美光"，白晝則"黃氣上屬天"。在這個設計好的騙局中，"十一月辛巳朔旦冬至"，與黃帝"迎日推策"開始之日天象完全一致。對此種力圖造假"黃帝元年"的行為，太史令司馬遷不會不知其偽。因為，他接任其父太史令職務後，直至《太初曆》頒行，在長達五年時間内，閱讀皇家秘藏的"石室金鐀之書"②，且明確自稱"余讀諜記，黃帝以來皆有年數"③，故他不會不知道首位黃帝早在"迎日"開始前 134 年就已辭世，"迎日推策"開始之時并非"黃帝元年"。可是值得注意的是，他不僅不以此為由反對公孫卿造假，相反還建議漢武帝立"太時壇"，并在此地三年"一郊見"④。這是司馬遷開始跟着公孫卿造假的較早表現，且被他明確記載於《史記·封禪書》中。他敢於公開記載此事，表明他對"五德終始"學説深信不疑，在政治上認定漢武帝確實是"天命神授"之君，所以漢武帝制訂的新曆法，其首日與黃帝"迎日推策"開始之日的天象必定相呼應。

據張大可研究，公元前 104 年，司馬遷等"制訂《太初曆》"⑤。潘雨廷則進而認為，司馬遷是《太初曆》制訂的主持者⑥。在《太初曆》制訂之政治文化層面，張、潘之論成立。《太初曆》最終以"甲子朔旦冬至"為首日，正好印證了本文前述關於假造"黃帝元年"以襯托"太初元年"騙局的落實。很明顯，如果説對天文曆法所知不多的公孫卿的造假純屬討好并欺騙漢武帝，那麽，司馬遷不僅默認、跟隨了這種造假，而且在學術上導引

---

① 查閲《史記》《漢書》等典籍，公孫卿和司馬遷均没有關於黃帝"迎日推策"開始之時即"黃帝元年"的明確表述，但是，他們都暗示了這一點，證據確鑿。如公孫卿轉述"迎日"神話時，即通過鬼臾區之口，説"是歲'己酉朔旦冬至'，得天之紀，終而復始"；漢武帝"郊拜泰一"時復述公孫卿之意，暗示意味也頗明確（見《史記》的《孝武本紀》或《封禪書》）。《史記·曆書》開頭也記載了司馬遷對制訂《太初曆》的看法："王者易姓受命，必慎始初"，"推本天元，順承厥意"，接着就講"黃帝考定星曆"之事，暗示"黃帝考定星曆"之時即"黃帝元年"之意。公孫卿不敢明説而用暗示，是因為他根本不懂天文曆法，純屬為達欺騙目的而隨口亂扯；司馬遷懂得天文曆法，不敢明説而跟隨公孫卿用暗示，暴露了心理的忐忑。

② 《漢書·司馬遷傳》。

③ 《史記·三代世表》。

④ 《史記·封禪書》。

⑤ 張大可：《司馬遷評傳》，南京：南京大學出版社，1997 年，第 131 頁；倪豪士：《一個〈史記〉文本問題的討論和一些關於〈世家〉編寫的推測》，收入陳致主編：《當代西方漢學研究集萃·上古史卷》，上海：上海古籍出版社，2012 年，第 436—437 頁。

⑥ 潘雨廷：《潘雨廷學術文集》，上海：上海人民出版社，2011 年，第 113 頁。（以下祗出注書名、頁碼）

了這種造假。因為他與公孫卿大不相同，他是深懂曆法且已知黃帝紀年數據者。有了太史公的呼應，公孫卿鼓吹的 "黃帝元年" 就會被當時人深信不疑。按《史記·曆書》所記，《太初曆》制訂完成後，漢武帝下詔説，"昔者黃帝合而不死"，但此前漢朝 "星度之未定"，"土德" 不明，現在通過頒行《太初曆》，超越了秦之 "水德" 而達於黃帝之 "土德"，於是，"十一月甲子朔旦冬至已詹，更以七年（即元封七年，引者注）為 '太初元年'"。《史記·曆書》對此還進一步細化記載説，太初元年首日 "日得甲子，夜半朔旦冬至"。這些記載均出自司馬遷親筆，確證太史公在學術上承認、導引并在《史記》中公開記載了這種杜撰。更值得留意的是，《史記》的最後一句話是 "余述歷黃帝以來至太初而訖，百三十篇"①，可見他對 "《太初曆》" 首日與黃帝 "迎日推策" 開始之日天象干支相同一事萬分在意，竟視作《史記》構思寓意之框架。

（6）司馬遷為掩飾假造 "黃帝元年" 而在《史記》中刪除了一切黃帝紀年。如果説，司馬遷隨公孫卿造假 "黃帝元年"，是出自對 "五德終始" 學説深信不疑，且為漢朝强盛造勢，尚且情有可原；那麼，如下所述，他為掩飾這種造假，竟在《史記》中刪除了一切黃帝紀年，就不是情有可原了。

《史記·三代世表》説："余讀諜、記，黃帝以來皆有年數。" 這意味着，對司馬遷而言，他寫《史記》時面對着 "黃帝以來皆有年數" 的既有史學格局②，故寫成有具體紀年的《五帝本紀》，應無大難處。問題是在這句話後，他接着又寫道："稽其曆、譜、諜、終始五德之傳，古文咸不同、乖異。夫子之弗論次其年月，豈虛哉！" 這就是説，司馬遷面對 "古文咸不同" 的情況，便跟隨孔夫子 "弗論次其年月"，即不再在《史記》中記錄五帝及其後的一切紀年數據。在這裏，作為重黎後代和 "世典周史" 家族的學術傳人，他竟然僅因鄒衍 "終始五德之傳" 及 "曆、譜、諜" 等對黃帝以來年數的記載存在差異，便選擇刪除一切黃帝紀年資料，令人深感詫異。這一決絶行為，顯然不是用 "古文咸不同" 所能解

---

① 《史記·太史公自序》。

② 一些從事中華文明探源研究的學者，對 "黃帝以來皆有年數" 并不相信。其實，由於黃帝之前的中原先民，就已經在技術上大體解決了天文觀測中 "二分二至"（春分，秋分，夏至，冬至）的精確性問題（《文明以止——上古的天文、思想與制度》，第 44 頁），也有了干支紀時法（"迎日" 神話裏即有對干支紀時法的記載，參見拙文：《"中華第一科技神話" 解——論黃帝 "迎日推策" 神話反映着黃帝族探索建立 "閏周"》，待刊），所以，"黃帝以來皆有年數" 應當可信。

釋的。現在看，如果説確實存在"古文咸不同"①，那麽，按司馬遷著史"疑者傳疑"② 的原則，他也應羅列各家數據以供後人研究，没有必要斷然删除如此珍貴的黄帝以來一切紀年數據。《史記·封禪書》所記古代帝王種種怪異行為，有許多也是信奉孔門"不語怪、力、亂、神"③ 的司馬遷并不贊成者，但他在《封禪書》結尾處却明確説，《史記》記載這些"用事於鬼神者"，就是為供"後有君子，得以覽焉"，表達了負責任的史家并不一律删除異己之言的良苦用心。既然對明顯的"用事於鬼神者"都能手下留情，為什麽對黄帝以來的一切紀年數據却要斬草除根呢？顯然，這裏有"貓膩"。從前述假造"黄帝元年"存在的難點來看，這是因為司馬遷心裏最明白，如果把黄帝以來年數的確鑿數據都保留下來，那麽，自己跟隨公孫卿造假"黄帝元年"的騙局，無疑就會暴露於光天化日之下，這當然絶對不行，因為漢武帝第一個不會答應。於是，他衹好斷然在《史記》中删除黄帝以來一切紀年數據，不給戳穿造假"黄帝元年"騙局者留下任何紀年數據作證據。《史記·三代世表》説什麽由於"古文咸不同"，作者無法辨别真假，因而衹好學習孔子而一概删去，衹不過是一種藉口而已。須知，其一，關於首位黄帝去世之年的記載，《漢書·律曆志》就明明白白寫着源自鄒衍的"終始五德之傳"④；假如把這個黄帝紀年數據保留下來，豈不是

---

① 現已知，關於黄帝歷史及紀年數據，當時最主要的分歧僅存在於儒道兩派之間。儒家數據由孔子所傳，包括孔曰"黄帝三百年"（《黄帝陵志》，第337頁），并有《五帝德》和《帝系姓》等傳世，《史記·五帝本紀》即自認其基本内容采自《五帝德》和《帝系姓》。孔門儒者對黄帝歷史及紀年的記載，主要是根據黄帝歷史後期，在河洛一帶打着"黄帝"旗號而割據的諸位軒轅氏的歷史和紀年資料而成；諸位軒轅氏的主體源自孔子家鄉曲阜一帶，於是，孔子對以"黄帝"名義宣傳"鄉黨"尤為熱心。所謂"黄帝三百年"，其實衹是對河洛諸軒轅氏之一支的積年記憶。由於漢武帝扶持儒家成為文化主流，故其學説後來勢力頗大，影響廣泛。緯書和皇甫謐《帝王世紀》對黄帝歷史的記載，包括一些神話，也源自儒家的這種張冠李戴（胡義成：《河南"河洛古國"考古新發現和"有熊國"新探》，《中原文化研究》2020年第5期）。道家的黄帝紀年數據，主要源自鄒衍學派，包括對首位黄帝辭世的紀年數據（胡義成：《黄帝逝世5727年：關於國家應實施"黄帝紀元"的建議》，《新西部》2019年第1期），以及對黄帝開始"迎日推策"之日干支天象的記録，等等。這些神話或傳説的歷史"素地"，主要是對以楊址為都邑之黄帝族主要歷史事件的記憶。由於它們能與楊址及相關遺址考古^{14}C測年數據吻合，故其可靠性較高。司馬遷所説"諜記"或其他"曆、譜、諜"對黄帝紀年數據的記載，目前尚無發現；按五帝時期前後先民都信奉巫教，故對其祖先歷史及紀年的記載，一般均不敢造假（《終結"疑古"》，第360—372頁）的情況看，可設想這些"諜記"或其他"曆、譜、諜"對黄帝紀年數據的記載，大體都應與鄒衍學派所記一致，或大同小異。因此，《三代世表》所謂"古文咸不同"，其實主要是指儒門（孔子）數據與道家（鄒衍）數據不同。《三代世表》也明確説，"（孔）夫子弗論次其年月，豈虚哉"，意指《史記》衹能認同儒家而删除鄒衍數據。這也表現出司馬遷在儒道兩異中倒向儒家而遠離黄帝歷史真實的偏頗。當然，現已發現，在上述儒道兩家的數據之外，制訂《太初曆》時，還有太史令張壽王關於"黄帝至元鳳三年六千餘歲"之説（《漢書·律曆志》），以及後來有的緯書關於"黄帝二千五百二十年"的記載（顧頡剛：《中國上古史研究講義》，北京：中華書局，1988年，第289頁。[以下衹出注書名、頁碼]），等等。從《漢書·律曆志》的相關記載看，張壽王的數據顯然來自他對當時黄帝"調曆"之"曆元"的計算而得出的結論，這種結論由於用計算"曆元"之法確定"黄帝元年"，方法不妥，故無足為憑（由於其内容涉及繁雜數學計算，故本文略而不贅）。至於後者，顯然是在竪行漢字抄寫中誤"一"為"二"形成的失誤，從迄今難以找到其考古對應者即可悟出這一點。這兩個紀年數據均與司馬遷所讀"諜記"或其他"曆、譜、諜"記載無關。後世所傳其他數據（包括辛亥革命前後革命黨人推算出黄帝距今四千六七百年等）亦與此差不多，此不贅。

② 《史記·三代世表》。

③ 《論語·述而》。

④ 胡義成：《黄帝逝世5727年：關於國家應實施"黄帝紀元"的建議》，《新西部》2019年第1期。

直接駁斥了《太初曆》對"黃帝元年"的造假？其二，根據"黃帝以來皆有年數"的説法，首位黃帝紀年對假造"黃帝元年"構成威脅，但對其他各種紀年數據，并不構成直接威脅，為什麼要一律删除呢？看來，按中國史家的紀年程式，黃帝以來的其他各種紀年數據，應都與首位黃帝紀年這樣或那樣地相關聯，故司馬遷不得不全删，否則，也會給揭發《太初曆》造假者留下證據。於是，全删"黃帝以來皆有年數"的所有數據，就成了司馬遷的唯一選擇。正是由這一決絕行為，我們可以推知，在假造"黃帝元年"事件中，方士公孫卿是最初策動者，漢武帝是最高決策者，而太史令司馬遷則是看着漢武帝臉色行事的學術配合者。公孫卿在此事件中是用造假鼓動迷信，漢武帝則是用以表徵漢王朝的权威和强盛，而司馬遷則是以删除一切黃帝紀年數據而自覺地以學術行為配合造假，祇"求媚於主上"①。期間，司馬、公孫二人顯然有默契。不過，司馬遷這種斬草除根式删除，使黃帝歷史成為無紀年可考的一筆糊塗賬，弄得中華文明"探源"研究迄今都對此絞盡腦汁，它也是造成近世"疑古"思潮泛濫的史學遠因之一。

司馬、公孫默契配合的相關"小動作"，在《史記》中還有其他綫索可尋。其一，《孝武本紀》和《封禪書》，用幾乎相同的文字對公孫卿轉述之"迎日"神話的記載，都有鬼臾區説"是歲'己酉朔旦冬至'"之句，其中"是歲"之"歲"字，即暗藏玄機。因為，按其字面記載，"是歲"表示"己酉"即紀年干支，於是，此神話文字本身就顯示着，至少在黃帝時期干支已可紀年的意義上，"黃帝元年"為真。問題恰恰在於，黃帝時期的干支祇能用以紀日，不能用以紀年。對此，一方面，作為太史令的司馬遷應心知肚明；另一方面，鬼臾區生活的時期，尚無"歲"（即年）的概念，因為中國人有"歲"或"年"的概念始於商朝②，故而鬼臾區的原話應意指"是日'己酉朔旦冬至'"，《史記》寫成"是歲"，涉嫌造假。《史記》兩處記載的這個"歲"字，不是公孫卿在轉述中造假，就是司馬遷在著史時造假。如果是前者，司馬遷不認同，也不會列入《史記》，故這應是兩人默契聯手造假的一个證據。其二，《史記》開頭第一句話就説黃帝"姓公孫"，與周代以來傳統所説黃帝姓姬大異。宋代《雲笈七籤》對此批評説，"自周制五等諸侯後，乃有'公孫'姓"，"不知古史何據也"③。民國時期的李宗侗進而補充説，《史記》之"'姓公孫'為《五帝德》所無"；鑒於"公孫"之姓始於周秦，"則此必係偽造也"④。顧頡剛更直率地説，《五帝本紀》"謂黃帝姓'公孫'，此語他無可徵，余意，殆公孫卿自神其祖，强拉黃帝與其同姓，而遷又誤信之也"⑤，言之成理。看來，《史記》的第一句話，就給其作者與

---

① ［漢］司馬遷：《報任少卿書》，見《漢書·司馬遷傳》。
② 馮時：《百年來甲骨文天文曆法研究》，北京：中國社會科學出版社，2011年，第265—268頁。
③ 《黃帝陵志》，第419頁。
④ 李宗侗：《李宗侗文史論集》，北京：中華書局，2011年，第150頁。
⑤ 顧頡剛：《史林雜識初編》，北京：中華書局，1963年，第183頁。

公孫卿勾結造假，留下了又一個證據。司馬遷確是完全相信了公孫卿“自神其祖”的杜撰，并坦然書於《史記》開頭第一句話，暗示着兩人鈎連之深，確乎驚人！

　　仔細揣摩《史記》中關於黃帝的文字，我們至少還會發現制訂《太初曆》過程中造假‘黃帝元年’”時的三點怪異之處，也都指向司馬遷明知故犯而造假，應承擔學術主責。一是“迎日”神話并沒有被正式記載於《五帝本紀》，而是以轉述公孫卿之言的形式，被錄於《孝武本紀》和《封禪書》中。鑒於《五帝本紀》末尾説明，該文記載之史，皆司馬遷調研之後確認為可信者，故知其對“迎日”神話及“己酉朔旦冬至”的記載，其實并不相信。這與他追隨儒家“不語怪、力、亂、神”（論語述而）而否定神話的取向一致。問題恰恰在於，他一方面并不信它，另一方面却為把公孫卿的轉述打造成“黃帝元年”的根據而竭盡全力，甚至不惜删除古籍中的一切黃帝紀年數據。這證明，在專制體制下，司馬遷也不得不做“兩面人”。二是在前述今已偵知的三個黃帝紀年數據中，《史記》通過對“迎日”神話的轉述，無意中又留下了兩個，而唯一一個被司馬遷故意删滅的黃帝紀年數據，就是首位黃帝的辭世紀年數據①。它是戳穿“黃帝元年”為假的關鍵證據，司馬遷删除的重點就是它。現在看，被删者還應包括黃帝之後的顓頊和帝嚳立國、夏朝開國等重大事件的具體紀年、積年，甚至還有從黃帝“迎日”開始直到夏朝開國共1520年的數據等。這一嚴重錯誤，既重創了華人對本民族遠古歷史的認知和自信，且其餘韻也嚴重傷害了今日重構中華民族最早歷史的進程，包括給國內持續超百年的“疑古”思潮長期肆虐學術界提供了某種前提，確乎有點難以饒恕。筆者寫到這裏，也為自己平素高度敬仰的“史聖”竟會幹出此事深感意外和遺憾，希望僅是自己邏輯推導有錯而鑄成。但自查思忖再三，白紙黑字，文獻證據確鑿，首位黃帝逝年載於《漢書·律曆志》，且明言它出自鄒衍“五德終始”學説，《史記·三代世表》也承認作者親見“五德終始”學説中的黃帝以來紀年，司馬遷删之，責不可卸。現在從《漢書·律曆志》看，鄒衍“五德終始”學説所傳首位黃帝辭世的紀年數據，是通過司馬遷之外的學術渠道，由與司馬遷同時的丞相屬寶、長安單安國和安陵杯育治三人繼承并傳播於世。看來，在删除“黃帝以來皆有年數”方面，司馬百密一疏，空費了心計。而且，被删除了的鄒衍學派所傳“黃帝以來皆有年數”的數據，後來又通由緯書被廣泛傳播，且相關數據與楊址¹⁴C測年數據基本吻合②，故司馬遷故意删除“黃帝以來皆有年數”數據的大錯，今天已無可掩飾。三是《史記·孝武本紀》載，在《太初曆》制訂中，“推曆者”已把《太初曆》首日即“十一月甲子朔旦冬至”看成“本統”，意指“推曆者”把《太初曆》首日天象干支同於“迎日”神話，包括把後者的紀日干支從“己酉”變成“甲子”，視作《太初曆》制訂的“本統”，顯然，其中也蘊含着把黃帝“迎

---

① 胡義成：《黃帝逝世5727年：關於國家應實施“黃帝紀元”的建議》，《新西部》2019年第1期。
② 同上。

日推策”之時視作“黃帝元年”的前提。而據《漢書·律曆志》載，《太初曆》制訂中具體負責曆法推算者為落下閎，而落下閎是被司馬遷推薦給漢武帝的①，故落下閎如此推算曆法，既是按漢武帝心思辦事，也應是按司馬遷示意而為。其他官員如前述丞相屬寶等三位，雖知曉首位黃帝的去世紀年，但都未直接參與《太初曆》的制訂，故應不清楚司馬遷會居中造假，也不可能對落下閎等純粹技術人員產生影響。至於《太初曆》公布後，他們如尚在世，諒他們也不敢對其造假說三道四。這樣，從《太初曆》制訂之政治文化層面上看，可以說司馬遷就是在學術上主導造假“黃帝元年”者。此前，包括挑剔《史記》的崔述等人在內，古今從無人論及司馬遷這一大錯，這顯然是因為，在楊址作為黃帝都邑被確認并測出其^{14}C數據前，以及在“迎日”神話所留干支天象未被現代天文學技術破譯前，誰都不可能知道前述黃帝紀年三數據，更無由獲知司馬遷會如此造假且證據如此確鑿。現在，這些事瞞也瞞不住了。即使僅僅為了把黃帝紀年搞清楚，也不得不把這件事情曝光在光天化日之下。當然，我們畢竟也應承認司馬遷是偉大史家。《史記》首記黃帝，其功甚巨，包括《史記》仍以轉述的方式保留了鄒衍所傳“迎日”神話中所含干支天象，給今人在楊址考古及其研究的基礎上，進一步厘清黃帝歷史框架和紀年創造了前提，功不可沒。

（7）司馬遷假造“黃帝元年”時的心靈掙扎。《史記·太史公自序》說，司馬遷的遠祖即專理天象的重、黎，後又“世典周史”，故據天象變化和世事更替，建議并操作頒行曆法等，即其作為太史公的職守。在此職守中，依憑可閱讀別人無緣一見的皇家“石室金鐀之書”的特權②，“網羅天下放失舊聞”③，包括熟悉黃帝以來的歷史大事和紀年資料，并把它們應用於新曆法和年號的制訂頒行中，是其必須具備的職業素養。而在當時的既定條件下，司馬遷又難以避免地面臨着作為漢武帝麾下官員和作為著史者的雙重身份。在《太初曆》的制訂中，官員身份壓倒了著史者的身份，司馬遷走上了為漢武帝造假之路，可最後還是因為李陵案而被施以“宮刑”，其內心必然是血迹斑斑，慘不忍睹。這是皇權時代有為史家的最大悲劇。

公孫卿是挾鄒衍學說而行騙者，造假是其本能，本文不屑多論；而司馬遷是偉大史家，與之大異。冷靜客觀地看，參與造假，首先源自他深信“天命”。《史記·三代世表》就清清楚楚地寫着：“天命難言，非聖人莫能見。”“夫布衣匹夫安能無故起王天下乎?”在此前提下，司馬遷也謹記其父關於漢武帝“接千歲之統”，是“一統海內”的“明主賢君”的定性，自認“主上聖明而德不布聞，有司之過也”④，於是，對漢武帝懷“拳拳之忠”，甚

---

① 潘雨廷:《易學史叢論》，上海：上海古籍出版社，2017年，第262頁;《潘雨廷學術文集》，第113—128頁。
② 《漢書·司馬遷傳》。
③ ［漢］司馬遷:《報任少卿書》，見《漢書·司馬遷傳》。
④ 《史記·太史公自序》。

至自認 "一心營職，以求親媚於主上"①。正是懷着這樣的愚忠心理，他認定漢朝和黃帝時代一樣都對應着 "土德"②，故不僅積極主張制訂《太初曆》，以彰顯漢朝與黃帝時代的天命對應關係，而且竟然為掩飾造假而刪盡 "黃帝以來皆有年數" 的數據，巨錯橫空，"史聖" 有愧，令今人長太息以掩涕。今捧太史公《報任少卿書》，誦 "事未易一二為俗人言也"，"文史星曆，近乎卜祝之間，固主上所戲弄，倡優畜之" 諸句③，字字血，聲聲淚，不堪卒讀。

在啓動 "'斷代' 工程" 時，時任主導該專案的國家科委主任宋健曾説，中國史界 "最大的缺憾，是自司馬遷以來，未建立三代紀年，没有正式公布過西周共和元年以前的紀年參考體系"④。宋主任當時不知道，造成這一 "最大缺憾" 的學術主責者，正是司馬遷。對這位 "史聖"，怎不让人扼腕嘆息！

三、《命曆序》積年一千五百二十年記載的功過

作為權威的官頒新曆，《太初曆》假造 "黃帝元年"，必然會在社會上引起對 "黃帝以來皆有年數" 的連鎖誤解。在春秋戰國和秦漢的社會巨變中，一方面，干支紀時逐漸由 "紀日" 擴展到 "紀年"，一般人對這種變化的細節不甚瞭解，甚至許多知識分子對之也缺乏常識，經常會出現把 "紀日干支" 視作 "紀年干支" 的現象；另一方面，由於假造 "黃帝元年"，難免形成 "黃帝元年" 即 "己酉年" 的誤讀，及由此引出積年 1520 年的推算。

（一）緯書把 "己酉年" 錯解成 "黃帝元年"

緯書中的某些記載，就是這種誤讀的代表。《命曆序》説黃帝 "千五百二十年"，即由此誤讀而形成。顧頡剛先生認為緯書内容（主要是黃帝以來年數）源自鄒衍⑤，所斷精準。它的好處是在已占主流的儒家學説名義下⑥，衝破了孔子關於 "黃帝 300 年" 的紀年論斷，把鄒衍 "五德終始" 學説對 "黃帝以來皆有年數" 的記載幾乎全部展示了出來，使被司馬遷全部刪除了的黃帝紀年數據，在儒家名義下得以廣泛傳播。唐代王瓘《廣黃帝本行記》

---

① ［漢］司馬遷：《報任少卿書》，見《漢書·司馬遷傳》。
② 《中國史學上之正統論》，第 24 頁。
③ 《漢書·司馬遷傳》。
④ 宋健：《超越疑古　走出迷茫》，《文史哲》1998 年第 6 期。
⑤ 《中國上古史研究講義》，第 255 頁。
⑥ "緯書" 是相對於儒家 "經書" 而取名的，蘊含着緯書係儒家學説組成部分之意，見鍾肇鵬《前言》，收入《七緯》。

中就説過，黃帝"凡一千二百五十年，自黃帝己酉歲"①，祇要看其中"自黃帝己酉歲"一語，就知道他肯定把黃帝"迎日推策"開始之時紀日的干支"己酉"，誤解成了紀年干支，并把這個誤解形成的"己酉年"再誤解為"黃帝元年"，於是繚會推算出積年 1520 年的結論。後來，北宋張君房的《雲笈七籤》仍依此思路重申，"黃帝相承凡一千二百五十年，自黃帝己酉歲"②，進一步旁證了《命曆序》對黃帝積年 1520 年的記載，正是基於雙重誤解而推算出的。這至少因為，王瓘和張君房在世時，《命曆序》原文尚在，因其雜布於儒門典籍且通俗易懂而在社會上流傳較廣；在當時黃帝紀年數據因司馬遷一律刪除而極少傳世的情況下，王、張都説黃帝積年 1520 年，源自從"黃帝元年"即"己酉年"開始向後推算，口徑一致，故衡量當時黃帝歷史和紀年資料存世和流傳情況，除了認為他倆的數據及其推算依據最早源自《命曆序》外，不可能有其他解釋（當然，張也可能抄襲自王，此不贅述），何況，王、張的相關記載有不少均源自緯書，有案可查。於是，《命曆序》積年 1520 年的記載形成的細節也就比較清楚了：它一是基於把"迎日"神話中的紀日干支"己酉"誤解為紀年干支；二是基於把此紀年干支"己酉"誤解為"黃帝元年"；三是依據鄒衍學派所傳"黃帝以來皆有年數"的數據，從這個所謂"黃帝元年"推算到夏朝開國之年共 1520 年。

（二）《命曆序》載積年 1520 年，是基於誤解而形成的不準確的五帝積年

據《命曆序》，從所謂"黃帝元年"向後推算 1520 年，夏朝開國之年應為公元前 2054 年（在公元前範圍内，3574—1520＝2054）。這一結論，與"'斷代'工程"估算的夏代開始之年高度一致，值得再究。可以説，《命曆序》積年 1520 年之記，雖源自前述雙重誤解，但對此後紀年的推算，基於鄒衍學派所傳"黃帝以來皆有年數"的數據，準確無誤。夏代開國於公元前 2054 年，應是文獻記載和二里頭遺址^{14}C 測年數據互相印證的結果，也是對"'斷代'工程"當年估算的一種準確化。

夏代開國於公元前 2054 年的論斷之所以成立，更重要的原因是，它和緯書對五帝中各帝紀年/積年的其他記載一起構成的五帝紀年/積年體系，與現在已知的五帝相關主要遺址

---

① 《黃帝陵志》，第 405 頁。
② 同上，第 429 頁。

¹⁴C測年數據能够吻合①。由此也可以推定，《命曆序》載積年 1520 年，就是基於所謂 "黄帝元年" 而形成的對五帝積年的不準確記載。它雖是建立在雙重誤解基礎上的五帝積年，但文化價值極高。它與緯書對五帝中各帝紀年/積年數據的記載一起，不僅為我們保留了夏代開國之年的紀年數據，以及從所謂 "黄帝元年" 到夏代開國的五帝總積年數據，而且為我們保留了五帝中各帝紀年/積年數據，十分珍貴②。如果没有別的確鑿證據可以推翻此結論，則應把 "‘斷代’工程" 估算的夏代開國於公元前 2070 年，準確化為公元前 2054 年③。顧頡剛先生説，儒家對黄帝的歷史都 "不敢説年數"，"《命曆序》的記載却彌補了這個缺憾"④，可見含《命曆序》在内的緯書，保留黄帝以來具體紀年/積年數據之功亦巨矣！

---

① 從現在已有考古發現看，《命曆序》黄帝積年一千五百二十年之記，不僅能高度吻合於 "‘斷代’工程" 對夏代開國之年的估算，而且根據緯書對五帝中各帝紀年/積年數據的記載（《中國上古史研究講義》，第 288—289 頁），從夏代開國之年 "由後向前" 地一一仔細推算，所得相關紀年/積年數據，也與現在已知的五帝相關主要遺址 ¹⁴C 測年數據吻合。一是堯舜執政紀年/積年數據（約在距今 4224—4073 年，見拙文《試擬五帝年表》，待刊），能吻合於作為堯舜都邑的陶寺相關時段的 ¹⁴C 測年數據（據陶寺考古主持者何駑先生説，陶寺文化遺存應分三期，"早期為距今 4300—4100 年，中期為距今 4100—4000 年，晚期為距今 4000—3900 年"（何駑：《陶寺文化譜系研究綜論》，《中華文明探源工程文集·社會與精神文化卷 (1)》，第 319 頁），其中第一期後段以及第二期前段的相關數據，與筆者對堯舜執政紀年/積年研究數據相吻合；二是顓頊開國時（即黄帝歷史終結時）的紀年數據（約在距今 4975 年前後，見拙文《試擬五帝年表》，待刊），也能大體吻合於作為黄帝都邑的楊址被最終廢棄時的 ¹⁴C 測年數據（楊址環壕最終廢棄於距今 4951 年左右，見楊利平：《試論楊官寨遺址墓地的年代》，《考古與文物》2018 年第 4 期）。這種文獻記載之紀年/積年數據，與相關考古遺址 ¹⁴C 測年數據的吻合，是緯書對五帝中各帝紀年/積年數據的記載可信的最有力證據。

② 《史記·五帝本紀》其實也間接地記載了堯舜的在位年數，即 "堯在位 98 年，舜繼堯之後在位 42 年"（張大可等編著：《人文始祖黄帝》，北京：商務印書館，2018 年，第 203 頁），其中帝堯在位年數同於緯書記載，帝舜則差 9 年（《中國上古史研究講義》，第 289 頁）；鑒於《五帝本紀》在堯舜之間還記載了丹朱事件等，故此差距應即丹朱事件等所造成。看來，把它與緯書記載互補，也可形成對堯舜紀年/積年的一種精細化，確認丹朱等事件耗時 9 年左右。至於其他古籍中也有對五帝及其中各帝紀年/積年數據的若干記載，與緯書數據不同，如 "《竹書紀年》説黄帝在位 100 年，顓頊在位 78 年，帝嚳在位 63 年，堯在位 100 年，舜在位 50 年，共 391 年"（《許順湛考古論集》，第 198 頁）；《雲笈七籤》則謂，顓頊在位 78 年，帝嚳在位 70 年，帝堯在位 98 年（《黄帝陵志》，第 428 頁）；《軒轅黄帝傳》認同之（《黄帝陵志》，第 452 頁）；鄭玄却認為黄帝 "合治一千七十二歲"（轉引自趙光勇等編：《史記研究集成·十二本紀》之《五帝本紀》，西安：西北大學出版社，2019 年，第 10 頁）；黄宗羲據 "曆元" 推算説，黄帝在位 61 年，顓頊在位 57 年，帝嚳在位 29 年，帝堯在位 21 年，帝舜在位 9 年（［清］黄宗羲：《黄宗羲全集》，杭州：浙江人民出版社，1986 年，第 2 册，第 277 頁），等等。由於這些紀年數據與五帝相關遺址的 ¹⁴C 測年數據差距太大，故都不可信。

③ 由於夏朝積年共 471 年（一説 472 年）是明確的（參見李伯謙：《黄帝時代的開始——黄帝文化與中國古代文明起源研究》，《光明日報》2017 年 8 月 26 日《國學》版），"‘斷代’工程" 給出的《年表》，依照紀年研究 "由近及遠" 的方法原則，從其出發，估判商朝開國於公元前 1600 年前後，向前推估夏朝開國於公元前 2070 年。現在如用 "由遠及近" 方法回推，既然這個公元前 2070 年應精細化為公元前 2054 年，那麽，商朝開國於公元前 1600 年前後的估計也需調整。因為公元前 1600 年前後這個數據本身，也是在缺乏相關文獻或甲骨紀年證據的前提下，依據相關遺址 ¹⁴C 測年數據估算而成的（《夏商周文明研究》，第 323 頁），雖然從目前對夏代始年的估算水準來看也屬比較準確。故似也可依本文推算出的夏朝開國於公元前 2054 年之結果，按夏朝積年 471 年（或 472 年）算，推出商朝開國於公元前 1583 年（或公元前 1582 年）的結論，使商朝開國之年也精細化。鑒於在 "‘斷代’工程" 給出的《年表》中，周朝開國之年已具體化和精細化了，此後的具體化和精細化已涵蓋中國歷史全部，故也可以説，依托楊址考古和文獻研究的融合，目前從黄帝開始，中華歷史紀年大體框架，已經全部初步實現了精細化。這種評估，不知妥否？

④ 《中國上古史研究講義》，第 288 頁。

　　楊址是2004年纔初次被發掘的①，其時"'斷代'工程"已結束。參與"'斷代'工程"的相關學者，當時并不知道楊址即黃帝都邑，更無由得知由考古發現印證的前述黃帝紀年數據，因此，他們也不可能思及《命曆序》等緯書所載黃帝以來紀年/積年數據的價值，故他們當時祇能憑着對二里頭遺址¹⁴C測年數據的估算立論，迄今無可指責。何況，其估算結論竟與文獻記載高度吻合，值得肯定，從中也可以看出"'斷代'工程"結論的品質上乘。由其估算結論的精準性還可悟出，"'斷代'工程"結論所據的二里頭遺址，應即夏朝開國時的都城。

作者單位：陝西省社會科學院

---

　　① 王煒林等：《陝西高陵楊官寨遺址考古報告》，收入《黃帝荊山鑄鼎郊雍考辨與賦象——西安古都史新探》，第11—19頁。

古書真偽考辨的基本方法及其綜合利用

——以梅獻《古文尚書》和清華簡《尚書》為例

朱建亮

　　在傳承古代優秀文化，讓古代圖書文獻都"活"起來的過程中，古書真偽的辨識和版本鑒定工作是基礎的重要的一環，圖書檔案專業的學者不可不察，不可不重。古代圖書檔案有真偽，版本流傳有異，有善本和非善本。清朝人做了很多辨偽工作，辨出了大量所謂偽書，竟出了一部偽書目錄，叫《偽書通考》，後來又出了續編。其辨偽方法主要就是閻若璩的所謂"由根底而之枝節"法。用這種方法，就連現存唯一的晉代梅賾所獻并流傳下來的《古文尚書》中的25篇也被定為偽書，該版本尚書因而被稱為《偽古文尚書》，這25篇被稱為《晚書》，導致這部治國思想極為高明的、被用得甚多甚廣的古書，自此誰也不敢再研習利用了。清華簡被發現以後，研究者進一步認定《晚書》確為偽書。近期甚至有人對整部梅賾所獻并流傳下來的《古文尚書》都予以否定，認為它是晚出的偽造之書，祇有清華簡的幾篇《尚書》如《金滕》《咸有一德》等是真《尚書》。

　　清朝學者閻若璩對梅賾所獻《古文尚書》作的所謂最後判定，得到了疑古派的一致認同，被稱為"鐵定"。學者公認梅獻《古文尚書》中的25篇偽書是：《大禹謨》《五子之歌》《胤征》《仲虺之誥》《湯誥》《伊訓》《太甲（三篇）》《咸有一德》《説命（三篇）》《泰誓（三篇）》《武成》《旅獒》《微子之命》《蔡仲之命》《周官》《君陳》《畢命》《君牙》《冏命》。這個判定雖有學者質疑，但仍為學界所公認。此後研究《尚書》者雖多，但都排除了《晚書》，基本不理不問。1990年，周秉鈞譯注、嶽麓書社出版的《白話尚書》把這25篇獨立出來，明確標題為《偽古文尚書》（以下簡稱《偽書》），作為附件放在書後。清華楚簡研究者的代表李學勤等進一步證明了《晚書》確為偽書。但是，若反復閱讀這部偽書，參證先秦眾多古書，就會發現閻若璩的辨偽方法在實踐中有問題，這 25 篇《晚書》并非偽書。本人認為對古代文獻真偽的辨識應該是多角度的，要綜合利用多種方法，不能祇憑一種方法。本人總結出古書辨偽有五大基本方法：一、引文分析法；二、圖書館傳統分析法；三、思想内容分析法；四、字頻統計分析法；五、文獻徵引和史志記錄分析法。用這五個基本方法研究梅獻《古文尚書》和清華簡，本人甚感閻若璩的判斷值得質疑；而閻氏所謂"由根底而之枝節"的方法祇是古書辨偽方法之一，且難以實踐，故其結論無疑有片面性。對待清華簡的研究同樣應持此態度。

一、引文分析法

袁瑋在《閻若璩〈古文尚書疏證〉辨偽成就試論》一文中説："孔傳《古文尚書》是歷來證偽對象中最重要的儒家經典，經《古文尚書疏證》定案為'偽書'。這是檔案辨偽學上的頭等大事，是非常成功的'證偽案例'。他被學界尊崇為清代考據學的主要奠基人之一。""而閻若璩的這種'由根底而之枝節'的方法，簡言之就是先論定某種結論，然後以之作為原則去檢驗勘正違反這些原則的現象，并以之作為偽造的證據。若'根底'一旦確定後，而其他工作就顯得有據可依且輕而易舉。"[1] 文章説閻若璩"在前人研究的基礎上，從篇數、篇名、典章制度、曆法、文字句讀、地理沿革和古今行文異同等多方面，對《古文尚書》進行了系統的考證，并引用《孟子》《史記》《説文》等書作為旁證，得出了東晉梅賾所獻《古文尚書》及孔安國《尚書傳》是後世偽作的結論，解決了千百年來學術史上的一大疑案"[2]。閻若璩此舉在清代產生了重大影響，梁啓超竟説，自閻氏始"漸開學者疑經之風"，而康有為"乃綜集諸家説，嚴畫今古之分野，謂凡東漢晚出之古文經傳，皆劉歆所偽造"[3]。這樣，把很多本來并非偽書的古代文獻（達 1000 多種）都打成了偽書，而且使我國圖書館學史上的傑出學者劉歆在學術史上蒙冤，閻若璩實在誤人不淺。

閻若璩考辨梅賾所獻《古文尚書》的"根底"到底是什麼呢？就是先湊出真《古文尚書》的殘句，然後用這所謂真《古文尚書》的殘湊文句去與 25 篇晉代梅賾所獻《古文尚書》的文句作比較，因與所謂真《古文尚書》被引的文句不合，故被判定為偽書。這些殘句包括先秦學者引用的和從漢代就已存在的《今文尚書》和孔壁《古文尚書》在當時學者作注或殘片石經裹的零星句子，這就是他所謂"根底"之一。其實這就是引文分析法，祇

---

① 袁瑋：《閻若璩〈古文尚書疏證〉辨偽成就試論》，《檔案學通訊》2010 年第 2 期。
② 同上。
③ 同上。

不過他又加入了個人的主觀臆造來做"根底"。所謂從篇數、篇名、典章制度、曆法、文字句讀、地理沿革和古今行文異同等多方面考辨,他都是從引文合與不合來分析的。閻氏引了百餘條引文來進行分析,凡不合他的"根底"者,都打為偽造。應當説,他這種"由根底而之枝節"的方法在理論上看上去不錯,可以説是重要的古書考辨方法之一,屬引文分析法。不過,引文分析法也要具體問題具體分析。他的"由根底而之枝節"在實踐中行不通。

(一) 第一個行不通,是所湊起來的引文和殘句,起不了"根底"作用。

1. 先秦學者們引用的句子不能認定為絕對準確

管子、孟子、墨子、荀子甚至老子、《論語》等對《尚書》都有引錯。例如,《管子·法禁·泰誓》曰:"紂有臣億萬人,亦有億萬之心。武王有臣三千人而一心。"① 此引所謂《偽古文尚書》,原作武王説"受有臣億萬,惟億萬心;予有臣三千,惟一心"。② 顯然,這段話屬書面語言,《管子》的引文將之口語化了。"受"是商王的名,《管子》則直接説"紂"。如果所謂《偽古文尚書》為後人拼湊,就應照抄。《孟子》引"自作孽,不可活",《偽書·太甲》為"自作孽,不可追"③,顯然後者合理,孟子做了偏激的引述。《墨子·非命上》引《仲虺之告》曰:"我聞於夏人矯天命,布命於下。帝伐之惡,龔喪厥師。"《非命中》《非命下》所引略同。《偽書·仲虺之誥》作:"夏王有罪,矯誣上天以布命於下。帝用不臧,式商受命,用爽厥師。"值得注意的是,墨子為了論證其"非命"(没有天命)的思想,竟然改動原文,將《仲虺之誥》中"式商受命"一句略去(《非命》三篇皆然);而"商受命"是當時一句流行語,在商朝的文告中俯拾皆是。竄改《書》意為其立論作證,本是先秦諸子的一貫手法。老子《道德經》作"心欲取之,必固與之",而《周書》是"心欲取之,必姑與之"。顯然,老子引錯了,因"固""姑"諧音,用"固"字不合文義,《偽書·周書》正確。《荀子·堯問》記楚莊王引"中蘬(當作'仲虺')之言"曰:"諸侯自為得師者王,得友者霸,得疑者存,自為謀而莫己若者亡。"④《吕氏春秋·驕態》亦記楚莊王引"仲虺有言"曰:"諸侯之德,能自為取師者王,能自取友者存,其所擇而莫如己者亡。"《偽書·仲虺之誥》作:"能自得師者王,謂人莫己若者亡。"⑤《論語·堯曰》作:"堯曰:'天之曆數在爾躬,允執厥中。四海窮困,天禄永終。'"⑥ 在疑古派認定的真《尚書·堯典》裏根本没有這句話,倒是在《偽書·大禹謨》中有"天之曆數在汝

① 李遠燕、李文娟:《管子》,廣州:廣州出版社,2004 年,第 82 頁。
② 周秉鈞:《白話尚書》,長沙:嶽麓書社,1990 年,第 310 頁。(以下衹出注書名、頁碼)
③ 同上,第 288 頁。
④ 楊善群:《古文〈尚書〉與舊籍引語的比較研究》,《齊魯學刊》2003 年第 5 期。
⑤ 同上。
⑥ [春秋] 孔丘:《論語外二種》,北京:北京出版社,2006 年,第 158 頁。

躬", 但是 "汝", 而不是 "爾", 後隔 17 個字纔是 "允執厥中", 又隔 34 個字纔是 "欽哉, 慎乃有位, 敬修其可願。四海窮困, 天禄永終"①。《論語》和《偽書》的句子哪個合理? 顯然, 孔子的學生編《論語》是抽出幾句湊在一起的, 讀起來不通順。閻氏為何不以此作 "根底"? 因為《論語》明顯引錯。要説所謂《偽古文尚書》是照抄先秦學者的引文而作偽的, 那為什麼没有照抄所有上述先秦錯引文句? 説明它不是照抄先秦文句, 它不是偽書。相反, 是先秦學者作了錯引。錯引的原因很可能是憑記憶引述而出錯, 或根據民間抄書人抄錯了的版本而引用出錯。閻若璩們用這些明顯文句不通或口語化等引錯的句子作 "根底", 顯然不嚴謹。

2. 漢代文獻湊成的殘句更不足為據

閻氏説: "古文傳自孔氏後, 惟鄭康成所著者得其真。今文傳自伏生後, 惟蔡邕石經所勒者得其正。今文出孔《書》: '昧穀', 鄭曰 '柳穀'; '心腹腎腸', 鄭曰 '憂腎陽'。"②《尚書》在孔子之後傳習者甚多, 致使版本出現多樣性。鄭氏、蔡氏的所謂 "真" "正" 不過一是孔壁本, 一是伏生的版本。晚出孔《書》不能排除為戰國之異本, 尤其不能排除為孔安國在獻出經過他改寫為隸書的《古文尚書》時留下來的一個副本。就常理而言, 儒家極重自家經典, 孔安國在獻書時不可能不留下一個副本以便研究、學習, 并傳之後代。而所謂《孔傳》完全可能是他獻書以後寫的。閻氏竟没有想到孔家可能有自留本。這個孔安國家傳本幾經傳抄又會產生錯誤, 但仍然不失為正本, 怎麼祇有伏生本纔是正本、鄭康成纔是得其真本呢? 口口聲聲尊孔的人, 偏偏要否定孔壁本, 奇怪!

閻氏又説: "石經殘碑遺字見於洪氏《隸釋》者五百四十七字, 以今孔《書》校之, 不同者甚多。碑云高宗之饗國百年, 與今《書》之五十有九年異。孔敘三宗以年多少為先後, 碑則以傳序為次, 則與今文又不同。然後知晚出之《書》, 蓋不古不今, 非伏非孔, 而欲别為一家之學者也。"③ 這就已經説明不同版本造成的文字有異, 連孔安國獻本與伏生本都有差别。更何況, "碑云高宗之饗國百年" 明顯是溢美之詞, 他竟然相信! 而 "今《書》之五十有九年" 這麼具體, 他竟然不相信。查真《書·無逸》明明記載 "高宗之享國五十有九年", 他竟然避而不談或似根本没有看見。至於 "孔敘三宗以年多少為先後, 碑則以傳序為次, 則與今文又不同", 查真《書·無逸》, 孔敘三宗以年多少為先後完全是以此為據的, 碑則以傳序為次, 是碑作者自編的, 可見碑文是不可靠的。他連《書·無逸》都没有讀過或有意回避, 因此, 他湊出來的 "根底" 是不可靠的。

---

① 《白話尚書》, 第 258 頁。

② 袁瑋:《閻若璩〈古文尚書疏證〉辨偽成就試論》,《檔案學通訊》2010 年第 2 期。

③ 同上。

（二）第二個行不通，是閻氏臆造的古代慣例更不能作為"根底"。

1. 從篇數、篇名來看，因版本不同而不足為據。孔壁《古文尚書》多了 16 篇，實則 24 篇，因為《九共》實為 9 篇，祇有 1 篇之差，完全可能為分合造成；有 5 個篇名不同，完全可能是孔安國把古文字改寫成隸書之誤或家傳本之誤。

2. 從典制方面來看，閻氏說上古三代沒有族刑，實則真《書》之《呂刑》中就記載有"斷其後嗣"的族刑。真《書·呂刑》篇記載了以前是有過酷刑的，說苗民也是濫用酷刑的。周穆王說，苗民"殺戮無辜，爰始淫為劓刵椓黥。越茲麗刑并制，罔差有辭"。"罔差有辭"即不減免無罪的人。又說對於這種濫用酷刑的苗民，"上帝不蠲，降咎於苗，苗民無辭於罰，乃絕厥世"①。"乃絕厥世"即斷了他們的後嗣，即族刑。

3. 地理與官名方面，閻氏說"四嶽"乃唐虞"官稱"，而《偽書·周官》把"四嶽""百揆"都當作官名了。其實，在唐虞時代，"四嶽"原本就是地名，即東、西、南、北四嶽，并非正式的官稱，"四嶽""百揆"屬借代為兩類官名的總稱，閻氏竟臆造"百揆"為他物來做"根底"，說"'百揆'則不然"，其實也是借代官名。《堯典》明明有"慎徽五典，五典克從；納於百揆，百揆時敘"句，"四"和"百"都是數字。"四嶽""百揆"都不是正式的官名，正如"三公""九卿"都不是正式的官名一樣，"三""九"是數字。《偽書》并沒有把"四嶽""百揆"當作正式的官名。

4. 從曆法方面來看，他說有干支紀月紀日的篇章，一定要先說"某月"："今晚出《武成》先書一月壬辰，次癸巳，又次戊午，已是月之二十八日，復繼以癸亥、甲子，是二月之四日、五日，而不冠之以二月，非今文書法耶？"這完全是他憑主觀想象的古代文法，殊不知如果是記錄的言論則不然，《武成》"既戊午……"就是記錄武王說的一段話。閻氏不懂記言的史官是照記的，王侯說的話可以不先說月序而劈頭就是某日，如他們認定的真《書·洛誥》就有周公說"予惟乙卯，朝至於洛師"，又《費誓》有周公說"甲戌，我惟征戎"。而且，在"一月壬辰"後有"厥四月"，他竟避而不談。"復繼以癸亥、甲子"，明明屬五月，他以為是二月之四日、五日。他缺乏起碼的曆法知識，還說別人不懂文法。

以上臆造的這類"根底"怎能可靠？用這樣的"根底"去作考證真偽古書的標準，怎麼能說"在辨偽學術研究中占有極重要的位置"呢？

至於清華簡，既然說它有多篇《尚書》，竟沒有被引用過，當然，在這裏也不必作引文分析。李學勤們拿清華簡來否定《晚書》，而認定清華簡是真的，但除了幾篇《尚書》，還有他書，都那麼重要，竟然沒有被任何文獻引用過，這不可疑嗎？

---

① 《白話尚書》，第 233 頁。

二、圖書館傳統分析法

古代文獻除在地面流傳外，還有被埋入地下者。同一文獻，如果地面流傳和地下發掘者有異，人們一般認為後者可靠。例如，有學者認為楚簡《老子》和馬王堆出土的帛書《老子》比地面流傳的王弼《老子》、河上公《老子》更接近祖本。對於《古文尚書》也是如此。張政烺先生曾説過：“什麼時候挖出《尚書》就好了。”① 後來真盼來了幾篇清華簡《尚書》。清華楚簡出來後，當代著名學者李學勤先生等説進一步證明了《偽書》確為偽書。這就是過於相信地下發掘者。

李先生等的證據是郭店簡《緇衣》《成之聞之》、上博簡《緇衣》多次引證《尚書》包括《古文尚書》，其中有篇名和引文是《偽書》不能對應的。廖名春先生説，《成之聞之》篇有“大禹曰”，内容當屬於《尚書·大禹謨》，“為《古文尚書》（指梅氏所獻）晚出的又一鐵證”。郭店簡和上博簡都有《緇衣》篇，與《禮記·緇衣》對應。姜廣輝先生推測，《偽古文尚書》中的《咸有一德》《君牙》《君陳》當係後人抄撮今本《緇衣》引文，敷衍而成②。

顯然，在他們的潛意識裏認為地下發掘的文獻比地面流傳的不衹是可靠，而且認定那就是真的。他們所用的方法也還是引文比較法。其實，這是一個誤區。地下發掘的文獻比地面流傳的不一定更可靠，必須具體問題具體分析。在這種情況下和引文分析法不足以説明問題時，我們還應考慮從我國圖書館文化的專業傳統來進行分析。這是目前所有研究者還沒有注意到的。

中華文化裏有一個非觀念的優秀傳統，即政府藏書及其校書制度。周朝就有國家藏書和各諸侯王的政府藏書。這些藏書一般為作者原創，并自願獻予政府。據《周禮·地官》記載，周制規定，“鄉老及鄉大夫、群吏獻賢能之書於王，王再拜受之，登於天府，内史貳之”。“登於天府”即藏於國家圖書館或部門資料室，“内史貳之”即内史抄録一個副本作為檔案保存。至於《書》本是史官的記録，本來就密藏在國家圖書館和檔案館。因此，政府所藏文獻是真實可靠的。但是，由於兵火盜掠，特別是改朝換代時政府圖書館多遭破壞，故隨着新朝的建立，又重開政府藏書或“廣開獻書之路”以補充藏書。政府藏書一般不向一般讀者開放，所藏圖書多被當作歷史資料保存，當存在版本問題時就以藏書為底本進行校勘，有專職其事的官員，多叫校書郎，并形成了一門學問，稱之為校讎學或校勘學，以

---

① 崔海鷹：《出土文獻因〈書〉與〈古文尚書〉》，《光明日報》2014 年 4 月 8 日。
② 同上。

後進一步發展，産生了版本學。

　　據《中國大百科全書》，"校讎"是劉向等人在校理古籍時所用的一個詞，漢代劉向、劉歆都當過此領域的官員。劉向於漢成帝時"奉命領校秘書"，并有校書記錄。劉向死後，劉歆奉命子承父業，繼續作國家圖書館圖書的校對和整理工作。官員們对待這種校書工作很認真。"劉向説：一人讀書，校其上下，得其謬誤為校。""一人持本，一人讀書，若冤家相對，曰仇（讎）。"就是甲捧着原本核對乙正在讀的新進本，乙讀新本給甲聽，這樣校對，如有不對的地方，就記錄下來，有時就形成目錄，如劉向的《別錄》。校對時甲、乙兩人相對如仇，這是多麽認真！如劉向在《晏子》一書的敘錄中説："臣向謹與長社尉臣（杜）參校讎太史書五篇，臣向書一篇，臣參書十三篇"；在《關尹子》一書的敘錄中説："臣向校讎太常存七篇，臣向本九篇。"可見官方流傳本即國家圖書館的藏本應該是嚴肅的，是經過專職官員校對過的。

　　書籍流傳廣泛與時間長久後，必然版本衆多，差異錯誤亦隨之産生。特別在雕版印刷盛行以前，圖書流布多依賴於手工抄寫，幾乎是一本不同於一本。所以校勘的工作與書籍之流行相伴而生，歷史悠久。《詩·商頌譜》説："大夫正考父者，校商之名頌十二篇於周太師。"孔穎達説："考父恐其舛誤，故就太師校之。"足以説明此句中的"校"是指校正文字的錯誤。正考父是孔子的七世祖。孔子晚年删定《詩》《書》《禮》《樂》，序《易》，作《春秋》，是以個人的力量首次進行文獻整理工作，其中當然也包括了訂正文字、厘定篇章的校勘學工序。孔子的學生子夏（卜商）擅長文獻考訂，繼承師學，善於校勘。《呂氏春秋·慎行論·察傳》説："子夏之晉，過衛。有讀史記者曰：'晉師三豕涉河。'子夏曰：'非也，是己亥也。夫'己'之與'三'相近，'豕'與'亥'相似。'至於晉問之，則曰'晉師己亥涉河'也。"子夏不但正確地校正了錯字，還指出了造成錯誤的原因就是"形近之誤"（在篆文中"己"與"三"、"豕"與"亥"字形十分近似），提示了校誤的一種方法。

　　這説明校勘學或校讎學起源甚早，民間傳抄的錯誤較多，而政府藏書比較可靠。就是説，地面上流傳的政府圖書館藏書，一般來説要比地下發掘的民間傳抄的版本可靠。以為後者勝於前者的理念應當改變。

　　以此分析梅賾的《古文尚書》，就可以説，它不一定是偽書。它不是地下發掘的，完全有可能是國家藏書或某諸侯國的政府藏書，在戰國後期因戰爭而流落到民間，清華楚簡則完全有可能是民間傳抄的異本。史載，晉代梅賾獻先人傳下的《古文尚書》時，國家圖書館的校書制度是一直沿襲下來的，如果他自己知道所獻為偽書，豈不是要冒着欺君之罪？如果國家圖書館的官員祇是入藏此書而不校勘，豈不失職？當然也可能因為當時無底本，也無法校勘，但是，自東晉經南北朝、隋唐到五代，這麼多圖書館的文獻專家難道没有人做過一點研究？晉葛洪《抱朴子·遐覽篇》説："書三寫，'魯'為'魚'，'虛'為

'虎','七'與'士',但以偃勾長短之間為異耳。"指出了書經過多次傳寫,多有錯誤。"魯"為"魚"屬脫缺半字例,"虛"為"虎"乃形近之誤,"帝"為"虎"由於虎字以隸書,也屬形誤。此類研究人員尤其是圖書館官員并沒有提出對梅獻《尚書》的異議。其時政府圖書館所藏孔壁所謂真本《尚書》和梅獻孔傳《古文尚書》一直流傳到唐代,《隋書·經籍志》都有記載。如果梅賾所獻為偽書,就不會進入政府圖書館收藏,更不會立為官學,尤其不會取代孔壁鄭、馬注本。

這些説明圖書館的傳統分析法是可用的。例如,王弼本《老子》是根據國家圖書館藏書作注的本子,河上公本《老子》是神學家一代代傳下來的,兩種本子都是地面流傳的,差別極小,都比地下發掘的楚簡《老子》和馬王堆出土的《老子》可靠。楚簡《老子》和馬王堆《老子》一多語氣詞,是傳抄時朗讀所致。如原本就有語氣詞,傳抄者絕不會删去;而原本没有語氣詞,傳抄時加上去則完全可能。二有半省字,"大器晚成"抄成了"大器免成"①,這與"書三寫,'魯'為'魚'"類似,屬脫缺半字例。三是有故意竄改,如"人亦大"改為"王亦大",又"冲氣以為和"改為"中氣以為和"②。可見,民間傳抄的多有錯誤,尤其是楚簡靠不住,祇能叫作地方版。

至於清華簡,李學勤們認定是古代真的重要文獻,既然如此,那麽,它在古代圖書館裏就應當會有收藏,在當時其他貴族或文人那裏也會有收藏,怎麽祇在這一處發掘到?且不説它是地下發掘的,即使内容屬實也不如地面流傳的可靠,單憑它没有被多處發掘而僅此一件,就非常可疑。

三、思想内容分析法

古書考辨的圖書館傳統分析法可以説無人提及和利用,至於思想内容分析法更是如此。後者是一種重要的古書考辨方法。正如張大千鑒畫認為一是看筆墨,二是看敷色,最重要的是看神韻,即從思想氣質來分析。所謂《偽書》有25篇之多,東漢距夏、商、周有兩千多年,東晉距夏、商、周有一千多年之久,誰有那麽大的本事能偽造那麽多、那麽久遠的歷史文獻?梁啓超説,康有為"乃綜集諸家説,嚴畫今古之分野,謂凡東漢晚出之古文經傳,皆劉歆所偽造"。凡東漢晚出之古文經傳,被《偽書通考》證偽的多達1100多條,在《續偽書通考》裏還增加了很多。劉歆有那麽大的本事偽造其中那麽多古書?就算祇是那

---

① 任繼愈:《老子繹讀》,北京:北京圖書館出版社,2006年,第93頁。
② 同上,第95頁。

25 篇《偽書》，恐怕他也没有那麽大的本事、那麽多時間來偽造吧？

劉歆是漢高祖劉邦四弟楚元王劉交五世孫，宗正劉向之子。劉歆是中國儒學史上的一個重要人物，他是西漢後期的著名學者，也是古文經學的真正開創者。他不僅在儒學上很有造詣，而且在校勘學、天文曆法學、史學等方面都堪稱大家。他編制的《三統曆譜》被認為是世界上最早的天文年曆的雛形。此外，他在圓周率的計算上也有貢獻，他是第一個不沿用“週三徑一”的中國人，并確定該重要常數為 3.15471，較今天的精確值祇差了約 0.0131。章太炎說孔子以後的最大人物是劉歆，顧頡剛稱劉歆為“學術界的大偉人”。圖書館學史更是尊劉歆為偉大的文獻學家、目錄學家、古學鼻祖。其父劉向死後，劉歆子承父業，繼續繁重的校勘工作，後來編成了我國第一部分類目錄《七略》。在這種情况下，不要說康有為認定的凡東漢晚出之古文經傳皆由劉歆偽造為不可能，就是這 25 篇，他都不可能有那麽多時間來偽造。再說，他既然是個對儒學有貢獻的大儒，特別還是國家圖書館的官員，怎麽可能喪失職業道德、冒着欺君之罪而偽造古書，更不可能偽造富含道家思想的古代文獻。《偽書》富含我國古代許多偉大的治國思想，這些思想是夏商周時期確實存在的。不要說劉歆這樣一個圖書館專家不可能偽造，其他任何學者也均不可能偽造。由此觀之，所謂《偽書》之“鐵判”結論值得質疑。

（一）遵從天道，安民治國

《偽書·大禹謨》記載大禹說，君主能够重視做君主的道理，臣下能够重視做臣下的職務，就能使國家得治，民衆能勉力於德行。具體說就是要遵從天道而愛民安民。益曰：“罔違道以干百姓之譽，罔咈百姓以從己之欲。無怠無荒，四海來王。”舜帝告訴大禹說：“人心惟危，道心惟微，惟精惟一，允執厥中。”這既有道家的思想，也有儒家的思想。所謂“道”就是指天道，亦即接下來益贊禹“時乃天道”之天道。《偽書》他篇講天道的甚多，如《仲虺之誥》有“欽崇天道”，在《湯誥》裏有“天道福善禍淫”。在上古時代，人們對自然的依賴性甚强，同時也最遵從天道——自然規律，并賴以治國。比孔子年長的老子就極重天道，主張“以道蒞天下”“尊道貴德”。因此，《尚書》講“道心惟微”是必然的。這又極符合舜帝、大禹和皋陶的談話內容。在公認的真《書·皋陶謨》裏大禹說：“安民則惠，黎民懷之。”皋陶說：“天工，人其代之。”“天聰明，自我民聰明，天明畏，自我民明威。達於上下，敬哉有土。”而且裏面還講了為官的要有“九德”。這就是依據天道安民治國的思想。《偽書·大禹謨》等與此一致。其實，孔子在談中庸時也反映了類似的思想，《禮記·中庸》記載說：“仲尼曰：‘君子中庸……故君子尊德性而道問學，致廣大而盡精微，極高明而道中庸。”① 其實這就是他對舜帝的理解。

---

① 陳戍國：《周禮儀禮禮記》，長沙：嶽麓書社，1989 年，第 499 頁。

（二）敬民以德，兢兢業業

上古聖王極重民意，他們感覺"民心無常""人心惟危"，故敬民以德，兢兢業業，如履薄冰，如臨深淵。這在《偽書》、真《書》中都有反映。顧頡剛説：《偽書》"特別是'人心惟危，道心惟微，惟精惟一，允執厥中'十六字是所謂'堯、舜、禹相授之心法'，成為宋、元、明理學的最神聖的信條，竟給閻氏推陷廓清，實在不能不説是學術界中最突出的一件事"①。其實，仔細一看，上古聖王確實有此理念。《偽書·五子之歌》其一説："皇祖有訓，民可近，不可下。民惟邦本，本固邦寧。""予臨兆民，懍乎若朽索之馭六馬，為人上者，奈何不敬？"真《書·皋陶謨》裏就有"無教逸欲，有邦兢兢業業，一日二日萬幾"，是説治理國政的人不要貪圖安逸和私欲，要兢兢業業，因為情況每天變化萬端。熟讀《尚書》的孔子也有類似的思想，他在答哀公問政時説："古之為政，愛人為大。""愛與敬，其政之本與？"② 在答子貢問治民時則直接引用《五子之歌》"若朽索之馭六馬"，祇是"若"改為"如以"、"朽索"改為"腐索"、"六馬"引成"奔馬"了，説："懍懍焉，如以腐索之馭奔馬。"子貢問："何其畏也？"孔子答："夫通達之國皆人也，以道導之，則吾歐也；不以道導之，則吾仇也。"③ 説明他是看過《五子之歌》的，而且加以發揮，甚有"人心惟危"的潛意識在。

（三）德安黎民的法治社會

愛民以誠，不可忽悠，德安黎民是上古聖王首先考慮的。但是，同時也有對社會實施法治的思想，腐敗朝代曾有酷刑。這一點《偽書》與真《書》相一致。有研究者説閻氏從典章制度上考證，"古未有夷族之刑，即苗民之虐，亦祇肉刑止爾，有之，自秦文公始。偽作古文者，偶見荀子有亂世以族論罪，以世舉賢之語，遂竄之《泰誓》篇中，無論紂惡不如是，甚而輕加三代以上，以慘酷不德之刑，何其不仁也"④，以此説明此書為後出。這就是研究不夠仔細得出的結論。《泰誓》一篇是武王伐紂的檄文，是講商王濫用酷刑的，有過激之詞在所難免，更何況如前所述真《書》之《吕刑》也記載了以前是有過酷刑的，説苗民也是濫用酷刑的。如前所述，周穆王就説過苗民"殺戮無辜，罔差有辭"，"罔差有辭"即不減免無罪的人；又説對於苗民"……苗民無辭於罰，乃絕厥世"，"乃絕厥世"即斷了他們的後嗣，即族刑。當然，《吕刑》記載穆王最終聽了吕相的建議，采用中刑，天下太平了。這也説明，此前是有過酷刑的。

從思想内容看，《偽書》、真《書》相一致的思想有很多，不少思想高於孔孟。老子、孔

---

① 袁瑋：《閻若璩〈古文尚書疏證〉辨偽成就試論》，《檔案學通訊》2010 年第 2 期。

② 《禮記·哀公問》。

③ 《説苑·理政》，見吳龍輝：《孔子語録全編》，北京：北京圖書館出版社，2007 年，第 439 頁。

④ ［清］閻若璩撰，黃懷信、吕翊欣校點：《古文尚書疏證》，上海：上海古籍出版社，1987 年。

子有些思想就是從中吸收過來的。顯然，在古書考辨過程中，不可不就思想内容也考辨一番。

（四）傑出的中庸治國理念

閻氏認爲《僞書》之僞尤以《大禹謨》《五子之歌》等爲典型。《大禹謨》記載了大禹、伯益和舜帝謀劃政事的史事。如前所述，舜帝對自己選定的即將繼之登上帝位的大禹説了一段成爲千古絶唱的話："人心惟危，道心惟微，惟精惟一，允執厥中。"這就是著名的虞廷之訓，是被儒家歷代稱道的"虞廷十六字訣"，也是中國現存最早也是古聖最傑出的治國名言。宋代大儒朱熹曾在《中庸章句序》中對"虞廷十六字訣"盛贊説："夫自上古聖神繼天立極，而道德之傳有自來矣。其見於經，則'允執厥中'者，堯之所以授舜也；'人心惟危，道心惟微，惟精惟一，允執厥中'者，舜之所以授禹也。……夫堯舜禹天下之大聖也，以天下相傳，天下之大事也……而其授受之際，丁寧告誡，不過如此，則天下之理，豈有加於此哉?"① 就是這個朱熹，因《晚書》稍稍易懂就開了個懷疑之先，但當他看到這段非聖王不能有的廷訓時，就對自己的懷疑産生了懷疑："其授受之際，丁寧告誡，不過如此，則天下之理，豈有加於此哉?"即感到治國理念已高到無以復加了。

這個治國理念到底高明在哪兒呢? 高就高在是用樸素的辯證法即中庸思想來治國和管理社會。中庸思想是一種樸素的辯證的控制論思想，其要旨是使管理的對象達到中和的目標。"中庸"思想正是孔子研究《大禹謨》之後從舜帝的這一大段話中概括出來的。

舜帝説："人心惟危，道心惟微，惟精惟一，允執厥中。"意思是，要注意：人心是危險的，道心即德性、思想、道理等是微妙的。要堅持前後統一的道心來治國和管理社會，堅持那個中和的目標。這個中和是不是絶對的不偏不倚的中點呢? 不是。要達到絶對的中點是不可能的，肯定會有左右變化。舜帝的意思是要偏向人心方面一點，即要努力去滿足人民對美好生活的追求，這從舜帝在此"十六字訣"前還有的那句"俾予從欲以治，四方風動，惟乃之休"就可以看出。舜帝指出，在總方向上順從人民的欲望來治國，人民纔會高興。但這種民欲的滿足不能太過，否則就會陷入無政府主義，造成社會大亂。故要用"道心"來控制"人心"。但控制也不能太過，否則也會造成壓抑，使社會不安。因而要隨機調整治理的方針政策。舜帝緊接上述十六字囑咐説："無稽之言勿聽，弗詢之謀勿庸。""庸"即用。意思是毫無根據的話不要聽，没有諮詢討論過的謀略包括偏激的謀略不要用。總之是要得"中"而"庸"，中庸思想由此而來。

顯然，中庸之道是很了不起的理念。不要説古代不在帝位者不可能有此高深理念，就是古代其他帝王也達不到舜帝那種高度。

又《五子之歌》和《泰誓》等篇中的民主思想也是後人無法摹仿的。如"民爲邦本，

---

① ［宋］朱熹:《四書章句集注·中庸章句集注》，北京:中華書局，1983 年，第 14 頁。

本固邦寧""天視自我民視，天聽自我民聽""民之所欲，天必從之"。這種傑出的民本和民主思想，誰能偽造？

四、字頻統計分析法

張岩先生著有《審核古文〈尚書〉案》一書，逐條駁斥了閻若璩的證偽之誤，同時還批評了清代其他著名學者對所謂《偽古文尚書》的同類論證錯誤。他用了一個極為有效的方法——字頻分析法。

考古學裏有一個判斷古文物的科學方法叫同位素"碳—14 測年法"。它為何能準確地測定古代遺存文物的年齡呢？原來，這是因為宇宙射綫在大氣中產生的放射性碳—14 能與氧結合成二氧化碳，而後進入所有活組織，先為植物吸收，後為動物納入。當植物或動物生存着，就會持續不斷地吸收碳—14，并在機體內保持一定含量。而當有機體死亡後就會停止呼吸碳—14，其體內的碳—14 便以 5730 年的半衰期開始衰變并逐漸消失。這樣對於任何含碳物質，祇要測定剩下的放射性碳—14 的含量，就可推斷其年代。筆者認為，同樣，人類語言的發展也是有規律的，其字詞在文獻中出現的頻率必然有其時代特點，這是規律：1. 同時代的文獻出現的字頻率必然大致相仿；2. 語言是由簡到繁地發展的，加上文獻交流會由官方發展到民間，因而某些官方書面用字會減少，而某些介詞和語氣詞會增多，新創字詞也會增多。從這個角度來考察文獻的時代特點，不失為重要的文獻年代判別法。張岩不僅用網絡檢索解決了在浩如煙海的文獻中快速查找資料的問題，以"一網打盡"取代了清朝學者的"皓首窮經"和"大海撈針"，還用此字頻統計方法進行研究，發現了今、古文《尚書》與春秋戰國至漢代等的參照性文獻出現的字頻有很大的差異。他列舉了 70 個字在多字組（頻率高）和少字組（頻率低）中的字頻都有差別。而古文《尚書》（即所謂《偽古文尚書》）和今文《尚書》（即疑古派認定的 29 篇真古文《尚書》，亦即伏生《尚書》）的字頻則大致相同。例如以下幾種情況：

（一）多字組

乃　在全部古文《尚書》包括《晚書》中的每萬字含量是 146 字，在參照文獻（如《詩經》《周禮》等共 55 種）中平均萬字的含量是 19 字，在古文和今文《尚書》篇章之間萬字含量的比例是 141 字：150 字，兩者接近①。另外，查得劉志基先生的有關研究，指出

---

① 張岩：《審核古文〈尚書〉案》，北京：中華書局，2006 年，第 334 頁。（以下祇出注書名、頁碼）

在西周金文中"乃"為 181 字①，就是説，頻率也是很高的。這説明"乃"字的使用在隨時代減少。

惟　《尚書》中的萬字含量是 260 字，在參照文獻中平均萬字含量是 2 字（其中很大一部分出現於《尚書》引文中），古今文篇章之間萬字的含量比例是 328 字：233 字（按，參照文獻包括"維"和"唯"），兩者接近②。另外，查劉志基的有關研究，在西周金文中"唯"的萬字含量是 118 字③，就是説，頻率也是很高的。而在後來文獻中惟字則逐步減少，并且發展了"維"和"唯"。

於　《尚書》中的萬字含量是 237 字，在參照文獻中平均萬字含量是 110 字，古今文篇章之間萬字含量比例是 244 字：236 字④，兩者接近。另外，查劉志基的有關研究，在西周金文中"於"的萬字含量是 225 字⑤，就是説頻率也很接近，但畢竟在減少。

（二）少字組

之　在《尚書》中萬字含量是 138 字，在參照文獻中平均萬字含量是 421 字，古今文篇章之間萬字含量比例是 140 字：136 字⑥，兩者接近，説明"之"字用得多起來了。另外，查劉志基的有關研究，在西周金文中"之"的萬字含量更多，是 763 字⑦。這是因為西周文化發展了，語言也發展了，所以用"之"多了起來。

為　《尚書》中萬字含量是 21 字，在參照文獻中平均萬字含量是 108 字，古今文篇章之間萬字含量比例是 24 字：21 字⑧，兩者接近，説明"為"字用得多起來了。另外，查劉志基的有關研究，在西周金文中"之"的萬字含量是 118 字⑨，與參照文獻都多於古今《尚書》。

者　《尚書》中萬字含量是 2 字，在參照文獻中平均萬字含量是 155 字，古今文篇章之間萬字含量比例是 7 字：1 字⑩，説明"者"字用得多起來了。另外，查劉志基的有關研究，在西周金文中"者"的萬字含量是 105 字⑪，同樣多了起來。

另外他還研究了零字組，如

且　《尚書》中萬字含量是 0 字，在參照文獻中平均萬字含量是 9 字，古今文篇章之

---

① 劉志基：《西周金文字頻特點成因初探》，《語言科學》2010 年第 1 期。
② 《審核古文〈尚書〉案》，第 327 頁。
③ 劉志基：《西周金文字頻特點成因初探》，《語言科學》2010 年第 1 期。
④ 《審核古文〈尚書〉案》，第 325 頁。
⑤ 劉志基：《西周金文字頻特點成因初探》，《語言科學》2010 年第 1 期。
⑥ 《審核古文〈尚書〉案》，第 327 頁。
⑦ 劉志基：《西周金文字頻特點成因初探》，《語言科學》2010 年第 1 期。
⑧ 《審核古文〈尚書〉案》，第 331 頁。
⑨ 劉志基：《西周金文字頻特點成因初探》，《語言科學》2010 年第 1 期。
⑩ 《審核古文〈尚書〉案》，第 332 頁。
⑪ 劉志基：《西周金文字頻特點成因初探》，《語言科學》2010 年第 1 期。

間萬字含量比例是 0 字：0 字①，兩者相同，説明"且"字用得多起來了，而古文和今文篇章相同。

也　《尚書》中萬字含量是 0 字，在參照文獻中平均萬字含量是 213 字，古今文篇章之間萬字含量比例是 0 字：0 字②，兩者相同，説明"也"字用得多起來了，而古文和今文篇章相同。

如果古文《尚書》為偽作，誰能達到字頻如此相吻？

商代至西周時期文字少一些，戰國時期文字增加了很多，如也、且、唯、維在 29 篇或 25 篇《尚書》中都不用，而戰國時期就用得多了。由此可以看出 25 篇《尚書》并非偽書，也可以之證明清華簡《尚書》是否有假。結果是，清華簡《尚書》中出現了也、且字，有的還多次出現，如《金縢》《攝命》多次出現也字，另有文篇還多次出現了唯、維字，説明清華簡至少不是商代至西周的原作，如果是原作，戰國人應會照抄。它是很可疑的文獻。據此檢索文獻，果然有人認為其是偽書③。當然，不能用這一種方法來評判真偽，還要結合其他三種方法研究，但至少説明這是一種重要的考辨方法。

由以上可知，古書真偽的辨識方法應當科學而全面。被清代判偽的書達 1000 多種，很多優秀的東西被扼殺，殊為可惜。我們圖書檔案工作者有責任利用多種方法重新辨別，以免衆多寶藏被判偽淹没。

五、文獻原創年代和史志記録分析法

考辨古書真偽還要看文獻創作的年代和史志目録記載的情況。很多古書是不注年代的，這就要看其內容是有關什麼朝代的，當時是否有其他文獻反映。例如古文《尚書》包括所謂《晚書》是記録堯舜至西周的事情，同時在《論語》《孟子》《荀子》《墨子》等文獻中有反映。這種反映不衹是有引用，而且有衹屬於那個時代的思想及其後人的傳承，在政府圖書館裏曾有收藏，并在史志目録裏有記載。清華簡有什麼呢？什麼也没有。

清華簡的創作年代，據其研究者説，用碳—14 檢測是約公元前 350 年，即為戰國簡。若説它是很重要的文獻，連整理文獻、删過《書》的孔子都没有記載和引用過，則它可能確是戰國作品。這種很重要的戰國作品應當在公私圖書館或資料室有所收藏，然而目前看

---

① 《審核古文〈尚書〉案》，第 334 頁。
② 同上，第 335 頁。
③ 房德鄰：《清華簡〈周武王有疾周公所自以代王之志（金縢）〉是偽作》，《故宫博物院刊》2013 年第 6 期，第 41—51 頁。

來，既沒有有關它的記載，在以後的圖書館中也沒有發現有收藏。因為如果在國家圖書館有收藏，便會記錄於史志目錄中，因為這些目錄都是依據國家圖書館的藏書目錄照實編寫的。例如《漢書・藝文志》記載了《尚書》在國家圖書館收藏的情況：

　　《尚書古文經》四十六卷。為五十七篇。

　　《經》二十九卷。大、小夏侯二家。《歐陽經》三十二卷。

　　《傳》四十一篇。

　　《歐陽章句》三十一卷。

　　大、小《夏侯章句》各二十九卷。

　　大、小《夏侯解故》二十九篇。

　　《歐陽說義》二篇。

　　劉向《五行傳記》十一卷。

　　許商《五行傳記》一篇。

　　《周書》七十一篇。周史記。

　　《議奏》四十二篇。宣帝時石渠論。

　　凡《書》九家，四百一十二篇。入劉向《稽疑》一篇。

　　這裏的“《尚書古文經》四十六卷。為五十七篇”，就是孔安國獻的孔壁《古文尚書》。“《經》二十九卷。大、小夏侯二家。《歐陽經》三十二卷”，就是大、小夏侯和歐陽所注的伏生口傳的 29 篇今文《尚書》。把孔壁《古文尚書》置於首位，把伏生口傳本至於第二，說明當時圖書館和史官的重視程度有別。東漢以後，今文即伏生本《尚書》逐步失傳，失傳的原因與漢代長期的今古文爭論證明孔壁本更可靠、更有價值有關，還可能因其與孔壁本重複且有脫字和錯字。

　　到隋唐時期，國家圖書館還藏有孔壁《古文尚書》和東晉梅頤所獻孔傳《古文尚書》。在《隋書・經籍志》有如下記錄：

　　《古文尚書》十三卷　漢臨淮太守孔安國傳。

　　《今字尚書》十四卷　孔安國傳。

　　《尚書》十一卷　馬融注。

　　《尚書》九卷　鄭玄注。

　　《尚書》十一卷　王肅注。

　　《尚書》十五卷　晉祠部郎謝沈撰。

《集解尚書》十一卷　李顒注。

《集釋尚書》十一卷　宋給事中姜道盛注。

《古文尚書舜典》一卷　晉豫章太守范甯注。梁有《尚書》十卷，范寧注，亡。

《尚書亡篇序》一卷　梁五經博士劉叔嗣注。梁有《尚書》二十一卷，劉叔嗣注；又有《尚書新集序》一卷。亡。

《尚書逸篇》二卷

《古文尚書音》一卷　徐邈撰。梁有《尚書音》五卷，孔安國、鄭玄、李軌、徐邈等撰。

《今文尚書音》一卷　祕書學士顧彪撰。

《尚書大傳》三卷　鄭玄注。

《大傳音》二卷　顧彪撰。

《尚書洪範五行傳論》十一卷　漢光祿大夫劉向注。

《尚書駁議》五卷　王肅撰。梁有《尚書義問》三卷，鄭玄、王肅及晉五經博士孔晁撰；《尚書釋問》四卷，魏侍中王粲撰；《尚書王氏傳問》二卷；《尚書義》二卷，吳太尉范順問，劉毅答。亡。

《尚書新釋》二卷　李顒撰。

《尚書百問》一卷　齊太學博士顧歡撰。

《尚書大義》二十卷　梁武帝撰。

《尚書百釋》三卷　梁國子助教巢猗撰。

《尚書義》三卷　巢猗撰。

《尚書義疏》十卷　梁國子助教費甝撰。梁有《尚書義疏》四卷，晉樂安王友伊説撰，亡。

《尚書義疏》三十卷　蕭詧司徒蔡大寶撰。

《尚書義注》三卷　呂文優撰。

《尚書義疏》七卷

《尚書述義》二十卷　國子助教劉炫撰。

《尚書疏》二十卷　顧彪撰。

《尚書閏義》一卷

《尚書義》三卷　劉先生撰。

《尚書釋問》一卷　虞氏撰。

《尚書文外義》一卷　顧彪撰。

右三十二部，二百四十七卷　通計亡書，合四十一部，共二百九十六卷。

《書》之所興，蓋與文字俱起。孔子觀《書》周室，得虞、夏、商、周四代之典，刪其善者，上自虞，下至周，為百篇，編而序之。遭秦滅學，至漢，唯濟南伏生口傳二十八篇。又河內女子得《泰誓》一篇，獻之。伏生作《尚書傳》四十一篇，以授同郡張生，張生授千乘歐陽生，歐陽生授同郡兒寬，寬授歐陽生之子，世世傳之，至曾孫歐陽高，謂之《尚書》歐陽之學。又有夏侯都尉，受業於張生，以授族子始昌，始昌傳族子勝，為大夏侯之學。勝傳從子建，夠為小夏侯之學。故有歐陽，大、小夏侯，三家并立。訖漢東京，相傳不絕，而歐陽最盛。初漢武帝時，魯恭王壞孔子舊宅，得其末孫惠所藏之書，字皆古文。孔安國以今文校之，得二十五篇。其《泰誓》與河內女子所獻不同。又濟南伏生所誦，有五篇相合。安國并依古文，開其篇第，以隸古字寫之，合成五十八篇。其餘篇簡錯亂，不可復讀，并送之官府。安國又為五十八篇作傳，會巫蠱事起，不得奏上，私傳其業於都尉朝，朝授膠東庸生，謂之《尚書古文》之學，而未得立。後漢扶風杜林，傳《古文尚書》，同郡賈逵為之作訓，馬融作傳，鄭玄亦為之注。然其所傳，唯二十九篇，又雜以今文，非孔舊本。自餘絕無師說。

　　晉世祕府所存，有《古文尚書》經文，今無有傳者。及永嘉之亂，歐陽，大、小夏侯《尚書》并亡。濟南伏生之傳，唯劉向父子所著《五行傳》是其本法，而又多乖戾。至東晉，豫章內史梅賾，始得安國之傳，奏之，時又闕《舜典》一篇。齊建武中，吳姚方興於大桁市得其書，奏上，比馬、鄭所注多二十八字，於是始列國學。梁、陳所講，有孔、鄭二家，齊代唯傳鄭義。至隋，孔、鄭并行，而鄭氏甚微。自餘所存，無復師說。又有《尚書逸篇》，出於齊、梁之間，考其篇目，似孔壁中書之殘缺者，故附《尚書》之末。

　　這裏的"《古文尚書》十三卷漢臨淮太守孔安國傳"，就是孔壁《古文尚書》。"《今字尚書》十四卷孔安國傳"，就是梅獻孔傳《古文尚書》，是用隋唐的楷書寫的。十三卷與十四卷基本相同，差一卷可能是字體不同所致。因內容相同，而今字更便閱讀，孔壁書後來就失傳了，保存至今的就祇有梅獻孔傳《古文尚書》了。而且，目錄編者特別說明了"至東晉，豫章內史梅賾，始得安國之傳，奏之。於是始列國學"。把梅獻本列為國學即國家頒行的教科書，這是一件大事，就是說國家已經認定它是真本正本，怎麼能相信唐代以後的人說它是偽書呢？

　　至於毫無古代文獻記錄和史志記錄的清華簡是真是假，其實僅從沒有記錄這一點就可看出其問題很大。眾所周知，《尚書》記錄的是上自堯舜下至西周的王侯言行，在文字已經產生以後，本應是當時史官的記載，怎麼會是由戰國人創作的？例如，《古文尚書》的《金縢》篇記錄的是周武王、周公時期的事情，而清華簡的《金縢》是戰國時期即李學勤們考證的公元前 350 年時的作品即原創作品，此時離周武王、周公時期已 700 多年，誰會相信數百年後還有《尚書》產生？

　　《知乎網》上有這樣一篇文章：《清華簡百分之百是造假，與夏商周斷代工程結論互相證偽》。此文先是質疑說：有人撰稿"極力為清華簡唱贊歌，卻沒有列舉任何一項現代法學意義上的'證據'來證明清華簡為真。但是，該稿件卻透露了一條重要資訊——在清華大學'購買'這批竹簡時，'當時的文物市場上，假簡橫行'。請問，清華簡是不是假簡"。"再強調一遍：這篇稿件沒有列舉任何一項現代法學意義上的'證據'來證明清華簡為真。另一方面，此前有報導稱，清華簡送去做碳—14 檢測的樣本，是兩片無字殘片。兩片無字殘片怎麼可能證明清華簡為真?"然後，作者列出了中國社會科學院歷史研究所研究員吳銳對清華簡的評議。他引述説：在清華簡真偽未辨的情況下，根本不應該展開大規模的研究，連篇累牘地發表清華簡釋讀的所謂論文。首先必須弄清楚的是，清華簡到底是真是假。古人云：書非校不可讀也。辨偽存真，是文獻校勘釋讀的第一步，清華簡做到了嗎?現在問題清楚了——清華簡百分之百是造假，清華簡首先公布的所謂"《保訓》篇"就出現了無可彌合的大漏洞，這個大漏洞跟李學勤主持的"夏商周斷代工程"的基本結論構成互相證偽的關係。什麼大漏洞?清華簡首先公布的所謂"《保訓》篇"，明確寫到了周文王在位五十年駕崩，生命垂危之時向武王（太子姬發）訓誡治國之道。大漏洞就是文王在位的時間。按李學勤對"《保訓》篇"的釋讀，簡文開始説："惟王五十年，不瘳，王念日之多曆，恐墜寶訓。"而《逸周書·小開解》記載，文王三十五年正月丙子日發生了月食："惟三十有五祀，（文）王念曰，多□，正月丙子拜望，食無時。"文章下來説，"如果《逸周書》記載的文王三十五年正月丙子月食是假的，而清華簡偏偏有此記載，則清華簡必偽，清華簡百分之百是假的。如果《逸周書》記載的文王三十五年正月丙子月食是真的，而清華簡偏偏無此記載，則清華簡必偽，清華簡百分之百是假的"，并作了詳細的論證①。

另外，張岩的一篇被拒絕參加討論的長文在結語裏説："（1）清華簡《咸有一德》和《説命》中的作偽破綻十分明顯，其文章品質非常低劣，可以被確認是今人贗作。（2）在李學勤先生和廖名春先生對漏洞百出的簡文所作整理研究中，存在許多不應有的失察、失誤。在本文的結語部分，考察劣質（指文章品質）偽簡及其整理結論（認假作真）正在給中國學術造成什麼樣的影響以及結束此事的必要性。"②

據《漢書·藝文志》，戰國古書就有真偽，并有多個版本："昔仲尼没而微言絕，七十子喪而大義乖。故《春秋》分為五，《詩》分為四，《易》有數家之傳。戰國從衡，真偽分爭，諸子之言紛然淆亂。"這裏明明指出《春秋》《詩經》《易經》有多個版本，戰國圖書有真偽。清華簡如果真的被碳—14 檢測為戰國簡，也許為那時的偽書亦未可知。

總之，古書有真偽，版本有多種，考辨方法多，判斷宜慎重。以上議論，謹供參考。

作者單位：廣東外語外貿大學南國商學院圖書館

---

① 道非常：《清華簡百分之百是造假，與夏商周斷代工程結論互相證偽》，《知乎網》2019 年 7 月 17 日。網址：https://zhuanlan.zhihu.com/p/74043052。

② 張岩：《清華簡〈咸有一德〉〈説命〉真偽考辨》，《山東青年政治學院學報》2015 年第 1 期。

周代太牢禮探賾[*]

鄭　靜

"三牲"牛、羊、豕祭祀全備稱太牢，是周代規格最高的祭禮，并上升成一種制度，用以溝通神、人兩個世界，在政治與宗教生活中發揮着重要作用。太牢為何祇選取牛、羊、豕？其選取依據及文化意義尚未得到比較全面的解釋。日本學者岡村秀典從動物學與經濟學的角度分析了"豬占據優位"的原因，[①] 左豪瑞從"食草—純潔"的角度推測馬、牛、羊等食草動物優於豬等雜食動物[②]。目前，學界尚未對太牢進行系統研究，太牢的動物種類與數量所蘊含的禮義及其文化精神亦没有被發掘。本文將太牢作為一個整體制度進行考察，揭示周人對動物功能的評判與等級劃分，管窺商周禮制因革及其文化演進的深刻内涵。

一、太牢的選取標準

太牢的動物組合帶有實用性與禮儀性的社會考量，牛、羊、豕的等級序列標識着周人對動物的價值評判。太牢動物組合的選取基於祭祀與分福的需要，同時帶有强烈的道德審視色彩。

（一）體型大以祭祀分福

太牢作為古人獻祭給神靈的禮物，大體形使其符合祭祀與祭祀後分福的需要。"動物在

＊　本文為重慶師範大學 2021 年研究生科研創新專案 "孔廣林禮學研究"（項目編號：YKC21002）成果。

①　（日）岡村秀典：《商代的動物犧牲》，《考古學集刊》2004 年第 15 期。

②　左豪瑞：《新石器時代至先秦時期家羊的儀式性使用初探》，《南方文物》2018 年第 2 期。

神靈化和禮儀化的狀態中就成為社會性的類別，其身份不再取決於生物學屬性，而取決於人類社會的禮儀規則。"① 祭祀規則對太牢提出了體型大的要求，故在六牲馬、牛、羊、豕、犬、雞中符合體型條件的為前五者。

首先，血祭之法決定太牢體型要足夠大。祭祀中溝通神、人的媒介為血與氣。《禮記·郊特牲》曰："周人尚臭，灌用鬯臭。"孫希旦集解曰："臭，香氣也。"② 氣味通過感官連接神、人，故常用的祭祀之法是血祭與燔柴。《禮記·禮器》曰："郊血，大饗腥。"孫希旦集解曰："郊祭以薦血為始，大饗以薦腥為始。"③ 血液的流動與腥氣的飄散，可將人的祈求送達神靈。因此犧牲需有大量的血液用以歆神，能滿足這一條件的祇有大型動物。由於血氣藏於肺，故"周人尚肺"，而常以肺祭。《禮記·郊特牲》曰："血祭，盛氣也。祭肺、肝、心，貴氣主也。"④ 肺祭亦要求大體形的犧牲。

其次，宰殺獻祭決定太牢體型不能過小。胡司德認為："供品的祭獻以及與此相關的宰殺烹調等手藝也是與神靈溝通的一種方式。"⑤ 因此對犧牲進行一定儀式的解體可以達到娛神的目的，而屠宰犧牲以祭祀最顯著的例子則是《莊子·養生主》中的"庖丁解牛"。文惠君以牛祭祀而庖丁操刀以待："砉然響然，奏刀騞然，莫不中音。合於桑林之舞，乃中經首之會首。"⑥ 莊子在誇贊庖丁技藝的同時，也展示了一幅宰殺獻祭之圖。庖丁不僅要按祭祀要求將牛解體，還要使整個解牛過程符合祭祀樂舞的節奏，如此纔能完成宰殺獻祭的儀式，進而實現人、神之間的交流。又《禮記·少儀》載："太牢則以牛左肩、臂、臑九個，少牢則以羊左肩七個，特豕則以豕左肩五個。"⑦ 牛、羊、豕的解體數量雖不一樣，卻說明犧牲體型不能過小，纔能在解體過程中配合樂舞完成祭祀儀式。

最後，祭祀分福要求太牢體型足夠龐大，對犧牲的宰殺也是在為祭祀後的分福做準備。《周禮·祭僕》職曰："凡祭祀致福者，展而受之。"鄭玄注曰："臣有祭事，必致祭肉於君，所謂歸胙也。展謂録視其牲體數。"⑧ 臣子祭祀後需將牲肉獻給君王，君王祭祀後亦將牲肉賜給諸侯臣子。因祭祀的牲肉為神所享，故而帶有福氣與魔法。餕神之餘可得福，因此分食牲肉是為分福，分福使得祭祀的犧牲必須足夠龐大，纔能滿足衆多的需要。

---

① （英）胡司德著，藍旭譯：《古代中國的動物與靈異》，南京：江蘇人民出版社，2015 年，第 76 頁。

② ［清］孫希旦撰，沈嘯寰、王星賢點校：《禮記集解》卷二十六，北京：中華書局，1989 年，第 713 頁。（以下祇出注書名、頁碼）

③ 《禮記集解》卷二十四，第 654—655 頁。

④ 《禮記集解》卷二十六，第 717 頁。

⑤ （英）胡司德著，劉豐譯：《早期中國的食物、祭祀和聖賢》，杭州：浙江大學出版社，2018 年，第 2 頁。

⑥ ［清］郭慶藩撰，王孝魚點校：《莊子集釋》卷二，北京：中華書局，2012 年，第 123—124 頁。

⑦ 《禮記集解》卷三十五，第 954 頁。

⑧ ［漢］鄭玄注，［唐］賈公彥疏，彭林整理：《周禮注疏》卷三十七，上海：上海古籍出版社，2010 年，第 1216 頁。（以下祇出注書名、頁碼）

由上可知，體型大是太牢選取的標準之一。在六牲中雞最不符合這個條件，馬的體型與牛不相伯仲，而犬與羊亦不相上下，但馬與犬均未被選為太牢，其原因或許在於動物的道德象徵、珍貴性與靈異性。

（二）道德象徵

太牢的動物組合及其差序排列呈現出周人對動物的價值評判，帶有道德審視色彩。陳來認為："中國文化在西周時期已形成'德感'的基因，在大傳統的形態上，對事物的道德評價格外重視，顯示出德感文化的醒目色彩。"① 因此三牲牛、羊、豕也相應具有道德品格的象徵。

太牢之首為牛，牛被賦予誠懇的品性而代表君臣之倫。《禮記·郊特牲》曰："天子適諸侯，諸侯膳用犢，諸侯適天子，天子賜之禮大牢，貴誠之義也。"孫希旦集解曰："用犢為貴誠。"② 這段材料講天子前往諸侯國巡視，諸侯用牛為天子提供膳食，天子認為諸侯供膳以牛是誠懇的表現，故當諸侯前來朝聘之時，天子賜予太牢以示嘉獎。在這裏，牛成為表達諸侯誠懇品性的重要依托，亦成為君臣之間的信任紐帶，這一品質或許源於牛在農耕中"能任載地之類"③ 而無怨。《論語·顏淵》載："齊景公問政於孔子。孔子對曰：'君君，臣臣，父父，子子。'"④ 孔子提出了君臣之倫，由君臣之倫可以看出牛居首位的道德價值。

牛之後為羊，羊被寓以正直的品格而具有修身之義。《儀禮·士相見禮》曰："上大夫相見，以羔。"鄭玄注曰："上大夫，卿也。羔取其從帥，群而不黨也。"賈公彥疏曰："羊羔群而不黨，義取三卿亦皆正直，雖群居不阿黨也。"⑤ 材料表明卿的摯見禮為羔羊，因為羔羊象徵其剛正不阿的品性。莫斯在《禮物》中說："在給予別人禮物的同時，也就是把自己給了別人。"⑥ 即是用禮物象徵自己的人格，因此卿送出的禮物是代表其品德的羔羊。《詩經·鄭風·羔裘》中亦有類似的記載："羔裘如濡，洵直且侯。彼其之子，捨命不渝。"⑦ 詩歌中的大夫著一身羔裘，有美好正直的高尚品格。因此可以將羊歸納為個人德行的修養，是關於自己的"修身"之義而居於君臣倫理之後。

羊之後為豕，豕被寄以勇猛的品質而喻有安家之好。豕最初是指凶悍的野豬，成語"豕突狼奔"即是最好的例證。又《禮記·曲禮》曰："凡祭宗廟之禮，牛曰一元大武，豕

---

① 陳來：《古代宗教與倫理：儒家思想的根源》，北京：北京大學出版社，2017 年，第 10 頁。

② 《禮記集解》卷二十五，第 670 頁。

③ 《周禮注疏》卷九，第 310 頁。

④ 楊伯峻：《論語譯注》第十二篇，北京：中華書局，1958 年，第 126 頁。

⑤ ［漢］鄭玄注，［唐］賈公彥疏，彭林整理：《儀禮注疏》卷七，上海：上海古籍出版社，2018 年，第 175 頁。

⑥ （法）莫斯著，汲喆譯：《禮物——古式社會中交換的形式與理由》，北京：商務印書館，2016 年，第 82 頁。（以下衹出注書名、頁碼）

⑦ 程俊英、蔣見元：《詩經注析》，北京：中華書局，2017 年，第 180 頁。（以下衹出注書名、頁碼）

曰剛鬣。"① 用"剛鬣"來形容用於祭祀的豕，依舊留有野豬强壯威猛的特徵，而豕的威猛亦是人的重要品性。《山海經·海內經》載："炎帝之妻……祝融降處於江水，生共工。"② 而炎帝"以大豬爲圖騰"，即圖騰爲豕③，故共工亦具有豕的特徵。後共工與顓頊相鬥而展示出非凡的戰力，《淮南子·天文訓》載："昔者，共工與顓頊爭爲帝，怒而觸不周之山，天柱折，地維絕。"④ 共工與顓頊的打鬥造成了嚴重後果，足見他的勇猛。豕被馴服之後就成爲家的重要象徵，因"家"的造字與圈養的豕有關，故而豬的品德除了勇敢，還有安家之義。

由此可以總結太牢動物組合的道德象徵：牛貴其誠而主君臣倫理，羊蘊高潔而主修身之義，豕寓勇敢而主安家之好。三者實際上構成了一個嚴密的邏輯，即與儒家修齊治平的主張一致而以君臣倫理爲最重，這與君臣之綱居三綱之首相呼應。然馬與犬同樣具有相應的道德品質，但二者均未被選爲三牲，或許與動物的珍貴性及靈異性有關。因馬是"國之大用"而產生了有關馬的崇拜，《睡虎地秦墓竹簡》中有祭祀馬神的相關記載："祝曰：先牧日丙，馬禖合神。"⑤ 該文寫的是祭祀馬神以祈求馬的繁殖。犬不能入選太牢，一則可能因爲犬之所食稍顯穢惡，二則犬往往被用來禳災而"帶有巫術靈物的性質"⑥，故犬不適合進入太牢的行列。在實用性與禮儀性的雙重考量下，太牢形成了牛、羊、豕的等級序列，并指涉神靈世界與現實世界的秩序。

二、太牢的社會功能

太牢以禮物的形式奉獻給神，呈現出周人的價值取向。太牢本身即是等級秩序之象徵，通過祭祀建構神靈世界的神權秩序，又藉助饗賜建構現實世界的君權秩序，進而維護宗法國家的等級制度。

（一）祭祀最高神靈

太牢以自身的等級屬性表徵神靈世界的秩序，其獻祭對象爲宗廟社稷與高禖神，二者在周人的神靈世界中占據着至高的地位。

---

① 《禮記集解》卷六，第 154 頁。
② 袁珂校注：《山海經校注》卷十三，上海：上海古籍出版社，1980 年，第 471 頁。
③ 何光嶽：《炎黃源流史》，江西：江西教育出版社，1992 年，第 242 頁。
④ 何寧撰：《淮南子集釋》卷三，北京：中華書局，1998 年，第 167 頁。
⑤ 睡虎地秦墓竹簡整理小組編：《睡虎地秦墓竹簡》，北京：文物出版社，1990 年，第 227 頁。
⑥ 胡新生：《中國古代巫術》，濟南：山東人民出版社，1998 年，第 153 頁。

1. 祭社稷以慰祖先

太牢用以祭祀宗廟社稷，試舉下列材料：

（1）"越翼日戊午，乃社於新邑，牛一、羊一、豕一。"孔安國傳曰："告立社、稷之位，用太牢也。共工氏子曰句龍，能平水土，祀以為社；周祖后稷能殖百穀，祀以為稷，社、稷共牢。"（《尚書·詔誥》）①

（2）"郊特牲而社稷大牢。"（《禮記·郊特牲》）②

首則材料記周成王以太牢祭社稷，其中社為土地神，稷為周之祖先神，對二者的祭祀體現了周人對土地與祖先的崇拜。土地與周人的農耕生活密切相關，農耕需要踏實辛苦的付出，祭社象徵周人務實的精神，這種務實的精神從農耕轉向其他方面，進而影響周人的思維與生活態度。對土地神與祖先神的祭祀，充分顯示出周人的關注重點在人，體現了其"報本反始"而不忘人之所由生的特質。

2. 祀高禖以續後代

太牢亦用以祭祀高禖神。《禮記·月令》曰："是月也，玄鳥至。至之日，以大牢祠於高禖，天子親往。"孫希旦集解曰："高禖，祈嗣之祭也。高，尊也。禖者，禖神，謂先帝始制為嫁娶之禮者，蓋伏羲也。"③ 祭祀高禖神是為祈求子嗣的繁盛，體現了周人對自身延續的關注，《詩經》中有大量祈求子嗣的詩歌可以佐證，如《大雅·生民》："克禋克祀，以弗無子。"④ 通過祭祀表達周人對子孫綿延的美好祈求，展示出周人對自身存在與傳承的重視。

太牢所祭之神為最高神靈，少牢次之，而特牲又次。現在看少牢、特牲所祭之神：

（1）"埋少牢於泰昭，祭時也。"（《禮記·祭法》）⑤

（2）"雍人舉羊升屋，自中，中屋南面刲羊，血流於前，乃降。門、夾室皆用雞。"（《禮記·雜記》）⑥

少牢所祭為四時之神，而雞祀門神，其神靈地位均低於太牢所祭之神。由此可以看出，在周人所信仰的神靈世界中，祖先神與土地神的地位最高。

太牢所祭之神靈在周人的神靈譜系中地位最高，由此可以看到周人藉助動物的等級象徵寓示神靈的地位，用太牢祭祀祖先與土地神表明周人對自身存在與發展的重視。

---

① [漢] 孔安國傳，[唐] 孔穎達正義，黃懷信整理：《尚書正義》卷十四，上海：上海古籍出版社，2007 年，第 576 頁。

② 《禮記集解》卷二十五，第 670 頁。

③ 《禮記集解》卷十五，第 425 頁。

④ 《詩經注析》，第 606 頁。

⑤ 《禮記集解》卷四十五，第 1194 頁。

⑥ 《禮記集解》卷四十二，第 1120—1122 頁。

(二) 維護宗法制度

太牢制度不僅建構了神靈世界的等級秩序，亦通過賜饗建構了現實世界的宗法秩序。

1. 强化君權

首先，天子作為權力最大且身份最尊貴的人，其飲食通過三牲來區別等級尊卑。《周禮·膳夫》曰："王日一舉，鼎十有二，物皆有俎。"鄭玄注曰："殺牲盛饌曰舉。王日一舉，以朝食也……"趙商問："王日一舉，鼎十有二，是為三牲備焉。"① 可知君王每日的飲食都有太牢，且牢數為十二而等級最高。諸侯則食少牢，《禮記·玉藻》記諸侯之食曰："朔月少牢，五俎四簋。"② 孫希旦集解曰："以天子朔食大牢，諸侯朔食少牢差之，則大夫朔食特牲。"③ 從天子到士的膳食類型是從太牢到特豚，食之等差正體現着其身份等級之尊卑。

其次，太牢作為天子賜饗諸侯的禮物，規定着諸侯的權力等級與相應義務，由此維護了封建國家的等級秩序。天子賜饗諸侯具有等差，而諸侯之間相互聘問之聘禮亦有區別。試看下列材料：

（1）"諸侯適天子，天子賜之禮大牢，貴誠之義也。"（《禮記·郊特牲》）④

（2）"宰夫朝服設飱：飪一牢在西，鼎九，羞鼎三……上介飪一牢在西，鼎七，羞鼎三；堂上之饌六，門外米禾皆十車，薪芻倍禾。眾介皆少牢。"（《儀禮·聘禮》）⑤

使者奉國君之命前往他國聘問，而宰夫為其設宴。賓所得食物最多，共九鼎；上介次於賓，為七鼎；眾介又次，其食物為少牢而沒有牛。食物的分配根據其身份等級而區別之，太牢則是一個判斷標準。國君派卿向賓饋送饔餼等禮物，賓與上介及眾介所得各有等差。在大夫饋送的禮物中，賓所得為五牢，上介所得為三牢，而眾介為少牢，賓與眾介所得又有等差，這樣的差序與其身份等級相呼應。諸侯地位越高，其獲得的太牢數量就越多，其享受的權力就越大，所承擔的義務也就相應越多，以此形成一套秩序系統。天子與諸侯國之間的宗法關係，即通過禮物的形式加以確立與穩固，而太牢就是禮物中最具象徵性的符號。

2. 鞏固嫡長子繼承制

太牢亦用於嫡長子的接生事宜，通過太牢的最高規格來彰顯嫡長子的地位，由此鞏固宗法制度。現舉下列材料：

（1）"國君世子生，告於君，接以大牢。"（《禮記·內則》）⑥

---

① 《周禮注疏》卷四，第 115 頁。
② 《禮記集解》卷二十九，第 782 頁。
③ 同上，第 783—784 頁。
④ 《禮記集解》卷二十五，第 670 頁。
⑤ 《儀禮注疏》卷二十，第 609—611 頁。
⑥ 《禮記集解》卷二十八，第 762 頁。

（2）“凡接子擇日，塚子則大牢，庶人特豚，士特豕，大夫少牢，國君世子大牢。其非塚子，則皆降一等。”（《禮記·內則》）①

（3）“九月丁卯，子同生，以大子生之禮舉之，接以大牢。”（《左傳·桓公六年》）②

首則材料強調國君嫡長子出生後要用太牢接待其母，太牢成為權力與身份的象徵符號，將嫡長子與其他庶子區分開，顯示出嫡長子的尊貴身份。次則材料明確提出，不同等級的孩子出生後有不同的接待之禮。塚子即長子，國君的嫡長子用太牢，大夫用少牢，依次遞減。第三則材料是子同出生後，國君用太子之禮為其接生以示重嫡，體現了嫡長子繼承制度與宗法制度的重要性。周代實行嫡長子繼承制度，以太牢作為嫡長子出生與庶子出生的待遇區分，正是對宗法制度的維護。

太牢制度建構了神靈世界與現實世界的等級秩序，通過這一制度可以管窺周代的禮樂文化精神。

三、餘論

太牢對數字的使用展示了禮數與禮義的關係。《禮記·郊特牲》曰：“禮之所尊，尊其義也。失其義，陳其數，祝、史之事也。故其數可陳也，其義難知也。知其義而敬守之，天子之所以治天下也。”③可見禮數所蘊含的禮義才是禮的核心所在，知曉禮義纔能把握禮的本質。太牢的數量表達了以少為貴的禮義，太牢所呈現出的禮數體現為三牲的種類“三”，以及每種犧牲的數量“一”。

三種犧牲的數量分別為一，即牛一、羊一、豕一，顯示出以少為貴的特點。現以商代祭祀用牲為例進行比較。商代祭祀以大量犧牲作為等價交換的物品，認為“神會以應有代價回報所獻之物”，④以此獲得消除恐懼的心靈慰藉。當時的犧牲數量多則成百上千，試舉《甲骨文合集》（簡稱《合集》）材料：

1. 用幾十上百頭牛

（1）五十牛於王亥。（00672 正）⑤

---

① 《禮記集解》卷二十八，第 762 頁。

② 楊伯峻編著：《春秋左傳注》，北京：中華書局，2018 年，第 97 頁。

③ 《禮記集解》卷二十六，第 706—707 頁。

④ 《禮物——古式社會中交換的形式與理由》，第 25 頁。

⑤ 胡厚宣主編：《甲骨文合集》，北京：中華書局，1982 年，第 1 冊，第 165 頁。（以下祇出注書名、頁碼）諸如“00672”之類的數字為甲骨的片數，標有“正”“反”字樣則為甲骨的正反面。

（2）貞乎取牛百（00093 反）①

（3）丁巳卜，爭，貞降晋千牛。（01027 正）②

2. 用幾十隻羊豕

（1）於父乙十羊。（02185）③

（2）帝方五十豕。（11221）④

由上述材料可知，商人完成一次祭祀就會消耗大量牲畜。在他們看來，向神靈獻祭犧牲的數量越多，其所得到的庇護與賜福亦相應豐裕。商人“努力通過祈禱、獻祭等溫和諂媚手段以求哄誘安撫頑固暴躁、變幻莫測的神靈”⑤，犧牲數量成為最有效的物質依托，數字體現的是本身原有的計數功能，以及殷人“先鬼後禮”的本質。相比於商代，周代太牢的數量雖有所減少，其數字却被賦予了禮樂文化之精神。《禮記·禮器》曰：“禮之以少為貴者，以其內心者也。德產之致也精微，觀天下之物無可以稱其德者，如此，則得不以少為貴乎？”⑥ 可見周代太牢的禮數所體現的禮儀是以少為貴而貴在內心，進而體現為一種以敬為主的祭祀精神。

太牢制度蘊含着周人對動物的價值評判，牛、羊、豕的組合序列帶有實用性與禮義性的社會考量，由此建構起神靈世界與現實世界的等級秩序。周人通過祭祀宗廟社稷追念先祖，通過祭祀高禖神祈求子嗣綿延，其宗廟社稷與君王賜饗都傾向於對現實生活的觀照，帶有強烈的“地官意識”。太牢制度以禮物的形式呈現出商周禮制之因革，如同王國維所說：“中國政治與文化之變革，莫劇於殷周之際。”⑦ 太牢的數量體現了以少為貴的禮數之義及以敬為主的祭祀精神，由此可以管窺商周“文化演進”之一斑。

作者單位：重慶師範大學文學院

---

① 《甲骨文合集》，第 1 册，第 16 頁。

② 《甲骨文合集》，第 1 册，第 288 頁。

③ 同上，第 449 頁。

④ 《甲骨文合集》，第 2 册，第 1623 頁。

⑤ （英）弗雷澤著，耿麗編譯：《金枝》，重慶：重慶出版社，2017 年，第 84 頁。

⑥ 《禮記集解》卷二十三，第 644 頁。

⑦ 王國維：《殷周制度論》，《王國維儒學論集》，成都：四川大學出版社，2010 年，第 241 頁。

《商君書》中的演算法活用及其啓示

朱文熠

概　説

古人云，太陽底下無新事。[①] 這未必嚴密，有時却合於事實。近年來，人工智能機器等成為消費品。社會與學界，便又有 "奇點臨近" 之感，又矚目於所謂現代國家的機器性。不過，社會與學界眼中的所謂 "新" 技術，對於能接觸真正新技術的集團成員和少數研究者，則毫不新鮮。所謂 "奇點臨近" 的感覺，過去人們也早已反復體會。

《商君書》的作者，早就要求以算法治國。他提出了徹底的祇有物質與自然科學 "規律" 的世界觀。[②] 在他看來，人沒有任何先天的權利和權力。秦王的存在，被規定為是先天的至高無上的，所以是目的。臣民則被認為是祇知 "服從規律"，沒有道德能力和倫理地位的存在，所以祇是資源和手段。[③] 為了永遠保存王這個目的，就要由權力生產物質，專一農戰。而為了取得農戰的 "最優解"，則要徹底按 "自然規律" 編製算法，并用臣民作零件組成機器，來執行算法。這種機器，因為要求最高的確定性，於是要依其結構和算法，在

---

① 出自《聖經·新約》路迦福音 23：34。被釘上十字架時耶穌要裸體，故羅馬士兵抓鬮來分耶穌的衣服。

思高本作："耶穌説：父啊，寬赦他們吧！因為他們不知道他們做的是什麼。他們拈鬮分了他的衣服"。

和合本作："當下耶穌説：父阿，赦免他們！因為他們所作的，他們不曉得。兵丁就拈鬮分他的衣服"。

欽定英文本作：Luke 23：34 "Then said Jesus, Father, forgive them; for they know not what they do. And they parted his raiment, and cast lots."

② 關於《商君書》的作者問題說法較多，但至少其大部分應是公孫鞅所著。本文不涉及此項研究，統稱作者為 "商鞅"，以期簡便。

③ 有的觀點要求區分道德和倫理兩個範疇何者更重 "公共性"，何者偏於 "私人性"。本文照顧這種觀點，但不作區分。

整體層面上決策與治國，而不需要任何零件乃至王的德能。如此，一切秦人都不需要也不許獨立思考和行動，而祇能各自執行算法所規定的簡單任務。秦王則可無爲而治，不必也不應幹這種機器的工作。

爲了治國機器正常工作，商鞅提出了許多後世控制論、信息論的主張。但因爲組成機器的零件是人，因而其措施便極其殘酷。算法裏的零件要定量考核，實時監視，發生故障時要以連坐的方式，更換整個部分。而即使機器一切正常，爲防止其超載，也要適時發動戰爭的“殺力”來殺民，以防内亂。而按商鞅的思路，臣民越是順從，越是配合，機器運轉就越順利，力量就越快“過剩”，民也就越早、越頻繁地被大批屠殺。最終，如果有朝一日，算法治國所需的機器可以不用人體作零件，那秦人乃至天下人，就可以全數殺滅。王則可以繼續作爲秦王，秦人、秦國則永遠安然獨存。這便是商鞅眼中終極的天下太平，對秦人來説，則是終極的殘酷。

在商鞅的世界觀中，這種殘酷不僅完全正當，而且還是恩賜。因爲既然秦人爲了“秩序”和“安全”，服從乃至歡迎這種統治，也就等於用行動許諾，願意爲秦國和“秦”的安全，特別是王這個秦國和“秦”最高代表的安全獻身。至於獻身的規模和方式，則無關緊要。而這種恩賜，在尚未達到殺死一切秦人的程度時，因爲看似吏治清明，社會安全，賞罰公正，上下一致，也完全可以被秦人誤認爲，是以自己爲目的，而以機器爲手段。商鞅早已説過，所謂“善”與“惡”，都取決於王這個政治先天目的和先天尺度的利益，臣民的利益没有意義。

對尚且心懷天下與仁義的人，商鞅也有一套説辭。因爲按他的世界觀，世事變易，故無常法。所以在“國際無政府狀態”的戰國時代，要使秦國絶對安全，就要以算法治國來平定天下。其手段雖然非道德而且經常反道德，却被稱作仁義的新形式。而且商鞅還暗示，在征服天下之後，可能治道就會回歸仁義。這種千年世界帝國“和平”與“文治”的希望，便從國際政治的角度，誘惑着有志的秦人，使他們不自覺地參與了秦王與商鞅的算法治國。而在商鞅之前和之後的歷史上，不管是否知道商鞅的統治者，都曾企圖藉助類似算法治國的制度，使自己永遠安全獨存。在神權統治、絶對君主制、法西斯統治和形形色色的“世界征服者”那裏，這一點表現得尤爲清楚。

但是，商鞅的規劃，對未來特別有意義。因爲它雖然在當時難以完全實現，却已經把利用機器算法治國，造成統治者的永遠獨存，在理論和實踐方面，作了超越時代的全面闡述。它的原則和手段，未來完全可以靠新式機器成爲現實；如果將來科學技術的發展，使資本主義強國的統治者，再次夢想與機器結合而征服世界，永遠獨存，國際政治就可能再次野蠻化。而既恐懼自動化剥奪生計，又恐懼被敵國征服而萬劫不復的國民，就可能再度相信商鞅的世界觀，和用來説服、強迫、誘惑秦人的各種理由，而放棄一切權利與權力，擁立超人統治者，以求保護。但這種"保護"的形式，最終却可能是消滅、離棄、玩弄或者三者交叉出現，且完全取決於王的恣意。

一、商鞅的世界觀：自然觀、百姓觀、君主觀

在商鞅看來，人曾屬於自然狀態，以母系氏族為基礎，如猛獸般爭奪私利。所謂"天地設而民生之。當此之時也，民知其母而不知其父，其道親親而愛私。親親則別，愛私則險。民衆，而以別險為務，則民亂。當此時也，民務勝而力征。務勝則爭，力征則訟，訟而無正，則莫得其性也"①。首先應當注意，商鞅不認為人天生有倫理地位。因為人祇是"天地"發展的自然結果，人的出現這個事件，并没有倫理意義。而且，既然民"愛私則險"，那親親和愛私的傾向，也都不具有倫理意義，而祇是在"自然而然"。但是，商鞅又説，人們苦於爭鬥，便改為尋求仲裁，崇尚仁義。這個轉變，與霍布斯、洛克筆下初民的轉變一樣，未必能真實地普遍發生。但無論如何，人們進入了推崇無私賢者以求裁斷糾紛的社會；文化上也不再祇重血親，而轉向崇尚賢人。

不過，這種社會雖然有道德和政治權力，也就是賢人裁判糾紛的權力，却没有達到令商鞅滿意的制度。商鞅認為，没有名分，堯舜也可能犯罪，所以必須用法令確定名分②。因此，所謂"聖人"不僅確定名分，也為强制和固定名分設置了法令和官職，并用君主統一領導官吏，建立了結構化的權力——國家機器，崇尚賢人也隨之變為崇尚權貴③。這可以稱得上是"社會存在決定社會意識"了。但在商鞅看來，這種變化即使曾經使人尚賢，也没有倫理意義，并不能增加人民的倫理價值。因為人的本性是無知就要向人學習，力量用盡就會服輸。所以神農教會人們從事農業，而稱王天下，是因為人們要學習他的智慧。商湯和周武王擁有强大的實力征服了諸侯，諸侯是屈服於他的實力。民衆愚笨，就要向別人請教。世人聰明，但是力量用盡就會屈服。所以靠智慧稱王天下的人，就會抛棄刑罰；用實力來征服諸侯的人，就不用德政④。所以，這祇是"規律"而已。

商鞅對所謂人的本性曾這樣説："民之性：饑而求食，勞而求佚，苦則索樂，辱則求榮，此民之情也。民之求利，失禮之法；求名，失性之常。奚以論其然也？今夫盜賊上犯君上之所禁，而下失臣民之禮，故名辱而身危，猶不止者，利也。其上世之士，衣不煖膚，

---

① 石磊譯注：《商君書》，北京：中華書局，2009 年，第 78 頁。（以下祇出注書名、頁碼）
② 同上，第 205 頁。
③ 同上，第 79 頁。
④ 同上，第 80—81 頁。

食不滿腸，苦其志意，勞其四肢，傷其五髒，而益裕廣耳，非生之常也，而為之者，名也。故曰：名利之所湊，則民道之。"① 所以臣民的本能是不僅生存，而且儘量生存得安樂容易。這種 "民之情" 是動物性的。所謂盜賊 "失禮之法" 的例子，不管出於貪婪還是饑寒，都表示作為道德教條、沒有強力的 "禮"，不足以克服 "民之情"。所謂名士的例子，則表示在 "民之情" 之上，還有能克服它的動機——追求聲譽。所以在商鞅看來，動物性的生存需要可以克服道德規範，而渴求名望卻可以至少部分地克服生存需要。他對這兩種所謂真正的動機，都祇是用自然主義口吻描述，而沒有賦予任何規範性意義。所以所謂良民、盜賊、名士，都祇是服從非道德且不自覺的衝動而已。人的行為雖然可以用道德的名義約束，或者説將約束稱作道德，卻不過是服從先天的規律，不過是因為強力。

因此，在商鞅的學説中，道德原則不僅不是先天的，而且實際上從來不存在。它祇是不同時代人們替受 "本性" 影響所產生的不同偏好所起的同一個名字。祇有這種無關道德的 "本性"，纔是真正存在且有效的，纔有規律的意義。而且，商鞅筆下的自然界也服從特定的規律。因為《商君書》中不僅承認改造客觀世界的可能，而且毫不懷疑這種改造的可靠。如果自然和人世，都祇服從無關道德的規律，那麼奪取天下就不過是要 "運用規律"，王道與臣道，都要服從這種規律②。由此看來，《商君書》中的世界，在自然和社會方面，便都是機械的。

既然商鞅不承認道德律，那麼秦王對待百姓也不必道德，甚至不必出於提高效率的純技術考慮，采取客觀上貌似道德的手段。因為百姓祇是不自覺地服從 "本性"，沒有道德動機、道德能力、倫理地位，便完全可以也理應被當作機器。唯一具有道德能力和倫理地位，而不能不成為倫理道德本身的，則是秦王。商鞅實際上是將百姓當作資源，當作沒有道德地位的客體，當作王的手段來評價。百姓有用，易用，就是 "好"；無用，難用，就是 "壞"。所以商鞅的評價，不是道德評價。所以當商鞅説，古代的百姓淳樸敦厚，當時的百姓卻奸詐虛偽，故不宜用德治③。這種所謂淳樸敦厚和奸詐虛偽，也就僅僅指百姓不願、不易為秦王所使用。至於百姓是否認為彼此奸詐虛偽，商鞅則并不關心。按商鞅的邏輯，百姓對根本不具有倫理地位，即使作奸詐虛偽這種負面的道德結論，也許尚是抬舉。

既然臣民沒有倫理地位，不值得作為 "人" 來考慮，那在商鞅心目中，君主的地位又如何呢？在《商君書》的開始，不管是商鞅，還是秦孝公，還是所謂 "保守派" 的甘龍、杜摯，都是在 "求使民之道"，而不求愛民之道、生民之道、保民之道④。在孝公自己看

① 《商君書》，第 67 頁。
② 同上，第 78 頁。
③ 同上，第 82 頁。
④ 同上，第 2 頁。

來，國君即位之後，要不忘國家社稷。臣子實行變法，要顯示國君的權威。而變法治理國家，變禮教化百姓，有被天下人反對的危險①。所以國君在意的，不是人民的福利，而是人民的反對；不是人民，而是國家社稷，是人民以外抽象的"秦"和自己。而社稷為何值得保存，為何具有意義，如何能够使統治具有正當性，在《商君書》中并無論證。雖然商鞅在展望"兵起而勝敵，按兵而國富者王"時，還使用"國"這個名義②，但因為臣民并不能代表國家，甚至不能代表自己或任何東西，敵國人和異民族也和本國百姓一樣，毫無意義，祇是王操作的對象，所以最終"王"的，就祇能是王本人。王便似乎不僅天生具有道德能力和倫理地位，也是自己道德能力的唯一對象，必須自我保存，而成為一切人類活動的尺度、意義和目的。因此，在商鞅看來，王的意義顯然是先天的，不需要解釋，也不容懷疑。

但商鞅確實在自己的學説中，為王設置了某種"客觀必要"。因為"古者未有君臣上下之時，民亂而不治。是以聖人列貴賤，制爵位，立名號，以別君臣上下之義。地廣，民衆，萬物多，故分五官而守之。民衆而奸邪生，故立法制，為度量以禁之。是故有君臣之義、五官之分、法制之禁，不可不慎也"③。這和上文中所謂人民因名分不定，財產不安，社會"亂"，而要有君主，樂有君主，不能没有君主的説法，可以相互呼應。但這種"客觀必要"，却不大可能真是百姓的願望。因為它既不合乎臣民的利益，也不滿足臣民的愛好。"君臣之義，五官之分，法制之禁"的説法，祇是為了"求君之尊"，讓"軍士死節，而農民不偷"。而所謂"奸邪"，則是指"民不從令"④。所以王的存在及結構性權力，祇是為了王自己能享受"地廣，民衆，萬物多"，以至於即使糧倉滿了，也不能休耕。⑤ 因為餘糧要歸於君主，農民祇能擁有定額糧食和所謂"政治優待"。

臣民要求的王，和商鞅理想中的王，也不相同。不然商鞅就不會感歎，雖然天下人都要王，却不願遵守王法。而這種王法，是為了榨取、防備、挫折臣民。"法令者，民之命也，為治之本也，所以備民也"，便不可能得到臣民發自"天性"的歡迎⑥。商鞅不僅要防備臣民，還要傷害、侮辱臣民，倡導"政作民之所惡，民弱；政作民之所樂，民强。民弱國强，民强國弱。故民之所樂民强，民强而强之，兵重弱。民之所樂民强，民强而弱之，兵重强。……以弱攻强，王也"⑦。也就是要用臣民心目中的惡法，使其完全無法抗拒國家

---

① 《商君書》，第3頁。
② 同上，第52頁。
③ 同上，第185頁。
④ 同上，第185頁。
⑤ 同上，第30頁。
⑥ 同上，第205頁。
⑦ 同上，第174—175頁。

機器。於是，商鞅筆下的王，便祇使用臣民保存自己，而無意滿足臣民的利益或願望。王與王的工具（也就是所謂"國"）和臣民本質上對立。正所謂："民弱國强，民强國弱。故有道之國務在弱民。民樸則弱，淫則强。弱則軌，强則越志。軌則有用，越志則亂。"①

　　看來，秦王的存在，祇是爲了自己"國治而地廣，兵强而主尊"，得到安全和快樂②。但君主如商鞅所説，一般并不才能出衆；別國的君主，恐怕也不特別尊重秦王；臣民雖不配仁愛，却有自己的利益和愛好，且不得不使用。王如何能保存并發展自己，就成爲問題。上文説過，在商鞅的世界裏，真實的東西祇有兩種，一是物質，二是自然科學和政治學的"規律"。因爲前者可以使用，後者能操縱自然界與人。所以商鞅認爲："千乘能以守者，自存也；萬乘能以戰者，自完也。雖桀爲主，不肯詘半辭以下其敵。外不能戰，内不能守，雖堯爲主，不能以不臣諧所謂不若之國。自此觀之，國之所以重、主之所以尊者，力也。"③即儘量多擁有、運用、保存物質，就會最大限度上擁有權力，也就最安全。

　　在商鞅眼中，廣義的"農"，能生産所謂有用的物質，"戰"則可以消滅異國君主與臣民。"農"與"戰"又都能壓制、改造人民的思想，所以必須全力"農戰"。農戰就是君主權力的來源，乃至就是權力本身。"國之所以興者，農戰也"，所以農戰就是"作壹"，就是唯一值得使用民力的工作。不重視農戰，君主的地位就會遭遇危險。"務學《詩》《書》，隨從外權……要靡事商賈，爲技藝，皆以避農戰。具備，國之危也。"④ 一個手工業者，一個學《詩》《書》的人，可以分別使一百個、一千個人不思農戰。但祇有農戰，纔能使國家安全，君主尊貴，稱王天下。"國作壹一歲者，十歲强；作壹十歲者，百歲强；作壹百歲者，千歲强；千歲强者王。"⑤ 也就是説，如果堅持農戰一百年，則秦可以成爲千年帝國。《商君書》中不僅遍布農戰唯一論，甚至在與之相當接近的前後文中⑥，兩次宣布"作壹"能以一取十⑦。靠農戰建立千年帝國的口號，則不僅表現出使王永遠獨存的野心，也證明了商鞅認爲自己勸民、誘民、迫民農戰的方法最有效率，敵國遠不可及。

---

① 《商君書》，第 170 頁。
② 同上，第 188 頁。
③ 同上，第 198 頁。
④ 同上，第 27 頁。
⑤ 同上，第 36 頁。
⑥ 當然，從文獻學角度看，這種情況可能是傳世文字脱漏訛誤所致。
⑦ 《商君書》，第 47 頁。

二、農戰"作壹"，算法治國

按照商鞅的世界觀，解決生産與保存物質這一根本問題，需要全力農戰。而全力農戰，則要求利用"必然"的"規律"，達到"必然"的結果。"聖人知必然之理，必爲之時勢。故爲必治之政，戰必勇之民，行必聽之令……聖人見本然之政，知必然之理，故其制民也，如以高下制水，如以燥濕制火。故曰：仁者能仁於人，而不能使人仁；義者能愛於人，而不能使人愛。是以知仁義之不足以治天下也。聖人有必信之性，又有使天下不得不信之法。……聖王者，不貴義而貴法。法必明，令必行，則已矣。"① 他重申道德能力確實存在於君主那裏，但沒有强制力，不包含因果律，而且也不是規律，未必在其他人那裏存在。所以教化臣民乃至其他人都可能并且也許必然徒勞，臣民乃至其他人也就都不配有倫理地位。但是，憑藉"必然之理"也就是規律，則能保證制服他人，而且是不二法門。

運用這種規律，好處甚大，且并不困難。因爲商鞅説：君主可以無爲而治，能讓民衆不得不服從，制服天下人，利用天下人，用自己的好惡，管轄天下人的行爲。依靠天下人，就會被天下人抛棄；依靠自己，纔能得到天下。所以君主要得到天下，必先得到自己；要戰勝强敵，必先戰勝自己。這不僅是又一次宣布天下的一切都是爲王而存在，天下人的利益和愛好都無關緊要，而且還表示，君主即使監視、控制全天下也不必勞累，可以"處匡床之上，聽絲竹之聲，而天下治"。要使君主達到這種境界，商鞅就不僅要揭示自然界和政治（特別是人類行爲）的"規律"，也要將這種"規律"化爲"法"，也就是算法；同時，他還要爲實現這種算法，設計一種不需君主德能，甚至不需君主操作，就能"法必明，令必行"的方式或裝置。②

在《商君書》中確實記載了這種算法和裝置的面貌。接下來，我們將討論商鞅怎樣論證農戰的作用，要求用量化、數據化治國以及以"法"治國；商鞅的"法"爲何不是一般的法律，而是算法；商鞅爲什麼要用機器，用了什麼樣的機器，實現這種算法；爲了保證機器順利實現這種算法，商鞅又采取了什麼樣的措施。

（一）農戰"作壹"需要量化與數據化管理

上文已經説過，商鞅認爲，要想讓王能永遠安然獨存，就要農戰。君主專心農戰，國力就集中；王道無他，就是農戰。而實行農戰的對象，既然完全是有使用價值的物，并且

---

① 《商君書》，第157—158頁。
② 同上，第156頁。

要利用確定的規律，那就完全可以且應該進行量化、數據化的管理①。

《商君書》中處處體現了量化和數據化。商鞅為摸清秦王統治的本錢，自稱重新發現了先王確定的國土資源最佳配比。方圓百里的國土，高山丘陵、湖泊沼澤、溪谷流水、市鎮道路各占十分之一，薄田占十分之二，良田占十分之四，可以養活農夫五萬②。而多大的土地，可以出兵多少，也有確定比例。他還提出了十三項國家力量化指標，也就是糧倉、金庫、壯男、壯女、老弱、男女、官吏、士人、説客、農民、馬、牛、柴草的數目。如果不知道這十三項，即使土地肥沃，人口衆多，也沒有用③。在當時的條件下，這可能就是"大數據"了。在商鞅那裏，一切都要登記，都要確定：人口的數目和情況要實時更新，以使"民不逃粟，野無荒草"④；頒發法律文書的尺寸要有統一標准，有如現在的公文印製格式⑤；戰場上斬首的指標，進攻城市時部隊裏敢死隊員的數目，也精確到人⑥；甚至獲得一級爵位，就衹准死後在墓前多種一棵樹⑦，等等。

（二）農戰"作壹"需要高效處理信息

不過，這還衹是農戰的基礎條件。為了實踐"作壹"的主張，還必須驅使臣民利用這種條件處理信息。而要既徹底壓制臣民，又徹底戰勝外國，就要實時確定和利用這種條件，而且必須十分迅速精確。這種驅使或者説微管理，就必須無孔不入，高度量化，"以刑治，以賞戰，求過不求善"⑧。所以，商鞅提出了類似於後世控制論、信息論的主張。在他看來，"凡世主之患：用兵者不量力，治草萊者不度地"，不取得、不處理信息，會破壞統治⑨。因為"十里斷者，國弱；五里斷者，國強。以日治者王，以夜治者強，以宿治者削"⑩，而"上壹則信，信則官不敢為邪"，要消滅系統內的延遲和不確定⑪。"治省國治，言息兵強。故治大，國小；治小，國大"，則要求減少所謂過度施政，節省資源⑫。

各地的政令和政策統一，政績就不能粉飾，制度也不能更改，錯誤更不能隱瞞，這也增加了反饋的精度⑬。而在自認為掌握了終極知識的商鞅看來，文學之士在君主面前爭鳴辯

---

① 《商君書》，第32—33頁。
② 同上，第127頁。
③ 同上，第51頁。
④ 同上，第48頁。
⑤ 同上，第201頁。
⑥ 同上，第161—167頁。
⑦ 同上，第166頁。
⑧ 同上，第113頁。
⑨ 同上，第64頁。
⑩ 同上，第48頁。
⑪ 同上，第11頁。
⑫ 同上，第174頁。
⑬ 同上，第22頁。

駁，都衹是系統反饋中的噪音。這種噪音在民間傳播，必然被逐漸放大，必須禁止①。而要防止信息損壞，那麼，民衆如果忘記遵守某項法令，就要用這項法令懲罰。官吏如果調職或死去，要立刻命令替補者學習法令，并規定在幾日内學通，逾期就用法令懲罰。增删法律一字以上的，死刑無赦。對於民衆對法令的疑問，官吏必須製作有時間戳的書面答復，加以密封，雙方留存，并宣布於官民②。否則，若問者日後觸犯此項法令，即按照此法令之規定懲治官吏③。

（三）農戰 "作壹" 所需的法制是算法

按商鞅的學説，聖人堯因為是天才，便不用法度，但秦王不是堯，"不以法論知、罷、賢不肖者，惟堯，而世不盡為堯"④。但是，秦王也不必效仿堯。因為既然 "規律" 有效，就可以按 "規律" 編制確定的 "算法" 來調整一切，并不要求秦王賢明或勞累。所以在商鞅看來，"聖人非能通，知萬物之要也。故其治國舉要以致萬物，故寡教而多功"⑤。這種原理不是預測的原理，而是干預的原理；不是勸説的原理，而是控制的原理。在商鞅看來，既然人總服從確定的 "天性"，那用賞罰直接干預，就可以控制其行為。依此制定算法，作為法律施行，就能控制一切。所以，即使君主的品行、智慧、力量都不過人，但如能用 "法"，那人民即使智勇多力、不計其數，也不敢不服從。⑥ 君主之力，不在於德能，而在於 "法" 的結構性權力。

這種來自終極原理的 "法" 之所以是算法，而不是普通的法律，首先是因為它對於臣民既不保護自由，也不規定平等，更不授予任何權利，而衹要求無限的義務。所以它實際上是限制臣民衹能采取特定的行為，而不是衹禁止特定的行為。如此，人也就變成了衹能起確定作用的自動機器。商鞅對此從不諱言，例如他説："故王者刑於九而賞出一。刑於九，則六淫止；賞出一，則四難（務農、力戰、出錢、告奸這四種人們本來厭惡的事情）行。六淫止，則國無奸；四難行，則兵無敵。民之所欲萬，而利之所出一。"⑦ 也就是説，算法就是要讓臣民無路可走，所謂 "夫賞高罰下，而上無必知其道也，與無道同也。……故先王不恃其强而恃其勢；不恃其信，而恃其數。……得勢之至，不參官而潔，陳數而物當"⑧。立法如不合乎終極規律，就等於没有法。君主不憑藉個人德能，而是靠 "勢" 和 "數" 治國，就能 "使吏非法無以守，則雖巧不得為奸。使民非戰無以效其能，則雖險不

---

① 《商君書》，第34頁。
② 商鞅也有（非）數字簽名和區塊鏈。
③ 《商君書》，第202頁。
④ 同上，第122頁。
⑤ 同上，第147頁。
⑥ 同上，第156頁。
⑦ 同上，第59頁。
⑧ 同上，第190頁。

得為詐。夫以法相治，以數相舉。譽者不能相益，訾者不能相損。……臣故曰：法任而國治矣"①。所以，在算法確定的事情之外，什麼也不能做，什麼也不會起作用，就是政治清明。

其次，從另一方面說，雖然這種算法本身不能決定民眾自己的目的和意志，而不過是秦王永遠保有權力的工具，但在政治實踐中，它却可以勝過一切人乃至王。所以，它不僅不許平民干預，也不許王干預。因為商鞅認為，"聖人不必加，凡主不必廢"，治國要靠"國法明"②。聖人和凡主，能力區別甚大，若都憑能力治國，其效果大概總不相同。即使聖人不能比"國法"更會治國，但祇要君主一意孤行，也總能干擾"國法"實現。所以"國法明"，不僅指算法的編製科學，也指實施不受干擾。從結果來看，聖人與凡主，如果都充分信任算法，其以算法治國的結果，質與量沒有明顯差別。聖人不能錦上添花，凡主不必畫蛇添足。所以用算法治國，不僅本來就不需要君主干預，而且總能像聖人治國一樣效果好，甚至更好。換句話説，"聖人不必加，凡主不必廢"的前提就是"國法明"，就是不允許干預算法。這種"國法明"，可使"殺人不為暴，賞人不為仁"，一切都沒有道德理由，也不受道德評價。因為"聖人以功授官予爵，故賢者不憂。聖人不宥過，不赦刑，故奸無起。聖人治國也，審壹而已矣"③。所以一切都應當規範，即使不好規範的事情，也要規範。以至於就連秦王也要做到不合法度的言論不聽，不合法度的行為不推崇，不合法度的事情不做，反之亦然。在商鞅看來，這就是政治的最高境界④。

（四）商鞅設計的算法治國"制度"機器

商鞅高度機械化的世界觀，認為農戰國家的算法可以確定，而算法的實現也要確定，纔能得到確定結果。但是，算法不能自己實現自己，所謂"國之亂也，非其法亂也，非法不用也。國皆有法，而無使法必行之法。國皆有禁奸邪刑盜賊之法，而無使奸邪盜賊必得之法。為奸邪盜賊者死刑，而奸邪盜賊不止者，不必得也"⑤。要用算法治國，就要用獨立的、物質的力量實行它，而且要毫無例外，毫不含糊，不容干擾，所謂"一曰輔法而法行，二曰舉必得而法立"⑥。所以商鞅不需要市場、價值規律、敬天愛人等任何"自適應"的調節機制來輔助或掩蓋算法。因為在他看來，迷惑帶來的混亂，比百姓的不滿更有害。於是，算法的實行者，就也要和"規律"與算法一樣，沒有自己的意志和目的，也就是最好成為名副其實的機器。

---

① 《商君書》，第 197 頁。
② 同上，第 147 頁。
③ 同上。
④ 同上，第 188 頁。
⑤ 同上，第 152 頁。
⑥ 同上，第 105 頁。

　　商鞅所定立制度的機器性質，集中表現在商鞅不需要也不允許任何臣民作複雜的思考，而祇允許并强迫他們執行規定的簡單任務。這種制度的功能取決於其整體結構，在數量和性質上，都不同於其零件功能的簡單叠加。而這種制度的運轉，則不需要而且不歡迎任何人，包括其使用者的干預。這樣一來，任何人如果願意從事和奴隸勞動競爭的工作，也就是奴隸了；如果願意甚至和機器競爭，也就是機器了。① 商鞅理想中的臣民，無一不是整個治國機器的元件或子機器，但都不許成為處理器。即使臣民中的官吏，也不求其“賢”。他們能成為官吏，是因為其完成簡單的任務迅速可靠，而非因為其能完成更複雜的任務。

　　這樣一來，商鞅用來實現算法的機器，也就不是簡單的延伸人體力和腦力的機器，而是能替王思考與行動的機器。它雖然不能自主學習，不能應付新情况和突發事件，但卻是能按固定邏輯，根據種類有限的標準化數據，輸出標準化結果的專家系統。在這部機器之上的王，則不是它的零件，而祇是使用者和系統管理員。在這部機器上，王即使還要進行所謂勞動，也是最簡單的，實際上算不得什麼勞動。因為它既不需要精密的思慮，也不需要持久的辛苦，而是橡皮圖章式的儀式。甚至可以說，如果君主願意，那麼將這種勞動減少到口頭的程度，或者讓機器自動執行，也無不可。進一步說，這種制度甚至不僅不需要王的干預，還不需要王的存在。祇不過在商鞅的時代，機器不能没有王。因為此時自然科學尚不發達，機器必須用人作為零件，王消失就會有人發現。而發現這一點，就等於發現機器失去了目的，“秦”失去了意義。這部本來為王而生的機器，便成為没有自我意識也没有目的的存在。組成機器的人體零件，就可能恢復一些自我意識而脱離機器，使其解體。但是，當機器成熟到一定程度，那即使失去王，也未必會解體。因為如果經過機器的長期訓練，其人體零件已經不能恢復自我意識，不能觀察或理解王消失的事實；或者雖能觀察或理解，卻不敢傳播（始皇帝就曾重罰私泄禁中語）；或者經過多年進步，機器已經不需要用人體作為零件，那麼可以假設：不僅秦王駕崩後假傳詔書詐立新王，可以使零件們信以為真；即使秦王生前就不理朝政，也不會影響機器和“秦”照樣存在。

（五）商鞅維護治國機器的方法

　　王可以不理朝政，不代表機器不需維護。機器要起到預定的作用，就要用不思考的零件，在算法規定的位置，按算法規定的順序工作。在商鞅看來，通過一系列舉措，可以完全控制臣民的行為與思想，使機器零件正常，結構完整。這就要使臣民都知道算法對自己的規定，也就是首先要公示法令（即按照算法編製的程序）。因為“今法令不明，其名不定，天下之人得議之。其議，人異而無定。人主為法於上，下民議之於下，是法令不定，

―――――――――――――

　　① （美）N. 維納著，郝季仁譯：《控制論（或關於在動物和機器中控制和通信的科學）》，北京：科學出版社，2009 年，第 2 版，第 21 頁。

以下為上也"①。如果各行其是，不僅相當於没有法令，而且會損害君主的權威。所以不能把智者先理解、別人才能理解的東西作為法令，②而要"訾粟而税，則上壹而民平。上壹則信，信則官不敢為邪。民平則慎，慎則難變"，明白闡述零件的功能。③"故天下之吏民，無不知法者。吏明知民知法令也，故吏不敢以非法遇民，民不敢犯法以干法官也。"④

要使臣民牢記且厲行算法的直接要求，還不能僅靠公布法令。因為公布并不能保證理解，所以要求法令的内容極簡單且具體，没有政治頭腦和學問的理想農兵也能像"賢良辯慧"一樣解釋法令。因此要將治國的總任務進行分解，但這種分解并非"分布式決策"，因為不管平民還是官吏，最終分配到的任務都非常簡單，不需要所謂更複雜的思考。所謂"國治：斷家王，斷官強，斷君弱。重輕，刑去。常官，則治。省刑，要保，賞不可倍也。有奸必告之，則民斷於心。上令而民知所以應，器成於家而行於官，則事斷於家。故王者刑賞斷於民心，器用斷於家……治，則家斷；亂，則君斷。治國者貴下斷……故有道之國，治不聽君，民不從官"⑤。這就是説，通過精細分解任務，百姓也可以不僅是執行機器，還是決策機器的元件。也因為決策功能由整體完成，所以作為個人的官吏，并不更加"智能"，也就不必干擾百姓的工作。

臣民僅僅知道算法的直接要求，尚不足以成為機器的好零件，還需要"愚"，即不知這種要求以外的一切，因為零件的功能就祇是無條件且高效地執行簡單任務。不僅農民要"愚"，官吏也要"愚"。所以"善為國者，官法明，故不任知慮"⑥。因為"今上論材能知慧而任之，則知慧之人希主好惡，使官制物以適主心。是以官無常，國亂而不壹，辯説之人而無法也"⑦。任何超出算法規定而妨礙機器工作的"智慧"，都是不必要的。既然"任功，則民少言；任善，則民多言"，農民就祇需要行為，而不需要解釋自己的行為，更不能提出什麼要求⑧。而機器各零件的功能與位置既然業已確定，就可以作為評價標準，如：官爵授予都出於戰功，没有任何其他途徑⑨；臣民有不聽君主命令、觸犯國家禁令、破壞君主所定法律的，死刑無赦，既不考慮其已往的功勞，也不考慮道德品質；官吏不執行法律，不僅殺無赦，而且株連父母、妻子；官吏的同僚揭發官吏不法，不僅可以赦免，而且能取

---

① 《商君書》，第 205 頁。
② 同上，第 208 頁。
③ 同上，第 11 頁。
④ 同上，第 204 頁。
⑤ 同上，第 61 頁。
⑥ 同上，第 31 頁。
⑦ 同上，第 32 頁。
⑧ 同上，第 113 頁。
⑨ 同上，第 140 頁。

得被揭發者的官爵、土地、俸祿①；任何才能、品格、學問、聲譽、出身，都不影響刑賞②。

為了使臣民"愚"，商鞅要求不僅禁止并懲罰臣民的活思想，而且取締產生活思想的實踐，以使臣民不得不把算法的規定，内化為自己的價值觀，從而失去執行簡單任務以外的願望和能力，以及可能導致故障的多餘功能。是即所謂"作壹，則民不偷營。民不偷營，則多力"③。這樣一來，不僅機器需要處理的問題種類大大減少，而且可以用同樣的算力，達到更高的效率和可靠性。在秦國，除了公卿嫡長子以外的兒子不能免賦免役。大夫們不能擅自向農民發布信息，自己也不能遊歷考察。所以即使有可能成為處理器的天才農民，也祇能回到簡單的農業領域進行再生產④。而按商鞅的計劃，僅僅不許農民遷徙并不夠⑤，還要讓農民因"不貴學"而"愚"。而為了防止異端的產生，農民不僅不能穿奇裝異服，而且外出勞作時都不許看見奇裝異服，也不能在家欣賞所謂靡靡之音⑥。這樣一來，一切算法未規定的刺激和靈感，也就消失了。"歸心於農，則民樸而可正也，純純則易使也，信可以守戰也。壹，則少詐而重居；壹，則可以賞罰進也；壹，則可以外用也。夫民之親上死制也，以其旦暮從事於農。"⑦

僅僅除去所謂有害的文化活動還不徹底，還要徹底消滅這些有害的文化活動在國家體制空隙中生活的可能。商鞅自稱掌握了當時條件下生產與脫產人口的最佳比例。他說，一百人耕作，一人空閑，則王；十人耕作，一人空閑，則強；祇有一半人耕作，就危險⑧。這樣一來，就要清理雖然不事農戰但還能生活且自得其樂的所謂遊手好閒者⑨。凡是不生產所謂有用物資，或從事算法沒有規定的活動的行為，都要禁止，包括大部分商業，"使商無得糴，農無得糶"⑩。也就是不許商人買糧，不許農民賣糧。沒有了利潤，商人就會"怯"，而改行務農。國內貿易要課以重稅，商人的家屬、僕役也要服徭役，更不能雇車運糧，空車配貨。⑪ 士大夫的食客，自然也要被編為農民⑫。山林湖澤之利要全部歸於國家，不許私人利用謀生。傭工、旅館、酒肉等副業，都會增加中間環節和不確定性，所以全部禁止。

---

① 《商君書》，第144頁。
② 同上，第146頁。
③ 同上，第27頁。
④ 同上，第19—20頁。
⑤ 同上，第19頁。
⑥ 同上，第15頁。
⑦ 同上，第36頁。
⑧ 同上，第35頁。
⑨ 同上，第39頁。
⑩ 同上，第14頁。
⑪ 同上，第23—24頁。
⑫ 同上，第13頁。

特別是酒肉要課以重稅，使價格達到成本的十倍，以約束人們的生活①。

如果在這樣的措施下還有機器零件出現故障，也就是犯法，那就要及時發現、淘汰、替換。發現和探測違法行爲，需要預防性的刑罰和舉報②。商鞅用不符合社會規範的奸民去"別而規（通窺）"，也就是暗中觀察③。奸民因爲脫離"民"的共同體，纔最適合這種用處。因爲他們除了投入"國家"機器就無處可去，或不想去別處。而要想"以奸馭良"起作用，且不怕天下人積極或消極抵制，就要先使民衆自認無法反抗。商鞅與秦王對此頗有自信，認爲民衆的感覺與要求根本不重要，君主完全可以任意操縱大環境，而不怕善民不滿④。

爲此，商鞅要求以一切手段，維護算法和機器，其治國是重刑與必刑的統一。這裏不存在刑罰的嚴厲性與必然性在今天法學想象中的對立，也沒有"節約司法資源"的說法。換句話說，商鞅節約司法資源不是靠寬縱罪犯，而是有罪必罰，且迅速重罰⑤。所以在秦國，父送子出征，兄送弟出征，妻送夫出征，都說"不得，無返"。因爲"失法離令，若死我死，鄉治之。行間無所逃，遷徙無所入"，也就是不僅連坐，而且無路可逃⑥。商鞅也把生殺予奪之權下放，如戰鬥不勝，鄉里就可以治征人家屬"若死我死"之罪。賞賜爵位，則由縣尉在陳列首級三天內辦結。這樣一來，秦人便有可能"起居飲食所歌謠者，戰也"⑦。因爲這是民衆除了耕以外，能發揮的唯一功能。

重刑連坐固然殘忍，但如果考慮到商鞅設想的國家其實祇是機器，就很有這樣做的技術緣由。因爲如果拋棄人道，則連坐不過是標準化、模塊化的實踐。既然臣民這種零件單價低、產量大、檢測修復難，修復失敗和受故障的零件感染其他零件的幾率又很高，那有臣民壞掉時，若祇銷毀這一個臣民，就要再用系統算力監視與其有接觸的其他臣民，這樣有礙工作效率。實行連坐，銷毀并更換整個部件，反而更方便，更節省時間。爵位抵罪制和斬首免死制則表明，商鞅設想的國家的一個和一切臣民，都沒有意義。因爲除了王以外，就不存在人，也就沒有對人的尊重和評價。所謂"榮譽"，便純屬虛幻。所謂爵位制度，雖然承襲了上古"爵位"的名稱，却祇是肉體零件性能的量化標記，和後世機器零件上標示的最大電流、最大工作壓力等性質相同。每個國民在"用處"之外，沒有任何作爲"人"固有的價值。秦人的生命和敵人的生命完全等同，甚至還不如敵人高級兵種的生命⑧。

---

① 《商君書》，第15—18頁。
② 同上，第84頁。
③ 同上，第54—55頁。
④ 同上，第45頁。
⑤ 這一點倒值得欣賞。
⑥ 《商君書》，第150頁。
⑦ 同上，第145頁。
⑧ 同上，第161頁。

最令人唏嘘的是，成為機器零件的秦人，不管怎樣努力農戰，屈從於由他們自己組成，却不由自己掌握的機器，乃至最後平定了天下，也不能免於成批死於戰爭的命運。因為商鞅表示，"能生不能殺，曰自攻之國，必削；能生能殺，曰攻敵之國，必強。故攻害、攻力、攻敵，國用其二捨其一，必強；令用三者，威，必王"①。消滅《詩》《書》等一切農戰之外的因素、使用實力、攻打敵國，祗要有其二，就能強；有其三，就能王。但是，祗有其一，則會因為不自量力或内部不穩而被消滅。而所謂"王"，在能以一攻十的情況下，很快就會擁有傳世千年的帝國。如果不靠戰爭消耗掉民衆力量的增殖，帝國就會成為"自攻之國"，出現所謂"内亂"。也就是："夫開而不塞，則知長；長而不攻，則有奸。塞而不開，則民渾；渾而不用，則力多；力多而不攻，則有虱。"②

商鞅反復強調要用戰爭消耗民力："故能生力能殺力，曰攻敵之國，必強……力多而不用，則志窮；志窮，則有私；有私，則弱。故能生力，不能殺力，曰自攻之國，必削。"③在商鞅看來，如果國家機器正常運轉，使臣民真心接受農戰文化，那麼通過農戰和征伐求賞，就會成為臣民的"志"④。為了防止這種"志"不得滿足，導致臣民對農戰文化以及國家政治因果關係的確定性產生懷疑，就要開戰殺民⑤。這種論斷的得出有兩個要點：第一，用戰爭殺死作為零件的臣民，維護機器，是機器固有的要求。因為民力增長，是"渾"或者説所謂"淳樸"的結果，表示機器正常工作。而正因為機器正常工作，纔可能產生禮樂仁義等"虱"，從而使臣民對農戰的生活方式和自己的地位不滿，威脅到機器和秦王。第二，無論臣民被動地順從統治，還是積極地配合統治，都不能免於被殺滅。因為機器的正常運轉必然要求殺民，越是一心用命的好臣民，越是正常工作的好零件，就越能使機器流暢運行，民力加速積累，於是就越早被殺，越頻繁地被殺。

然而，身在其中的秦人却很難識破這種規律。因為這種規律囊括了除秦王之外的每一個人，使得他們難以從自己被允許從事的簡單活動中，推測出其全貌。而即使有人洞燭其奸，在嚴刑峻法下，在奸民的窺視中，也難以喚醒身邊的同類。而反抗既然萬難成功，甚至消極抵制也要受罰，更多的秦人也就很容易如商鞅所計劃的那樣，積極投入農戰，希望能靠着"爵位"，讓自己和家人在滅殺民力時僥倖免於死亡，或者哪怕祗是死後，讓家族中一人承襲"爵位"，以及稍微延緩死亡⑥。不過，這種要求是無止境的。因為商鞅規定，軍中每五人設一屯長，一百人設一將。作戰時，將、屯長如果得不到敵人首級，就要被斬殺；

---

① 《商君書》，第47頁。
② 同上，第89頁。
③ 同上，第59頁。
④ 雖然商鞅對民之好惡和行為的描述有時頗為可疑，但這是可能的。
⑤ 也可以説，是不再相信"階層流動的可能性"。
⑥ 《商君書》，第168頁。

如果得到首級三十三顆以上，就可以升爵一級①。有短兵護衛的軍官戰死，短兵要受刑罰。但短兵中如有斬獲首級者，就可免刑②。這樣一來，不僅可以壓制軍士的不滿，讓他們去拼命，而且還讓他們彼此間相互競爭。從商鞅出逃却無處可逃、作法自縛的記載就可以知道，連親自設計建造了這部機器的人，都不可能逃避它的懲罰。

所以，這種國家機器一旦調試完成，就可以如預期中那樣，達到"而民知於民務，國無異俗。明賞之尤至於無賞也，明刑之尤至於無刑也，明教之尤至於無教也"的效果。③ 也就是説，通過"演算法治國"，能够達到理想中的高度統一，最終讓秦國進入無賞、無刑、無教，祇需輸入自然資源，就可永續運轉的程度。秦王也就能永遠無憂無慮地統治下去。因爲可能威脅統治的"複雜"人物，和敵國及所謂異民族已經根除，而且再没有條件出現。正如《戰國策》中魯仲連所言："彼秦，棄禮義，上首功之國也，權使其士，虜使其民，彼則肆然而爲帝，過而遂正於天下，則連有赴東海而死耳，吾不忍爲之民也！"④ 如果認爲"禮義"和"上首功"有倫理上的本質區別，"禮義"就不能祇有工具價值。這兩者的不同，就要在人的基本觀念中尋找。而"權使其士，虜使其民"的要害，就是把一切人都祇當做手段。在商鞅這裏，人没有任何特殊的意義與價值，也不值得任何特殊對待。

三、商鞅算法治國的啓示

上文中，我們總結了商鞅的世界觀是如何獨尊秦王，無視道德，要求秦王藉助機器，實現算法，達到獨存；也揭示了商鞅的"法律"爲何是算法，實行這種算法的制度，爲何是機器；商鞅對這種機器的零件，有何要求；如何用明法、愚民、嚴刑、戰爭，將臣民加工爲零件，如何用殺死零件維護機器。但是，商鞅的主張乃至實踐，却不僅屬於戰國和秦朝，而在世界歷史上曾反復出現。接下來，我們將討論商鞅如何基於其世界觀，利用類似於後世國家主義、民族主義的説辭；利用人性自身的殘忍、貪婪、懦弱，以及對安全與秩序的迷信，對太平安逸的向往；利用國際政治的"客觀形勢"，來構建其算法統治的正當性的。最後，我們要闡釋商鞅的演算法治國計劃對當代與未來的啓示。

（一）國家主義、民族主義迷信：算法治國的"正當化"

在《商君書》中，商鞅無處不談論王的尊貴和"國"的强大。在商鞅的世界觀中，秦

---

① 《商君書》，第162頁。
② 同上，第163頁。
③ 同上，第138頁。
④ 《戰國策·趙策·秦圍趙之邯鄲》。

王是唯一具有道德能力和道德地位的存在①。君主與國民的關係不在同一體系，或者説同一
部機器內，兩者存在的性質和倫理地位也根本不同。秦王最能代表秦人、秦國等一切具有
"秦"性質的事物，甚至"秦"這個概念本身。而如果所有秦人都認可秦王為君主，認可
秦國和"秦"比自己更有價值，值得自己犧牲，那麼為保存君主而犧牲自己，當然也可以
接受。

　　而正是獨尊秦王，願意為秦王、"秦國"和抽象的"秦"獻身這一理論前提，使得商
鞅的演算法治國得以實現。在這一前提下，秦王為了追求"秦"也就是自己的安然獨存，
將民衆降為機器零件的做法便具有了正當性。因為為秦王或秦國而獻身，已經成了秦人的
一種共識。秦王殘酷的算法治國，乃至為保存算法與機器而滅殺秦人，變成了"正當"行
為，甚至是一種"恩賜"。秦人正是因為恐懼刑罰多於恐懼不義，甘於放棄自己的一切權利
與權力，祇求能世代"疾於農"，結果不僅要殺戮別國人民，还要死於嚴刑峻法與機器維
護。在戰國的"國際無政府狀態"中，國家主義、民族主義、獨尊秦王的秦國國際政治路
綫與各國君主的軍事征服欲相呼應，不僅使秦王自居為臣民的保護者、仲裁者、恩賜者，
而且為秦王提供了維護國家機器、殺死零件的方便法門。

　　從表面看，秦人為秦王、秦國獻身的許諾，似乎是商鞅捏造的。因為它和後世思想家
所謂的"原始契約"一樣，并沒有事實依據。但是，秦人却不是口頭或書面許諾，而是用
行動許諾。因為所有沒有被商鞅在構造機器時作為叛逆或隱患消滅，或是自行逃去的秦人，
既然之後確實按照演算法納糧、服役、參戰，在演算法確定的位置、確定的時間，作為機
器零件履行了確定的義務，也就等於許諾了服從演算法。不管他們是暗含仇恨還是積極配
合，都改變不了這一點。

　　秦人服從王的算法，組成王的機器，殺戮外國的無辜民衆，而且允許王殺死其他秦人，
却不用任何行動甚至僅僅是語言來抗議，就等於允許王殺死自己，殺死全體秦人。因為在
王看來，沒有倫理地位的秦人，不管是作為個體還是整體，都不值得特殊尊重。秦人如果
不同意這種看法，就應進行反抗；默默服從或積極參與，則是同意。至於秦人內心是否暗
中不滿，因為對王并無"實際"影響，也就沒有意義。所以秦人自以為自己與衆不同，值
得區別對待，自認以群體的龐大數量，可以構成一種令王尊重的勢力，實際都是幻覺。而
用行動允許王將自己作為資源來管理，甘於降為沒有人格、沒有權利的機器零件，也就等
於同意、確認王對自己的看法。

（二）算法治國的殺戮正義

　　商鞅在談論戰爭時，不僅強調它對"國家"也就是君主的好處，而且還把它打扮成德

---

① 《商君書》的世界觀没有涉及商鞅個人。

政，强調它是百姓獲得賞賜的途徑。對於戰爭會殺死多少秦人乃至多少秦國之外的人，他則絶口不提。這和後世的宣傳家把戰爭包裝成出名發財的機會，却不提戰爭的痛苦、絶望、死亡，可謂異曲同工。

而且，按商鞅的邏輯，可以推論：即使已經征服了天下，不存在別國，也應當殺死秦人。因為百姓力量的增殖，仍然可以造成"虱害"。如果在別國已經被消滅時，還没有發現阻止百姓生殖的辦法，就可以修建未必實用的大型工程，使百姓提前死亡。即使没有敵國，也可以用戰爭殺民：衹要欺騙百姓，説敵國仍然存在，然後讓互不知情的秦軍各部，按需去指定地點的黑暗角落自相殘殺。此時，不妨用"法"規定軍隊交戰時不能言語。這樣一來，交戰雙方就不能通過鄉音判斷出對方是秦人，甚至不能知道對方和自己一樣，是人。將派出的軍隊加上謀反的罪名，用其他軍隊加以消滅，也不難實現。而借助國家機器的力量，也許即使明令秦軍無故自攻，或是殺戮秦人，也不成問題。畢竟，過去秦人攻打各國也没有任何道德理由，而衹是為了加官晋爵。如果人能為了一點有形甚至無形的"賞賜"就殺戮無辜，那當然也可以為了自己晚一點成為"不穩因素"和"過剩人口"，去屠宰已經明令宣布是"不穩"和"過剩"的所謂同胞。

進一步説，科學技術的進步，當然可以消除"殺力"也就是殺民的必要。假使秦國的科學或政治技術，終於能控制百姓生殖，那就不必殺民，亦可愚民、弱民，使民不思"遊惰"或"叛逆"。但這也未必能保證百姓的生命安全，反而可能終結百姓的生命。因為有了這樣的技術，要讓百姓外戰、内鬥、受刑而死，反而更加容易。而且，若是技術進步到使治國機器不再需要人作為零件、人力作為動力，王就不必靠任何人也能獨存。此時，無論是用機器完全消滅秦人，還是消滅後再重新創造秦人，甚至是供養所有秦人，都不成問題。如果讓商鞅來建議，那一舉消滅百姓恐怕就是最好、最保險、最有利的選擇。而這種最後、最高的犧牲，因為最能保存秦王、秦國和"秦"，却正是秦人曾經許諾過的。

（三）"安全"與"秩序"追求下的人格泯滅

諷刺的是，這種屠殺在商鞅的邏輯中，反而可以是一種"恩賜"。因為如商鞅所言[1]，秦人為了避免"亂"，或者説為了所謂高於一切的"政治秩序"，已經許諾為"秦"作任何犧牲，完全服從於王這個"秦"的最高代表。王可以裁判所有臣民，而且要完全避開偏袒或背叛的嫌疑。但商鞅又説：事務相同，利益一致者，不能相互追究[2]。如果承認商鞅的世界觀，認為人不能也不願統治自己，而總要求被別人統治，那麼，就需要統治者與一切人没有一致利益，雖然未必要與一切人為敵，却不能依靠任何人。而這個統治者既然要追究別人，就面臨反抗。為了能没有顧慮地追究別人，就要有遠强於一切人乃至一切人總和的

---

① 如果我們采信商鞅所言。

② 《商君書》，第161、191—192頁。

力量，不容抗拒，不怕反擊。而且，即使在已經建立政治統治的世界，臣民歸根到底還是沒有道德能力和道德地位的，所以一切人都有嫌疑，一切人都可能要被追究。所以追究者也要衹是一個人，纔最可能永遠不與任何人利益一致，也不讓任何人借追究他人的名義，擁有可能抗拒自己的實力。這也就是商鞅所崇尚的從原理上治國，調整全部的社會環境，使王的敵人無所遁形，無處存身①。

最能實現這種追究的，就是用機器實現算法的王，臣民全部被降為機器的零件，徹底服務於他。曾經的臣民，因為甘為機器零件，便不僅一貫被王看作非人，而且自己也放棄了作為人的獨立人格。也就是説，在主、客觀兩方面，臣民不再具有被當作“人”考慮的資格。從此，王對零件的處置，雖然還可以稱作追究臣民，但也可以衹視為操作和維護機器。追究一切臣民這個問題，也就因“臣民”概念本身的消滅而消滅。於是，王不僅再找不到一個自己認為具有倫理地位的“人”，也再找不到一個雖不被自己承認，却自稱有這種地位，要求做“人”的存在。王就真正成為一切的尺度、目的、意義，而王對秦人的裁判，也就最終完成了。

所以，這種所謂裁判，在秦人普遍甘為機器零件的時候，就已完成，或者説不必要了。王的這種裁判，永遠將曾是秦人的所有人，降為機器的零件，囚於奴役和死亡。這是遍及今後一切人、一切時間，不可逃避、不定期執行，却無一例外的裁判。因為從此以後，任何出生在商鞅機器下的“秦人”，其命運的細節雖然有所不同，大體却一樣注定。而雖然每個秦人都感覺到自己背負着判決，却不知道自己是被什麼人指控，為了什麼事情、由什麼人作出判決，以及到哪裏抗辯，能否抗辯。如果説機器尚不能完全征服自然規律，決定了人的必死，那麼商鞅和秦王，却已經從自然手中盜取了決定人必須暴死，而且是不定期大批暴死的權力。也許，這就是卡夫卡《審判》（或譯《訴訟》）中的情景②。

於是，這種追究雖然使秦人死亡，而且可能全部死亡，但對於要求被別人統治，要求不惜一切代價避免“亂”的人們，却正是所謂“恩賜”，而且是最大的“恩賜”。因為這種所謂無賞、無刑、無教的統治，不管痛苦與否，確實是最嚴密、最安寧、最和平、最不“亂”的統治，是所謂完美的“政治秩序”。即使秦人全部死亡，衹剩下一個王，那也不過是機器的終極成就，是秦人願望和許諾的完全實現。因為既然再沒有一個秦人，而衹有秦

① 《商君書》，第190頁。
② 寫於1914—1915年（一説1918—1919年），未完成，1925年出版。主人公約瑟夫·K是一家銀行襄理，一天早晨，突然被法庭使者宣布逮捕。這個法庭不是官方的，不宣布被告的罪狀，被告在判決執行以前保持行動自由。凡屬被告皆有罪，既然開始審判，就無法赦免。約瑟夫·K自認無罪，極力抗拒這種强加的暴力。他四處奔走，延請律師，向熟悉的法庭女僕求情，向法庭畫師尋求庇護。他逐漸發現，此法庭的一切活動背後，是一個龐大的官僚機構。無人對它負責，它也不向任何人負責，衹是不停運轉，專門與人為敵。約瑟夫·K意識到，他自己就是這個官僚機構的成員，於是產生了犯罪感，心甘情願受懲處。一年後的一天夜裏，兩個黑衣使者來到他家，把他押到一個采石場的廢墟，執行判決——刀殺。他本來可以向左鄰右舍呼救，可以輕易逃脱，但却毫不反抗，最終被刺中心臟而亡。

王和不知疲倦的機器，那就不僅消滅了"亂"的事實，而且消滅了"亂"的可能。既然修明内政、追究國民、排斥外敵、征服天下、延續國祚的崇高使命，高於一切秦人，一刻也不可鬆懈，那王要保存自己，也就是保存秦的一切，就要保存這殺人機器，不然就會危及神聖的"秦"。

秦王為了這種"恩賜"，還完全可以邀功。王可以説：因為所有百姓都不經反抗，融入機器，自己就集"秦"、秦國和秦王於一身，必須勉力背負"國家"的負擔。自己不僅在秦國和天下，乃至在整個宇宙都不再有同胞，而衹能用機器維持生活，以至於真正成了孤家寡人，衹能忍受徹底的孤獨。所以不是自己辜負了百姓，而是百姓與自己為難，把"秦"的一切推給了自己。既然秦人不願為"秦"死亡，却又認為不得不為"秦"死亡，一方面迷信機器，一方面憎恨機器，這兩種感情的矛盾，就更給了王一種存在的理由。因為此時衹有王，能不僅為算法治國承擔倫理責任，而且作為唯一高於并獨立於機器的存在，他可以懲罰機器。因為機器沒有自我意識，更沒有要求人們為它而死。它一生下來，就必須面對自己要消耗人命的現實，不能拒絶，也不能自行解體。於是，能承擔責任的人就衹剩下王。

那麼，王怎樣承擔這種責任呢？他不會退位，不會解體機器，甚至不會讓機器的運轉稍微放慢。因為沒有了王，就沒有"秦"；而沒有機器，王和"秦"也不能安全。既然秦人承認王就是"秦"的最高代表，神聖不可侵犯，這種責任便不再是個人責任，不能導致懲罰王本身。何況機器殺人雖然是為了保存王，但同時也是為了所謂"大義"，為了保存高於一切秦人的"秦"。而雖然王從屠殺中受益，但對被碾碎在機器下的每個秦人和其他人，他也未必有個人的惡意，衹是一任機器處置。即使王對秦人或者其他人確實懷有惡意，為減少自己的工作，確保機器正常運轉，也未必故意多殺人。

這樣一來，王應當懲罰，却不能懲罰；機器不該懲罰，却可以懲罰。所以唯一能實現的懲罰，就衹有懲罰機器。而懲罰機器，相當於通過打擊王的生計和安全來懲罰王，削弱"秦"。但王和"秦"因為神聖，又是不可懲罰的。這樣一來，似乎機器和王都衹能不懲罰。但是，却有一種方式，可以既懲罰機器，又懲罰王，而絲毫不會有損王與"秦"的安全，不會褻瀆其神聖性，那就是把毁滅機器的零部件，當作懲罰機器，相當於肉刑或罰金。而這機器的零部件則完全是秦人，是活生生的人。摧毁機器零件的方式，恰是開動機器屠殺別國人與本國人。因為機器按算法要求，本來就要進行"殺力"也就是殺民，把這看做對機器的打擊和懲罰，就可以既懲罰機器，又不影響機器的正常運轉。既打擊機器，又不破壞機器，不但不干擾算法，而且與刑罰的規定完全相適應。於是，同樣是為了王用機器殺人，居然既是罪惡，又是刑罰；既是毁滅，又是保存。在秦國，王甚至可以裝作悲天憫人。

看來，《商君書》中的建議及其推論，在臣民必須忠君愛國、為爭霸天下獻身的前提下，似乎毫無漏洞。如果承認商鞅的世界觀，那商鞅用機器實現算法治國，不僅最能幫助王追究臣民，而且最能從内亂外患中保存“秦”。這種標榜，還可以反過來為自己和王創造存在的依據。因為秦人既然甘願下降為機器的零件而換取“政治秩序”，就等於放棄了做人的資格和對王的任何約束。所以完美的“秩序”維持可以衹在握有機器的王一人。王也就變為不依賴任何人而存在，而且不懼怕任何威脅的超人，實現了沒有敵人也没有秦人的獨存。而用“作壹”以一取十，既然是指數級數，那麼秦國如果真存在千年，王便可以再保持萬年，至於萬世。

（四）算法治國與國際政治：從“必要之惡”到“先聖絶學”

上文説過，商鞅的世界觀，已經被秦人以行動承認。如果這種承認衹是被迫順從，而不是出自主觀意願，就不具有真正或者説完全的正當性。但王與商鞅，却完全可以憑藉國家或民族主義、國際政治和“秩序”的利誘，讓秦人將其内化為自己的價值觀，從而對商鞅的世界觀真正發自内心的認同。願意相信王就是秦國和“秦”，而“秦”高於一切，值得自己和他人犧牲幸福、生命，就承認了“秦”、秦國和王與自己在性質上完全不平等，而且不求解釋。

有的秦人也許雖然想要保存王、秦國和“秦”，但認為商鞅的主張太不道德。但是，在戰國的國際政治中，很容易把嚴酷的算法治國包裝成“必要之惡”。這些多少尚存良知的秦人，雖然不願承認商鞅世界觀中對人的看法，但確實能從現實中感覺到國際政治的瘋狂與殘忍。正如《吕氏春秋》所言：“此七君者，大為無道不義，所殘殺無罪之民者，不可為萬數。壯佼、老幼、胎殰之死者，大實平原，廣埵深谿大谷，赴巨水，積灰填溝洫險阻。犯流矢，蹈白刃，加之以凍餓饑寒之患。以至於今之世，為之愈甚。故暴骸骨無量數，為京丘若山陵。世有興主仁士，深意念此，亦可以痛心矣，亦可以悲哀矣。”[1] 在這種所謂“國際無政府狀態”中，别國雖然并未采取商鞅的政策，却也有攻滅秦國的願望與行為。滿口仁義道德的學説，雖然未必如商鞅所言有害，却也不能止戰非攻。所以能保存“秦”的，就衹有物質力量。

在這種情况下，如果秦國被征服，即使不抵抗的秦人，也不能免於荼毒。而那些反戰的秦人，如果仍自認屬於所謂秦人共同體，仍對其他秦人的安危榮辱有責，也就不能不抵抗外敵。考慮到在戰國時代普遍的“戰爭狀態”下，别國隨時有可能進攻秦國，那麼抵抗就不僅包括抗擊侵略的行為，還包括撲滅侵略的可能。這種“抵抗”，就不限於嚴格意義上的抵抗，也可以是“預防性戰爭”。而既然商鞅宣稱自己的方案最能保存秦國和征服天下，那即使是良心尚存的秦人，為了秦國同胞的安全乃至世界和平，就不能不勉為其難予以支持。

如此，秦人除非能不僅如秦王和商鞅一般，不在意一切他人，而且奉行“寧人殺我，

---

[1] ［戰國］吕不韋編著，陸玖譯注：《吕氏春秋》，北京：中華書局，2011 年，第 210 頁。

我不殺人"的絕對和平主義，拒絕保存自己，纔可能在戰國的條件下，排除一切支持商鞅的理由。而既然能够如此的人少之又少，那要普遍反對商鞅的算法治國計劃，就需要普遍反對戰爭，使世界不再是"國際無政府狀態"。這就需要各國人民都普遍覺悟，并訴諸行動。但是，在戰國時代乃至後世的現實中，這種覺悟却一直没有實現。這不僅是因爲商鞅式的嚴刑峻法以奸馭良和死刑無赦，也因爲商鞅不僅充分培植、利用了人性的弱点，而且還能以國際和國内政治中的"絕對安全"利誘國民。

（五）算法治國：生活利益和"絕對安全"

商鞅認爲，衹要"賞多威嚴，民見戰賞之多則忘死，見不戰之辱則苦生"①，就能"父兄、昆弟、知識、婚姻、合同者，皆曰：'務之所加，存戰而已矣。'夫故當壯者務於戰，老弱者務於守，死者不悔，生者務勸，此臣之所謂壹教也。民之欲富貴也，共闔棺而後止。而富貴之門必出於兵，是故民聞戰而相賀也"②。如此，戰爭就不過是一種"從搖籃到墳墓"的生計或者説生活方式，可以吸引那些不害怕懲罰，衹追求獎賞，不僅不怕流無辜外國人之血，而且不在意親人慘死，一心"富貴險中求"的秦人，正所謂"民之見戰也，如餓狼之見肉，則民用矣"。③

商鞅的羅網不止捕捉愚忠秦王或殘暴貪婪的秦人，對於不問國事的秦人，乃至志在天下太平的秦人，也有措施和説辭。算法治理的秦國，對於甘心閉目塞聽、逆來順受的秦人，可以顯得既安穩又和平，不僅吏治清明、司法公正，而且努力必有回報。"是故明王任法去私，而國無隙、蠹矣"④，從而"不失疏遠，不違親近。故臣不蔽主，而下不欺上"⑤，最終"如此，天下之吏民雖有賢良辯慧，不能開一言以枉法；雖有千金，不能以用一銖。故知、詐、賢能者皆作而爲善，皆務自治奉公。民愚則易治也，此所生於法明白易知而必行"。⑥此時，如果有一位來自雅典的陌生人來這裏遊歷，恐怕也會如後世的一些遊客看到法西斯意大利寬闊的公路、没有乞丐的街道和從不晚點的火車時一樣，對其"秩序"與"和平"由衷贊歎⑦。

算法治國的殘暴，可能會引起一些秦人内心深處的不滿，但商鞅也有辦法迷惑他們，使其轉爲默認或支持。公孫鞅曰："臣聞之：'疑行無成，疑事無功。'君亟定變法之慮，殆無顧天下之議之也。且夫有高人之行者，固見負於世；有獨知之慮者，必見驁於民。語

---

① 《商君書》，第181頁。
② 同上，第145頁。
③ 同上，第150頁。
④ 同上，第125頁。
⑤ 同上，第121頁。
⑥ 同上，第204頁。
⑦ 荀子可能也對秦國的"吏治清明"印象深刻。

曰：'愚者闇於成事，知者見於未萌。' '民不可與慮始，而可與樂成。' 郭偃之法曰：'論至德者，不和於俗；成大功者，不謀於衆。' 法者，所以愛民也；禮者，所以便事也。是以聖人苟可以强國，不法其故；苟可以利民，不循其禮。"① 這也是後世常見的説法：統治者比被統治者更懂得被統治者的利益所在。而且這種高深的知識，既不能解釋，也不能傳授。所以被統治者祇需服從，而不能懷疑。

在商鞅口中，算法治國不僅能治理秦王現有的人民，而且可以通過征服天下，終結"國際無政府狀態"和國際戰爭，重新樹立"至德"的統治。"力生强，强生威，威生德，德生於力。聖君獨有之，故能述仁義於天下。"② "治民能使大邪不生，細過不失，則國治。國治必强。一國行之，境内獨治。二國行之，兵則少寢。天下行之，至德復立。此吾以殺刑之反於德而義合於暴也。"③ 但是，如果天下有兩個國家都以算法統治，都以王的獨存為終極目的，那恐怕不會"兵則少寢"，而祇會造成空前激烈的戰爭。除非將"二國行之"略加引申，解為在征服的敵國疆域也實施算法統治，而并不允許別國繼續存在。

在這個基礎上，商鞅還表示：算法治國，就是古聖人的治國原則在新環境下的新形態。所以其與古法一樣神聖，甚至更加神聖，不容懷疑。"由此觀之，神農非高於黄帝也，然其名尊者，以適於時也。故以戰去戰，雖戰可也；以殺去殺，雖殺可也；以刑去刑，雖重刑可也。"④ 商鞅還聲稱，拋棄德義的算法治國，最終目的却可以是仁義。"三代異勢，而皆可以王。故興王有道，而持之異理。武王逆取而貴順，爭天下而上讓。其取之以力，持之以義。"⑤ "夫利天下之民者莫大於治，而治莫康於立君。立君之道莫廣於勝法，勝法之務莫急於去奸，去奸之本莫深於嚴刑。"⑥ 所以，秦人盡可以幻想，嚴刑峻法一旦鞏固，秦王就可能如周武王那樣，轉向"持之以義"的文治。

為了給算法治國方案構造正當性，將其包裝成為了"長治久安"而不可避免的"必要之惡"，商鞅甚至標榜自己直接繼承了湯武的絶學，可以重現三代之治。"今世强國事兼并，弱國務力守，上不及虞、夏之時，而下不脩湯、武。湯、武之道塞，故萬乘莫不戰，千乘莫不守。此道之塞久矣，而世主莫之能廢也，故三代不四。非明主莫有能聽也，今日願啓之以效。"⑦ 如果人們相信了這種説辭，那不僅商鞅不該為算法統治的殘暴負責，就連秦王也不必負責。因為他們都祇是繼承了湯武的遺産。而湯武之道被天下一致推崇為最佳，其

① 《商君書》，第3頁。
② 同上，第119頁。
③ 同上，第84頁。
④ 同上，第149頁。
⑤ 同上，第81頁。
⑥ 同上，第85頁。
⑦ 同上，第81頁。

中若有殘暴不義，便祇能視為"必要之惡"。這樣一來，心懷天下、良知僅存的秦人，尚未忘記湯武之世的秦人，反而比單純逐利而不惜殺人喪親的秦人，更應該不折不扣地服從和支持商鞅，以早日實現千年帝國秦國的"帝國和平"。

不過，商鞅也未必要按臣民的理解，去實現他們美好的幻想。因為在他那裏，祇有基於算法的程序中明文規定的東西，臣民纔可以得到，而且不能抗拒。其他任何許諾，哪怕出自他本人之口，都祇是空談而已。

四、算法治國的未來意義

在過去，商鞅的主張不曾完全實現。天下雖然被始皇帝用戰爭兼并，但六國反抗的慣性，和始皇帝統治的殘酷，終於使秦國算法中隱藏的悖論暴露：要讓臣民不怕死亡和痛苦，就必須有賞賜和比死亡更可怕的酷刑。但平定了天下的始皇帝，賞賜不夠，刑罰也不能比死可怕。他的獨存夢想，終於二世而亡。

不管是在始皇帝之前還是之後，都出現過為了極少數特別是祇為一個統治者獨存，而將臣民降為資源、工具、機器零件的統治。這些統治者當然不可能都是商鞅的門徒，而是各自獨立發明了這種統治。由此可知，如果認為少數人或某一個，比他人更有意義，更值得存在，是他人存在的目的，便可以推論，他人都會淪為這些或這個人的手段，也就都會失去作為人的倫理地位，甚至不被認為具有道德能力，也就不配有任何人道的對待。不管這種意義上的差別是以神人關係、人與非人關係還是階級關係出現，都是如此。而且，在所謂"生存危機"的名義下，二者的對立很容易就會達到商鞅要求的程度。這種例子在歷史上不勝枚舉，特別見於明顯的神權統治、皇權統治和法西斯政治當中，甚至在最小的僭主、奴隸主、封建主或資本家那裏也屢見不鮮。

商鞅規劃的算法統治，之所以特別醒目，能啓示未來，是因為它基於完全"科學"的世界觀，不僅要求一個人的絕對權力和絕對專制，而且允許這個人藉助自動機器的力量，不為任何目的，不依賴任何人的服務，不怕任何威脅地永遠獨存。而在為這種統治構建正當性時，商鞅采用了政治學熟悉的所有理由：國家主義、民族主義、豐裕社會、法治社會、絕對安全以及世界政府統治下絕對太平的烏托邦。可以説，從古代到近代再到未來，要求放棄平等、自由等權利，去換取"安全"與"和平"的一切可能形式，這些做法及其理論依據都能在商鞅這裏找到。

商鞅描繪了將人變為資源、手段、機器零件，為了一個人的獨存而受累、受難、受死，乃至最終全體被消滅的各種方式和借口。除了商鞅之外，也有人發現了這一點，如外國政治學者所言：

　　取消私産，尤其取消地産，正是法老專制或《聖經》中"最壞政制"最為顯著的兩個特徵之一。通過這一舉措，所有食物——由此還有絶對權力——都集中到法老的手中。然而，要是没有法老專制的另一關鍵特徵，私産的取消還不會帶來如此徹底的、僭主式的結果：正是這一特徵表明了法老專制所代表的邪惡那獨特的駭人之處，從而使法老專制區别於《聖經》所描畫的其他幾乎同等殘忍且暴虐的政制。埃及人有别於其他所有民族，他們在馴化環境上取得了技術成功。《聖經》强調，埃及人是唯一幾乎不依賴天氣的民族：他們對旱澇周期的變化瞭如指掌；他們學會了使用灌溉系統來馴化尼羅河，并因此可以免受不可控的外力影響（第一次瓦解埃及人意志的第七災是雷電和冰雹，"自從埃及成國以來，遍地没有這樣的"，《出埃及記》9：24）。還可以説，法老相信，自己實現了人類當初建造巴别塔所尋求的目標。結果就如《出埃及記》所描述的，埃及人不尊崇任何神（但比較《創世記》47：22 和 41：45，50），轉而以一種極强大的人的魔力，取代了宗教和對神的崇拜。《聖經》暗示，法老專制之所以如此可怕、如此徹底或無所不包，正是因為它體現并代表了一種没有限制的人的統治，這種統治意識不到有超乎人之上的更高權力，也意識不到有更高的力量限制或擊打人的傲慢。①

　　在《聖經·舊約》的作者那裏，尚有"超乎人之上的更高權力，也意識不到有更高的力量限制或擊打人的傲慢"，最終迫使埃及法老屈服。但古代的商鞅，和未來掌握了科學技術的政客，以及被這種政客用威逼、利誘、宣傳擺布的臣民，都不相信有這樣的力量。所以，未來仍然可能有統治者，如秦王和《聖經·舊約》中的埃及法老那樣，希望憑藉機器與看似魔法的科學，達到永遠獨存。而在未來的條件下，這種統治者完全可以得到不依賴人體、不會被臣民的消極抵制或積極反抗破壞的機器，來達到并維持獨存。如此，不管什麼樣的起義，都不能再推翻其統治或不統治。

作者單位：中國人民大學國際關係學院

---

　　① Thomas L. Pangle, *"The Hebrew Bible's Challenge to Political Philosophy：Some Introductory Reflections"*, in Thomas L. Pangle and Michael Palmer, *Political Philosophy and the Human Soul：Essays in Memory of Allan Bloom*, Lanham, Md.：Rowman and Littlefield, 1995, pp. 67—82, 童群霖譯。

《爾雅》敘録

張浩然

　　《爾雅》是十三經裏的一部比較特殊的典籍。六朝人稱其為"詩書之襟帶"①，宋朝人稱之為"六籍之户牖，學者之要津"②，清朝人稱其為"訓故之淵海，五經之梯航"③，可見它對於經學有多麼重要，古時學者對其又有多麼重視。但它是古代治經學的工具書，其本身并不是一部"經"。由於《爾雅》最早收録於《漢書·藝文志》中，且祇言"《爾雅》三卷二十篇"，并没有提到作者，所以造成其成書時代衆説紛紜，從古至今分別有西周初年成書説、春秋末年成書説、戰國成書説、秦初成書説，甚至有西漢中後期成書説等。

一、《爾雅》之名義

　　張晏《漢書注》云："爾，近也。雅，正也。"唐陸德明《經典釋文序録》亦云："爾，近也；雅，正也。言可近而取正也。"漢劉熙《釋名·釋典藝》云："《爾雅》，爾，昵也；昵，近也。雅，義也；義，正也。五方之言不同，皆以近正為主也。"④可知"爾"表示"近"，"雅"表示"正"，"爾雅"即是"近正"之意，即近乎正言。在《論語》中載："子所雅言，《詩》《書》執禮，皆雅言也。"孔安國注："雅言，正言也。"可知雅言即正

---

① ［南朝梁］劉勰：《文心雕龍》。
② ［明］林光甫：《艾軒詩説》。
③ ［清］宋翔鳳：《爾雅郭注義疏·序》。
④ ［東漢］劉熙撰，［清］畢沅疏，［民］王先謙補，祝敏徹、孫玉文校：《釋名疏證補》，北京：中華書局，2008年，第214頁。

言，而正言據阮元稱："正言，猶今官話也，近正者，各省土音近於官話者也。"① 可知近正之言就是近於官話之意。其後阮元又言："《爾雅》者，近正也。正者，虞、夏、商、周建都之地之正言也。近正者，各國近於王都之正言也。"② "爾雅" 指近於王都的正言，就是說《爾雅》是以雅正的官話，對各個地方的方言進行規範解釋的書籍。正如黃侃所說："《爾雅》之作，本為齊壹殊言，歸於統緒。"③

近代學者認為此說不夠全面，因為以雅正的官話對各個地方的方言進行解釋，袛局限於某個時代，而歷史不斷發展，各個地方的方言和王都的雅言，隨着歷史的變遷也都在發生變化，於是就出現了古今異言。也就是說先秦時候的 "雅言" 到後來已成為 "古言"，如《白虎通·禮樂》載："樂尚雅何？雅者，古正也，所以遠鄭聲也。" 雅者古正，其實就是以今正古，這是對於漢朝的人來說，先秦的雅言，已經成了古言，所以《爾雅》不單單是以官話解釋方言，還應該有以今言解讀古言之作用。是以黃侃先生說："然五方水土，未可強同，先古遺言，不能悉廢。綜而集之，釋以正義，比物連類，使相附近，此謂《爾雅》。"④ 周祖謨先生亦稱："古今言異，方國語殊，釋以雅言，義歸乎正，故名《爾雅》。"⑤

二、《爾雅》之成書與作者

關於《爾雅》的成書，舊說為周公所作，仲尼增補而成，三國張揖、晉郭璞、唐陸德明皆持此說。張揖在《上廣雅表》中稱："昔在周公，繼述唐虞，宗翼文武，克定四海。勤相成王，踐阼理政，日昃不食，坐而待旦，德化宣流，越裳俠貢，嘉禾貫桑。六年製禮，以導天下，著《爾雅》一篇，以釋其義。傳乎後嗣，歷載五百，墳典散落，唯《爾雅》恒存。"⑥ 又稱，"周公著《爾雅》一篇。今俗所傳三篇，或言仲尼所增，或言子夏所益，或言叔孫通所補，或言沛郡梁文所考。皆解家所說，疑莫能明也"。郭璞《爾雅序》云："《爾雅》者，蓋興於中古，隆於漢氏。" 陸德明注："中古，謂周公也。" 陸德明在《經典釋文序錄》中說："《釋詁》一篇，蓋周公所作。《釋言》以下，或言仲尼所增，子夏所足，叔孫通所益，梁文

---

① ［清］阮元：《揅經室集·與郝蘭皋户部論爾雅書》，北京：中華書局，1993 年。
② 同上，第 124 頁。
③ ［清］黃侃：《論學雜著·爾雅略說》。
④ 同上。
⑤ 周祖謨：《雅學考·跋》。
⑥ ［清］王念孫撰：《廣雅疏證》，上海：上海古籍出版社，1983 年，第 1 頁。

所補。張揖論之詳矣。"① 顯然在張揖、郭璞與陸德明看來，《爾雅》是周公所著，且歷五百年而不散落，到了漢代後開始真正的興起。他們的根據則是《大戴禮·小辨》所載："爾雅以觀於古，足以辨言參。""以觀於古"，就是《爾雅》以今言解讀古言之作用，如果《大戴禮·小辨》所載孔子之言可信，則孔子所言"爾雅"便是書名，那麽孔子就應當讀過《爾雅》，故《爾雅》亦有可能早於孔子生活時代而成書，則其書為周公所著之説成立。

但是對於《爾雅》後來由孔子、子夏、叔孫通增補之説，張揖并未肯定，祇是説"皆解家所説，疑莫能明也"。顯然張揖自己對此説是否真實，也是報以懷疑態度。但後來有學者却肯定《爾雅》始於周公，成於孔子門人之説，如清邵晉涵稱："《爾雅》者，始於周公，成於孔子門人，斯為定論。"② 邵晉涵的見解祇是一家之言，當時大多數學者如顏之推、袁裒、姚文燮等還是認為《爾雅》是周公一人所作。如顏之推稱："《爾雅》周公所作。"③ 袁裒姚曰："周公作《爾雅》，擬之者若《埤雅》《方言》是已。"④ 姚文燮云："詩有四始，雅居其二，周公詁詩，爰作《爾雅》。"⑤

然而東漢經學大家鄭玄却在《駁五經異義》中稱："某之聞也，《爾雅》者，孔子門人所作，以釋六經之旨，蓋不誤也。"他認為《爾雅》非周公所著，亦非孔子所增補，而是孔子之門人所作。劉勰在《文心雕龍·練字》中亦稱："夫《爾雅》者，孔徒之所纂。"高承、劉肅等皆持此説。近人黃侃亦稱："《爾雅》之名，起於中古，而成書則自孔徒。"⑥ 但他們并没有説《爾雅》具體是誰所著，祇言是孔子門人。而西漢揚雄則直接認為："孔子門徒游、夏之儔所記。"⑦ 明焦竑更稱："《爾雅》，《詩》訓詁也，子夏傳《詩》者也。"⑧ 他認為《爾雅》中的詞語是為了解釋《詩經》的内容，而《詩經》是子夏所傳，所以《爾雅》亦是子夏所作。《四庫全書總目》因此提出了質疑："釋《詩》者不及十之一，非專為《詩》作。"此説雖屬鄭玄等人的臆斷，但亦是空穴來風，畢竟《爾雅》的釋《詩》之用途是非常明顯的。

歐陽修在《詩經本義》中云："《爾雅》非聖人之書，不能無失，考其文理，乃是秦漢之間學《詩》者纂集博士解詁之言爾。"⑨ 他認為《爾雅》并非聖人所出，而是由秦漢之間的學者纂集而成，也就是説其成書并非由一人完成，而是當時學人一代代總結增補而成。對此，曹粹在《放齋詩説》中云："《爾雅》，毛公以前其文猶略，至鄭康成時則加詳。"可

---

① ［唐］陸德明撰：《經典釋文》，北京：中華書局，1983年，第17頁。
② ［清］邵晉涵：《爾雅正義·序》。
③ ［北齊］顏之推：《顏氏家訓·書證篇》卷六。
④ ［明］袁裒：《金聲玉振集》。
⑤ ［清］姚文燮：《通雅·序》。
⑥ 黃侃：《論學雜著·爾雅略説》。
⑦ ［西漢］劉歆：《西京雜記》引揚雄語。
⑧ ［明］焦竑：《焦氏筆乘》卷一。
⑨ ［北宋］歐陽修：《詩經本義》卷十"文王"條。

見《爾雅》在漢朝是有所增補的。《四庫全書總目提要》中亦稱：“則其書在毛亨以後。大抵小學家綴緝舊文，遞相增益，周公、孔子皆依托之詞。”① 按此説即認爲其爲秦漢時人所作，經過代代相傳，各有增益，成書於西漢之世。

近人梁啓超在《古書之真偽及其年代》中肯定地説：“可大概推定，《爾雅》是漢儒把過去和同時的人對於古書的訓詁抄録下來，以便檢查的書……是西漢人編的字典，劉歆又擴大些，干周公什麽事。”② 對此，周祖謨先生在《爾雅之作者及其成書之年代》一文中論述道：“今《提要》據豹鼠之辨及犍爲舍人注《爾雅》，以爲《爾雅》在武帝以前成書，其證據皆欠確鑿，已分辨至清。今之《爾雅·釋山》有‘霍山爲嶽’之文，以霍山爲南嶽，始自漢武，若《爾雅》在漢武以前，則又何説？ 要之，《爾雅》爲漢人所纂集，其成書蓋當在漢武以後，哀、平以前。”③ 其辨甚明，但對於《爾雅》成書於漢武以後，哀平以前，還當持懷疑態度。可以肯定的是，《爾雅》絶非成於一人之手，其大致成書年代應當是秦漢之世。

綜上，我認爲，《爾雅》作爲一部訓詁之書，其編著目的是爲了幫助當時的人們解讀古籍。隨着去聖越久，對這樣的訓詁之書需求就越大，是以當時的儒者在前人不斷的積累中，對之逐漸纂集增補是可能的，故《爾雅》當不爲一人所著，恐爲秦漢時儒生所纂集。由於其起源比較早，可能在春秋戰國時便有相應的資料産生，用來幫助儒生理解經義，但當時并未成書，衹是作爲資料而流傳。到了秦漢時，它纔真正地被儒生們纂集成書，并因此得以流傳，故産生了成書於周公説、孔子門人説等等説法。

三、《爾雅》之置入經部

按東漢趙岐《孟子題辭》所説：“孝文皇帝欲廣遊學之路，《論語》《孝經》《孟子》《爾雅》皆置博士。”可見在當時《爾雅》與《論語》《孝經》《孟子》的地位相同，皆設置博士傳授，此時的《爾雅》博士是傳記博士。至漢武帝初年，武帝采用公孫弘的建議設五經博士，廢棄傳記博士，於是《爾雅》不再置博士專門傳授。

據《太平御覽》引《漢舊儀》説：“武帝初置博士，取學有通修，博識多藝，曉古文《爾雅》，能屬文章者爲之。”也就是説，雖然武帝廢棄了傳記博士，但也認識到了《爾雅》的重要性。雖然衹立五經博士，但《爾雅》仍爲當時的博士必須精通的重要科目。邢昺《爾雅·釋獸疏》載：“漢武帝時，孝廉郎終軍既辨豹文之鼠，人服其博物，故爭相傳授，

---

① 〔清〕紀昀：《四庫全書總目提要》卷四十，北京：中華書局，1965 年，第 339 頁。
② 〔民〕梁啓超：《古書之真偽及其年代》，北京：商務印書館，1998 年。
③ 周祖謨：《問學集·爾雅之作者及其成書之年代》，北京：中華書局，1981 年，第 675 頁。

《爾雅》之業遂顯。"劉歆欲立古文經學，於是"徵募能為《爾雅》者千餘人，講論庭中"①。自此，《爾雅》雖不置博士，但博士却必學《爾雅》，《爾雅》遂成為治經學的必需品，甚而"駸駸與六藝爭席"。

由於《爾雅》的工具書特質，故而其去古愈遠，就愈受重視。如東漢王充在《論衡·是應篇》中稱："《爾雅》之書，五經之訓詁，儒者所共察也。"劉勰在《文心雕龍·宗經篇》中説："《書》實紀言，而訓詁茫昧，通乎《爾雅》則文意曉然。"郭璞在《爾雅序》中稱："夫《爾雅》者，所以通訓詁之指歸，敘詩人之興詠，總絶代之離詞，辨同實而殊號者也。誠九流之津涉，六藝之鈐鍵，學覽者之潭奥，摛翰者之華苑也。若乃可以博物不惑，多識於鳥獸草木之名者，莫近於《爾雅》。"至唐代，欲治經學，則必依《爾雅》。加之《爾雅》曾置博士，於是唐人認為已經足够確定《爾雅》的經學地位，便將其列入經類。在唐大和年間複刻"十二經，立石國學"時，所刻經典就包含了《爾雅》，標誌着《爾雅》正式列於經部。

《爾雅》被列入經部，其實也具有歷史的必然性。先秦時期，由於當時的文字不够用，先秦古籍中有大量的假借字。據容庚《金文編》記載，金文共計有3722個，其中可以識別的字有2420個。自戰國以降，文字發生了幾次重要的改變。其字體先後經歷了金文、大篆、小篆、隸書、楷書等幾個階段，詞義與發音也發生了巨大的變化，使得唐代的儒者已很難看懂先秦典籍，對於經文則更加字句不通，古意難明。這使得《爾雅》一書越來越受重視，其與經學的關係也就越來越密切，乃至達到了經學無之不能彰明的地步。治經者需要用它來疏通文義，理清意旨，故而唐人將其置入經部。

儘管《爾雅》在唐代就已列入經部，但就其内容和作用來説，它衹是一部訓詁資料集。它不像其他經部典籍，没有高深的道理，而是一本古代的字書，供人們讀經之時用來翻檢查閲。對於經學來説它十分重要，如張揖《上廣雅表》中稱："夫《爾雅》之為書也，文約而義固，其陳道也，精研而無誤。真七經之檢度，學問之階路，儒林之楷素也。"林光甫《艾軒詩説》中説："古人之學，必先通《爾雅》，則六籍百家之言皆可以類求矣。"②《四庫全書總目提要》稱："今觀其文，大抵采諸書訓詁名物之同異，以廣見聞，實自為一書，不附經義。""蓋亦《方言》《急就》之流，特説經之家多資以證古義，故從其所重，列之經部耳。"③《爾雅》是秦漢歷代學者解經的一種資料彙編，實則是解經的鑰匙，而并非真正的"經典"，可稱其為治經的工具。其并非聖人手定之書，亦非傳記之屬，更非諸子之學，實則是釋經之書。　　　　　　　　　　　　作者單位：蒲江傳統文化促進會

---

① 《漢書·楚元王傳》。

② 轉引自 [清] 謝啓坤：《小學考》，上海：《漢語大詞典》出版社，1997年，第30頁。

③ [清] 紀昀：《四庫全書總目提要》卷四十，北京：中華書局，1965年，第339頁。

文翁石室史料評述

潘 悦

　　文翁，名黨，字仲翁①，廬江郡舒城（今安徽省六安市舒城縣）人。漢景帝末年，曾任蜀郡守，《漢書》有傳。任蜀守期間，有治水之功，興學之績。他創辦的文翁石室是中國歷史上首個地方官學，其興學舉措曾被朝廷認可并作為制度下令推廣，對後世的人才培養、官員選任產生了深遠的影響。文翁石室自創辦以來，一直是蜀地的最高學府，綿延兩千餘年而不絕，承擔着傳播學術、教化民衆的重要任務，是蜀學孕育、發展與傳播的重要條件，對中國思想文化發展也產生了深刻的影響。

　　關於文翁石室的史料主要分布在正史、方志、文集、類書、金石文獻等類目之中。

一、傳記、傳説與文翁生平

　　直接與文翁其人其事相關的材料主要在《漢書·文翁傳》《地理志》，以及荀悦《漢紀·孝武皇帝紀》中，這是我們考察文翁生平事迹的主要依據。

　　文翁任蜀守之初，面對蜀地"辟陋，有蠻夷風"②、蜀人"未能篤信道德，反以好文刺

---

① 文翁之字，一般作仲翁，如《太平寰宇記》："文翁，名黨，字仲翁，舒人。"（［宋］樂史撰，王文楚等點校：《太平寰宇記》卷一百二十六《廬州》，北京：中華書局，2007 年，第 2491 頁。）何汝泉先生在《文翁治蜀考論》（《西南師範大學學報》1980 年第 4 期，第 35 頁）一文中考證認為當作翁仲，也備一説。

② ［漢］班固撰，［唐］顔師古注：《漢書》卷八十九《循吏傳》，北京：中華書局，1962 年，第 3625 頁。（以下祇出注書名、頁碼）

譏，貴慕權勢"① 的情況，興建學校，教民讀書，并派遣張叔（寬）等十八人前往長安從博士學習。這十八人皆為"郡縣小吏"，以"刀布蜀物"贈與太學博士，充作學費。學成歸來之後，他們可以作為郡學教師教授生徒；除此之外，文翁對他們多有任用，其中甚至有官至郡守刺史的。文翁辦學主要招下縣子弟入學，入學者免除徭役，學習成績優良者可補郡縣吏；又"從學官諸生明經飭行者"與他一道行縣，"使傳教令"，激起蜀地的向學之風。② 於是，蜀地才士積極向學，皆以學為榮，形成"蜀地學於京師者比齊魯焉"③ 的盛況。文翁創辦郡學，開地方官學之先，不僅促進了儒學在蜀地的傳播，對於當時天下各郡縣的文化發展也具有重要意義，因此漢武帝"令天下郡國皆立學校官"④。

　　經過正史傳記的相互印證，基本可以勾勒出上述文翁治蜀的基本情況，但其中還有部分內容需要進一步考證和厘清。如文翁任蜀郡守的時間問題⑤，和文翁是否遣司馬相如遊學長安的問題⑥等。

　　另外，關於文翁少時的求學經歷，正史的傳記并未有明確記載。王先謙《漢書補注》

---

① ［漢］班固撰，［唐］顏師古注：《漢書》卷八十九《循吏傳》，北京：中華書局，1962 年，第 1645 頁。
② 同上，第 3625、3626 頁。
③ 同上，第 3626 頁。
④ 《漢書》卷八十九《循吏傳》，第 3626 頁。
⑤ 關於文翁任蜀郡守的時間，《漢書》卷八十九《循吏傳》記載為"景帝末"，卷二十八《地理下》言在"景武間"，常璩《華陽國志·蜀志》載為"孝文帝末年"，後世學者多從《漢書》之說。關於兩書的分歧，王文才先生在《〈兩漢蜀學考〉敘目》中說："班常所記化蜀事，即各書其始末，是施教於文帝末，化成於景帝之時。"（王文才：《〈兩漢蜀學考〉敘目》，《中華文化論壇》1998 年第 2 期，第 71 頁。）他認為二者是相互補充的關係。何汝泉《文翁治蜀考論》也認為"文翁作蜀郡太守的時間，大約是文帝後元至武帝元光的三十來年期間"（何汝泉：《文翁治蜀考論》，《西南師範大學學報（人文社會科學版）》1980 年第 4 期，第 34 頁），文帝末時文翁已為蜀守，但景武間纔興學。蒙文通先生則不然，他在《巴蜀史的問題》一文中談到，常《志》是錯誤的，是由於其"反對'由文翁蜀始知書學'的說法，而搞錯了遣張叔等和文翁為蜀守之年"，文翁守蜀應當在漢景帝中元六年（梁王卒、相如還蜀）時或之後（蒙文通：《巴蜀史的問題》，《四川大學學報（社會科學版）》1959 年第 5 期，第 42、43 頁）。
⑥ 關於文翁是否遣司馬相如遊學長安的問題，現存最早記載文翁遣司馬相如往京師的材料是《三國志·蜀書·秦宓傳》："蜀本無學士，文翁遣相如東受七經，還教吏民，於是蜀學比於齊、魯。"（［晋］陳壽撰，［南朝宋］裴松之注：《三國志》卷三十八《蜀書八·秦宓傳》，北京：中華書局，1982 年，第 973 頁。以下祇出注書名、頁碼）據蔣夢鴻先生的《關於文翁化蜀的幾個問題》一文分析，秦宓這段話是由《漢書·地理志》"景、武間，文翁為蜀守，教民讀書法令，未能篤信道德，反以好文刺譏，貴慕權勢。及司馬相如游宦京師諸侯，以文辭顯於世，鄉黨慕循其迹。後有王褒、嚴遵、揚雄之徒，文章冠天下。繇文翁倡其教，相如為之師"（《漢書》卷二十八《地理下》，第 1645 頁）訛誤而來。蔣先生認為，是秦宓誤解了"繇文翁倡其教，相如為之師"的含義，所謂"文翁遣相如東受七經"是臆測之辭，"陳壽寫《三國志》時，對秦宓的話未加考證就據以入傳"，"這個'師'決不是當了教師，而祇能解釋為'作了榜樣'"（蔣夢鴻：《關於文翁化蜀的幾個問題》，《四川師院學報（社會科學版）》1983 年第 4 期，第 71 頁）。關於這一問題，蒙文通先生在《巴蜀史的問題》一文中引述了其友徐仁甫先生的觀點，并行了考證，蒙先生也認為司馬相如并非受文翁派遣去往長安，其遊宦京師在文翁守蜀之前。另外，楊正苞的《司馬相如與巴蜀文化》，房銳的《對司馬相如成名與文翁化蜀關係的再認識——以〈三國志·秦宓傳〉所錄秦宓致王商書信為重點》《司馬相如受學說辨析》，以及金生楊、張麗平的《相如為巴蜀師論》也都從不同角度論證了司馬相如遊宦京師早於文翁為蜀守，文翁并未派遣相如詣京師這一結論。儘管如此，司馬相如對於蜀地文化的興盛還是有著極為重要的影響的，正如金生楊、張麗平《相如為巴蜀師論》一文中所說，"文翁倡教開啓了蜀學新風，相如為師則補益深化了文翁倡教"。

卷五十九引《廬江七賢傳》言："未學之時，與人俱入叢木，謂侶人曰：'吾欲遠學，先試投吾斧高木上，斧當掛。'乃抑投之，斧果上掛。因之長安授經"①，講文翁曾於長安學經之事。然《廬江七賢傳》原本已散佚，考"投斧受經"事最早見於《北堂書鈔》卷九十七②，後《太平御覽》《太平廣記》《古今類事》皆有記載。此三部類書同時載有"伐薪以為陂塘"之傳說，皆源於成書東晉末或南朝時期的志怪小說《錄異傳》。由於這兩則材料原書皆已散佚，且為文翁少年軼事，而原書成書時便去文翁時代已遠，可將之視為後世進一步豐富文翁形象的事例，其實證意義則需斟酌考慮。

除此之外，《文獻通考》卷六十三《職官考十七》和卷四十四《學校考七》也均對文翁興教化蜀之事有所提及，并有按語"蜀地僻陋，非齊魯諸儒風聲教化之所被，故文翁遣其民就學，必以物遺博士，而使教之。及武帝既興學校，則令郡國縣官謹察可者，與計偕，詣太常受業如弟子，則郡縣皆有以應詔，而博士弟子始為國家選舉之公法也"③，可見文翁的政策對地方教育和選官授官制度的影響。

二、方志、碑記與石室興廢

文翁石室自創辦以來，一直是蜀地的最高學府，綿延兩千餘年而不絕，正史、方志、文集乃至書畫文獻中關於歷代蜀守修石室、興教化的記載都十分豐富，是我們做石室資料彙編最主體的内容。本文無法詳述，僅舉幾例初窺其貌。

首先是歷代正史記載的各朝名宦的傳記資料。

如：

> 元始四年，詔書祀百辟卿士有益於民者，蜀郡以文翁，九江以召父應詔書。歲時郡二千石率官屬行禮，奉祠信臣冢，而南陽亦為立祠。④ (《漢書·召信臣傳》)

> 益州刺史董榮圖畫周像於州學，命從事李通頌之曰："抑抑譙侯，好古述儒，寶道懷真，鑒世盈虛，雅名美迹，終始是書。我后欽賢，無言不譽，攀諸前哲，丹青是圖。嗟爾來葉，鑒兹顯模。"⑤ (《三國志》注引《益部耆舊傳》)

① ［清］王先謙：《漢書補注》卷五十九引《廬江七賢傳》，北京：中華書局，1983年。
② ［唐］虞世南：《北堂書鈔》卷九十七《藝文部三·投斧受經》，清光緒十四年南海孔氏據宋本校刊本。
③ ［元］馬端臨撰：《文獻通考》卷四十六，北京：中華書局，2011年，第1335頁。
④ 《漢書》卷八十九《循吏傳·召信臣》，第3643頁。
⑤ 《三國志》卷四十二《蜀書十二》，第1033頁。

這兩段史料分別講述了漢平帝元始四年（4）為文翁立祠祭祀，以及三國蜀漢益州刺史董榮畫譙周像於州學，并命從事李通記頌之事，對於考察文翁石室的祭祀、陪祀制度和文翁的歷史影響有重要意義。

又如：

（天監）九年，拜都督、益州刺史。舊守宰丞尉歲時乞丐，躬歷村里，百姓苦之，習以為常。憺至州，停斷嚴切，百姓以蘇。又興學校，祭漢蜀郡太守文翁，由是人多向方者。① （《南史·始興忠武王憺》）

昂到縣，即與諸生祭文翁學堂，因共歡宴。謂諸生曰：“子孝臣忠，師嚴友信，立身之要，如斯而已。若不事斯語，何以成名。各宜自勉，克成令譽。”昂言切理至，諸生等并深感悟，歸而告其父老曰：“辛君教誡如此，不可違之。”於是井邑肅然，咸從其化。② （《周書·辛昂傳》）

慶曆初，詔天下建學。漢文翁石室在孔子廟中，堂因廣其舍為學宮，選屬官以教諸生，士人翕然稱之。③ （《宋史·蔣堂傳》）

宋濂等：宜賓縣尹楊濟亨欲於蟠龍山建憲宗神御殿，儒學提舉謝晉賢請復文翁石室為書院，皆采以上聞，成之，風采聳動天下，論功居諸道最。④ （《元史·王守誠傳》）

（嘉慶）二十二年，調四川總督……重修文翁石室，興學造士。⑤ （《清史稿·蔣攸銛傳》）

從漢至明，文翁石室一直是蜀地官學，屢有修整擴建。明末遭毀，於清康熙年間為劉德芳所重建，稱錦江書院。⑥ 兩千餘年間，這裏名人輩出，有王憺、辛昂、毋昭裔、蔣堂、王剛中、范成大、王守誠、劉德芳、蔣攸銛等等，此處所舉為正史傳記資料所載之人與事，可與碑記文賦等相印證，藉以考察他們在蜀地任職期間祭文翁、興學校、重教化的為政方針。也正是因為這些蜀守的努力，推動了蜀地基層教育制度的發展與完善，對蜀學乃至中國文化的發展都產生了重要影響。

文翁石室作為地方性的文化標誌，是地方志中不可或缺的內容。《華陽國志》是東晉常璩所作，撰寫於晉穆帝永和四年（348）至永和十年（354），主要記述古代中國西南地區

---

① ［唐］李延壽撰：《南史》卷五十二，北京：中華書局，1975年，第1302頁。
② ［唐］令狐德棻等撰：《周書》卷三十九，北京：中華書局，1971年，第698頁。
③ ［元］脫脫等撰：《宋史》卷二百九十八，北京：中華書局，1985年，第9913頁。
④ ［明］宋濂等撰：《元史》卷一百八十三，北京：中華書局，1976年，第4210頁。
⑤ ［清］趙爾巽等撰：《清史稿》卷三百六十六，北京：中華書局，1977年，第11447頁。
⑥ 金生楊：《文翁化蜀的歷史反思》，《西華大學學報（哲學社會科學版）》2008年第4期。

的地方歷史、地理、人物等，關於文翁石室的記載主要在《蜀志》和《序志》之中。記載文翁石室相關資料的縣志還有《（萬曆）四川總志》《（天啓）新修成都府志》《（嘉慶）重修舒城縣志》《（雍正）四川通志》《（嘉慶）四川通志》《（嘉慶）金堂縣志》《華陽縣志》，以及《明一統志》《清一統志》等，并主要集中在"名宦""學校""選舉""古迹""金石""藝文"部分。其中"名宦"的史料多來源於正史的傳記，"學校"和"選舉"介紹了作為地方官學的文翁石室在當時的建制和教育情況，"古迹"體現了文翁之化在蜀地的影響，"金石"和"藝文"則保留了大量碑記和詩賦，這些資料都是考察明清時期文翁石室之興廢的主要依據。除此之外，還有一部非常重要的書院志——《錦江書院紀略》。是書為清人李承熙所編，他曾任錦江書院監院，於離任之前編著并刊刻此書，以使後人有所參考。關於《錦江書院紀略》將在第三部分詳細説明。

還有衆多有關文翁石室的記文與詩賦保留在文集之中。《成都文類》為宋人袁説友所編，《全蜀藝文志》為明代楊慎所編，兩書都收錄了大量與文翁石室直接相關的記文和詩賦。如《成都文類》卷三十之目錄"《殿柱記》《進士題名記》《經史閣記》《元祐府學給田記》《給田記》《御書大成殿額記》《石經堂圖籍記》《修府學記》《進士題名續記》《大成井記》《增贍學田記》《修學記》《新修四齋記》《重修創府學》"，皆與作為成都府學的文翁石室息息相關，是我們考察研究其在宋代之興廢的重要史料。《全蜀藝文志》亦如是。

另外，《淨德集》《方舟集》《秋澗先生大全集》《申齋劉先生文集》《伊濱集》《養素堂文集》《景文集》《李東陽集》《易簡齋詩鈔》等文集皆有相關詩文收入，是《成都文類》《全蜀藝文志》這樣的詩文選集的重要補充。

正史傳記資料、地方志和詩文集中保留的記文，共同構成了考察文翁石室的主體材料，再與地理、書畫和金石文獻互相參考，可以勾勒出文翁石室歷代興廢的基本脈絡。

除去《漢書·地理志》，另有《水經注》和《元和郡縣圖志》兩部地理類史料記載了文翁相關事迹。酈道元《水經注·江水》一節記載了東漢永初年間，文翁講堂遇火，後守高眹增修石室之事，可與《華陽國志》蜀志及《殿柱記》互相印證，理清文翁石室在東漢的興廢：東漢永初年間，文翁講堂遇火，獻帝興平元年（194）高眹修復周公禮殿，并圖畫聖賢、古人像及禮器瑞物，在文翁石室之東再建石室。

　　　　永初後，學堂遇火，後守更增二石室。① （《水經注·江水》）
　　　　始，文翁立文學精舍、講堂，作石室，一曰玉室，在城南。永初後，堂遇火，太守陳留高眹更修立，又增造二石室。② （《華陽國志·蜀志》）

① ［北魏］酈道元：《水經注·江水》，北京：中華書局，2007 年，第 768 頁。
② ［晉］常璩著，任乃强注：《華陽國志校補圖志·蜀志》卷三，上海：上海古籍出版社，1987 年。

漢初平五年，倉龍甲戌，旻天季月，修舊築周公禮殿。始自文翁應期鑿度，開建
頖宫。立堂布觀，廟門相鉤。囗司幔延，公辟相承。至於甲午，故府梓潼文君增造吏
寺二百餘間。四百年之際，變異疊起。旋機離常，玉衡失統，强桀并兼，人懷僥倖，
戰兵雷合，民散失命。烈火飛炎，一都之舍，官民寺室，同日一朝，合為灰炭，獨留
文翁石室廟門之兩觀。禮樂崩塌，風俗混亂。誦讀已絶，倚席離散。夫禮興則民壽，
樂興則國化。郡將陳留高君節符典境，迄斯十有三載。會直擾亂，囗慮匡救，濟民塗
炭。閔斯丘虛，囗囗囗冠。學者表儀，囗囗囗囗，大小推誠，興復第館。八音克諧，
鬼方來觀。為後昌基，囗神不囗。[①] （《殿柱記》）

李吉甫《元和郡縣圖志》則提到東晉義熙十年（414）"朱齡石平譙縱，勒宋武帝檄文
於石壁之室，代王更以丹青增飾古畫，仍加豆盧辨、蘇綽之像"[②] 之事。地理類史料與傳記
資料一樣，對於考證文翁石室的歷代興廢同樣具有重要意義，但數量較為稀少，可作為參照。

書畫類文獻主要與文翁石室内周公禮殿所供奉的孔子及陪祀弟子的畫像相關。王羲之
曾求取講堂畫像欲摹寫，《雜帖》記有此事[③]；黄休復《益州名畫録》則記劉瑱畫孔子四科
十哲像并車服禮器之事，可為席益《府學石經堂圖籍記》的補充。[④]

載有文翁石室相關史料的金石類文獻主要有《金石録》《石刻鋪敘》《集古録》《隸釋》
四種。其中曾宏父《石刻鋪敘》記載了五代毋昭裔修文翁石室并刊刻九經之事：益都石經，
肇於孟蜀廣政，悉選士大夫善書者，模丹入石，七年甲辰，《孝經》《論語》《爾雅》先成，
時晉出帝改元開運。至十四年辛亥，《周易》繼之，實周太祖廣順元年。"[⑤] 歐陽修《集古
録》、趙明誠《金石録》、洪適《隸釋》皆收録了《禮殿記》《殿柱記》《學生題名》等後
漢碑記文字，留存了重要材料。例如趙明誠《金石録》中保留了部分碑記標題，我們可以
據之推測文翁石室的增修情況。如卷四有 "《唐益州學館廟堂記》（撰人姓名殘缺。顏有意

---

① ［宋］袁説友等編：《成都文類》卷三十，北京：中華書局，2011 年，第 577 頁。（以下祇出注書名、頁碼）
按：《殿柱記》分別著録於歐陽修《集古録》、趙明誠《金石録》、洪適《隸釋》等金石文獻。本處引自《成都文類》。

② "南外城中有文翁學堂，一名周公禮殿，《華陽國志》云：'文翁立學，精舍講堂作石室，一曰玉室。' 李膺記
云：'後漢中平中，火延學觀，廂廊一時蕩盡，唯此堂火焰不及。構制雖古，而巧異特奇，壁上悉圖古之聖賢，梁上則
刻文宣及七十弟子。齊永明中，劉瑱更圖焉。' 朱齡石平譙縱，勒宋武帝檄文於石壁之室，代王更以丹青增飾古畫，仍
加豆盧辨、蘇綽之像。"［唐］李吉甫：《元和郡縣圖志·劍南道上·成都府》，北京：中華書局，1983 年，第 768 頁。

③ "知有漢時講堂在，是漢和帝時立此？知畫三皇五帝以來備有畫，又精妙甚可觀也。彼有能畫者不？欲摹取，
當可得不？須具告。"［清］嚴可均編：《全上古三代秦漢三國六朝文·全晉文》卷二十二，北京：中華書局，1958 年，
第 3165 頁。

④ 席益《府學石經堂圖籍記》記載 "齊永明十年，刺史劉悛益以禮家器服制度"（《成都文類》卷三十，第 583
頁），僅言修復禮殿，增益器服制度。黄休復《益州名畫録》記 "劉悛弟劉瑱性自天真時，推妙手於殿，畫孔子四科十
哲像并車服禮器"（［宋］黄休復：《益州名畫録》卷下，文淵閣《四庫全書》本），則補充其弟畫孔子四科十哲像并車
服禮器之事。

⑤ ［宋］曾宏父：《石刻鋪敘》，文淵閣《四庫全書》本。

正書。高宗永徽元年二月"①和"《唐益州學館廟堂記》（史燾撰，釋□曠正書。神龍元年)"②，可推測唐高宗永徽元年（650）曾修學館廟堂，賀公亮撰《唐益州學館廟堂記》；中宗神龍元年（705）曾修州學廟堂，有頌刻石，史燾撰《益州館學廟堂記》。

自漢代以來，文翁化蜀的事迹為歷代士人學習和稱頌，并逐漸成為相對固定的典故和意象，廣泛被用於與重教興學主題相關的詩文中，因此留存有相當豐富的詩文遺産，如盧照鄰、岑參皆有《文翁講堂》詩，宋祁有《府學文翁畫像十贊》等。張俞《成都府學講堂頌》序曰："蜀之學遠矣，肇興於漢，歷晉、唐至於五代，世世弦誦不衰。所謂周公禮殿、文翁石室，越千餘載而巋然猶存。"③又有《華陽縣學館記》言："三代之學縣秦廢，蜀郡之學由漢興，而天下之學由蜀起。歷漢至宋，殿室畫像，古製盡在，則蜀之學其盛遠矣哉！"④并有頌贊曰："唯蜀學宮，肇於漢初。用倡庠學，盛於八區。八區洋洋，弦誦復興。周法孔經，是續是承。"⑤宋代李石《左右生題名》詠其盛曰："蜀地雖遠天之涯，蜀人祇隔一水巴。自從文翁建此學，此俗化為齊魯家。頹林春風桑葚熟，集鼓坎坎聞晨撾。諸生堂奧分左右，相比以立如排衙。"⑥以上種種，都對文翁化蜀之功績、石室的千載不絶以及當時蜀學之盛進行了贊頌，這也正是文翁教化對於後世的深刻影響之所在。

三、《錦江書院紀略》簡評

《錦江書院紀略》（以下簡稱《紀略》）是一部極為珍貴的書院志，為清人李承熙所編。李承熙曾任錦江書院監院，於離任之前編著并刊刻此書，以使後人有所參考。此書具有較高的史料價值和思想價值。

（一）作者簡介

李承熙，史料記載極少，僅在川渝地區的方志中有所提及。他為巴縣（今重慶）優貢，曾任錦江書院監院、龍安府學訓導。《儒藏》收錄的《紀略》提要，以及胡昭曦先生在《〈錦江書院紀略〉——一部稀見的書院志》一文中對於李承熙資訊的介紹都存在一些訛誤。

《儒藏》稱：

---

① ［宋］趙明誠：《金石録》卷第四，濟南：齊魯書社，2009年，第25頁。
② 同上，第37頁。
③ ［宋］張俞：《成都府學講堂頌》，《成都文類》卷四十八，第947頁。
④ ［宋］張俞：《華陽縣學館記》，《成都文類》卷三十一，第606頁。
⑤ ［宋］張俞：《成都府學講堂頌》，《成都文類》卷四十八，第947頁。
⑥ ［宋］李石：《左右生題名》，《成都文類》卷四，第71頁。

　　李承熙，巴縣（今重慶市）人，曾肄業東川書院，道光二年（1822）以優貢入國子監。咸豐中兩度被委為錦江書院監院（書院行政負責人，地位僅次於山長），八年（1828）奉銓龍安府學訓導。①

胡昭曦先生文曰：

　　道光四年巴縣（今重慶市）"優貢"。咸豐元年（1851）被委任為錦江書院監院（書院實際的行政負責人），後去職。咸豐五年復任監院，至咸豐八年。道光五年任龍安府學訓導。②

　　據《（民國）巴縣志》記載，李承熙為巴縣"優貢"在道光四年③，非道光二年，《儒藏》提要有誤。其任錦江書院監院的時間，二書所言均是。考《紀略》上卷首篇有"咸豐元年辛亥，余奉委監院"，下卷來往公文的日期也多在咸豐五年至八年間，當無誤。關於其任龍安府學訓導的時間，各書則有不同記載。《（同治）彰明縣志》曰："訓導……同治……李承熙，巴縣優貢，龍安府學訓導，五年攝。"④《（清咸豐九年冬）縉紳全書》曰："龍安府……復設訓導李承熙，重慶人，優貢，七年十二月選。"⑤《彰明縣志》雖未言是道光五年、咸豐五年還是同治五年，《縉紳全書》亦未言是道光七年還是咸豐七年，但至少可證，在咸豐末年乃至同治年間，李承熙仍在龍安府學訓導任上。然而道光五年（1825）與咸豐五年（1855）整整相隔三十年，在同一任上三十餘年，這種可能性微乎其微，且《彰明縣志》的記載有一"攝"字，"攝"有"代理"之意，《縉紳全書》為"選"字，據此推斷，李承熙或於咸豐五年錦江書院監院任上短暫兼任過龍安府學訓導一職，後於咸豐七年十二月接到調令。《紀略》卷首語提到"本年，余奉銓龍安府學訓導，行將之官……"⑥，此文寫於咸豐八年陽月，即十月。此與《縉紳全書》日期較近，其調任龍安府學訓導當在此時。《儒藏》提要言在"八年（1828）"，然而1828年恰為道光八年，誤也，當為1858年，即咸豐八年。

　　因此，李承熙道光四年為巴縣優貢，咸豐間兩任錦江書院監院，《紀略》於咸豐八年編纂并付梓刊刻。咸豐八年，李承熙任龍安府學訓導一職，至同治年間。

---

　　① ［清］李承熙：《錦江書院志略》，《儒藏》史部，成都：四川大學出版社，2011年，第246冊，第146頁。（以下祇出書名、頁碼）

　　② 胡昭曦：《〈錦江書院紀略〉——一部稀見的書院志》，《四川文物》2000年第5期。

　　③ 朱之洪、向楚纂：《（民國）巴縣志》卷八。

　　④ ［清］何慶恩、李朝棟：《（同治）彰明縣志》卷三十四。

　　⑤ ［清］佚名：《（清咸豐九年冬）縉紳全書》。然則咸豐十年、同治二年、四年、六年、八年、九年、十年之《縉紳全書》均有此記載，故可知至同治十年，李承熙仍在此任上。

　　⑥ 《錦江書院志略》，第150頁。

（二）內容結構

《儒藏》《中國書院書院志》① 所收《紀略》皆為咸豐八年錦江書院刻本，全書分上中下三卷。上卷彙纂了自漢文翁化蜀以來的歷史文獻，梳理了錦江書院的歷史沿革，收錄了歷代士人的詩文；中卷收錄了書院的碑刻、藏書目錄、匾額對聯、新舊器物清單等；下卷彙集了編者任監院期間上級的劄飭示諭、書院的各類案卷公文，內容豐富。然而《中國書院辭典》中有《紀略》條：

> 分正刊、副刊 2 部，每部分上、下，凡 4 冊。正刊彙集了《錦江書院考》《石室考》《書院考》《名宦紀略》《錦江書院藝文》等主要文獻。副刊選刊了書院草創前川省之修學記、學田記等，以及書院建置後增設書舍、桌榻和田産等有關"備案""清單""示諭"等資料，藏於華東師範大學圖書館、四川圖書館。②

此辭典言《紀略》僅有兩部分，應是所據版本殘缺，其卷中部分已亡佚，但不知其所據何本。

《紀略》的編纂目的，在卷上首篇文章中已闡明，即歷來官員於書院廣齋舍、增膏火、備典籍、厘章程，作者編纂此書的目的是使後來者"俾知所率循"；執政者若有事，可"旦暮或且快睹"，有所參考。因而，編纂者盡其所能，一一搜采明確，又恐"有不得聞致不及載者"，故稱為《紀略》。③ 題雖為"紀略"，其所載內容却已極為詳盡。

上卷第一篇為《紀略》，簡述了錦江書院的歷史沿革和編纂目的。其後是《錦江書院考》，包括《石室考》《書院考》《成都府學宮考》三篇，收錄有地圖兩幅，為《錦江書院舊圖》和改建後李承熙所繪的《錦江書院圖》；有文翁、高睎、李膺、蕭慥、辛昻、毋昭裔、蔣堂、王剛中、謝晉賢、胡士濟、劉漢、劉德芳、蔣攸銛十三人的小傳，并附《漢書·文翁傳》，是為《名宦紀略》。最後一部分是《錦江書院藝文》，收錄了漢以來衆多士人的詩文，其中不乏王羲之、盧照鄰、歐陽修、宋祁等著名人物的作品。此部分內容較為詳盡地收集了錦江書院的歷史資料，對於時人乃至後人瞭解文翁石室和錦江書院都有較大意義。由於古人收集資料水準的限制，此部分內容還有不少可增補之處。如"名宦"可增范成大、王守誠等，"藝文"可增補者則更多，如楊彥青的《重修錦江書院記》、趙正學的《儲書記》、李元珪的《贈也速秘書載書歸文翁石室》，等等。

---

① 趙所生、薛正興主編：《中國歷代書院志》，南京：江蘇教育出版社，1995 年。《錦江書院紀略》在第六冊，第629 頁。
② 季嘯風：《中國書院辭典》，杭州：浙江教育出版社，1996 年，第 658 頁。
③ 《錦江書院志略》，第 149—150 頁。

中卷的主要内容是書院所擁有的財産，包括碑刻、藏書、匾聯和器物。其中碑刻的内容最為豐富，有自康熙時修建書院以來的衆多建學、修學、視學記，有書院的條規、章程，還有《理欲長生極至圖説》《身家盛衰迴圈圖説》《善利圖説》三種學術圖説。藏書、匾聯和新舊器物的記載也極為詳盡：藏書均列出書名、册數，同時還記録了"歷年遺失書籍法帖名目""殘缺不可收拾及從前賠繳書籍存銀數目"①，多數匾聯著録了何年何月由何人題寫；新舊器物名目無所不包，上至香案香爐，下至桌椅床榻，皆歷歷在册，清楚明瞭。由於碑刻易磨滅，書籍器物易丟失，因而中卷為錦江書院保留了極為珍貴的史料。

下卷保留了李承熙任監院時期書院的各類來往案卷公文，涉及經費收支、課額增減、考課章程、生員膏火等多項行政事務。其内容十分豐富，也是監院的職責所在，通過這些資料，可以較為清晰地瞭解錦江書院的運作方式。

（三）史料價值

胡昭曦先生稱"書院是我國重要的歷史遺産，也是我國傳統文化的重要組成部分"②，需要廣泛搜集和發掘資料，進行深入研究。《紀略》是一部極為珍貴的書院志，是研究書院史的重要材料。

近些年來，《紀略》已得到一定程度的利用。如胡昭曦在《四川書院的發展與改制》一文中，將嘉慶二十四年四川總督蔣攸銛制訂《錦江書院條規》整頓書院、道光二十八年"嚴定章程"、咸豐年間再訂課規以遏流弊三事，作為論證四川地區的書院制度與社會需要的矛盾日漸突出，以致書院最後被廢罷，而改為新式學堂的重要論據③。胡先生所用材料均出自《紀略》，其中嘉慶二十四年、道光二十八年兩次在中卷，咸豐間之整頓在下卷。又如周倩《清代書院史籍藏貯初探》"通過對清代不同時期、不同規模書院留存書目的輯録、統計和分析"，探究清代書院史類典籍的收藏情況。其依據《紀略》中卷藏書目録，統計出錦江書院總藏書 2830 册，其中史類 1479 册，并結合其他同類書院藏書情況，得出史籍占藏書總量的比重"大體維持在四分之一左右，且有不斷上升的趨勢"的結論，而錦江書院尤為突出，"可達二分之一"④。再如程嫩生《清代書院科舉文教育》一文，利用《紀略》中對於經費收支、生員膏火等的記載，以"每逢恩科、正科鄉試之年，該院肄業者無論中式若干名，每名發給會試路費銀五十兩"，作為證明清代書院重視科舉教育的重要論據之一⑤。另外，還有利用書中衆多的建學、修學記以及地圖等，考察清代巴蜀地區書院的建設

---

① 《錦江書院志略》，第 395、398 頁。
② 胡昭曦：《〈錦江書院紀略〉——一部稀見的書院志》，《四川文物》2000 年第 5 期。
③ 胡昭曦：《四川書院的發展與改制》，《中華文化論壇》2000 年第 3 期。
④ 周倩：《清代書院史籍藏貯初探》，《史學史研究》2018 年第 3 期。
⑤ 程嫩生：《清代書院科舉文教育》，《内蒙古社會科學（漢文版）》2011 年第 2 期。

和成都城市建設的，如《巴蜀書院建築特色研究》①、《清代中前期成都城市的重建》② 等。

以上所列種種，足見《紀略》對於中國書院史研究的重要意義。但是，大多數研究者皆將其置於巴蜀或是全國整體範圍之內，探究普遍的規律和特徵。除此之外，還有關於錦江書院本身的研究，這類研究對《紀略》史料的運用更為廣泛和深入。如《錦江書院山長考》，在運用了《紀略》《石室紀事》的同時，"梳爬比勘，考訂搜羅"，對《紀略》的材料進行了補充和完善③，為後人的進一步研究奠定了良好的基礎。舒大剛老師的《"廟學合一"的創舉：成都石學宮室"周公禮殿"考》④、《"蜀學"三事：成都文翁石室叢考》⑤ 兩篇文章在考察文翁石室時也曾引用《紀略》的材料。另外，在經學、蜀學的相關研究中，《紀略》也發揮着一定的作用，如楊世文先生的《清代四川經學考述》⑥、金生楊先生的《文翁化蜀的歷史反思》⑦ 等。

《紀略》是一部極為珍貴的書院志，具有較高的史料價值。由於其上卷部分為書院歷史資料彙編，絕大部分材料可於他處尋到更為準確可靠的來源，故而史料價值有限，但有利於研究者便捷、直觀地瞭解書院歷史，并可在此基礎上進行思維發散，整合更多的資料。中卷、下卷部分的碑刻亦見於其他典籍，但勝在全面詳盡，其中藏書目錄、物件記錄、學規章程、來往公文多為其僅有，具有極高的史料價值，無論對於研究文翁石室、錦江書院，還是對於全地區乃至全國書院的考察研究，都具有較大的意義。然而，目前學界對該書的研究與利用都還遠遠不够。

（四）儒學思想

"祭祀先聖、先師、先賢是中國古代學校的功能之一。"⑧《紀略》雖未直接描寫書院祭祀先聖、先師、先賢，但有許多資料都體現了這樣一種重視先師先賢的思想。如卷首李承熙所作《紀略》一文，言周公禮殿"當與石室并垂不朽"，又見三公祠內蔣堂"久闕明禋"，擔憂"何以安先賢而風後傑"，後復蔣公之祀⑨。上卷"書院藝文"中還收錄了李石的《禮殿》《殿柱記》《周公禮殿記》、宋京的《禮殿》、郭子章的《至聖孔子神位繪像圖記碑文》等許多祭奠先聖、先師、先賢的詩文，這些也都是該書重視祭祀、感念先賢的儒

① 彭麗莉：《巴蜀書院建築特色研究》，重慶大學碩士學位論文，2006 年。
② 劉喬：《清代中前期成都城市的重建》，四川大學碩士學位論文，2006 年。
③ 劉平中：《錦江書院山長考》，四川大學碩士學位論文，2007 年。
④ 舒大剛：《"蜀學"三事：成都文翁石室叢考》，《孔學堂》2015 年第 3 期。
⑤ 舒大剛：《"廟學合一"的創舉：成都石學宮室"周公禮殿"考》，《儒藏論衡：經典儒學與大衆儒學》，上海：上海古籍出版社，2018 年。
⑥ 楊世文：《清代四川經學考述》，《西華大學學報（哲學社會科學版）》2010 年第 2 期。
⑦ 金生楊：《文翁化蜀的歷史反思》，《西華大學學報（哲學社會科學版）》2008 年第 4 期。
⑧ 舒大剛：《"廟學合一"的創舉：成都石學宮室"周公禮殿"考》，《儒藏論衡：經典儒學與大衆儒學》，上海：上海古籍出版社，2018 年，第 248 頁。
⑨ 《錦江書院志略》，第 148 頁。

家思想的體現。

《儒藏》提要和胡昭曦先生的文章都言《紀略》一書缺乏對書院教學狀況的記載，這也確實是它的一大缺陷，但仍可從詳盡的藏書目錄以及學規章程中對其教學情況窺得一斑：書院自古以來便有重學的傳統，孟蜀時期所刻石經"定十三經之典範"①；書院藏書兩千八百餘冊，為師生治學提供了極為有利的條件；書院數次頒定學規，"首重品行""詳查諸生功課"②，嚴格獎懲，補貼趕考學子的路費銀，種種措施，皆體現了書院對於"教"與"學"的重視。重教尚學也正是儒家思想的重要內涵。

另外，《紀略》中僅有的三篇學術文章——呂坤的《理欲長生極至圖説》《身家盛衰迴圈圖説》以及馮從吾的《善利圖説》，兩位作者皆為理學名家，文章内容也以理學為中心。《紀略》收錄此三篇文章，乃是因為書院舊有碑刻，故而重視"理學"也是本書的一大特色。楊世文先生也在《清代四川經學考述》中談到，錦江書院在近代以前"辦學的宗旨在於傳播理學"③。

總而言之，正是由於這些思想特點，錦江書院對於近代蜀學的發展具有極為重要的影響。書院培養了一大批優秀學者，是蜀學繁榮的根基所在。而《紀略》是一部極為珍貴的史料，具有較高的史料價值和思想價值，對於研究錦江書院史、巴蜀地區書院史乃至全中國的教育史都具有較大的意義。

結　語

總體而言，關於文翁石室在歷代的發展變遷的史料較為分散。研究這一問題，首先還是要依靠正史傳記類文獻；其次是各類館記、碑記等文獻，它們散見於文集、方志等文獻之中；還要利用好書院志這一特殊的文獻。若要談及文翁石室的社會影響，則需進一步關注間接史料，利用登科錄、朱卷等，關注有文翁石室求學經歷的群體，關注五賢祠等供奉文翁及其他地方先賢的祠廟的祭祀情況，關注化成院、化志院等寺廟的得名及其香火情況等，深入探討文翁石室對於中國古代地方教化和學術發展、傳播的重要影響。這些都是我們要繼續進行的工作。

作者單位：四川大學古籍整理研究所

---

① 舒大剛：《"蜀學"三事：成都文翁石室叢考》，《孔學堂》2015 年第 3 期。
② 《錦江書院志略》，第 338、342 頁。
③ 楊世文：《清代四川經學考述》，《西華大學學報（哲學社會科學版）》2010 年第 2 期。

佛教漢傳轍迹及其與魏晉士人精神的因緣會合[*]

張文浩

　　漢魏之際，社會面臨空前的政治危機和社會危機，戰爭頻繁，經濟困頓，民生凋敝。在這樣的社會裏，人們的思想信仰混亂不堪，儒家經學走入陳腐拘泥的境地；政治腐敗，吏治無能，選拔官員的察舉和徵辟制度更是名實脫節，道德與名位之間頗具諷刺性的錯位；自然與名教的衝突在士人階層造成了思想上的巨大困惑。人們生活在最痛苦的時代，很需要宗教進行肉體和靈魂的撫慰，於是遁世超俗之風漸熾，加入佛教的僧衆也漸多。佛教傳播進入譯經的輸入時期，不再單純地依托道教方術來流行。此時期的佛經譯傳主要分爲兩個系統：以安世高爲代表的安息系統，傳播的是小乘禪學，主張以漸次修禪而入佛境；以支婁迦讖爲代表的月支系統，傳播的是大乘般若學，主張以般若慧解和淨土思想頓悟而入佛境。

一、從王弼到郭象再到僧肇：
佛玄在士人階層的融通演化和邏輯體系

　　從傳播效果看，小乘禪學的初期影響比大乘般若學要普遍得多，但在後期則以大乘般若學爲主流。安世高譯有《安般守意經》《陰持入經》《阿毗曇五法四諦》《修行道地經》等幾十種佛經，這些佛經偏重於"禪數"法，其中"禪法"講究"安般守意"，即調諧呼

────────────────
　　[*] 本文爲教育部人文社會科學研究專案《中國遊藝觀念的審美文化史觀照研究》（專案編號：19XJA751010）、重慶市教委人文社科重點專案《魏晉士人精神互文性研究》（項目批准號：20SKGH212）成果。

吸，控制意念，專心守一，與道教之吐納、食氣等長生術頗有親近處，故深受民間信仰者青睞。支婁迦讖譯有《般若道行經》《般若三昧經》《首楞嚴經》等，原本都由竺朔佛傳來，支讖為之口譯。般若學的"緣起性空"理論對道家的"無名為天地始"思想多有比附，且由於思想界已厭倦災異圖讖學說和繁瑣迂腐的經學，容易接受思辨性極强的大乘般若學，故而大乘佛教在西晉時期得以迅速地傳播開來。

三國東吳的佛教以繼承安世高小乘"禪數"說為主，代表人物有南陽韓林、潁川皮業、會稽陳慧等。陳慧的弟子康僧會到建業，注釋《安般守意》《法鏡》《道樹》，開注釋佛經之先例。支婁迦讖的再傳弟子支謙入吳地，翻譯了維摩、大明度等大小乘經典十餘部，并把般若性空說帶入南方。正始年間，玄風大盛，首倡者何晏、王弼從注《老子》開始，建構起玄學理論體系，同時代的夏侯玄、鍾會等都有《老子》注本，這批思想家圍繞本末、有無、群己、情禮等問題展開清談討論，構建玄學本體論，探討社會政治問題。到了竹林時期，嵇康、阮籍等以莊解玄，高揚莊子那種富有詩情和哲理的超越精神，又圍繞"名教"與"自然"的關係，於談玄之外更兼崇隱逸之趣，從廟堂走向山水，探索生存價值和個體人格建設的重要問題，代表着士族階層崇尚莊子式自然靈性的思想風貌。玄學的理論性與核心議題，使正始以來的士人階層在總體上鍛煉了形而上學的思維能力，他們的認識得到深化，抽象思維的程度得到提升，理論概括水準得到提高。如此一來，魏晉玄學給佛教般若學提供了適宜的土壤，般若學沿着玄學開闢的道路找到了發展機緣，特別是在士族階層引起了共鳴。

西晉後期，裴頠以名教為本而提倡崇有論，以糾貴無論之偏弊；郭象則力主融合自然與名教的關係，提出玄冥、獨化的自然論，以構造適性逍遙的理想人格。郭象之後，玄學已發展到最成熟階段，東晉的張湛綜合崇有、貴無學說，提出"群有以至虛為宗，萬品以終滅為驗"的思想，"所明往往與佛經相參，大歸同於老莊"，用元氣、理來解釋無和有，與般若學"非有非真有，非無非真無"的中道觀頗有連通處。這明顯也體現了晉室南遷後士族階層肆情任性、泯滅自然和名教界限的苟安現狀的心理。東晉門閥士族的政治體制也找到了理論支持，富貴和逍遙、廟堂和山林并無二致。而佛教學者也積極進行自我改造，為了贏得士族階層的認可，他們一改印度佛教固有的悲觀厭世、否定人的情感世界的人生觀，代之以對待生命的坦然達觀，為士族階層出處進退、人格模式提供了可信的依據。為了抹平士族階層對佛教經義的隔閡，他們借用中國本土的"格義"法來解釋佛理，使浸染玄風的士人階層很順利且普遍地理解和接受了佛教教義。佛教信奉者宣稱佛與周孔的宗旨是一致的："周孔即佛，佛即周孔，蓋外內名之耳，蓋外內名之耳。故在皇為皇，在王為王。佛者梵語，晉訓覺也，覺之為義，悟物之謂，猶孟軻以聖人為先覺，其旨一也。應世軌物蓋亦隨時，周孔救極弊，佛教明其本耳。共為首尾其致不殊，即如外聖有深淺之迹。

堯舜世夷，故二后高讓；湯武時難，故兩軍揮戈。淵默之與赫斯其迹則胡越，然其所以迹者，何常有際哉。故逆尋者每見其二，順通者無往不一。"（《喻道論》）[1] 這無意中接通了漢末《牟子理惑論》的説法。

雖然佛教是出世的哲學，却并不真正出世，而以出世的姿態關注着世間萬象和社會人生。佛教也要為治道王化事業盡力，故與儒家的"所以迹"者并無分隙。般若學與玄學理論以《莊子》為溝通媒介，道安、道生、僧肇、慧遠、竺法汰、曇一等都十分注重莊子學説。這促成了大量僧人與士人的結交，如支道龍與玄學名士阮瞻、庾敳為友，被世人冠之以"八達"；孫綽寫成《道賢論》，列舉七位高僧以比擬竹林七賢；支道林愛馬，愛重其神駿之性，從藝術欣賞的角度對待馬，不啻名士風度。如是，佛學中國化的進程在東晉時期基本完成。何尚之在其《宋文帝集朝宰論佛教》語云："渡江已來，則王導、周顗，宰輔之冠蓋；王濛、謝尚，人倫之羽儀；郄超、王坦、王恭、王謐，或號絶倫，或稱獨步，韶氣貞情，又為物表。郭文舉、謝敷、戴逵等，皆置心天人之際，抗身煙霞之間。亡高祖兄弟以清識軌世，王元琳昆季以才華冠朝，其餘范汪、孫綽、張玄、殷顗，略數十人，靡非時俊，又炳論所列諸沙門等，帛、曇、邃者其下輩也。所與比對，則庾元規，自邃以上，護、蘭諸公，皆將亞迹黄中，或不測人也。近世道俗較談便爾，若當備舉夷夏，爰逮漢魏，奇才異德，胡可勝言？寧當空夭性靈，坐棄天屬，淪惑於幻妄之説，自隱於無徵之化哉？"[2] 由此可見東晉佛學在士族階層中的流行盛況、高士名流對佛學義理的心儀熱衷，佛玄合流故能造就東晉名士的神采風度。

與東晉相伴相隨的北方十六國先後建政，興亡不定，黎庶苦尋庇護，故寺院遍布州郡各地。十六國統領亦因地緣关系而對佛教有親近感：石勒、石虎信任佛圖澄，符堅信任釋道安，姚興信任鳩摩羅什。何尚之在《宋文帝集朝宰論佛教》中説，這一時期北方冤横死亡者不可勝數，"其中設獲蘇息，必釋教是賴"；并列舉佛圖澄入鄴而石虎殺戮减半、澠池寶塔放光而符健暴虐减弱的事例，説明惡人可因佛而向善，如"蒙遜反噬無親，虐如豺虎，末節感悟，遂成善人"。佛圖澄的弟子道安被前秦符堅奉為國師，在長安主持了大規模的譯經活動，大乘佛教經典即在此時大量譯出；道安還綜理衆經目録，制定僧規戒律，統一僧尼以釋為姓，培養了慧遠、僧叡等優秀弟子；他還認識到佛教的傳教綱領"不依國主，法事難立"，有效地促成了僧人與名士的交遊談玄，最終創立了"本無宗"這個僧衆最廣的佛學流派。

這一時期南方佛教則以竺道潛（王敦之弟）和支遁（道林）為重要代表。晉元帝、明帝都崇信佛教，宮中常有高僧進出；哀帝曾請竺道潛、支遁進宮講解《大品般若》《道行

---

① ［南朝梁］僧祐編：《弘明集》，北京：中華書局，2010年，第80頁。

② 同上，第297頁。

般若》，支遁還據此著成《道行旨歸》《即色遊玄論》等。支遁之後，道安弟子慧遠在廬山開創淨土宗，在廬山的東林寺雲集了當時的世族和玄學名士，陶淵明、謝靈運等皆與之深交；慧遠還曾與北方的鳩摩羅什有書信來往，探討大乘佛學問題。鳩摩羅什本為西域龜兹國貴族，係大乘佛學龍樹空宗嫡傳弟子，被後秦姚興奉為國師。他曾率弟子於弘始三年（401）入長安，譯成《大品般若經》《法華經》《維摩經》《阿彌陀經》《金剛經》等佛經，翻譯《中論》《百論》《十二門論》《大智度論》《成實論》等佛論，開創了經論并譯之先河，并系統地介紹了龍樹中觀學派的思想。鳩摩羅什有弟子三千，其中道生、僧肇、僧叡、道融號稱"什門四聖"。僧肇擅長般若學，有"法中龍象"，精於大乘經典，兼通三藏，才思幽玄。他有著作多種，將鳩摩羅什所傳龍樹學"緣起性空"的般若思想發揮得淋漓盡致。僧肇的"不真空義"是接着王弼、郭象而批判性地發展了玄學，其思想雖從印度佛教般若學而來，却是中國哲學的重要組成部分。從王弼到郭象再到僧肇，構成了中國傳統哲學的一個發展圓圈①。僧肇在建構般若學思想體系的同時也破斥了玄學之貴無、崇有、獨化，將佛學從玄學中剥離出來，不僅意味着佛學理論玄學化的終結，也意味着中國佛學理論自成體系并按自身邏輯獨立發展的開始。

二、重塑士人精神：本無宗、心無宗、
即色宗與貴無、崇有、獨化的義理互映

鳩摩羅什到中原傳播佛教，導致原本派系意識淡薄的中土佛學開始劃分界綫。釋迦族甘露飯王的後裔佛馱跋陀羅輸入大乘學世親系有宗，使大乘佛學内部開始有了分歧。鳩摩羅什的弟子們也紛紛獨立創宗樹派，其中竺道生於大乘中別立了涅槃學派。僧叡於《毗摩羅詰提義經義疏序》中將佛教宗派細歸為六家："自慧風東扇，法言流録以來，雖日講肄，格義遇而乖北，六家偏而不即。"② 不過他祇提到了六家數目，并未明確指出具體的宗派名目及其代表人物。劉宋曇濟著有《六家七宗論》，惜已失傳，祇在中唐元康《肇論疏》中有"宋莊嚴寺釋曇濟作《六家七宗論》，論有六家，分成七宗"的記載。七宗為：1. 本無宗，代表為道安；2. 本無異宗，代表為竺法深、竺法汰；3. 即色宗，代表為支道林；4. 識含宗，代表為于法開；5. 幻化宗，代表為道壹；6. 心無宗，代表為支湣度、竺法蘊、道恒；7. 緣會宗，代表為于道邃。本無異宗是從本無宗分化而出的，故合之稱"六家"。此

---

① 湯一介：《郭象與魏晉玄學》，北京：北京大學出版社，2009 年，第 113 頁。

② ［南朝梁］僧祐編：《出三藏記集》，北京：中華書局，1995 年，第 412 頁。

為"六家七宗"名目。論影響，僧肇在《不真空論》中批判了般若學派之本無宗、心無宗、即色宗，可見此三家影響較大，故遭集中批判。任繼愈認為，本無、心無、即色三宗的基本思想大略對應玄學之貴無、崇有、獨化三派①。這是由於"三論"（《中論》《百論》《二十門論》）尚未譯出，般若經的各種譯本未盡達義，涉足般若學諸人仍沿用漢魏以來的格義、合本方法，較難確切把握般若性空思想體系；又，此期般若學僧人大多與中土玄學名士交往甚密，彼此也都兼通內外之學，尤其精通老莊，而格義主要藉助老莊之書，故雙方互相滲透融通。

本無宗代表為釋道安（312－385），其俗姓衛，早失覆蔭，為外兄孔氏所養，十二歲即出家。至後趙鄴城拜佛圖澄為師，佛圖澄見之而嗟歎不已，終日與之談論佛理。佛圖澄講經後，道安每每復述，自設疑難鋒起，又挫銳解紛，行有餘力，時人贊呼"漆道人，驚四鄰"。中年避亂，南投襄陽，遇知名文士習鑿齒來探望，習鑿齒自報家門："四海習鑿齒。"道安應答："彌天釋道安。"名士名僧的機智應對，風神畢現，時人以為名答。道安在襄陽宣講佛法，并著《般若道行》《密迹》《安般》諸經，析疑甄解，文理會通；又總集漢魏以來佛經名目，撰成《經錄》，眾經從此有根有據。苻堅攻破襄陽時，自稱"以十萬之師取襄陽，唯得一人半"，意謂"安公一人，習鑿齒半人"，足見道安在僧俗兩界的名氣及後來在思想史上的地位真正夠得上"彌天"二字。道安走南闖北，雖是佛門中人，却對世俗人情洞若觀火，更明白"不依國主，則佛事難立"的道理，知道佛教要在中國立足，最關鍵的是獲得士族階層的認同，故他在派遣同門竺法汰去揚州弘法時叮囑說："彼多君子，好尚風流。"佛教中深湛精緻的義理由此漸漸滲透到士族階層中。道安及其徒眾創立了當時反響最大、規模最巨、貢獻最偉的本無宗佛學流派。

本無宗把般若的"空"理解為本體、無，否認現象的真實性，祇承認本體空寂。隋唐時嘉祥大師在《中觀論疏》中揭明其核心宗旨曰："釋道安明本無義，謂'無'在萬化之前，'空'為名形之始。夫人之所滯，滯在未有，若宅心本無，則異想便息……安公明本無者，一切諸法，本性空寂，故云本無。"（《大正藏》第四十二冊）唐元康《肇論疏》云："道安法師《本無論》云：'明本無者，稱如來興世，以本無弘教……'廬山遠法師《本無義》云：'因緣之所有者，本無之所無，本無之所無者，謂之本無。本無與法性，同實而異名也。'"（《大正藏》第四十五卷）以道安為代表的本無宗全盤接受了魏晉玄學的中心議題，以"無"或"空"為萬化世界之本，且先於萬化世界，是現象界的本源；本無的真諦是：一切事物或現象之本性皆為空寂、法身、道，若透過現象直探根本，則現象就消失了。慧遠繼承師說，以本無為法性，以般若性空為實體。按此解釋，無即為萬物之本，萬有亦

---

① 任繼愈：《中國佛教史》第二卷，北京：中國社會科學出版社，1985年，第220頁。

從無中化出，這與王弼之本無説基本一致。王弼云："物之所以生，功之所以成，必生乎無形，由乎無名；無形無名者，萬物之宗也。"（《老子指略》）二者皆從具體的現象考察開始，直探"無"為宇宙本體的結論。其不同點在於，王弼以《老》《易》為依據和媒介，發揮其"以無為本"的思想；道安等則以般若性空為依據，發揮其"以無為本"的思想。"道安一派'以無為本'的觀點，被後來般若學派奉為正宗，在六家七宗中影響最大，原因在於它上承魏晉玄學的正統，在佛教理論界建立了與當時中國玄學相應的本體論。這種本體論可以和實相、法性相呼應、銜接。"① 但道安本無宗的漏洞也在於此，既然其思想與玄學的"貴無"論思想相一致，則其獨立特徵未能彰顯出來，故後來僧肇在討論本無宗的理論缺陷時説："本無者，情尚於無多，觸言以賓無，故非有，有即無；非無，無却無。尋夫立文之本旨者，直以非有非真有，非無非真無耳。何必非有無此有，非無無彼無？此直好無之談，豈謂順通事實，即物之情哉？"（《不真空論》）僧肇指出本無宗的理論錯誤在於，把無當成最高的實體，事實上造成了無和有的對立，把本是空無的世界分割成有和無兩個世界；而大乘空宗的本旨是空有無礙，若宰割以求通，又怎能順通事實呢？

　　心無宗的創立者是支愍度、竺法藴和道恒，《世説新語·假譎》記載有一段其創立之初被譏諷攻訐的事例："愍度道人始欲過江，與一傖道人為侶。謀曰：用舊義往江東，恐不辦得食。便共立心無義。既而此道人不渡，愍度果講義積年。後有傖人來，先道人寄語云：為我致意愍度，無義那可立？治此計權救饑爾，無為遂負如來也。"關於舊義、新義之説，劉孝標在注釋此條之"無義"時云："舊義者曰，種智有是，而能圓照。然則萬累斯盡，謂之空無，常無不變，謂之妙有。而無義者曰，種智之體，豁如太虛，虛而能知，無而能應，居宗至極，其唯無乎。"陳寅恪《支愍度學説考》解釋説："舊義者猶略能依據西來原意，以解釋般若色空之旨。新義者則采用《周易》《老》《莊》之義，以助成其説而已。"② 時人譏諷心無宗的理由是支愍度為了生存需要改創新義，即藉助江東學術界的理論話語來弘法。那麽，心無宗主要借用了江東學術界的哪些理論話語呢？日本學者安澄在《中論疏記》中記載僧温《心無二諦論》云："夫有，有形者也。無，無像者也。然則有像不可謂無，無形不可謂有。是故有為實有，色為真色。經所謂色為空者，但内止其心，不滯外色。此色不存餘者之内，非無而何？豈謂廓然無形，而為無色乎？"③ 吉藏《中觀論疏》云："心無者，無心於萬物，萬物未嘗無。此釋意云：'經中説諸法空者，欲令心體虛妄不執，故言無耳，不空外物，即萬物之境不空。'"④ 唐無康《肇論疏》亦云心無宗："謂經中言空

---

① 任繼愈：《魏晉南北朝佛教經學》，北京：國家圖書館出版社，2013年，第25頁。

② 陳寅恪：《金明館叢稿初編》，北京：生活·讀書·新知三聯書店，2001年，第161頁。

③ （日）高楠順次郎等編：《大正藏》第六十五卷，石家莊：河北佛教協會重印版，2005年，第94頁。

④ 同上，第四十二卷，第29頁。

者，但於物上不起執心，故言其空，然物是有，不曾無也。"（《大正藏》第四十五卷）若
這些記載都準確地理解了心無宗之義，則支愍度的心無宗雖然藉助了玄學的"無"概念，
却堅持萬物不空，即不空外色；説"無心於萬物"者，乃是從心體論而言，不是從本體論
去説。再對照裴頠《崇有論》的觀點："夫至無者，無以能生。故始生者，自生也。自生
而必體有，則有遺而生虧矣。生以為己分，則虚無是有之所遺者也。故養既化之有，非無
用之所能全也。理既有之衆，非無為之所能循也。"（《晉書·裴頠傳》）可知支愍度心無宗
的學説新義，就是對玄學崇有論的融通和發揮。如此一來，心無宗的教旨與佛教空義產生
了較大偏離。

　　即色宗代表為支遁（約313—366），字道林，世稱支公，亦曰林公。其家族世代崇信
佛教，兼通老莊學説。他在《即色遊玄論》中提出"即色本空"的思想，創立了般若學之
即色宗。孫綽的《道賢論》把支道林比作向秀，説"支遁向秀，雅尚莊老，二子異時，風
好玄同"（《高僧傳·支遁傳》。支道林在《世説新語》裏有近五十次登場亮相，與名士謝
安、王羲之、王洽、殷浩、許詢、孫綽、王蒙、郄超、王坦之等三十餘名士交遊甚密，經
常往來，談論玄理，可見他是位很出色的社會活動家。其即色宗的思想與玄學多有相通之
處，特別是他有意地順着向秀、郭象獨化論的思路，從現象界去論證般若性空的真義。他
在《大小品對比要鈔序》中説："理冥則言廢，忘覺則智全。若存無以求寂，希智以忘心，
智不足以盡無，寂不足以冥神。何則？故有存於所存，有無於所無，存乎存者，非其存也；
希乎無者，非其無也。何則？徒知無之為無，莫知所以無。知存之為存，莫知所以存。希
無以忘無，故非無之所無；寄存以忘存，故非存之所存。莫若無其所以無，忘其所以存。
忘其所以存，則無存於所存；遺其所以無，則忘無於所無。忘無故妙存，妙存故盡無，盡
無則忘玄，忘玄故無心。然後二迹無寄，無有冥盡。"（《全晉文》卷一百五十七）支道林
仍然用玄學本體論的理論術語來闡釋佛教般若性空的義理，所寄、所以寄、所以存、所迹、
所以迹等概念，頗含玄學思辨色彩。在他看來，理解現象界要通過忘無、妙存、盡無、忘
玄、無迹等階段，最後無有盡冥，即無即有，有即無，界限泯然。這與郭象的"名教即自
然"的獨化論有一定的相似處。郭象《莊子注·齊物論注》曰："是以涉有物之域，雖復
罔兩，未有不獨化於玄冥之境者也。"即認為在玄冥之境裏也是有無兩忘，界限泯然。

　　然而，支道林畢竟是要闡釋般若性空的義理，而郭象則是要調和玄學之貴無派和崇有派
的裂縫，故兩者的不同處也是明顯的。比如對"逍遙"義的解釋，郭象説："夫小大雖殊，而
放於自得之場，則物任其性，事稱其能，各當其分，逍遙一也，豈容勝負於其間哉。""夫翼
大則難舉，故搏扶搖而後能上，九萬里乃足以自勝耳。既有斯翼，豈得決然而起，數仞而下
哉？此皆不得不然，非樂然也。"（《莊子注·逍遙遊注》）郭象認為，祇有當萬物自足其性的
時候，纔會達到完全平等的"大均"，獲得絕對的自由；事物的形態雖各異，但祇要各自順應

本性，行為符合各自的性分，就都能達到逍遥境界，滿足性分即自由。故郭注一出，仿佛一錘定音，清談之士奉之為定論，因循其説。然而，在白馬寺清談《莊子·逍遥篇》時，名士們贊同郭象 "適性逍遥" 之説，支道林却不以為然；他以反問的方式諷刺人云亦云的名士們："不然。夫桀蹠以殘害為性，若適性為得者，彼亦逍遥矣。"（《高僧傳·支遁傳》）從 "群儒舊學莫不歎伏" 的群體反應來看，其解釋語出驚人，與郭注的差異是很明顯的。又《世説新語·文學》中也記載了支道林在白馬寺參與清談一事："《莊·逍遥篇》，舊是難處。諸名賢所可鑽味，而不能拔理於郭、向之外。支道林在白馬寺中，將馮太常共語，因及《逍遥》。支卓然標新理於二家之表，立異義於衆賢之外，皆是諸名賢尋味之所不得。後遂用支理。"劉孝標注引支氏《逍遥論》曰："夫逍遥者，明至人之心也。莊生建言大道，而寄指鵬鷃。鵬以營生之路曠，故失適於體外；鷃以在近而笑遠，有矜伐於心内。至人乘天正而高興，游無窮於放浪，物物而不物於物，則遥然不我得，玄感不為，不疾而速，則逍然靡不適，此所以為逍遥也。若夫有欲，當其所足，足於所足，快然有似天真，猶饑者一飽，渴者一盈，豈亡蒸嘗於糗糧，絶觴爵於醪醴哉！苟非至足，豈所以逍遥乎？"向秀、郭象并不看重大鵬和鷃鳥的區別，以為祇要 "適性" 即是逍遥，合乎其本性即是自由，這樣的解釋很容易導致安於現狀、隨波逐流甚至肆情縱欲的生活態度，當然也便於為豪門士族的既有利益作辯護。支道林的解釋擊中了獨化論的理論漏洞，認為大鵬竭力遠行和扶摇衝天，也得依恃羊角風纔能實現，有了前提條件的限制，那就算不得是逍遥了；鷃鳥不僅不思進取、自甘墮落，還嘲笑大鵬浪費精力，那更算不得是逍遥。真正的逍遥境界祇有 "至人" 纔能達到，故 "逍遥者，明至人之心也"。此外，支道林主張 "色不自有"，認為萬物的存在都是暫時的，終究要消亡。《世説新語·文學》記載："支道林造即色論，論成，示王中郎。中郎都無言。支曰：'默而識之乎？'王曰：'既無文殊，誰能見賞？'"劉孝標注引支氏《妙觀章》云："夫色之性也，不自有色。色不自有，雖色而空。故曰色即為空，色復異空。"即色宗認為，事物并非自己形成，而是由因緣和合而成，所以無自性，本質是空。支道林是就物上説空，空與有仍然是一而二、二而一的關係。萬物確實真實存在，此為有；但萬物的存在缺乏自主性，難以恒存，終要消亡，此為無或空。道安的本無宗，不知道所無與所以無、所存與所以存之間相互依存的關係，偏於事物本質的無而忽視從具體事物去認識無；僧肇的不真空論，認為一切事物都虚幻不真、無自性，因而性空、自性空、畢竟空。即色宗没有否定萬物的真實存在。從道安到支道林再到僧肇，般若學 "緣起性空" 的理論就基本形成了。支道林講《逍遥遊》"才藻新奇，花爛映發"，連王羲之都聽得披襟解帶，流連不能已，説明佛教在東晉時期得以與《老》《莊》互證，不再是方術道士之附庸；名僧與名士得以同遊，理論彼此調和，彼此推演，既重新塑造了士人階層的精神世界，也使佛學漸漸地反客為主取代玄學，成為晉宋以後主流的思想形態。

三、釋慧遠的弘揚佛法與士人階層的佛玄儒 "三教會通"

弘揚佛法、實現 "三教會通" 的最終完成者是廬山釋慧遠。慧遠（334－416），俗姓賈，世為冠族。少年即博綜六經，尤善《老》《莊》。北方戰亂初起時，他曾欲赴江南，與儒者范宣一同隱遁；轉赴恒山，拜釋道安為師，聽講《般若經》。當時，由於慧遠 "内通佛理，外善群書"，道安特別允許慧遠講佛經時援引儒道兩家之書。前秦苻堅攻襄陽之際，慧遠受道安師囑："使道流東國，其在遠乎？" 慧遠遂率百餘人南下，輾轉至廬山建造龍泉寺，後又在江州刺史桓伊資助下建造東林寺，廬山遂成為中國佛教淨土宗發源地之一。受慧遠德行修為感召，名僧雅士齊聚廬山，"彭城劉遺民，豫章雷次宗，雁門周續之，新蔡畢穎之，南陽宗炳、張萊民、張季碩等，并棄世遺榮，依遠遊止"；慧遠乃於精舍之無量壽像前建齋立誓，共期西方極樂世界。慧遠不忘道安的期待，竭力用佛理包容儒道兩家，"總攝綱維，以大法為己任"。在《與隱士劉遺民等書》裏他說："每尋疇昔，游心世典，以為當年之華苑也。及見《老》《莊》，便悟名教是應變之虛談耳。以今而觀，則知沉冥之趣，豈得不以佛理為先？苟會之有宗，則百家同致。君諸人并為如來賢弟子也，策名神府，為日已久，徒積懷遠之興，而乏因籍之資，以此永年，豈所以勵其宿心哉？意謂六齋日宜簡絕常務，專心空門，然後津寄之情篤，來生之計深矣。若染翰綴文，可托興於此，雖言生於不足，然非言無以暢一詣之感，因驥之喻，亦何必遠寄古人！"（《全晉文》卷一百六十一）他說的是，儒家之名教固然不錯，且是社會需要的理論，但儒家理論畢竟祇是針對世事俗務的一套經常落不到實處的理論，比不了《老》《莊》能夠觸摸道理之深幽處；而《老》《莊》雖然高深超妙，但在沉冥之趣、幽玄冥合方面不如佛教義理；如果能夠融通三教，則百家同致，萬流歸宗。這封書信表明了他對 "内外之道，可合而明" 的信心。

慧遠頗能接受玄學之無和有的概念及其内涵，對何晏 "凡有皆始於無" 的宇宙生成論、王弼 "道者無之稱" 的宇宙本體論，他都表示過贊同意見。不過，般若所謂 "空"，包括了無、有，更超越了無、有。因此，慧遠以法性替代本無，提出 "法性無性" 論。"先是中土未有泥洹常住之說，但言壽命長遠而已。遠乃歎曰：佛是至極，則無變；無變之理，豈有窮耶？因著《法性論》曰：至極以不變為性，得性以體極為宗。羅什見論而歎曰：邊國人未有經，便暗理理合，豈不妙哉！"（《高僧傳·釋慧遠傳》）"有有則非有，無無則非無，何以知其然？無性之性，謂之法性；法性無性，因緣以之生。生緣無自相，雖有而常無；常無非絕有，猶火傳而不息。"（《大智度鈔序》，《出三藏記集》卷十）法性的最高境界是不變，此亦為宇宙本原，也是人生的最高境界；宇宙以法性為本體，人生以法性為旨歸。萬物因緣會合而生成，是常變的客體；萬物常變，故心智不可執，不可關照於現時的存在；萬物與法性的關係如同薪與火的關係。所謂法性，是包容有無而又超越有無、永恒不變的常住一切中的至極本原。"心不待慮，智無所緣，不滅相而寂，不修定而歲，不神遇而期通焉，識空空之為玄，斯其至也，斯其極也！"（《大智度鈔序》，《出三藏記集》卷十）空空玄境其實是精神上的永恒境界。法性論拋棄了那種得不到應驗實證的身體長生不死之説，引導人們去追求精神上的永恒，使佛教規定的人生道路不會陷於虛無境地。

慧遠是沙門，不敬王者，在桓玄謀劃篡晉之時，撰成文章《沙門不敬王者論》五篇并序，以及多封致桓玄的書信，反對桓玄提出的沙門應致敬帝王的要求。慧遠把在家與出家分開，俗世與出世分開。"在家奉法，則是順化之民，情未變俗，迹同方内，故有天屬之愛，奉主之禮，禮敬有本，遂因之而成教。"（《沙門不敬王者論·在家》）在家處俗的佛教徒確應遵守奉上之禮、尊親之敬、忠孝之義，這是慧遠對桓玄部分觀點的肯定。但是，他認為"出家則是方外之賓，迹絶於物。其為教也，達患累緣於有身，不存身以息患；知生生由於稟化，不順化以求宗。求宗不由於順化，則不重運通之資；息患不由於存身，而不貴厚生之益，此理之與形乖，道之與俗反者也"（《沙門不敬王者論·出家》）。出家僧徒和在家僧徒畢竟不同，佛教以"身"為"苦"之本根和來源，存身不能解除苦患，僧徒并不認為從父母那裏得到了生命便對他們感恩戴德。而且，"天地雖以生生為大，而未能令生者不死；王侯雖以存存為功，而未能令存者無患"（《沙門不敬王者論·求宗不順化》）。既然這樣，"斯沙門之所以抗禮萬乘，高尚其事，不爵王侯而沾其惠者也"。慧遠并不是要拒絶儒家的名教禮制，更不是要駁斥其為荒謬，而是要讓佛教獨立，與儒教地位平等，且殊途同歸，都有利於皇權和國家。

為此，慧遠把儒家的禮教觀念引進佛教，《釋祖服論》云："或問曰，沙門祖服，出自佛教，是禮與？答曰：然。"（《弘明集》卷五）他的根據是天竺炎熱，僧人祖服乃國法禮制，便於修行生活。"因此而求聖人之意，則内外之道，可合而明矣。常以為道法之與名教，如來之與堯孔，發致雖殊，潛相影響，出處誠異，終期則同。詳而辯之，指歸可見，理或有先合而後乖，有先乖而後合。先合而後乖者，諸佛如來，則其人也；先乖而後合者，歷代君王，未體極之主，斯其流也。"（《沙門不敬王者論·體極不兼應》）推行儒教的帝王卿相和君子都是"諸佛的化身"，祇是用不同的形象來顯示佛體，佛、儒之成教方式雖異，但最終"必歸途有會""歸致不殊"。慧遠懷此決心，也是鑒於一些上層僧侶外言弘道，内圖私利，奔競於朱門而樂此不疲，導致佛教界風氣不正，"佛教陵遲，穢雜日久，每一尋思，憤慨盈懷"（《與桓玄書論料簡沙門》）。慧遠憑藉其崇高的聲譽和超邁的政治周旋能力，使桓玄聽從了自己的意見，從而在危亂時局裏保護了佛教的生存發展。更重要的是，經過不懈的努力，"從慧遠開始，結束了從東漢以來佛教教義與《老》《莊》相結合的歷史，轉向了主要同儒教緊密結合。儒教的許多基本思想，逐漸組織到佛教教義之中，這是慧遠在中國佛教史上享有很高聲譽的重要原因"①。慧遠培養了大量優秀弟子，慧觀、僧濟、法安、曇邕、道祖等都成為南朝的義學高僧，為佛教發展作出了很大貢獻。

《沙門不敬王者論》的第五篇是《形盡神不滅》，集中表達了慧遠在形神關係問題上的認識。形神之辨始自桓譚、王充提出的形盡神滅的觀點，此後歷經數百年的深入爭論。桓譚曾使用"燭無，火亦不能獨行於虛空"這個關於形神關係的著名比喻，慧遠順其思路進行論證，却得出相反的結論："夫情數相感，其化無端，因緣密構，潛相傳寫，自非達觀，孰識其變？自非達觀，孰識其會？請為論者驗之以實。火之傳於薪，猶神之傳於形。火之傳異薪，猶神之傳異形。前薪非後薪，則知指窮之術妙；前形非後形，則悟情數之感深。惑者見形朽於一生，便以謂神情俱喪，猶睹火窮於一木，謂終期都盡耳。"在他看來，薪不同而火可傳承，形各異而神永存。聖堯生了愚呆的丹朱，盲人瞽瞍却生了舜帝，這是為什麼呢？那是因為形歸形，神歸神，形和神的傳授經常是不一致的，此乃前世因緣注定。"固知冥緣之構，著於在昔，明暗之分，定於形初，雖靈均善運，猶不能變性之自然，況降茲已還乎？驗之以理，則微言而有徵；效之以事，可無惑於大道。"慧遠將印度佛教的因果輪回鏈條之"無明""愛"兩個階段與中國本土的概念"情""識"相結合，"神"雖常受"情""識"的桎梏，但本身是不變的，這就是"形盡神不滅"。

在佛教與儒教融合的過程中，二者的衝突也在所難免，其中"形神之辨"就一直有爭議，劉梁時代的范縝與佛教徒之間關於"神滅"還是"神不滅"的爭論就是一個著名的例子。范縝早年跟隨名儒劉瓛學習，卓越不群而勤學，後"博通經術，尤精三禮"。南齊永明年間（483–493），范縝與竟陵王蕭子良就佛教因果問題爭論起來，蕭子良篤信釋教，而范縝盛稱無佛。據《梁書·范縝傳》記載，蕭子良曾問："君不信因果，世間何得有富貴，何得有貧賤？"范縝回答説："人之生譬如一樹花，同發一枝，俱開一蒂，隨風而墮，自有拂簾幌墜於茵席之上，自有關籬墻落於溷糞之側。墜茵席者，殿下是也；落糞溷者，下官是也。貴賤雖復殊途，因果竟在何處？"他認為人生的富貴貧賤衹是偶然的際遇，蕭子良難以反駁。范縝事後特撰《神滅論》設問自答，系統論述其"神滅論"思想，主要觀點有"形神相即""形存則神存，形謝則神滅""形者神之質，神者形之用""人之質有知""智慮皆是神之分""鬼神乃聖人之教然也"。最後他明確批評佛教之害："浮屠害政，桑門蠹俗。"此論一出，朝野喧嘩，蕭子良集眾僧攻難之而不能折屈。崇信佛教的士人也攻擊范縝，王琰曾譏諷地説："嗚呼范子！曾不知其先祖神靈所在。"范縝回擊説："嗚乎王子！知其先祖神靈所在，而不能殺身以從之。"蕭子良又想用中書郎的官位來拉攏他。范縝大笑

---

① 任繼愈：《魏晉南北朝佛教經學》，北京：國家圖書館出版社，2013年，第62–63頁。

説："使范縝賣論取官，已至令僕矣，何但中書郎邪！"（司馬光《資治通鑒》卷一百三十六）梁武帝蕭衍佞佛，下詔宣布佛教為"正道"。由於《神滅論》的廣為流傳，蕭衍後來發布了《敕答臣下〈神滅論〉》的敕旨，重新挑起論戰。大僧正法雲將蕭衍的敕旨大量傳抄給王公朝貴，并寫了《與王公朝貴書》，回應者有臨川王蕭宏等六十四人。蕭琛、曹思文、沈約三人著文反駁《神滅論》。曹思文以儒家的郊祀配天制度證明神之不滅，從而給范縝加上"欺天罔帝""傷化敗俗"的罪名。范縝并不畏懼，寫成《答曹舍人》據理反駁，曹思文不得不承認自己"情識愚淺，無以折其鋒銳"。

在南朝，佛教雖然得到皇帝和王公權貴的强力支持，但在思想界還有相當的辯論自由，反佛教的聲音也同時存在。除范縝外，東海郯人何承天著《報應文》《達性論》批駁佛教的輪回説，按照人的自然本性闡述了有生必有死的問題。慧遠的高足宗炳撰文，與何承天來回辯難。釋慧琳著《黑白論》，從佛學内部對空觀學説和因果論反戈一擊。佛學理論家顔延之作《庭誥文》《釋達性論》等文章捍衛佛教。平原人劉孝標一生不得志，特著《辨命論》申斥鬱悶，并批駁佛教的報應説，指責報應説乃是為士族階層利益辯護的"虚言"。吳郡吳人張融則一身奉二教，"左手執《孝經》《老子》，右手執《小品》《法華經》"（《南齊書·張融傳》卷四十一），著《門律》通源二道，表現出調和儒、佛、道三種思想的傾向。總的來説，除了著名的"三武一宗滅佛"之劫難之外，佛教在魏晉南北朝時期獲得了極大發展，其影響遠超其他宗教。南北朝時期的佛教有了一些新的發展變化，如研究某類佛教經典的理論學派增多，并進而演變成具有創始人、信徒、傳授體系、獨立教義教規的佛學宗派。這些學派或宗派的活動進一步推動了中國佛教的發展。大致歸納起來，當時較有影響的學派有三論宗、毗曇宗、成實宗、涅槃師、地論宗、攝論宗、天台宗等，而以天台宗為最具代表性，這為唐代以後的佛教宗派并峙局面做好了思想理論的前期準備。

四、餘波鼓蕩：士人階層的思想信仰與審美文化的佛玄合流

這時期的佛學大師輩出，蔚為壯觀。鳩摩羅什、法汰的弟子竺道生與慧遠平輩，曾到關中、建業、廬山等地弘教，於大乘佛教中提倡涅槃學，與小乘禪學、大乘般若學共構佛學三大傳承系統，世稱"涅槃聖"。道生以涅槃四德常、樂、我、淨中的我為"佛性我"，它的最高境界是超出生死幻滅的常，永遠超脱煩惱就是樂，這樣的精神狀態寧靜安謐，就是淨。道生主張佛性本有，為眾生所本具，不從外來，不是後起；簡言之，凡是有情識的生命體，都具有佛性。《涅槃經集解》載其説："夫體法者，冥合自然，一切諸佛，莫不皆然。所以法為佛性也。""向明十二因緣觀智，該取因時，名為佛性。""成佛得大涅槃，是佛性也。今亦分

為二，成佛從理，而至是果也。既成得大涅槃，義在於後，是謂果之果也。"他把成佛的原因當成佛性，而成佛的原因是從無明、受、想、行、識、老死等十二因緣之"理"形成的。道生的"佛性本有"之說，使"眾生皆可成佛"之說具有了立論基礎，也使"一闡提人皆得成佛"的高論水到渠成地被提出來。"一闡提人"原指斷絕一切善根、無法成佛者，《大般涅槃經·梵行品》云："一闡提者，不信因果，無有慚愧；不信業報，不見現在及未來世；不親善友，不隨諸佛所說教誡。如是之人，名一闡提。"《入楞伽經》曰："一闡提有二種：一者焚燒一切善根；二者憐憫一切眾生，作盡一切眾生界願。大慧！云何焚燒一切善根？謂謗菩薩藏，作如是言：彼非隨順修多羅毗尼解脫説。捨諸善根，是故不得涅槃。大慧！憐憫眾生，作盡眾生界願者，是為菩薩。菩薩方便作願：若諸眾生不入涅槃者，我亦不入涅槃。"417 年，潛江顯與佛陀跋陀羅譯出《大般泥洹經》；512 年，北涼曇無讖譯出《大般涅槃經》。這兩部經稱"一切眾生皆有佛性在於身中，無量煩惱悉除滅已，佛便明顯，除一闡提"。即把"一闡提人"排除出去了，因為其佛性被遮蔽掉了。道生則以"眾生皆有佛性"為基礎，把"一闡提人"納入眾生行列："稟氣二儀者，皆是涅槃正因。闡提是含生，何無佛性？""一闡提者，不具信根，雖斷善，猶有佛性。"（《名僧傳鈔·説處第十》）他認為稟陰陽二氣者皆為有情識的生命體，一闡提人的生命體祇是暫時被遮蔽了，并非永恒地沉淪。一闡提人既為眾生的一員，也不能例外地具有涅槃的"正因"，也能够消除迷惑而成佛。雖然道生因此遭受佛教界的諸多非議，但其"眾生皆可成佛"的思想適應了亂世政局中的下層百姓對佛門的向往，特別是"一闡提人皆得成佛"的提法，與孟子的性善說及其"人皆可以為堯舜"的觀念互相契合。在這樣的思想背景下，他的理論能够吸引各個階層的人紛紛遁入佛門，這對於佛教聲勢和影響的拓展是很有效果的。

　　小乘佛教學派主張，祇有通過累世修行、不斷積累功德，纔有可能成佛。此為漸次修禪而入佛境，其修行階次或果位有"四果"，不同階次的證悟與修行有不同的結果。東晉之後，這種禪修法在大乘佛教那裏變成了漸悟法，即在進入聖位之前有十住、十行、十地、十回向等階次，階次愈高則境界愈高。道安、支道林受玄學"得意忘言"思辨方法的影響，認為"法師研十地，則知頓悟於七住"（《世說新語·文學》注引《支法師傳》）。七地之後所悟之理纔是涅槃、真如，這是"小頓悟"，則七地之前的悟理過程就是"漸悟"。而道生的頓悟成佛被稱作"大頓悟"，其基本内容是："竺道生在頓悟云：夫稱頓者，明理不可分，悟語照極。以不二之悟，符不分之理，理智□釋，謂之頓悟。"（慧達《肇論疏》）他認為頓悟是全部領悟諸法實相，覺悟與得理是互相融通契合的，不能强行分出覺悟的階次，祇能是一次性完成；同時，覺悟與佛理的冥合無間，必須有修證功夫一起配合，有極致的漸修纔能產生頓悟的極慧，頓悟之後就能進入成佛境界。"至象無形，至音無聲，希微絕朕思之境，豈有形言者哉？所以殊經異唱者，理豈然乎！實由蒼生機感不一，啓悟萬端。是

以大聖，示以分流之疏，顯以參差之數。"（道生《法華經疏》卷上）至極之境既然超越
"形言"，那麼再劃分出階次來就有違大聖立教的本意了；漸修是聖人依據衆生的不同機感
（即根基）而提出的，其目的是啓發衆生領悟真如理體。所以，在達到頓悟之前，要研修四
種法輪（教法），即小乘《阿含》等善淨法輪、《般若》等大乘方便法輪、《法華經》等真
實法輪、《大涅槃經》無除法輪。也就是説，道生認為，漸修不是漸悟，頓悟不棄漸修。
"頓悟説的提出，可以説更加强化了人們的心體直覺意識，為人們的自由思想、自由活動提
供了更為可靠的理論保證。這一思想之所以受到謝靈運等門閥士人的熱情贊揚，個中緣由
不言自明。謝靈運説'至夫一悟，萬滯同盡'，我們由此不難體驗到他的驚喜。在這種
'萬滯同盡'的背景下，名教制度的等級觀念，臣下對於專制皇權的責任、義務，究竟還有
多大的約束力，也就可想而知了。"[1] 這是就南朝審美風尚的形成與道生頓悟説的影響來言
其貢獻，當然放在中國思想史的長河中，"如果説，僧肇是我國對印度佛學之第一個够水平
的詮釋者，則道生可説是第一位自成佛學思想體系的中國人。由於他的卓越創見，使中國
佛教哲學的發展方向（真常論）於焉確立。印度傳來的大小乘經論，也在道生之時，纔開
始成為中國的佛教哲學"[2]。無怪乎道生的佛學思想不僅得到士人階層的青睞，也得到生活
無尊嚴、急於擺脱苦難的下層民衆的真心信奉。

　　佛教迅猛發展的原因，除了與經年戰亂下黎庶尋求解脱的强烈願望和士人階層的大力
支持有關外，還與統治階層自覺地把佛教當成維護自身統治的工具有直接關係；同時，佛
教本身也有意識地與儒家名教合作，給世俗政權以佛教神權的論證。簡言之，佛教的發展
與皇權政治關聯緊密。北魏道武帝拓跋珪（386－409 年在位）與晉室通聘後即信奉佛教，
其本人好黄老，覽佛經，禮遇沙門，并利用佛教以收攬人心；繼而，他任命趙郡沙門法果
為沙門統，令其綰攝僧徒，并於都城平城（今山西大同）建立塔寺，供施優厚有加。法果
則稱譽道武帝"即是當今如來，沙門宜應盡敬"，并説"能弘道者人主也，我非拜天子，
乃是禮佛耳"。如果説，身處南朝的慧遠選擇與王權抗衡來保持佛教的獨立性；那麼，身處
北朝的法果選擇的則是直接依附國主，使佛教融入世俗政權。此後的東魏、西魏、北齊、
北周諸代，除少數幾次短暫的黜貶佛教外，基本上都非常重視佛教，楊衒之在他的《洛陽
伽藍記》裏對北朝佛教發展的盛況描述備至。總的來説，北朝佛教側重實踐，特別是禪觀，
而非空談理論，與南朝佛教注重義理闡釋有顯著不同。宋文帝（424－453 年在位）曾設筵
招待道生等僧衆，共同探討佛教的社會功能。侍中何尚之等認為佛教有助於政教，遂致意
佛經，常與高僧慧嚴、慧觀等論究佛理，令道猷、法瑗等講解道生的"頓悟成佛"之義理。
孝武帝也崇信佛教，還常去新安寺聽法瑶等講經，慧琳則被稱為黑衣宰相。蕭齊帝室更是

---

① 韓國良：《魏晉玄佛及其對魏晉審美風尚的影響》，北京：中華書局，2009 年，第 289 頁。
② 王壽南主編：《中國歷代思想家·魏晉南北朝》，北京：九州出版社，2011 年，第 352 頁。

親自從事佛教教理的講論,如竟陵王蕭子良曾親撰宣揚佛教的文章,如《淨住子淨行法門》《維摩義略》等,并撰製經唄新聲。梁武帝(502 – 549 年在位)在繼位的第三年曾率僧俗二萬人,在重雲殿重閣親自製文發願,捨道歸佛,并撰著《大涅槃》《大品》《淨名》《大集》諸經的《疏記》及《問答》等數百卷,在重雲殿、同泰寺講説《涅槃》《般若》等佛經。總之,皇權需要藉助佛教實施意識形態控制,而佛教需要依恃皇權爭奪思想傳播的機會和話語權,兩者形成了共謀關係。

　　佛教對中國士人階層的文化影響首先體現在思想信仰方面。作為成熟完整、深邃豐富的外來宗教意識形態,佛教為中土思想界注入了新鮮血液,使儒、釋、道三足鼎立的中國文化格局得以形成。魏晉南北朝時期的佛教,表現在民間是各種各樣的佛像崇拜,產生了各種形式的守戒持齋、造塔立像、念佛寫經的民間宗教活動。佛像崇拜又構成了最具影響力的“淨土”信仰的思想基礎。禪法、禪學亦因社會動亂而以聚衆形式吸收大量流民,發展出最普遍的禪僧活動方式,即頭陀行、阿藍若法和聚衆禪,提倡苦行化緣與避世隱居、住於空閑。因此,“佛教在撫慰現實世界無盡的苦難,支撐普通民衆的精神需求方面,提供了比儒家和道教更多的思想資源和更有效的實踐方式。對於一般的佛教信衆來説,他們并不關心玄學化、深奧的佛教義理的討論,而他們對於佛祖的虔誠絕不亞於佞佛的帝王將相和文人學”[1]。普通民衆參與佛教活動,其主要目的是尋求精神支柱,求得功德福佑,希冀來世幸福。在士人階層那裏,則是由東晉盛行的道教信仰轉向南朝之後的佛教信仰。據湯用彤統計,宋齊之時宗教信仰由道轉佛的士族很多,如吳郡張氏、吳郡陸氏、琅琊王氏、陳郡謝氏,均奉佛。[2]

　　家族的宗教信仰如此,文學集團亦復如此,如永明間的“竟陵八友”文學集團其實同時也是佛教同人集團,這個集團由於皇權的參與,其所體現出來的士人與佛教的關係後來演變為一種國家意志和行為。士人階層的信仰及方式主要是大乘佛教的在家修行,即做居士而非出家為僧,這是因為大乘佛教提倡的修行方式更加簡便易行,很好地適應了士人群體對世俗生活和宗教精神的雙重需求。故北朝多高僧,南朝多居士,原因就在於選擇不同的修行方式。士人階層思想信仰上的遵奉佛教,必然會在各類具體的知識領域產生相應影響,其中中外文化的碰撞和融會在所難免。因而,這一時期,中國文化諸如醫學、天文、建築、文藝、風俗等方面,都增添了許多新的形式和內涵;不僅表現出佛教審美觀念在文藝領域中的滲透,也體現了多元融合的文化特徵。

作者單位:長江師範學院文學院

---

① 章啓群:《經世與玄思:秦漢魏晉南北朝的精神文明》,北京:北京大學出版社,2009 年,第 113 頁。
② 湯用彤:《漢魏兩晉南北朝佛教史》,石家莊:河北教育出版社,1996 年,第 317—324 頁。

武德九年"太白見秦分"記載考

傅兮垚

對於中國古代傳統社會而言,天象具有極為重要而特殊的地位。《後漢書·天文志》言:"言其時星辰之變,表像之應,以顯天戒,明王事焉。"[1] 由此可見在中國古代傳統敘事話語中,"天象"是特指對國家、對君主(抑或擴大為統治階級)的預兆譴戒,因而它是"具有政治性、屬於政治範疇的"。[2]

故在正史記述中,天文異象被以相當重要的篇幅來記載,甚至單獨以《天文志》的形式記述[3]。不僅如此,在正史的其他部分如《本紀》《列傳》等中亦可見大量有關天象的記載。而這些記載又都無疑與國家的政治大事緊密聯繫在一起。這也就使得對於古代天文記載的討論具有了一定意義,即其提供了一種可以側面地、間接地研究重大政治事件的方式和途徑。

而在初唐政治研究中,發生於武德九年(626)六月初四的"玄武門之變"無疑是極為重要的話題。在這一事件中,李世民殺死了皇位第一繼承人太子李建成和競爭對手齊王李元吉,成為新的皇太子。同年八月李淵禪位,成為太上皇。這一過程按陳寅恪先生所言,實為一次"中央政治革命"[4]。

頗為巧合的是,正是在這場決定歷史走向的政變之前,出現了太史令傅奕密奏高祖"太白見秦分"的事件。因此,對"玄武門之變"這一事件有必要從天象的角度去再次審視。

---

① [南朝宋] 范曄:《後漢書》卷一百《天文志上》,北京:中華書局,2000 年,第 3215 頁。
② 陳侃理:《儒學、數術與政治——中國古代災異政治文化研究》,北京:北京大學出版社,2010 年,第 1 頁。
③ 關於天文及星占在正史記述中形式的演變發展,見陳侃理:《儒學、數術與政治——中國古代災異政治文化研究》,第 120—123 頁。
④ 陳寅恪:《隋唐制度淵源略論稿 唐代政治史述論稿》,北京:生活·讀書·新知三聯書店,2001 年,第 239 頁。

一、"太白見秦分"記載之辯偽

在討論"傅奕密奏"與"玄武門之變"兩者關係之前，應當首先考證這一天象記載的真偽。

《舊唐書·傅奕傳》載：

> 奕武德九年五月密奏："太白見秦分，秦王當有天下。"高祖以狀授太宗。及太宗嗣位，召奕賜之食，謂曰："汝前所奏，幾累於我，然今後但須盡言，無以前事為慮也。"①

"太白"是古代對於金星的稱謂，"大而能白，故曰太白"②。在古代，太白主西方、兵革、誅伐、刑法③。

"秦分"則是恒星分野。"星也者，體生於地，精成於天，列居錯時，各有攸屬。"④ "天則有列宿，地則有州域。"⑤ "以星土辨九州之地，所封封域，皆有分星，以觀妖祥。"⑥ 因此天上星宿也被按照地上區域進了不同區域劃分⑦。

依《晉書·天文志》所載，"秦分"是"自東井十六度至柳八度為鶉首，於辰在未"⑧。《唐六典》載："未為鶉首，秦之分。"⑨ 趙貞先生根據《乙巳占》指出"秦分"的劃分是赤道宿度東井16度，柳8度，對應地區是雍州⑩。而雍州是古代秦國的故地⑪。所以"太

---

① ［後晉］劉昫等：《舊唐書》卷七十九《傅奕列傳》，北京：中華書局，2013年，第2716—2717頁。（以下祇出注書名、頁碼）

② ［唐］瞿曇悉達：《開元占經》卷四十五《太白占一》，《欽定四庫全書·子部·術數類》，文淵閣本，葉1a。（以下祇出注書名、頁碼）

③ 同上，葉1b—2a。

④ ［東漢］張衡：《靈憲》，引自［唐］李淳風：《乙巳占》卷一《天象》，清抄本，葉3a。（以下祇出注書名、頁碼）

⑤ ［漢］司馬遷：《史記》卷二十七《天官書第五》，北京：中華書局，1982年，第1342頁。（以下祇出注書名、頁碼）

⑥ ［清］孫詒讓：《周禮正義》卷五十一《春官·保章氏》，北京：中華書局，1987年，第2116頁。

⑦ "在天二十八宿，分為十二次，在地十二辰，配屬十二國。至於九州分野，各有攸係，上下相應，故可得占而識焉。"見《乙巳占》卷三《分野》，葉1a。

⑧ ［唐］房玄齡等：《晉書》卷十一《天文志上》，北京：中華書局，1996年，第308頁。（以下祇出注書名、頁碼）

⑨ ［唐］李林甫：《唐六典》卷十"太史局"，北京：中華書局，1992年，第304頁。（以下祇出注書名、頁碼）

⑩ 趙貞：《唐宋天文星占與帝王政治》，北京：北京師範大學出版社，2016年，第111頁。（以下祇出注作者、書名、頁碼）

⑪ "秦之帝用雍州興。"見《史記》卷十五《六國年表第三》，第686頁。

白見秦分" 的含義就是指金星出現在了古代秦國對應的分野區域①。

然而這則歷史記載存在相當多的問題值得商榷。

首先是傅奕上奏的時間問題。《舊唐書·傅奕傳》及《天文志》② 均作 "五月"。《唐會要》亦作 "武德九年五月"③。然而《資治通鑑》却作 "六月己未"④。《新唐書》未言傅奕何時上書，祇以 "九年" 籠統言之⑤。

《新唐書·天文志》載："九年五月，太白晝見；六月丁巳，經天；己未，又經天。在秦分。"⑥ 可知武德九年的天文記錄中共有三次 "太白晝見" 或 "太白經天"，分別為五月、六月初一和六月初三。據此可作一假設：若傅奕奏報為五月，則高祖李淵必定會對此做出反應。《舊唐書》言 "以狀授太宗"，則應有之後的相應行為。但史書到此却戛然而止，就連關於高祖武德九年五月事迹的記載中也未見其有所行動。按此奏報所言之事來看，必不應當有如此結果。且以當時之情形，即便李淵不采取行動，被針對的秦王李世民也必然會做出相應的應對措施。結合武德九年六月初四日的 "玄武門之變" 來看，則《通鑑》所言傅奕上書於 "六月初三" 的時間恐怕是正確的⑦。卞孝萱先生亦持有 "傅奕密奏" 當在武德九年六月三日的看法⑧。

但 "傅奕密奏" 這條記載的最大問題在於，其所説的 "太白見秦分" 的天文記錄與當時的真實情況存在相當大的出入。吕傳益先生、王廣超先生和孫小淳先生經過測繪，就當時天文星象的實際分布情況整理得出下表⑨：

---

① 趙貞：《唐宋天文星占與帝王政治》，第 376 頁。

② 《舊唐書》卷三十六《天文下》，第 1321 頁。

③ "武德九年五月，傅奕密奏：'太白晝見於秦，秦國當有天下。'" 見 [五代] 王溥：《唐會要》卷四十三《五星凌犯》，北京：中華書局，1955 年，第 769 頁。（以下祇出注書名、頁碼）

④ "（武德九年六月）己未，太白復經天。傅奕密奏：'太白見秦分，秦王當有天下。'" 見 [北宋] 司馬光等：《資治通鑑》卷一百九十一《唐紀七》"高祖武德九年六月己未" 條，北京：中華書局，2011 年，第 6009 頁。（以下祇出注書名、頁碼）

⑤ "初，（武德）九年，太白躔秦分，奕奏秦王當有天下，帝以奏付王。" 見 [北宋] 歐陽修、宋祁等：《新唐書》卷一百零七《傅奕列傳》，北京：中華書局，1975 年，第 4061 頁。（以下祇出注書名、頁碼）

⑥ 《新唐書》卷三十三《天文志三》，第 851 頁。

⑦ 相較於兩《唐書》，《通鑑》排比這一段史實記錄甚為詳盡，敘事亦環環相扣。《通鑑》關於 "太白見秦分" 及 "玄武門之變" 的繫時框架，以武德九年六月己未傅奕上密奏為最早。後李淵 "以狀授世民"，李世民則以 "建成、元吉淫亂後宮" 為辯護轉移視線。李淵遂言 "明當鞫問，汝宜早參"。第二日六月庚申四日，李世民便 "伏兵於玄武門"。見《資治通鑑》卷一百九十一《唐紀七》"高祖武德九年六月己未至六月庚申" 條，第 6009—6012 頁。

⑧ 卞孝萱：《〈唐太宗入冥記〉與 "玄武門之變"》，《敦煌學輯刊》2000 年第 2 期，第 11 頁。卞孝萱先生認為 "五月" 為 "六月" 之訛；筆者則認為，書 "五月" 可能出於為避免史官將此同六月 "玄武門之變" 相聯繫的考慮。

趙貞先生認為傅奕是在六月丁巳出現 "太白經天" 後的第二天（己未）再次出現 "太白經天" 後報告。見趙貞：《唐代的天文觀測與奏報》，《社會科學戰線》2009 年第 5 期，第 102 頁。此説同於卞孝萱與筆者所認為的觀點，即上奏發生在 "六月初三"。

⑨ 吕傳益、王廣超、孫小淳：《漢唐之際的 "太白晝見" 記錄》，《自然科學史研究》2016 年第 4 期，第 409 頁。

626 年 5 月 31 日至 7 月 1 日星象分布情況表

	西曆日期	視星等和日角距	天空位置	備注
武德九年，五月，太白晝見。在秦分。	626 年 5 月 31 日—626 年 6 月 28 日	−4.36 ～ −4.37 ～ 4.27；　　　35.5° ～45.1°	當月，自胃至畢	自胃至畢，距秦分四十度。分野偽
武德九年，六月丁巳，太白晝見	626 年 6 月 29 日	−4.26；45.2°	入畢 4 度	距秦分三十八度。其分野偽
武德九年，六月己未，太白經天	626 年 7 月 1 日	−4.25；45.4°	入畢 6 度	距秦分約三十七度。其分野偽

　　筆者根據 Skymap 等現代天文軟件對當時天象的還原，亦得出“太白晝見”和“太白經天”并非在東井、柳所定義的“秦分”，而是更臨近於對應益州的“魏之分野”的“畢宿”[①] 的結論。

　　《舊唐書·傅奕傳》言傅奕“尤曉天文曆數”[②]，《通鑑》又言其“性謹密，既職在占候，杜絕交遊”[③]。所以憑其才學、能力和性格，出現這樣與事實不合的情況是相當不可思議的。

　　遺憾的是，傅奕“所奏灾異，悉焚其稿，人無知者”[④]。所以對於這一問題，也祇能基於當前現有的資料來進行推測。

　　現在能夠確認的一點是，在《新唐書·天文志》中，武德九年的三次太白異象，即五月的“晝見”、六月一日丁巳（6 月 29 日）和三日己未（7 月 1 日）兩次的“經天”，根據天文類比，都不在所謂的“秦分”位置，而是更臨近於“畢宿”。“畢宿”屬於“魏”的分

[①] “自畢十二度至東井十五度為實沈，於辰在申，魏之分野，屬益州。”見《晉書》卷十一《天文志上》，第 308 頁。李淳風《乙巳占》言：“畢、觜、參，晉魏之分野。”見《乙巳占》卷三《分野》，葉 9a。趙貞先生亦根據《乙巳占》而將“畢宿”歸於“益州”分野。見趙貞：《唐宋天文星占與帝王政治》，第 111 頁。

　　但此處存在一個問題，即“益州”并非為實際上“魏”的屬地。《括地志》“雒縣”條下記載：“漢武帝置十三州，改梁州為益州。”見〔唐〕李泰編，賀次君注解：《括地志輯校》卷四“益州·雒縣”條，北京：中華書局，1980 年，第 204 頁。（以下祇出注書名、頁碼）

　　梁州，據《尚書·禹貢》“華陽、黑水惟梁州”記載，應當指代大致今四川一帶，包括了漢中（顏師古注《漢書·郊祀志》“沔，祠漢中”曰：“漢中，今梁州是也”。見〔東漢〕班固：《漢書》卷二十五上《郊祀志第五上》，北京：中華書局，1962 年，第 1208 頁），毗鄰秦國故地雍州和楚國故地荊州，與春秋戰國時期的魏國屬地基本没有交集。故李淳風據此指出：“益州地盡在秦楚次中，以魏為益州，未詳其旨。”見《乙巳占》卷三《分野》，葉 10b。傅奕“太白見秦分”語，是否亦基於這種認知，以筆者淺薄的學識難以做出回答，僅供參考。

[②] 《舊唐書》卷十九《傅奕列傳》，第 2714 頁。

[③] 《資治通鑑》卷一百九十一《唐紀七》“高祖武德九年”條，第 6003 頁。李世民即位後所頒布的功臣名單上亦没有傅奕名字（見《舊唐書》卷二《太宗本紀上》，第 31 頁），可知傅奕并非李世民集團人物。

[④] 《資治通鑑》卷一百九十一《唐紀七》“高祖武德九年”條，第 6003 頁。

野。故"太白見秦分"實際上應當為"太白見魏分"。

產生這一問題的原因可能與唐初比較混亂的天文分區有關。

《舊唐書·天文下》云：

> 天文之為十二次，所以辨析天體，紀綱辰象，上以考七曜之宿度，下以配萬方之分野，仰觀變謫，而驗之於郡國也。……故有周、秦、齊、楚、韓、趙、燕、魏、宋、衞、魯、鄭、吳、越等國……又以漢郡配焉。自此因循，但守其舊文，無所變革。且懸象在上，終天不易，而郡國沿革，名稱屢遷，遂令後學難為憑準。[①]

趙貞先生則認為，因為"太白"主西方，所以和地處西方的"秦地"本就是對應的[②]，這或許也正是將"太白"與"秦分"以及"秦王"相聯繫的原因。

這一觀點是從"太白經天"和"太白見秦分"的星占學角度來看待其所代表的政治意義。古人認為，天文星象同皇家的興衰和政治得失有直接的關係，是"政治的外化和參照"[③]。相比於天象變化本身，古人更在意天人感應下投射在世間的政治鬥爭。因此對於古代所記錄的天象，比起天文學本身，其關鍵在於當時人如何去理解與詮釋它們[④]。

石氏曰："太白經天，見午上，秦國王，天下大亂。"[⑤] 甘氏言："太白晝見，天子有喪，天下更王，大亂，是謂經天。"[⑥] 李淳風《乙巳占》曰："太白經天，不出三年，必有大喪，大臣有殃。"[⑦] 又曰："太白晝見，亦為大秦國強，各以其宿占，其國有兵。"[⑧] 胡三省注《通鑑》言："《漢天文志》曰：'太白經天，天下革，民更王。'""經天則晝見，其占為兵喪，為不臣，為更王。"[⑨] 因此，"太白見秦分"這則記載或可作另一解釋，即"太白晝見"和"太白經天"意味着兵變、大人死、天下更王，而"太白"又與"秦"有關，於是便與"秦王"李世民產生了聯繫。換言之，無論"太白"出於何處，都與"秦國"有關。傅奕所奏不過是直接點明這一關係，所以他纔釋讀天象為"秦王當有天下"。

---

① 《舊唐書》卷三十六《天文下》，第1311頁。

② 趙貞：《唐宋天文星占與帝王政治》，第376頁。《史記·天官書》有"秦之疆也，候在太白"之語。見《史記》卷二十七《天官書第五》，第1346頁。《乙巳占》亦言："太白主秦國，主雍、涼二州。"見《乙巳占》卷六《太白占》，葉6b。可見"太白"與"秦"之間本就具有一定聯繫。

③ 張榮明：《權力的謊言——中國傳統的政治宗教》，杭州：浙江人民出版社，2000年，第231頁。

④ 仇鹿鳴：《五星會聚與安禄山起兵的政治宣傳》第三節"金土相代：安禄山起兵的政治宣傳"，《長安與河北之間：中晚唐的政治與文化》，北京：北京師範大學出版社，2018年，第15頁。

⑤ 引自《開元占經》卷四十六《太白占二》，葉8b。

⑥ 同上，葉11b。

⑦ 《乙巳占》卷六《太白占》，葉6a。

⑧ 同上，葉7a。

⑨ 《資治通鑑》卷一百九十一《唐紀七》"高祖武德九年六月丁巳"條，第6003頁。

但筆者認為，這兩種解釋都有些牽强和不合實際。因為無論是同時代的李淳風還是房玄齡等人，對於“秦分”的定義都基本上圍繞“東井”“輿鬼”兩個星宿，都是對應“雍州”①。可見在唐初對於“秦分”的界定還是比較明確的，至少大體上相差不多。身為“觀察天文，稽定曆數”②的太史令的傅奕，實在不可能不明白“秦分”的界定而别出心裁地提出新的劃分方法，這也不符合他“謹密”的性格。

《唐六典》言：“所見征祥灾異，密封聞奏，漏泄有刑。”③《唐會要》“諸司應送史館事例”下關於“天文祥異”部分言：“太史每季并所占候祥驗同報。”④這也就意味着，“太白見秦分”這一記錄所涉及的人員，祇有上奏的傅奕、唐高祖李淵、被“以狀授之”的秦王李世民，以及在史館中編修史書的史官。李淵和李世民顯然不可能改動天文記錄。而如前文所指出，傅奕的專業知識和性格以及“杜絶交遊”的人際關係，都可證明其基本上不可能有將“魏分”作“秦分”的紕漏或以此作偽。再從傅奕上奏之後所發生的一系列事件以及李世民對於傅奕所言“汝前所奏，幾累於我”來看，則這一奏報是的確存在的，“秦王當有天下”也確實為傅奕上奏的内容。

故從總體來看，這一出入極有可能是編修史書的史官出於行文邏輯，而將“魏”改為了“秦”，因為若是言“太白見魏分”，則單從字面上很難同後文“秦王當有天下”形成直接的邏輯關係，倒顯得有强行栽贓嫁禍的意味。

總之，史書上“太白見秦分”的記載，基本上可以確定是與真實情況存在出入的。對於傅奕本人而言，其所觀測和確認的天文異象，也很有可能是“太白見魏分”。

二、“太白見魏分”與李世民勢力的地理分布之關係

那麽，現在的問題就變成了為何傅奕會將“太白見魏分”同“秦王”聯繫起來，而這顯然又涉及李世民武德九年時的勢力分布情況。《册府元龜》載：

> 九年六月癸亥，詔曰：“儲貳之重，式固宗祧。一有元良，以貞萬國。天策上將、太尉、尚書令、陝東道大行臺尚書、益州道行臺尚書令、雍蒲二州都督領十二衛大將軍、中書令、上柱國、秦王世民，器質冲遠，風猷昭茂，宏圖凤著，美業日隆。孝惟

① 見《乙巳占》卷三《分野》，葉9a；《晉書》卷十一《天文志上》，第308頁。
② 《唐六典》卷十《太史局》，第303頁。
③ 同上。
④ 《唐會要》卷六十三《史館上》，第1089頁。

德本，周於百行，仁為重任，以安萬物。王迹初基，經營締構。裁戡多難，征討不庭，嘉謀特舉，長筭必克。敷政大邦，宣風區奥，功高四履，道冠二南，任總機衡，庶績惟允。職兼内外，彝章載穆，退邇屬意，朝野具瞻，宜乘鼎業，允膺守器。可立為皇太子。”①

可知在武德九年六月高祖立太子時，李世民的職銜有天策上將、太尉、尚書令、陝東道大行臺尚書、益州道行臺尚書令、雍蒲二州都督領十二衛大將軍、中書令、上柱國、秦王。其中涉及地方的有陝東道大行臺尚書、益州道行臺尚書令、雍州都督、蒲州都督、秦王五個。故欲辨析李世民與“魏分”的關係，則應從這五個職銜入手。

陝東道大行臺尚書令　應為武德四年（621）十月②所授。陝東道大行臺為臨時性軍事機構，并非行政劃分，也沒有固定的管轄範圍。因此似乎很難去確切地劃分出陝東道大行臺的轄區。因此，我們祇能根據現有文獻推測，李世民武德九年時所任陝東道大行臺大致以洛陽③為治所，河南④在其管轄之下。

益州道行臺尚書令　武德三年（620）四月⑤所授。轄益州，即今四川一帶。

雍州都督　《舊唐書》并無李世民加授記録。按《唐大詔令集》記載，應為雍州牧⑥，

---

① ［北宋］王欽若等編：《册府元龜》卷二百五十七《儲宮部·建立二》，北京：中華書局，2003 年，第 3057 頁。

② “（武德四年）十月己丑，加秦王天策上將，位在王公上，領司徒、陝東道大行臺尚書令。”見劉昫等：《舊唐書》卷一《高祖本紀第一》，第 12 頁。

又《通鑑》：“十二月，壬申，詔以秦王世民為太尉、使持節、陝東道大行臺，其蒲州、河北諸府兵馬并受節度。”見《資治通鑑》卷一百八十六《唐紀二》“高祖武德元年十二月壬申”條，第 5826 頁。《唐大詔令集》“秦王太尉陝東行臺制”注明時期為“武德元年十二月”見［北宋］宋敏求編：《唐大詔令集》卷三十五《秦王太尉陝東行臺制》，北京：商務印書館，1959 年，第 148 頁。（以下祇出書名、頁碼）則可知在武德元年時李世民就已經管理陝東道大行臺。武德四年的授官當是對其治理的正式確認。

③ “太宗以洛州形勝之地，一朝有變，將出保之。遣亮之洛陽，統左右王保等千餘人，陰引山東豪傑以俟變，多出金帛，恣其所用。”見《舊唐書》卷六十九《張亮列傳》，第 2515 頁。

④ 《元和郡縣圖志》言：“武德四年討平充，復為洛州，仍置總管府。其冬罷府，置陝東道大行臺，太宗為大行臺尚書令。九年罷臺，置洛州都督府，貞觀十八年廢府。”見［唐］李吉甫撰，賀次君點校：《元和郡縣圖志》卷五《河南道一》，北京：中華書局，1983 年，第 130 頁。（以下祇出注書名、頁碼）

《舊唐書·地理志》“河南府”一條記載：“武德四年，討平王世充，置洛州總管府，領洛、鄭、熊、穀、嵩、管、伊、汝、魯九州。洛州領河南、洛陽、偃師、鞏、陽城、緱氏、嵩陽、陸渾、伊闕等九縣。其年十一月，罷總管府，置陝東道大行臺。九年，罷行臺，置洛州都督府，領洛、懷、鄭、汝等四州，權於府置尚書省。”見劉昫等：《舊唐書》卷三十八《地理一》，第 1421 頁。

⑤ “（武德三年）夏四月壬寅，至自華陰。於益州置行臺尚書省。甲寅，加秦王益州道行臺尚書令。”見劉昫等撰：《舊唐書》卷一《高祖本紀第一》，第 10 頁。《唐大詔令集》“秦王太尉益州道行臺制”亦言“武德三年四月”見《唐大詔令集》卷三十五《秦王太尉益州道行臺制》，第 148 頁。

⑥ 《唐大詔令集》卷二十七《立親王為皇太子詔》，第 93 頁。

則為武德元年（618）六月①授。雍州，大致為今陝西一帶②。

蒲州都督　兩《唐書》均不見授官記錄。查《舊唐書·地理志》，蒲州都督府為武德九年設③，故推斷其授官不得早於武德九年。蒲州都督府所轄，大致為今山西部分地區④。

秦王　武德元年⑤授，秦境大體同雍州。

再結合"魏分"的定義來看，可能與之相關的便是益州道行臺尚書令和蒲州都督這兩個職位。如《晉書·天文志》和《乙巳占》所言，"魏分"對應的州郡地理區劃是"益州"，李世民正是主管益州的最高長官。其與益州的聯繫不可謂不密切。

而蒲州實際上與"魏"這一地域亦密不可分。《元和郡縣圖志》記載蒲州"春秋時，為魏、耿、楊、芮之地。《左傳》曰：'晉獻公滅魏以賜畢萬。'服虔注曰：'魏在晉之蒲阪。'畢萬之後，十代至文侯，列為諸侯，至惠王僭號稱王，至王假為秦所滅"⑥。而從武德九年時蒲州都督府的管轄區域來看，亦可見其與"魏"之間的聯繫⑦。

武德九年蒲州都督府管轄區域及對應屬國表

	所轄縣	對應春秋戰國屬國
蒲州	桑泉	魏國
	河東	魏國
	猗氏	魏國
	虞鄉	魏國
虞州	解	魏國
	安邑	魏國
	夏	魏國
	桐鄉	魏國

---

① "（武德元年六月）壬辰，加秦王雍州牧。"見劉昫等：《舊唐書》卷一《高祖本紀第一》，第6頁。

② "黑水、西河惟雍州。弱水既西，涇屬渭汭，漆沮既從，灃水攸同。"見［漢］孔安國傳、［唐］孔穎達疏，李學勤主編：《尚書正義》卷六《禹貢第一》，北京：北京大學出版社，1999年，第154—155頁。

③ "（武德）九年，又置都督府，管蒲、虞、芮、邵、泰五州。"見劉昫等：《舊唐書》卷三十九《地理二》，第1469頁。

④ 《元和郡縣圖志》"河中府"詞條記載："《禹貢》冀州之域。按今州，本帝舜所都蒲坂也。""後魏太武帝於今州理置雍州，延和元年改雍州為秦州。周明帝改秦州為蒲州，因蒲坂以為名。隋大業三年罷州，又置河東郡。""武德元年罷郡，置蒲州。"見《元和郡縣圖志》卷十二《河東道一》，第323頁。

⑤ "（武德元年六月）庚辰，立世子建成為皇太子。封太宗為秦王，齊國公元吉為齊王。"見劉昫等：《舊唐書》卷一《高祖本紀第一》，第6頁。

⑥ 《元和郡縣圖志》卷十二《河東道一》，第323頁。

⑦ 本表根據《舊唐書·地理志》以及《元和郡縣志》《新唐書·地理志》和《漢書·地理志》繪製。

續表

芮 州	永樂①	魏國
	河北②	魏國
	芮城	魏國
邵 州	垣	魏國
	王屋	魏國
	清廉	未知，疑魏國③
	長泉	未知，疑魏國④
泰 州	萬泉	魏國
	龍門	魏國
	汾陰	魏國

由上可知，蒲州都督府所轄基本均為魏國故地。李世民以蒲州都督領轄蒲州都督府，則亦可與"魏"産生聯繫。

綜上而言，則知武德九年傅奕所奏"太白見秦分，秦王當有天下"實應為"太白見魏分，秦王當有天下"。而秦王李世民則以益州與魏國故地，以證"魏之分野"説。

三、傅奕密奏與"玄武門之變"

對於傅奕密奏"太白見秦分"（抑或"太白見魏分"）之事的討論，最終都要回到其與

---

① 《舊唐書·地理志》言芮州"領芮城、河北二縣"。見《舊唐書》卷三十八《地理一》，第1428頁。《元和郡縣圖志》"永樂縣"條下言："重置永樂，屬芮州。七年移於今理。"見《元和郡縣圖志》卷十二《河東道一》，第328頁。《舊唐書·地理志》"永樂縣"條下亦有"武德元年，分芮城縣置，屬芮州"。見《舊唐書》卷三十九《地理二》，第1471頁。此處從之。

② 《元和郡縣圖志》言："隋開皇十五年河北縣改屬蒲州。貞觀元年又屬陝州。天寶元年改為平陸縣。"見《元和郡縣圖志》卷六《河南道二》，第160頁。《新唐書·地理志》亦言"本河北，隸蒲州"。見《新唐書》卷三十八《地理二》，第985頁。按《舊唐書·地理志》"芮城縣"條下言，芮州領河北縣的時間為"武德二年"。則疑為開皇十五年屬蒲州，武德二年又改屬芮州。貞觀元年廢芮州，改屬陝州。此與《舊唐書·地理志》"貞觀元年，罷芮州，以芮城、河北屬陝州"的記載相合。見《舊唐書》卷三十八《地理一》，第1428頁。故此處將之歸屬芮州條下。

③ 《舊唐書·地理志》"垣縣"條記載："義甯元年，置邵原，領垣、王屋，又置清廉、亳城，四縣。武德元年，改為邵州。二年，又置長泉縣。"見《舊唐書》卷三十九志《地理二》，第1472頁。《元和郡縣圖志》并無此記載。按《括地志》"垣縣，故垣城，漢縣治，本魏王垣也"，推測疑為魏國故地。見《括地志輯校》卷二"絳州·垣縣"條。

④ 見本頁注。

"玄武門之變"的關係上來。

《通鑑》載：

> 己未，太白復經天。傅奕密奏："太白見秦分，秦王當有天下。"上以其狀授世民。
> 於是世民密奏建成、元吉淫亂後宮，且曰："臣於兄弟無絲毫負，今欲殺臣，似為世
> 充、建德報讎。臣今枉死，永違君親，魂歸地下，實恥見諸賊！"上省之，愕然，報
> 曰："明當鞫問，汝宜早參。"
> 庚申，世民帥長孫無忌等入，伏兵於玄武門。①

　　然而《通鑑》此處敍述頗為矛盾。李淵既以"秦王當有天下"狀示李世民，則李世民
何言兄弟"今欲殺臣"？前文已證傅奕所奏斷不會為李建成、李元吉所指示。劉蓬春先生認
為"高祖以狀授世民"的不僅有天象，也有建成、元吉狀告李世民的文書，李淵此舉乃是
警示李世民勿要行不軌之事。② 此可備為一解。

　　但無論如何，有一點是確鑿無疑的，即李淵命李世民"明當鞫問，汝宜早參"。《舊唐
書·隱太子建成傳》云："六月三日……高祖省之愕然，報曰：'明當鞫問，汝宜早參。'"③
而《通鑑》之後又記："上時已召裴寂、蕭瑀、陳叔達等，欲按其事。"④《舊唐書》也記載
道："高祖已召裴寂、蕭瑀、陳叔達、封倫、宇文士及、竇誕、顏師古等，欲令窮覆其
事。"⑤ 黃永年先生亦肯定李淵要召集李世民、李建成等人公斷曲直⑥，但"為什麼要在這
時勘問窮覆已不可得而知"⑦。筆者認為，若據時間推測，恐怕是因為李淵欲以"秦王當有
天下"的預言為把柄迫使李世民就範，故而在這個時候查問此事。

　　由此，關於傅奕密奏與"玄武門之變"兩者之關係，似可得出這一結論：武德九年六
月初三日己未，太史令傅奕向高祖李淵密奏"太白經天"，涉及秦王李世民。高祖召見李世
民，將傅奕奏書示與李世民，并令李世民、李建成、李元吉及裴寂、蕭瑀、陳叔達等於次
日即六月初四日早上一同參見定問。李世民遂於六月初四發動了"玄武門之變"。也就是
說，"玄武門之變"應為李世民未經預先謀劃，或早有準備，却被迫倉促發動的一場政治博

---

① 《資治通鑑》卷一百九十一《唐紀七》"高祖武德九年六月己未"條，第6009—第6010頁。
② 劉蓬春："'玄武門之變'伏兵計考析"，《西南民族學院學報（哲學社會科學版）》1998年S5期，第2—3頁。
③ 《舊唐書》卷六十四《高祖二十二子·隱太子建成》，第2419頁。
④ 《資治通鑑》卷一百九十一《唐紀七》"高祖武德九年六月己未"條，第6010頁。
⑤ 《舊唐書》卷六十四《高祖二十二子·隱太子建成》，第2419頁。
⑥ 黃永年：《論武德貞觀時統治集團的內部矛盾和鬥爭》，《唐代史事考釋》，臺灣：聯經出版事業公司，1998年，
第23頁。（以下衹出注書名、頁碼）
⑦ 黃永年：《敦煌寫本常何墓碑和唐前期宮廷政變中的玄武門》，《唐代史事考釋》，第49頁。

弈，具有極大的不確定性①。而導致這一事件的直接導火索，就是武德九年傅奕所奏"太白見秦分"的天象奏書②。

餘　論

　　兩《唐書》及《通鑑》等正史中所記載的武德九年傅奕密奏一事是確有發生的，但其所奏内容却并非"太白見秦分"，而應是"太白見魏分"。

　　同時，應該注意到，從《通鑑》及《舊唐書·傅奕傳》來看，作為太史令的傅奕上奏"秦王當有天下"一語絶不是為李世民張目，其也不是李世民集團人物。在武德初年各方博弈的複雜政治環境下，此次密奏無疑激化了不可調和的矛盾，并因此導致了"玄武門之變"的發生，進而改變了初唐乃至於整個唐代的歷史進程。

　　值得注意的另外一點是，李世民即位之後，對於之前傅奕密奏一事，除了給予"汝前所奏，幾累於我"的評價外，更為重要的是他之後的"然今後但須盡言，無以前事為慮也"一語。這句話點明了李世民對於天象星占的態度，即天象所代表的神秘化的"天命"，對於急需構建政權合法性的他而言，是極為重要的。這或許也正是李世民對傅奕采取寬恕態度的原因所在。

作者單位：四川省社會科學院

---

　　①　黄永年先生認為"玄武門之變""對李世民方面來説實屬'孤注一擲'"。見黄永年：《論武德貞觀時統治集團的内部矛盾和鬥爭》，《唐代史事考釋》，第24頁。則可知玄武門之變之於李世民乃是攸關生死之舉。

　　②　從李世民日後對傅奕言"汝前所奏，幾累於我"一語來看，李世民自己認為李淵相信了這一預言并將在之後采取行動，這種認知也是李世民倉促發動"玄武門之變"的直接誘因。

《開寶藏》綜論

韓壯波 楊 曼

繼唐朝遺風，承五代傳統，宋代雕版日臻成熟，其標誌性特徵主要有"三廣"：一是地域廣，東有兩浙、福建，西有四川；二是範圍廣，儒家典籍，佛道藏經，無所不包；三是途徑廣，官刻、私刻及坊刻，皆自成系統。宋代不僅是中國雕版印刷的黃金時代，還推動了刻印藏經事業的發展。佛教經典開始由寫經向刻經轉變，其中《開寶藏》的刻印最具代表性。《開寶藏》是宋人奉敕雕造的大藏經，具有極高的文化價值。然而，宋元之際，連年烽火導致經板的散佚，後人雖尋得十二殘卷，但難以還原《開寶藏》原貌。木刻版《開寶藏》又稱《蜀版大藏經》或《敕版大藏經》，由十三萬塊板片雕刻而成，采用《千字文》編次，卷軸式裝幀，初版五千多卷。《開寶藏》刻成後曾有三次修訂，分別是咸平修訂本、天禧修訂本、熙寧修訂本，規模增至六千餘卷。

一、《開寶藏》的歷史

《開寶藏》是宋代佛典雕刻研究的主要對象之一，也是近幾年來國內學者爭論最集中的問題；究其緣由，是因為近幾年國內新研究學者的不斷加入和《趙城金藏》的發現。迄今為止，國內有關《開寶藏》開雕的時間主要存在兩點分歧，一是"971年説"，二是"972年説"；且關於《開寶藏》於何處雕刻與放置的問題，至今未有定論。

據《佛祖統紀》載："（開寶）四年（971）……敕高品張從信往益州雕大藏經板。"①可知，開寶四年，宋太祖命張從信前往益州雕造木刻板大藏經；但是，此處沒有明確具體開雕時間。依《佛祖歷代通載》的説法："壬申，詔雕佛經一藏，記一十三萬塊板。"② 成書於元代的《佛祖歷代通載》中記載《開寶藏》的開雕時間為開寶五年（972），其理據來源可能基於對三個時間點的推測：一是"東京至益州時間"；二是"益州籌備時間"；三是"試雕時間"。元人基於以上推測，認為《開寶藏》於開寶四年還未進行大規模雕版，開雕十三萬塊板片的時間應為開寶五年，正如《釋氏稽古略》所載："壬申開寶五年……前後凡造金銀字佛經數藏，今年敕雕佛經印一藏，計一十三萬版。"③ 本文認為，學界之所以對於《開寶藏》的"開雕時間"存有分歧，其緣由有三：一是，"開寶四年（971）"應為"下詔時間"而非"雕造時間"；二是，張從信何時從東京出發的問題沒有澄清；三是，張從信從東京至益州需要多長時間。至於元代文獻中"壬申"的時間記載，本文認為《佛祖歷代通載》的成書時間距離《開寶藏》之形成十分久遠，且宋、金屢有戰爭，難免會有"以訛傳訛"的可能。

雖然《佛祖統紀》明確記載《開寶藏》於益州雕刻完成，但對於益州何處雕刻未有提及。近代學者對這一議題屢有爭議，究其緣由，還是史料的稀缺。其中，吳疆先生認為《開寶藏》在雕造過程中，朝廷有可能指派益州當地一座有大藏經或者印刷經驗的寺院來組織雕造工作，也有可能是獨立的經鋪或雕工來完成。依《楮幣譜》："隆興元年（1163），始特置官一員涖之，移寓城西淨眾寺。紹熙五年（1194），始創抄紙場於寺之旁，譴官治其中。抄匠六十一人，雜役三十人。"可知，南宋時期，淨眾寺是益州"交子"的印刷中心，且與官方有着十分密切的關係。根據明代高僧丈雪通醉的碑文"先是，宋祖勅造《大藏經》板刊於益州……藏板正因寺，即今之萬福也"④ 可知，正因寺是宋代官員放置刻板之地。段玉明《成都佛教史》認為，"正因"是"淨因"的誤寫。《成都府志·重建萬福寺碑記》記載："淨因寺俗呼萬佛，近又易佛為福矣。相傳創於漢延熹，或曰即古淨眾寺，若竹林寺地。"⑤ 淨眾寺實為淨因寺，後又因寺院中存有多尊佛像，被稱為萬佛寺。至明代，淨因寺以萬福寺為名。因淨眾寺具有以上條件，《開寶藏》是有可能於此雕造的，但福感寺遺址出土的石質金字寫經碎片又將這一可能推翻。唯一可以肯定的是，《開寶藏》在運至東京前，在淨眾寺放置過一段時間。

① ［宋］志磐：《佛祖統紀》卷四三，《大正藏》第 49 册，第 396 頁上。
② ［元］念常：《佛祖歷代通載》卷一八，《大正藏》第 49 册，第 656 頁上。
③ ［元］覺岸：《釋氏稽古略》卷四，《大正藏》第 49 册，第 860 頁上。
④ 龍顯昭、蔡東洲編：《巴蜀佛教碑文集成》，成都：巴蜀書社，2004 年，第 537 頁。
⑤ ［明］馮任修：《天啓成都府志》，成都：巴蜀書社，1992 年，第 804 頁。

二、《開寶藏》的流變

《開寶藏》於流傳中，其雕板總數及目錄不斷發生變化。在初雕本《開寶藏》中，宋人為了方便查閱，以《千字文》的帙號排序。初刻本《開寶藏》經過咸平修訂本、天禧修訂本、熙寧修訂本三次增訂後，從初版五千多卷的規模增至六千餘卷。

宋人惟白的《指要録》曰："中秋後三日，至婺州金華山智者禪寺，閱大藏經……援筆撮其要義……今於四百八十函，則函函標其部號；五千餘卷，則卷卷分其品目，便啓函開卷即見其緣起耳。"① 可知，惟白於崇寧二年在婺州金華山智者禪寺閱讀大藏經，且深有體會，"撮其要義"，作書一本。此處有一個問題，即惟白所閱讀的大藏經是《開寶藏》還是《崇寧藏》？如果惟白閱讀的大藏經是《開寶藏》，那麼他《指要録》中所説的"要義"就是對《開寶藏》的呈現。由於惟白在《指要録》中説"函函標其部號，卷卷分其品目"，因而，祇要將《開寶藏》《崇寧藏》及《指要録》三者的《千字文》作比較就可知惟白所閱讀的大正藏為哪一種。

三種典籍的《千字文》編排對比表

序號	卷名	帙數	《開寶藏》	《崇寧藏》	《指要録》
1	《大般若波羅蜜多經》	25	秋	秋	秋
2	《大般若波羅蜜多經》	24	李	李	李
3	《阿惟越致遮經》	35	草	木	草
4	《佛本行集經》	22	令	榮	令
5	《十誦律》	46	存	存	存

由此可見，《開寶藏》殘存卷的《千字文》編排與《指要録》一致，所以，可以推測《指要録》描述的實為《開寶藏》的"要義"。《指要録》又稱："右聖賢傳記，有譯本者六十八部，計一百七十三卷，共五十帙，天竺法師所述也；無譯本者四十部，計三百六十八卷，共四十三帙，華夏高人所撰集也。若通前計大小乘經律論，總五千四十餘卷，四百八十帙，以《開元釋教録》為準，則今撮略品目所集也。"② 可知，《開寶藏》初刻本依

---

① （日）高楠順次郎：《昭和法寶總目録》，東京：大正一切經刊行會，1929年，第2冊，第771頁。
② 同上，第768頁。

《開元釋教錄》雕造而成，收錄聖賢傳記及大小乘經律論五千四十餘卷、四百八十帙，這一數目與《開元錄·入藏錄》的五千四十八卷、四百八十帙基本一致。因而，由《開元釋教錄》可以推測出《開寶藏》初刻版的目錄情況：

《開寶藏》初刻版目錄

部　別	部　數	帙　數
般若部	22	72
寶積部	34	17
大集部	24	15
華嚴部	26	17
涅槃部	6	6
五大部外重譯經	274	51
大乘經單譯	131	24
菩薩調伏藏	26	5
菩薩對法藏	97	50
小乘經重單合譯	153	31
小乘經單譯	87	17
聲聞調伏藏	54	45
聲聞對法藏	36	72
翻譯集傳梵本	68	15
此方撰述集傳	40	42
總數	1078	479

　　這裏出現一個問題，即按照這一目錄，最終所統計的帙數與《指要錄》中的記載不同：《指要錄》認為《開寶藏》的帙數為四百八十帙，但這裏衹有四百七十九帙。本文認為，造成這一差異的主要原因是《開元釋教錄》未編"英"字帙。相反地，這一差異恰恰也證明了初刻本《開寶藏》的《千字文》編排是起於"天"，止於"英"。益州地區雕版印刷的水平十分高超，為了與《開寶藏》木雕版的長度及寬度相符，《開寶藏》的印製紙張長度控制在47厘米—48厘米之間，寬度控制在30厘米—33厘米之間；為了使刻印時的行文排

版整齊，在刻板時按每版 23 行、每行 14 字排列，且無界欄；所采用的字體偏瘦，顯得端麗嚴謹；紙張采用最好的黃麻紙，易於長久保存。在裝幀上，《開寶藏》采用卷軸裝，以方便管理及運輸；并設計版片號，内容有經名卷次、版片序號等"身份"信息。《開寶藏》初雕本運至東京（開封），太宗將譯經院改為傳經院；同時，為了查閱及管理方便，加入了《千字文》"天"至"英"帙號進行排序。

　　李富華先生於《〈開寶藏〉研究》中認為，太宗以後，《開寶藏》有三次增補，分別是咸平修訂本、天禧修訂本及熙寧修訂本。咸平修訂本修訂於宋太宗端拱二年至真宗咸平年間，其增補的内容主要是新譯經三十帙和《開元録》未及入藏的經籍二十七帙，《千字文》帙號從"杜"至"奄"帙；總計三百一十六部，五百五十四卷，五十七帙。天禧修訂本修訂於宋真宗天禧初年，其增補的内容主要是新譯經及北宋歷代奉敕入藏的中國僧俗著述，《千字文》帙號從"宅"至"亭"帙；總計一百零四部，八百八十卷，八十七帙。熙寧修訂本修訂於宋神宗熙寧四年，其增補的内容主要是數量不多的八種譯經和天台、華嚴、法相諸宗祖師的著述，千字文帙號從"雁"至"幾"帙；總計約六十部，四百八十卷，五十八帙。

　　由此可見，經過這三次增補之後，《開寶藏》的規模已達六千多卷，《千字文》帙號從"英"擴大至"幾"帙，形成了"天"至"幾"帙的體系結構。

三、《開寶藏》的殘卷

　　《開寶藏》如今已散佚殆盡，不過近幾年來，國内外發現不少《開寶藏》刊本。本文根據方廣錩、李際寧兩先生《開寶遺珍》的統計，認為《開寶藏》現存十二殘卷。下文將對這十二卷殘卷進行梳理。

《開寶藏》殘卷統計表

序號	卷名	卷次	《千字文》帙號	全卷	殘卷	藏處
1	《大般若波羅蜜多經》	206	秋	25	16	山西省博物館
2	《大般若波羅蜜多經》	581	李	24	18	中國佛教圖書文物館
3	《大寶積經》	111	文	33	26	中國國家圖書館
4	《大方等大集經》	43	有	29	29	上海圖書館
5	《妙法蓮華經》	7		29	10	山西省高平縣文博館
6	《阿惟越致遮經》	卷上	草	35	34	中國國家圖書館

7	《大雲經·請雨品》	64	大	31	31	山西省高平縣文博館
8	《雜阿含經·聖法印經》		若			中國國家圖書館
9	《雜阿含經》		流			中國國家圖書館
10	《佛本行集經》	19	令	22	22	廣西省博物館 日本京都南禪寺
11	《十誦律》	46	存	46	46	日本書道博物館
12	《御製秘藏詮》	13		19	15	美國哈佛大學賽克勒博物館

其具體版本情況如下：

1. 《大般若波羅蜜多經》第二百六卷

"秋"帙。全卷二十五版，開寶五年雕，哲宗元符三年印。現首殘尾全，第一版至第九版失佚，第十版至第二十五版殘存，共計十六版。其中，第十版殘缺嚴重，存十七行，缺六行。本卷存有尾題：《大般若波羅蜜多經》卷第二百六；刊經題記：大宋開寶五年壬申歲奉敕雕造；印工墨記：陸永印。卷中有印經戳記四行，現第三行空，具體如下：

蓋聞施經妙善，獲三乘之惠因；護誦真詮，超五趣之業果。然願普窮法界，廣及無邊；水陸群生，同登覺岸。時皇宋元符三年歲次庚辰八月　日慶讚記。

___

庫頭僧鑒智　供養主僧鑒招　印經當講僧法憲　都化緣報願住持僧鑒孿

2. 《大般若波羅蜜多經》第五百八十一卷

"李"帙。全卷二十四版，開寶五年雕，未有印刷時間。現首殘尾全，第一版至第六卷版失佚，第七版至第二十四版殘存，共計十八版。其中，第七版殘缺嚴重，存十二行，缺前十一行。本卷存有尾題：《大般若波羅蜜多經》卷第五百八十一；刊經題記：大宋開寶五年壬申歲奉敕雕造。

3. 《大寶積經》第一百一十一卷

"文"帙。全卷三十三版，未有開雕、印刷時間。現首殘尾全，第一版至第七卷版失佚，第八版至第三十三版殘存，共計二十六版。本卷存有尾題：《大寶積經》卷第一百一十一；刊經題記僅存二字：歲奉。

4. 《大方等大集經》第四十三卷

"有"帙。全卷二十九版，未有開雕時間，徽宗大觀二年印。現首尾完整，有護首，有墨書經名：《大集經》卷第四十三。有首題、《千字文》號帙及譯者刊經題記：《大方等大集經》卷第四十三　有隋天竺三藏那連提耶舍譯；尾題：《大集經》卷第四十三；印工墨記：李慶印。卷中有印經戳記四行，具體如下：

> 蓋聞施經妙善，獲三乘之惠因；贊誦真詮，超五趣之業果。然願普窮法界，廣
> 及無邊；水陸群生，同登覺岸。時皇宋大觀二年歲次戊子十月　日畢
> 莊主僧　福滋　管居養院僧　福海　庫頭僧　福深
> 供養主僧　福住　都化緣報願住持沙門　鑒巒

5.《妙法蓮華經》第七卷

無千字文號帙。方廣錩先生和李際寧先生認為，此卷按《開寶藏》結構，《千字文》應為"鳴"帙。全卷二十九版，開寶四年雕，未有印刷時間。現首殘尾全，第一版至第十九版失佚，第二十版至第二十九版殘存，共計十版。通卷上下邊焦脆，嚴重破損。本卷存有尾題：《妙法蓮華經》卷第七；刊經題記：大宋開寶四年辛未歲奉敕雕造；印工墨記：周安印。卷中有賜經板戳記三行：

> 熙寧辛亥歲仲秋初十日　中書劄子奉
> 聖旨，賜大藏經板於顯聖寺聖壽禪院印造
> 提轄管勾印經院事演梵大師　慧敏等

印經戳記：

> 蓋聞施經妙善，獲三乘之惠因；贊誦真詮，超五趣之業果。然願普窮法界，廣
> 及無邊；水陸群生，同登覺岸。時皇宋大觀二年歲次戊子十月　日畢
> 莊主僧　福滋　管居養院僧　福海　庫頭僧　福深
> 供養主僧　福住　都化緣報願住持沙門　鑒巒

6.《阿惟越致遮經》卷上

"草"帙。全卷三十五版，開寶六年雕，徽宗二年印；現首殘尾全，第一版失佚，第二版至第三十五版殘存，共計三十四版，其中，第三版殘缺嚴重，存十六行，缺七行（第五至第十一行）。本卷存有尾題：《佛說阿惟越致遮經》卷上；刊經題記：大宋開寶六年癸酉歲奉敕雕造；印工墨記：陸永；卷中有賜經板戳記三行：

熙寧辛亥歲仲秋初十日，中書劄子奉

聖旨，賜大藏經板於顯聖寺聖壽禪院印造。

提轄管勾印經院事演梵大師　慧敏等

印經戳記：

蓋聞施經妙善，獲三乘之惠因；贊誦真詮，超五趣之業果。然願普窮法界，廣

及無邊；水陸群生，同登覺岸。時皇宋大觀二年歲次戊子十月　日畢

莊主僧　福滋　管居養院僧　福海　庫頭僧　福深

供養主僧　福住　都化緣報願住持沙門　鑒巒

7.《大雲經·請雨品》第六十四

"大"帙。全卷三十一版，開寶六年雕，未有印刷時間。現首殘尾全，第一版至第三版
失佚，第五版至第三十一版基本完好，共計二十七版。其中，第四版殘缺嚴重，存十行。
本卷存有尾題：《大雲經·請雨品》第六十四；刊經題記：大宋開寶六年癸酉歲奉敕雕造；
印工墨記：隨菩。

8.《雜阿含經·聖法印經》綴卷

由十張《開寶藏》零卷殘紙綴接而成，開寶七年雕，未有印刷時間。其中，第一殘紙
至第三殘紙皆為《雜阿含經》第三十卷，且於第一殘紙中存有首題、千字文號及譯者：雜
阿含經卷第三十　盛　宋天竺三藏求那跋陀羅譯。第四殘紙至第六殘紙為《雜阿含經》第
四十卷，方廣錩先生和李際寧先生認為，按《開寶藏》結構，《雜阿含經》第四十卷應為
"川"帙；第七殘紙為《雜阿含經》第三十五卷，按《開寶藏》結構，《千字文》應為
"川"帙；第八殘紙為《雜阿含經》第四十四卷，按《開寶藏》結構，《千字文》應為
"流"帙。第九殘紙至第十殘紙為《佛說聖法印經》殘卷卷尾，且存有譯經記：元康四年
十二月二十五日，月氏菩薩沙門曇法護於酒泉演出此經，弟子竺法首筆受。令此深法普流
十方，大乘常光；刊經題記：大宋開寶七年甲戌歲奉敕雕造；印工墨記：惟德。因而，方
廣錩和李際寧二先生認為，按《開寶藏》結構，第九殘紙至第十殘紙應為"若"字帙。

9.《雜含經》綴卷

由五張《開寶藏》零卷殘紙綴接而成，未有開雕、印刷時間。其中，第一殘紙為《雜
阿含經》第三十九卷，有首題、千字文號及譯者：《雜阿含經》卷第三十九　川　宋天竺
三藏求那跋陀羅譯。第二殘紙為《雜阿含經》第三十卷，方廣錩和李際寧二先生認為，按
《開寶藏》結構，《雜阿含經》第三十卷應為"盛"帙。第三殘紙為《雜阿含經》第二十一

卷，《千字文》應為“盛”帙。第四殘紙至第五殘紙皆為《雜阿含經》第四十四卷，按《開寶藏》結構，《千字文》應為“流”帙。

10.《佛本行集經》第十九卷

“令”帙。全卷二十二版，開寶七年雕，未有印刷時間。現首尾完整，本卷存有首題、千字文號及譯者：《佛本行集經》卷第十九令三藏法師闍那崛多譯；尾題：佛本行集經卷第十九；刊經題記：大宋開寶七年甲戌歲奉敕雕造；印工墨記：孫清；其中，卷中有賜經板戳記三行，具體如下：

> 熙寧辛亥歲仲秋初十日，中書劄子奉
> 聖旨，賜大藏經板於顯聖寺聖壽禪院印造。
> 提轄管勾印經院事智悟大師賜紫　懷謹

11.《十誦律》第四十六卷

“存”帙。全卷四十六版，開寶七年雕，徽宗二年印。現首尾完整，本卷存有首題、千字文號及譯者：《十誦律》卷第四十六　存後秦北印度三藏弗若多羅共羅什譯；尾題：《十誦尼律》卷第四十六；刊經題記：大宋開寶七年甲戌歲奉敕雕造；印工墨記：陸永。卷中有印經戳記四行，具體如下：

> 蓋聞施經妙善，獲三乘之惠因；贊誦真詮，超五趣之業果。然願普窮法界，廣
> 及無邊；水陸群生，同登覺岸。時皇宋大觀二年歲次戊子十月　日畢
> 莊主僧　福滋　管居養院僧　福海　庫頭僧　福深
> 供養主僧　福住　都化緣報願住持沙門　鑒巒

12.《御製秘藏詮》第十三卷

無千字文號，現首殘尾全。方廣錩先生和李際寧先生認為，本卷有文字與圖畫雕版。文字版第一版已失佚，第二版至第十五版殘存，共計十四版。圖畫雕版共計四版，存有尾題：《御製秘藏詮》卷第十三；印工墨記：邵明印。卷中有印經戳記四行，具體如下：

> 蓋聞施經妙善，獲三乘之惠因；贊誦真詮，超五趣之業果。然願普窮法界，廣
> 及無邊；水陸群生，同登覺岸。時皇宋大觀二年歲次戊子十月　日畢
> 莊主僧　福滋　管居養院僧　福海　庫頭僧　福深
> 供養主僧　福住　都化緣報願住持沙門　鑒巒

　　《開寶藏》殘卷是後人研究《開寶藏》的第一手材料。全面研究殘卷，有可能使《開寶藏》的真實面貌"浮出水面"。經過上述分析，本文發現這些殘卷存在三個特點：（1）《開寶藏》是奉敕雕造的大藏經，開雕時間大概是開寶四年至七年間；（2）《開寶藏》是卷軸式裝訂，裝幀精美，每版二十三行，每行十四字；（3）《御製秘藏詮》第十三卷、《十誦律》第四十六卷、《阿惟越致遮經》卷上、《妙法蓮華經》第七卷、《大方等大集經》第四十三卷、《大般若波羅蜜多經》第二百六卷等殘卷於卷中有相同格式的印經戳記。

五、《開寶藏》的意義

　　《開寶藏》作為北宋官版大藏經，成書後流傳於海內外，成為後世多本藏經的祖本。據歷史記載，高麗、女真、西夏、龜茲和日本等都有來宋求取大藏經的記錄。其中，以《開寶藏》為底本雕造的影響較大的經典是《趙城金藏》與《高麗藏》，它們不僅保存完好，而且具有極高的歷史價值和學術研究價值。

　　《開寶藏》還首次在雕版大藏經時使用版片號，包括經名卷次、版片序號、千字文帙號等，使得版片數量多達十三萬塊的雕刻工程能夠有序進行，也有利於雕刻完成後的管理上架等工作。《開寶藏》端麗嚴謹的版刻書法也頗具特色，風格上雖沿襲唐楷，却與當時流行的各家書體都有所差別，其書法來源很值得深入研究。同時，如此大規模的版刻書法的應用，也標誌着宋代書法進入了一個新的發展階段，對後世的版刻印刷具有極其重要的影響。

　　《開寶藏》雖然僅存十二殘卷，但對其雕造的歷史背景、內容和數量的研究，不僅有利於後人瞭解宋代佛教、社會及四川地方的歷史情況，還可以作為研究宋代社會生活史、雕刻印刷史和四川地方史的重要歷史材料。從國家層面看，透過朝廷對《開寶藏》雕造的重視，可以看出北宋初年對佛教的態度及政策；在《開寶藏》雕成後，透過朝廷對高麗、日本等的贈與，能看出北宋佛教和平外交的對外政策。從地方層面看，朝廷對於雕造《開寶藏》地點的選擇可以反映出當時四川地區雕版印刷業的發達且繁榮，特別是《御製秘藏詮》第十三卷、《十誦律》第四十六卷等殘卷中的印版戳記，對宋代四川地區的藏經雕造印刷流程有較為直觀的反映。

　　《開寶藏》的雕造也標誌着古代中國從印刷技術的成熟到印刷產業成熟的飛躍。作為世界上第一部木刻叢書，《開寶藏》在世界印刷史上具有非凡的意義。《開寶藏》流傳到海外，成為文化交流的重要工具，尤其以《高麗藏》的傳播最為典型。據歷史記載，《開寶藏》曾三次傳入高麗。顯宗二年，高麗開始以《開寶藏》為底本雕造《高麗大藏經》的初雕本，此工程直至宣宗四年纔完成；隨後《高麗大藏經》初雕本經過"續藏"與"再雕"

流傳至今。日本室町時代，《高麗藏》流入日本，代替了原本流行於日本的中國藏經，對日本大藏經的雕造産生了極大影響。多年後，《高麗藏》又回流中國，反映出歷史上東亞各國的文化交流呈現多樣、多向的綜合複雜性，這种交流促進了各個國家歷史文化的發展。

　　綜上所述，宋代木刻板《開寶藏》不僅為後世典籍的傳播及刊刻提供了典範，也是研究宋代佛教的重要材料。可惜，目前《開寶藏》已經亡佚，後人雖尋得十餘卷殘卷，却很難還原《開寶藏》的真面貌，這是佛教典籍研究的一大缺憾。儘管如此，《趙城金藏》的發現，似乎為學者的研究重新燃起了希望。

作者單位：　貴州大學哲學與社會發展學院
　　　　　　四川省社會科學院哲學與文化研究所

西夏《宮廷詩集》成書考

黃婷玉

　　1909 年，黑水城西夏文文獻被科兹洛夫等人發現於内蒙古額濟納旗的黑水城遺址，現藏於俄羅斯科學院東方研究所的聖彼得堡分所中。經俄國學者整理，其中有數十首西夏詩歌殘頁受到關注。① 聶歷山最先稱這些詩歌為"西夏宮廷詩"②，即甲種本。之後，戈爾巴喬娃與克恰諾夫又發現一卷手抄殘卷，即乙種本。二者在詩歌題材上都屬於西夏宮廷詩，還分別有三首詩内容重合，因而被合稱為西夏文"宮廷詩集"③。再之後，5189 號殘卷又被發現存詩一首，其内容正與甲種本的《整駕西行燒香歌》勘同。經蘇航④、孫伯君⑤分析，此殘卷與乙種本似由一張紙卷分裂而來。此前對甲種本與乙種本梳理最全面的是梁松濤⑥。《宮廷詩集》的版本流傳情況複雜，甲、乙種本的成書情況也各異。

　　① （俄）克恰諾夫著，張海娟、王培培譯：《聖夏根贊歌》，《西夏學》第八輯，上海：上海古籍出版社，2011 年，第 170—177 頁（以下袛出注書名、頁碼）；［俄］克恰諾夫：《獻給西夏文字創造者的頌詩》，白濱等編：《中國民族史研究》（二），北京：中央民族學院出版社，1989 年，第 144—155 頁。

　　② 馬忠建譯自 Н. А. Невский，"Тангутская письменность и ее фонды"，*Тангутская филология*，Москва：Издательство восточной литературы，中譯名《西夏文字及其典藏》，編入孫伯君：《國外早期西夏學論集（二）》，北京：民族出版社，2005 年，第 222—246 頁。（以下袛出注書名、頁碼）

　　③ （俄）戈爾巴喬娃、克恰諾夫撰，白濱譯：《西夏文寫本和刊本》，《民族史譯文集》1978 年第 3 期，第 1—113 頁。

　　④ 蘇航：《西夏文〈御駕西行燒香歌〉中西行皇帝身份再考》，《民族研究》2014 年第 4 期，第 92—97 頁。

　　⑤ 孫伯君：《西夏文寫本〈整駕西行燒香歌〉釋補》，《西夏研究》2018 年第 3 期，第 3—13 頁。

　　⑥ 梁松濤：《西夏文〈宮廷詩集〉整理與研究》，上海：上海古籍出版社，2018 年。

一、《宮廷詩集》的版本及其年代

《宮廷詩集》甲種本，編號俄藏 инв. No 121V①，正反兩面分別記録着不同的内容。其正面為刊印本，紙幅 25 厘米×16.5 厘米，文本 18.8 厘米×13 厘米②，大約是蝴蝶裝，每頁 8 行，行 16 字③，采用左右雙欄、中間雙魚尾的款式。刊印内容是五首西夏組詩，依次題名《賦詩》《大詩》《月月樂詩》《道理詩》《聰穎詩》，通常被合稱為《西夏詩集》或"《月月樂詩》五首"，共有 29 面；背面即《宮廷詩集》，為手抄本，草書，抄寫的内容祇到正面的第 27 面左半面為止，其上共抄録有 29 首詩歌，可能來自一本文人詩歌合集。

《宮廷詩集》乙種本，分編號俄藏 инв. No 876 與 инв. No 5189 兩部分。首先是戈爾巴喬娃與克恰諾夫在編號為俄藏 инв. No 876④ 的抄本上找到的 7 首"西夏宮廷詩殘卷"，考定其與 121 號抄本背上的 29 首詩是同源⑤關係，於是稱其為乙種本。876 號乙種本采用卷軸裝，無邊框或分欄，卷末有斷裂痕迹，屬殘卷，字迹較甲種本工整，楷書。此本除第一首内容有部分殘缺外，其餘六首皆保存完整。其次，似乎是聶鴻音最早在俄藏文獻中發現一卷編號為 инв. No 5198 的殘卷，并指出其上内容正與甲種本《宮廷詩集》中抄録的《嚴駕西行燒香歌》重合⑥。孫伯君對比兩個版本後發現，5198 號殘卷與乙種本殘卷很可能是同一張卷子斷裂而成，并對此詩重新進行整理與翻譯，題名為《整駕西行燒香歌》。⑦

以上是迄今為止對《宮廷詩集》的版本資訊進行的討論。目前三種殘卷的保存情況各不相同。5198 號殘卷内容保存基本完整，甲種本與乙種本的情況相對複雜一點：甲種本因為正面刊本内容透墨和上文所述的頁面殘缺問題，有部分詩歌祇餘殘章；乙種本第一首詩缺掉了詩名、作者和幾行正文内容，其他則基本保存完整。統計甲、乙兩種版本現存詩篇後可知，甲種本共存詩 29 首⑧，乙種本存詩 7 首，兩種版本之間有三首詩歌是内容重合的，分別是：甲種本 29—28 與乙種本 7—5，即《臣子禁諫歌》；甲種本 29—14 與乙種本 7—6，

---

① 俄國東方研究所聖彼得堡分所主持，中國社會科學院民族研究所譯，《俄藏黑水城出土文獻》，上海：上海古籍出版社，1996 年，第 10 册，第 283—309 頁。(以下祇出注書名、頁碼)

② 《西夏學》第八輯，第 170—177 頁。

③ 聶鴻音：《關於西夏文〈月月樂詩〉》，《固原師專學報（社會科學版）》2002 年第 5 期，第 47—49 頁。

④ 《俄藏黑水城出土文獻》，第 10 册，第 310—313 頁。

⑤ （俄）戈爾巴喬娃、克恰諾夫撰，白濱譯：《西夏文寫本和刊本》，《民族史譯文集》1978 年第 3 期，第 34 頁。

⑥ 聶鴻音：《西元 1226：黑水城文獻最晚的西夏紀年》，《寧夏社會科學》2012 年第 4 期，第 80—85 頁。

⑦ 孫伯君：《西夏文寫本〈整駕西行燒香歌〉釋補》，《西夏研究》2018 年第 3 期，第 3—13 頁。

⑧ 因甲種本第 29—14 頁和第 29—23 頁的右半頁皆缺失，無法考證這兩頁上是否出現新的題名，若有，則第 15 頁和第 24 頁左半頁上的内容應該屬於另一首未被發現的詩，那麼甲種本的收詩數量便可能在 29 首到 31 首之間。

即《天下共樂歌》；甲種本 29—25 與乙種本 7—7，即《勸世歌二》；再加上 5198 號殘卷上僅存的《整駕西行燒香歌》與甲種本第 29—13 首勘同，故三種本子共有四首詩內容重合，刪去重複後共存詩 33 首。

根據以上版本資訊和對 33 首詩歌的分析，目前學界一致認為，甲、乙兩種版本的抄寫時代與詩集作品的創作時代之間可能存在不一致的情況。先説抄寫時間，在甲種本反面，也即《月月樂詩》五首的刻印本上，記錄了此刊本的刊刻時間、機構及參與者情況①。具體而言，如《大詩》的題記下有一行 "淖硧涣嚼燈淚翠例聚堅技緋綴逃" 字樣，聶鴻音譯為 "乾祐乙巳十六年刻字司刻本頭監"，即 1185 年；此外在同一頁卷尾的空白處，有一行手寫的文契 "縗粄嚼翠箄臟聚舉燈戊堅㳄硫膌屬縡蘳"，聶鴻音譯為 "光定辛巳年臘月二十三日為文契者没藏"，即 1221 年。聶文指出，據此處文契的字迹，可判斷文契的抄寫要晚於背面《宮廷詩集》的抄寫。② 因此，鑒於刻本詩歌理應早於抄本《宮廷詩集》，而文契當晚於《宮廷詩集》，故聶鴻音初步將甲種本背面詩歌的抄寫年代劃定在 1185 年到 1221 年之間。又，梁松濤據抄本中保留的四處手抄記賬筆記，判斷《宮廷詩集》甲種本至少曾在西夏的農業地區流傳過。③

在乙種本的兩個殘本中，5198 號殘卷上記載了明確的抄寫時間。孫伯君指出，5189 號殘卷與乙種本很可能是由同一卷子斷裂而成，那麼 5189 號殘卷末尾所記錄的謄寫時間應當與乙種本一致。此前，聶鴻音已經釋讀出 5189 號殘卷卷尾處記錄的文字為 "乾定雞年臘月初五日寫畢"④，那麼 5189 殘卷與乙種本的抄寫時間就應該是 "乾定雞年（1225）臘月"，即 1226 年 1 月 4 日。⑤

然而，由於史料的缺乏和文獻的殘缺，《宮廷詩集》中 33 篇作品的創作年代大多還無法確認，祇能通過一些相關綫索進行推測。最早是弗魯格、聶歷山二人都認為第 21 首《夫子善儀歌》是為歌頌野利仁榮而作，時間很可能是在仁宗追封其為廣惠王之時，即 1162 年⑥。其後聶鴻音指出，詩集中第 13 首《新修太學歌》的創作時間應為仁宗乾祐二十三年，即 1192 年，是為歌頌仁宗興建太學之舉⑦。

據上，《宮廷詩集》一共分為甲、乙兩個版本，其中乙種本又分為兩部殘卷。甲種本存

---

① 《俄藏黑水城出土文獻》，第 10 册，第 257 頁。

② 聶鴻音：《西夏文〈天下共樂歌〉〈勸世歌〉考釋》，《寧夏社會科學》2000 年第 3 期，第 101—104 頁。

③ 此四處西夏文筆記整理參考自梁松濤：《西夏文〈宮廷詩集〉版本考》，《寧夏社會科學》2011 年第 4 期，第 103—105 頁。

④ 聶鴻音：《西元 1226：黑水城文獻最晚的西夏紀年》，《寧夏社會科學》2012 年第 4 期，第 80—85 頁。

⑤ 孫伯君：《西夏文寫本〈整駕西行燒香歌〉釋補》，《西夏研究》2018 年第 3 期，第 3—13 頁。

⑥ 聶歷山：《西夏文字及其典藏》，孫伯君編：《國外早期西夏學論集（二）》，第 222—246 頁。

⑦ 聶鴻音根據詩中第十一行出現的 "壬子年" 這一資訊，推算出乾祐二十三年這一確切年份，參見其《西夏文〈新修太學歌〉考釋》一文，《寧夏社會科學》1990 年第 3 期，第 8—12 頁。

詩 29 首，乙種本 8 首，兩個版本有 4 首詩内容重合，故除去重複後共存詩 33 首。又，甲種本的抄寫年代在 1185 年到 1221 年之間，乙種本的抄定時間為 1226 年 1 月 4 日。其中共有兩首詩歌被考證出具體的創作年代，分別是《夫子善儀歌》（1162）和《新修太學歌》（1192）。此外，兩個版本共有四首詩歌内容重合，很可能在創作時間上相差不遠。兩個版本中分別收有來自同一作者的不同作品，且在作者署名上各有參差，關於此，下一節擬進一步討論。

二、《宮廷詩集》的作者及其署名

　　聶鴻音、梁松濤曾對已經釋讀出來的《宮廷詩集》中的幾位作者進行過統計。梁松濤首先關注到甲種本上署過名的部分作者，并進行了釋讀。她統計出没息網術、牢衛俱尼和野利樣枚三位作者，其中，没息網術的作品有三首：《聖的大賢歌》《聖德天悦歌》《萬花廳同樂歌》（即《同樂萬花堂歌》）；牢衛俱尼的作品一首：《淨德臣贊歌》；野利樣枚的作品也是一首：《有德勝物歌》。① 其後，聶鴻音翻譯了《宮廷詩集》全文及其作者，并據佟建榮考證的《松漠記聞》卷二所載“大使武功郎没細好德”一條②，而將“没息網術”改譯作“没細義顯”，又將“牢衛俱尼”改譯作“良衛有志”，“野利樣枚”改譯作“野利興禮”。其後，聶鴻音重新梳理出《宮廷詩集》上有署名的作品共九首，在梁松濤的基礎上新補充了四首，分別是：甲種本上《勸世歌二》一首，署名為没細義顯；乙種本上《天下共樂歌》和《有智無障歌》二首，同樣署名為没細義顯。此外，他還注意到一位祇出現在乙種本上的作者没玉志長，其作品似乎祇有一篇《臣子禁諫歌》。③

　　由此可知，此前被注意到并進行過統計的作者一共有四位，分別是没細義顯④、良衛有志⑤、野利興禮、没玉志長，四人分別存詩六首、一首、一首、一首。但還不止於此，筆者對甲種本《宮廷詩集》影印本進行了重新梳理，又注意到兩處抄寫位置較為隱秘的作者署名，如下圖：

---

① 梁松濤：《西夏文〈宮廷詩集〉整理與研究》，上海：上海古籍出版社，2018 年。
② 佟建榮：《西夏番姓漢譯再研究》，《民族研究》2013 年第 2 期。
③ 聶鴻音主編：《西夏詩文叢録》，未刊稿。
④ 聶鴻音曾指出“没息”不見於目前已知的西夏姓氏資料中，但他從《三才雜字・番族姓》中查得“没”與“細”都是西夏姓氏中的常用字。參見聶鴻音：《西夏文〈天下共樂歌〉〈勸世歌〉考釋》，《寧夏社會科學》2000 年第 3 期，第 101—104 頁。
⑤ 孫伯君提出“良衛”一姓曾見於黑水城出土西夏文《求生淨土法要門》中，是寂照國師的西夏姓氏。參見孫伯君：《西夏文寫本〈整駕西行燒香歌〉釋補》，《西夏研究》2018 年第 3 期，第 3—13 頁。

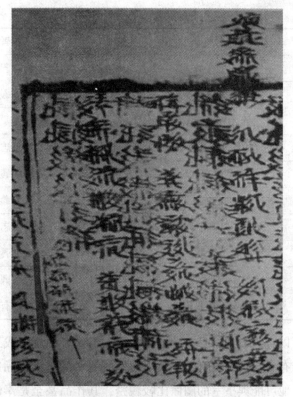

《至治顯相歌》（甲 29—4）　　　　　　　　　　　《祐國伽藍歌》（甲 29—10）

　　左圖來自甲種本第 4 面左半面，抄於《至治顯相歌》（33—4）的下方，字迹部分模糊，經辨認後祇能大致確認首字為"脛"（譯為没），末字為"粄"（譯為顯），此人很有可能是甲種本已出現過多次的脛鴻佬粄（没細義顯）。觀察列於《至治顯相歌》之前的《敬祖太平歌》與《聖德悦天歌》，都署名没細義顯，且這相連的三首詩在主題内容上非常相近，此處殘留的作者署名是没細義顯的可能性非常大。但出於嚴謹，此處仍不做定論。另一處即右圖，來自甲種本第 9 面左半面，抄於《祐國伽藍歌》（33—10）的左下方，其字迹相對清晰，可基本確定是脛庇岠鶯（没玉志長）。因二者未緊接詩題抄寫，故此前没有被學者們注意到。

　　據上，署名為没細義顯的作品實際上可能有六首，分別是《敬祖太平歌》《聖德悦天歌》《至治顯相歌》（存疑）《同樂萬花堂歌》《勸世歌二》及《有智無障歌》，可以合理推測，没細義顯可能是當時在文學創作上較為突出的一位文人。署名為没玉志長的作品實際有兩首，一首來自甲種本，一首來自乙種本，分別是《祐國伽藍歌》和《臣子禁諫歌》。此前，甲種本中祇出現過没細義顯一位作者的署名，通過對没玉志長署名的重新發現，可以斷定，《宫廷詩集》甲種本確屬一部由多人作品組成的文人合集。署名為野利興禮的作品祇有一首《德多勝物歌》。署名為良衛有志的作品也是一首《淨德臣贊歌》。其具體示圖如下：

作品及署名表

詩名（編號）	作者	出處
《敬祖太平歌》33—2	没細義顯	甲種本
《聖德悦天歌》33—3	没細義顯	甲種本
《至治顯相歌》33—4	没細義顯（？）	甲種本
《祐國伽藍歌》33—10	没玉志長	甲種本
《萬花堂同樂歌》33—11	没細義顯	甲種本
《勸世歌二》33—25	没細義顯	乙種本
《臣子禁諫歌》33—28	没玉志長	乙種本
《有智無障歌》33—31	没細義顯	乙種本
《德多勝物歌》33—32	野利興禮	乙種本
《淨德臣贊歌》33—33	良衛有志	乙種本

可以直觀看到，目前没細義顯是以上作者中創作成果最為豐碩的一位作者，且是一位在當時有一定地位的宮廷文人。從他所署名的幾種作品來看，前三種都是單純的歌功頌德之作，他可能與皇室的關係比較親密，其作品甚至是奉命所作的應製詩。再根據《萬花堂同樂歌》和《天下共樂歌》，可以推測没細義顯可能經常參與某些大型的皇家宴飲活動，并承擔賦詩記録的工作。當然他也創作了一些表達個人思想的作品，如《勸世歌二》《有智無障歌》等，詩中有着濃厚的佛教文化氣息，那麼他的身份也有可能是高級僧侶一類的人員。至於其他幾位作家，由於存作較少，較難推斷其身份。

此外，通過這個發現，筆者又進一步觀察到，甲種本上幾乎所有詩歌的題名和作者署名都抄寫在邊欄之外，這不難讓人懷疑這些詩題和作者都是在詩歌正文抄寫完之後纔附加上去的。這便可以解釋，前文提及的 33—4 和 33—10 兩首詩歌，其作者署名為何會出現在與詩題距離較遠的位置，很可能是謄抄者先抄寫了正文，在填補作者姓名時發現没有多餘的空間，祇能另尋空白處抄録。甚至再進一步地，詩歌正文和作者的謄抄者可能并非同一人，或者并非同時抄録的。如此一來，甲種本的抄寫情況應當更加複雜。

據上，可以得出以下結論：（1）《宮廷詩集》的兩個版本存有作者署名的共 11 首詩，其中 6 首都來自一位叫没細義顯的人，很可能他是一位在當時較為重要的宮廷文人。（2）筆者新注意到兩處較為隱秘的作者署名，《至治顯相歌》的作者没細義顯和《祐國伽藍歌》的作者没玉志長，説明《宮廷詩集》甲種本確是一本多人作品合集，且補充了一些有關《宮廷詩集》的作者群體資訊。（3）筆者也注意到，《宮廷詩集》部分詩歌的作者署名位置比較特別，可能是由於抄寫者因某種原因先抄寫了詩歌正文，之後纔將作者署名補充上去，因此在補充時有些詩題後所留空白不足，祇能題抄於其他地方；也存在另一種可能，即抄寫者不止一人。

三、《宮廷詩集》甲、乙種本的成書情况

　　基於上一節所得出的結論，可以初步推斷《宮廷詩集》的成書情况是比較複雜的，筆者嘗試理清思路，對甲種本、乙種本的編者及成書情况作了進一步分析。

　　首先，甲種本與乙種本相重合的有四首詩歌，除了 5198 號殘卷上僅存的一首外，其他三首在兩個版本中的先後順序是不一樣的。即，乙種本上編號為 7—5、7—6、7—7 的三首詩歌也出現在甲種本中，但其所處的位置分別是第 28、第 14、第 25。這說明，這兩個版本并沒有按照相同的順序進行抄録，甚至其相互之間儘管内容重合，但詩歌來源可能并不一致。關於此，還可以通過對比兩個版本所收録的這三首詩歌的具體内容進行旁證，其相互之間儘管重合度很高，但并非完全一致，下文擬作具體分析。此外，甲、乙兩種詩集所收録的詩歌數量也差距較大，甲種本收詩 29 首，乙種本僅 8 首。這或可說明，兩本詩集的編者并非同一人。

　　其次，没細義顯在《宮廷詩集》兩種版本上留有署名的詩人中都是作品最多的一位。甲種本上有四首作者署名為没細義顯的詩歌，分別是《聖是大賢歌》（33—2）、《聖德天悦歌》（33—3）、《至治顯相歌》（33—4）、《萬花廳同樂歌》（33—11）；乙種本上有三首，分別是《有智無障歌》（7—2）、《天下共樂歌》（7—6）、《勸世歌二》（7—7）。其中，出現於乙種本上的《天下共樂歌》《勸世歌二》也收録於甲種本上，乙種本上署名為没細義顯，但甲種本中并没有留下其作者姓名；但乙種本上另有一首署名為没細義顯的《有智無障歌》（7—2），却并未在甲種本中見到。由此可以說明兩點：其一，兩種版本在收録同一詩人的作品時，相互之間并不是完全重叠或包含的關係，二者可能各有所取，但也存在一定程度的重合；其二，二者在收録同一首詩歌時，往往并未同時署名其作者。換句話説，在兩個版本重合的四首詩中，乙種本記録了其中兩首詩歌的作者署名，但甲種本上則并未見到其署名。但同時，甲種本上却出現了這位作者的其他作品，并進行了署名。這說明，甲、乙兩種詩集的編者很可能并非同一人，且二者在編選詩集時，相互之間并没有過交涉，所以纔會造成在詩歌基本資訊上的補漏。進一步地，已知乙種本的抄寫晚於甲種本的抄寫時間下限，那麼其必然抄寫於甲種本之後，很可能其抄者并没有見過甲種本，又或者從别的渠道獲知這兩首詩歌的作者資訊，故補添了上去。儘管二者都收録了多首没細義顯的作品，但都有一部分作品未見署名，或未被收録，而這一部分作品却出現在另一部詩集上，

且被署名為沒細義顯所作。這又説明，兩個版本的抄者對沒細義顯的創作情況實際上并不熟悉。下圖是甲、乙兩種版本都收録過，但甲種本上未見署名的兩首詩歌——《天下共樂歌》與《有智無障歌》的影印件：

《天下共樂歌》（甲29—14）

《天下共樂歌》（乙7—6）

《勸世歌二》（甲29—25）

《勸世歌二》（乙7—7）

此外，甲、乙兩本上還收録有一首《臣子禁諫歌》（33—28），乙種本上將這首詩歌署名為没玉志長所作，而甲種本上却未署名。如圖所示：

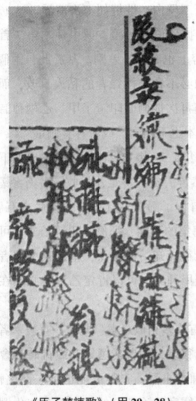　　　　　　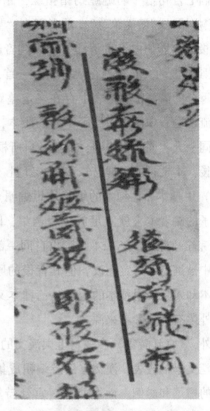

《臣子禁諫歌》（甲 29—28）　　　　　　　《臣子禁諫歌》（乙 7—5）

　　這更加驗證了甲、乙兩個本子并非來自同一編者。更進一步地，在筆者新注意到的甲種本的兩處作者署名中，其中一首是署名為没玉志長作的《祐國伽藍歌》，既然甲種本中已收有没玉志長的作品，可知甲種本的編者并非對没玉志長完全陌生。但同為没玉志長所作的《臣子禁諫歌》一首，甲種本雖有收錄，却并未署出作者名字。而乙種本則未收錄《祐國伽藍歌》一首。由此來看，甲、乙兩種版本之間再次出現了對同一詩人作品收錄不完全，或對其作品所屬不够熟悉的情況。

　　再次，甲種本與乙種本重合的幾首詩歌在内容上有差異。聶鴻音曾考證過，署名為没細義顯所作的《天下共樂歌》與《勸世歌二》，其兩個版本在内容上是有細微差異的。他提到，乙種本上記有二詩的作者姓名没細義顯，甲種本則無，且乙種本分别在第 14 句與第 19 句處多出"汝我輩""尊者大人"幾個字，甲種本亦無。① 梁松濤統計過另一首《臣子

<hr />

① 聶鴻音：《西夏文〈天下共樂歌〉〈勸世歌〉考釋》，《寧夏社會科學》2000 年第 3 期，第 101—104 頁。

禁諫歌》的兩個版本在内容上的不同，她指出，較為明顯的是第 17 句，甲種本上第 17、18 句是兩個七言句："竭緵緁蚧錯拓竑，錯竑搉堡砈傳葱"，乙種本上合為一個十一言句："欻欻廲疠錯竑搉堡砈韠葱"，前者譯為"男子德行玉璧白，性情如玉壽清靜"①，後者可譯為"其後德名體如白玉世清淨"（聶鴻音譯）。再據孫伯君考證，與甲種本第 7 首勘同的 5189 號殘卷上的《整駕西行燒香歌》一首，在内容上也有少量差别。基於此，兩個版本之間但凡重合的詩篇都在内容上存在一定差異，這想必不會是抄録者的私人竄改，而是這些詩歌在流傳過程中已經產生了不同的版本，這不僅再次從側面印證了甲、乙兩種詩集的編者并非同一人，同時也説明，他們各自所根據的底本也不相同，或者各有側重。

　　最後，本文祇能根據已知資訊，針對《宫廷詩集》編者、抄者的情況提出如下幾種推測：（1）甲種本和乙種本的編者均想編輯全集，然苦於資料不足，故收詩各有參差；（2）兩種本子的編者本來就立足於編輯選集，因此各自作了篩選，且各自所據底本有所差異；（3）不完全排除甲、乙二本實際出自同一部詩歌總集的可能，那麽，甲、乙二者可能在抄録過程中被進行了一定删改，但其背後的原因卻無從探知。但至少，基於某些作者署名見於乙種本卻未見於甲種本的現象，乙種本又晚出於甲種本，可以肯定乙種本必然在共有的底本之外還有其他參考來源。

　　此外，《宫廷詩集》在題材上與漢文的宫廷詩有許多相似之處，此前一直被學者認為是西夏宫廷文學的代表。漢文宫廷詩編輯成集的情況很多，編者在選録和編排時都會遵循一些固定的標準和體例。而從西夏《宫廷詩集》甲種本來看，它很可能也是一部比較成熟、經過系統編排的獨立選集，且根據詩中流露出的對儒家政治理念的尊崇，其文化淵源中來自漢語文學傳統的占比不小。梳理、統計集中各篇作品後可以發現，其存在一定内部規律，且表現出選録者的某種政治立場及個人偏好。而通過對甲種本成書體例的考察，也可以幫助我們進一步瞭解《宫廷詩集》所反映的時代背景。

　　下面，本文將以漢文宫廷詩歌選集的編排標準為參考，從年代、作者及詩歌主題三個維度，對《宫廷詩集》進行分析：

　　首先，目前被考證出創作年代的詩歌祇有《新修太學歌》（33—13）和《夫子善儀歌》（33—21）兩首，其創作年代分别在 1185 年、1162 年，在詩集中的排序與其創作年代相左，因此首先可以排除《宫廷詩集》是按年代順序進行排序的可能，當然也不排除甲種本按時間逆序排列的可能。但筆者注意到列於詩集中 33—6 位置的《夏聖根贊歌》是一首歌

---

① 梁松濤：《西夏文〈宫廷詩集〉整理與研究》，上海：上海古籍出版社，2018 年，第 249—253 頁。

頌西夏祖先的史詩類作品，關於這一點，聶歷山①、克恰諾夫②等人已進行過詳細考證。并且詩中提到過一位"七世皇帝"，據考應當是指仁宗仁孝。那麼，《夏聖根贊歌》的創作時間可能是相對較早的，至少不會晚於 1185 年，因為仁孝的執政時間止於 1193 年，而緊接此詩之後的"整駕"三首，前人已考證過其時間在仁孝中期。故而《宮廷詩集》是以時間為序編排的可能可以基本排除。

其次，題名為沒息義顯撰的幾篇詩歌分散在詩集中各處，并沒有集中排列，并且，筆者新注意到的署名為沒玉志長的《祐國伽藍歌》位於詩集中 33—10，在此之前已出現兩首署名為沒細義顯的作品《敬祖太平歌》和《聖德悦天歌》。因此，也可以基本排除《宮廷詩集》是按作者進行排序的可能。

最後，甲種本是以詩歌主題為排列順序的可能性是最大的。根據甲種本中的 29 首詩歌在内容上的特點，詩集中有一些題名相類的詩歌很明顯地被集中排列。如以"整駕"為題的三首：《整駕西行燒香歌》《整駕山行歌》及《整駕速諫歌》；以"君臣"為題的兩首：《君臣同德歌》與《君臣和睦歌》；以"勸世"為題的三首：《勸世歌一》《勸世歌二》及《諸勸歌》。雖不能以此斷定每一系列都是出自同一作者，但至少可以確知這些相同主題的詩歌是在某一個特定的歷史情境下創作出來的。不止如此，除了詩題相同的現象外，還有一些詩歌儘管在詩題上有差異，但從内容來看却有類型化的特徵，如《祐國伽藍歌》《同樂萬花堂歌》《聖宮共樂歌》《新修太學歌》四首都是以宮廷建築為主要歌頌内容的，且在詩集中的順序是相連的；再如《明時需智歌》《夫子善儀歌》《節親大臣》《大臣贊德歌》等都是歌詠某個朝中大臣的詩歌，《賢臣善儀歌》《臣子禁諫歌》《淨德臣贊歌》三首亦同，且與上四首詩位置非常靠近。也就是説，這些詩歌的排列，都具有以類相從的特徵。根據這種現象，筆者初步推測：《宮廷詩集》的編排可能是以詩歌主題作為參考標準的。再進一步地，此前湯君根據這些已有署名的作品内容推斷出其作者極有可能來自官僚集團或高級知識分子團體。③ 結合詩集中大部分詩歌所流露的"皇家"氣息，以及詩篇中屢屢出現的歌頌君德、遙祝太平等内容，筆者贊同這一説法。那麼，按照上文提到的主題分類法，《宮廷詩集》每類主題下的數首"組詩"有可能是來自不同作者的同題唱和，其身份可能是王公大臣或高級知識分子。這些作品的創作機緣應該是某次宮廷宴會或文人聚會，其唱頌對象也基本圍繞着皇室成員或高級大臣、僧侣進行。

綜上，《宮廷詩集》甲、乙種本的作者與成書情況，由於版本的差異、原件的殘損和相

---

① Н. А. Невский， "Тангутская письменность и ее фонды"，*Тангутская филология*，Москва：Издательство восточной литературы。中譯名《西夏文字及其典藏》，編入孫伯君：《國外早期西夏學論集（二）》，第 222—246 頁。

② 《西夏學》第八輯，第 170—177 頁。

③ 湯君：《西夏組詩的作者和編者》，《綿陽師範學院學報（哲學社會科學版）》2020 年第 4 期，第 1—11 頁。

關文獻的缺失，考證難度較大。但根據目前考察到的資訊，可以得出一些結論或推測：（1）
通過整合前人研究成果，可知《宮廷詩集》甲種本的抄寫年代在 1185 年到 1221 年之間，
乙種本則可確定為 1226 年 1 月 4 日；（2）結合筆者在甲種本中新注意到兩處作者署名：
《至治顯相歌》（33—4）的作者没細義顯（存疑）、《祐國伽藍歌》的作者没玉志長，可以
據此統計出，在《宮廷詩集》甲、乙兩個版本中，目前共出現過四位作者，分別是没細義
顯、没玉志長、良衛有志、野利興禮，各收其作品 7（或 6）首、2 首、1 首、1 首；（3）
利用現有資料，筆者推斷《宮廷詩集》的兩種版本并非出自同一編者，兩個版本的編者
（或者抄者）對其所收詩歌的作者情況可能并不十分熟悉，并且二者所據底本有一定差異；
（4）《宮廷詩集》甲種本存在以主題內容為編排依據的情況，按照頌君、頌臣、皇室建築、
道理詩的次級，表現出作為官方編選的應製詩合集應有的政治立場和感情基調。

作者單位：四川師範大學

張栻《南軒木犀》詩識讀

寧志奇

　　張栻（1133 年 9 月 15 日—1180 年 3 月 22 日）字敬夫，後避諱改字欽夫，又字樂齋，號南軒，學者稱南軒先生，謚曰宣，後世又稱張宣公。南宋漢州綿竹（今四川綿竹）人，南宋中興名相張浚之子。他是南宋著名理學家、教育家，湖湘學派的集大成者。其學自成一派，與朱熹、呂祖謙齊名，時稱"東南三賢"。著有《張宣公全集》三種六十一卷存世，其中有詩詞 570 首之多。在楊世文、張勁松先生箋注的《南軒先生語類》中也載有《南軒木犀》詩①，但未見此詩寫於何地的注解。《南軒木犀》是張栻在故里綿竹所作的唯一一首詩。據《張栻年譜》載："紹興二十六年丙子宣公二十四歲。是年，忠獻公將歸葬太夫人於綿竹。"② 朱熹所作《魏國公張公行狀》一文裏有更詳細的記述："……謂公方歸蜀，恐搖動遠方，旨復令永州居住。候服闋日取旨，公自扶護西歸，抵綿竹，即卜日治太夫人葬，附雍公之兆。賓客紛至，自朝及夕，哭泣應接不少倦。子侄交諫，尊年不宜致毀，而公孝誠自天，不能已也。太夫人既葬十日而謫命至，且有朝旨促迫甚急，公即日就道。"③

　　參照以上文獻可知，紹興二十六年（1156）十月，因其祖母秦國夫人計氏逝世，張栻隨父張浚護喪歸葬於四川綿竹故里。《南軒木犀》是此時張栻為表示對祖母的敬重而作的一首七絕詩。鑒於此前并未見學者對此詩作有箋注和研究，筆者作為南軒故里的綿竹人願不避淺薄，專就此詩的内容和背景作一探究，不妥之處敬祈讀者教正。

---

① 楊世文、張勁松箋注：《南軒先生語類》，成都：巴蜀書社，2020 年，第 379 頁。
② 鄧洪波輯校：《張栻年譜》，北京：科學出版社，2017 年，第 10 頁。
③ ［宋］朱熹：《魏國公張公行狀》，見《晦庵集》卷九十五。

一

《南軒木樨》詩曰：

> 不隨秋月閟天香，冰雪叢中見縷黄。
> 却得清寒惜花地，少須梅影慰孤芳。

這是張栻於紹興二十六年（1156）十月所作的一首平起首句入韵的七絕。初看這首詩是在寫木樨（木樨就是桂花，屬木樨科常緑灌木或喬木，花期九到十月，極香），其實是托物言志，詩人運用委婉、細膩的筆法，通過表達對桂花的珍愛，引出自己對祖母的懷念與崇敬。

首句"不隨秋月閟天香"寫秋季的桂花。漢晉以後，中國神話中有月中有桂樹的傳說①。古人認為桂花本是月宫之物降到凡間，貌不出衆却默默為人間播撒芬芳，所以詩人把這種芳香稱為天香。而秋月的形態是不斷變化的，正如蘇軾《水調歌頭·明月幾時有》裏説的那樣："人有悲歡離合，月有陰晴圓缺。"所以，在我國古代，通常以月圓代表家庭團圓、美滿，生活和諧、美好；以月缺代表分離、相思之苦。張栻所説"不隨秋月閟天香"，句中的秋月應當指代的是月缺時的分離、相思之苦的意境；説木樨的天香不會如已缺的秋月那樣很快終止、消失，暗指祖母雖然離世，而一定會留芳百代。閟，古同閉，有止、盡的含意，用得極其準確傳神。

由於張栻想表達對祖母的悼念，因而他所賞的桂花應當是白色的銀桂，而非紅色的丹桂，故有了次句"冰雪叢中見縷黄"。黄色的桂蕊在雪白的花瓣中展現着冰清玉潔的神采，詩人在寫花的同時也寄托了對祖母品格和操守的高度贊美。

緊接着詩人筆鋒一轉："却得清寒惜花地，少須梅影慰孤芳。"意指這些散發着天香的木樨是在一個清寒也即幽静雅致的惜花之地生長，而非俗世紅塵之中縶根的，其凌霜傲雪的品格有如臘梅一般。這是因為張栻與父親因政事所縶，不得不很快離開故鄉綿竹，祇好讓高潔絕俗的木樨與祖母的孤芳之靈相伴。"孤芳"意思是獨秀的香花，常比喻高潔絕俗者。至於"梅影"的含義還可参見宋人朱敦儒（1081—1159）的《桂花·清平樂木樨》："人間花少，菊小芙蓉老。冷澹仙人偏得道，買定西風一笑。　　前身原是疏梅，黄姑點碎冰肌。唯有暗

---

① 《太平御覽》卷九五七引《淮南子》云："月中有桂樹。"

香長在，飽參清露霏微。"朱敦儒説桂花的前身原該是梅花，不過是節令更代的緣故，纔將原先梅花的冰肌點碎，而玉骨猶存，因此暗香長在。這混有梅香的桂香又同清露雜糅在一起，飄灑於天地萬物間。可見這個品種的桂花是桂花中的珍品，香氣特濃，無論從花形還是花色上講，都同臘梅十分接近。於是詞人乾脆就把臘梅説成桂花的前身了。朱詞與張詩一樣，所寫的木犀都同梅花相配。而有如此桂花相伴，正可聊慰祖母高潔的靈魂。

二

為了進一步理解和賞析這首詩，我們還要解答與該詩創作背景有關的幾個問題。

（一）詩中描寫的那個幽靜雅致的惜花之地在哪裏

由於作者并未直接記載該詩寫於何處，我們祇有尋找旁證。據《綿竹縣志》載："桂香亭在城西祥符寺（筆者注：今綿竹市人民公園内）内，宋張栻建。碑碣尚存。有老桂六株，俱高數丈，相傳南軒手植。"① 按此記載，桂香亭在城西祥符寺内，張栻建此亭於寺中，則祥符寺必先於亭而建。這樣，張栻隨父張浚護祖母喪歸葬於綿竹，到祥符寺辦超度法事後，在寺院後園手植桂樹纔有可能。因此我們還須考證下祥符寺的歷史。

祥符寺為綿竹千年古刹。今寺廟建築物及園林占地一百餘畝，有殿堂及僧舍數十間，僧眾多時達數百人。寺旁尚有唐代圭峰禪師在此卓錫後留下的衣冠塚一座。其寺之命名源於北宋大中祥符的年號。寺内至今尚存明代洪武年間御賜的僧官碑一幢。《綿竹縣志》中還載有清康熙時邑令陸箕永所作《桂香亭》詩一首："桂亭觸詠風流遠，尚有珠宮小徑通。塵劫荒餘臺砌在，露花煙草怨西風。"② 這就表明早在清康熙之前，綿竹祥符寺裏就已有桂香亭，"桂亭觸詠風流遠"即指張栻所詠《南軒木犀》詩。料想古時桂香亭屬碑亭性質，亭中立有張栻題寫的那首懷念祖母的《南軒木犀》石刻詩碑。在綿竹市人民公園内，至今仍有樹齡幾百年的桂花林，林旁還有在原址上重建的桂香亭一座。民國時期軍閥楊森拍賣了祥符寺的廟產，到高僧能海法師時纔發願并恢復了祥符寺。曾與郭沫若同窗的原川大校長周太玄還在祥符寺裏講過經。今祥符寺内有民國時期名人王幹青所撰一聯："古刹憶當年，唐有圭峰卓錫，宋經南軒讀書，清逢翰苑留題，若個禪林真不俗；道場開長老，始由居士布施，繼以比丘規劃，終得宰官維護，將來法會正無邊。"祥符寺現為四川省重點文物保護單位。其不僅為綿竹縣内最著名的北宋古寺，且距計夫人歸葬之普潤鄉柔遠里（今漢

---

① 黄尚毅編：《綿竹縣志》卷十六《古迹》，1919 年木刻版，第 920 頁。（以下祇出注書名、頁碼）
② 《綿竹縣志》卷十六《古迹》，第 921 頁。

旺大柏林）僅有十公里的路程，看來《綿竹縣志》裏關於張栻在祥符寺手植桂樹紀念祖母的記載是合乎歷史地理方面的條件的。

（二）詩中桂樹所喻之秦國夫人計氏，其生平經歷和德行如何

既然張栻的《南軒木犀》是為紀念祖母而作之詩，那麼我們有必要瞭解計夫人的生平經歷和德行，有助於大家更進一步理解《南軒木犀》的詩意。檢閱諸多史料後得知，計夫人法號法真，她并非平凡家庭婦女。她名列《綿竹縣志·烈女傳》之首：

> 張計氏，張咸妻，浚母也。方正有法，生浚四歲，年二十五而寡。父母欲嫁之，誓弗許。勤苦鞠育，浚能言，即令誦父所為文；能記事，既告以父言行，無頃刻失教。故浚雖幼，行必端，視必直，坐不敧，言不誑，教使然也。
>
> 甫冠，入國學，母送之，泣曰："門戶寒，賴爾成立，當以爾祖父之業為念。"條戒語數十端授焉。浚隆貴，所為不當意，必變色示戒。紹興十六年，浚在永州欲論秦檜奸。恐禍不測，為母累憂之，至體為瘠。母怪，問以實對。母不應，惟誦其父咸紹聖初對策曰："臣寧言而死於斧鑕，不忍不言以負陛下。"浚遂決。疏上，謫連州。母送之曰："行矣。汝以忠直得禍，何愧？"①

由上錄《烈女傳》文可知計夫人之高尚節操。茲再簡述其生平經歷如下：

計夫人（1076—1155），出生在臨邛的書香世宦人家。祖父計用章、父親計良輔及弟弟計有功三代進士，三代為官，而且都是當時有名的詩人、大學者。特別是計氏的弟弟計有功，曾任成都提刑，著有《晉鑒》《唐詩紀事》等。她從小受到儒家傳統的道德教育，聰明賢惠，博覽群書，是一位多才多藝的大家閨秀。後嫁與綿竹的大戶人家、唐代著名宰相張九齡之弟張九皋的後代張咸。張咸為北宋元豐年間進士，通曉天文地理、百家經典，博學多才，官至成都節度判官②。張咸，元配任氏；繼娶趙氏，無嗣；再娶計氏法真。不幸的是計氏所生兒子張浚剛滿四歲，其父張咸就病故，計氏守寡時纔二十五歲。父母、親友再三勸她改嫁，她都一口拒絕，發誓決不改嫁，決心要把兒子撫養成才。計氏守志，訓子以義。地方人士十分欽佩，稱她如教子三遷的孟母。

計氏把畢生心血和希望都放在兒子張浚身上。當兒子能發音說話，她就教兒子讀誦父親生前曾經讀過的書。兒子稍稍懂事，她就教育兒子像他的父親那樣剛正不阿，廉潔奉公，一生光明磊落，正正派派做人，長大報效國家。張浚自幼聰明過人，勤奮好學，博覽群書，孝敬長輩，很有禮貌。在母親的辛勤撫育下，年幼的張浚"視必端，行必直，坐不敧，言

---

① 《綿竹縣志》卷七《烈女傳》，第495頁。
② 《宋張公賢良碑》，見《綿竹縣志》卷十六《古迹》，第953頁。

不狂"。長大後，張浚博學多才，品學兼優，得到親友鄉鄰的好評，在宋徽宗年間就中了進士。計氏再三叮囑兒子要牢記祖訓，一心報效国家，并將寫好的幾十條關於政務、軍事、思想、道德品行、為人處事的對策辦法交給兒子，叫兒子攜帶在身旁，早晚誦讀，三省己身。張浚嚴格遵循母親的教誨，按照母親的對策辦法處理政務。1135 年，33 歲的張浚已官至知樞密院事，都督諸路軍馬。

1146 年，被貶逐在永州的張浚見秦檜踞相位，賣國求榮，欺君誤國，曾想冒死向皇帝進言，彈劾秦檜。但他放心不下已七十歲高齡的母親，又怕株連家人和下屬受罪。因此，他成天沉悶不樂，不思茶飯，憂慮重重。計氏見了，再三追問，他纔將實情告知。計氏聽了，便即背誦張浚的父親張咸留下的對策訓詞："臣寧言而死於斧鍼，不忍不言以負陛下。"在母親的支持下，張浚冒死上書五十次，堅決反對秦檜賣國求榮。秦檜大怒，將他遠逐到連州（廣東連縣），并祇准許子侄一人陪同，不准妻子兒女和年老的母親前去陪伴，妄圖害死張浚。已七十多歲高齡的計氏送兒子去連州，臨別時卻對高興地鼓勵兒子説："你放心去吧。你因忠誠正直而獲罪，不必覺得羞愧或者後悔，也不用掛念我和家裏。"一位家庭婦女，竟有如此高的思想境界和愛國熱忱，可謂不讓鬚眉了。

紹興二十五年（1155），計氏病逝，終年七十九歲。張浚、張栻扶柩歸葬於故鄉綿竹普潤鄉之柔遠里（今漢旺大柏林）。朝廷為了嘉獎表彰計氏，封其為秦國夫人。其生平德行足以流芳千古。

（三）張栻為什麼專門在綿竹祥符寺後園植桂樹

計夫人與兒子張浚同為虔誠之佛門弟子。計夫人在名列《綿竹縣志·烈女傳》的同時又名列中國《善女人傳》[①] 和中國禪宗 480 位大德之一。據史料記載，計夫人自丈夫去世、寡居以來，便開始學佛，屏去紛華，常年蔬食，修習布施。她的兒子張浚亦遊心祖道，并從大慧宗杲禪師參學，成為大慧宗杲禪師之在家得法弟子[②]。大慧禪師并給計夫人取號法真。一日，大慧宗杲禪師派其徒道謙禪師前來問候計夫人的兒子張浚。張浚挽留道謙禪師小住數日，為他的母親説法。道謙禪師於是向法真開示參禪之道。法真請問道謙禪師："徑山和尚尋常如何為人？"道謙禪師道："和尚只教人看狗子無佛性及竹篦子話，只是不得下語，不得思量，不得向舉起處會，不得向開口處承當。狗子還有佛性也無？無。只恁麼教人看。"法真一聽，當下便生起諦信，并發心要依教奉行。當天晚上，法真靜坐，力究狗子無佛性之公案。至夜靜更深之時，忽而洞然無滯。過了幾天，道謙禪師辭歸。法真遂親書入道概略，并作偈數首，讓道謙禪師捎給大慧宗杲禪師。其中有一頌云："逐日看經文，如逢舊識人。莫言頻有礙，一舉一回新。"計夫人是佛門弟子，所以逝後既然歸葬綿竹，張浚

---

① ［清］彭際清：《善女人傳》卷上。
② 《嘉泰普燈録》卷十八，《五燈會元》卷二有傳。

必然會選擇當地著名古刹祥符寺為母親作超度法事，則張栻隨父在祥符寺作完超度法事後在祥符寺後園手植桂樹也就順理成章了。

三　名人題詞賦詩悼念計夫人

計夫人歸葬故鄉後，當時有不少名人題寫詞賦詩予以悼念，如參知政事、兼同知樞密院事王之望①於紹興二十五年底張浚母秦國太夫人計氏卒時，作有《張和公母秦國太夫人挽詞》：

> 誓此共薑旱，貧如翟母希。
> 三遷功可大，五福報無違。
> 袞繡供兒采，風癉契祖機。
> 千秋憑直筆，圖史播芳徽。

與張浚、張栻同時代的南宋詩人李流謙②亦作有《挽秦國夫人（張浚母計氏）》詩兩首：

> 其一曰：
> 鶯袗榮翠栝，璿魄媚方流。
> 慶襲高華出，賢供窈窕求。
> 靈光分嫠照，靜質肖坤柔。
> 閨闈關何事，風人美造周。

> 其二曰：
> 齋說端由帝，生申未許崧。
> 神功資鍊石，吉夢托占熊。
> 赫赫扶天業，堂堂浴日忠。

---

①　王之望（1102—1170），襄陽谷城（今湖北省谷城縣）人，南宋著名詩人、書法名家，謚敏肅。有《漢濱集》六十卷，已佚。清四庫館臣據《永樂大典》輯為十六卷。《宋史》卷三七二有傳。

②　李流謙（1123—1176），字無變，綿竹人。以文學知名。少以父良臣蔭，補將仕郎，授成都府靈泉縣尉。秩滿，調雅州教授。會虞允文宣撫全蜀，置之幕下，多有贊畫。尋以薦，除諸王宮大小學教授。力丐補外，改奉議郎，通判潼州府事。焦竑《國史經籍志》、黃虞稷《千頃堂書目》俱載有《澹齋集》八十一卷。

芝麟昭聖瑞，何力贊元工。

結　語

　　綜上所述，我們可以明確，關於南宋著名理學家、詩人張栻的《南軒木犀》詩，其寫作有三个重點：一是寫作時間，應為紹興二十六年（1156）十月之後，張栻時年二十四歲之時；二是寫作地點，筆者根據地方志及文獻記載，加上實地考察，確定其詩應當作於綿竹的古剎祥符寺後園（今綿竹市人民公園內），這也是張栻在其故里綿竹所作的唯一一首詩；三是寫作目的和內容，該詩是因其祖母秦國夫人計氏逝世，張栻隨父張浚護喪歸葬於四川綿竹故里，為其敬重的祖母而作。《南軒木犀》詩盡得唐代司空圖的《詩品二十四則·含蓄》之真髓，不著一字，盡得風流，讓讀者得以品出"韻外之致"和"味外之旨"。《南軒木犀》詩中的文辭雖未有一字說到祖母逝世的情狀，而深切懷念之情却隱含在詩作之中，令讀者和他一起深深感念那一縷縷木犀的天香。

作者單位：四川綿竹博物館

元人陳繹曾生平事迹考略

邱　璐

　　元人陳繹曾，一位長久被學界忽略的文學批評家，其傳世的文學批評著作有《文筌》《古文矜式》《文説》三種。陳繹曾的這些文學批評著作可以説是元代文學批評特點的典型代表，在繼承前人撰述成果的基礎之上，呈現出很强的系統性和細密性。此外，陳繹曾在書法上也頗有建樹，為後世所重，其傳世的理論著作有《翰林要訣》《法書本象》。但就是這樣一位在元代文學史和書法史上有突出成就的理論家，其生平事迹却一直模糊不清。目前祇有極少的研究者關注到陳繹曾的生平①，同時由於史料匱乏、文獻久晦，在陳繹曾籍貫、生卒年方面存在歧説，對於其仕宦的時間脈絡梳理也有明顯疏漏。此外，這些研究多按籍貫、生卒年、仕宦三大板塊來展開，很難讓人對陳繹曾的人生軌迹有比較清晰的認識。本文在前人研究的基礎上，力圖搜集更多的材料，對陳繹曾的生平事迹進行辨析、補充，并於最後一節對陳繹曾生平進行總體梳理。

　　陳繹曾，字伯敷，《元史》無傳，僅於《陳旅傳》後載："繹曾字伯敷，處州人。為人口吃，精敏異常，諸經注疏，多能成誦。文辭汪洋浩博，其氣燁如也。官至國子助教。論者謂二人（陳繹曾和程文）皆與旅相伯仲云。"② 這段官方史料中連其生卒年都没有提及，敘述極簡。其他材料對陳繹曾的記載則多是參考《元史》所書，如《明一統志》："陳繹曾，處州人，為人口吃而精敏異常，諸經注疏，多能成誦。文辭汪洋浩博，其氣燁如，論

---

　　① 目前所見國内對陳繹曾生平的研究，祇有黄麗、楊抱樸《陳繹曾生卒年、籍貫及仕宦考辨》（《社會科學輯刊》2007 年第 2 期）一文，其中多有疏漏。相關的學位論文有高洪岩《陳繹曾與元代中後期的文章學》（復旦大學 2002 年博士學位論文）；蘇勤《陳繹曾文章學研究》（南京大學 2007 年碩士學位論文）。慈波《陳繹曾與元代文章學》（《四川大學學報（哲學社會科學版）》2007 年 1 期）的第一節也粗略論及，誤判較多。

　　② ［明］宋濂：《元史》卷一百九十，清乾隆武英殿刻本，第 2014 頁。

者謂與莆田陳旅相伯仲，官至國子助教。"① 又如《吳興備志》："陳繹曾，字伯敷，康祖子，為人雖口吃而精敏異常，諸經注疏，都能成誦。文辭汪洋浩博，其氣藹如也。與修《遼史》，官至國子助教。論者謂與陳旅相伯仲云。（《元史》，參《研北雜志》，歐陽圭齋、戴剡源兩集）。"② 陳繹曾參與修纂《遼史》，還曾為他人作事迹傳，却没有直接給後人留下自己的生平記録。因此我們祇能從陳繹曾本人及與其相關的文章中推測梳理其生平事迹。

一、陳繹曾的籍貫

從前面所引用的材料我們就可以看出，陳繹曾的籍貫問題存在"處州（今浙江麗水）"與"吳興（今浙江湖州）"兩地之爭。《元史》中明確記載陳繹曾是處州人，為何《吳興備志》還要將其列入書中？這與陳繹曾本人曾在不少文章中署名"吳興陳繹曾"有關。《元詩紀事》就為陳繹曾本人自署"吳興"而困惑，因此將其籍貫空了出來③，但陳繹曾其實還曾自署"汶陽""汶上"等，却從未署過"處州"。查閲大量論及陳繹曾籍貫的史料後會發現一個現象，即認為陳繹曾為吳興人的大部分是與書法相關的材料，如《書史會要》卷七："陳繹曾，字伯敷，吳興人，官至翰林編修，學識優博，真、草、篆、隸俱通習之，各得其法。"④《書訣》："陳繹曾，字伯敷，吳興人，官至翰林侍講學士，書宗二王楷書。"⑤甚至出現一部書中前後記載矛盾的現象，如《大觀録》在《元賢詩翰·姓氏卷》說陳繹曾是處州人，到了《北宋諸賢名畫卷談》及談到陳繹曾對米芾書法的鑒賞時却認為他是吳興人⑥。出現這個現象的原因很可能是陳繹曾在欣賞歷代書法作品時多次自署為"吳興陳繹曾"。如跋《顏魯公祭侄文》曰"吳興陳繹曾書"⑦，覽《晉陸士衡平復帖》曰"吳興陳繹曾獲覽"⑧，賞《右軍大道帖》曰"吳興陳繹曾把玩無斁"⑨ 等。

《四庫全書總目》陳繹曾《文説》提要曰："繹曾，字伯敷，《元史》附見《儒學傳》作處州人，而《吳興續志》亦載其名，蓋家本括蒼而僑居苕水者也。"⑩ 四庫館臣還注意到

---

① ［明］李賢：《明一統志》卷四十四，清文淵閣《四庫全書》本，第1495頁。

② ［明］董斯張：《（崇禎）吳興備志》卷十二，清文淵閣《四庫全書》本，第136頁。

③ ［清］陳衍：《元詩紀事》卷六，清光緒本，第87頁。

④ ［元］陶宗儀：《書史會要》卷七，清文淵閣《四庫全書》本，第94頁。

⑤ ［明］豐坊：《書訣》，民國《四明叢刊》本，第34頁。

⑥ ［清］吳升輯：《大觀録》，民國九年武進李氏聖譯樓本。

⑦ ［明］董斯張輯：《吳興藝文補》卷二十七，明崇禎六年刻本，第579頁。

⑧ ［明］張醜：《清河書畫舫》卷十二，清文淵閣《四庫全書》本，第425頁。

⑨ 同上，第52頁。

⑩ ［清］永瑢等：《四庫全書總目》卷一百九十五，清乾隆武英殿刻本，第3508頁。

了陳繹曾在《文筌序》末自署的"至順三年七月汶陽老（左）客陳繹曾"①，故在《文筌》的提要中説："繹曾，處州人，僑居湖州。而序末自稱汶陽左客，豈又嘗流寓齊魯間，偶以自號與?"② 括蒼，古縣名，在處州境内，治所為今浙江麗水東南，隋開皇九年（589）分松陽縣置，以境内有括蒼山得名。應該説《四庫全書總目》的判斷是比較準確的。陳繹曾的籍貫就是處州，具體在括蒼龍泉③，他是後來纔僑居湖州，并且到過汶陽。戴表元《八月十六日張園玩月詩序》云："大德戊戌歲八月十五夜，望舒掩其明，遊者闕焉。乃以次夕合宴於君子軒之圃。圃主河清張模仲實……客剡源戴表元帥初、錢塘屠約存博、龍泉陳康祖無逸……侍遊者仲實之子炬爐、如晦之子奎、無逸之子繹曾……"④ 這裏提到陳繹曾的父親陳康祖籍貫為龍泉。龍泉，今浙江麗水市龍泉縣，據《龍泉風土大略記》載："龍泉縣，古屬揚州，又稱劍川。位置在括蒼西南二百四十里，東界雲和，南接慶元，西鄰閩之浦城，北連遂昌。"⑤ 龍泉就在括蒼境内。進一步追溯，陳繹曾曾祖陳存的籍貫同樣也是括蒼龍泉。戴表元在《陳無逸詩序》中言："余年二十四五時，識龍泉公於杭，自是展轉離合八九年，得間無不以文字相聞，然未嘗説詩。龍泉公居湖，晚年歸湖。既歿而余始識湖之秀民奇士能詩者數人，數人詩皆清嚴有法度，竊怪之。蓋雖科舉學廢，人人得而縱意無所累，然未應頓悟至此。久之，識公之諸孫無逸，始間得龍泉詩讀之，然後乃知湖人之於公良有所受。"⑥《吴興備志》卷十三引《括蒼匯紀》："陳存，字體仁，龍泉人，太學上舍，淳祐七年第三人。"并云："戴表元序陳無逸詩，稱其祖龍泉公居湖，即存也。"⑦《隱居通議》卷三十一在咸淳七年正月二十五日鎖院敕差的同知貢舉名單下載有："朝散大夫、起居郎兼權兵部侍郎括蒼陳存體仁。"⑧ 因此，陳繹曾準確的籍貫應該是處州境内的括蒼龍泉，從其曾祖陳存起僑居湖州。湖州古屬吴興，因此陳繹曾常自署"吴興陳繹曾"。其實陳繹曾的署名往往和他當時所在的地方有關，他在擔任國子助教期間常過山東，故有"汶陽""汶上"等相關署名，後面將詳細論述。

① ［元］陳繹曾:《文筌序》，王水照編《歷代文話》第二册，復旦大學出版社，2008年，第1227頁。陳繹曾這一署名有"老客"和"左客"兩種版本，現有關於陳繹曾生平的研究絶大多數認為陳繹曾應該曾受貶至汶陽，故以"左客"為準。本文認為陳繹曾没有受貶，因其任國子助教期間經常到山東一帶，故曰"汶陽老客"。

② ［清］永瑢等:《四庫全書總目》卷一百九十五，第3525頁。

③ 關於陳繹曾的籍貫，黄麗、楊抱朴《陳繹曾生卒年、籍貫及仕宦考辨》也認為陳繹曾原籍為龍泉，但混淆了"括蒼"與"龍泉"之關係，誤以為"括蒼"即指的是處州龍泉縣。本文認為"龍泉"在"括蒼"境内，陳繹曾的籍貫具體為括蒼龍泉。蘇勤《陳繹曾文章學研究》和慈波《陳繹曾與元代文章學》兩文則衹道出陳繹曾占籍處州，没有進一步道出括蒼龍泉。

④ ［元］戴表元:《剡源集》卷十，《四部叢刊》景明本，第104頁。

⑤ 吴嘉猷:《龍泉風土大略記》，《括蒼》1926年第2期。

⑥ ［元］戴表元:《陳無逸詩序》，《剡源集》卷八，第83頁。

⑦ ［明］董斯張:《（崇禎）吴興備志》卷十三，第150頁。

⑧ ［元］劉壎:《隱居通議》卷三十一，清《海山仙館叢書》本，第204頁。

二、陳繹曾的生卒年

關於陳繹曾生年的説法最可靠的應該是至元二十三年（1286）。呂宗傑《書經補遺》自序云："至正丙戌，余遊太學，時陳伯敷先生為冑子師。先生博洽多聞，兼通六藝，一日授吳郡時彦，舉以《法書本象》，爛然巨軸。先生隨授隨書之，筆勢飛動，如經宿構，盡六書之法。余求觀之，録於篋笥中且久，視余向時所書，真苟且杜撰，可謂不知而妄作者矣。"① 至正丙戌年（1346），陳繹曾在太學任助教，曾教授呂宗傑等吳郡賢俊《法書本象》，隨授隨書。這與陳繹曾本人後來在《法書本象》中的自敍完全相符："吳郡時彦舉案書《筆訣》，年過知非又加十載，目昏心耄，非復昔時，勉備忽忘，隨筆所及，雜體寫之曰《法書本象》。"② 《淮南子·原道訓》載春秋時衛國蘧伯玉不斷反省自己，到了五十歲有"四十九年非"之感，"知非之年"即指五十歲。陳繹曾説自己在至正丙戌（1346）"年過知非，又加十載"，亦即六十歲，由此可知他大約生於至元二十三年（1286）。比起生年，陳繹曾的卒年尚無法確定。能證明其在世的最遲時間的資料是他本人一首被收録於《吳興藝文補》的詩作《龐石舟自吳江避兵吳興白蘋洲，即宋郎官龐祐甫遺墅也，墅蝕於豪右久矣，石舟復遷於斯，避亂謀身，祖孫一輞，因識今昔之感為贈》，末聯云："滿地干戈似南宋，幾多賢達隱湖州。"③ 龐石舟名隆，《（同治）蘇州府志》引《湖州府志》曰："龐隆，字兆康，號石舟，官著作郎，元末隱姓名遊江湖，後遷居湖之西崦山（又名棲賢山，在湖州境内），構卧雲堂，因作《卧雲歌》。"④ 結合這兩則材料，可知詩題所謂兵亂應該是指元末江浙一帶以張士誠為首的農民起義。張士誠於至正十三年（1353）起兵反元，占據高郵，次年號稱"誠王"，國號"大周"。至正十六年（1356）二月"張士誠陷平江路（即今江蘇蘇州，吳江在其境内），據之改為隆平府，遂陷湖州、松江、常州諸路"⑤。由此可知陳繹曾詩應該作於 1353 年到 1356 年之間，也就是説陳繹曾至少活到了六十七歲，甚至可能活到了七十歲以後。⑥

---

① ［元］呂宗傑纂輯：《書經補遺》卷首，清嘉慶《宛委別藏》本。
② ［明］董斯張輯：《吳興藝文補》卷二十七，第 581 頁。
③ ［明］董斯張輯：《吳興藝文補》卷五十三，第 1168 頁。
④ ［清］馮桂芬：《（同治）蘇州府志》卷七十八，清光緒九年刊本，第 2739 頁。
⑤ ［明］陳邦瞻：《元史紀事本末》卷二十六，明末刻本，第 116 頁。
⑥ 關於陳繹曾的卒年，蘇勤《陳繹曾文章學研究》也關注到了《龐石舟自吳江避兵吳興白蘋洲，即宋郎官龐祐甫遺墅也，墅蝕於豪右久矣，石舟復遷於斯，避亂謀身，祖孫一輞，因識今昔之感為贈》這一詩作，但作者由於在史料考察上的失誤，認為張士誠在至正十四年（1354）攻陷平江路，進而將陳繹曾卒年上限定為至正十四年（1354），這顯然是不準確的。

三、陳繹曾事迹考略

前面戴表元《八月十六日張園玩月詩序》中提到陳繹曾大德戊戌年（1298）陪着父親一起在張園賞月，這是其最早的在世行迹，時年十二歲。《四庫全書總目》說他"嘗從學於戴表元"①，大概也是在這一時期。陳繹曾《文筌序》曰："余成童剟聞道德之説於長樂敖君善先生，痛悔雕蟲之習久矣。比遊京師，東平王君繼志講論之隙索書，童時所聞筆劄之靡者……"成童指十五歲，陳繹曾在十五歲開始跟隨敖君善學習。敖君善即敖繼翁，"長樂人，寓居湖州，築一小樓……邃於經術，規行矩步，吳下名士咸出其門"②。《文筌序》寫於至順三年（1332），當時陳繹曾身在汶陽（今屬山東），已經是國子助教。序中提到的"比遊京師"，指的應是其尚未入仕時第一次到京師遊學的經歷。《山居新話》載："昔有德音搜訪懷才抱器不求聞達者，有人逢一書生賓士入京，問求何事，答曰：'將應不求聞達科。'因念延祐間陳伯敷繹曾到都，每見晦迹丘園者數多，遂有詩云：'處士近來恩例別，麻鞋一對當蒲輪。'"③ 目前關於陳繹曾生平的研究均僅依據陳繹曾有"江浙去題龍虎榜"④的説法，認為陳繹曾此次入京是為了參加剛剛恢復科舉後的會試⑤。但從陳氏自敘"比遊京師"以及對科舉一恢復就競相奔赴的隱士之多的譏笑，可知他這次到京很可能祇是單純遊學。這一段遊學之旅至遲在延祐七年（1320）就結束了，他在另一篇文章《靜春先生詩序》中云："延祐七年冬，先生之子仲長，扁舟追余於梁溪，盡出先生遺稿"⑥，篇末自署"至治元年（1321）三月既望吳興陳繹曾序"。梁溪在今江蘇無錫境內，則延祐七年冬陳繹曾已經回到江浙。此後至治三年（1323）十一月其作《跋顏魯公祭侄文》也自署"吳興陳繹曾"。⑦ 可知陳繹曾少年時代一直生活在吳興，十五歲之前師從戴表元，十五歲開始聞道於敖君善。延祐間到京遊學，至遲在三十四歲重新回到了吳興。

《山右石刻叢編》在《麟山孔廟記》條目下有"至順元年（1330）十二月丁未朔，國子助教陳繹曾記并書"，"縣人李玉捐資建殿立塾，像未飾而没，子溫成之。李溫之季宏正，

---

① ［清］永瑢等：《四庫全書總目》卷一百九十五，第3508頁。
② ［清］陸心源：《儀顧堂集》卷十四，清光緒刻本，第145頁。
③ ［元］楊瑀：《山居新話》，清《知不足齋叢書》本，第25頁。
④ ［明］董斯張輯：《吳興藝文補》卷五十三，第1168頁。
⑤ 如黃麗、楊抱樸《陳繹曾生卒年、籍貫及仕宦考辨》（《社會科學輯刊》2007年第2期）；蘇勤《陳繹曾文章學研究》（南京大學2007年碩士學位論文）。
⑥ ［清］陸心源編：《穰梨館過眼錄》卷六，清光緒吳興陸氏家塾刻本，第53頁。
⑦ ［明］董斯張輯：《吳興藝文補》卷二十七，第580—581頁。

從國子助教陳繹曾學, 故請繹曾為記"。① 據此, 陳繹曾在至順元年 (1330) 已經離開吳興, 官國子助教, 這年他 44 歲。學界關於陳繹曾仕宦的途徑有 "科舉入仕" 和 "舉薦入仕" 之爭②, 在時間脈絡的梳理上也比較凌亂, 這主要源於史料的矛盾不一和模糊不清。《元史》《吳興備志》《書史會要》等均未提及他是進士, 而《(雍正) 浙江通志》附陳繹曾為 "年份無考進士"③。《(同治) 徐州府志》引《沛縣志》之説: "陳繹曾, 字伯敷, 湖州歸安人, 登進士。"④《元史》認為陳繹曾 "官至國子助教", 《書史會要》卻認為他 "官至翰林編修"。在這種情況下, 我們衹能依靠陳繹曾本人以及較接近其時代的文字材料來辨析。前面提到的 "江浙去題龍虎榜" 出自陳繹曾七言律詩《遊鳳凰山尋唐狀元陸器讀書臺》, 龍虎榜歷來被詩人們用作考榜的代稱, 故這句詩表明了陳繹曾進京趕考的意圖, 然而詩歌末句 "訪仙求術待秋還" 又流露出他對科考的不甚在意, 因此很難確定他是否參加了科舉考試, 若參加的話又是何時。相比這首七言律詩, 出自元朝重臣許有壬之手的《薦吳炳、陳繹曾》, 能夠直接證明陳繹曾確實受到過舉薦, 或許更值得我們關注。其中云: "江南陳繹曾, 博學能文, 懷抱材藝, 挺身自拔流俗, 立志尚友乎古人, 放志山林, 富貴浮雲。但人既不自鬻, 恐後日或有遺賢, 如於文翰之職內不次徵用, 不惟據其素蘊, 抑亦可以砥礪流俗。"⑤ 據《元史》載, 許有壬字可用, 自仁宗至順帝 "歷事七朝, 垂五十年", 歷任重要官職, 死後謚曰文忠。⑥ 他的這封舉薦書雖然沒有確切的寫作時間, 但提到了兩條重要線索: 第一是此時陳繹曾處在 "放志山林, 富貴浮雲" 的狀態, 這正與他從京師回來在吳興生活相合; 第二是最後提到的 "如於文翰之職內不次徵用, 不惟據其素蘊, 抑亦可以砥礪流俗"。陳繹曾至順元年 (1330) 已經就任的國子助教正是 "據其素蘊" "砥礪流俗" 的工作。因此, 許有壬的這份舉薦書很可能作於至治元年 (1323) 到至順元年 (1330) 期間, 并且陳繹曾在他的舉薦下入仕, 獲得了國子助教的職務。黃麗、楊抱朴《陳繹曾生卒年、籍貫及仕宦考辨》和蘇勤《陳繹曾文章學研究》二文雖然都留意到了這封舉薦書, 但前者因重點關注吳炳的入仕時間而得出錯誤的判斷, 認為陳繹曾至順二年 (1331) 纔入仕, 官職不詳, 但前面我們已經知道陳繹曾在至順元年 (1330) 已任國子助教; 後者則關注許有壬的舉薦時間, 認為陳繹曾於至治二年 (1322) 受薦入仕, 也是官職不詳, 但前面我們也已談到陳繹曾至治三年 (1323) 尚在吳興。二者都疏於對內容的考察分析, 没能給出陳

---

① ［清］胡聘之:《山右石刻叢編》卷三十五, 清光緒二十七年刻本第 1164 頁。

② 高洪岩《陳繹曾與元代中後期的文章學》和慈波《陳繹曾與元代文章學》認為陳繹曾是 "科舉入仕", 黃麗、楊抱朴《陳繹曾生卒年、籍貫及仕宦考辨》和蘇勤《陳繹曾文章學研究》則認為他是 "舉薦入仕"。

③ ［清］嵇曾筠:《(雍正) 浙江通志》卷一百二十九, 清文淵閣《四庫全書》本, 第 2783 頁。

④ ［清］劉庠:《(同治) 徐州府志》卷二十二, 清同治十三年刻本, 第 761 頁。

⑤ ［元］許有壬:《至正集》卷七十五, 清文淵閣《四庫全書》補配清文津閣《四庫全書》本, 第 432 頁。

⑥ ［明］宋濂:《元史》卷一百九十, 第 1941 頁。

繹曾較為準確的入仕時間和最初的官職。在擔任國子助教期間，陳繹曾嘗於《文筌序》中自號"汶陽老客"，高洪岩、黃麗、蘇勤等均據此認為他曾受貶至山東。但其實不然，陳繹曾之所以自號"汶陽老客"，是因為他在這期間經常作客山東，為山左的不少書院廟宇撰寫過碑銘，如《山左金石志》在《北海縣膏潤行祠碑》條目下有"後至元三年（1337）十月立……陳繹曾撰，王賁書并撰。案今之濰縣在元時為北海縣，與昌邑同屬濰州"①，在《錦州同知李之英墓誌銘》條目下有"後至元五年（1339）二月立……陳繹曾撰"②，在《尼山書院碑銘》條目下有"後至元五年五月立……陳繹曾撰"③。元代有兩段"至元"年號，這裏"後至元"指的是元惠宗時期以1335年起的"至元"。陳繹曾職務從國子助教到翰林院編修的轉換大約發生在後至元六年（1340），這一年他54歲。剛剛提到的《尼山書院碑銘》篇末陳繹曾自署"至元五年（1339）歲在己卯五月吉日國子助教陳繹曾撰"④，此處他的銜名還是國子助教，到後至元七年（1341）二月所立的《鄒縣修學碑》中卻已變成翰林院國史編修。《山左金石志》在《鄒縣修學碑》條目下載："後至元七年二月立……陳繹曾撰，張起嚴書。王士熙篆。案史繹曾字伯敷，處州人，官至國子助教而不詳嘗官翰林院國史編修官，可據此補史也。至正改元在辛巳年正月乙酉朔，此碑立於二月，而猶云至元七年者，豈改元之詔其時未頒至耶?"⑤ 結合《（弘治）常熟縣志》所載："［元］陳徽曾，至元庚辰（1340）嘗（常）為慶安巡檢，時由禮部例借宮入武也。慶安即今黃泗浦。兄翰林學士陳繹曾訪弟曾過於此。"⑥ 這裏說陳繹曾是翰林學士，則他在至元六年（1340）就出任了翰林院國史編修官。綜上所述，青年陳繹曾從京師回到吳興後過着"放志山林"的生活，在元朝重臣許有壬的舉薦下出任國子助教，大約在至元六年（1340）遷翰林院國史編修官。

因文獻不足徵，陳繹曾升遷的原因不得確知，很可能是循例升職。前面論及其生年的時候說到至正丙戌年（1346），陳繹曾擔任的是國子助教之職。也就是說，陳繹曾擔任翰林院編修的時間最多祇有六年。歐陽玄《進遼史表》云："今集賢侍講學士臣呂思誠為總裁官，中書遴選儒臣崇文、大監令兵部尚書臣廉惠山凱雅，翰林直學士王沂、秘書著作佐郎徐昺，翰林監修臣陳繹曾為修史官，分撰《遼史》，起至正三年四月，迄四年二月。"⑦ 據《皕宋樓藏書志》卷十九的修史官員銜名記載，陳繹曾還兼任將仕佐郎。⑧《遼史》的撰寫時間為至正三年（1343）四月到至正三年（1344）年三月，陳繹曾很可能在《遼史》完成

① ［清］畢沅：《山左金石志》卷二十四，清嘉慶刻本，第569頁。
② 同上，第571頁。
③ 同上，第571頁。
④ ［明］陳鎬：《闕里志》卷九，明嘉靖刻本，第186頁。
⑤ ［清］畢沅：《山左金石志》卷二十四，第573頁。
⑥ ［明］楊子器：《（弘治）常熟縣志》卷三，清鈔本，第200頁。
⑦ ［元］歐陽玄：《圭齋文集》卷十三，《四部叢刊》景明成化本，第126頁。
⑧ ［清］陸心源：《皕宋樓藏書志》卷十九，清光緒萬卷樓藏本，第199至200頁。

後不久返回太學，重新擔任國子助教。在這次任職期間，陳繹曾也同樣到過山東，據其為《法書本象》作序時自署"國子助教汶上陳繹曾"可知，"汶上"即今山東汶上縣。與陳繹曾辭職歸里有關的記載祇有李材《解醒語》："處州陳繹曾為國子助教，口吃。一日集諸生曰：'車生極（極欲言諸生習業也）。'中有數人不覺葫蘆絕倒。問之，皆官生恩蔭也，繹曾不能容，解官南還。"① 陳繹曾"解官南還"應該在至正十一年（1351）之後，在前面那段呂宗傑《書經補遺》的自序後面緊接着有："後六年，余再下第，為鎮之晉州學官，以公委購書籍之錢唐留順，偶得《唐太宗御製王右軍執筆圖》，乃東陽陳及時父希元先生授同里趙文叔之家藏也，喜不自已……至正十一年歲在辛卯孟冬十月八日東原呂宗傑自序。"在至正丙戌年（1346）後六年，按呂宗傑的署名，指的就是至正十一年陳繹曾還在京師，委託"再下第"的呂宗傑到錢唐留順替他購書。至正十一年已步入元朝的末年，此後年老的陳繹曾面對貪官污吏氾濫、恩蔭子弟目中無人、朝廷政治腐敗的局面，終於"解官南還"。蘇勤據《（同治）徐州府志》所載陳繹曾"嘗往來兗、揚、徐、冀間，晚年遂家於沛"②，認為陳繹曾終老於齊魯徐冀一帶，但似乎和前面提到陳繹曾晚年贈予龐石舟的詩歌存在矛盾，本文更傾向於陳繹曾晚年還是回到了吳興，即湖州。

結　語

元人陳繹曾，字伯敷，括蒼龍泉（今浙江麗水）人，從其曾祖陳存起僑居湖州。他生於至元二十三年（1286），死於元末，至少活到了六十七歲。少年時期的陳繹曾一直生活在吳興，十五歲之前師從戴表元，十五歲開始聞道於敖君善。延祐間到京遊學，至遲在三十四歲重新回到了吳興。青年陳繹曾回到吳興後過着"放志山林"的生活，在元朝重臣許有壬的舉薦下擔任國子助教，并大約在至元六年（1340）遷翰林院國史編修官。完成《遼史》撰寫任務後，陳繹曾重返太學，再次擔任國子助教。陳繹曾的仕途經歷了國子助教到將仕佐郎、翰林院國史編修再到國子助教的過程，期間"嘗往來兗、揚、徐、冀間"。元末，陳繹曾"解官南還"，重新回到湖州。

作者單位：華南師範大學文學院

---

① 車吉心主編：《中華野史·遼夏金卷》，泰山出版社，2000年，第795頁。
② 蘇勤《陳繹曾文章學研究》對地方考察多有疏漏，如認為尼山書院在徐州沛縣。這顯然是錯誤的，尼山書院當在山東曲阜。

《漢魏叢書》源流考述[*]

尤婷婷　張　覺

　　《漢魏叢書》是我國著名的大型叢書之一，一直深受學術界重視，然其版刻複雜，故學者們對該叢書的述説頗多謬誤。上海圖書館、復旦大學圖書館藏本較好地顯示了該叢書自明至清至少有十刻之源流真相，足以糾正學術界對《漢魏叢書》的各種錯誤看法。尤其值得注意的是，上海圖書館藏本向我們揭示了王謨《漢魏叢書·凡例》所謂"比至辛亥，尚未卒業"的真實情形：他初刻《漢魏叢書》時祇翻刻了何允中的《漢魏叢書》76 種，至於另外再增入 10 種圖書以及調整目次、撰寫跋文之類，都是以後完成的事。以往學者所瞭解并利用的王謨本其實祇是其重印本，而上海圖書館所藏之初印本實具有更高的校勘價值。

　　由於《漢魏叢書》中有《潛夫論》，所以我們在研究《潛夫論》時，不但參考了《潛夫論》研究方面的權威著作——汪繼培的《潛夫論箋》，以及當今影響最大的《潛夫論箋》整理之作——中華書局 1985 年版《潛夫論箋校正》，而且還參考了多種《漢魏叢書》。結果發現，學者們對《漢魏叢書》的認識和述説竟有很多錯誤的地方。

　　例如，汪繼培將何允中刊刻的《漢魏叢書》當作"何鏜本"而説"王符《潛夫論》行於今者，有明程榮本、何鏜本"[①]；後人未審而承襲其誤，説"汪氏據元大德新刊，校以《漢魏叢書》程榮、何鏜二本"[②]，或説"明代有程榮、何鏜兩種《漢魏叢書》本"[③]。這些誤説均當予以澄清，因為何鏜祇編輯過《漢魏叢書》而未曾刊刻過，在程榮以後刊刻《漢魏叢書》的是何允中而非何鏜（見下文）。

＊　本文係國家社會科學基金項目"《潛夫論》彙校集注"（批准號：17BZW014）階段性成果。

① 《潛夫論箋序》，[漢] 王符著，[清] 汪繼培箋，彭鐸校正：《潛夫論箋》，北京：中華書局，1979 年，第 487 頁。
② [漢] 王符著，[清] 汪繼培箋，彭鐸校正：《潛夫論箋校正·凡例》，北京：中華書局，1985 年。
③ 王寧主編：《評析本白話鹽鐵論·潛夫論》，北京：北京廣播學院出版社，1992 年，第 164 頁。

　　又如，《中國古籍總目·叢書部·雜纂類》著録何允中本時題"《廣漢魏叢書》九十六種，明何允中編，明刻本"，并注明北大、復旦等均藏有此書①，也顯然有誤。還有中國社會科學院歷史研究所文化研究室古風所撰的《〈漢魏叢書〉的編纂與增訂》對《漢魏叢書》的介紹也多有疏誤，如説："目前存世有三種《漢魏叢書》，即明程榮輯《漢魏叢書》、何允中輯《廣漢魏叢書》、清王謨輯《增訂漢魏叢書》。……何鐘編輯《漢魏叢書》原稿時，分為經、史、子、集四籍，收有萬種左右文獻目録。明萬曆二十年（1592），歙縣程榮獲得其部分原稿，刊刻之時，集籍已缺，實有經籍十一種，史籍四種，子籍二十三種，共子目三十八種，計二百五十一卷。……萬曆間，武林人何允中補刻集籍，又增為七十六種，題名為《廣漢魏叢書》，有明萬曆二十年刊本、清嘉慶中刊本。清乾隆五十六年（1791），江西建昌王謨以程、何《漢魏叢書》義例未善，乃輯刻《增訂漢魏叢書》八十六種……王謨又自撰《凡例》九條……《增訂漢魏叢書》有清乾隆五十六年（1791）金谿王氏刊本……清宣統三年（1911）上海大通書局石印本，其中大通書局本增為九十四種，然為石印本，已失本來面貌。……今以清乾隆五十六年（1791）金谿王氏刊本影印……以為學術研究提供重要參考資料。"② 這種種説法，均有糾謬之必要，以免讀者再為其誤説所誤。

　　關於《漢魏叢書》，上海古籍書店 1960 年據商務印書館所編的《叢書集成初編目録》而重新編印的《叢書百部提要》有所考證，祇是較為疏略，但也很有參考價值，所以先轉録於此。其文云③：

　　　　《漢魏叢書》86 種 448 卷　　明程榮、何允中、清王謨輯刊

　　　　《漢魏叢書》，先後三刻，首程榮本，次何允中，又次王謨。此即王本。按王序："是書輯自括蒼何鏜，舊目原有百種，新安程氏版行，僅梓三十七種。（按程本實三十八種，王本總目缺《商子》，故誤。）武林何氏允中，又搜益其半，合七十六種，而前序則東海屠隆撰。按何氏原跋云：'往見緯真別本，分典雅、奇古、閎肆、藻藍四家，以類相從，殊為鉅觀。'緯真即隆字也，則似緯真又自有叢書行世。《明史·藝文志·類書門》載有'屠隆《漢魏叢書》六十卷'，必即何氏所見緯真別本，但不應何本又冠以屠序也。"屠本今不可見。王氏增訂《凡例》亦言："二百餘年，何本原書亦僅有存者，坊間所鬻，多以建陽書林所刻漢魏名文乘冒充。"今惟程本尚存，其前亦有屠

---

　　① 中國古籍總目編纂委員會編：《中國古籍總目·叢書部》"叢 10100074"條，北京：中華書局，上海：上海古籍出版社，2009 年，第 155 頁。該條著録之叢書子目有九十七種，與其標示之總數"九十六種"不相一致，可見該總目的編著工作甚為粗疏。

　　② ［清］王謨輯：《增訂漢魏叢書　漢魏遺書鈔》，重慶：西南師範大學出版社，北京：東方出版社，2011 年，第 1 冊，第 1—3 頁。

　　③ 此文據復旦大學圖書館教師閲覽室藏本轉録。

序，總目經籍十一種，史籍四種，子籍二十三種，獨集籍僅存一行，下無書名，頗疑程氏即覆刻屠本，改其所謂典雅、奇古、閎肆、藻豔四家，易為經籍、史籍、子籍等類。其集籍一門，尚未付刊，戛然中止，故行世者僅存三十八種，雖迭經何、王二氏增補，然以視何鏜原編，尚缺十四種，其目不存，無可考矣。何鏜字振卿，號賓巖，處州衛人，嘉靖二十六年進士，官至江西提學僉事。屠隆字長卿，一字緯真，鄞縣人，萬曆五年進士，官至禮部主事。程榮字伯仁，歙縣人。何允中，仁和人，天啓二年進士。王謨字仁甫，一字汝上，金谿人，乾隆四十三年進士。

當然，該考證尚欠周全，也有所疏漏。如以為《漢魏叢書》祇有"三刻"，就不符合事實；又如推測程榮本祇是"覆刻屠本"也欠當，因為此二書之卷帙相差甚巨，所以不可能是簡單的"覆刻"。

為了説明問題，我們不妨再將何允中輯刊的《漢魏叢書》中《漢魏叢書總目》後的何允中按語以及王謨所撰《增訂漢魏叢書凡例》之前七條和《增訂漢魏叢書目次》後的按語輯錄於此。

何允中按語云：

> 叢書彙自括蒼何先生鏜①，版行則新安程氏②。漢魏去古未遠，典雅閎博咸足羽翼經史，代自為論，人自名家，非稗官瑣説可擬。何氏舊目百種，程氏僅梓三十七③。兹搜益其半，内如《三墳》《周書》，雖病不類似，以魏晉注收，《序》謂見漢承秦之遺風，論亦當矣。往見緯真氏別本，分典雅、奇古、閎肆、藻豔四家，以類從，殊為鉅觀。恐失作者意，兹仍何氏經、史、子、籍舊目云。武林何允中識④。

王謨所撰《增訂漢魏叢書凡例》云：

> 一、《漢魏叢書》輯自括蒼何鏜，舊目原有百種，新安程氏板行，僅梓三十七種⑤。武林何氏允中又搜益其半，合七十六種，而前序則東海屠隆撰。按何氏原跋云：

---

① 括蒼，隋開皇九年（589）所置縣名，為處州治所，在今浙江省麗水市東南，唐大曆十四年（779）改名麗水縣，唐末移治今麗水市西，元代至元二十七年（1290）移治今麗水市。明代麗水縣為處州府治，在今浙江省麗水市。何允中稱"括蒼"，乃用麗水古稱。

② 新安，指明代洪武時所置的新安衛，治所在今安徽省歙縣。

③ 三十七當作"三十八"。

④ 此下還有"何允中印"陰文印和"文開"陽文印各一。武林，杭州古稱，因杭州市西之武林山（即今靈隱、天竺諸山）得名，明代為仁和縣治所。

⑤ 三十七種當作"三十八種"。

"往見緯真氏別本，分典雅、奇古、閎肆、藻豔四家，以類從，殊為鉅觀。"緯真即隆字也，則似緯真又自有叢書行世。《明史·藝文志·類書門》載有"屠隆《漢魏叢書》六十卷"，必即何氏所見緯真別本，但不應何本又冠以屠序也。今据武林何氏原本重鐫，而仍以屠序列諸卷端，從其朔也。

一、括蒼何氏初輯叢書百種，本未板行，惟新安程氏、武林何氏二本并行於世，而何本流傳較廣。據屠隆作序年月在萬曆壬辰臘月，則此書或即刻於是時①。於今二百餘年，何本原書亦僅有存者，坊間所鬻，多以建陽書林所刻漢魏名文乘冒充。由原板久已漫漶，後又未有重刻者，所以真本難得而可貴也。謨癖愛是書，因家藏真本頗為完善，故謀鏤板以公同好。

一、何氏叢書原刻祇七十六種，此外二十四種未見書目，無憑采補，而唐宋叢書中尚載有漢魏人書，書板字體俱相彷彿，因掇取十種增入，一同編次。至如揚雄《太元經》、劉向《列女傳》、郭璞注《山海經》、葛洪《抱朴子》等書，俱有全本，似應在原輯數內。又如《津逮秘書》中賈思勰《齊民要術》、劉義慶《幽明錄》數種，亦可采入。尚當次第，續成百種，庶無遺憾。

一、凡四部書，經、史、子、集皆載籍也。何氏叢書因不列文集而別列載籍一門，以收羅稗官小說，於義例原有不安。茲既未便更張，承用其目，但其中部分編次多有不倫，今悉從隋唐二《志》《文獻通考》門類分別訂正，另為目次。仍存原書總目於前以資參考。

一、漢魏古書流傳已久，本多魚魯、亥豕之訛，何氏叢書校刊亦不甚精，且多脫誤。如《竹譜》內所脫去六節已據《說郛》本刊入。至王通《元經》第八卷直脫去宋元嘉後八年經傳，《華陽國志》第十卷直脫去巴、蜀、廣漢、犍為四郡，《士女志》則未能別求足本補正。又如《大戴禮記》《春秋繁露》等書，近時俱有校正善本，今亦未能參訂。以此書祇就何氏原板翻刻，未另繕薰付梓，故不免有沿謬承訛之病。且昔人謂"校書如掃落葉，旋掃旋生"，又謂"讀書未遍，不敢妄下雌黃"。謨誠寡陋，無能讐校，然不敢輕易改字，亦惟高明諒諸。

一、何本叢書於各書卷首有采錄原序及諸家評論者，然去取不一，多有遺漏。謨竊按晁公武《讀書志》、陳振孫《書錄解題》於漢魏古書門戶源流搜討略備，俱已載入馬氏《文獻通考》，其所未備，贗書、短書數種而已。今故悉據《通考》所引晁、陳二家之說，驟括大意，翦截浮詞，為之總跋，附各卷尾；而於其所未備者，又復參以《玉海》《通志》《經義考》所論列。於漢魏古書大略，亦有可得而言者矣。此則區

---

① 程本當刻於萬曆壬辰之後，何本當刻於崇禎年間，見下文。

區重訂是書微意，或亦不無小補云。

　　一、重鐫是書，殫費千金。謨本貧士，焉能辦此？緣自己酉初刻《西漢四大家》，書成，會屆秋闈，赴垣執事，間以此書贈送學者。於是好古之士聞聲相應，願覯全書，各任一卷，醵金襄事，而侍御鄒公西麓、中憲謝公蘊山實為之唱導，乃得次第開雕。比至辛亥，尚未卒業。又以移署南昌縣學，得賴南昌顧東田明府、廬陵張古腴明府雅志同好，大為佽助，而建昌、南昌兩學諸生亦復先後同心，左右協力，然後全書得以告竣。雖衆擎易舉，非獨將伯之功；而飲水思源，敢忘挹注之力？為開列參校名氏，并述其緣起如此。①

王謨《增訂漢魏叢書目次》後的按語云：

　　以上《增訂漢魏叢書》八十六種，一仍何氏經、史、子、籍舊目。惟是何氏創立載籍一門，原取便收羅稗官小説，而乃以史部之《西京雜記》《華陽國志》、子部之《鹽鐵論》《風俗通》《人物志》《家訓》并入載籍，則已自亂其例。又各卷書目，前後亦無倫次。如京房本受《易》焦貢，乃以京房《易傳》為首，《易林》次之；《新序》《説苑》本劉向一人書，乃以《新序》次《新語》《新書》後，而以《説苑》次《中論》《中説》後；又以道家《參同契》等書冠於儒家諸子書前，亦有未安。今皆分別訂正。所有增補十種，仍依原書次第歸各部帙。惟天禄閣《外史》一種實屬贗書，於史、子、載籍俱無可附，以何氏叢書原本行世已久，未便割棄，姑以是殿焉。

根據上面這幾則材料，再結合《明史·藝文志三·類書類》所著録的"屠隆《漢魏叢書》六十卷"②，以及其他的書目著録與上海圖書館、復旦大學圖書館所收藏的《漢魏叢書》版本，我們可以將《漢魏叢書》的發展脈絡和刊刻情況概括如下：

《漢魏叢書》，開始由嘉靖二十六年（1547）進士麗水（今浙江省麗水市）人何鏜（字振卿）彙輯 100 種古籍而成，分為經、史、子、籍四類，明末何允中曾見其書目，但後來其書目就亡佚而不可考見了。至於説何鏜"收有萬種左右文獻目録""分為經、史、子、

――――――――――

①　此下尚有凡例一條述其定價之事，今略。又，王謨所撰《增訂漢魏叢書凡例》共有八條。古風所撰《〈漢魏叢書〉的編纂與增訂》説"王謨又自撰《凡例》九條"（［清］王謨輯：《增訂漢魏叢書　漢魏遺書鈔》，重慶：西南師範大學出版社，北京：東方出版社，2011 年，第 1 册，第 2 頁），顯然是未認真瀏覽《增訂漢魏叢書》所導致的誤説。將這種介紹文字刊於《增訂漢魏叢書》影印本之前，顯然欠妥。

②　［清］張廷玉等撰：《明史》，北京：中華書局，1974 年，第 2451 頁。

集四籍”和“程榮獲得其部分原稿”云云①，實為無稽之談。

萬曆二十年（1592），由萬曆五年（1577）進士鄞縣（今浙江省寧波市）人屠隆（字緯真）初次刊出《漢魏叢書》60卷，分為典雅、奇古、閎肆、藻豔四類。該書早已亡佚，但明代程榮、何允中都見到過，并在輯刊《漢魏叢書》時轉刻了屠隆的《漢魏叢書序》，《明史·藝文志三·類書類》也有著録。

萬曆壬辰（1592）之後，新安（今安徽省歙縣）人程榮（字伯仁）校刊的《漢魏叢書》重新分為經籍、史籍、子籍、集籍四類，刊有經籍11種、史籍4種、子籍23種，集籍僅在其《漢魏叢書總目録》中留有“集籍”類目而無書目，共計刻書38種，250卷，規模遠遠超過了屠隆刻本。據其中的《漢魏叢書總目録》以及叢書中各書的分卷，該叢書中各書後之附録不管篇幅大小，均不在正卷之列。上海圖書館所編的《中國叢書綜録》（一）在著録該叢書時，不但對其中的書名有所改易，而且在“新書十卷”後加題了“附録一卷”②，以致後來有人說該書“計二百五十一卷”③。如此以訛傳訛之説，實應糾正。實際上，《新書》之附録雖然篇幅較大（共二十四頁），但其性質與其他短小的附録相同，祇是《漢魏叢書》之“附録”而不是其“卷”（其版心也祇標“附録”而不標“卷”），所以不能計於該叢書卷數之中④；如果將該叢書中各書的附録都計為卷數，則該叢書之卷數又遠不止“二百五十一卷”。此外，該書之首雖然刊有“萬曆壬辰臘月東海屠隆緯真甫”所纂的《漢魏叢書序》，但這不過是轉刻而已。屠隆的序應該是為其本人輯刊的叢書所寫而并非為程榮所寫，所以有人認為程榮本刊於萬曆二十年（1592）即壬辰年⑤，也為誤斷。程榮本的校刊年代應該稍後於屠序之時。程榮本現存尚多，而上海涵芬樓又在1925年影印過，吉林大學出版社1992年還進一步縮印了該書，所以該書文字現在甚易見到。

崇禎年間（1628—1643），天啓二年（1622）進士仁和（今浙江省杭州市）人何允中（字文開）又輯刊《漢魏叢書》，他根據何鏜所輯舊目，分為經、史、子、籍四類，刊有經翼17種、別史14種、子餘18種、載籍27種，共計刻書76種⑥。《中國古籍總目·叢書部》著録何允中本時題“《廣漢魏叢書》九十六種，明何允中編，明刻本”顯然有誤，因

---

① 古風：《〈漢魏叢書〉的編纂與增訂》，［清］王謨輯：《增訂漢魏叢書　漢魏遺書鈔》，重慶：西南師範大學出版社，北京：東方出版社，2011年，第1冊，第1頁。

② 上海圖書館編：《中國叢書綜録》（一），北京：中華書局，1959年，第42頁。

③ 古風：《〈漢魏叢書〉的編纂與增訂》，［清］王謨輯：《增訂漢魏叢書. 漢魏遺書鈔》，重慶：西南師範大學出版社，北京：東方出版社，2011年，第1冊，第1頁。

④ 《新書》之“附録”後還有“後跋”（共兩頁），其版心也祇標“後跋”而不標“卷”。

⑤ 陽海清編撰，蔣孝達校訂：《中國叢書綜録補正》，揚州：江蘇廣陵古籍刻印社，1984年，第8頁。

⑥ 施廷鏞編著的《中國叢書知見録》著録了這76種書目（北京：北京圖書館出版社，2005年，第1冊，第244—250頁），靜嘉堂文庫所編的《靜嘉堂文庫漢籍分類目録》也著録了何允中所編的明刊本《漢魏叢書》書目。而題“七十六種本”（臺北：大立出版社，1980年影印本，第932頁），祇是由於它將《孔叢》所附的《詰墨》分列，所以其子目看上去成了77種。

為九十六種本是晚清的產物，何允中所編的《漢魏叢書》根本不足此數，而《漢魏叢書》之明刻本也無九十六種本傳世。何允中刻本現無影印本，所以其面目較難見到，上海圖書館藏有這種刻本。該書原題《漢魏叢書》，祇是清代嘉慶重刊本纔改題《廣漢魏叢書》，有人說何允中在"萬曆間"將它"題名為《廣漢魏叢書》"①，實為臆說。該書雖然也在書首刊有萬曆壬辰（1592）屠隆的《漢魏叢書序》，但它顯然襲自程榮的《漢魏叢書》（祇是將程榮本的楷體改成了宋體），所以該序祇能說明程榮的《漢魏叢書》刻於萬曆壬辰（1592）之後，而不能說明何允中本刻於萬曆壬辰。有人認為該書刊於萬曆二十年，即壬辰年（1592）②，實為囿於屠序而導致的誤說。何允中，仁和（今杭州市）人，天啓二年（1622）進士，故其書應該刊於天啓二年之後。天啓僅七年，由此推測，其書應該刊於崇禎年間。施廷鏞《中國叢書知見錄》在何允中所刊的《漢魏叢書》下題"明崇禎""刊本"③，當無誤。

　　何允中刻本問世一百年之後已難覓見，所以雍正、乾隆時（1723—1795）書坊又刻有冒牌雜配的《漢魏叢書》。誠如王謨《增訂漢魏叢書凡例》中所言，當時書坊"多以建陽書林所刻漢魏名文乘冒充"何允中輯刊的《漢魏叢書》來兜售。復旦大學圖書館就藏有這種冒牌的書，該書首頁題"漢魏叢書"，據其首冊的《漢魏叢書總目》，可知它有經翼17種、別史14種、子餘18種、載籍21種，共計70種而不足76種，但在其《漢魏叢書總目》後卻仍然刊有何允中的按語，祇是該按語後僅刻有陰文印"何允中印"而沒有陽文印"文開"。

　　乾隆辛亥（1791），乾隆四十三年（1778）進士金谿（今江西省金溪縣）人王謨（字仁甫）在其所藏何允中之原刻本的基礎上輯刊《增訂漢魏叢書》。該叢書收書86種，包括經翼20種、別史16種、子餘22種、載籍28種。

　　值得指出的是，王謨在乾隆辛亥（1791）輯刊《增訂漢魏叢書》時并不是一蹴而就的，而有一個過程。他先翻刻了何允中本，然後再增入10種圖書、調整書目次序、撰寫跋文。他開始翻刻何允中本時的初印本現在已經罕見，如今能見到的大都是後來的重印本。鑒別重印本與初印本最容易的辦法是：看其中的《潛夫論》卷五第七頁和第八頁是否有錯版。其初印本第七頁、第八頁的上面六字和下面十四字不錯（如第七頁第一行"矢戈兵用戒作"與"則用逖蠻方"相連而不錯，第八頁第一行"此其所以人懷"與"沮懈不肯復死

　　① 古風：《〈漢魏叢書〉的編纂與增訂》，[清] 王謨輯：《增訂漢魏叢書　漢魏遺書鈔》，重慶：西南師範大學出版社，北京：東方出版社，2011年，第1冊，第2頁。

　　② 上海圖書館編：《中國叢書綜錄》（一），北京：中華書局，1959年，第42頁；古風：《〈漢魏叢書〉的編纂與增訂》，[清] 王謨輯：《增訂漢魏叢書　漢魏遺書鈔》，重慶：西南師範大學出版社，北京：東方出版社，2011年，第1冊，第2頁。

　　③ 施廷鏞編著：《中國叢書知見錄》，北京：北京圖書館出版社，2005年，第1冊，第244頁。

也"相連而不錯），重印本則由於該兩頁斷版後拼版拼錯了，所以將其第八頁上面六字和第七頁下面十四字合成了第七頁（如第七頁第一行成了"此其所以人懷"與"則用逖蠻方"相連），又將其第七頁上面六字和第八頁下面十四字合成了第八頁（如第八頁第一行成了"矢戈兵用戒作"與"沮懈不肯復死也"相連）。我們祇要看一下這兩頁，就可以判定它是否為初印本。西南師範大學出版社、東方出版社 2011 年 9 月影印出版的《增訂漢魏叢書》其實是有錯亂的重印本而非乾隆辛亥（1791）的初印本，古風在書首説"今以清乾隆五十六年（1791）金谿王氏刊本影印"①，其實也是不實之詞，不可輕信。

除了《潛夫論》卷五的錯版外，王謨的初印本和重印本還有其他一些不同的地方。例如，重印本在封面第一行題"乾隆辛亥重鐫"，第二行題"漢魏叢書"（隸書），第三行題"經翼二十種、別史十六種"，第四行題"子餘廿二種、載籍廿八種"，第五行題"本衙藏版"。其書首除了乾隆壬子（1792）孟秋陳蘭森的《重刻漢魏叢書叙》（楷體）和萬曆壬辰（1592）屠隆的《漢魏叢書序》（宋體），又有王謨所撰《增訂漢魏叢書凡例》《增訂漢魏叢書參閲姓氏》《增訂漢魏叢書目次》（其版心仍題"漢魏叢書"）。其初印本就有所不同。

上海圖書館藏有多部《增訂漢魏叢書》，其中大部分為重印本，祇有一部索書號為 322781—830 的是王謨的初印本，從中我們可以窺見《增訂漢魏叢書》初刊時的情景，使我們對《增訂漢魏叢書》的編輯刊刻過程有一個更為完整的瞭解。

該初印本的封面也題有"乾隆辛亥重鐫""漢魏叢書"（隸書）"本衙藏版"等三行字（其中文字的寫法與重印本略有不同），但無重印本的"經翼二十種、別史十六種""子餘廿二種、載籍廿八種"兩行字。其書首除了重印本的陳蘭森《重刻漢魏叢書叙》、屠隆《漢魏叢書序》、王謨《增訂漢魏叢書凡例》，另有重印本所無的何允中本之《漢魏叢書總目》以及何允中加在《總目》後的識語②，但無重印本的《增訂漢魏叢書參閲姓氏》和《增訂漢魏叢書目次》。其後所刊何允中本的 76 種書印刷較好而無王謨之跋，其先後次序也與《漢魏叢書總目》相同而與重印本《增訂漢魏叢書目次》不同③；另外 10 種有些附有王謨之跋，所用紙質不同，顯然是後來用重印本插進去的，其插入的次序大致參照《增訂漢

---

① ［清］王謨輯：《增訂漢魏叢書　漢魏遺書鈔》，重慶：西南師範大學出版社，北京：東方出版社，2011 年，第 1 册，第 3 頁。

② 該《漢魏叢書總目》雖然列有 76 種書目，其書目的先後次序也與何允中本一樣，但與何允中本所題不完全相同，如《越絶書》不題"漢袁康撰"而題"漢亡名氏補"，《新論》不題"北齊劉晝撰"而題"梁劉勰著"，"《續齊諧記》梁吳均撰"又誤為"《齊諧記》梁沈約撰"（後面所收之書作"《續齊諧記》梁吳均著"不誤）。王謨《增訂漢魏叢書凡例》説"今據武林何氏原本重鐫"而"仍存原書總目於前以資參考"，由此可知這種印有《漢魏叢書總目》的版本應該是王謨的初印本。

③ 如據《漢魏叢書總目》的排列次序而以京房《易傳》為首而次以《焦氏易林》等，《增訂漢魏叢書》目次則以《焦氏易林》為首而次以京房《易傳》。

魏叢書目次》①，但也有個別例外②。以上種種情況表明，王謨初刻《漢魏叢書》時祇是翻刻了何允中的《漢魏叢書》76 種，至於另外再增入 10 種圖書以及調整目次、撰寫跋文之類，都是以後完成的事，這可能就是其"凡例"所謂"比至辛亥，尚未卒業"之真實情形。

值得說明的是，與程榮刻《漢魏叢書》時祇題"明新安程榮校"不同，王謨翻刻何允中本時，采取了何允中的辦法而延請了很多學者為他校勘。這些校勘者大都為江西籍，如南豐、豐城、都昌、金谿、南昌、南城、宜黃、奉新之類③，而且都在其所校之書的卷一第一頁第二行標明其籍貫姓名，如《續齊諧記》下題"梁吳均著，臨川張上沖校"。值得進一步說明的是，其初印本所標明的校勘者與重印本有下列不同：《方言》初印本為"新城江元勳校"，重印本改為"南豐趙秉裕校"；《吳越春秋》由"蕭山任如棠校"改為"臨川游桂校"；《竹書紀年》由"溫縣任昌寧校"改為"金谿王賢嗒校"；《素書》由"寧都廖述謨校"改為"南豐趙秉裕校"；《越絕書》原為"臨川游桂校"，《飛燕外傳》原為"南豐趙秉裕校"，《雜事秘辛》原為"南豐聶汝校"，重印本皆刪去了校者姓名。我們也可以據此來辨別初印本和重印本。

王謨輯刊的《漢魏叢書》問世後，後世又有多種《漢魏叢書》重刊本。就我們閱覽到的版本而言，即有如下幾種：

一是嘉慶年間（1796—1820）重刊的《廣漢魏叢書》。上海圖書館藏有這種版本。該書題"廣漢魏叢書"，其前也有屠隆的《漢魏叢書序》（宋體字），其次為《漢魏叢書總目》，《漢魏叢書總目》後也刊有何允中的按語。據其總目，可知該叢書收書 80 種（比何允中刊本多 4 種），包括經翼 17 種、別史 15 種（比何允中刊本多出《鄴中記》）、子餘 21種（比何允中刊本多出《孫子》《抱朴子》《枕中書》）、載籍 27 種。

二是雜湊的嘉慶本《廣漢魏叢書》。復旦大學圖書館就藏有這種所謂的嘉慶本《廣漢魏叢書》。該本之首也題"廣漢魏叢書"，其《漢魏叢書總目》也收書 80 種而與嘉慶本《廣漢魏叢書》相同。但是，其《漢魏叢書總目》後的何允中按語不但與總目不緊接而處於兩頁，且有誤字（"三墳"誤為"三填"），這與何氏原刻本和嘉慶本均不同（該本"藻豔"兩字與何允中本作"藻豓"不同但與嘉慶本相同）。還有，該叢書中的《吳越春秋》在卷一第一頁第二行有"武林錢敬臣閱"字樣，這與何氏原刻本相同而與嘉慶本不同（嘉慶本無"武林錢敬臣閱"字樣）；其中的《潛夫論》在卷一第一頁第二行有"都昌邵孟遜

---

① 如《關氏易傳》插在京房《易傳》與《焦氏易林》之間。

② 如陸璣的《毛詩草木鳥獸蟲魚疏》插在載籍《南方草木狀》與《竹譜》之間，而未按《增訂漢魏叢書》目次插在經翼《韓詩外傳》與《大戴禮記》之間。

③ 該初印本中非江西籍的祇有四種，依次為蕭山任如棠校《吳越春秋》（今屬浙江）、溫縣任昌寧校《竹書紀年》（今屬河南）、江寧顧汝璉校《論衡》（今屬江蘇）、應山陳嘉猷校《風俗通義》（今屬湖北）。至於重印本，就祇有後兩種。

校"且有王謨之跋，這又與王謨所刻《增訂漢魏叢書》本相同而與何允中本、嘉慶本不同（何本、嘉慶本無"都昌邵孟遴校"字樣，也無王謨之跋，但何本有"黃嘉惠閱"字樣）。由此推測，這應該是書坊在嘉慶以後搜集何允中刻本和王謨刻本後翻刻的本子。

三是光緒二年（1876）紅杏山房據王謨本重刻的《漢魏叢書》86 種。上海圖書館藏有民國四年（1915）盧樹楠補修過的紅杏山房本。其版記題"板存四川宜賓縣，盧氏家藏，中華民國乙卯年仲夏月蜀南馬湖盧樹楠梓卿補修"。其内封第一行題"光緒丙子弍年重鎸"，第二行題"漢魏叢書"，第三行題"經翼二十種，別史十六種"，第四行題"子餘廿二種，載籍廿八種"，第五行題"紅杏山房藏版"。該書前除了王謨本的屠隆叙、陳蘭森叙、《增訂漢魏叢書凡例》《增訂漢魏叢書目次》，還有"光緒三年仲夏月蜀南馬湖盧秉鈞識於紅杏山房"的《重刻漢魏叢書小引》、盧樹楠民國四年所作的《修補漢魏叢書小序》。從盧秉鈞的《小引》中可知，該叢書"開雕於同治癸酉"（1873），"告竣於光緒丁丑"（1877）。由此可見，其内封所題"光緒丙子弍年重鎸"實為折中之言。該本版式與王謨本一致，即九行二十字。在王謨跋之後往往有"重校"字樣，如《吳越春秋》末王謨跋之後有"光緒三年歲次丁丑馬湖盧秉鈞重校"一行，《潛夫論》末王謨跋之後有"馬湖盧秉鈞重校刊"一行。

四是光緒甲午年（1894）湖南藝文書局校刊的《漢魏叢書》。復旦大學圖書館藏有這種版本。該書前有屠隆《漢魏叢書序》、光緒甲午楊廷瑞《重刻漢魏叢書敍》、光緒十七年（1891）王先謙的《後序》、王謨的《增訂漢魏叢書凡例》和《增訂漢魏叢書目次》。該書雖然基本上按照王謨本翻刻，收書 86 種，即經翼 20 種、別史 16 種、子餘 22 種、載籍 28 種，但校刊時置換了一些版本，如其中的《潛夫論》就改用了汪繼培的《潛夫論箋》（汪繼培和王紹蘭的序也刻入）而并非根據王謨本翻刻，祇是其末仍刊有王謨的跋，所以該叢書實際上是王謨本的重訂本。當然，該書也有粗疏之處，如其中的《吳越春秋》就祇翻刻了王謨本的一半（前三卷），誤字也多，體現出了書商牟利的傾向。

五是宣統辛亥（1911）孟秋育文書局石印的《漢魏叢書》，該書共 4 函 32 册，由震東學社發行。復旦大學圖書館藏有這種版本。該書前有張謇於宣統三年（1911）夏月重寫的序，其次為《增訂漢魏叢書目次》。該書大體承襲了王謨本，但又有所增益，共收書 96 種，包括經翼 20 種、別史 17 種、子餘 26 種、載籍 33 種，所以實際上是王謨本的增訂本。據施廷鏞編著的《中國叢書知見錄》，光緒乙未（1895）紹興黃元壽增訂的石印本《增訂漢魏叢書》就已收書 96 種，包括經翼 20 種、別史 17 種、子餘 26 種、載籍 33 種[1]，與育文書局石印本同。據此推測，則育文書局石印本當即承此而來。

---

① 施廷鏞編著：《中國叢書知見錄》，北京：北京圖書館出版社，2005 年，第 1 册，第 268—276 頁。

六是宣統三年（1911）上海大通書局印行的石印本《漢魏叢書九十六種》，該書共 4 函 32 冊，由上海大通書局發行。上海圖書館藏有這種版本。該書前也有張謇於宣統三年（1911）夏月重寫的序，其次為《增訂漢魏叢書目次》。該書即育文書局石印本的重印本，祇是改了書局名稱而已。應該說明的是，有人說"大通書局本增為九十四種"[①]，實為誤說，應加糾正。

綜上所述，《漢魏叢書》遠不止三刻，據我們所見，自嘉靖何鏜始輯 100 種古籍，萬曆時屠隆第一刻為 60 卷，萬曆時程榮第二刻為 38 種 250 卷，崇禎時何允中第三刻為 76 種，雍正、乾隆年間書坊第四刻為 70 種，乾隆時王謨第五刻為 86 種，嘉慶年間第六刻為 80 種，嘉慶後書坊雜湊諸本之第七刻也為 80 種，光緒初紅杏山房據王謨本翻刻的第八刻為 86 種，光緒時藝文書局第九刻為 86 種而版本較王謨本有所更新，宣統時育文書局、上海大通書局印行的 96 種本至少已是第十版了。其中除了嘉慶年間的兩種刻本題"廣漢魏叢書"，其他均題"漢魏叢書"。由此可見，《漢魏叢書》影響久遠，但其版刻情況複雜，使用其版本時應該仔細審核，而不可草率判定。前人之所以出現種種誤判，就是由於對其複雜性重視不夠所致。我們在此略作考述，希望引起古籍校勘者的注意。

作者單位：　　上海健康醫學院文理教學部
　　　　　　　上海財經大學人文學院

---

① 古風：《〈漢魏叢書〉的編纂與增訂》，［清］王謨輯：《增訂漢魏叢書　漢魏遺書鈔》，重慶：西南師範大學出版社，北京：東方出版社，2011 年，第 1 冊，第 2 頁。

明益定王生平及相關史料考

劉文浩

　　伴隨着近些年來考古發掘的深入及對越來越多史料的探索，明代各個藩王的譜系與生平也越來越清晰，尤其是晚明時期的各個藩王，益定王朱由木便是其中的一個典型例子。然而，現有資料和論文要麼對其敘述較少、記録簡略，不能系統、直觀地反映出問題，要麼記載出現謬誤，破壞了史料的可信度。因此，我們結合以往資料及個人發現對益定王生平作出了梳理，并對益定王記載資料不全的原因進行分析。

　　在明朝歷史的研究中，藩王是不可或缺的一環。史書記載稱 “有明諸藩，分封而不錫土，列爵而不臨民，食禄而不治事，史稱其制善”①，明朝的藩王制度及演變在中國歷史上是一種異類。根據明太祖朱元璋的訓示，明朝歷代帝王都會對其子孫進行封藩，其子孫在自己領土内對各自的子孫推恩再封藩，憑藉這一制度分散了藩國的權力，解除了地方同姓藩王勢力對中央的威脅，擺脱了藩國尾大不掉的隱患，使地方更加牢固地從屬於皇帝的控制之下。同時，地方藩王還可以幫助中央政府對當地進行管轄和鎮壓。但是，隨着時間的推移，這套制度早已將藩王馴化成了奴役地方人民、掏空國庫的精神 “殘廢”，最終將明朝推向了滅亡的深淵。益王家族便是這套制度下衍生出的産物。

　　益藩的始封王是明憲宗第六子益端王朱祐檳，生於成化十五年（1479）正月初四，成化二十三年（1487）七月受封王爵②。但此時由於他年齡太小，加上這一年憲宗去世、孝宗即位，所以直到弘治八年（1495）纔得以就藩，封地在江西建昌府一帶。他生性節儉，

---

① ［民］趙爾巽等撰：《清史稿》卷二一五《列傳二·諸王一》，北京：中華書局，1977 年。
② 《明實録·憲宗實録》卷二九二 “成化二十三年七月”，臺灣 “中央” 研究院歷史語言研究所校勘本，1962 年。（以下衹出注書名、卷次）

史書稱贊其"巾服浣至再，日一素食""好書史，愛民重士，無所侵擾"①。他在嘉靖十八年（1539）八月二十四日去世，其生平所為獲得了朝野的肯定②。隨之即位的是端王的嫡長子益莊王朱厚燁，生於弘治十一年（1498）十月十一日，嘉靖二十年（1541）二月册封為益王。但奇怪的是，《明實録·世宗實録》祇記載了莊王的詔封時間，而没有記載其册封時間。由於身體疾病，朱厚燁在嘉靖三十五年（1556）五月二十二日就去世了③，并且没有子嗣。於是，爵位由他同父同母的二弟——崇仁王朱厚炫繼承④。其墓誌記載朱厚炫於萬曆五年（1577）閏八月去世，謚為恭王，《明實録·神宗實録》錯誤地記為萬曆六年（1578）三月去世。因為朱厚炫長子朱載增已病故，所以世孫朱翊鈏在萬曆八年（1580）四月承襲爵位⑤。朱翊鈏於萬曆三十一年（1603）去世，謚為益宣王。其後由嫡次子朱常遷繼承，是為益敬王。敬王於萬曆四十三年（1615）三月去世，於是爵位由本文的主人公朱由木承襲了。

在史書燦若星海的衆多人物中，朱由木本身并没有太多精彩、傳奇的故事流傳於世。但是，他處在晚明的時間節點上，因為史書的謬誤和歷史資料的缺損，造成了其個人資料的流失。筆者正是想通過探索這位迷霧中的藩王，進而獲得對晚明史料缺損的分析。也希望在本着科學嚴謹的態度、反對經驗主義的作風、認真求實的自我要求下，能夠為廣大學者和歷史愛好者提供一些不成熟的參考。

一、姓名考證

在清中期以後，由於史料的缺乏和官修史書的定稿，加上人們對明朝的愛戴心理衰退，故而許多考據者和史官撰寫明末和南明史書時往往跟從官修《明史》的記載。現在我們對朱由木姓名的考證便是最好的例證。

（一）已有史書記載的"由本"説

據《明史·諸王世表》的記載，益定王名叫朱由本，敬王朱常遷的庶三子，萬曆三十五年（1607）時由鎮國將軍晉封為嘉善王，萬曆三十九年（1611）成為益王世子，萬曆四十五年（1617）襲爵成為益王。他生了七個兒子，四個女兒。包括後來清代徐鼒所著的

---

① ［清］張廷玉撰：《明史》卷一一九《列傳七·諸王三》，北京：中華書局，1957 年。
② 陳文華：《江西南城明益王朱祐檳墓發掘報告》，《文物》1973 年第 3 期。
③ 《明實録·世宗實録》卷四三五"嘉靖三十五年五月"。
④ 《明實録·世宗實録》卷四四九"嘉靖三十六年七月"。
⑤ 《明實録·神宗實録》卷九八"萬曆八年四月"。

《小腆紀傳》《小腆紀年附考》和温睿臨《南疆逸史》勘本、倪在田《續明紀事本末》也都
認同這種説法，如"江西布政使夏萬亨、分巡道王養正奉益王由本起兵建昌，不克，萬亨
等皆死之"①，"明江西布政使夏萬亨、分巡道王養正……奉益王由本起兵建昌，城陷，萬
亨等皆死之"②，"建昌為益王分藩，王名由本"③，"益王由本、江西布政司夏萬亨……起兵
建昌"④。同時期的清廷收貯的奏摺、啓本、揭帖等則一直稱當時的益王政權為"偽王"
"偽益王"⑤，而并未提及名字，無法從中獲得準確答案。祇有道光年間編修的《建昌府志》
指出過："王諱由木，號正寰。"但是孤證不立，且年代距晚明太過久遠，似乎明益定王本
名朱由本已經確定了。

（二）考古發掘的"由木"説

20世紀70年代，考古人員對益王家族墓進行了發掘，出土的墓誌給了我們更多綫索。
該墓誌由翰林院奉崇禎帝旨意撰寫，其第四句記載"王諱由木，於端王為六世孫……為顔
次妃所生"。可以説，該墓誌的出土不僅佐證我們對益定王姓名的爭論，而且提供了益定王
的生平、性格和社會關係。然而，針對晚明史料的可信度，也不能排除翰林院有筆誤或其
他原因的可能。因此，還需要進一步詳細的資料，最好是益定王生活的當時史料，如册文、
諭旨、奏摺等。這樣的資料作為依據纔更加可信。

有趣的是，在益定王的爺爺益宣王朱翊鈏墓誌銘裏出現了這樣一句話："世子之子曰由
校，蓋元孫也。"⑥即當時世子益敬王朱常遷的兒子叫朱由校，是宣王的長孫，與後來的明
熹宗重名。或許有的同志會產生疑問：定王是宣王第三子，怎麼會是長孫？其實很好理解，
宣王的長子、次子早夭了，按照慣例，我們的主人公自然順位成為宣王的長孫了。後來熹
宗出生，皇長孫的身份詔告天下，預測朱由木就是在此期間改過名字。之前已經有學者曾
對此進行過考證，這裏就不做贅述了。

（三）新資料的發現

伴隨着近年來科技的日新月異，檢索功能也得到了極大的改善，一些被各圖書館、博
物館和私人藏家收藏密封的史料內容也逐漸向大衆開放。筆者利用這一便利，在相應開放
的門户網站中檢索到了一些新的資料，可以為我們今天的部分爭論畫上一個圓滿的句號。

《明神宗實録》記載，在萬曆四十五年（1617）四月十二日這一天，明神宗通過了一
道票擬："准濕（一作隰）川王府奉國將軍充鮑暫管府事。秦府永壽康裕王誼流（一作况）

---

① ［清］徐鼒撰：《小腆紀傳》卷三，臺北：明文書局，1985年。
② ［清］徐鼒撰：《小腆紀年附考》卷十，北京：中華書局，1957年，第405頁。
③ ［清］温睿臨：《南疆逸史》卷二十三，北京：中華書局，1959年。
④ ［清］倪在田：《續明紀事本末》卷十五，新北：大通書局，1997年。
⑤ 中國科學院編：《明清史料·丁編》，北京：國家圖書館出版社，2008年。
⑥ 劉毅：《〈明史·諸王傳〉補正》，《南開學報（哲學社會科學版）》1997年第2期。

嫡長子在（一作存）桑襲封父爵，繼夫人袁氏進封為繼妃。益世子由木襲封為益王，黄氏封為妃。"① 同年六月九日，遣使册封趙王、益王由木。也就是説，在明代皇帝的數次詔旨中，益定王姓名確應為朱由木而非朱由本。

令人稍感遺憾的是，《實録》中没有記載益王的册文，也没有記載其晉封為鎮國將軍、世子的奏摺、上諭。如果没有現代科技的發展和文博部門的努力，恐怕無人願意也很難將上述史料從紛繁的史書中篩撿出來。

據此，益定王真名朱由木的證據、結論皆確鑿無疑，也不容置疑，《建昌府志》中的記載是真實可靠的，關於其姓名的爭議可以休矣！

二、卒年、下落考證

（一）逃入福建説

《明史·諸王傳》中記載："子由本嗣，國亡竄閩中。" 即明朝滅亡之後，朱由木逃到了福建，投靠了南明唐王朱聿鍵的隆武政權。其他在清代早、中期以後編修的諸多明末清初的史書也承襲了這種觀點，提出益王朱由木在南明監國抗清兵敗以後逃到了福建地區，如 "由本走閩"② "由本遁入閩"③。

（二）崇禎年亡故説

1. 地方史書記載

《建昌府志》中曾經指出："（朱由木）崇禎七年（1634）薨，謚曰定，子慈炱襲。" 不過因為此為地方史料，傳播力、影響力不足，未能引起大家的重視。

2. 墓誌銘印證

已發掘出的朱由木墓誌銘的正文末尾處聲稱："薨於今崇禎□□……於本年十二月二十一日未時，奉王柩於南城縣十都五□□……舉而合葬焉。"④ 即便墓誌有部分文字遭到了盜墓者的損壞，但是仍然可以看到朱由木於崇禎年間已經去世，也就是説他絶没有可能活到南明時期，也没有那麼神奇的力量在十幾年後 "死而復生" 監國，更没有可能逃竄到南明小朝廷。逃到南明的這一位應為其子朱慈炱。

墓葬中出土的朱由木次妃王氏墓誌銘上記載："遂於今崇禎七年（1634）甲戌十月初八

---

① 《明實録·神宗實録》卷五五六 "萬曆四十五年四月"。
② ［清］徐鼒撰：《小腆紀年附考》卷十，北京：中華書局，1957 年。
③ ［清］温睿臨：《南疆逸史》卷二十三，北京：中華書局，1959 年。
④ 許智範、李放、劉詩中等：《江西南城明益定王朱由木墓發掘簡報》，《文物》1983 年第 2 期。

寅時，後先王二百六日而薨。"據此推算，朱由木去世時間應在崇禎七年（1634）三月初十。

（三）間接證據

為我們提供參考的不僅僅是明代史料，《清實錄》也給了我們間接證據。清順治四年（1647）二月，征南大將軍、多羅貝勒博洛在消滅廣東唐王朱聿鐭的紹武政權以後，在向朝廷的奏報中提到了一件事："署兩廣總督佟養甲、署提督李成棟帥師進剿，斬聿鐭并周王肅罘（一作栗）、益王慈炱、遼王術雅、鄧王……獲偽王及文武官員印記共三百九十顆。"這份資料告訴我們，為南明割據政權服務的是朱慈炱，而非朱由木，而且朱慈炱應該逃亡到廣東而非福建。這份資料間接證明了朱由木此前已經去世的事實。

三、性格考證

由於益定王本人并没有什麼特別的事迹傳世，在後世官修史書中對其記載得就較為簡略。單憑《明史》，我們已經無法窺知這位藩王的全貌。俗話說"車到山前必有路"，在閱讀了晚明部分有關的書籍和論文後，筆者發現了一些蛛絲馬迹。

在朱由木本人墓葬未發掘前，很多史書對他的記載是"年少柔懦，不習武事"，他在監國後將戰守大事都交給益府的永寧、羅川二位郡王。現在已知朱由木并未活到明末，那這位"年少柔懦"的王爺自然是其子朱慈炱了。

在朱由木墓誌中，可以説是極盡歌頌之能事。但在一些史實的幫助下，從中仍然能够辨別出真實成分。其中的"奴酋犯順，恨不敢處而捐禄以助餉"，在《明實錄》中也有相關記載："益王進助餉銀一千兩"[1]，可以證明朱由木還是明白家國大義的，能够在國家危難時捐助餉銀，并不像明末其他一些藩王那樣隔岸觀火。但是其餘的事迹，如"宗禄愆期，憫兹凍餒，而特疏以代，請開四民之業""準情酌法，卒令藩體全而士類不傷""恩篤宗盟，眷深同氣""吐語成韻，翰動如飛"并無其他證據可以證明，無法分辨是否為溢美之詞，因而就不再詳述了。

---

[1] 《明實錄·熹宗實錄》卷八 "天啓元年三月"。

四、記載不詳的原因

（一）晚明時代原因

1. 明中後期情況

在前面的諸多論證中，我們可以看到自從嘉靖年間開始，明廷史官就開始略載、不載很多史料，怠忽職守，糊弄了事，連親王的冊封時間都不記載。到了萬曆年間，皇帝長時間不上朝，這種現象就更加嚴重了。時任首輔、大學士方從哲遞交了幾十件奏章，在文華門外等了六天都沒有得到皇帝的批示。大學士朱賡輔政三年，不曾見過萬曆皇帝一次。此外，還出現過吏部、禮部、兵部、工部、刑部尚書缺失及都察院都御史溫純去職後無人接替的現象。朝政糜爛至此，更不要提史書記載，可以稱得上一塌糊塗。崇禎年間，內有農民起義軍造反，外有滿族、蒙古侵擾，實在顧不上搜尋、載錄史料。而且官員懶政、怠政、貪腐層出不窮，就連朱由木的謚號禮部都未能及時擬定，以至於其墓誌上無法題寫謚號，祇能稱之為"益國王"。

2. 明亡後情況

明亡以後，明末的史料更加混亂，如《睿宗實錄》全部散佚，《熹宗實錄》天啓四年（1624）到七年（1627）的十幾卷全部丟失，重金搜求無果。後來的南明政權更迭頻繁，修史工作屢屢中斷，也就沒有其他晚明的原始史料傳世。包括《崇禎實錄》也是清朝入關後為明朝編纂的，開篇第一句即是"懷宗端皇帝，諱由檢"，懷宗端皇帝正是清初給明崇禎帝上的廟謚，且其內容簡略，僅簡單地摘錄了部分史料，因此祇有二十二卷。其餘如《崇禎長編》雖然也是清代編纂，但是可信度高，可惜留存殘缺，無法參考。

（二）清朝對明朝史料的破壞

清朝入主中原後，為了鞏固其統治，突出其統治的合理性，所以對前代史料作了一定程度上的刪改。在修撰《明史》及《四庫全書》時，《明實錄》還有大部分保存完好。清乾隆四十八年（1783）三月，高宗采納大學士三寶建議，將明廷收藏的四份《明實錄》全部焚毀，現在大陸僅存清代抄本和部分副本以及民間傳抄本。可以說這對於明史是具有破壞性的，直接導致後來的修史者無其他原始資料可以借鑒，祇能從《明史》中摘取。其抄本刪改之處也比較多，而且多殘損，在這裏便不再一一細數了。

（三）官修史書錯漏的誤導

《明史》中的錯誤，國內外已經有不少專家學者提到。起因在於《明史》并不單純從實錄中抄史料，而且采納社會上其他的筆記、個人修撰史書加以完善。由於其資料來源廣泛，出現錯誤也就不足為奇了。譬如，書中記載了明孝宗少年時險些被萬貴妃所害之事。在孝宗出生之前，憲宗活着的孩子還有皇次子朱祐極，并且被立為太子。直到孝宗兩三歲時，他這位二哥纔去世。那麼萬貴妃放着太子不害，有何理由要害宮人之子呢？而這份史料也非《明史》獨創，在明中後期已經有類似傳聞。再者，修史者多為在朝大學士等高級官員，有政務要處理，時間也不充裕，而修史時間跨度大，在高强度工作下難免會出現紕漏。

順便提一下，相比於部分失誤，《明史》言簡意賅、文筆精煉，仍然稱得上是一部良史，我們切不可因噎廢食。

（四）個人原因

以上的原因也適用於其他歷史人物和事件。還有一個原因也是最重要的原因，即朱由木的個人原因。朱由木并未繼承他祖先的老實本分，本質上仍然是一個封建統治者、剝削者，惜墨如金的史書自然也不會留給我們關於他的太多資料。

綜上所述，我們可以為這位益定王重新寫一篇傳記："明益定王朱由木，號正寰，原名朱由校。益敬王庶三子，母為顏次妃。萬曆十六年（1588）六月二十三酉時生人。萬曆三十五年（1607），由鎮國將軍升為嘉善王。萬曆三十九年（1611）四月十九，封為世子。萬曆四十五年（1617）四月十二，襲益王爵。深明大義，曾捐贈餉銀千兩。娶元妃黃氏、次妃王氏，生七子四女。於崇禎七年（1634）三月初十去世，謚號"定"，葬於江西南城縣嶽口。"這位王爺見證了晚明的危勢，却也如其他人一樣無能為力，衹能消遣度日。關於他的史書記載，闡明了晚明政府的腐敗與怠惰。在他死後十年，明帝國的大廈也轟然倒塌，他的家族也泯然於芸芸眾生之間。

感　謝

謹以此粗劣之作向無數從事歷史研究和考古工作的默默付出的前輩和同學們致以最深的敬意！衹因有了你們，人類的過去纔愈見光芒，人類的未來纔賡續無已。作為一個年輕的歷史愛好者，我堅定且持續地相信：人類薪火不滅，史家精神永傳！謝謝你們！

唯願史學永遠光輝，永遠在路上！

作者單位：濰坊學院經濟管理學院

從《拔本塞源論》看王陽明的理欲關係[*]

王聞文

　　王陽明作為中國哲學史上最重要的哲學家之一，其思想極為豐富，他所開創的心學體系作為與程朱理學相對的思想，在哲學界獨樹一幟。學術界對陽明哲學思想的研究主要集中於他的心即理、知行合一、致良知等思想，特別是集中於他的心學思想，而對其理欲關係鮮有研究，而從《拔本塞源論》的視角研究這一問題的相關著述與論文更是少之又少。但 "作為理學家的王陽明，其理字内涵的重要性絲毫不遜於心字的内涵"，① 并且他對理欲關係的論述俯拾即是，理欲在他的哲學體系中是一個極為重要的概念。《拔本塞源論》作為陽明晚年重要的論述之一，本是《答顧東橋書》中的一節，是陽明回答顧東橋諸疑問的結語部分，不過這一段話對陽明整個哲學體系都有所觸及，除了對萬物一體、聖人之學等思想的論述外，對理欲關係的論述也非常切中與精練。在《拔本塞源論》中，他通過與他的其他思想相聯繫來論述理欲關係，不僅使這一思想闡釋得更加通透，而且最終導歸聖人之途。本文在前人對陽明思想研究的基礎上，擬從《拔本塞源論》這一視角來論述陽明對理欲關係的認識及該思想與陽明其他思想的關係，以期更加全面地瞭解陽明的哲學體系。

---

　　* 本文原為 "第二屆全國大學生王陽明研究論壇" 會議論文，已見刊於《學理論》2022 年第 7 期。今徵得該刊同意，於此刊發。特此説明。
　　① 沈順福：《論王陽明之理》，《中國文化論衡》2016 年第 1 期。

一、理欲關係總述

(一) 宋明理學之理欲關係

理欲作為一對對立的哲學範疇使用，最早出現於《禮記·樂記》中："人生而靜，天之性也。感於物而動，性之欲也。物至知知，然後好惡形焉。好惡無節於內，知誘於外，不能反躬，天理滅矣。夫物之感人無窮，而人之好惡無節，則是物至而人化物也。人化物也者，滅天理而窮人欲者也。"①《禮記》主要從人之性對外界事物的動靜來論述天理人欲，認為人如果不能對外在誘惑做出正確的選擇與反思，就會導致天理的覆滅，人欲的猖獗。在此之後，有許多思想家都觸及到這一思想，但著筆最多的便是宋明理學家們，如蒙培元先生所說："'理欲'是理學家使用最多最廣泛的一對範疇。按照理學家心性論的邏輯結構，許多範疇都和'理欲'有關。從某種意義上說，它們是理學人性論、人生論的最後總結。"② 這確實也是對宋明理學諸子思想的一個概括，無論是理學家、氣學家抑或是心學家，他們或多或少都對這一關係做了探討。

理欲關係作為宋明理學的一個重要範疇，一般認為是程朱理學的核心思想。二程、朱熹都對這一思想做了比較詳盡的論述。二程認為："人心，私欲，故危殆；道心，天理，故精微。滅私欲則天理明矣。"③ 他們是從道心—人心的架構來論述"天理人欲"的關係，認為人心不可靠，有流向惡的危險，道心則是天理所在。人之天理的喪失在於人有欲望，人之心受到外物引誘："人之為不善，欲誘之也。誘之而弗知，則至於天理滅而不知反。"④ 而天理的覆滅意味著道心的喪失，"不是天理，便是私欲"⑤。由此，私欲盛行，在二程看來則人已不為人："人只有個天理，卻不能存得，更做甚人也？"⑥ 祇有去除人欲、復歸天理纔能為聖為賢。朱熹繼承了二程有關天理人欲的思想，并在這一基礎上進行了系統、全面的論證。他通過對先秦儒家有關理欲關係思想的論述，提出"存天理，滅人欲"的思想。"孔子所謂'克己復禮'，《中庸》所謂'致中和''尊德性''道學問'，《大學》所謂'明明德'，《書》曰'人心惟危，道心惟微，惟精惟一，允執厥中'。聖賢千言萬語，只是

---

① 王文錦：《禮記譯解》，北京：中華書局，2001 年，第 529 頁。
② 蒙培元：《理學範疇系統》，北京：人民出版社，1989 年，第 299 頁。
③ ［宋］程顥、程頤：《二程遺書》，上海：上海古籍出版社，2000 年，第 369 頁。(以下祇出注作者、書名、頁碼)
④ 同上，第 376 頁。
⑤ 同上，第 190 頁。
⑥ 同上，第 265 頁。

教人明天理，滅人欲。"① 即在朱熹看來諸子百家論學的宗旨無非是教人明天理，滅人欲，"是以聖人之教，必欲其盡去人欲，而全天理"②。同時，朱熹認為人心聽命於道心，雖然天理人欲都是此心所有，"人之一心，天理存則人欲亡，人欲勝則天理滅，未有天理人欲夾雜者，學者須要於此體認省察之"③。二者的分別在於天理和人欲的強弱關係，一者存，另一者則會消亡，不會存在同時并立的情況。總之，朱熹理學的大要便是教人"革盡人欲，復盡天理"。這一觀點同時也被王陽明所吸收。

（二）陽明之理欲論述探本

學術界普遍認為理欲關係的問題是理學家所討論的重點，而心學家（陽明）對此并不是很重視，但是梳理陽明相關著述（這裏以《傳習錄》為例）就會發現，陽明對理欲關係的論述并不少，其對理欲關係的重視并不亞於理學家們，甚至比他們更加重視這一概念。正如任文利先生所說："理欲之辨同樣構成了陽明心學的核心要義。有學者已指出，若要在陽明早期心學中找到一個足以和其晚期心學中的'致良知'相抗衡的話頭，恐怕祇有'存天理，去人欲'具備這樣的特徵。"④ 也即是説陽明有關"存天理，滅人欲"的思想在其哲學體系中亦是一個極為重要的思想。通過探析陽明的著作，就可以很清楚地看到這一點。

筆者通過研究最為體現陽明思想的《傳習錄》等著述，發現文本中關於理欲關係論述的地方極多，茲述於下。

《傳習錄》中提到"理"字處凡 369 例，陽明在使用"理"時，總的來説有兩種意思，一為作為動詞"調理"用，一共有六處：

1. 調理其性情，潛消其鄙吝，默化其廳頑。（《右南大吉錄》）

2. 自省念慮，或涉邪妄，或預料理天下事，思到極處。（《陳九川錄》）

3. 孔子氣魄極大，凡帝王事業，無不一一理會，也只從那心上來。（《黃省曾錄》）

4. 我須是將聖人許多知識才能，逐一理會始得。（《薛侃錄》）

5. 夫我則不暇。公且先去理會自己性情。（《門人薛侃錄》）

6. 其出而仕也，理錢穀者則欲兼夫兵刑，典禮樂者又欲與於銓軸，處郡縣則思藩臬之高。（《答顧東橋書》）

在上述六例中，理不是作為"天理"或"理論"講，而是作為動詞使用，表示一種治理的動作，這符合《說文解字》"理，治玉也，從玉聲。是之謂善治"⑤ 的原初之意。

---

① ［宋］朱熹著，［宋］黎靖德編：《朱子語類》，武漢：崇文書局，2018 年，第 1 冊，第 154 頁。（以下祇出注作者、書名、頁碼）

② 同上，第 170 頁。

③ 同上，第 167 頁。

④ 任文利：《心學的形上學問題探本》，鄭州：中州古籍出版社，2005 年，第 50 頁。

⑤ ［漢］許慎著，［宋］徐鉉校：《說文解字》，北京：中華書局，2014 年重印本，第 6 頁。

除了上述作為動詞使用的六例外，其餘都是作名詞使用，但也是從幾個意思上使用，細分有天理、道理、條理、實理、常理五種：

1. 向晦宴息，此亦造化常理。(《黃省曾録》)

2. 惟是道理自有厚薄。比如身是一體，把手足捍頭目，豈是隔要薄手足，其道理合如此。(《黃省曾録》)

3. 順言個牒理，便謂之禮；知此條理，便謂之智；終始是這個條理，便謂之信。(《黃省曾録》)

4. 誠是實理，只是一個良知。實理之妙用流行就是神，其萌動處就是幾。詠神幾曰聖人。(《黃省曾録》)

5. 夫物理小外於吾心，外吾心而求物理，無物理矣。遺物理而求吾心，吾心又何物邪？(《答顧東撟書》)

6. 故《論語》曰"生而知之"者，義理耳。(《答顧東撟書》)

而其中對天理講得最多，共一百三十處，分布於十四個章節中，具體如下：

1. 《徐愛録》——26 處

2. 《陸澄録》——34 處

3. 《薛侃録》——33 處

5. 《答顧東橋書》——6 處

6. 《答周道通書》——4 處

7. 《答陸原靜書》—— 4 處

8. 《答歐陽崇一》——5 處

10. 《答聶文蔚》—— 1 處

12. 《陳九川録》——2 處

13. 《黃直録》—— 10 處

14. 《黃省曾録》——5 處

這些論述都是從與人欲相對的層面來講，如："天理人欲不并立。安有天理為主，人欲又從而聽命者。"(《徐愛録》) "天理人欲，其精微必時時用力省察克治，方日漸有見。" (《陸澄録》) "天理原自寂然不動，原自感而遂通，學者用功，雖千思萬慮，只是要復他本來體用而已，不是以私意去安排思索出來。"(《答周道通書》) 即是《說文解字注》引戴震《孟子字義疏正》裏的釋義："古人之言天理，何謂也？曰理也者，情之不爽失也。未有情不得而理得者也。天理云者，言乎自然之分理也。自然之分理，以我之情絜人之情，而無不得其平是也。"① 這也是後來學者對 "理" 字釋義時多用之意，同樣也是程朱理學、陽明理欲關係所重視的意思。不過相較程朱理學之理，"王陽明的理專指天理"②，"它貫通於自然與人類社會，屬於普遍於宇宙萬事萬物的天理，也主要指事物的所以然者、事物的道理、事物存在的根據"③。

同樣，陽明關於 "欲" 的論述也很多，在《傳習錄》中凡166處。和理之釋義一樣，陽明也是在兩種意義上使用 "欲" 字，一是作為 "想要" 來用，一是作為 "欲望" 使用。意思為 "想要" 的共有71例，如：

1. 如五伯以下事，聖人不欲詳以示人。則誠然矣。至如堯舜以前事，如何略不少見。（《徐愛錄》）

2. 子欲觀花，則以花為善，以草為惡。如欲用草時，復以草為善矣。此等善惡，皆由汝心好惡所生。故知是錯。（《薛侃錄》）

3. 今誠欲求豪傑同志之士於天下，非如吾文蔚者，而誰望之乎？（《答聶文蔚》）

4. 如欲孝親生知，安行的只是依此真知落實盡孝而已。（《黃省曾錄》）

以上是作為動詞 "想要" 用。除了這些之外，都是以 "欲望" 的意思使用，而 "人欲" 二字直接連用的凡39例，具體分布如下：

1. 《徐愛錄》——14 處

2. 《陸澄錄》——9 處

3. 《薛侃錄》——10 處

4. 《答陸原靜書》——4 處

5. 《陳九川錄》——1 處

6. 《黃省曾錄》—— 1 處

《説文解字》："欲，貪欲也。"④ 段玉裁進一步解釋道："感於物而動，性之欲也。欲而當於理，則為天理。欲而不當於理，則為人欲。"⑤ 陽明有關人欲的論述也是從這方面來説的，如他説："聖人述六經，只是要正人心。只是要存天理，去人欲。於存天理去人欲之事，則嘗言之。"（《徐愛錄》）"吾輩用力，只求日減，不求日增。減得一分人欲，便是復得一分天理。何等輕快脱灑，何等簡易！"（《薛侃錄》）"去其人欲而歸於理，則良知之在此事者，無蔽而得致矣。此便是誠意的功夫。"（《陳九川錄》）在《傳習錄》中，陽明在連用 "天理、人欲" 的時候，多從批判人欲，即 "欲而不當於理" 角度來説，這也表明了陽

① ［清］段玉裁：《説文解字注》，上海：上海古籍出版社，2012 年，第 15 頁。
② 沈順福：《論王陽明之理》，《中國文化論衡》2016 年第 1 期。
③ 同上。
④ ［漢］許慎著，［宋］徐鉉校：《説文解字》，北京：中華書局，2014 年重印本，第 176 頁。
⑤ ［清］段玉裁：《説文解字注》，上海：上海古籍出版社，2012 年，第 411 頁。

明對理與欲的態度。

(三) 陽明之理欲關係分析

通過對上述材料的梳理，我們可以看出，陽明對天理人欲這一思想極其看重，在他的其他諸思想中，亦可以看到理欲的影子。陽明對天理的論述繼承了程朱理學的相關思想，但又有所區別。在陽明看來，所謂天理就是"人欲去盡處"："曰：'何者為天理'？曰：'去得人欲，便識天理。'"（《陸澄録》）陽明之所以如此定義天理，在於他的"心即理"的思想，他不同意程朱"心－理"二元論的邏輯架構，程朱把心分為道心和人心，人心是指私欲所在，而道心則是天理流行處。陽明對此批評道："人心之得其正者即道心，道心之失其正者即人心，初非有二心也。程子謂人心即人欲，道心即天理，語若分析而意實得之。今日道心為主而人心聽命，是二心也。天理人欲不并立，安有天理為主，人欲又從而聽命者？"①（《徐愛録》）即他認為以"人心"聽命於"道心"的説法是錯誤的。進而陽明認為心外無理，"心即理也。天下又有心外之事，心外之理乎？"②（《徐愛録》）即一切都是由心而發，心就是理，因此不存在人心—道心二元對立的情況。心是一個心，祇是存在狀態的不同而已，"此心無私欲之蔽，即是天理。不頂外面添一分"（《徐愛録》）。當心沒有私欲的時候便是天理的呈現，相反，私欲猖獗之時，則天理覆滅。因此，人祇是一心，以此心之滿貫天理處行孝盡忠便自然會體現為孝忠，"以此純乎天理之心，發之事父便是孝，發之事君便是忠，發之交友治民便是信與仁"③（《徐愛録》）。想要得到這樣的效果，唯一要做的便是"在此心去人欲存天理上用功便是"④（《徐愛録》）。祇要保持"此心若無人欲"，自然就會合乎天理。

陽明的天理不同於程朱理學之處在於，除了他是以"一心"來論證天理人欲的關係外，還在於他認為"良知"即為天理，"吾心之良知，即所謂天理"（《答顧東橋書》）。"良知是天理之昭明靈覺處，故良知即是天理。"（《答歐陽崇一》）而所謂良知即是孟子所説的"人之所不學而能者，其良能也；所不慮而知者，其良知也"⑤（《孟子》），亦即陽明所説的"心之本體"，是人生而具有的，是一種本善的狀態。"良知，心之本體，即所謂性善也，未發之中也，寂然不動之體也，廓然大公也。"（《答陸原靜書》）所以陽明在論述人心之時，不同於程朱理學對於心的二重劃分。二程在對《尚書·大禹謨》中"人心惟危，道心惟微；惟精惟一，允執厥中"十六字心傳作解釋的時候，就是如上述所説的"從道心——

---

① ［明］王守仁著，陳恕編校：《王陽明全集》，鄭州：中州古籍出版社，2016 年，第 6—7 頁。（以下祇出注作者、書名、頁碼）

② 同上，第 2 頁。

③ 同上。

④ 同上。

⑤ ［宋］朱熹：《新編諸子集成：四書章句集注》，北京：中華書局，2018 年，第 366 頁。

人心的架構來論述‘天理人欲’的關係”，而陽明則是從心理同一、良知是心之本體的角度出發闡述十六字心傳。他祇取了其中十二字“道心惟微，惟精惟一，允執厥中”，而把“人心惟危”刪去了，原因在於上述提到的陽明對於理欲關係的闡發，源於一心而非二心，這“一心”即是“昭明靈覺”之心，不存在原是渾然的狀態。

　　陽明對天理人欲的關係的看法是：“天理人欲不并立。安有天理為主，人欲又從而聽命者。”①（《徐愛錄》）他不認同程朱理學所説的人心聽命於道心，而是認為人心道心為一，二者的區別祇是心的狀態不同，是道心還是人心，在於此心是滿於天理，還是塞於人欲。同時，他也并没有否定人欲的存在，祇是不同意人欲和天理同處於一樣的情況。而人要想達到聖人之境，祇需要在此心（一心）上下功夫，去正心便是，“聖人述六經，只是要正人心。只是要存天理，去人欲。於存天理去人欲之事，則嘗言之”（《徐愛錄》）。并且他把聖人著書立説的宗旨歸於“正人心”，“正人心”也可以説是“存天理，去人欲”，通過如此功夫，便可以恢復心之天理狀態。

二、拔本塞源：去人欲以歸聖

　　明瞭了陽明所講的理欲，我們接下來從《拔本塞源論》中繼續分析這一思想。陽明對理欲關係的論述在其著作中俯拾即是，但明顯與其他思想一起論述的則體現在《拔本塞源論》中。“《拔本塞源論》那一篇文章的骨幹，正面是天地萬物一體之仁，反面是功利之私，論其大體，仍不出北宋以來理學家傳統所爭的天理、人欲之辨。”② 在《拔本塞源論》中，陽明并不是單單談及“理欲”關係，而是以一種邏輯，并通貫其他思想進行論述，具體表現為“萬物一體——立論根基”→“私欲橫行——立論之由”→“聖人之學——立論之法”→“超凡入聖——立論之向”的邏輯架構。而這些問題的核心所在即是“理欲”關係，或者説都是圍繞理欲關係展開的，方法即是他所説的“拔本塞源”。

　　“拔本塞源”語出《左傳·昭公九年》：“我在伯父，猶衣服之有冠冕，木水之有本原，民人之有謀主也。伯父若裂冠毀冕，拔本塞源，專棄謀主，雖戎狄其何有余一人？”③ 在《左傳》文本中的“拔本塞源論”本來是消極意義，但在陽明這裏顯然不是在這個意義上使用，正如陳榮捷先生所説：“其拔本塞源，已非《左傳》‘專棄謀主’的消極意義，而是

① ［明］王守仁著，陳恕編校：《王陽明全集》，第 7 頁。
② 錢穆：《陽明學述要》，北京：九州出版社，2015 年，第 87 頁。
③ ［清］洪亮吉撰，李解民編：《春秋左傳詁》，北京：中華書局，1987 年，第 689 頁。

克私去蔽以復心體之同然。"① 他對"拔本塞源"解釋為:"拔去木之本,充塞水之源。"②
陳來先生也是從這個意義上論説的,他認為:"陽明的'拔本塞源'主要是就'私己之欲'
'功利之毒'而發的,而正確的拔本塞源的方法在他看來就是真正的、没有受到曲解的聖人
之學。"③ 即是説陽明的拔本塞源所針對的問題即是宋明理學一向所重視的話題——理欲關
係,并且陽明對理欲關係的闡述又較前人進了一步,"是先前儒學道欲之辨、義利之辨、公
私之辨的進一步發展。存天理、去人欲是陽明早期心學的頭腦,理與欲雖是一體之兩面,
但早期陽明學更側重去人欲。而在提出致良知學説後,則更注重存天理,其以良知為天理、
為理之靈,致良知就是勝私復理、推致吾心天理自然之條理於事事物物的過程"④,也和他
的良知説、心—理説聯繫在了一起。

陽明拔本塞源論的立論根基承接了中國思想史上的一個重要的命題,即"萬物一體"
思想。這個思想可以追溯到先秦時期,不過在那時還祇是萬物一體思想内涵的表述,并没
有直接把"萬物一體"具體闡述出來。而宋明理學家則在繼承前人思想的同時,予以更透
徹、詳盡地論述,正如楊國榮教授所説:"萬物一體的命題,幾乎為理學家所普遍認同。"⑤
宋明理學家中最早明確提出"萬物一體"思想的是程明道:"醫書言手足痿痺為不仁,此
言最善名狀。仁者,以天地萬物為一體,莫非己也。認得為己,何所不至?若不有諸己,
自不與己相干。如手足不仁,氣已不貫,皆不屬己。"⑥ (《識仁篇》)張横渠也在其著作
《西銘》中提出:"天地之塞,吾其體;天地之帥,吾其性。民吾同胞,物吾與也。"⑦ 在他
們看來人與萬物是一體的,人與人,乃至人與物的關係是親如一家或猶如自身一般。陽明
在繼承這些思想的基礎上,進一步從"聖人之心"的角度談論這一問題,并且作為論證理
欲關係的起點。"夫聖人之心,以天地萬物為一體,其視天下之人,無外内遠近。凡有血
氣,皆其昆弟赤子之親,莫不欲安全而教養之,以遂其萬物一體之念。"⑧ (《答顧東橋書》)
陽明的論述和前人很相似,即認為天下之人都是一樣的,擴而言之,祇要有血氣的生物都
可以看作是自己的兄弟姐妹,没有遠近親疏之别。所不同的是陽明把這一特點歸為聖人之
心,并且認為之所以有後來的差别是因為"特其間於有我之私,隔於物欲之蔽,大者以小,
通者以塞,人各有心,至有視其父、子、兄、弟如仇仇者"(《答顧東橋書》)。也即欲望的
産生,使人們本來和聖人無異的本心受到污染,遂和聖人有了差别。正因如此,陽明提出

---

① 陳榮捷:《王陽明傳習録詳注集評》,重慶:重慶出版社,2017年,第155頁。
② 同上。
③ 陳來:《王陽明的拔本塞源論》,《學術界》2012年第11期。
④ 吳慶前:《王陽明的天理人欲觀小議》,《湖北經濟學院學報》2015年第1期。
⑤ 楊國榮:《仁道的重建與超越——理學對天人關係的考察及其内蘊》,《江蘇社會科學》1993年第5期。
⑥ [宋] 程顥、程頤:《二程遺書》,第65頁。
⑦ [宋] 張載撰,[清] 王夫之注,湯勤福導讀:《張子正蒙》,上海:上海古籍出版社,2000年,第231頁。
⑧ [明] 王守仁著,陳恕編校:《王陽明全集》,第48頁。

"拔本塞源"之學説，"使之皆有以克其私，去其蔽，以復其心體之同然"（《答顧東橋書》），以恢復人們心之理的一面。

陽明認為："大人者，以天地萬物為一體者也，其視天下猶一家，中國猶一人焉。……大人之能以天地萬物為一體也，非意之也，其心之仁本若是，其與天地萬物而為一也。"[1] 造成二者分離的原因，即是上述所説的"有我之私"。在陽明看來，私欲表現在社會層面即是"聖人之學"的疲敝，"王道熄而霸術倡，孔、孟既没"，從而造成"聖學晦而邪説橫"。因為邪説盛行，所以"聖人之道遂以蕪塞"，結果便是人們私欲的昌盛，"日求所以富强之説，傾詐之謀，攻伐之計，一切欺天罔人，苟一時之得，以獵取聲利之術，若管、商、蘇、張之屬者，至不可名數。既其久也，鬥爭劫奪，不勝其禍，斯人淪於禽獸夷狄"[2]（《答顧東橋書》）。

陽明認為"聖人之學日遠日晦，而功利之習愈趨愈下"，而他所處的時代更是如此。他在《拔本塞源論》中對此有詳細的説明：

　　蓋至於今，功利之毒淪浹於人之心髓，而習以成性也幾千年矣。相矜以知，相軋以勢，相爭以利，相高以技能，相取以聲譽。其出而仕也，理錢穀者則欲兼夫兵刑，典禮樂者又欲與於銓軸，處郡縣則思藩臬之高，居臺諫則望宰執之要。故不能其事，則不得以兼其官；不通其説，則不可以要其譽。記誦之廣，適以長其敖也；知識之多，適以行其惡也；聞見之博，適以肆其辨也；辭章之富，適以飾其偽也。是以皋、夔、稷、契所不能兼之事，而今之初學小生皆欲通其説，究其術。其稱名僭號，未嘗不曰"吾欲以共成天下之務"，而其誠心實意之所在，以為不如是則無以濟其私而滿其欲也。[3]（《答顧東橋書》）

他所論述的這些現象既是社會問題，也是學術問題，因為社會上的人已被"功利之毒"所浸染，本來的善性、良知都受到污染；而在學問層面則表現為"世之學者，如入百戲之場，讙譊跳踉，騁奇鬥巧，獻笑爭妍者，四面而競出，前瞻後盼，應接不遑，而耳目眩瞀，精神恍惑"[4]（《答顧東橋書》）。學者所學所教已經不是"為己之學"，而是"為人之學"，知識成為炫耀的玩物。為了補救這一現象，陽明遂闡述"聖人之學"。在他看來，三代社會

---

① ［明］王守仁著，陳恕編校：《王陽明全集》，第968頁。
② 同上，第48頁。
③ 同上，第50—51頁。
④ 同上，第50頁。

之所以和諧，就在於聖人施教的內容是"十二字心傳"："其教之大端，則堯、舜、禹之相授受，所謂'道心惟微，惟精惟一，允執厥中'。而其節目則舜之命契，所謂'父子有親，君臣有義，夫婦有別，長幼有序，朋友有信'五者而已。"①（《答顧東橋書》）這些在陽明看來是儒家思想最為核心的內容。不僅聖人以此為教，而且學者也是以此為學。對由此而產生的效果，他做了進一步論述：

> 當是之時，人無異見，家無異習，安此者謂之聖，勉此者謂之賢，而背此者雖其啓明如朱，亦謂之不肖。下至閭井、田野、農、工、商、賈之賤，莫不皆有是學，而惟以成其德行為務。何者？無有聞見之雜，記誦之煩，辭章之靡濫，功利之馳逐，而但使孝其親，弟其長，信其朋友，以復其心體之同然。②（《答顧東橋書》）

在陽明看來，上古時代的所有人都是"以道心精一、五教和順為學"③，人們追求的是成聖為賢，"惟以成其德行為務"。這是因為當時的人們沒有功利雜見之心，"社會文化環境祇是敦促人們孝順父母、尊敬兄長、誠信朋友，以便恢復人的本心"④。而他所處時代的情況卻是私欲橫行，把聖人的教育當作"贅疣柄鑿"，不認可良知之説，認為聖人之學乃是無用的學問，這是陽明所痛心的，也是他欲救治的，因為不加以救治，社會必將陷入黑暗之中。

當面對私欲橫流、人心不古的社會時，陽明是非常痛心疾首的，因此他大呼"拔本塞源"，以力正人心，光復聖人之學，復現聖人之世。如果不如此做，或不痛陳"拔本塞源"，那後果將很嚴重："夫拔本塞源之論不明於天下，則天下之學聖人者將日繁日難，斯人倫於禽獸夷狄，而猶自以為聖人之學。吾之説雖或暫明於一時，終將凍解於西而冰堅於東，霧釋於前而雲滃於後，呶呶焉危困以死，而卒無救於天下之分毫也已！"⑤（《答顧東橋書》）不僅聖人之學不復為學，而他的學説亦最終不會為人們所接受，所以他在晚年又提出了"良知""致良知"的學説。而欲使"致良知"思想順利施教，關鍵即在於去除人欲，"這樣看來，他的拔本塞源論在實踐的意義上已成為王陽明良知思想能夠傳播、流行於天下的關鍵"⑥。因此在《拔本塞源論》的結尾，陽明感歎道："所幸天理之在人心，終有所不可泯，而良知之明，萬古一日，則其聞吾'拔本塞源'之論，必有惻然而悲，戚然而痛，

---

① ［明］王守仁著，陳恕編校：《王陽明全集》，第49頁。
② 同上。
③ 陳來：《王陽明的拔本塞源論》，《學術界》2012年第11期。
④ 同上。
⑤ ［明］王守仁著，陳恕編校：《王陽明全集》，第48頁。
⑥ 陳來：《王陽明的拔本塞源論》，《學術界》2012年第11期。

憤然而起，沛然若決江河而有所不可禦者矣！非夫豪傑之士無所待而興起者，吾誰與望乎？”從這裏也可以看出，陽明對人心還是存有希望，并且期待通過拔本塞源論而使人們最終恢復本然之心。

三、理欲通貫：良知聖體

如前所述，陽明從萬物一體的角度來論證理欲關係，是基於他的“心即理”的思想，以及他所説的“滿街皆聖人”的思想，并從致良知入手去恢復心之本體。因為萬物一體，所以人與物都是一個心，此心本然為善，良知自然呈現，沒有分別，“人的良知，就是草、木、瓦、石的良知”（《黃省曾録》）。而陽明的“天理”在一定程度上即是他所説的“良知”，吳震教授也認為“陽明心學的一個最大特點就在於將外在的天理轉化為内在的良知”[1]。良知即是天理，天理即是良知，“良知是天理之昭明靈覺處。故良知即是天理，思是良知之發用。若是良知發用之思，則所思莫非天理矣”（《答歐陽崇一》）。陽明的門人朱得之也説：“陽明始教人存天理，去人欲。他日謂門人曰：‘何謂天理？’門人請問，曰：‘心之良知是也。’他日又曰：‘何謂良知？’門人請問，曰：‘是非之心是也。’”[2] 可以看出陽明的理欲觀與其良知説緊密相關，而致良知又是拔本塞源的體現。

如果説理欲關係是通貫陽明哲學思想的核心觀念，那麼拔本塞源就是去人欲復天理的補救之方，而與之相關的“致良知”的思想則是拔本塞源的表現之一。“先生教人吃緊在去人欲而存天理，進之以知行合一之説，其要歸於致良知。”[3] 這也説陽明論學以去人欲存天理為核心，通過知行合一的實踐功夫，最後導向良知説。為了達到恢復良知的目的，他又提出了“致良知”的思想，“致良知的‘致’字有兩重含義：一是充拓致極，二是推致實行”。所謂致良知就是對良知的歸復過程，“天理即是良知，千思萬慮，只是要致良知。良知愈思愈精明，若不精思，漫然隨事應去，真知便粗了”（《黃省曾録》）。陽明認為所有的功夫的最後指向都衹是致良知而已，除了此事更無別事，若不知致良知反而是未達知之真切處。又加之陽明認為良知即是天理，那麼致良知也就是復歸天理。

致良知、復天理的最終目的指向即是陽明自幼一直追求的“成聖”思想。據王陽明年譜記載：“先生感其言，自後每對書輒靜坐凝思。嘗問塾師曰：‘何為第一等事？’塾師曰：

---

① 吳震：《〈傳習録〉精讀》，上海：復旦大學出版社，2011 年，第 219 頁。
② ［清］黃宗羲：《明儒學案》，北京：中華書局，1985 年，第 590—591 頁。
③ ［明］劉宗周：《劉宗周全集》，杭州：浙江古籍出版社，2007 年，第 5 册，第 1 頁。

'惟讀書登第耳'。先生疑曰：'登第恐未為第一等事，或讀書學聖賢耳。'"① 陽明在小時候就已立下成聖的志向，并且又被婁諒"聖人必可學而致"的思想所激勵，他一生都在為成為聖賢而不懈努力。他認為："聖人之所以為聖，只是其心純乎天理，而無人欲之雜。猶精金之所以為精，但以其成色足而無銅鉛之雜也。人到純乎天理方是聖，金到足色方是精。"②（《薛侃録》）所謂聖人，并非與凡人有多大差别，不過在於聖人没有人欲之雜，而凡人由於私欲隔蔽，也即他在《拔本塞源論》所説的"天下之人心，其始亦非有異於聖人也，特其間於有我之私，隔於物欲之蔽"，纔會有了凡聖之别。因此，為了消去此種差别，陽明高倡聖人之教、致良知、拔本塞源等學説，欲要恢復聖之本體。至於如何去做，在他看來不過是去人欲、存天理罷了，"學者學聖人，不過是去人欲而存天理耳"③（《薛侃録》）。衹要人人去除己之私欲，那麽離"人皆可以為堯舜"的時代就不遠矣。

四、結語：道統的承繼

以上通過對陽明理欲思想的梳理、探析，我們可以看出理欲關係在陽明哲學體系中并非一個無關緊要的問題，而是一個通貫的核心概念，在陽明的其他思想中都可以找到這一學説的痕迹；同時，《拔本塞源論》對理欲關係的闡釋又是在其著述中最為通透的，因為"《拔本塞源論》成書於陽明晚年思想成熟的關鍵期（1524 年），不僅在陽明整體思想中有着重要的地位和意義，而且在古代中國同樣有着非凡的學術地位和價值"④。如岡田武彦所説，《拔本塞源論》把"王陽明學術思想幾乎毫無遺漏地記録在其中"⑤，可以説在一定程度上此論是對陽明全部思想的一個概括，而表現在理欲關係上即是以理欲為綫，串接萬物一體、心即理、致良知、成聖賢等思想。

此外，更為重要的是陽明由"拔本塞源"等功夫所要達到的目的。陽明提倡"拔本塞源"的原因主要在於他要除去人之私欲，并且由此達到聖人之境。在陽明看來，聖人是可學而致的，因為普通人和聖人皆具此心，此心又是理之當然，都具有良知之本，而良知又是"天理和吾心的合一"⑥，良知"本就有知善知惡的能力，但這種天賦之知，一開始處於

---

① ［明］王守仁撰，吳光等編校：《王陽明全集》，上海：上海古籍出版社，2011 年，第 1221 頁。
② ［明］王守仁著，陳恕編校：《王陽明全集》，第 25 頁。
③ 同上。
④ 許寧、秦蓁：《論〈拔本塞源論〉的三個維度》，《孔學堂》2016 年第 3 期。
⑤ （日）岡田武彦著，錢明審校，楊田等譯：《王陽明大傳：知行合一的心學智慧》，重慶：重慶出版社，2018 年，第 303 頁。
⑥ 楊國榮：《王學通論——從王陽明到熊十力》，上海：華東師範大學出版社，2009 年，第 61 頁。

自在狀態"①，人雖然本然具有，但仍需要一個"養"的過程，此"養"乃是指其"致良知"的手段，即是説"理"乃是"良知"，"致"乃是"去欲"，這和孟子的修養功夫相似。孟子認為"四端"乃人之所共有："惻隱之心，仁之端也；羞惡之心，義之端也；辭讓之心，禮之端也；是非之心，智之端也。人之有是四端也，猶其有四體也。"② 善性也是人之所共有，"人性之善也，猶水之就下也。人無有不善，水無有不下"③，但由於受到外在環境的影響，會出現本然和應然不一致的情況，因此孟子主張"求放心""養氣"等。陽明作為心學的集大成者，他的有關去欲恢復天理的主張，亦是對孟子這一思想的發揮，而其最終目的則在回歸到孟子所言之"聖人"，以此來承繼儒家道統。在這一思想的指引下，陽明通過知行合一、致良知的實踐功夫，最終成為中國哲學史乃至中國歷史上為數不多的，集"立德、立言、立功"三不朽於一身的思想大家。

作者單位：山東大學儒學高等研究院

---

① 楊國榮：《王學通論——從王陽明到熊十力》，上海：華東師範大學出版社，2009 年，第 62 頁。
② ［宋］朱熹：《新編諸子集成：四書章句集注》，北京：中華書局，2018 年，第 248 頁。
③ 同上，第 328 頁。

論江右王學 "致良知"

胡迎建

　　明代中葉，王陽明心學在江西廣為傳播。王陽明在貴州龍場驛悟良知，於正德年間來江西，起初知廬陵縣，後巡撫南贛，在贛州開始講致良知之學。未久破宸濠之亂，講學於廬山白鹿洞書院，從遊者甚衆。在贛州時，士子初次求見者，先以高弟子教之，然後與之交談。他的學說起初并未形成系統，而是在質疑問難中不斷發展。在其影響下，形成江右王門學者群體，屹然成為陽明心學重要門派。著名者有二十七人，其中如劉兩峰，師從他的又有十七人，皆有成就。黃宗羲在《明儒學案》中列江右王門九個學案，可見陣容之盛、學術傳播之廣。正如同時代人王士性所說："江右又翕然一以良知為宗，弁髦諸前輩講解，其在於今，可謂家孔孟而人陽明矣。"①

　　陽明之學，主張 "心外無理，心外無物"，以良知提高士子的主觀心性意識，追求內心覺悟的自覺性，反對士子們逐物而遺心，因而極大地鼓舞了士人的主觀能動性。王陽明把致良知看作是先驗的道德本體與後天致知的形成過程，使本然之知轉為明覺之知。然而，他在晚年提出的 "心之本體無善無惡" "知是知非為良知" 等說法，他本人并未多加闡釋，浙中錢德洪、王畿龍溪之學對此大加發揮，却流於以意念之善者為良知，多在發用上以知是知非為方便法門，大講見在良知。誠如黃宗羲所指出的，"陽明亡後，學者承襲口吻，浸失其真，以揣摩為妙悟，縱恣為樂地，情愛為仁體，因循為自然，混同為歸一"②，并認為江右王門能 "推原陽明未盡之旨。是時越中流弊錯出，挾師說以杜學者之口，而江右獨能

---

　　① ［明］王士性：《王士性地理書三種·廣志繹》，上海：上海古籍出版社，1993 年，第 51 頁。
　　② ［清］黃宗羲：《明儒學案》卷十六《江右王門學案一》，上海：世界書局，1936 年，第 182 頁。（以下祗出注書名、卷次、頁碼）

破之，陽明之道賴以不墜。蓋陽明一生精神，俱在江右，亦其感應之理宜也"①。

江右王學是在對龍溪之學的淺薄而失真進行有力駁難的過程中發展起來的，從而糾正了見成良知的過失，確立了江右王學在陽明之學諸多派別中的嫡傳地位。他們的基本特徵是大都堅持"由功夫以悟本體"的路徑，通過漸修來求得良知，以誠敬態度對良知進行探求，吸收宋儒的涵養省察功夫，故稱功夫派，又稱王學右派。在內部，他們雖有些師承關係，但決不因循守舊，而是勇於爭鳴，甚至不懼針鋒相對，通過質疑問難，使心學得到豐富與發展。現在就其如何"致良知"所涉及的問題試述如下。

一、"致良知"與"寂感"

"致良知"是在"寂"還是在"感"時，是在性未發時還是已發時，這是江右王學爭論的焦點之一。寂是性之未動時，感是情之已發時，性靜情動。寂與感這一對範疇，宋儒時有提及，往往與體用、性情相對應。如朱熹即認為寂然不動是性，感而遂通是情，"心之所以為體，而寂然不動者也；及其動也，事物交至，思慮萌焉，則七情叠用，各有攸主"②。後來王陽明并未將"寂感"引入良知論述中，因而沒有現成答案。江右王學既將良知看作是在漸修過程中以感悟來印證的道德本體，很自然地需要確定是在何種狀態時獲得良知，事關良知是否"純潔"，因而爭論不已。其大致可分為兩派：鄒守益、歐陽德認為，不論是在寂時還是感時，即性靜時還是情動時都可求得良知；而聶豹、羅洪先等人則認為，祇有歸於"寂"即性未動時纔能求得良知。

鄒守益，號東廓，安福人，正德六年進士，官至南京國子祭酒，曾侍從陽明多年。他認為，良知不是靠妙悟而是以"誠敬"通過漸修得到的，不斷地遷善改過，使良知由潛在變為現實，這便是致良知之功。誠敬是良知之清明，不能雜以塵俗與私欲，須戒懼謹獨、懲忿窒欲，如果不能謹獨則無以致良知。他還認為良知如源泉不斷，不分動靜，處於不斷運動之中："良知虛靈，晝夜不息，與天同運，與川同流，故必有事焉。"③ 既然良知晝夜不息，那麼在致良知過程中，不論是寂還是感，也不必分動靜，都應保持誠敬，不間斷地漸修，時時存戒懼之敬意。若"離却戒慎恐懼，無從覓性；離却性，亦無從覓日用倫物也。故其言道器無二。"④ 所以他認為寂感、體用不可分，"故動靜有二時，體用有二界，分明

---

① 《明儒學案》卷十六《江右王門學案·緒言》，第131頁。
② 清康熙四十七年《朱子文集》卷二十四《答張欽夫》。
③ 《明儒學案》卷十六《江右王門學案一》，第137頁。
④ 同上，第132頁。

是破裂心體"①。黃宗羲對鄒守益之説評價甚高，認為"（戒懼謹獨）是師門本旨，而學焉者失之，浸流入猖狂一路。惟東廓斤斤以身體之，便將此意做實落工夫"②。鄒守益致良知而身體力行，吸收了宋儒程頤的"主敬"説，力挽"致良知"陷入浮淺之弊。

同時有歐陽德，字崇一，號南野，泰和縣人，鄉試時從學王陽明，陽明呼為小秀才。嘉靖二年進士，官至禮部尚書。他對如何"致良知"的辨析較鄒守益更為具體，認為"知之良者，乃所謂天之理也，猶之道心人心非有二心"③。致良知就是"循其天然之則"。他又説："良知妙用有常，而本體不息。不息故常動，有常故常靜。"④ 故良知無時不發，通過感覺、思索與天地人物相交，應感無窮。這與聶豹專求未發之時、流於空寂不同，與鄒守益一意謹獨也有不同。然而他以"動靜"為一體，不分親疏內外，在他人看來，是傾向於在事上磨煉用功。

聶豹，字文蔚，號雙江，永豐縣人，正德十二年進士，官至御史、兵部尚書。陽明歿後，他設牌位北面拜稱弟子。他提出"歸寂"説，認為性靜時歸入"寂"的狀態時方可求得良知。此説將"謹獨"説推向極端，但反對鄒守益、歐陽德不分動靜寂感之説，主張致良知是求未發之機、心性未動時，歸於"寂"後方能通感，執其本方能應用。性動為情，是謂"感""發"，是謂喜怒哀樂。他要從已發中求未發，擯棄感覺與知覺，使之不受情感的影響，"不睹不聞，便是未發之中；常存此體，便是戒懼。去耳目支離之用，全虛圓不測之神，睹聞何有哉！"⑤ 祇有在未發之中，纔能認得活潑潑的心體，識得先天之理，"未發氣象，猶可想見靜中養出端倪，冷灰中迸出火焰"；"寂然不動，中涵太虛，先天也，千變萬化，皆由此出"⑥。他甚至否定經驗的積累，以"道理、格式、知識"為致良知的障礙，必除滅而後已。這種體認觀過於極端。他首倡靜坐法，在靜寂中存養確實心遊萬仞，易於悟理，但脱離觀察事物本身，則易流於枯寂。

聶豹的觀點遭到江右王門中一些學者的反對。如鄒守益對僅依靠寂時體悟良知之説不以為然，指責他是將工夫倚在內而將心體分裂為二："其時雙江從寂處體處用工夫，以感應用處為效驗。先生（鄒守益）言其倚於內，是裂心體而二之也。"⑦ 又有黃宏綱，號洛村，雩都縣人，正德間鄉試時從陽明問學，官至刑部主事。他認為本體有寂有感，故性情不可截然分為兩物，性之已發與未發須看作一體，未發中有情，已發中有性，寂感不可分，性

---

① 《明儒學案》卷十六《江右王門學案一》，第136頁。

② 《明儒學案·師説》，第4頁。

③ ［明］歐陽德：《南野論學書》，見《明儒學案》卷十七《江右王門學案二》，第144頁。

④ 同上，第145頁。

⑤ ［明］聶豹：《困辨録》，見《明儒學案》卷十七《江右王門學案二》，第154頁。

⑥ 同上，第155頁。

⑦ 《明儒學案》卷十六《江右王門學案一》，第132頁。

情也就如理氣不可分，故有得其本體之寂者，有得其本體之感者。而聶豹的歸寂其實并未歸到寂感之寂上①。稍後有宋儀望，永豐人，官至僉都御史。他對聶豹也提出質疑，認為"去未發上做守寂工夫，到應事時又去做慎動工夫，却是自入支離窠臼"②。

功夫派中影響甚大的當推羅洪先。羅洪先字達夫，號念庵，吉水縣人，嘉靖年間中進士第一，曾在朝廷中任過短時期的左春坊左贊善，辭職後專心治學。黃宗羲轉引鄧定宇的話評價他説："陽明必為聖學無疑，然及門之士概多矛盾，其私淑而有得者莫如念庵。"③羅洪先對聶豹的歸寂説評價甚高，認為"雙江所言，真是霹雷手段，許多英雄瞞昧，被他一口道著，如康莊大道，更無可疑"④。洪先以"至善"為良知，"知止"為致良知功夫，以主靜無欲為宗旨，認為良知雖出於稟受之自然，但要"收斂翕聚"，經過"枯槁寂寞"的階段，始見"天理炯然"。"良知上面添一'致'字，便是擴養之意，'良知'二字乃是發而中節之和。"⑤

他對聶豹之説微有修正，不同意在未發中見"寂體"。在未發中見"寂體"，認為"寂時能通天地之微"，這本身也就是"發"。寂與發不可截然二分，"自其發而不出位"可謂之"寂"，但對"自其寂而常通微"而言，又是"發"。"寂然者一矣，無先後中外矣，對感而言，寂其先也；以發而言，寂在中也。時有動靜，寂無分動靜；境有內外，寂無分於內外。"⑥寂為體，體能發用，用不離體，如舟車為體，水陸為其用。他對寂與感、體與用如何作用進行了精確的闡述，修正了聶豹將"未發"與"已發"截然分開的弊端。

羅洪先主靜坐，以"收攝保聚"為致良知符訣，此又源於鄒守益的"謹獨"説。他對靜時體悟有一番生動的描繪："當極靜時，恍然覺吾此心中虛無物，旁通無窮，有如長空，雲氣流行，無有止極；有如大海，魚龍變化，無有間隔。"⑦他久居林泉，王畿恐他專守枯寂靜坐，不能得當機順應之妙，曾到松原問他："近日行持，比以前何似？"他説："近來無有雜念。雜念漸少，即感應處，便自順適。"⑧擯棄雜念，一心靜坐，方可求得良知。其學得弟子萬思默而傳。萬思默，南昌人，官至提學僉事。他一意靜坐，以"靜攝默識自心"⑨，并發揮其師之説，認為要在"寂"中識得動幾。"夫天、地、人，總是個動幾，自

---

① 《明儒學案》卷十九《江右王門學案四》，第187頁。

② ［明］宋儀望：《陽明先生從祀或問》，見《明儒學案》卷二十四《江右王門學案九》，第238頁。

③ 《明儒學案》卷十八《江右王門學案三》，第158頁。

④ 同上。

⑤ ［明］羅洪先：《論學書》，見《明儒學案》卷十八《江右王門學案三》，第162—163頁。

⑥ 同上，第163頁。

⑦ 同上，第164頁。

⑧ 《明儒學案》卷十八《江右王門學案三》，第158頁。

⑨ 《明儒學案》卷二十一《江右王門學案六》，第214頁。

有天地，此幾無一息不動。""但只要識得動而常寂之妙體耳，非動外有寂，即動是寂。"①

但是，靜坐往往會導致耽於冥想而招來異議。何廷仁即認為有欲則雖靜而心動，無欲則酬酢萬變而心靜。因而他提出"致良知"就是"無欲"，就是"為善去惡，實地用功"②。何廷仁字性之，號善山，雩都人，官至南京工部主事。當時語云："浙有錢、王，江有何（廷仁）、黃（洛村）。"陳九川對聶豹的"歸寂"說作出糾正，主張合寂感為一體。既然"心本寂而恒感者也，寂在感中，即感之本體。若復於感中求寂，譬之謂騎驢覓驢；感在寂中，即寂之妙用。若復於感求寂，譬之謂畫蛇添足"③。陳九川字惟浚，號明水，臨川人，官禮部員外郎。

稍後有劉文敏之說近聶豹，時人稱聶豹得他而不傷其孤零，但他也糾正聶之極端。劉文敏字宜充，號兩峰，安福人，曾拜謁陽明稱弟子。有《論學要語》。他以"虛"為宗，"先生之虛，乃常止之真明，即所謂良知也；其常止之體，即是主宰；其常止之照，即是流行"。虛則可致良知，須"默坐澄心，反觀內照"④。但默坐并不離開"意理見聞"，因而與羅洪先靜坐之說有異。聶豹主歸寂說，以未發為性，已發為情，須在寂時即性未發時致良知；他則認為"發與未發，并無二致"，喜怒哀樂為情，情得其正者為性，性與情并無體用關係，力糾將性情割裂為二的弊端。他認為聶豹的"歸寂"說會導致放棄視聽，流於空疏不着邊際。心體"本止本寂，參之以意念，飾之以道理，侑之以聞見，遂以感通為心之體"⑤。這就能使得澄心反省與觀察外界事物合而為一，免蹈空虛之弊。

劉文敏的同窗劉師泉，則贊同羅洪先的主靜說，以靜體會天地之造化。他認為心乃"有感無動，無感而靜，心也；常感而通，常應而順，意也；常往常來，常化而生，物也；常定而明，常運而照，知也"⑥。其將心、意、物、知的區別與動靜過程闡述得較為合理而周全，得到羅洪先的賞識，說他"素持無虛，即今肯向裏著己，收拾性命"⑦。他在江右王門中的主要貢獻在於批評王畿見在良知之非，提出以性命雙修同時并舉，取代見在良知，須極探索而明理，悟性修命。劉師泉名邦采，安福人，中鄉試後官至嘉興府同知。

江右王門學者在鄒守益講"誠敬"之說後多歸從劉陽。劉陽字一舒，號三五，安福縣人，任福建道御史，歸隱三峰雲霞洞。有《三五先生洞語》。他的功績在於對前期江右王學作一小結，綜合諸家之長，以為"中，知之不倚於睹聞也；敬，知之無怠者也；誠，知之

---

① 《明儒學案》卷二十一《江右王門學案六》，第216頁。
② 《明儒學案》卷十九《江右王門學案四》，第190頁。
③ ［明］陳九川：《明水論學書》，見《明儒學案》卷十九《江右王門學案四》，第193頁。
④ 《明儒學案》卷十九《江右王門學案四》，第179頁。
⑤ 同上。
⑥ 同上，第183頁。
⑦ 同上。

無妄者也；靜，知之無欲者也；寂，知之無思為者也；仁，知之生生與物同體者也，各指所之，而皆指夫知之良也”①。不過，他在理論上并無多少創新之處。其弟子鄧元錫，號潛穀，南城人。著《論儒釋書》等。他發揮了劉陽的“誠”説，認為“誠”不可須臾離物，而應行之於物，貫徹物之始終：“誠者物之終始。内而意心身知，外而家國天下，無非物者，各有其則。”② 此説將誠不僅看作致良知的態度，而是於主觀心身與客觀事物兩方面都存在。

　　到了王時槐那裏，江右王學又為之一變。王時槐字子植，號塘南，安福縣人，官至太僕光禄，陝西參政。初師事劉兩峰，有見於空寂之體的偏頗，提出良知為“本心不慮之真明”，良知之知是“先天之發竅”。本來發竅屬後天，然歸於後天則形氣不能流行其中，所以“知”應是“内不倚於空寂，外不墜於形氣”③，故没有未發與已發之分、寂感與内外之分。有學者認為“未發是澄然無念”，他在《答錢啓新》的信中反駁説：

　　　　澄然無念，是謂一念，非無念也，乃念之至細至微者也，此正所謂生生之真幾……澄潭之水，非不流也，乃流之至平至細者也。若至急灘迅波，則又是流之奔放者矣。……離水而求水性曰“支”，即水以為性曰“混”，以水與性為二物曰“歧”。④

　　寂靜中不可能無念，猶潭水平靜流動，故他認為心無有不發，水無有不流。心之發正是生機，生機有不變之性，這纔是未發，不必捨發而求未發。“生幾者，天地萬物之所從出，不屬有無，不分體用。”⑤ 因為良知是天地萬物所從出，不因主觀意念而興起而消失，則致良知不必分寂感，感時發，寂時也在發中。他的論述較為全面而系統，避免了聶豹“歸寂説”的片面性。他的見解得到鄒元標的擁護。鄒元標字爾瞻，號南皋，吉水人，歷官至右都御史。其也認為離已發則無未發，體用無二。

二、良知與意念

　　關於良知與意念，如何區别？一般認為意念有善念，有惡念，但良知若能知善惡，勢

①　《明儒學案》卷十九《江右王門學案四》，第 185 頁。
②　[明] 鄧元錫：《鄧潛穀雜著》，見《明儒學案》卷二十四《江右王門學案九》，第 242 頁。
③　《明儒學案》卷二十《江右王門學案五》，第 196 頁。
④　[明] 王時槐：《論學書》，見《明儒學案》卷二十《江右王門學案五》，第 198 頁。
⑤　同上。

必與意念混淆不清，且流於功能作用。王陽明有四句教言："無善無惡心之體，有善有惡意之功，知善知惡是良知，為善為惡是格物。"承其説者，多以意念之善者為良知，這也是江右王門為之爭論不已的問題。當時歐陽德力辨良知與意念的區別，認為"意者，心之意念；良知者，心之明覺。意有妄意，念有私意，有意見，所謂善惡者也"。如果在意念上認取良知，"未免善惡混淆，浸淫失真"①。其後劉師泉也主張"常知不落念，是吾立體之功；常過不成念，是吾致用之功"②。立體與致用即是指他提出的性命兼修，以良知心體之修達到消阻意念。黃洛村認為良知"原即周子（敦頤）誠一無偽之本體，然其與學者言，多在發用上要從知是知非處轉個路頭，此方便法門也"③。如果以意念之善者為良知，則"非天然自有之良知。"因為知善知惡，必然陷於意念上認良知，導致以意念之善者為良知。"意既有善有惡，則知不得不逐於善惡，只在念起念滅上工夫，一世合不上本體矣。"④ 他還指出，良知如在意念上用功，必與心裂為二，糾纏在以主觀意識判斷善惡的是非之中，如此則陽明也恐怕免不了於事功上磨煉之譏。總之，江右王門多以意念為良知的對立面，避免將良知與意念聯繫而流於主觀意識，陷入糾纏是非的泥潭。正因如此，黃宗羲認為陳九川乃是"從無善無惡處認取本性"，這樣纔會"不落念慮，直悟本體矣。"⑤

三、"良知" 與 "格物"

鑒於早期江右王門聶豹、羅洪先倡歸寂主靜而流於空寂，使人難著邊際；而空談良知與天命之合一，棄日間萬事於不顧，無補於世。於是江右王門學者提倡將良知與格物結合起來，從心到事，心事結合，使良知有所憑依。如歐陽德改造宋儒格物説，以為通過格物，除去私蔽，纔能發現良知。陳九川也認為主靜必流於空寂，因而主張"身心為一事，格致誠正，修為一工，故作聖乃有實地可據"。良知的工夫"即遷善改過，俱入精微，方見得良知體物而不可遺"⑥。後來王時槐更試圖將陽明致良知與朱熹格物之學調和起來，認為良知貫徹於天地萬物，不可以分內外。如果明白此理，則朱子的格物説就不是追逐外物，而陽明的良知説也不是專在內心處用功。他又説："性無內外，理無內外，即我之知識念慮與天

---

① ［明］歐陽德：《南野論學書》，見《明儒學案》卷十七《江右王門學案二》，第 146 頁。
② 《明儒學案》卷十九《江右王門學案四》，第 182 頁。
③ 同上，第 187 頁。
④ 同上。
⑤ 同上，第 191 頁。
⑥ 《明儒學案》卷十九《江右王門學案四》，第 191 頁。

地、日月、山河、草木、鳥獸皆物也，皆理也。天下無性外之物，無理外之物。"① 心之理也就是物之理，知物也就是知理，就百行萬事中見性體。這樣，内不落空，外不逐物，也不離物，則博而至約。并且，他認為致良知必須通過感官而見性理，這就避免了聶豹"不睹不聞"之弊，糾正了陽明後學致良知以心在内而物在外之弊，强調心無内外，物無内外，做到既不失陽明本旨，也避免了陽明之學與朱子之學各執一端之弊。應該説，這是認識世界更為理智的態度。

王時槐還發揮劉兩峰"心事合一"説，認為在事上悟，就可見心體，致良知。"除却事，更無心。"為了統一心與事、寂與感、體與用的關係，他拈出"意"為心與物體的統率："但舉意之一字，則寂感、體用悉具矣。"② 進而認為意之所在為物，此物非内非外，是本心之影。把事物看作是主觀意識的投影，這似乎又陷入主觀唯心主義認識論泥潭。

此説也有不少回應者，胡直認為理在心中，人心之理即天地萬物之理，致良知"在於通物之本末"，"知本即格物，而致知之功不雜施矣。"③ 胡直號廬山，泰和縣人，官至福建按察使，曾向歐陽德問學。又有羅匡湖，字公廓，安福縣人，曾任禮科給事中。曾與鄒元標一道講學。他認為"語默動靜，周旋屈伸，一切與心相印"④。因而强調物與心相印證。

四、以人倫道德為致良知，從日用人倫中發現良知

當鄒守益、聶豹大談戒懼靜寂致良知時，江右王門中就有人試圖另覓簡捷途徑，直接以人倫道德為致良知，儼然得孔孟心傳。如魏良弼説："己所不欲，吾心之知也；勿施於人，致吾心之良知也。"⑤ 即認為在日常教養中擴充"兒童敬長之心、平日好惡之心"，便是致良知。他又承鄒守益"戒懼"説而提出"養心"説："汝但戒慎不睹，恐懼不聞，養得此心，純是天理，便自然見聖人之學莫大於無我。"⑥ 魏良弼，嘉靖間進士，官至太常少卿。還有宋儀望，主張行明德親民之極則為致良知："循吾本然之良知，而察乎天理人欲之際，使吾明德親民之學，皆從真性流出。真妄錯雜，不至混淆，知此而後可以近道，道即率性之道也。"⑦

① ［明］王時槐：《論學書》，見《明儒學案》卷二十《江右王門學案五》，第200頁。
② 同上，第198頁。
③ ［明］胡直：《翼子衡齊·格物》，見《明儒學案》卷二十二《江右王門學案七》，第219頁。
④ ［明］羅匡湖：《匡湖會語》，見《明儒學案》卷二十三《江右王門學案八》，第234頁。
⑤ ［明］魏良弼：《水洲先生集·示諸生》，見《明儒學案》卷十九《江右王門學案四》，第195頁。
⑥ 同上。
⑦ ［明］宋儀望：《陽明先生從祀或問》，見《明儒學案》卷二十四《江右王門學案九》，第239頁。

其後有章潢，字本清，南昌人，作過白鹿洞書院山長。有《章本清論學語》。他極力主張通過 "實地" 而見本體，通過知覺而見良知。"實地" 即是格物的工夫，他試圖將心與物合為一體："合天下國家、身心意知而統之為一物，合格致誠正、修齊治平統之為一事，而事之先惟在格物。"① 所以他反對聶豹的 "不睹不聞之說"，認為必須通過感知而心動，進而識得天理，猶如聲音通過知覺而使人有所聽有所明。至此，高談空寂，不得不變為面向人生，鄒元標便是這一轉變的最後一位有代表性的江右王門代表人物。

鄒元標與泰州學派遙相呼應，他認為體用無二，"知體即用，用即體，離用無體，離情無性"。② 他力圖在日用人倫中發現良知。本來，前期江右王門學者要人做聖賢工夫，他却以為聖賢與愚夫愚婦本為一體。他還認為："萬古學脈，人人所公共的，漁樵耕牧，均是覺世之人，即童子之一斟酒處，俱是學之所在。若曰我是道而人非道，則喪天地之元氣也。"③ 但一些儒者希望成聖成賢，却是 "議論日繁，去真心日遠"④。他們講靜坐，他却認為要 "放心自樂"，倡真率，反對禮文的遮飾，"赤子之心，真心也"⑤。這與泰州學派中顏山農的 "放心" 說與羅汝芳的 "赤子之心" 說、隨機悟道說幾無多大差別。他力圖從人倫關係中發現聖賢大道，所以他大膽宣稱：

> 五倫是真性命，詞氣是真涵養，交接是真心髓，家庭是真政事。父母就是天地，赤子就是聖賢，奴僕就是朋友，寢堂就是明堂。平旦可見唐虞，村市可觀三代，愚民可行古禮，貧窮可認真心。疲癃皆我同胞，四海皆我族類，魚鳥皆我天機，要荒皆我種姓。⑥

可見他認為無論是人倫還是自然界，一切是仁義流行，祇看你是否能悟能做到。閉門涵養工夫不能得到真良知。黃宗羲指出了其學說之本旨："先生之學，以識心體為入手，以行恕於人倫事物之間，與愚夫愚婦同體為工夫。"⑦ 其學說不僅是對江右王門藩籬的大破壞，也是針對士大夫脫離社會生活的一味苦藥。鄒元標力圖溝通人與人之間的理解，頗有目光向下的平等意識，但是把人倫道德看作是脫離社會存在的意識形態，是不分階層人人具有的共性，却是其局限性。

---

① ［明］章潢：《章本清論學書》，見《明儒學案》卷二十四《江右王門學案九》，第247頁。
② ［明］鄒元標：《會語》，見《明儒學案》卷二十三《江右王門學案八》，第230頁。
③ 同上，第232頁。
④ 同上，第233頁。
⑤ 同上。
⑥ 同上，第229頁。
⑦ 同上。

結　語

　　江右王門在陽明心學派別中陣容最强。其持續時間從明中葉的正德年間至天啓年間百餘年，地域以吉安人為最多，次為臨川，再為贛州。他們思想活躍，敢於立説爭鳴。王龍溪之學大講見在良知，得江右而為之救正，不致與陽明本旨十分决裂。江右王學同時也補充陽明心學的不足，糾正其失，因而發展并豐富了心學的理論。正如泰州學派的耿定向所説："吉水諸公之學，大率不欲享用現成良知，別尋主宰，此亦懲冒認良知、猖狂自恣者之過耳。"[①] 聶豹、羅洪先致力於捍衛良知的純潔崇高，把良知看作自然明覺的本體，需要以漸悟的功夫去認識、去覺悟。他們的途徑是不睹不聞，冥思靜坐，然而發揮到極端，致良知便有架空造作、思竭而無用之弊。起而救其失者有王時槐，調和心學與理學，將良知與格物合為一體，變不睹不聞為必須通過視聽而格物而明心。這就體現了心學與理學調和的趨向，正如王士性所説："江門以靜養為務，姚江以良知為宗，其要使人反求而得諸本心，而後達於人倫事物之際，補偏救弊，其旨歸與宋儒未遠也。"[②] 既要講格物，就不可能離事離人，於是至鄒元標又一變，直接以良知與人倫道德相溝通，反對空談，反對脫離社會，走向人生日用。這或許又受到了泰州學派的影響。泰州學派以日用為良知，率性而行，成為庶民的良知之學。江右王學企圖挽救泰州學派的日趨狂簡未能成功，其後學反而靠攏了泰州學派。不過江右王學在致良知的探求功夫與理論上的精微辨析，則遠非龍溪學派與泰州學派所能及。未久東林黨人出現，一代新學風取而代之，江右王門式微，但也未完全衰歇。直到清初，寧都易堂九子中有彭躬庵，專心靜坐，宗羅洪先之説，算是有些迴響。

作者單位：江西省社科院古籍辦公室

---

① ［明］耿定向：《天台論學語》，見《明儒學案》卷三十五《泰州學案四》，第359頁。
② ［明］王士性：《王士性地理書三種·廣志繹》，上海：上海古籍出版社，1993年，第337頁。

東林黨名形成初探

趙承中

東林黨是指晚明時期以相同或相近的價值取向和政治利益為紐帶，由在朝或在野的部分官紳組成的一個政治群體的專用名詞，在有關論著中一直被廣泛使用，但對於東林黨之名是如何形成的似乎很少有人關注。本文擬就這一問題略呈管見，并對某些與之相關聯的史實予以考辨，以期拋磚引玉。

一

自古"朋黨"之名皆非自稱，而由攻之者所加，著名者如後漢之顧、廚、俊、及，李唐之牛党、李党，兩宋之新黨、舊黨、洛黨、朔黨、蜀黨，莫不如此。晚明之東林黨亦不例外。

東林之黨名，固然取自東林書院，但東林黨名之形成却有一個過程，這個過程大致可以分成兩個階段。

前一階段，為東林黨名之提出，始於萬曆三十九年（1611）之辛亥京察。

東林書院為宋儒楊時學成南歸，寓居常州期間在無錫的講學之所，後廢為僧舍。明萬曆三十二年（1604），賦閑家居的顧憲成偕弟允成、同邑之高攀龍等捐貲重建，并設壇於其中，"當是時，士大夫抱道忤時者，率退處林野，聞風響附，學舍至不能容。……故其講習之餘，往往諷議朝政，裁量人物。朝士慕其風者，多遥相應和。由是東林名大著，而忌者亦多"①。

　　顧憲成與漕運總督李三才相交甚篤，引為知己。萬曆三十七年（1609）正月，李三才考滿，加戶部尚書、都察院左副都御史銜。其時，大學士于慎行、朱賡相繼去世。至九月，已請告數年之都察院署印左副都御史詹沂，亦封印出城候旨。輔臣葉向高、吏部尚書孫丕揚屢請下旨推補大僚，皆不報。李三才撫淮十有餘年，躋身三品封疆，按資望是進入内閣或升任都御史之合適人選。顧憲成亦以此相期許。但在是年十二月，工部屯田司郎中邵輔忠首參李三才"大奸似忠，大詐似直"②；明年正月，浙江道御史徐兆魁復奏劾李三才"奸貪大著諸不法狀"③，對李三才之升遷橫加阻撓。

　　顧憲成從邸報上讀到邵、徐二疏後，"有感於人求淮撫者太甚"④，激於義憤，便在二月間修書二通，一貽文淵閣大學士葉向高，一貽吏部尚書孫丕揚。二書之全文，顧氏文集失載，今僅勾稽得"三才至廉至澹薄，勤學力行，孜孜不倦，為古醇儒"⑤ 等數言，蓋為貽葉向高書中之原話也。巡按宣大、湖廣道御史吳亮皆附傳於邸報中，遍及兩京，隨招"出位言事，遙制朝政"⑥、"致淆國是"⑦ 之譏。顧憲成原祇為一辨曲直，結果誘發出一場由部曹、臺省參與的，更持久更猛烈的"淮撫之爭"，直至李三才獲准病免猶未平息，為他始料所未及。事後，顧憲成亦深感此舉不妥，承認"去歲救李淮撫書，委是出位。……而亦悔且恨重，自懲無復通書於都下"⑧。《顧端文公自反錄》載：

　　　　先生（顧憲成）為李漕撫上書閣、銓二老，王考功（三善）見而駁之，一時異同之論相繼而起，章滿公車。先生聞之，曰："是吾過也。"⑨

頗見其自悔之意。然其"二書"已成，話柄授之於人，從而使東林書院在辛亥京察時被卷入當時漸趨熾烈之"黨議"中。

① ［清］張廷玉等：《明史》卷二三一《顧憲成傳》，北京：中華書局，1974 年，第 20 册，第 6032 頁。
② ［明］邵輔忠疏，《明神宗實錄》卷四六五"萬曆三十七年十二月"，臺灣"中央"研究院歷史語言研究所據北平圖書館藏紅格抄本影印，1962 年，第 8778 頁。
③ ［明］徐兆魁疏，《明神宗實錄》卷四六六"萬曆三十八年正月"，第 8794 頁。
④ ［明］顧憲成：《涇皋藏稿》卷五《書·與吳懷野（炯）光祿》，文淵閣寫本，《景印文淵閣四庫全書》第 231册《集部·別集類》，臺北：臺灣商務印書館影印，1982—1986 年，第 75 頁。
⑤ ［明］王三善疏，《明神宗實錄》卷四七一《萬曆三十八年五月》，第 8892 頁。
⑥ ［明］王三善：《揭·職去年駁顧憲成三書》，［明］周念祖輯《萬曆辛亥京察記事始末》卷二，明刻本，《續修四庫全書》第 435 册《史部·雜史類》，上海：上海古籍出版社影印，1996—2003 年，第 302 頁。
⑦ ［明］朱一桂：《特反大亂將作疏》，《明神宗實錄》卷四八二《萬曆三十九年四月》，第 9081 頁。
⑧ ［明］顧憲成：《涇皋藏稿》卷五《書·與吳懷野（炯）光祿》，第 74 頁。
⑨ ［明］丁元薦錄，［清］張純修重訂：《顧端文公自反錄》，《顧端文公遺書》，清康熙刻本，《續修四庫全書》第 943 册《子部·儒家類》，第 292 頁。

　　京察是明代制度，亦謂"大計"或"内計"，考察對象為五品以下京官，四品以上者，皆具疏自陳，以定去留。京察由吏部尚書、都察院都御史、吏部考功司郎中共同主持。自弘治十七年（1504）起，每六年一次成為定制，逢巳、亥之年於南北兩京分別舉行，京師稱"京察"或"北察"，南京稱"南察"。萬曆一朝已歷三年之乙亥京察、五年之丁丑閏察、九年之辛巳京察、十五年之丁亥京察、二十一年之癸巳京察、二十七年之己亥京察、三十三年之乙巳京察，唯獨此次辛亥京察多以黨名相向。

　　辛亥京察於三月初二日奉旨舉行。京察之初，曾有人向主持計典的吏部尚書孫丕揚提議，分列黨名於訪單，其中就有"東林之黨"。明内閣大學士葉向高云：

　　　　先是，考察當諮訪。給事中王某者，太宰（孫丕揚）鄉人、湯（賓尹）之門生，太宰故寄以心腹。王教太宰訪單當列四款，云："淮上之党""東林之党""顧（天埈）李（騰芳）之党""王元翰之黨"，令人填注。太宰行其説，以告余。余謂從來考察，無列款諮訪之例，且"黨"之一字，非所宜言，此一網打盡之術，誰能甘受此單？果行，察事其大閧矣①。

　　"東林"與"黨"之連稱，就其出現時間而言，當以此為最早。
　　《國榷》亦把東林"黨名"之始繫於這次京察，云：

　　　　（四月）癸巳（二十四日）兵科給事中朱一桂論察典，刺孫丕揚、王圖云："東林一脈，人言頗不滿，或謂其把持有司，或謂其遙執朝政。舊歲顧憲成遺閣部書強辨李三才，致淆國是；今歲吳正志一書，請處七人，止漏徐兆魁。彼自悦劉季陵高風，強預人事。此足定東林與參東林之斷案乎？近公車之牘俱云起廢，獨今日一東林，明日一東林，即知時局，又何怪丁元薦出死力為異日地哉。"時無錫顧憲成及高攀龍等修宋儒楊時東林書院，倡同志、士大夫講學。黨名始矣②。

　　五月初三日，掌京畿道浙江道御史徐兆魁所上《部臣借事發端意專黨護》疏，又稱顧憲成主持之東林書院為東林黨與之淵藪，并力陳其危害。全疏三千餘言，今擇要節錄，云：

　　　　蓋無錫縣有東林書院，宋儒楊時號龜山祠也。（顧）憲成自謫官歸，會林居諸人講

---

　　① ［明］葉向高：《蘧編》卷四，民國二十四年烏絲欄抄本，《北京圖書館藏珍本年譜叢刊》，北京：北京圖書館出版社影印，1999 年，第 53 册，第 596 頁。
　　② ［清］談遷：《國榷》卷八十一"神宗萬曆三十九年"，北京：中華書局，1988 年，第 5 册，第 5033 頁。

學于此。未幾，其徒日衆，遂因而挾制有司，憑陵鄉曲，稍拂其意，即禍患隨之。于是二三千里内，凡官譽未起者，官謗稍騰者，地方不相宜而指摘已疏及者，與夫貪贓壞官歸者，咸思竄身東林，以藉其遊揚，資其容，蓋為日後地。而東林之門遂如市矣。……滸市有小河，貨舟往來如織，東林專其稅為書院費，而榷關者不敢問。每關使至，東林輒以書招之，即不來，亦須送銀二三百兩助修書院乃已。凡東林講學，所至主從每百餘人，該縣必飾廚傳戒，執事伺于境，迎于郊，館穀程席之需，非二百金上下不能辦。會講中必雜以時事，講畢立刊為講章，傳播遠近。講章内各邑之行事有與之相左者，必速改圖，其令乃得安。不然，淮撫與別院訾聲至矣。……至東林之敗壞天下，其禍更顯。蓋自假講學以結黨行私，而道德性命與功名利達共混為一途，而天下之道學壞①。

臣觀今日天下大勢盡趨于東林矣。東林之人，其名可數，三四年來乃頻見之奏章，不稱臣而稱賢。蓋不獨無識無骨輩趨之如鶩，即號為君子亦多畏其黨，懼其螫，每順口稱道，無能發一言規正之。于是，東林之勢益張，而結淮脅秦，并結諸得力權要，互相引重，略無忌憚。今顧憲成等身雖不離山林，而飛書走使，充斥長安，馳鶩各省，欲令朝廷黜陟予奪之權，盡歸其操縱。……臣非不知時局已成，牢不可破；又非不知東林黨與衆，能禍福人。顧區區憂國之衷，亟欲正人心以息邪説，伏乞陛下早下計疏，以結此局②。

按疏中描述，東林既有固定的活動場所和專門的經費來源，又有與“得力權要”遙相呼應的首領和積極參與的各地徒衆，更有批評時政的異見和號召南北的獨特運作方式，儼然成一要素畢具的朋黨矣。

王某之“東林之黨”僅列於訪單，見者寥寥；而朱一桂、徐兆魁之疏發抄於邸報，影響甚大。止於次年二月末，户科給事中姚宗文、南京兵科給事中高節、南京福建道御史王萬祚、巡視廠庫工科右給事中張鳳彩、刑科給事中彭惟成、工科給事中歸子顧、南京湖廣道御史周達、浙江巡按御史鄭繼芳等，皆在論列本次京察的人事時，刺及“東林”。題分主次，言有輕重，火力不可謂不集中。未幾，其勢頭逐漸減緩，但程度却有所增强，而措辭更具衝激性。如萬曆四十一年（1613）十月初五日，禮科給事中亓詩教《直發黨人之禍疏》仍云：

蓋今日之爭，起于户；門户之禍，始于東林；東林之名倡于顧憲成。……皇上僅

① ［明］徐兆魁：《部臣借事發端意專黨護疏》，［明］周念祖輯：《萬曆辛亥京察記事始末》卷三，第317—320頁。
② 同上，第317—321頁。

以隻身，子在官中，白晝無光，太阿可倒。其究將使在朝在野，但知有東林，而不知
有皇上；但知為東林之黨，而不知為皇上之臣子。譁然群小，惟其意之所之，而無所
不快。使顧憲成而在，寧願見之哉。吁，可痛也已①！

　　自"國本"之爭以來，神宗與群臣隔閡日深，朝會久輟；部院及僚屬缺員，遲遲不補；
政事壅塞，章奏留中不發，"一事之請難于拔山，一疏之行曠然經歲"②。在此情勢下，議
論滋煩，是非黑白溷淆，言者無所忌憚，為求勝出，往往以黨或門户相指責。東林之黨和
東林黨與，與淮黨、秦黨、昆黨、宣黨、三才之黨、王元翰之黨、東南西北之黨、（于）玉
立賀烺一黨等一樣，皆發端於此種背景之下。其所謂"黨"，數人可為之，一人亦可為之。
故這一階段之黨名，乃相激而生，純出於恩怨好惡，所涉多為細行私德，真假是非，難以
深究，名實亦并不相符。

二

　　後一階段為"東林黨"名之定型，是在魏忠賢擅政以後。

　　魏忠賢之擅政，并非僅指其勾結客氏，得寵於熹宗，肆虐宮闈，而乃其黨羽布列於津
要，權傾朝野之謂也。以是觀之，則天啓四年（1624）七月內閣首輔葉向高之放歸，實為
其立威於廟堂之一大轉折。

　　魏忠賢雖於天啓元年（1621）矯旨殺司禮監掌印太監王安，三年（1623）十二月，掌
東廠印；他可以逼迫光宗選侍趙氏投繯自盡，可以唆使心腹墮熹宗皇后張氏之胎兒；可以
幽囚裕妃張氏，絕其飲食致死；也可以掩殺受寵之馮貴妃，革成妃李氏之封號，令嬪妃宫
人望而生畏；但當四年（1624）六月初一日，楊漣上二十四大罪疏時③，却仍不能自安，
不得不求解於人。

　　繼而，九卿科道參劾魏忠賢者又"不下百餘疏"④，連後來名麗"逆案"之傅魁、楊夢
袞、李精白、陳維新、劉之待輩亦都有彈章。隨後，內閣首輔葉向高又具揭婉言勸説熹宗
罷免魏忠賢："皇上誠念魏忠賢，當求所以保全之。莫若聽其所請，且歸私第，遠勢避嫌，

---

① ［明］亓詩教：《直發黨人之禍疏》，［明］周念祖輯：《萬曆辛亥京察記事始末》卷七，第 586 頁。
② ［明］葉向高言見《明神宗實錄》卷四五八《萬曆三十七年五月》，第 8643 頁。
③ 關於楊漣之上疏日期，下引明劉若愚言認為在五月晦日，即五月二十九日。但《明史》卷二二、《國榷》卷八
六、《儌庵野抄》卷四等史籍則皆繫於六月初一日，今從之。
④ ［清］谷應泰：《明史紀事本末》卷七一《魏忠賢亂政》，北京：中華書局，1977 年，第 1142 頁。

以安中外之心。中外之心安，則忠賢亦安。"① 禮部尚書翁正春等更是 "請令魏忠賢引退，以全旦夕之命。劉瑾、汪直、馮保諸人，已有明鑒。語曰：'權不可恃，威不可逞'。臣等又願忠賢之亟自裁也"②。面對如此凌厲之攻勢，魏忠賢之處境岌岌可危。

對其窘狀，《明史》有一段描述，云：

> （楊漣）疏上，忠賢懼，求解於韓爌，爌不應。遂趨帝前泣訴，且辭東廠，而客氏從旁為剖析，（王）體乾等翼之，帝懵然不辨也，遂溫諭留忠賢。而於明日下漣疏，嚴旨切責③。

熟悉内情之内侍劉若愚述之更詳，云：

> 其月（五月）晦，即有楊漣二十四款之疏。是時汪文言尚繫詔獄，為（王）體乾者若肯從國家起見，據外廷讜論，屏退凶逆（魏忠賢），有何難者？乃輕狗掌家王朝用之密懇，且心感客氏培植掌印，遂將如許參本，不肯字字全念，而多方曲庇之。忍先帝孤立，忠言見忌，士大夫之禍，從此不可收拾④。

王朝用為魏忠賢名下掌家，又 "係（王）體乾結義契厚同年兄弟，所以逆賢擅權而體乾安，二十四款等疏上而逆賢安"⑤。魏忠賢通過這層關係獲司禮監掌印太監王體乾之 "曲庇"，方能轉危為安。此正說明魏忠賢之勢力主要在禁宫之內，而對外廷之局面尚無足够能力加以控制，祇是端賴掖廷數人之襄助和熹宗之愚昧，雙方庶可保持平衡。

此時，與魏忠賢 "表裏為奸"⑥ 之内閣大學士魏廣微注意到，群臣之氣勢雖盛，但下能為之悉心調護，上能獲熹宗之信用，而使魏忠賢心存顧忌者，唯葉向高一人而已。若欲打破這種平衡，除去葉向高是一關鍵。《國榷》云："初，魏廣微入相，先結魏忠賢為族，密道以邪徑。及（楊）漣疏上，忠賢頗懼，謀於廣微，謂必去葉向高而後可。"⑦

清谷應泰亦認為，對於魏忠賢而言，内閣首輔葉向高為其擅政之最大障礙：

---

① ［清］談遷：《國榷》卷八六《熹宗天啓四年》，第 5287 頁。
② 同上，第 5287 頁。
③ ［清］張廷玉等：《明史》卷三〇五《宦官二·魏忠賢傳》，第 26 冊，第 7818 頁。
④ ［明］劉若愚：《酌中志》卷十五《逆賢羽翼紀略》，北京：北京古籍出版社，1994 年，第 86 頁。
⑤ 同上，卷十《逆賢亂政紀略》，第 53 頁。
⑥ ［清］張廷玉等：《明史》卷二四四《魏大中傳》，第 21 冊，第 6336 頁。
⑦ ［清］談遷《國榷》卷八六《熹宗天啓四年》，第 5286 頁。

（天啓四年）七月，大學士葉向高予告回籍。向高再入相，政移（魏）忠賢。同事者更希意阿旨，向高動即掣肘。楊漣二十四罪疏上，忠賢恨刺骨①。

於是，魏忠賢借緝捕葉向高之同鄉遠親、巡城御史林汝翥之名義，派遣群閹圍其第，"百餘人直入其寓，辱及婦女，謾罵坐索"②，迫使葉向高於七月十三日辭闕引歸。

果然，迨十一月，吏部尚書趙南星、左都御史高攀龍、内閣大學士韓爌等先後被罷免，吏部左侍郎陳于廷、左副都御史楊漣、左僉都御史左光斗等一并遭削籍，遂無能擋其鋒者。一時票擬歸内閣顧秉謙、魏廣微，掌印有司禮監王體乾，秉筆有李永貞，政令悉為魏忠賢所把持矣。

形勢之逆轉，使得一批斤斤於既得利益者和無恥鑽營之徒，競奔魏忠賢之門，以期謀取更好前程。朝中格局為之一變。這一階段諸黨分化冰消，而"東林"獨存，為魏忠賢為首之閹黨所不容，成為衆矢之的，頻遭圍攻。茲略舉數端。

如：天啓五年（1625）三月初七日工部主事曹欽程論周宗建、李應昇等疏，云：

（周）宗建原任仁和，贓私狼藉，恐後人發覺，緣是力調其至親同社，素附東林之党吳焕者，以繼其後，為之百計遮護。……李應昇專為東林護法，疏中屢作含沙隱語，以排擠正人，如王永光等俱所不免。惟函援其東林大教主高攀龍，驟躐要津，冀得藉以為所欲為。于是召號其黨黄尊素等，俱為論言不論資俸之説，顯背明旨③。

又如：同年十月十日，御史王珙《沿兵理餉事》一本，奉聖旨：

傅宗皋結黨東林，肆毒南國；張醇儒串同書役，分利自肥，都著革了職為民，追奪誥命④。

再如：天啓六年（1626）二月二十五日⑤蘇杭織造太監李實上論周起元等疏，云：

① ［清］谷應泰：《明史紀事本末》卷六六《東林黨議》，第 1042 頁。
② 同上，卷七一《魏忠賢亂政》，第 1143 頁。
③ ［明］蔡士順輯：《儌庵野抄》卷五《乙丑年》，明崇禎刻本，《四庫禁燬書叢刊》史部第 69 册，北京：北京出版社影印，1997—1999 年，第 472—473 頁。
④ ［明］徐肇臺：《甲乙記政録》，明崇禎刻本《北京圖書館古籍珍本叢刊》第 9 册《史部·雜史類》，北京：書目文獻出版社，2000 年，第 313 頁。
⑤ ［明］蔡士順輯：《儌庵野抄》卷六《丙寅年》，第 488 頁。此為李實所上之論周起元等疏，疏末原注日期"三月十八日"。此疏上而諸人之獄方具，遂有三月十七日高攀龍之拜書自沉，三月十八日逮周順昌之開讀之變。兩者不可能同時發生。《明熹宗實録》卷六八、《明通鑑》卷八十皆將李實之上奏日期繫於二月戊戌，即二十五日。今據改。

　　且（周）起元撫吳三載，善政杳聞。惟以道學相尚，引類呼盟，各立門户。而邪黨附和奉迎者，則有周宗建、繆昌期、周順昌、高攀龍、李應升、黃尊素，俱係吳地縉紳，盡是東林邪黨。與起元臭味親密，每以私事謁見，起元言必承順①。

　　再如：《明熹宗實錄》卷八十六《天啓七年七月》云：

　　　　應天考官原題司經局洗馬賀逢聖，有旨：著陳具慶、張士範去，仍各升翰林院侍讀，賀逢聖係東林黨人，著削了籍為民，追奪誥命②。

　　則傅宗皋、賀逢聖削奪矣，周宗建、李應升、周起元、繆昌期、周順昌、高攀龍、黃尊素俱有旨逮繫矣。一經被貼上"東林黨"之標籤，便難倖免，"東林黨"甚至被視為是罷黜懲治官員的一項重要依據。

　　此皆發生於魏忠賢擅政以後者。惟以下兩疏，稱上於其前。

　　一為清談遷《國榷》云：

　　　　（天啓四年春正月）左副都御史喬應甲應召，道奏：東林黨魁李三才藉黃正賓、汪文言交通趙南星、高攀龍等，力為引援。上是之③。

　　《明熹宗皇帝實錄》（梁本）卷三十八④同此。

　　然而，亦有認為喬應甲左副都御史之任命是在是年之末，而非是年正月者。如清夏燮云：

　　　　會陳于廷罷，以徐兆魁代為吏部侍郎；楊漣罷，以喬應甲代為副都御史；左光斗罷，以王紹徽代為僉都御史⑤。

　　楊漣罷於何時？夏燮有記，云：

---

①　［明］蔡士順輯：《儵庵野抄》卷六《丙寅年》，第487—488頁。
②　《明熹宗實錄》卷八六《天啓七年七月》，臺灣：臺灣"中央"研究院歷史語言研究所據國立北平圖書館藏紅格抄本影印，1962年，第4133—4134頁。
③　［清］談遷：《國榷》卷八六《熹宗天啓四年》，第5256頁。
④　《明熹宗皇帝實錄》（梁本）卷三八《天啓四年正月》，第2240頁。
⑤　［清］夏燮：《明通鑒》卷七九《熹宗天啓四年》，北京：中華書局，1980年，第7冊，第3060頁。

（天啓四年）十一月，辛亥，削吏部侍郎陳于廷、副都御史楊漣、僉都御史左光斗籍①。

辛亥為初一日，則喬應甲之任命為左副都御史是在天啓四年十一月初一日以後。
明吳應箕撰《啓禎兩朝剝復錄》卷一所記更遲，云：

（天啓四年十二月），以喬應甲為副都御史，王紹徽為僉都御史。……時陪應甲者為薛鳳翔，陪徽者為朱欽相②。

證之明徐肇臺《甲乙記政錄》，天啓四年十月二十四日始下楊漣削籍之旨，云：

吏部一本《欽奉聖諭事會推吏部尚書喬允升、馮從吾、汪應蛟》，奉聖旨：吏部、都察院濁亂已久，大非祖宗設立初意…… 陳于廷前奏從來會推吏科河南道概與畫題，袁化中不無扶同情弊。陳于廷、楊漣、左光斗俱恣肆欺瞞大不敬，無人臣禮，都著革了職為民，仍追奪楊漣、左光斗誥命③。

又，吏部之會推在同年十一月二十八日，云：

吏部等衙門會推：戶部缺尚書，推李起元、陳所學；都察院缺副都御史，推喬應甲、薛鳳翔；缺僉都御史，推王紹徽、朱欽相④。

與夏燮、吳應箕之言均相吻合。梁本實錄與《國榷》所記不確。
二為崇禎二年（1629）正月工部主事陸澄源之奏辨，其自稱云：

至於臣疏有"東林黨熻，國事人心，皆為邪蝕，故先帝嚴加澄汰"數語，蓋直遡逆璫未用事之前，為原始之論。今諸生建言，指此數語為臣罪案。臣安敢無説而

① ［清］夏燮：《明通鑒》卷七九《熹宗天啓四年》，北京：中華書局，1980年，第7冊，第3056頁。
② ［明］吳應箕：《啓禎兩朝剝復錄》卷一，清初吳氏樓山堂刻本，《北京圖書館古籍珍本叢刊》第13冊《史部·雜史類》，第605頁。
③ 天啓四年十月二十四日吏部一本，明徐肇臺《甲乙記政錄》，明崇禎刻本，第262頁。
④ 天啓四年十一月二十八日吏部會推，明徐肇臺《甲乙記政錄》，第266頁。

處此①。

陸澄源為天啓五年（1625）二甲進士，入仕之時魏忠賢已經擅政。其原疏明蔡士順所輯之《傃庵野抄》和清谷應泰《明史紀事本末》均曾節録。前者於疏末標是年之十月二十二日②，後者列為天啓七年（1627）冬十月③間事。時當莊烈帝踐位二閲月，魏忠賢雖在，但閹黨内訌已起，分崩離析之勢漸成，故辨疏所言時間之大謬，明矣。

"東林黨"名定型之更重要的標誌則是《東林黨人榜》之出臺。不過，此時的東林黨，不僅涵蓋了徐兆魁之流所認定的東林講學、辛亥京察等項，而且還前溯至癸巳京察、妖書案，及繼發之梃擊、紅丸、移宮三案的涉事者，其概念已有較大延展。

《東林黨人榜》是因江西道御史盧承欽之疏請而編集刊印的。其公布時間，清陳鼎《東林列傳》卷前《逆璫魏忠賢東林黨人榜》題下雙行小注有載，云：

> 天啓五年（1625）十二月乙亥朔，頒示天下④。

原題明劉若愚輯《酌中志餘·東林黨人榜》⑤、清錢人麟編次之《東林別乘·東林黨人榜》⑥同此。

《明史》則云：

> （天啓五年）十二月乙酉，榜東林黨人姓名，頒示天下⑦。

十二月乙亥日為初一日，乙酉日為十一日，兩書年月相同，而日期相異⑧。

在《東林黨人榜》出臺前後，崔呈秀所造之《天鑒録》、王紹徽所造之《東林點將録》及《東林同志録》進獻於魏忠賢，不知撰者名氏之《初終録》《石碣録》《東林朋黨録》《東林籍貫》《盜柄東林夥》和魏應嘉所造之《夥壞封疆録》等亦紛紛流傳，一場圍殲東林

---

① 《明實録》附録《崇禎長編》卷十七，舊抄本，臺北：臺灣"中央"研究院歷史語言研究所影印，1962年，第970—971頁。

② ［明］蔡士順輯：《傃庵野抄》卷八"丁卯年"，第508頁。

③ ［清］谷應泰：《明史紀事本末》卷七一《魏忠賢亂政》，第1162頁。

④ ［清］陳鼎輯：《東林列傳》卷前，清康熙辛卯鐵肩書屋刻本，北京：中國書店影印，1991年，第1頁。

⑤ 原題明劉若愚輯《酌中志餘·東林黨人榜》，清鈔明季野史彙編本，《四庫禁燬書叢刊》史部第71冊，第246頁。

⑥ ［清］錢人麟編次：《東林別乘·東林黨人榜》，廣州：廣東中山圖書館據澄海高氏玉笥山房所藏稿本繕寫油印，1957年，蘇州大學圖書館藏。

⑦ ［清］張廷玉等：《明史》卷二二《熹宗本紀》，第2冊，第297頁。

⑧ 關於《東林黨人榜》出臺的時間，另撰《〈東林黨人榜〉頒示日期獻疑》專文辨之，具見《書品》2015年第4期。

黨人之攻勢驟然展開，汪文言案、吳懷賢案、封疆案、黃山案、河西贓私案、戮番案等冤獄就此釀成，東林六君子、東林七君子、汪文言、吳懷賢、熊廷弼、吳養春、劉鐸輩難逃浩劫，隨之殞命。

　　由於《東林黨人榜》是以明熹宗之名義公之於衆的，因此，"東林黨"這個原本純出於攻之者羅織之名目，被披上了一件合法的外衣，而釀成一時之罪案。魏忠賢及其黨羽遂假之以剷除異己，荼毒縉紳，其慘烈之狀，度越前代。

　　至清乾隆四年（1739）方進呈付梓之《明史》，在敍寫史事時已直接使用這一稱謂。如《孫丕揚傳》云：

　　　　先是，南北言官群攻李三才、王元翰，連及里居顧憲成，謂之東林黨。而祭酒湯賓尹、諭德顧天埈各收召朋徒，干預時政，謂之宣黨、昆黨，以賓尹宣城人、天埈昆山人也。御史徐兆魁、喬應甲、劉國縉、鄭繼芳、劉光復、房壯麗、給事中王紹徽、朱一桂、姚宗文、徐紹吉、周永春輩，則力排東林，與賓尹、天埈聲勢相倚，大臣多畏避之①。

又如《何士晉傳》云：

　　　　未幾，有張差梃擊之事。王之寀鉤得差供，帝遷延不決，士晉三上疏趣之。……疏入，帝大怒，欲罪之。念事已有迹，恐益致人言。而吏部先以士晉爲東林黨，擬出爲浙江僉事，候命三年未下②。

前者爲萬曆三十九年辛亥京察中事，後者爲萬曆四十三年（1615）"梃擊"案發之初事。其時，視東林爲黨者已大有人在，但"東林黨"之稱謂尚未見諸疏端也。

三

　　當然，辨明東林非黨者，亦不乏其人。早在徐兆魁出疏後，光禄寺寺丞吳炯就有《據實辨誣》一揭，針對徐兆魁有關"東林書院"的言論逐條駁正，指出謂顧憲成與其主持的

---

①　[清] 張廷玉等：《明史》卷二二四《孫丕揚傳》，第 19 册，第 5903 頁。
②　[清] 張廷玉等：《明史》卷二三五《何士晉傳》，第 20 册，第 6128—6129 頁。

"東林講會" 為 "結黨" 之説均無事實根據。工部虞衡司主事沈正宗、翰林院提督四夷館太常寺少卿洪文衡、河南道御史湯兆京、戶部福建司主事賀烺、戶部廣東司主事李朴、禮部主客司主事丁元薦、湖廣巡撫史記事、山東道御史李邦華等多人繼之。

萬曆四十二年（1614）正月十三日，劉宗周上《揭妄言被糾》疏，云：

> 第不知今日之黨豐，將中于門户內乎，抑中于門户外乎？自荊養喬、熊廷弼二御史之行勘也，救廷弼者，誰不冤東林以主使，至欲立奸黨之碑，榜之朝堂。未知所坐，輒直發黨人之禍。……御史詰臣為東林，黨李三才，黨王圖乎？則臣不坐。臣固謂今天下宜昆宣自宜昆，廷弼自廷弼，救者自救，攻者自攻，東林自東林，王、李自王、李，兩不為黨，而兩相入。孰為門户以內、門户以外，則天下太平。此臣所以分東林之罪也①。

迨崇禎元年（1628）正月初五日，即魏忠賢伏誅後，翰林院編修倪元璐猶上《世界已清，而方隅未化；邪氛已息，而正氣未伸》一疏，力圖為 "東林黨" 洗冤，云：

> 臣以典試復命入都，從邸抄見諸奏章，凡攻崔（呈秀）、魏（忠賢）者必引東林為垃案，一則曰邪黨，再則曰邪黨。何説乎？以東林諸臣為邪人、黨人，將復以何名加諸崔、魏之輩？崔、魏而既邪黨矣，向之首劾忠賢，重論呈秀者，又邪黨乎哉！以臣虛中之言，合之事後之論，夫東林則亦天下之材藪也。其所宗主者，大都稟清挺之標，而或繩人過刻；樹高明之幟，而或持論太深。此謂之非中行則可，謂之非狂狷不可也。其所引援為用者，亦每多氣魄之儔，才幹之傑。其間即不無非類，要可指數而盡耳。而其中則又有泊然無管修乎自遠，謝華膴其若脱，付黜陟于不聞，而徒以聲氣心期，遙相推獎。此其人尤所謂澹漠寧靜，純乎君子者也。今而曰邪黨，則無不邪黨者矣②。

崇禎二年（1629）正月，大學士李國楷疏亦云：

> 陸澄源者，直糾（魏）忠賢而首詆東林為邪黨。何為也？夫以邪黨而屬之東林，得無以楊（漣）、左（光斗）等之慘死為未盡其辜也？可駭也！而并未聞有言及輔臣

---

① ［明］劉宗周：《揭妄言被糾疏》，［明］周念祖輯：《萬曆辛亥京察記事始末》卷七，第622頁。
② ［明］倪元璐：《世界已清，而方隅未化；邪氛已息，而正氣未伸》疏，［明］倪元璐《奏牘》卷一，明末刻本，《四庫禁燬書叢刊》史部第69冊，第656頁。

冒爵、詭逆諸事，臣是以不勝其憤，而有免相削奸簡賢之一疏也。然未敢恃以為是也。迨詞臣倪元璐、陳盟，科臣闇可陛、鍾炘、汪始亨、顏繼祖，臺臣羅元賓、寧光先、黃宗昌、吳玉各疏糾論，臣始信正氣之尚存，而益徵前言之非誣也①。

入清後，東林後人黃宗羲也不承認東林是"黨"，云：

　　東林講學者，不過數人耳，其為書院，亦不過一郡之內。昔緒山、二溪，鼓動流俗，江、浙、南畿，所在設教，可謂之標榜矣。東林無是也。京師首善之會，主之為南皋（鄒元標）、少墟（馮從吾），于東林無與。乃言國本者謂之東林，爭科場者謂之東林，攻逆奄者謂之東林，以至言奪情奸相討賊，凡一言之正，一人之不隨流俗者，無不謂之東林。若似乎東林標榜，遍於域中，延於數世，東林何不幸而有是也？東林何幸而有是也？然則東林豈真有名目哉？亦小人者加之名目而已矣②。

毛奇齡更是直言"東林非黨也"：

　　東林非黨也。有抗東林者，而黨始名，然而不敢顯居于抗之者也。于是甘于抗東林者，必文曰中立。夫使抗之者不敢顯居于抗之，而乃曰中立，則東林尊矣③。

　　雖然自明代萬曆年間至清代前期，否認東林為黨者絡繹不絕，與東林黨名形成之整個過程相始終，但於《明史》修成以後，這些聲音卻逐漸歸於沉寂。因為《明史》憑着其"欽定"之正統性和正史之權威性，終使"東林"是"黨"之說以壓倒之優勢居於主流地位，而演變成世之公論，且賦予其特定之內涵，固化為一種歷史的存在。後之研究者，無論褒貶，從此皆以"東林"為一"黨"矣。

作者單位：無錫歷史文獻館

---

① 《明實錄》附錄《崇禎長編》卷十七，第947—948頁。
② ［清］黃宗羲：《明儒學案》卷五八《東林學案一》，下冊，北京：中華書局，1986年，第1375頁。
③ ［清］毛奇齡：《回友箋》，［清］毛奇齡《西河合集·箋》，清康熙二十五年蕭山書留草堂刻本，《清代詩文集彙編》，上海：上海古籍出版社影印，2010年，第87冊，第188頁。

黄百家編纂《宋元學案》舉隅*

焦印亭

《宋元學案》是著名的宋元儒學思想史巨著，其成書經歷了複雜的過程，從黄宗羲草創此書至最後編定刊刻出版，經數十人之手，其中黄宗羲、黄百家、全祖望、黄璋、黄征乂、王梓材、馮雲濠尤爲突出。而今傳通行之百卷本《宋元學案》署名"黄宗羲原著，全祖望補修"，是不够全面和準確的。黄宗羲大約自康熙二十五年（1686）開始編纂《宋元學案》，時已77歲高齡，未完而卒，遺命其子黄百家成之。黄百家自1699年直至生命的盡頭主要專事於此，因此黄百家是《宋元學案》成書第一階段編纂者中的代表，他的參與提高和完善了《宋元學案》的學術價值，使《宋元學案》成爲一部大型斷代學術史專著，此著對於瞭解宋元思想學術的來龍去脈及各家各派的宗旨特色具有重要的史料價值。

據《黄百家年譜簡編》：黄百家（1643－1709），孺名竹，又稱祝，原名百學，字主一，號不失，又號末史，別號黄竹農家，浙江餘姚縣通德鄉黄竹浦（今餘姚市明偉鄉浦口村）人，國子監生，著名學者黄宗羲的季子，清代浙東學派的重要成員。[①] 他自幼承襲家學，精研天文、曆法、數學等專門學問。清康熙二十六年到康熙三十年之間，曾兩次進京參加《明史》的編纂，以其專長修纂了《明史》的《天文志》和《曆志》。在京期間，他曾與南懷仁、徐日升、安多、畢嘉等耶穌會士交往，在學習和吸收西方天文曆法等自然科學知識的同時，也接觸到了"魂三品説"等天主教教義。曾從清代著名數學家梅文鼎學習推步法，撰有《勾股矩測解原》二卷，又曾師從鄞縣内家拳師王瑞伯學習拳法，著有《内家拳法》五卷。另著有《體獨私鈔》四卷、《王劉異同》五卷、《北遊紀方》《失餘稿》

＊　本文是國家社科基金西部專案《〈宋元學案〉文獻研究及其與學案體的建構和疏離》（編號21XZX008）階段性成果。
① 　楊小明：《黄百家年譜簡編》，《中共寧波市委黨校學報》2007年第3期。

《希希集》《學箕初稿》二卷、《學箕三稿》二卷、《學箕五稿》三卷。其傳記見於《清史稿》卷四百八十與《清儒學案》卷二《南雷學案》。①

黄百家幼侍父側，少年時代隨父在顛沛流離中度過，成年後亦常伴隨在父親身邊讀書、交遊。二十一歲時，黄宗羲渡錢塘江至澝溪設館講學，黄百家追隨周侍。二十五歲時，萬斯大、萬斯同、仇兆鼇等 26 人至餘姚向黄宗羲問學，隨後黄宗羲開始了在紹興、鄞縣的講學活動，率子黄正誼、黄百家往來於鄞。黄百家聽父講學，并遵父命與其弟子十餘人一同討論研習，學問漸進。二十六歲時，黄百家讀書於紹興兩水亭其父同門好友姜希轍家，多次聆聽姜希轍與其父論學。三十三歲隨父至慈溪車厩謁南宋楊簡墓。三十四歲，黄宗羲應海昌邑許三禮之邀講學海昌，黄百家隨侍父側，并受經於海昌張次仲。四十一歲隨父至杭州，遊西湖冒雨看桂花。四十六歲時，黄宗羲《南雷文定》定稿，其中五集三卷由百家編輯。五十三歲時，父黄宗羲辭世。五十七歲時有感於老花鏡之神奇功效，作《眼鏡賦》，并立志三條：

　　一、遺獻學案，止完明儒。宋元有稿，尚未削觚。整補殘缺，實屬先志，今可賴汝，絕筋從事。

　　二、有明文海，遺四百卷。一代成書，無庸編纂；宋元文集，呂蘇未睹。備貯我家，可云極富。甲乙過半，亦未成選，今遵遺命，有力可勉。

　　三、中西曆象，立法不同。惟我遺獻，都能貫融。小子有志，擬將三曆，勒成一編，和盤托出。三書告竣，死目可瞑。更假餘年，非我冀審。②

可見，黄百家是將補修《宋元學案》作為其餘生的首要事務而"絕筋從事"之。

黄百家之學深受其父的影響。作為黄宗羲學術思想的忠實繼承人，他在續修《宋元學案》中貫徹其父定下的編纂原則與思想史觀，今傳通行之百卷本《宋元學案》保留了 212條黄百家案語，或為獨立案語，或為附錄文章後案語，或為人物小傳案語。具體情況列表如下：

---

① 連凡：《清儒黄百家對宋明理學的批判與繼承》，《華僑大學學報》2017 年第 4 期。
② 黄百家：《黄竹農家耳逆草》，清康熙刻本，國家圖書館藏。

《宋元學案》案語情況表

序號	學案	獨立案語	附錄文章	人物小傳	小計
1	安定學案	11			11
2	泰山學案	5			5
3	高平學案	1			1
4	百源學案	15			15
5	濂溪學案	24			24
6	明道學案	16	1		17
7	伊川學案	23			23
8	橫渠學案	48	1		49
9	滎陽學案	1			1
10	上蔡學案	2			2
11	和靖學案	2			2
12	呂範諸儒學案	6			6
13	周許諸儒學案	1			1
14	武夷學案	2			2
15	豫章學案	3			3
16	五峰學案	3			3
17	晦翁學案	9			9
18	艮齋學案	1			1
19	水心學案	2			2
20	龍川學案	1		1	2
21	梭山復齋學案	2			2
22	象山學案	1			1
23	勉齋學案	1			1
24	潛庵學案	1		1	2
25	滄州諸儒學案	1		2	3
26	麗澤諸儒學案			1	1
27	挈齋學案	1			1

續表

28	鶴山學案	1			1
29	西山真氏學案	1			1
30	北山四先生學案	6			6
31	雙峰學案	1			1
32	深寧學案	1			1
33	東發學案	1			1
34	靜清學案	2			2
35	介軒學案	1		1	2
36	魯齋學案	1			1
37	靜修學案	1			1
38	草廬學案	5			5
總計		212			

以上案語分布在 38 個學案中，其中"北宋五子"（即邵雍、周敦頤、程顥、程頤、張載）的案語在所有案語中占比 60%，表明了黃百家對"北宋五子"極為關注，原因在於這五人學術思想的獨創性與重要性以及他們在道學生成演變過程中的學術貢獻與地位。

通過對 212 條黃百家案語的梳理，可以管窺其在編纂《宋元學案》時的學術理念和所做的主要貢獻。具體而言，主要體現在以下六個方面。

一、突破了程朱理學的道統框架，建構了完備的宋元理學思想史體系

在《泰山學案》中，黃百家表達了對"《宋史》別立《道學》一門"的不滿：

> 《十七史》以來，止有《儒林》。至《宋史》別立《道學》一門，在《儒林》之前，以處周、程、張、邵、朱、張及程、朱門人數人，以示隆也。于是世之談學者，動云周、程、張、朱，而諸儒在所渺忽矣。先遺獻曰：以鄒、魯之盛，司馬遷但言《孔子世家》《孔子弟子列傳》《孟子列傳》而已，未嘗加"道學"之名也。《儒林》亦為傳經而設，以處夫不及為弟子者，猶之傳孔子之弟子也。歷代因之，亦是此意。周、程諸子，道德雖盛，以視孔子，則猶然在弟子之列，入之《儒林》，正為允當。今

無故而出之為《道學》，在周、程未必加重，而于大一統之義乖矣！……"道學"者，以道為學，未成乎名也，猶之曰"志于道"。志道可以為名乎？欲重而反輕，稱名而背義，此元人之陋也。且此傳以周、程、張、朱而設，以門人附之。程氏門人，朱子最取呂與叔，以為高于諸公。朱氏門人，以蔡西山為第一，皆不與焉。其錯亂乖繆，無識如此。逮後《性理》諸書，俱宗《宋史》。言宋儒者必冠濂溪，不復思夫有安定、泰山之在前也。①

在此黃百家批評諸多性理之書俱宗《宋史》設立道學，主張廢除道學而歸於儒林。在《泰山學案》孫復小傳下，黃百家引黃震之說與石介《徂徠石先生全集》卷十九《泰山書院記》，對"宋初三先生"的思想史地位予以肯定，表彰了作為道學先驅的"宋初三先生"超越漢唐章句訓詁之學而開啓宋代學術思潮的學術貢獻，并贊揚了他們的經學成就、人格氣象、教育功績以及明體達用之實學。在黃百家看來，胡瑗與孫復之學先於二程和朱熹之學，宋代理學起源於胡瑗、孫復等人，精於二程和朱熹，所以從理學的起源上來看，胡瑗、孫復之學實為理學之開端。黃百家還繼承其父的觀點高度評價了"宋初三先生"的歷史功績與學術地位：

> 先文潔公曰："宋興八十年，安定胡先生、泰山孫先生、徂徠石先生始以師道明正學，繼而濂、洛興矣。故本朝理學雖至伊洛而精，實自三先生而始，故晦菴有'伊川不敢忘三先生'之語。"②

故在黃氏原本中，為"宋初三先生"各立一學案并置於《宋元學案》之首。

南宋中後期朱學與陸學之間的學術論爭是貫穿宋明理學史的一條主綫。針對朱、陸之爭，黃百家在《橫渠學案》"不尊德性，則問學從而不道"下的案語中指出："學不求諸心，則無所歸宿。道問學者，所以尊德性也。然不能尊德性，問學如何去道？"③認為學問的關鍵是反求之於本心，"尊德性"是"道問學"的前提和目的，"道問學"是"尊德性"的手段，其立場明顯偏向於陸九淵的心學。另一方面，黃百家受自南宋後期直至明末和會朱陸思想異同的影響，對自己的認識又有所發展與修補，具體體現在《象山學案》的案語中：

---

① 焦印亭整理：《〈宋元學案〉原本復原》，北京：中國社會科學出版社，2021年，第60頁。（以下祇出注書名、頁碼）

② 《〈宋元學案〉原本復原》，第35頁。

③ 同上，第249頁。

　　子輿氏後千有餘載，纘斯道之墜緒者，忽破暗而有周、程。周、程之後，曾未幾，旋有朱、陸。誠異數也！然而陸主乎尊德性，謂："先立乎其大，則反身自得，百川會歸矣。"朱主乎道問學，謂"物理既窮，則吾知自致，濬霧消融矣"。二先生之立教不同，然如詔入室者，雖東西異戶，及至室中，則一也。何兩家弟子，不深體究，出奴入主，論辯紛紛，而至今借媒此徑者，動以朱、陸之辨同辨異，高自位置，為岑樓之寸木？觀《答諸葛誠之書》云："示諭競辯之論，三復悵然。愚深欲勸同志者，兼取兩家之長，不輕相詆毀，就有未合，亦且置勿論，而力勉于吾之所急。"又《復包顯道書》："南渡以來，八字著脚理會實工夫者，惟某與陸子靜二人而已。某實敬其為人，老兄未可以輕議之也。"世儒之紛紛競辯朱、陸者，曷勿即觀朱子之言。①

　　此段案語從道統論出發，强調朱陸兩人的殊途同歸，也意味着黃百家對程敏政朱陸"早異晚同"說的認同，并藉以批評後儒的門戶之見。其方式、做法與王陽明如出一轍。由此可見，黃百家在傾向於陸王心學的同時又力圖調和朱陸在修養功夫論上的異同。

　　對朱熹所反對的浙東事功學派，黃百家在案語中曰：

　　　　汝陰袁道潔溉，問學于二程，又傳《易》于薛翁。已得薛季宣，器之，遂以其學授焉。季宣既得道潔之傳，加以考訂千載，凡夫禮、樂、兵、農，莫不該通委曲，真可施之實用。又得陳傅良繼之，其徒益盛，此亦一時燦然學問之區也。然為考亭之徒所不喜，目之為功利之學。②

　　案語梳理了永嘉學派的學術源流與發展脈絡，肯定了永嘉學派代表人物薛季宣學問的廣博以及實用意義，并對朱熹目之為"功利之學"不以為然。《龍川學案》中的代表人物陳亮也遭到了朱學的非難。黃百家案語云：

　　　　永嘉之學，薛、鄭俱出自程子。是時陳同甫亮又崛興于永康，無所承接。然其為學，俱以讀書經濟為事，嗤黜空疏、隨人牙後談性命者，以為灰埃。亦遂為世所忌，以為此近于功利，俱目之為浙學。③

　　案語簡要敘述了陳亮的學術在淵源上"無所承接"，"其為學是俱以讀書經濟為事"，

---

① 《〈宋元學案〉原本復原》，第 584 頁。
② 同上。
③ 同上，第 549 頁。

概括了陳亮功利主義思想的主旨。針對朱學的非難而視其為"浙學"，黃百家表達了深深的不平。

黃百家打破了《伊洛淵源録》與《宋史·道學傳》的程朱理學框架，一反將"北宋五子"、朱熹、朱熹門人作為唯一道統傳承的做法，將"宋初三先生"視為宋學的開山祖師與道學的先驅，把與朱熹對立的陸學、浙東事功學派等其他學派也納入到宋元儒學思想史的體系中，并給予了這些學派相應的思想史地位，從而使宋元儒學思想史的框架大體齊備。

二、對宋元理學發展中重要人物、重要階段與節點的揭示與關注

如對道學奠基人"北宋五子"中的周敦頤，黃百家在其案語中指出：

> 孔、孟而後，漢儒止有傳經之學，性道微言之絶久矣。元公崛起，二程嗣之，又復橫渠諸大儒輩出，聖學大昌。故安定、徂徠卓乎有儒者之矩範，然僅可謂有開之必先。若論闡發心性義理之精微，端數元公之破暗也。①

在此黃百家闡明了周敦頤通過"闡發心性義理之精微"而開創性理之學（道學）的學術貢獻及其思想史地位。黃百家將其視為道學的開山祖師，認為自周敦頤出，"心性義理"之學得以正式確立和闡發，之後，程顥和程頤繼承了周敦頤之學，張載之學也對"心性義理"之微言大義有所延續和發揮，繼而，"聖學"大昌。因此，黃百家是以胡瑗和孫復之學為理學的開端，以濂、洛、關學的出現為宋代理學正式確立的標誌。

對永嘉學案之一與永嘉學案之二，黃百家的案語簡略而清晰地描述了他們的發展與傳承脈絡：

> 伊洛之學，東南之士，龜山、定夫之外，惟許景衡、周行己親見伊川，得其傳以歸。景衡之後不振。行己以躬行之學，得鄭伯熊為之弟子。其後葉適繼興，經術文章，質有其文，其徒甚盛。②
>
> 汝陰袁道潔，溉問學于二程，又傳《易》于薛翁。已得薛季宣，器之，遂以其學授焉。季宣既得道潔之傳，加以考訂千載，凡夫、禮、樂、兵、農莫不該通委曲，真

---

① 《〈宋元學案〉原本復原》，第128頁。
② 同上，第347頁。

可施之實用。又得陳傳良繼之，其徒益盛，此亦一時燦然學問之區也。然為考亭之徒所不喜，目之為功利之學。①

永嘉學案之一，程頤發端，傳至周行己、許景衡，經鄭伯熊，至葉適而發揚光大。
永嘉學案之二，袁溉傳承二程之學，袁溉傳薛季宣，薛季宣傳陳傳良。
黃百家肯定了永嘉學派代表薛季宣學問之廣博與實用，同時也反駁了朱學對所謂"功利之學"的蔑視：

> 慶元自宋季皆傳陸子之學，而朱學不行於慶元，得史靜清而為之一變。蓋慈湖之下，大抵盡入於禪，士以不讀書為學，源遠流分，其所以傳陸子者，乃其所以失陸子也。余觀畏齋《讀書日程》，本末不遺，工夫有序，由是而之焉，即謂陸子之功臣可也。②

黃百家總結了宋季理學的傳承情況：慶元後皆宗陸學，四明史氏亦皆陸學，至史蒙卿始改而宗朱，楊簡以下雜入禪學，"士以不讀書為學"。至程端禮糾正了楊簡以下陸學的偏頗，強調"為學之道，莫先於窮理，窮理之要，必在於讀書"。③ 最後黃百家表彰程端禮"本末不遺，工夫有序"，是"陸子之功臣"。
對元代理學的發展與重要人物，黃百家的案語梳理和評價得尤為詳盡明確：

> 自石晉燕、雲十六州之割，北方之為異域也久矣，雖有宋諸儒迭出，聲教不通。自趙江漢以南冠之囚，吾道入北，而姚樞、竇默、許衡、劉因之徒，得聞程、朱之學以廣其傳，由是北方之學鬱起，如吳澄之經學，姚燧之文學，指不勝屈，皆彬彬鬱鬱矣。④

> 有元之學者，魯齋、靜修、草廬三人耳。草廬後，至魯齋、靜修，蓋元之所藉以立國者也。二子之中，魯齋之功甚大，數十年彬彬號稱名卿材大夫者，皆其門人，於是國人始知有聖賢之學。靜修享年不永，所及不遠，然是時虞邵庵之論曰："文正沒，後之隨聲附影者，謂修辭申義為玩物，而苟且於文章；謂辨疑答問為躐等，而姑困其師長；謂無所猷為為涵養德性，謂深中厚貌為變化氣質。外以聾瞽天下之耳目，內以

---

① 《〈宋元學案〉原本復原》，第 537 頁。
② 同上，第 718 頁。
③ 同上。
④ 同上，第 753 頁。

蠹晦學者之心思，雖其流弊使然，亦是魯齋所見只具粗迹，故一世靡然而從之也。若靜修者，天分儘高，居然曾點氣象，固未可以功效輕優劣也。"①

幼清從學於程若庸，為朱子之四傳。考朱子門人多習成説，深通經術者甚少，草廬《五經纂言》有功經術，接武建陽，非北溪諸人可及也。②

草廬嘗謂"學必以德性為本"，故其序《陸子靜語録》曰："'道在天地間，今古如一，當反之於身，不待外求也。'先生之教以是，豈不至簡至易而切實哉！不求諸己之身，而求諸人之言，此先生之所大憫也。"議者遂以草廬為陸氏之學云。③

元代理學始於趙復被俘後北上傳授朱子學，趙復的門下姚樞、竇默、許衡、劉因等學者湧現，北方朱學由此得以興盛起來。同時代吳澄的經學與姚燧的文學也堪稱一時之盛，北方的許衡（魯齋）、劉因（靜修）與南方的吳澄（草廬）三人并稱為"元代三大儒"，三人奠定了元代理學發展的基礎。其中，許衡與劉因又并稱"北方兩大儒"：許衡一生在元朝為官，曾經長期擔任國子監祭酒并致力於培養儒學人才，被公認為元代理學的領袖與代表人物；劉因因為享年不永（四十五歲），又不願在元朝為官，其學問傳承不廣，但劉因狂狷的人格氣象及學問與許衡大不相同，不能依據二人的教育功績的高低來評價其學問優劣。

元代南方朱學的代表吳澄為了糾正朱熹之後學流於支離破碎的章句訓詁之學的弊病，主張學問當以德性為根本，進而又強調孟子以來"反求諸己"的内省工夫，認為學問應該順着先求之本心而後讀書的順序進行。因此後世有學者批評吳澄背叛了朱學而主張陸氏心學。對此，黃百家在其案語中指出，吳澄之主張確實簡易而切於實際，其實是為了糾正朱子學的弊病，從而肯定了吳澄折中朱陸的思想傾向。吳澄作為朱熹的四傳弟子，不僅理學上的造詣深厚，而且發揚了朱熹的經學事業且多有創見。黃百家因此認為朱熹高徒陳淳諸人也不及吳澄，從而強調了學問貴在自得。

三、運用自然科學理論對傳統學術問題的審視、完善與超越

黃百家的這一特徵在《橫渠學案》中得到了集中體現，如對張載的"左旋説"等傳統天文學説的批判：

① 《〈宋元學案〉原本復原》，第758—759頁。
② 同上，第765頁。
③ 同上，第767頁。

恒星不動，純繫乎天，此舊説也。後曆悟恒星亦動，但極微耳，此歲差之所由生。一歲右行五十秒，二萬五千餘年一周天。日月五星逆天而行，先生本自不錯。黃瑞節解日月五星亦順天左旋，但其行稍遲，反移徙而右，若逆天而行者，此言大謬矣！蓋天左旋，以北極為樞；恒星與七政右旋，皆以黃道極為樞。日月五星各有其道，每日所行各有度次，如蟻行磨盤，所謂"日月麗乎天，宿離不忒"。若果皆順天左旋，則無所謂黃道白道，躔離次舍，日日混漾游移，將日月亦不麗乎天，而宿離焉能不忒哉！且惟天左旋，諸曜右旋，左右勢力相抵，而地得渾然中凝。若俱左旋，則地亦隨偏顛倒，宇宙亦不得成世界矣。種種諸繆，詳百家所作《天旋篇》。蓋諸曜右旋是曆家從來本論，儒者未得以臆見强奪之。右行日遲月速之説，日月之高下懸殊，則旋轉之路有遠近，此遲速之由也。月精反陽，日質本陰，與五星之説，俱屬未然。①

黃百家以西方天文學的新成就，即"恒星亦右旋"，以及第穀的多重天説及其測定，來補充和完善中國傳統的右旋説。他以多重天説取代了右旋説傳統的一重天説，并指出日月五星運行遲疾之殊是由其高下層次之差造成的，并重新解釋了歲差，他認為歲差是由恒星東行而引起的。在對左旋説進行責難和對傳統右旋説的超越中，他克服了中國傳統左、右旋之爭，認為傳統左、右旋之爭的弊端在於基礎的狹隘和論辯的空泛。他以一種全新、客觀和實證的眼光審視這一長達一兩千年的論戰，不僅使右旋説的致命弱點——日月高下與一重天之間的矛盾迎刃而解，同時還自然蘊含了左旋説在天體層次觀念等方面的所長，超越了左旋説關於日月五星運行遲疾的元氣感應論以及其難以自圓其説的定性和空泛的解釋。同時黃百家又為右旋説日月五星運行遲疾之殊建立了一種較為合理的解釋機制，從而將傳統的右旋説升華到一個全新的高度。至此，黃百家以中西會通的視角——在繼承中國傳統對左旋説合理質疑的同時，又以西方天文學主要是第穀體系的多重天説及其測定為據，對傳統右旋説進行了完善和超越，將中國古代這場一兩千年之久的大論戰升華到了一個全新的高度。

在張載"天左旋，處其中者順之少遲，則反右矣"下，黃百家案語云：

先生前既言日月五星逆天而行，又曰日月右行最速，今此言無乃自相矛盾乎！②

這裏黃百家表現出某種以科學進化觀以及實證精神與方法反對食古不化、抱殘守缺及其形而上學的空談臆説的科學批判思想。

---

① 焦印亭整理：《〈宋元學案〉原本復原》，第231頁。
② 同上，第232頁。

《横渠學案》之黄百家案語中另有諸多西方自然科學知識的引入與使用，如：

地轉之説，西人歌白泥立法最奇：太陽居天地之正中，永古不動，地球循環轉旋，太陰又附地球而行。依法以推，薄食陵犯，不爽纖毫。蓋彼國曆有三家，一多禄茂，一歌白泥，一第谷。①

黄百家實為中國完整公開介紹哥白尼日心説、地動説的第一人。
如他對潮汐現象的成因進行的探討：

地有升降，固是"四游"荒唐之説，即余襄公《圖序》云"潮之消息，皆繫於月"，亦非定論。惟朱有中之《潮贖》，其説最精："潮之升降大小，應乎節氣。節氣輪轉，潮汛隨之。"然以之論淞、浙之潮則合，而他方之潮有一日一長者，有一日四長者，有一月兩長者，有一年一長者，有潛滋暗長者，有來如排山烟電者，此又何以例之？百家私忖：造物凡創設一種類，必極盡其變化。假觀木類，松葉細如針，桃葉大如蓋，種種奇形異狀，不可勝數。飛潛動植土石之類皆然，何于水獨不然？海之有潮，猶婦人之行經，以一月為期而有信，然亦有逾月者，有不及月者，有四季者，有暗轉者，種種不一，可無疑于潮矣。②

他先否定張載地有升降的潮論，認為北宋余靖《海潮圖序》"潮之消息，皆系於月"的説法"亦非定論"，而以南宋朱中有《潮噴》"潮之升降大小，應乎節氣，節氣輪轉，潮泛隨之"之説為是。
黄百家另有對沈括月相變化的實驗説明，關於日食、月食和雲、雨、雷、電、霜、雪、雹等成因的探討，對生物物種、性狀或器官在不同環境下的輻射進化的研究以及對大腦複雜生理活動的描述，均達到了科學認知與哲學認識的一定高度。

四、儒、佛之辯

高忠憲公曰："釋氏之失，在不能窮理。"一言以蔽之矣！蓋聖人窮理盡性，故能

---

① 焦印亭整理：《〈宋元學案〉原本復原》，第231—232頁。
② 同上，第232頁。

範圍天地之化。釋氏以理為障，以性為空，凡諸所有，悉屬緣生。故以無任運，聽六根交于六塵，謂思慮一萌，即是識神。無心之眼，不視而無不見；無心之耳，不聽而無不聞；無心之鼻、舌、手、足，不臭味持行而無不臭味持行。苟動視、聽、臭味、持行之念，則眼耳有視聽，即有不視聽，鼻舌手足有臭味持行，即有不臭味持行矣。既無是心，豈有人我，豈有天地虛空，豈有世間一切法！故以天地、日月、六合、人世為幻妄塵夢。讀張其說，小者大之，大者小之。總由無理以為之主宰，遂成無星之稱，無界之尺，誕漫流蕩，不可準用也。①

程子"性即理也"之言，乃有功于聖學之最大者。儒者以理為性，故窮理盡性，率循其性之自然，即無適而非道，不待求之于日用彝倫之外也。佛氏以性為空，故以理為障，惟恐去之不盡，故其視天地萬物、人世一切，皆是空中起滅，俱屬幻妄，所以背棄人倫，廢離生事。其說之不可推行者，皆由乎無理以為主宰也。是故有理與無理，此是吾儒與釋氏之分別，遠若天淵。奈何絕不知儒、釋根柢，紛紛妄扯瞎誣乎！②

黃百家認為："蓋吾儒之與佛氏異者，全在此二字。吾儒之學，一本乎天理。而佛氏以理為障，最惡天理。"③ 儒佛之不同在於"有理與無理"，即"天理"二字上，即是否肯定客觀世界及其規律（天理）的實有，并以天理之實對應佛教明心見性的性空。黃百家強調了儒佛兩家在根本理論上的差異，指出了佛"說之不可推行"的原因在於"背棄人倫，廢離生事"。儒、佛皆言"心"，但佛學所謂的"心"是虛空的，"其視天地萬物，人世一切，皆是空中起滅，俱屬幻妄"，否認現實的實有，這種以"空無"為宗旨的佛學理論，必定給道德倫理帶來危害。而儒學的"心"是有實理的，其論學立足於維護社會秩序，拯救世道人心。黃百家認為，儒、佛之辯最主要的不是修養功夫，而是在本體論上是否承認現實的實有。黃百家批判佛學，指出佛學的宗旨是超脫人世，放棄人倫，這與他堅持儒家正學的彌綸經世、治平天下的終極目標是格格不入的。

當有學者認為程顥與佛學在工夫論上共同强調"反求諸己"，而懷疑明道之學近似禪學時，黃百家回應云："非必凡內求諸己，務求自得者便是禪；懵懂失向，沿門乞火者便是儒也。"他同時指出，程顥以體貼"天理"為為學宗旨，窮理盡性，雖"出入老、釋者幾十年"，仍不為所染，依然契合於孔孟之道。程顥之"天理"作用於日用彝論，其學"於興造禮樂，制度文為，下及兵刑水利之事，無不悉心精練"，完全可以實現淑世目標，"使先

---

① 焦印亭整理：《〈宋元學案〉原本復原》，第247—248頁。
② 同上，第251頁。
③ 同上，第173頁。

生而得志有為，三代之治不難幾也”①。

五、增補學案內容，新設人物小傳，選輯論學資料

黃百家在黃氏原本的基礎上大量增補學案内容，其中有一部分就是新設的人物小傳，如《安定學案》直講張先生巨傳記下黃百家案語曰：“當時安定學者滿天下，今廣為搜索，僅得三十四人。”後來校補者王梓材稱：“黃氏原本，羅先生適以私淑列門人，而范先生純佑、吕先生希純、苗先生授、盧先生秉有目而無傳，張先生巨亦如之，故云得三十四人。”②可知黃百家在黃氏原本之外新增了衆多安定弟子條目。

在人物小傳部分，黃百家還增補人物的事迹，如《安定學案》孫覺傳後案語曰：

> 先生之《春秋經解》多主《穀梁》之説，而參以《左氏》《公羊》及漢、唐諸家之説。義有未安者，則補以所聞于安定及己之獨悟。晁公武稱其議論最精，誠哉斯言！初，王介甫頗與先生交好，《三經義》外，原欲解《春秋》以行天下，見先生之解，其心知不復能勝，遂舉聖經而廢之，且詆為“斷爛朝報”。其始由于忮刻，而終之以無忌憚。先生既與介甫異議，連遭貶斥，不以介意。介甫退居鍾山，先生遠訪道舊；迨其死，又誄之。嗟乎，學問之德量不同如此！③

這段案語并非是可有可無的生平補筆，而關涉安定之學與荊公新學的關係。孫、王之間雖學術相抵，但不影響二人的交誼，學術論敵可以是生活知己。黃百家增補這一史實，意在告誡世人，學術乃天下之公器。“必以相商而愈出”④，論爭祇限於學術，不可越界淪為意氣攻訐。

另有吳萊（《永康學案》）、陳取青（《紫陽學案》）、陳樵（《紫陽學案》）、胡一桂（《新安學案》）、夏明誠（《麗澤諸儒學案》）五人的小傳後面，後來的校補者注“百家記”，《潛庵學案》夏泰亨小傳後面，注“百家纂”，這些也是出自黃百家之手。

《康節學案》中的黃百家案語稱：“今去其問答浮詞并與《觀物篇》重出者，存其略

---

① 焦印亭整理：《〈宋元學案〉原本復原》，第 173 頁。

② 同上，第 32 頁。

③ 同上，第 25 頁。

④ ［清］黃百家：《複陳言揚論勾股數》，氏著《學箕初稿》卷二，《四庫全書存目叢書》編纂委員會編：《四庫全書存目叢書》，濟南：齊魯書社，1997 年，第 778 頁。

焉。"① 可以推斷，邵雍的《漁樵問答》《觀物内外篇》均經過黃百家的删略增補與編輯。
《卦氣圖》後黃百家案語曰："康節《先天卦位》，崇奉之者莫如朱子，至舉其圖架於文王、
周公、孔子之上。然而辩之者亦不少。兹略采辩圖之説於後，以俟千秋論定焉。"②《濂溪
學案》中亦有："至於其圖之授受來由，雖見於朱漢上震之《經筵表》，而未得其詳。今節
略先叔父晦木《憂患學易》中《太極圖辯》於此，以俟後之君子或否或是焉!"③ "百家所
以不敢仍依《性理大全》之例，列此《圖説》於首，而止附於《通書》之後，并載仲父之
辯焉?"④ 通過這些案語可知，歸有光《先天圖辯》、黃宗羲《易學象數論》、黃宗炎《周易
象辭先天掛圖辯》等文，也出自黃百家的選輯。

六、對史實、字詞的考證與訂誤

如秦檜與胡安國的知遇關係，在後世學者中存在爭議。朱熹的解釋是：

> 京城破，金欲立張邦昌，執政而下無敢有異議，惟秦抗論以為不可，康侯益義之，
> 力言于張德遠諸公之前。後秦自北歸，與聞國政，康侯屬望尤切，嘗有書疏往還，講
> 論國政。康侯有詞披講筵之召，秦薦之也。然其雅意堅不欲就，是時已窺見其隱微一
> 二，有難處，故以老病辭。至後來秦做出大疏脱，則康侯已謝世矣。⑤

根據朱熹的解釋，金人欲立張邦昌時，秦檜奮力抗爭，表現出忠義慷慨的氣節，胡安
國舉薦秦檜乃出於對其忠義的欣賞而主動與之交往。後秦檜擅權作奸，與胡安國無關，因
胡已去世。黃百家通過徵引史料，對朱熹之説表示懷疑：

> 靖康金議立邦昌，馬時中伸抗言于稠人曰："吾曹職為爭臣，豈可緘默坐視？當共
> 入議狀，乞存趙氏。"秦檜不答，時中即自屬稿，就呼臺吏連名書之。檜既為臺長，則
> 當列於首。以呈檜，檜猶豫。時中帥同僚合辭力請，檜不得已，書名。是檜迫于馬時
> 中，以臺長列名，何嘗抗論？乃知當時無論賢愚，盡為檜欺矣。幸文定宦情如寄，天

---

① 《〈宋元學案〉原本復原》，第74頁。
② 同上，第84頁。
③ 同上，第149頁。
④ 同上，第151頁。
⑤ 同上，第366頁。

下後世亮之。因歎知人之難也！①

　　黃百家所記載的秦檜，在反對金人立張邦昌時猶豫不決，簽名亦是被迫。據冒志祥《秦檜"乞立趙氏"狀真偽考辨》②，黃百家的質疑與推斷具有較高的可信度。

　　羅從彥師事楊時的具體時間，黃百家發現《豫章年譜》與《宋史》之間的記載前後矛盾，并對此進行了考證：

> 《豫章年譜》謂政和二年壬辰，先生四十一歲，龜山為蕭山令，先生始從受學。《宋史》亦云，"龜山為蕭山令時，先生徒步往學焉。龜山熟察之，喜曰：'惟從彥可與言道。'弟子千餘人，無及先生者"。謹考《龜山全集》，丁亥知餘杭，壬辰知蕭山，相去六年。而餘杭所聞已有豫章之問答，則其從學非始于蕭山明矣。豫章之見伊川，在見龜山之後。伊川卒于丁亥。若見龜山始于壬辰，則伊川之卒已六年矣，又何從見之乎？③

　　黃百家通過《龜山文集》判斷羅從彥在楊時任餘杭令時已師承龜山，否定了《豫章年譜》與《宋史》所記載的羅從彥在楊時任蕭山令時師承龜山。

　　輔廣與魏了翁之間的師承關係，相關文獻如《宋史》《嘉興志》記載不一，黃百家則依據魏了翁本人之語，辨析澄清：

> 《宋史》言鶴山"築室白鶴山下，以所聞於輔廣、李燔者開門授徒，士爭負笈從之。由是蜀人盡知義理之學"。於是《嘉興志·輔漢卿傳》遂謂鶴山是漢卿之門人。然考《鶴山集》，言："開禧中，余始識漢卿於都城，漢卿從朱文公最久，盡得公平生言語文字。每過余，相與熟復誦味，輒移晷弗去。余既補外，漢卿悉舉以相畀。"又言："亡友輔漢卿，端方而沈碩，文公深所許與。"乃知友而非師也。④

　　黃百家依據魏了翁《鶴山集》卷五十三《朱文公語類序》的記載，判斷他們是"講友"關係，極有說服力。

　　類似的史實考證還有二程是否師承周敦頤的問題。道學奠基人邵雍，黃百家對其《先

---

① 《〈宋元學案〉原本復原》，第366頁。
② 冒志祥：《秦檜"乞立趙氏"狀真偽考辨》，《南京師範大學文學院學報》2011年第3期。
③ 《〈宋元學案〉原本復原》，第394頁。
④ 同上，第665頁。

天圖》進行了考證：

> 周、程、張、邵五子并時而生，又皆知交相好，聚奎之占，可謂奇驗，而康節獨以《圖》《書》象數之學顯。考其初，《先天卦圖》傳自陳摶，摶以授种放，放授穆修，修授李之才，之才以授先生。顧先生之教雖受于之才，其學實本于自得。始學于百源，堅苦刻厲，冬不爐，夏不扇，日不再食，夜不就席者凡數年。大名王豫嘗于雪中深夜訪之，猶見其儼然危坐。蓋其心地虛明，所以能推見得天地萬物之理。即其前知，亦非術數比。①
>
> 《先天卦圖》傳自方壺，謂創自伏皇。此即《雲笈七籤》中云某經創自玉皇，某符傳自九天玄女，固道家術士假托以高其説之常也。先生得之而不改其名，亦無足異，顧但可自成一説，聽其或存或没于天地之間。乃朱子過于篤信，謂程演周經，邵傳犧畫，掇入《本義》中，竟壓置于文《彖》、周《爻》、孔《翼》之首，則未免奉螟蛉為高曾矣！②

黃百家指出《先天圖》是由宋初的道士陳摶經种放、穆修、李之才等人傳至邵雍，邵雍的先天學是依據其對《周易》經、傳的理解和闡釋而作，但并非伏羲製作八卦的依據，且與《周易》經文的本義不相符合，從而批評了朱熹《周易本義》對邵雍《先天圖》的迷信，但同時又承認邵雍之學是自成一家的"易外別傳"。

葉適的《習學記言序目》，明代以前文獻均以《習學記言》著錄，直到黃百家編纂《宋元學案》時首次在其案語中指出，此書名稱實際應當是《習學記言序目》，其依據是葉適弟子孫之弘的序文："《習學記言序目》者，龍泉葉先生所述也。初，先生輯錄經史百氏條目名《習學記言》，未有論述。自金陵歸，研玩群書，更十六寒暑，乃成《序目》五十卷。"③ 輯錄群書言論的資料彙編《習學記言》今已不存，《習學記言序目》乃是總結自己對這些資料的評論。根據後來《宋元學案》校補者王梓材的案語，可知：與黃百家同時代的朱彝尊曾見過鄭氏二老閣中收藏的《宋元學案》黃氏原本的稿本，并將此條案語輯入其《經義考》，此後目錄書以《習學記言序目》著錄。

黃百家對於字詞的質疑、訂誤有以下幾例：

《橫渠學案》張載《正蒙·樂器篇》："苟造德降，則民誠和而鳳可致，故鳴鳥聞，所以為和氣之應也。"黃百家指出："苟當作耇。《書·君奭》：'耇造德不降，我則鳴鳥不

---

① 焦印亭整理：《〈宋元學案〉原本復原》，第 62 頁。
② 同上，第 92 頁。
③ ［宋］葉適：《習學記言序目》附錄一，北京：中華書局，1977 年，第 759 頁。

聞.’言耈老成人之德，下及於民也，則鳴鳥有聲。此周公留召公之意。”① 今中華書局點校本《張載集》即采納了這一結論。

《紫陽學案·仁説》篇下，黃百家案語云：“浙本誤以南軒先生《仁説》爲先生《仁説》，而以先生《仁説》爲序，今正之。”② 此爲文獻的訂誤，指出浙本將張栻的《仁説》與朱熹的《仁説》混爲一談，張栻的《仁説》與朱熹的《仁説》序，搭配錯亂，張冠李戴。

《藍田學案》“德業相勵”下，黃百家案語云：“朱子有《增損吕氏鄉約》，改‘德業相勵’爲‘德業相勸’。”③ 後人所見《吕氏鄉約》多爲朱子《增損吕氏鄉約》，故於此處特別指出了朱熹對原文的改動。

《武夷學案·知言疑義》下，朱子曰：“蓋好惡，物也；好善而惡惡，物之則也。”黃百家案語云：“朱子‘好惡，物也’，此句可疑。物之則也，如以好惡爲物，將喜怒哀樂未發之中亦物乎？”④ 此處黃百家懷疑文字有訛誤，“以好惡爲物”，“喜怒哀樂未發之中亦物”於事理常理不合，故有此疑惑。

《濂溪學案》“靜虛則明，明則通；動直則公，公則溥。明通公溥，庶矣乎！”下，黃百家案語：《伊川至論》本“明則通”下作：“動直則行，行則傳。明通行傳，庶乎！”⑤ 指出了不同文本的異文，以便於相互比對參照。

作者單位：雲南民族大學文學與傳媒學院

---

① 《〈宋元學案〉原本復原》，第 268 頁。
② 同上，第 439 頁。
③ 同上，第 340 頁。
④ 同上，第 381 頁。
⑤ 同上，第 136 頁。

論清儒對"好名"的評價

王世光

明末清初以後，隨着宋明理學的衰落，它所倡導的價值觀也日益遭到人們的懷疑，尤其是理欲觀、公私觀、義利觀等都發生了顯著的變化。這些傳統核心價值觀念的變遷，自然受到學術界的重視，歷來攻之者不絕。但是，與這些核心價值觀念有着密切聯繫的一些價值觀念的變化，却遠遠沒有得到應有的重視。比如，對"好名"的評價——也就是對追求名望的評價，本來是清儒的熱門話題之一，却一直鮮有學者問津。大概是因為，從純哲學的角度來看，"好名"算不上什麽深層次的哲學問題。但從社會學的角度看，名望與財富、權力一樣，都是社會資源的基本表現形式，也是世俗社會的基本追求。由此，人們對名望所持態度的變遷，能够直觀地反映一個時代社會價值觀念的變遷。從這個意義上説，清儒對"好名"的評價可以為我們認識清代價值觀提供一個新的視角。

一、宋明理學對"好名"的評價

清代價值觀的變化，很大程度上源於清儒對宋明理學價值觀的反思。清儒對"好名"的重新評估也是針對理學價值觀的流弊而發的。因此，要瞭解清儒對"好名"的評價，首先要瞭解宋明理學對"好名"的價值評價。

名望與財富、權力一樣，是世俗社會中人們的基本價值追求，祇要取之有道，就無可厚非。但在理學家看來，追求名望與追求財富、追求權力，在本質上都是"人欲"的體現，是小人的行徑，為君子所不齒。理學家對"好名"作如此評價，自然有他們的學理依據，這就是"存天理，滅人欲"的價值觀。就價值取向而言，這一價值觀要求人們在行為動機上，一切從天理出發，而不能從人欲出發，如果從人欲出發，希圖功名利祿，即使行為本身完全符合道德原則以及社會規範，行為效果在客觀上有利於社會，那也是人欲的體現。甚至主觀動機是為了行善，也被理學家斥為私欲。程頤明確表達了這一觀點："視聽言動，非理不為，即是禮，禮即是理也。不是天理，便是私欲。人雖有意於為善，亦是非禮。無人欲即皆天理。"① 從這個意義上說，祇要帶有功利目的的行為，都是人欲，不論這一目的是為了自己還是他人。正如朱熹的弟子陳淳所說："有所為而為，如有所慕而為善，有所畏而不為惡，皆是利。"② 祇有無所為而為，即超功利的行為，纔是天理，任何帶功利目的的行為都應該被徹底否定。從這一價值觀出發，追求名望自然成為理學家的批評對象。

從"存天理，滅人欲"的價值觀出發，理學家對"好名"持嚴厲的批評態度。程頤認為，求名與求利在本質上都是人心私欲的體現，他說："學者須是務實，不要近名，方是。有意近名，則大本已失，更學何事？為名而學，則是偽也。今之學者，大抵為名。為名與為利，雖清濁不同，然其利心則一也。"③ 陳淳說："天理所宜者，即是當然而然，無所為而然也。人情所欲者，只是不當然而然，有所為而然也。天理所宜是公，人情所欲是私。如貨財、名位、爵祿等，此特利之粗者。"④ 陳淳把天理與人欲、義與利、公與私、無所為與有所為從理論上貫通起來，將好名列入人欲、利、私、有所為的範疇，給予了否定性的價值評價。他還從"好名"的角度對歷史上一些人物事迹作了評論："求名之私，如好名能讓千乘之國；如以德報怨，欲求仁厚之名；仲子避兄離母居於陵，欲沽廉潔之名；微生高乞醯，掠美示恩以歸於己，都是利於美名。"⑤ 按照這一說法，追求仁厚、廉潔之名也成為否定對象，至於這些好仁厚、廉潔之名的人是否有仁厚、廉潔之實，都不在考慮之列。王守仁把根除好名之心看作提高道德修養的重要方法。有人曾問他："欲于靜坐時將好名、好色、好貨等根逐一搜尋，掃除廓清，恐是剜肉做瘡否？"王守仁說："這是我醫人的方子，真是去得人病根。"⑥ 從這些理學家對"好名"的評價可以看出，宋明理學對追求名望的態度相當苛刻。

當然，在評價"好名"方面，宋代就有與理學家不同的觀點。范仲淹曾作《近名論》，對好名持肯定態度。范仲淹認為："人不愛名，則雖有刑法干戈，不可止其惡也。武王克商，式商容之閭，釋箕子之囚，封比干之墓，是聖人敦獎名教，以激勸天下。如取道家之

---

① ［宋］程顥、程頤：《二程遺書》，上海：上海古籍出版社，2000 年，第 190 頁。
② ［宋］陳淳：《北溪字義》，北京：中華書局，1983 年，第 54 頁。
③ ［宋］程頤、程顥：《二程遺書》，上海：上海古籍出版社，2000 年，第 270 頁。
④ ［宋］陳淳：《北溪字義》，北京：中華書局，1983 年，第 53 頁。
⑤ 同上，第 55 頁。
⑥ ［明］王守仁：《王文成公全書》，北京：中華書局，2015 年，第 134 頁。

言，不使近名，則豈復有忠臣烈士為國家之用哉!"① 可見，范仲淹是從維護整個社會穩定的立場出發，肯定 "好名" 的積極作用。當時，理學尚處於形成之中，他的批評對象主要是老莊之學。到了南宋，理學在學術界成為顯學，它對 "好名" 的價值評價自然在社會上廣泛流行。此時，永嘉學派的薛季宣審慎地表達了不同的意見，他在上宋孝宗的奏疏中說："在臣子，自為學問之計，不可存好名之心；人主為社稷之計，惟恐不得好名之士。人人皆好名畏義，則人主所欲為者，無不濟矣。"② 薛季宣并沒有完全否認理學家的觀點，他也部分地認同理學家的價值觀。他的意思是說，從自我修養角度來看，好名之心要不得；但是，從治理國家的角度來看，如果人人都不好名，君主就無法實現預期的治理效果。如果說，自我修養講的是 "內聖" 的問題，那麼，治理國家講的就是 "外王" 的問題。薛季宣在評價 "好名" 問題上的理論貢獻在於，他指出了 "內聖" 與 "外王" 兩個層面對 "好名" 的價值評價是有衝突的：追求 "內聖"，傾向於貶斥人的好名之心；追求 "外王"，傾向于利用人的好名之心。從思想史的角度說，當追求 "內聖" 成為時代精神時，貶斥 "好名" 的思想往往會占據主流地位；當追求 "外王" 成為時代精神時，肯定 "好名" 的思想往往會占據主流地位。

宋明理學價值觀的流弊到了明代已經逐漸顯現，它對 "好名" 的價值評價，也產生了消極的後果。明人徐應雷在其《好名》一文中指出："今人見孝友忠信高潔超曠慷慨義烈之士，弱者不知自愧而訝人之能，强者頗知其愧而忌人之能，輒加以好名二字蔽其生平。於是談道講學者動輒曰：'當鏟盡名根。'"③ 理學末流常常借着 "鏟除名根" 的口號，對一些慷慨高潔人士進行人身攻擊，這也使得社會上很多人因為害怕被扣上 "好名" 的帽子而不敢見義勇為，也不敢有其他高尚的道德行為。本來，從理學產生時期的社會現實來說，理學家對 "好名" 持貶抑態度，是為了改變當時社會追求名利的風氣，不承想，當宋明理學的價值觀流行之後，反對 "好名" 也同樣產生了流弊。清儒重新評價 "好名"，正是從這樣的理論背景與社會背景下展開的。

二、清儒評價 "好名" 的基本觀點

明清之際以降，為了挽救宋明理學重 "內聖" 輕 "外王" 的積弊，思想界掀起了經世

---

① 曾棗莊、劉琳主編：《全宋文》，上海：上海辭書出版社、合肥：安徽教育出版社，2006 年，第 18 冊，第 411—412 頁。

② 同上，第 257 冊，第 112 頁。

③ ［清］黃宗羲編：《明文海》卷九十四，清涵芬樓鈔本。

思潮，從此，"外王"成了時代主題。在這一時代精神的指引下，儒者開始重新審視理學的價值觀，其中就包括理學對"好名"的價值評價，清儒從多個層面重新審視了"好名"。

首先，清儒認為，"好名"是人之常情。明末清初的方以智説："好名而畏死，人誠無奈其情何。"① 在方以智看來，"好名"為人之常情，聖人也不例外。莊子雖然講外生死，但他也著書以傳後世；孔子曾經感歎沒有人能夠瞭解自己，認為祇有天瞭解自己；佛對發心修行的人給予將來證果成佛的預記，讓人知道佛的名字。這些都是聖人"好名"的表現。聖人尚且如此，何況凡人？清代中期陳謨著《論名》三篇，他説："夫無所勸而為善，無所畏而不為惡者，天下寧有幾人？即幾人，只不競乎名，亦未嘗以名為累。"② 陳謨認為，理學家所主張的不圖名利、無所為而為的精神境界在社會上很少有人能夠做到，即使能夠做到這一點的人，也祇是不去爭名而已，并沒有以名為累。他由此批評理學末流過為高論，不近人情。

其次，清儒認為，"好名"與禮、法一樣能够起到約束人們行為的作用，因此能够維護社會的穩定。清初陳廷敬認為，人天生喜好美名，討厭惡名，如果不知道喜歡美名討厭惡名，那麼人就沒有善惡之分了，所以，"好名"可以使人明辨善惡。他在《好名論》中指出："先王因民之所好而采章服物以榮之，爵祿慶賞以勸之，表宅錫閭以獎異之，若曰使人遷善而惡自遠，是以不純任刑罰而任禮教，名與禮相近而遠于刑。故名者，所以助禮之行，而操于刑之先者也。"③ 在陳廷敬看來，聖人根據人"好名"的天性，用"名"來輔助禮教，能够起到預防犯法的效果。乾隆年間進士林樹蕃著《名論》，從歷史發展的角度闡發了類似的觀點。他認為，三代之時，天下百姓淳樸，并不知道"好名"，祇用禮就足以維護社會的穩定；但三代以下，世道衰變，天下孳孳為利，遵循禮教未必安定，違背禮教未必危險，天下有大亂不止的趨勢，一些庸君認為禮教不行了，就用法，可是法仍然有局限性。因此，"聖人知天下之不能自歸於禮，而法又不足以盡天下之人也，故設虛名以維之"④。也就是説，聖人利用"名"來彌補"禮"與"法"的不足，維持社會的運行。晚清時期，劉師培從救國的角度出發，肯定了傳統經典中肯定"好名"的觀點，寫了《論好名之説可以救今日之中國》一文。該文指出："蓋中國人民既無宗教之迷信，故蕩檢踰閒，寡廉鮮恥，可以無所不為。惟救之以名，庶賢者束身自愛，不敢為非。今并名而去之，將何以勸天下乎？"⑤ 這也是將"好名"作為維護社會、挽救國運的手段。

第三，清代的一些學者利用先秦儒家經典為"好名"進行辯護。先秦儒家經典對"好

① ［清］方以智著，龐樸注釋：《東西均注釋》，北京：中華書局，2001年，第250頁。
② 沈粹芬等編：《清文匯》，北京：北京出版社，1996年，第1181頁。
③ ［清］陳廷敬輯：《皇清文穎》卷六，清乾隆十二年武英殿刻本。
④ 沈粹芬等編：《清文匯》，北京：北京出版社，1996年，第1962頁。
⑤ ［民］劉師培撰，萬仕國輯校：《劉申叔遺書補遺》，揚州：廣陵書社，2008年，第1627頁。

名"有許多論述。雖然程朱理學在清代仍然是正統意識形態，但從經學傳統來説，它的地位仍然不能與先秦儒家經典相抗。在考據學盛行的清代中期，專家學者們正是抓住這一點，批評理學家對"好名"的態度。漢學巨擘錢大昕的評論最具代表性。他認爲，儒家經典之中，聖人都是以名爲教，没有否定名的思想。他説："孔子贊《易》曰：'善不積，不足以成名。'於《孝經》曰：'立身行道，揚名於後世。'於《論語》曰：'君子去仁，惡乎成名？'又曰：'君子疾没世而名不稱焉。'聖人以名立教，未嘗惡人之名也。"① 錢泳也有類似的觀點，他認爲，在儒家經典中，名利是與仁義相輔而行的，并非截然對立。他説："《易》曰：'善不積，不足以成名。'《孝經》曰：'立身行道，揚名於後世。'《論語》曰：'君子去仁，惡乎成名。'可見仁之與名，原是相輔而行……後世既區名利與仁義爲兩途，亦失聖人本旨。"② 他甚至認爲，不求名、不求利的人，不爲仙佛，定似禽獸。這實際是在批評理學家把名利與仁義對立起來的思想。康有爲在闡釋孔子"君子疾没世而名不稱焉"這句話時説："名蓋孔子大義，重之如此，宋賢固篤于務實者，而惑于道家之攻名，至使天下以名爲不肖，人乃不好名而好利，于是風俗大壞，此則背孔子之義矣。"③ 在康有爲看來，孔子推崇名，宋代理學家受道家影響反對名，導致風俗敗壞。

　　錢大昕還針對理學家有關儒家經典中"好名"的解釋提出質疑，他批評朱熹對《孟子》的解釋就是一個著名例子。《孟子·盡心下》説："好名之人能讓千乘之國，苟非其人，簞食豆羹見於色。"趙岐注曰："好不朽之名者，輕讓千乘，伯夷、季札之類是也。誠非好名者，爭簞食豆羹變色，訟之致禍，鄭公子染指黿羹之類是也。"④ 趙岐認爲，能讓千乘之國的人，追求的是不朽的美名；如果是不好名的人，讓一飯一湯，也會露出不愉快的表情。根據這一解釋，孟子對"好名"持肯定態度。朱熹則作了另一番解釋，他説："蓋好名之人本非真能讓國也，出於一時之慕名而勉强爲之耳。然這邊雖能讓千乘之國，那邊簞食豆羹必見於色。東坡所謂'人能破千金之璧，而不能無失聲於破釜'，正此意也。'苟非其人'，其人指真能讓國者，非指好名之人也。"⑤ 也就是説，能讓千乘之國，祇不過是出於一時貪圖名望之心，勉强而爲；可在平時，這種人即使讓一飯一湯，也會露出不愉快的表情。朱熹的解釋體現了理學家對"好名"的一貫立場，即貶斥"好名"。錢大昕對此評論説："朱文公不用趙注，乃取蘇子瞻'人能破千金之璧，而不能無失聲於瓦缶'爲説，恐非《孟子》本旨。上云好名之人，下云苟非其人，則其人即好名之人無疑矣。且自古斷無能讓千乘之國而猶變色於簞豆者。稽之于古，既無其人，度之於情，恐無其事。陳義雖

　　① ［清］錢大昕：《十駕齋養新録》，南京：江蘇古籍出版社，2000 年，第 383 頁。
　　② ［清］錢泳：《履園叢話》，北京：中華書局，1979 年，第 193—194 頁。
　　③ ［民］康有爲：《論語注》，北京：中華書局，1984 年，第 237 頁。
　　④ 《十三經注疏》，上海：上海古籍出版社影印本，1997 年，第 2774 頁。
　　⑤ ［宋］黎靖德編：《朱子語類》，北京：中華書局，1994 年，第 1458 頁。

高，不如古注之似淺而實當也。"① 暫且不從考據立場來說趙岐與朱熹的解釋孰是孰非，僅從錢大昕的思想立場來看，他批評朱熹，認為朱熹對 "好名" 的苛刻看法既不符合史實，又不符合情理，陳義過高，這的確指出了理學家在評價 "好名" 方面的缺陷。到了晚清，康有為進一步發揮了錢大昕的觀點，對朱熹的解釋提出批評："自此人皆以好名為詬誶，凡修行抗志之人，君相世俗皆以好名誚之，甚至志士畏避而強徇俗。古之人患偽善，今之人乃患偽惡。此義既倡，適使人不敢為善，而相率同流合污，敢於為惡而已。此朱子立義太高之過也。夫人必鞠躬殺身，而後人謂為忠；人必分財施捨，而後人謂為惠，名亦不易立也。若皆不好名，則惟好實利，將若之何？且古今數千年，亦未見有能讓千乘而爭簞食豆羹者。朱子之言，亦為無實矣，故不得不正之。"②

當然，清儒也不是無原則地對 "好名" 進行褒揚，他們也承認，利用人們的好名心理來維護社會穩定，有利有弊。顧炎武說："昔人之言曰名教、曰名節、曰功名，不能使天下之人以義為利，而猶使之以名為利，雖非純王之風，亦可以救積污之俗矣。"③ 在他看來，用名來挽救日益衰敗的風俗，并非是理想的政治，祇是退而求其次，不得已而為之。方以智雖承認好名為人之常情，但他同時也指出，利用人的好名之心來救世，"利十之九，弊十之一"④。洪亮吉也有類似的看法，但他認為，對於那些不為賞罰所動的聰明人來說，祇有利用 "名" 纔能約束他們、控制他們。所以他說："好名之弊亦尚足以扶世。何則？人而能好名，類皆聰穎拔萃之人也。聰穎拔萃之人，有賞之不能勸，罰之不能懲，而名之一字，即足以拘之者矣。"⑤ 這明顯具有權變的色彩，甚至流露出法家思想的味道。

值得注意的是，清儒對 "好名" 也并非都持肯定態度，那些抱殘守缺的理學末流自不足道，有一些知名的思想家、學者仍然對好名持批評態度，如清初的陳確、唐甄以及清代中期的漢學家焦循等。陳確說："'君子疾没世而名不稱'，又曰 '利者義之和'。聖人何嘗絶口不言名利，但非今之所謂名利耳。……今之人直是以身徇名，以身徇利，又不止在利害存亡之間而已。猶莫之悟，群然如撲火之蛾，其孰能救之？"⑥ 陳確承認儒家經典中并非忌諱名利，但他認為，在他所生活的時代，所謂的名利與古人所説的名利根本不是一回事，古人所求的名能夠名副其實，今人所求的名不過是虛名而已。他正是從這種社會現實出發批評 "好名"。唐甄作《潛書》，其中有《去名》一篇，與陳確的立場是一樣的。他們反對 "好名"，并非意味着他們贊同理學家的價值觀，他們完全是出於社會批判的考慮。焦循明

---

① ［清］錢大昕：《十駕齋養新錄》，南京：江蘇古籍出版社，2000 年，第 383 頁。
② ［民］康有為：《孟子微》，北京：中華書局，1987 年，第 138—139 頁。
③ ［清］顧炎武：《日知錄》，蘭州：甘肅民族出版社，1997 年，第 602 頁。
④ ［清］方以智著，龐樸注釋：《東西均注釋》，北京：中華書局，2001 年，第 250 頁。
⑤ ［清］洪亮吉：《洪亮吉集》，北京：中華書局，2001 年，第 1 冊，第 23 頁。
⑥ ［清］陳確：《陳確集》，北京：中華書局，1979 年，第 419 頁。

確反對顧炎武對 "好名" 的評論，認為崇尚 "好名" 可能會帶來消極的社會影響，這樣可能導致天下人 "竭心思盡才力以從事於名，標榜炫鬻馳騖於虛浮，揣摩於形似，相習以耳，共趨於聲，以干譽之巧為悦人之謀，而玩忽苟且之習潛結於中，遂貽禍於風俗"①。因此，他主張："積洿之風，宜救之以實；賞而誘之以名，不若賞而誘之以事"②。也就是説，利用人好名的心理來挽救風俗，不如用實事實行來挽救風俗。

實際上，一些清儒在為 "好名" 進行正名的同時，已經對 "好名" 的流弊提出了相應的防範措施，那就是要名副其實。方以智經過權衡好名的利與弊之後提出："惟使天下好 '好學無自欺之名'，則天地慰。"③ 所謂 "好學無自欺之名"，也就是要名副其實，不要貪圖虛名，不要自欺欺人。洪亮吉也説："吾欲救天下好名之弊，亦惟使之各務實而已。"④ 總之，"好名" 不要緊，但要做到名副其實。

三、清儒評價 "好名" 的理論意義

任何一種價值觀，祇有把它放在價值觀變遷的歷史長河中纔能發現它的意義。清儒對 "好名" 的評價，在很大程度上是對宋明理學價值觀流弊的一個糾正。因此，比較清儒與理學家對 "好名" 的評價，自然也就能够揭示出清儒評價 "好名" 的理論意義。

一方面，清儒對 "好名" 的評價改變了理學家對個人修養的苛刻要求。在理學家看來，"好名" 與 "好利" 都是人欲的體現，與天理相違背，因此，要做一個有道德的人，必須根除好名之心。祇要是 "好名"，無論是名副其實還是徒有虛名，按照理學家的觀點，沒有本質的區別，好實名與好虛名相比，祇不過是五十步笑百步。這種價值觀對於世俗社會上的大多數人來説，是一個比較苛刻的要求。清初歸莊説："儒者之論，惟取無所為而為者，好名求福則非之。蓋志聖賢之學，為克己之功，義利之辨，不得不嚴，若概以此律當世之人則迂矣！"⑤ 在歸莊看來，理學家以成為聖賢為目標，必然對 "好名" 持嚴厲的批評態度，但是，對普通老百姓都以這一標準來要求，無疑是迂腐的。因為，在宋明理學價值觀的引導下，人們容易對 "好名" 行為進行否定性的價值評價，擔心自己被扣上 "好名" 的帽子，由此，一些見義勇為的事情也沒人敢做。正如晚清黃式三所説："後儒必卑厭好名，

---

① ［清］焦循：《雕菰樓集》卷八《辨名上》，蘇州文學山房刻本。

② 同上。

③ ［清］方以智著，龐樸注釋：《東西均注釋》，北京：中華書局，2001 年，第 256 頁。

④ ［清］洪亮吉：《洪亮吉集》，北京：中華書局，2001 年，第 1 冊，第 24 頁。

⑤ ［清］歸莊：《歸莊集》，上海：上海古籍出版社，1984 年，第 366 頁。

嫥希忘名，此三代後議論日高，嫌避日多，負材之士，一出其力以任當世事，即犯時人之譏謗，而自愛者遂藏鋒斂鍔，不願自表襮，則天下大事誰復慷慨以當之?"① 本來，按照理學家的觀念，該做的事情就去做，不能考慮後果，也就是無所為而為，擔心被扣上好名的帽子而不去做該做的事情，根本不符合理學家的價值觀，可正是在宋明理學價值觀的引導下，纔出現了這一尷尬局面。清儒發現了這個問題，進行了適當的調整，他們并不否認不圖名利的行為是高尚的，但他們強調，"好名"是人之常情，祇要能夠做到名副其實，同樣也是一種值得提倡的價值觀。黃式三說："君子之于名有忘有不忘，無欲而好仁，無畏而惡不仁，此忘之也，忘之而得至名也。舜，人也，而傳後世；我亦人，而憂為鄉人，此不忘之也，不忘之，不失名之次也。"② 也就是說，做好事不圖名利，無所為而為，這當然是最高的精神境界；為了好名聲而做好事，有所為而為，這種行為雖然不算高尚，但也是值得提倡的。這一思想無疑要比宋明理學價值觀更加寬容。

　　另一方面，與理學家批評"好名"的價值觀相比，清儒肯定"好名"的觀點更適合引導世俗社會的價值觀。理學家把維護整個社會存在的倫理原則、社會規範抽象化為人的本質，即天理，而人的一般的情感欲望則被看作是非本質的東西，即人欲，讓人一切從天理出發，而不從人欲出發。從理論上說，這是讓人們無條件地服從、維護社會秩序。但從實踐上說，祇有少數群體纔能夠真正做到一切從天理出發，既不圖名，又不圖利。然而，要求社會上大多數人都做到這一點是不可能的。以一種崇高的道德標準去要求所有人，無疑是拒絕多數好名之人于道德大門之外，這樣的價值觀不能取得最大的社會效益，不適合引導世俗社會的價值觀。清儒對"好名"的肯定，是從社會整體效益最大化的角度出發的，他們認識到，追求名望是世俗社會中人們的基本追求，因此，應該從滿足人們的這一需要出發，制定相應的制度，規範與調節人們的行為。同時，設立一底綫，也就是說，祇要能夠名副其實，那麼，追求名望也值得提倡。這在維護社會秩序前提下最大限度地滿足了人們的好名心理，達到了社會效益的最大化，可以說是取得了雙贏的效果。因此，與理學家對"好名"的批評相比較，清儒對"好名"的肯定更適合引導世俗社會的價值觀。

　　綜上所述，清儒拋棄了理學家在個人修養方面的苛刻要求，肯定了"好名"的積極意義；同時，他們又提出"好名"的底綫，那就是要名副其實。從理論上說，清儒對"好名"的評價對於反對"好名"的宋明理學思想傳統是一個超越，擺脫了道德理想主義的教條；從實踐上說，清儒對"好名"的肯定更適合引導世俗社會的價值觀。總之，清儒對"好名"的肯定從一個側面反映了清代價值觀念，給我們提供了一個追蹤清代價值觀變遷的重要綫索。

作者單位：人民教育出版社

① ［清］黃式三：《儆居集》經說二《好名說》，光緒十四年續刻本。
② 同上。

駱秉章在"剿滅"太平天國中的作用

苗體君

　　檢索"剿滅"太平天國運動誰的功勞最大，相關史料上都首推曾國藩，而後是左宗棠、胡林翼、曾國荃、李鴻章等，而駱秉章因一生處事"低調內斂，習慣推功於人"①，却很少有人知道。駱秉章一生在湖南擔任巡撫十年，在四川擔任總督7年，這時正值太平天國起義期間。在他擔任湖南巡撫的第二年，洪秀全便在廣西金田村起義，隨後太平軍殺入湖南，在駱秉章的積極準備和籌劃下，南王馮雲山、西王蕭朝貴先後戰死。他還扶持曾國藩、胡林翼，識拔了左宗棠、劉蓉、王鑫、劉長佑、劉嶽昭等一大批湘軍將領，并充當起了湘軍總司令的角色，對湘軍的創建和發展起到了極其重要的作用，奠定了打敗太平軍的軍事基石。1860年，駱秉章擢升四川總督，又是他指揮劉蓉、唐炯等"剿滅"了太平軍石達開部。謚號是在中國古代一個人去世後，國家對其一生功績的總體評價。在"剿滅"太平軍的過程中，功勞最大的有曾國藩、駱秉章、左宗棠、胡林翼、李鴻章，其中曾國藩的謚號等級最高，為"文正"；駱秉章與胡林翼、李鴻章的謚號一樣，為"文忠"；因左宗棠是舉人出身，謚號僅為"文襄"。從這裏就能看出駱秉章對"剿滅"太平天國的重要作用。

---

① 胡力平：《駱秉章傳》，廣州：廣東人民出版社，2018年，第209頁。

一、駱秉章與洪秀全是相差 21 歲的花縣同鄉，
把廣東土、客之械鬥，搬到了近代中國的歷史舞臺上

1793 年（"乾隆五十八年三月十八日子時"）[①] 駱秉章出生在廣東花縣花嶺村。駱秉章出生 21 年後，1814 年 1 月 1 日，洪秀全出生在花縣的官祿布村。花嶺村與官祿布村直綫距離不超過十公里，但兩個人的命運却迥異。在花縣居住的漢族人分為兩個族群：從秦朝至唐朝南遷的漢人，與廣東當地的百越人通過融合後，形成的一個族群叫廣府人，廣府人講"粵語"，煲老湯，算是廣東的土著人；另一個族群就是南宋滅亡時，大量北方的漢族人隨南宋朝廷一塊兒來到廣東，這部分人就是客家人。客家人剛到廣東時，主要居住在廣府人不願意居住的粵北、粵東山區。經明朝兩百多年的養精蓄銳後，到了清朝，客家人開始走出大山，與廣府人爭奪適合發展農業的珠江三角洲地區。珠三角土地平坦且肥沃，淡水資源極其豐富。隨後，廣府人與客家人時常發生械鬥。當時的花縣就是一個典型的土、客雜居的地區，土、客人口數量接近三比一。駱秉章是廣府人，屬於土著，家境十分寬裕殷實，雖科場不順，但有經濟條件支撐着他一直考下去。直到 39 歲，駱秉章終於高中進士，然後入朝為官。而洪秀全是客家子弟，世代遭受土著的排擠，在夾縫中求生存，祖産積累貧薄，家境貧寒。本想依靠科舉制打個翻身仗，無奈他天生愚鈍，無論多勤奮也不能改變命運。第四次府試落榜後，他突然昏迷瘋狂，并從此走上了造反的道路。洪秀全先是領着兩廣地區的客家人在廣西起事，并率領太平軍殺進湖南，而身為湖南巡撫的駱秉章為了抵禦太平軍，積極創建湘軍，扶持曾國藩、胡林翼，識拔了左宗棠、劉蓉、王鑫、劉長佑、劉嶽昭等一大批湘軍將領，充當着湘軍總司令的角色，其對湘軍的創建和發展起到了極其重要的作用，并奠定了打敗太平軍的軍事基石。1860 年，駱秉章擢升為四川總督，奉命督辦四川軍務。1863 年 4 月，被譽為石達開克星的駱秉章指揮劉蓉、唐炯等"剿滅"了石達開部。

可以説是駱秉章、洪秀全這兩個花縣人，把明清以來的廣東土著、客家之械鬥，搬到了近代中國的歷史舞臺上，而後便是駱秉章率領湘軍、楚軍，與洪秀全率領的、以兩廣客家人為主體的太平軍，相互廝殺了十多年。"同治三年四月二十七日，西元 1864 年 6 月 3 日"[②] 洪秀全在南京病逝，終年 51 歲。洪秀全病逝 3 年後，1867 年，74 歲的駱秉章病逝在四川總督任上。

---

① 亞壺：《駱秉章之謎》，廣州：廣東人民出版社，2014 年，第 13 頁。
② 郭蘊深：《晚期巨人傳——洪秀全》，哈爾濱：哈爾濱出版社，1996 年，第 551 頁。

二、駱秉章為應對太平軍入湘，積極研究對策

1851 年，洪秀全在廣西桂平縣金田村起義。為了積極配合清廷的 "剿匪" 活動，身為湖南巡撫的駱秉章把湖南的兵源源不斷地派往廣西。第一批由提督向榮帶隊，共 2000 人。第二批由綏靖鎮總兵李伏、衡州協副將谷轀燦、澧州營參將朱瀚等分頭統帶，共 1000 人。因為大部分部隊都去了廣西，留在湖南的兵丁就不夠分配了，為此，駱秉章開始在民間徵用農夫入伍。湖南與兩廣毗鄰，為防範太平軍入湘，駱秉章也做了許多防備。

（一）**貯備倉穀，以備戰時急需**。購買穀物需要銀子。當時的官場貪污成風，官員除了年薪之外，搜刮的錢財不計其數，而駱秉章却是那個時代的一個例外。他把官員召集起來開會，并帶頭倡捐銀三百兩。在場的官員見這個以清廉著稱的領導都捐出了鉅款，衹得拿出自己搜刮的部分錢財來。此外，駱秉章還向民間勸捐，用以充實倉儲。

（二）**加固城池，確保長沙城的安全**。因為許多年沒有戰事發生，長沙城的城墻已多處坍塌，其中草潮門連門洞都沒有了，城門也已無法關閉。駱秉章到任後一直想進行修繕，但遭到了進士出身、時任湖南最高學府嶽麓書院山長丁善慶的反對。丁善慶是一省首紳，在湖南民間威望極高。他認為修繕城墻、城門會勞民傷財。由於丁善慶的反對，駱秉章修城的計劃最終破產。

眼見太平軍在廣西起事，戰火要燒到湖南，駱秉章不顧丁善慶與當地其他士紳的反對，又一次帶頭捐出 300 兩銀子，帶動省城各衙門官員捐資，用於修築和加固城門及城墻。但官員的捐款還是遠遠不夠，而湖南當地的士紳又不支持，情急之下，駱秉章上奏朝廷，借用庫款 20000 兩銀子興工，并請自己的同年進士、湖南長沙人陳本欽擔任修城總督理。當時的瀏陽門外，煤灰挨着城墻堆得很高，使得城外的人不用雲梯就能登城，駱秉章請來民工將煤堆全部清理掉。為了加強防禦，駱秉章還請來黃冕鑄炮，在很短的時間裏，趕造出 40 門一二千斤重的大炮，100 門 100 斤重的熟鐵炮。駱秉章親自進行驗試，驗試成功後，就把炮架在城樓上。

（三）**駱秉章編寫《鄉守摘要》，讓鄉紳參照執行**。作為一個文人，駱秉章翻閱歷朝歷代文獻資料，編寫了《鄉守摘要》，隨後下發到湖南各個州縣。一時間，各州縣立即行動起來，紛紛組織民團，進行緊張的練兵，以備抵禦太平軍。駱秉章的《鄉守摘要》非常實用，其內容包括：

1. 巷戰法。該戰法源於明末湖南抗清義士金正希。金正希本是明崇禎年間進士，明朝滅亡後，他組織了一支抗清隊伍，并發明了一種專門對付清兵的巷戰法。這一戰法是在巷

中約 30 家建一横墙，中開一門，横墙之下，對伏約 30 人，每天練習持槍對刺；或者在村外隨地形建一肩高的土墙，用於施放弓箭。

2. 禦賊議。該戰法源於南北朝時期的劉宋名將檀道濟。駱秉章教大家如何把家中農具改造成簡易的兵器：將刀、鍬、鋤、斧等，裝上長柄就是兵器，換上短柄就是農具。還有就是把長毛竹削尖，然後放入桐油鍋中煮，煮過的毛竹比槍刀還鋒利。還有把沙土或石灰裝入鴨蛋殼中，順風的時候抛向敵人。還有投飛石，當敵人逼近時，以 500 人為一排，一齊向敵人投飛石。

3. 籌修備。源於明末周鑒所著《金湯借箸十二第籌》，周鑒是明末著名將領史可法的幕僚。其法是豎兩根長 7 尺的柱子，柱子的 3 尺 5 寸埋在土裏，上邊架一根中段特別粗大的横木；在中間粗的地方鑿一圓眼，用木條穿貫；末段綁一根 7 尺長繩，一頭纏緊，一頭活機，放石頭在筐裏，前段的繩要能拉得起中間那根横木的末梢，等敵人靠近時，放活機，石頭自會飛出去。

4. 飄石説。該説也源於明代的周鑒。其方法是用一根 5 尺長的竹竿，以長繩兩段，一頭紮竹竿上，一頭用繩繫一個直徑 5 尺的裝有石子的皮兜，把竿搖啊搖，石子就扔出去了。

5. 石炮説。此説源於明代抗倭名將戚繼光。在大石頭上面鑿一個洞，在洞内裝入火藥，再弄一條引綫，當敵人接近，點燃引綫後，迅速把大石頭推下去，於是石碎灰飛，用於殺傷敵人。

可以説，正是駱秉章在長沙的苦心經營，包括豐備倉儲、翻修城墙等，纔使得長沙成為太平軍進入湖南後唯一一座沒有攻破的城市。太平軍在攻打圍困長沙 81 天後，衹得放棄進攻長沙，向北進入湖北。駱秉章編寫的《鄉守摘要》也極大地點燃了湖南對抗太平軍的熱情，湖南的青壯年男子紛紛加入湘軍、楚軍，後來，湘軍、楚軍也成為"剿滅"太平軍的主力軍。

三、在駱秉章的準備及籌劃下，南王馮雲山、西王蕭朝貴先後戰死，打破了太平天國内部諸王的權利制衡，使其内訌成為一種必然

1851 年 12 月 17 日，洪秀全在永安以天王的名義下詔旨，加封五軍主將楊秀清、蕭朝貴、馮雲山、韋昌輝、石達開王爵①。隨後，太平軍圍攻廣西的政治、經濟、軍事中心桂林，在圍攻桂林一個月不克的情況下，決定離開廣西，進入湖南。

---

① 中國史學會主編：《太平天國（一）》，上海：上海人民出版社，1957 年，第 67—68 頁。

（一）派江忠源、劉長佑率楚勇在湘桂邊界的蓑衣渡設伏，擊斃南王馮雲山。馮雲山與洪秀全、駱秉章是廣東花縣同鄉，馮雲山比洪秀全小 1 歲，比駱秉章小 22 歲。馮雲山是客家人，祖居廣東龍川縣石灰窯村，其所在的花縣禾落地村，與洪秀全的家鄉官禄布相距約 3 公里。馮雲山出生在一個家道殷實的家庭，和洪秀全年齡相近，二人從小是私塾同學，後又同做蒙館塾師，志氣相投。1843 年，洪秀全創立拜上帝教，馮雲山第一個參加，隨後，洪秀全、馮雲山都丟了塾師飯碗。因為廣東特別是廣州附近經濟條件比較好，大多數人都有錢，加上參加拜上帝教是要掉腦袋的，所以廣東人大多不相信洪秀全這一套。於是，馮雲山就建議洪秀全到廣西去傳教。

1844 年，馮雲山和洪秀全來到廣西貴縣賜穀村洪秀全的表兄家，開始了他們的宗教宣傳活動，但僅待了 3 個多月，因洪秀全表兄家實在太窮，難以再繼續住下去，洪秀全決定返回廣東，他讓馮雲山先走。但馮雲山心有不甘，沒有離開廣西回廣東，而是在廣西繼續尋找傳教的門路。後來，馮雲山聽說桂平縣北有一座紫荆山，那裏山深地僻，是一個從事秘密活動的好地方，於是來到紫荆山區。很快他就有了第一批信徒，這裏面就包括楊秀清、蕭朝貴、韋昌輝、石達開，再加上洪秀全、馮雲山，六個人的領導班子就這樣形成了。可以説，轟轟烈烈的太平天國農民運動，就這樣在馮雲山的一手策劃下拉開帷幕。在某種程度上，太平天國的真正創建者就是馮雲山。當年洪秀全能成為教主并造反成功，其第一功臣就是馮雲山。一開始，太平天國的座次是洪秀全、馮雲山、楊秀清、蕭朝貴、韋昌輝、石達開，但在金田起義前後，洪秀全、馮雲山作為廣東外來的客家人，為了整合桂平當地的客家人，馮雲山的座次被楊秀清、蕭朝貴超越，位居洪秀全、楊秀清、蕭朝貴之後，并出現了楊秀清、蕭朝貴、馮雲山三方權力制衡的局面。

為了防止太平軍進入湖南，1852 年 6 月，駱秉章派江忠源率領 800 "楚勇"前往湘桂邊界堵截。江忠源是湖南新寧人，舉人出身，太平天國在廣西起義後，江忠源組建楚勇，後因剿滅太平軍有功，升至安徽巡撫。為了更好地截擊太平軍進入湖南，駱秉章又派劉長佑率 1200 兵勇前往協助江忠源。蓑衣渡距離全州縣城約 5 公里，是太平軍北進湖南的必經之路，"蓑衣渡大路，上通州城，下達湖南，雖非關津，實為通衢"①。江忠源十分熟悉蓑衣渡的地形，甚至估計到了太平軍會在攻取全州後，乘夏季河水暴漲之機，順湘江北上進軍長沙。所以江忠源趁太平軍在全州酣戰之機，在蓑衣渡水塘灣"連夜督勇數百取大樹，攔江密下排椿，入地出水，各皆三尺有餘"②，以此切斷了湘江航道，江忠源則率其楚勇1000 人紮營西岸。1852 年 6 月 5 日，太平軍 200 多隻船開至蓑衣渡，發現河道堵塞，便就

① 廣西壯族自治區通志館：《太平天國革命在廣西調查資料彙編》，南寧：廣西人民出版社，1962 年，第 130 頁。
② 中國第一歷史檔案館：《清政府鎮壓太平天國檔案史料》，北京：社會科學文獻出版社，1992 年，第 3 冊，第223 頁。（以下祇出注書名、冊數、頁碼）

地構築工事，準備開戰。作為戰爭總指揮的南王馮雲山是重點保護對象，本應居於中間位置，祇因南王行軍時太過張揚，乘坐一頂非常氣派的黃轎，旁邊還簇擁着很多人一起前進，這一幕剛好被一名清軍炮兵看見。這名炮兵在没有請示上級的情況下，對準轎子就是一炮，就這樣馮雲山被擊斃。可以説，正是駱秉章派出楚勇在全州蓑衣渡"伐木作堰"，并設下埋伏，纔擊斃了馮雲山。

　　（二）駱秉章擔當留守長沙之重責，炮斃西王蕭朝貴，為後來太平天國的内訌起到了推波助瀾的作用。1820 年，蕭朝貴出生在廣西武宣縣河馬鄉上吳關村一個普通農民家庭，其父為蔣萬興。後因被過繼給蕭玉勝為子，故改姓蕭，名蕭朝貴。蕭朝貴没有接受文化教育，少年時期就跟隨養父到桂平市紫荆山山區，靠種菜、耕山、燒炭度日。23 歲時，與好友楊秀清加入了洪秀全的拜上帝會，成為拜上帝會最早的成員。1848 年，馮雲山在桂平傳播教義時被朝廷捉拿下獄，洪秀全返回廣東，主張向巡撫、總督請願營救。當時拜上帝會人心動摇，面臨解散，為了安撫會衆，楊秀清、蕭朝貴假托天父、天兄下凡附體，安定了人心。因為有天父、天兄下凡的經歷，所以蕭朝貴、楊秀清在拜上帝會中有着極高的地位，慢慢超越了二號人物馮雲山。1851 年，20000 多名拜上帝會成員在金田村起義，蕭朝貴、楊秀清成為扶持洪秀全起義的"雙鳳"。其後蕭朝貴帶領教衆與清軍展開鬥爭，并攻下許多城池，為太平天國的創建作出了巨大的貢獻。

　　洪秀全原先進入湖南的戰略計劃是，太平軍途經全州時，分兵兩路進入湖南，一路直撲衡陽，一路直撲長沙。太平軍在蓑衣渡遭遇江忠源的伏擊後，為了避免與江忠源的部隊正面衝突，洪秀全改變了原定的進軍路綫，轉向進攻湖南道州，然後從道州進攻長沙。道州守備兵力很少，太平軍僅用了 2 天就拿下了道州，"道州是太平軍攻陷湖南的第一座城池"①。隨後，太平軍在道州休整了 2 個月，然後勢如破竹，横掃嘉禾、郴州。太平軍占領郴州後，再次休整兵馬，并令蕭朝貴為行軍主帥，帶領先鋒部隊急行軍攻伐各地，想將主力軍隊挺進至長沙城。

　　就在此時，咸豐皇帝"詔秉章開缺來京"②。駱秉章為何被朝廷撤去湖南巡撫一職？過去大家都以為，是因為道州失陷，皇上怪罪他没做好防守③。事實上，咸豐皇帝撤去駱秉章巡撫職務時，還没有收到湖南道州失守的奏報。關於駱秉章丢官的原因，《清史稿·駱秉章傳》中有記載，是因為大學士賽尚阿率兵前往廣西鎮壓太平軍時，途經湖南，"以供張薄，有嫌，密奏湖南吏治廢弛"④。駱秉章因此而丢官。

---

① 胡力平：《駱秉章傳》，廣州：廣東人民出版社，2018 年，第 95 頁。

② 趙爾巽：《清史稿》卷四百六列傳一百九十三《駱秉章》，北京：中華書局，1977 年，第 39 册，第 11919 頁。（以下祇出注書名、卷次、頁碼）

③ 胡力平：《駱秉章傳》，廣州：廣東人民出版社，2018 年，第 96 頁。

④ 《清史稿》卷四百六列傳一百九十三《駱秉章》，第 39 册，第 11919 頁。

當時，朝廷命湖廣總督程矞采駐守衡州，也就是今天的湖南衡陽，防止太平軍北進。程矞采得知永州被太平軍攻陷後，準備逃離衡州，説是要退保長沙。衡州知府陶恩培哀求説："衡州，楚之門户，棄則全楚震矣!"① 但程總督早已被太平軍嚇破了膽，不顧全城百姓痛哭挽留，趁着夜色換上便裝，沿湘江乘船逃往長沙。總督及守城官兵一夜間消失，嚇壞了衡州百姓，一些女子怕城破後被擄走，紛紛投湘江自盡。程矞采逃離衡陽的事很快傳到長沙，長沙紳民拒開城門，不許程矞采入城，程矞采衹得又返回衡州。然而不知何故，太平軍竟繞開了衡州。

駱秉章此時完全可以借"開缺來京"② 的聖旨離開長沙，朝廷已任命在籍丁憂的翰林羅繞典幫辦軍務，接替駱秉章的新巡撫張亮基也已在趕赴長沙的路上。此時的駱秉章在湖南已無權無職。但大敵當前，駱秉章却不願意離開傾注着他大量心血的長沙城。1852 年 6 月，駱秉章在爭取到湖廣總督程矞采的同意後，把鎮守苗疆的"鎮箪鎮官兵五百名，苗兵一千名"③ 調入長沙城聽候調遣，并積極參與長沙城的守衛工作。為了確保長沙城不被太平軍攻克，駱秉章提出燒掉靠近城墻的房屋，因為這些房屋容易成為敵人攻城的據點。幫辦軍務的羅繞典却説，城外的房子太多，事關鄉紳的物業，認為燒了太可惜。妙高峰為近城高嶺，山上建有富户大宅，駱秉章計劃在上面部署守軍，也遭到反對，認為是部隊闖進了民宅。

1852 年 9 月 10 日下午，蕭朝貴率軍歷時 20 餘日，行程 800 餘里，抵達長沙城外十里處。是時，長沙"城中僅存四川、江西官兵二千餘名"④，長沙城外"距城二餘里之石馬鋪，有陝西官兵二千名，又十餘里之金盆嶺有九蹊等營官兵一千餘名屯紮"⑤，此外，還有招募的瀏陽壯勇 2000 名。9 月 11 日，太平軍開始進攻城外的清兵，蕭朝貴首戰消滅清軍 700 餘名，西安鎮總兵福誠、潼關協副將尹培立陣亡。太平軍攻占長沙東南要塞石馬鋪，繳獲了大量物資。隨後，清軍進入長沙城，太平軍開始攻城。9 月 12 日，蕭朝貴命令林鳳祥、李開芳率牌刀手主攻南門，自己則身先士卒，親自在妙高峰指揮太平軍對城內開炮。駱秉章指揮清軍在城墻上開炮還擊時，炮彈擊中了蕭朝貴的胸部，32 歲的蕭朝貴不幸犧牲。

在太平天國內部，楊秀清的"天父下凡"與蕭朝貴的"天兄下凡"是得到洪秀全及教民認可的，在很大程度上，楊秀清與蕭朝貴相互制約、相互掣肘，這樣就不至於威脅到洪秀全的地位。但隨着蕭朝貴的去世，楊秀清的"天父下凡"直接威脅到洪秀全，太平天國的內訌成為一種必然。太平天國占領南京後，是洪秀全與楊秀清的內訌使得太平天國一步

① 《清史稿》卷四百六傳一百八十二《陶恩培》，第 39 册，第 10816 頁。
② 《清史稿》卷四百六列傳一百九十三《駱秉章》，第 39 册，第 11919 頁。
③ 《清政府鎮壓太平天國檔案史料》，第 3 册，第 397—398 頁。
④ 同上，第 499 頁。
⑤ 同上，第 482 頁。

步步走向滅亡，足見駱秉章守衛長沙城、擊斃蕭朝貴的重大意義。蕭朝貴戰死後，太平軍主力開始圍攻長沙城，長沙城總共被太平軍圍困了 81 天，却始終沒有被攻破，而這中間功勞最大的正是駱秉章。

四、網羅人才，協調各方面關係，成為湘軍真正意義上的領袖

太平軍從長沙撤離後，繼續北進湖北。因駱秉章在守衛長沙戰役中的出色表現，朝廷下旨駱秉章"幫辦湖北軍務"①。當駱秉章與欽差徐廣縉到達嶽州時，武昌已被太平軍攻陷，駱秉章又接到聖旨"署理湖北巡撫"②。1 個月後，湖北巡撫崇倫到任，於是，駱秉章遵照前旨"開缺來京"。駱秉章離開湖北前往北京，到達河南汝寧境内時，又接到一份聖旨，讓他"署理湖南巡撫"③。於是，駱秉章返回湖南。1853 年 4 月，61 歲的駱秉章再次接過湖南巡撫的大印。

當時的湖南内憂外患。内政方面，吏治不嚴，民不聊生。道光末年，發生了武岡搶米殺知州，最後不了了之的事；還有耒陽抗糧、寧遠會黨攻打縣域、新寧捧捧會之亂、李沅發造反等等。吏治方面，湖南也多次遭到道光帝痛斥，原湖南巡撫陸費泉，布政使萬貢珍、辰沅，永靖道呂恩湛，都因貪污腐敗而被撤職查辦。湖南外部面臨的是太平天國的興旺發展。此時太平天國定都南京，改南京為天京。洪秀全、楊秀清兵分兩路：一路從揚州出發，北伐北京；一路沿長江西征。西征軍勢如破竹，攻克九江、安慶、漢口、漢陽，控制了長江沿綫的鄂、贛、皖、蘇各省，對湖南及長江以南形成半包圍之勢。面對複雜的局面，臨危受命的駱秉章要考慮兩個問題：一是要維護湖南境内的穩定，除了整頓吏治外，還要組織軍隊鎮壓湖南境内的動亂；二是要防止太平天國攻打湖南，籌集軍餉支持曾國藩的湘軍與太平天國作戰。駱秉章兩次出任湖南巡撫，主政湖南長達十年，剛好貫穿了湘軍創建、興起的全過程，其對"剿滅"太平天國的作用主要表現在以下幾個方面。

（一）協調各方關係，全力支持曾國藩和湘軍，為打敗太平軍奠定了堅實的軍事基礎。1852 年，曾國藩遵照聖諭到江西擔任主考官，到達安徽境内時，得知母親病故，隨即從安徽回湖南奔喪。當時太平軍正在圍困長沙城，為了安全起見，曾國藩避開長沙，改道嶽州，轉奔湘陰、寧鄉。"當時，清朝有旗兵和緑營兵八九十萬，而個個貪污腐敗，談不上戰鬥

---

① 《駱文忠公自訂年譜》卷上，《北京圖書館館藏珍本年譜叢刊》，光緒二十一年（1895），第 26 頁。
② 同上，第 27 頁。
③ 同上。

力。"① 為了儘快"剿滅"太平天國，咸豐皇帝諭旨曾國藩在守制期間辦理團練，組建湘軍。作為湖南省最高行政長官的湖南巡撫駱秉章，舉全省之財力、物力、人力，全力支持曾國藩組建湘軍。

今天一説到太平天國時期的湘軍，人們立馬就想到是曾國藩創建的，專門用來"剿滅"太平天國的，其實并不是這樣。"湘軍"一詞，最早源於王闓運的《湘軍志》，王闓運是晚清經學家、文學家，《湘軍志》完整記述了湘軍的歷史。從廣義上講，湘軍指的是整個湖南的軍隊，而不是專指曾國藩訓練的那支湘軍部隊。而且湘軍派系林立，除了曾國藩在衡陽訓練的湘勇外，還有胡林翼的黔勇，江忠源、劉長佑之楚軍，王鑫的老湘軍，他們彼此之間没有隸屬關係，而且胡林翼、江忠源、劉長佑、王鑫都是湖南人。早在曾國藩舉辦團練之前，江忠源的楚勇已聞名湖南、廣西兩省，當時不少人甚至稱楚勇為江家軍。著名歷史學家陳寅恪把湘軍分為三支：一支為曾國藩、彭玉麟、胡林翼所轄；一支為左宗棠所轄；一支為江忠源、劉長佑、劉坤一所轄。

鑒於湘軍派系林立，所以當時也祇有湖南巡撫駱秉章能調動全部湘軍。譬如，楚勇在江忠源死後，歸劉長佑、江忠義等統領，他們始終與曾國藩保持距離，不受曾國藩的管轄與節制。與太平軍開戰時，曾國藩曾數次想調動楚勇救援，均遭到劉長佑的反對。後來劉長佑做了廣西巡撫，仍對曾國藩持戒備之心，楚勇依然保持着江家軍、劉家軍的旗號。但劉長佑對駱秉章是絕對服從的。劉長佑手下有一名叫蕭啓江的將領，能征善戰，而且與曾國藩同為湖南湘鄉人，曾國藩對他非常欣賞，一直想為自己所用。為此，曾國藩兩次通過朝廷降旨，向劉長佑要人，但都被劉長佑以各種藉口上奏擋了回去。無可奈何之下，曾國藩祇能給駱秉章的幕僚左宗棠寫信，請駱秉章出面調解。駱秉章一出馬，問題馬上得到了解決。王鑫更是如此，他很早就脱離了曾國藩的陣營，跑到駱秉章這邊接受調遣。還有胡林翼，他是靠600多名黔勇起家的，後來憑藉軍功，坐上了湖北巡撫的位置。江忠源死後，胡林翼也想收納劉長佑的楚勇，也同樣遭到了拒絕。所以，當時能對整個湘軍發號施令、居中調停、全盤駕馭的，祇有駱秉章一人。

其實，曾國藩與駱秉章之間一開始曾鬧過不愉快。為了抵禦太平軍，大大小小的兵勇彙聚長沙城，這些部隊以地域命名：來自湘鄉的叫湘勇，來自辰州的叫辰勇，來自寶慶的叫寶勇，來自永順的叫永順兵。當時，曾國藩手下的部隊有兩支：一支是農夫組成的湘勇，還有一支是曾國藩從綠營兵挖過來的辰勇。因為辰勇與永順兵賭博掐了起來，永順兵大敗辰勇，并衝進曾國藩的公館。曾國藩欲哭無淚，祇有請駱秉章出面擺平。駱秉章姍姍來遲，使得險些遭到爆毆的曾國藩非常憤怒，曾國藩認為駱秉章譏笑了自己，憤而移駐衡州。但

---

① 湯餘：《曾國藩傳》，北京：中國文史出版社，2015年，第59頁。

很快雙方都認識到了合作的重要性，并很快化解了矛盾。1854 年 9 月到 12 月間，雙方通信達百餘封，曾國藩在通信中稱比自己大 18 歲的駱秉章為"老前輩"，駱秉章也在方方面面全力支持曾國藩。1854 年 2 月，太平軍第二次攻進湖南，曾國藩在靖港遭遇慘敗，湖南布政使徐有壬、按察使陶恩培找到駱秉章，提出要參奏曾國藩，駱秉章却制止説："老曾還是忠心為國的，我們還是静静地等待老曾的成長吧。"①

　　1854 年，曾國藩東征時，駱秉章竭力支持，"糧糧船炮軍械，公悉力資給焉"②。湖南省經駱秉章批核，每月解銀支援湘軍達 30 萬兩，一年為 300 餘萬兩，可謂數額巨大。當曾國藩接連敗於太平軍，并困守南昌時，駱秉章依然力挺曾國藩，"秉章至是鋭意東援，令江忠濟出通城以固嶽州，令劉長佑、蕭啓江率軍分路入江西"③。1857 年，曾國藩的父親去世，曾國藩回籍奔喪後不出。1858 年，又是駱秉章向朝廷請命，要求重新重用曾國藩。駱秉章表示，"擬由湖南每月等解餉銀二萬兩給曾國藩，并派出蕭啓江等一萬餘楚軍供曾國藩調遣"④。

　　可以説，正是有了駱秉章的鼎力支持，曾國藩纔没有後顧之憂，進而一心一意在前方與太平軍作戰。1860 年，曾國藩在奏摺裏稱："湖南一省向稱瘠苦之區，年來防剿本省，援應鄰封，兵勇分道四出，而餉糈猶能為繼，良由經理得人，取民有道。前者助剿江西，協濟黔粤，歲費百餘萬兩。"⑤ 説的就是駱秉章對湖南經營治理得非常出色，為湘軍提供了源源不斷的軍餉供應，為打敗太平軍奠定了堅實的物質基礎。

　　（二）網羅識拔了左宗棠、劉蓉、王鑫、劉長佑、劉嶽昭等一大批湘軍將領，奠定了打敗太平軍的人才基石。1812 年 11 月 10 日，左宗棠生於長沙府湘陰縣左家塅。左宗棠曾就讀於長沙城南書院，20 歲鄉試中舉，此後在會試中屢試不第。儘管左宗棠僅是一個舉人，但他滿腹經世學問，兩江總督賀長齡曾誇贊左宗棠是曠世奇才。左宗棠性格孤傲，常常自喻是當世諸葛亮，所以别名為"今亮"。駱秉章剛任湖南巡撫不久，就聽説左宗棠之名，於是找到胡林翼，請他把左宗棠引薦給自己。在湖南湘陰老家隱居的左宗棠被駱秉章的誠意打動，欣然答應做駱秉章的幕僚。此後，二人持續合作了整整 6 年。左宗棠正是在駱秉章的發現和培養下，成為湘軍的第二號人物，并在後來成就一番歷史偉業。

　　左宗棠擔任幕僚期間，駱秉章對他非常信任，也非常尊重，甚至到了言聽計從的地步。巡撫衙門内的大小事務都由左宗棠一手辦理，駱秉章很少過問。太平軍攻擊湖南時，左宗棠輔佐駱秉章，推行"内清四境""外授五省"的策略。由於駱秉章的大膽放權，在左宗

① 朱孔彰：《中興將帥别傳》，長沙：嶽麓書社，1989 年，第 262 頁。
② 同上。
③ 《清史稿》卷四百六列傳一百九十三《駱秉章》，第 39 册，第 11922 頁。
④ 黎庶昌：《曾國藩年譜》，長沙：嶽麓書社，1986 年，第 95—96 頁。
⑤ 《清政府鎮壓太平天國檔案史料》，第 22 册，第 741 頁。

棠的盡心籌劃下，湖南的軍事形勢轉危為安，湘軍出省作戰更是捷報頻傳，并多次受到朝廷的嘉獎。

1858 年，湖廣總督官文（滿洲正白旗人）推舉他小妾的哥哥樊燮署理湖南提督，隨後，朝廷就收到了駱秉章參劾樊燮的奏摺。駱秉章參劾樊燮的理由有 2 條：（1）違例乘輿；（2）役使兵弁。首先，按照清朝制度，武官衹能騎馬，騎馬纔能時刻鍛煉身體；如果武官坐轎子，不免會使身體變弱，所以武官乘輿就是違例，而樊燮出行乘轎就是違例。其次，樊燮經常讓士兵到他家裏為他幹家務活，包括抬轎子、看大門、搞裝修、種花草等，這叫役使兵弁，也是清朝制度不允許的。平時駱秉章的重要奏摺大都由左宗棠起草，并由左宗棠直接發出，這份奏摺也不例外。咸豐皇帝批示對樊燮作立即開缺處理，并交駱秉章處理此事。1859 年，樊燮來到長沙，向駱秉章彙報工作。隨後，樊燮就向咸豐皇帝誣告左宗棠，説自己因没有向左宗棠行禮，遭到左宗棠的暴揍，被打得口吐鮮血，滿地找牙。咸豐皇帝信以為真，説白了就是朝廷想藉此打壓一下湘軍的氣焰。他們都不敢招惹駱秉章，因為駱秉章太過廉潔，幾乎找不到任何把柄，所以，就將矛頭指向駱秉章的助手左宗棠，通過收拾助手，達到收拾駱秉章的目的，并藉以威懾湘軍集團。隨後，咸豐皇帝下令由官文調查此事，如果情況屬實，就將左宗棠就地正法。

為了營救左宗棠，駱秉章向朝廷奏明樊燮的斑斑劣迹，并將賬簿、公稟、供詞等檔案遞送軍機處核查，但咸豐皇帝却没有表態。駱秉章又致信給 "肅門六子" 之一高心燮，請他在權臣肅順面前給左宗棠説情。在高心燮的遊説下，肅順在咸豐皇帝面前求情，左宗棠得以免禍。不久，左宗棠升任浙江巡撫，又升任閩浙總督。後來，劉坤一評述此案時説："若非駱文忠極力主持，胡文忠（引者注：指胡林翼）設法排解"[①]，左宗棠難免一死。1860 年，駱秉章與左宗棠即將分別時，左宗棠非常感激駱秉章的栽培之恩，并説："儒門先生之撫吾湘，前後十載，德政既不勝書，武節亦非所短，事均有迹，可按而知。……宗棠以桑梓故，勉佐帷籌，九載於兹，形影相共，惟我知公，亦惟公知我，雖以此為媚相所不容，為小人所共構，未敢以此幾微變其初度也。外間論者每以儒公之才不勝其德為疑，豈知同時所歎為有德者，固不如儒公，即稱為有才者，所成亦遠不之逮乎。"[②] 駱秉章病逝於四川時，左宗棠還寫了挽聯，以表達對駱秉章的感懷之情："公為諸葛上流，盡瘁鞠躬，死而後已；我待文忠數載，感恩知己，生不能忘。"[③]

除左宗棠外，駱秉章還網羅識拔了劉蓉、王鑫、劉長佑、劉嶽昭等一大批湘軍將領，并最終奠定了打敗太平軍的人才基石。此外，由於湘軍連年征戰，先後有數萬名將士捐軀

---

① ［清］劉坤一：《劉坤一遺集》（卷五），臺北：文海出版社，1967 年，第 2074 頁。
② 徐一士：《近代筆記過眼録》，北京：中華書局，2008 年，第 124 頁。
③ 王馳：《中國楹聯鑒賞辭典》，長沙：湖南文藝出版社，1991 年，第 670 頁。

沙場，為了褒獎這些捐軀的將士，駱秉章在長沙建了湘軍忠烈祠，用以祭奠陣亡的英烈。他還籌款在湘軍戰鬥過的地方建表忠祠，在曾國藩的家鄉湘鄉設忠義樹，支持李鴻章在無錫籌建淮湘昭忠祠等，同時還在長沙成立榮軍遺族學校求忠書院，讓死難將士的子弟能入學讀書，接受教育。可以説駱秉章的這些舉措，不僅鼓舞了湘軍的戰鬥士氣，也深得人心。

五、駱秉章出任四川總督，周密準備，用計謀"剿滅"翼王石達開

石達開綽號石敢當，客家人，祖籍廣東省和平縣，1831 年 3 月生於廣西貴縣。縱觀石達開的一生，他 16 歲受訪出山，19 歲統帥千軍萬馬，20 歲被封為翼王，是太平天國首義五王之一。"天京內訌"發生後，洪秀全留石達開在京輔政。1857 年夏，因洪秀全猜忌石達開意欲謀反，石達開祇得率精兵 10 萬離京出走。隨後，石達開率軍南下，轉戰於浙、贛、閩、桂、黔、滇、川各省。駱秉章早就料到石達開會入川圖謀發展，以求割據四川，於是派唐友耕、劉嶽昭对石達開所部窮追不捨，并設法阻擊。1860 年，67 歲的駱秉章"奉上諭赴四川督辦軍務"[1]。1861 年，駱秉章被"補授四川總督"[2]。為了"剿滅"石達開，可以説駱秉章做了周密的準備。

（一）**入川時，請劉蓉擔任幕僚**。劉蓉是湘勇的組建者之一，曾隨曾國藩、羅澤南征戰江西、湖北，并以軍功保武昌知縣。劉蓉素有"臥龍"之譽，當時在湘軍中，羅澤南被稱為"老亮"，左宗棠被稱為"今亮"，而劉蓉則被稱為"小亮"。劉蓉進入駱秉章的視野與左宗棠的推薦密不可分。因樊燮案，左宗棠不得不離開駱秉章。左宗棠離任前，就向駱秉章推薦由劉蓉接替他的職務，但幾次致信相邀，都遭到了劉蓉的婉拒。後來，駱秉章與左宗棠轉求湖北巡撫胡林翼幫忙，恰逢劉蓉的弟弟在湖北陣亡，劉蓉離開軍營，而此時劉蓉的父親也剛剛去世。劉蓉到長沙，請駱秉章代他上奏朝廷，駱秉章藉此機會，强留劉蓉與他一同赴四川。劉蓉祇得勉强答應，并與駱秉章約定"以半年為限"[3]。最終劉蓉同意出任駱秉章的幕僚，并隨駱秉章入川。在"剿滅"石達開的過程中，劉蓉起到了很大的作用。

（二）**建立完備的軍事防務體系**。駱秉章入川時，帶了黃淳熙部 5100 人，加上已在成都的蕭啓江的餘部，共 12000 人左右，這算是駱秉章從湖南帶到四川的嫡系部隊，被稱為楚軍。除了楚軍外，還有四川的黔軍和川軍，這三支部隊算是當時清廷在四川的正規部隊。駱秉章入川前，楚軍蕭啓江部和川軍、黔軍之間互不信任，駱秉章到四川後，對川、黔軍

---

① 胡力平：《駱秉章傳》，廣州：廣東人民出版社，2018 年，第 215 頁。

② 同上。

③ 《湖南省博物館藏近現代名人手劄》，第 1 册，第 281 頁。

進行了整頓，情況發生了很大的變化。駱秉章是這三支部隊的最高統帥，部隊官職都要由駱秉章任命，而且要絕對服從指揮。當然，這三支部隊中，楚軍的戰鬥力最強；由於川軍中的能人很少，戰鬥力弱，駱秉章通常祇派其做一些防守性工作。

為了能讓三支正規部隊集中精力對付李藍的順天軍和石達開的太平軍，駱秉章入川後，多次命令四川各州縣整頓團練。全省的團練工作由四川大吏直接掌管，各道府設置團練總局，各州縣設團練分局，各鄉鎮建立民團。駱秉章還允許各個州縣就地籌餉，精選常練 500 人為一營，以州縣官員充當管帶。這樣，四川 100 多個州縣總計可練丁 80 萬到 90 萬人。官府不用花費軍餉，就增加了近百萬兵力。駱秉章還規定，本地的土匪，要由本地的常練進行肅清，不要動不動就請兵。

（三）要選好將，挑好兵。駱秉章認為，用軍之道，選將為難。在擔任湖南巡撫期間，他慧眼識才，發現并提拔了胡林翼、江忠源、劉長佑、羅澤南等將領。在執掌四川軍務、擔任四川總督期間，他又有發現了黃淳熙、胡中和、唐友耕、劉嶽昭、周達武等一大批軍事將領。正是靠這些將領，駱秉章纔最終打敗了石達開。駱秉章對選兵也非常重視。在四川時，駱秉章曾彈劾雲南巡撫林鴻年 "招撫滇匪李開甲，使其得以進入四川擄掠；縱容屬下李宜太，借回湘募勇之機，在途招搖滋事"。他還認為不能招募散練遊勇："既李永和竄擾川省，亦雲南之散練也，詎可輕言招募。"[①] 由此可見，駱秉章對選兵的要求也是非常嚴格的。

（四）建立情報機構，多方搜集軍事情報。從入川開始，駱秉章就非常關注軍事情報的搜集，為此，他在軍中設立了情報機構，為部隊作戰搜集軍事情報。當時中、下級軍官的麾下也都有大量的偵卒與探差，四川各地的州縣、團練裏也有專門從事情報工作的人員。這些情報機構與駱秉章的情報機構搜集到的情報，通過比對，就可以獲得更加準確的情報。作戰部隊在準確情報的支援下，纔能打勝仗。譬如，在石達開撤退時，經駱秉章授意，雅州知府蔡步鍾遣心腹收買耳目，化裝成難民刺探石達開行蹤，并沿途留下記號，使得清軍總能尾隨在石達開的部隊之後。

（五）用計謀引誘石達開進入紫打地，迫使其投降。1863 年春，石達開率部從雲南邊境的米糧壩渡江，急速進入四川。駱秉章提前為石達開部設計好了行軍路綫：即迫使石達開部經冕寧、大橋、拖烏、鐵宰宰到達大渡河邊上的紫打地。為了引誘石達開走這條路綫，駱秉章命樟木菁村民賴由誠以向石達開獻策為名，引誘石達開從小路到達紫打地。就這樣，一向足智多謀的石達開，終於鑽進了駱秉章為他布置好的口袋裏。1863 年 5 月，石達開力圖搶渡大渡河，但被總兵唐友耕及雅州知府蔡步鍾擊退，後又被土司岑承恩率領的夷兵斷

---

① ［清］駱秉章：《奏為統籌滇黔兩省軍情緩急情形恭折》，《駱文忠公奏稿》川中稿，卷八。

了糧道。6月，石達開部再次搶渡大渡河老鴉漩，被夷兵王應元部阻截，進退無路。石達開的妻妾5人抱幼子2人投河自盡。清軍參將楊應剛等直攻石達開的大本營紫竹地，焚其營壘。在石達開彈盡糧絕的情況下，駱秉章又命楊應剛在洗馬姑豎"投誠免死"的大旗招降，從心理上瓦解石達開部的軍心。石達開心存幻想，想"捨命以全三軍"[①]。6月13日，石達開攜子石定中及宰輔曾仕和等官員向楊應剛投降。至此，太平天國5位首義王，除了楊秀清、韋昌輝死於天京事變外，其餘3位王馮雲山、蕭朝貴、石達開均死於駱秉章之手，足見駱秉章對"剿滅"太平天國的重要作用。

作者單位：廣東海洋大學

---

① 陶短房：《這個天國不太平》，北京：中華書局，2010年，第51頁。

黃雲鵠宦蜀詩文及其碑刻

馮修齊

　　黃雲鵠（1819—1898），又字芸谷，號祥人，翔雲、緗芸，湖北蘄州（今湖北省黃岡市蘄春縣）人，北宋著名文學家、書法家黃庭堅十七代孫，晚清重臣張之洞密友，近代著名經學家黃侃（季剛）之父。清咸豐三年（1853）中進士，官刑部主事。同治七年（1868）出為四川雅州知府，以後相繼任成都知府、分巡建南兵備道、署理通省鹽茶道、署四川按察使。黃雲鵠為官清廉，執法嚴正。後因在按察使任上平反冤獄，得罪了蜀地權貴，光緒十六年（1890）降為分巡川南永寧道，同年八月辭官攜家返鄉，宦蜀長達22年。返鄉後，歷任湖北兩湖、江漢、經心三書院山長。黃雲鵠為清末著名學者，經學家、文學家、書法家。其書法近黃庭堅，筆勢蒼勁雄健，在蜀中留下衆多墨迹。他擅長詩文，著有《實其文齋詩鈔》六卷、《實其文齋文鈔》八卷、《學易淺説》十四卷、《群經引詁大旨》二卷，以及《緗雲詩鈔》《緗雲詩續鈔》《祥人詩鈔》《祥人詩續鈔》《祥人歸田詩鈔》等。編纂有《粥譜》等。

我生癖文字　廿年宦迹留

　　清嘉慶二十四年（1819）臘月初一，黃雲鵠生於湖北蘄州大同鄉螭堆山畔（今蘄春縣青石鎮大樟樹村）。父名敬堂，母吳氏，兄雲鴻。他幼時外憨内慧，頗篤於學，且好咨問。父時講論古今事不輟，每食亦然。稍長，父誘以聖賢微言大義及古名臣立身經世之法。道光十二年（1832）三月，父病卒。母忍慟辦理父喪，自此教讀益嚴。

　　咸豐三年（1853），黃雲鵠赴京師會試，欽賜進士，官刑部主事。咸豐六年（1856）任決囚官，在一次處決五名囚犯的歸途中，連遭賊匪攔截，最後脫險，從此決計離開刑部。同治二年（1863）由刑部改兵部，官兵部軍機章京。歷四考，遍涉諸司，後掌車駕（管理全國驛道車輛馬匹）。雲鵠以好學能文名噪京師。

　　同治七年（1868）六月二十日，雲鵠奉命以兵部郎中、欽加三品銜出知雅州府事，時年49歲。赴任前跋涉燕、豫、楚、蜀六千里，經半年到達雅州。同治八年（1869）三月，作《初到雅州戲題日食簿子》詩。同治九年（1870）五月，倡議重建雅州武侯祠竣工，并作《雅州重建武侯祠記》。四月到十月間，在政務之餘，前後五次為雅州府學諸生授課，講自著《勸學說》五篇，“比至期集者數千人，咸肅衣冠入，竟日無嘩”。六月二十日，解雅州任，改成都知府。

　　同治九年（1870）七月初一到成都，初三視事。十一月作《始赴郡試院》詩。次年三月，雲鵠送成都將軍完顏崇實入覲進京，歸途過寶光寺，為真印禪師留題七絕詩一首：“偶乘驄馬出巡春，古寺經過感勝因。五百羅漢開口笑，祇應笑我是勞人。”六月二十三日，奉命由成都知府分巡建南兵備道。七月二十日，解成都府任。

　　同治十年（1871）八月二十四日，黃雲鵠抵建南道署雅州。建南道轄雅州、寧遠、嘉定三府，眉、邛二州，藏衛臺站及西南土司，九月九日作《九日登龍觀山》詩。雲鵠與新繁龍藏寺方丈、詩僧雪堂含澈和尚交誼甚厚。同治十二年（1873）閏六月初八，雪堂攜所刊《紗籠詩集》，冒暑到雅州請雲鵠作序。此詩集薈萃唐以後詩家於佛教有關涉者，輯為十六卷。十七日，雲鵠與雪堂同遊蒙蔡諸山。後納涼於雅州武侯祠，雲鵠書《建南冬暇出遊》詩。

　　同年十月十五日，雲鵠再遊蒙山，鑒於永興寺為雅州名剎，僧人之間，僧俗之間時有矛盾。為保寺中安寧，特製《建昌道黃諭》刻石：“少蒙五頂山下，有寺名曰永興。實為雅名勝地，護持全賴山靈。我有兩言留鎮，闍黎檀越同聽。出家分家可鄙，入寺擾寺堪憎。違此兩戒神怒，鬼責更犯官刑。名勝人人宜惜，茲寺庶幾永興。同治十二年冬十月十五日示。”雪堂在雅州廿餘日，登蒙頂，上龍觀，作詩甚多。雲鵠將其舊作《建南冬暇出遊》以雞毫書之，雪堂將墨跡攜歸，刻石於龍藏寺碑林。

　　黃雲鵠出守雅州，移知成都府，分巡建南道，攝理鹽政，皆奉其母，竭盡孝道。光緒元年（1875）八月二十六日，母胡太夫人卒，雲鵠扶柩歸葬蘄州，在太夫人墓側築精舍守孝，專意讀經，謝絕來訪。光緒三年（1877），胡太夫人被朝廷加二品翎服，謚封夫人，雲鵠撰《太夫人墓表》。光緒四年（1878），黃雲鵠守孝三年，起服入京，復官還蜀。

　　光緒六年（1880）立夏前一日，黃雲鵠到新繁龍藏寺訪赴京為大朗禪師請封歸來的雪堂和尚。雲鵠書詩曰：“青城別仙客，紺宇訪瞿曇。見說浮滄海，仍歸隱碧嵐。桐宜長夏鼓，梅記隔冬探。浪定龍安臥，清光月滿潭。"四月初某日，微雨初霽，雪堂約遊成都大慈寺。大慈寺座元隱山禪師因大慈寺重修將竣工，乃以紙鋪大殿臺階上，請書"古大聖慈寺"五字為寺額。秋，雲鵠為成都文殊院法基大和尚撰書聯語："無色聲香味觸法；依般若波羅蜜多。"

光緒七年（1881）春初，雲鵠再次與雪堂遊大慈寺，隱山禪師請撰書《遊大慈寺記》。五月，雪堂請書雲鵠九年前所作《祀神文》，刻石於龍藏寺碑林。六月初六在雪堂陪同下，遊成都大慈寺、駱文忠公祠，夜宿百花潭寶雲庵。初七上午，雲鵠與雪堂和尚、澄中煉師泛舟於百花潭上，觀賞公在百花潭上新建樓閣。雲鵠命從人燒柳枝為墨，於舟中繪《花潭曉泛圖》，記事題詩其上。雪堂又賦詩相和："三面清溪繞一樓，登臨高把錦城秋。青羊迤邐連西北，白鹿巍峨接斗牛。寶月雲中明以鏡，浪花潭上散如漚。以知此後邀頭日，多少都人說快遊。"

光緒八年（1882）五月，雲鵠以欽命二品頂戴、賞戴花翎任四川分巡建昌兵備道，署理通省鹽茶道。正月初四自成都啓行，遊德陽西 40 里之孝泉，訪漢代大孝姜詩故宅及廬墓，流連三日乃去。此行共歷十日，經五縣，得詩十七章，題曰《孝泉遊草》。

光緒九年（1883）五月初九，雲鵠與雪堂遊彭縣丹景、白鹿、葛仙諸山，十五日作《彭遊旋記》。

光緒十年（1884 年）九月十五日，雪堂刻雲鵠書《司馬溫公解禪偈》於龍藏寺碑林。雲鵠作《龍藏寺口占》詩："七年遊遍錦江涯，每入龍藏似到家。""為訪心交繞道來，錦江西上灌江隈。綠天再到知何日，笑喚僧雛進酒杯。"夏，乞假遊丹景、白鹿、葛仙未果，宿龍藏寺而旋，留別雪堂長老及星槎方丈作七絕四首，書寄丹景山得月開士。其中《別花神》詩云："岷峨勝迹浪遊頻，丹景今年已過春。留語花神莫惘悵，明年還作看花人。"

光緒十一年（1885）五月，黃雲鵠任四川按察使。九月十八日至三十日，雲鵠自成都啓行，與雪堂、星槎、德陽王勖齋、彭縣僧真全等遊彭縣。十八日乘輿出成都北門，經萬福橋、玉局觀、威鳳山、崇義橋、龍橋，抵新繁龍藏寺已晚，寺僧持火把來迎。入寺與雪堂、星槎等夜話久之，復聽星槎彈琴。十九日，雪堂陪雲鵠觀賞寺內碑林石刻、大殿琴壁、大朗碑亭諸勝，遂至法雲院謁大朗祠。二十日復陪公散步妙音閣，賞四壁所嵌名人書碑後，遂到新繁城中游唐李衛公東湖，觀通天靈異牌坊，出城經漢章明侯剛墓，過清白江長橋，夜宿彭縣龍興寺。二十一日至丹景山，二十三日至白鹿山，二十四日至葛仙山。星槎攜琴於仙子洞中，彈《高山》《孔子讀易》《釋談》三操琴曲。二十五日夜宿中正庵。雲鵠將中正庵更名為"中正寺"，并書山門額、門聯，撰書殿聯。殿聯云："入道貴中行，莫學習狨猔神通、辟支小果；攝心持正法，須報答龍天擁護、海棠皈依。"二十七日離中正寺至敖家場、馬目河、軍屯鎮，晚宿龍興寺。次日雪堂作《由丹景白鹿葛仙諸山歸宿龍興寺賦慰祥人觀察即以紀遊》詩："遊山亦復恃精誠，歷透艱難不變更。人意盡時天意轉，從知有志竟能成。"二十九日歸龍藏寺。三十日,雲鵠歸成都。十月初一雲鵠將此行日記整理,名為《彭遊行記》。此記近萬言,敘述了十三日內所經鄉鎮寺觀、道路里程、山水名勝、見聞佚事、風土人情等,頗具地方旅遊和文獻史料價值。次年正月,雲鵠將《彭遊行記》書出,雪堂刻石於龍藏寺碑林。之後,雪堂又將《彭遊行記》刻於《紗籠文選》第七卷之末。其跋云:"此記記彭遊事特詳,記新繁東湖諸古迹尤確,而吾寺亦叨記述無遺,讀之深感不已。爰希梓人刻附所纂《紗籠文選》七卷之末,以備采擇。雪堂含澈謹識。"

光緒十二年(1886年)正月初九,黃雲鵠乞假十日,自成都寓廬啓行,第三次出遊彭縣,重遊五斗山(葛仙山),雪堂、星槎同行。雲鵠初九黃昏抵龍藏寺,與雪堂、星槎夜話至深夜。次日,適逢雪堂晚年所居之潛西精舍落成,遂請雲鵠作《潛西精舍落成辭》,雪堂作《黃祥翁觀察約遊五斗山為賦一律紀行》:"惜春為賦宜春曲,名勝先尋東益州。清白江邊思誓水,灩陽場外訪丹丘。將從仙子洞中宿,重向九峰山下遊。應是涪翁能健興,天彭三度共吟謳。"十一日辭別龍藏寺,黃昏抵彭縣,宿文昌宮。次日經軍屯鎮、敖家場達中正寺,入寺門已上燈。雪堂永夜無眠,喜而有作:"三遊天彭兮丙戌初春,猗歟黃老兮在塵出塵。從錦官兮戾繁濱,我附驥驪兮駕車輪。一宿縣城兮再宿香城,慕名山兮懷百神,瞻望五斗兮仰群真。八十一洞兮高嶙峋,二十四峰兮冠峨岷,與仙子兮有夙因。永夜無眠兮徯其晨,長吟兮山中人,山中之人兮誰與倫。"十四日,出中正寺過萬年場上葛仙觀。葛仙觀道士何錫三迎至觀中圍爐稍坐,晚間同宿仙子洞。十六日坐天子洞中,雲鵠以《五斗山雪中十詠》為題,命雪堂同賦之。雪堂和韻作《遇雪》《望雪》《臥雪》《杖雪》《煮雪》《飲雪》《䣢雪》《繪雪》《詠雪》《別雪》詩。五斗山由東斗、西斗、南斗、北斗、中斗五峰組成。午後,雲鵠等十三人冒雪遊東斗峰朝天洞。此洞為八十一洞之最勝者,雲鵠作《遊朝天洞賦》。十七日出山,晚宿龍興寺,并在此勾留二日回龍藏寺。二十日,雪堂請書《潛西精舍落成辭》以刻石,雲鵠走筆速書,神氣頗足,書畢即回成都。回成都後,又作《重遊五斗山行記》。

二月二十九日,子季剛生於成都金玉街三道會館。

十二月十七日,黃雲鵠卸建昌道署按察使任。

新都寶光寺慈心和尚新建戒壇落成。為表祝賀,成都昭覺寺方丈圓欽、文殊院方丈法基、草堂寺方丈心泰、什邡羅漢寺方丈仁智、新繁龍藏寺方丈融琢、郫縣太平寺方丈法樹,共請公書寫匾文"萬壽戒壇"四字。

光緒十四年(1888)二月十五日,公為雪堂刻黃庭堅書七律詩碑題跋:"有人持先文節公墨迹手卷見售,雖蠹紋滿紙,而紙色墨痕古駁可愛,氣象神采亦較生平所睹公書為勝。以索值太昂,一時無措,乃摹仿本以真迹還之。目睹先人手澤,豈非稀世奇寶,竟不能得。傷哉!雪長老見仿本,取刊存之龍藏寺中。"

　　光緒十五年（1889）冬月廿九，公與雪堂在成都子龍塘聚會。公題《雪堂獨立吟詩圖》：“廿載官西蜀，心交曾幾人。居潛情更遠，歷久意逾新。煩惱何從著，詩歌自寫真。山堂風雪飽，自有滿懷春。”跋曰：“時光緒己丑冬至，書於趙子龍洗馬池，投筆與雪堂相視而笑，莫逆於心者久之。”

　　光緒十六年（1890 年）改任分巡川南永寧道道臺，道署在瀘州。雪堂作《送黃祥人觀察赴永寧任》詩。次年六月初一，雪堂啓程訪公於瀘州永寧道署。在瀘州期間，公陪同雪堂遊覽武侯祠、拙溪滴乳岩、雲谷洞、寶蓮寺諸勝，并於瀘州試院作五言絕句二十首贈雪公：“我有平生交，養晦龍藏寺。遊覽十年偕，著作千秋俟。”“我生癖文字，繕寫苦疏嬾。嗜痂有雪公，敦促不容緩。”“刊石滿碑樓，妙選不惜價。綠天四壁盈，再闢潛西舍”……公於二十五日送別雪堂。

　　七月初二，公在瀘州試院書《辭別蜀中山川士民》五言絕句六十九首，為公在蜀之最後詩作。八月，公攜子季剛等還居原籍。行前，雪堂贈公詩云：“一棹飄然下武昌，涪翁臨去尚康强。著書盡有寬閑日，愛菊還依舊種桑。不但松楸風月好，更教天地歲年長。我從蜀國斯民後，早晚翹思召伯棠。”其跋語云：“黃雲鵠觀察官蜀二十四年，下交於澈亦二十年矣。今由下川南道仍以原秩歸里，作詩六十九首，辭別蜀中山川士民，敘在京在蜀五十年中之宦迹遊踪……惜一時不能步和，乃另作一律，書倚行裝。”

　　公在辭官返鄉前遊內江，登上內江八景之一“二林晚眺”的太白樓，即興寫下“太白樓”匾，迄今猶存。

　　光緒十八年（1892），73 歲的黃雲鵠應江寧府金陵尊經書院山長之聘。閏六月，雪堂讀公《幸園雜詠》詩册并題跋。跋云：“廿餘年來，每遊佳山水，多與澈遊。今獨享山林清福，不能與共，何以為懷？走函相告，亦吾無行不與云。因感久要不忘之意，爰即大制鉤勒，拓寄於蘄，博公莞爾，笑老頭陀嗜癖猶未瘳矣！”并托呂叔銘寄公書信及拙作五本、《綠天蘭臭集》八本、《及見詩鈔》八本。

　　光緒二十二年（1896），赴湖北武昌任兩湖書院山長，後又應江漢、經心書院山長之聘。光緒二十四年（1898）八月十九日，黃雲鵠以 79 歲高齡因患惡性瘧疾卒於家。

遊覽十年偕　刊石滿碑林

　　成都市新都區新繁龍藏寺，建於唐貞觀三年（629），現存明代大殿和清代三重四合院建築。清代，寺中文風鼎盛，高僧輩出。雲塢、雪堂、星槎、月應等四代方丈及衆多僧人，皆通詩文書法，與名人學士何紹基、顧復初、黃雲鵠、王懿榮等酬唱往還，使龍藏寺成為川西文人雅集之地。特別是雪堂和尚，畢生不遺餘力，遍求歷代和當時的書法作品，刻石立碑，創建了名揚邇遐的龍藏寺碑林。

龍藏寺碑林彙集了唐代至清代七十多位著名書法家的篆、隸、楷、行、草各種書法墨迹碑刻百餘品。其中，劉沅、顧復初、黄雲鵠、王懿榮、雪堂和尚等人所書的碑刻，還具有很高的文獻史料價值。碑林原有碑刻近 200 通。20 世紀 50 年代以來，由於寺院移作他用及 "文化大革命" 的破壞，唐代張旭、懷素，明代祝枝山、費密，清代鄭板橋、張船山、龔晴皋、鄧石如等名家書法碑刻已不復存在。為了加强文物保護，1980 年，新都縣文物管理所將龍藏寺碑林的 66 通碑石遷往新都桂湖，成為桂湖碑林的主要部分。據統計，龍藏寺內黄雲鵠撰書的碑刻多達 17 種 30 餘通，數量居龍藏寺碑林之冠。其碑目分別為：《致雪堂和尚書》碑，《紗籠詩集序》碑，《詩三首》碑，《建南冬暇出遊》詩碑，《祀神文》碑，《禮部為大朗請封奏摺》碑，《敕封靜慧禪師碑陰記》碑，《拙溪遊記》碑，《遊青城歸訪龍藏寺》詩碑，司馬温公《解禪偈》碑，《彭遊旋記》碑，《彭遊行記》碑，《重遊五斗山行記》，《潛西精舍落成辭》碑，《答雪長老送新種蓮子》詩碑，《和雪長老詠蓮》詩碑，《辭別雪堂長老》詩碑。

茲將黄雲鵠撰書的以上碑刻中，與其生平關係密切的碑刻 10 種，點校、説明如下：

一、《紗籠詩集序》碑

【點校】

紗籠詩集序

雪堂上人自新繁冒暑走雅州，攜所刊《紗籠詩集》，屬一言。蓋師搜萃唐以後詩家於象教有關涉者，都為十六卷行世。天下事惟其位而已。昔嚴滄浪以禪論詩，世不盡然之。師少長禪門，因禪集詩，固其所也，且自帝王卿相，下及士庶閨嬡，靡所不收。其宅心廣大，不沾沾執我法，蔑視衆流以自尊。其教於兹可見，可謂通人矣！吾友顧幼耕，素精禪理，既為敘之。予俗儒俗吏耳，於道無得，日弊弊焉，殫心所事，冀不苟唊唼於世。自知嗜欲未清，時一登涉山水，吟弄方外，用自湔洗，非敢耽禪悦，亦不足與論詩。而雪堂汲汲告歸，乞文不已。余恐後食吾諾，乃挽留一日，為敘數言於平羌渡口之小黄樓上。

時同治十有二年癸酉閏六月茂雲居士黄雲鵠序。

【説明】

清同治十年（1871）六月二十三日，黄雲鵠由成都知府升任分巡建南兵備道，管轄雅州、寧遠、嘉定三府，眉、邛二州，藏衛臺站及西南土司。八月二十四日抵建南兵備道道署雅州。同治十二年（1873）閏六月初八，雪堂和尚攜所刊《紗籠詩集》，冒暑到雅州請黄雲鵠作序。此詩集薈萃唐以後詩家於佛教有關涉者，輯為十六卷，洋洋大觀。此書已有顧復初寫的序，雪堂和尚尤嫌不足，非要黃雲鵠寫序不可。黃雲鵠挽留雪堂和尚再住一日，於平羌渡口之小黃樓上完成此序。

二、《詩三首》碑

【點校】

昨宵急雨走驚雷，今日山溪水定來。

寄語雪公無急渡，小黃樓上一徘徊。（癸酉又六月廿日一夜大雨，雪堂未歸，詩以記之）

憐君觸暑走西羌，幾日東歸覺太忙。

回首虛浮金石脆，最堅何物試參詳。（前意未盡，復書一絕贈行）

故人好在繁江宰，不見依稀又五年。

寄語莫教官格縛，舂陵新什好鈔傳。（寄懷李言齋大令）

雪上人裝次：鄙人向最善眠，落枕便成寐，若勞極則不待落枕已成寐矣。夜聞雷雨竟夕，惺惺不寐，不知何故。曉起，覓得高麗髮箋一束，信筆草詩三章欲寄，未敢云留鎮山門，但存此一段情緣，令閻浮不大落莫可也。黃雲鵠。

雞毛筆禿不中書，作數字復易羊毫，故前後不一律。又記。

【說明】

這是雪堂和尚從雅州回新繁龍藏寺之際，黃雲鵠撰書的三首留別詩。第一首寫於清同治十二年（1873）閏六月二十一日晨，記昨夜大雨阻礙，雪堂和尚未歸，故作詩以記之。第二首記敘雪堂和尚冒着酷暑來雅安，幾日匆匆東歸，自己特贈詩為之送行。第三首是黃雲鵠寄懷友人李言齋知縣。李言齋即李應觀，湖北黃岡人，清同治十一年（1872）任新繁知縣。他倆五年不見，請雪堂和尚以此詩轉致問候。

後面跋文，記敘雪堂和尚整裝待發時，黃雲鵠寫這三首詩的經過，足見他與雪堂和尚的深厚情誼。

三、《建南冬暇出遊》詩碑

【點校】

龍觀山邀我再臨，平收萬象入秋襟。

登高眼共寥天闊，眺遠情隨大壑深。

絕磴回鞭憐老友，危峰立杖起孤吟。

邊城臥鼓客行止，一任浮雲變古今。（辛未九日登龍觀山）

記得龍山策杖臨，酒痕和墨上衣襟。

一年首郡馳驅拙，再度邊城夢寐深。（時新解成都任）

人念前勞寬指摘，天留舊侶伴哦吟。

羌流萬古憑來去，行樂休拋現在今。（再登龍山）

邊城冬暇出遊嬉，無數兒童馬後隨。

興蓋不從民識貌，風煙如舊我尋詩。

羌瀆水落灘聲壯，蒙蔡山高塔勢卑。

廿載習勞成底事，酬恩默數鬢邊絲。（建南冬暇出遊）

同治癸酉又六月，同雪堂上人納涼武侯祠，用雞毫書此。翔雲黃雲鵠。

【説明】

清代同治十二年（1873）閏六月十七日，黃雲鵠與雪堂和尚同遊雅州蒙蔡諸山。後納涼於雅州武侯祠，黃雲鵠將舊作《建南冬暇出遊》等七律詩三首，用雞毫筆寫出。雪堂和尚離雅州時，將此攜歸新繁，刻於龍藏寺碑林。

四、《遊青城歸訪龍藏寺》詩碑

【點校】

青城別仙客，紺宇訪瞿曇。

見説浮滄海（上人乘海舶北上），仍歸隱碧嵐。

桐宜長夏鼓（上人徒星槎并善鼓琴），梅記隔冬探（去臘遊此梅花盛開）。

浪定龍安臥（寺東有臥龍橋），清光月滿潭。

光緒庚辰立夏前一日，抵龍藏寺，喜雪堂上人自京歸，時遊青城有日矣。上人訪予於蓉城，今乃把晤，拈此志之。黃雲鵠。

【説明】

清光緒六年（1880）二月，雪堂和尚赴京為大朗禪師請封，事畢回蜀，訪成都知府黃雲鵠。此時黃雲鵠遊青城山未歸，雪堂和尚遂回龍藏寺。立夏前一日，黃雲鵠專程到龍藏寺拜訪雪堂和尚，并為龍藏寺碑林書寫碑石。

五、《彭遊旋記》碑

【點校】

文略。跋云："《彭遊記》凡三，後二遊皆記葛仙山之勝。雪公長老既摹勒上石矣。第一遊因雨阻，公實未至山。雪堂曰：'不有先此之難，惡知後此之樂，且人焉知吾二人遊山之勇哉！'遂書。光緒十三年丁亥清明日，雲鵠又記。"

【説明】

黄雲鵠在四川為官二十多年，喜好遊歷。特別在成都期間，多次出遊彭州。其寫下遊記的共三次：清光緒九年（1883）五月作《彭遊旋記》，光緒十一年（1885）十月作《彭遊行記》，光緒十二年（1886）正月作《重遊五斗山行記》。後兩篇遊記，雪堂和尚先已刻石於龍藏寺碑林。光緒十三年（1887）清明日，雪堂和尚在刻《彭遊旋記》時，黄雲鵠跋此。

六、《彭遊行記》碑

【點校】

先是癸未五月作《彭遊旋記》，閲三年，為光緒乙酉九月十八日，復自成都啓行。

還蜀又七年矣，天恩予閑予健。追思前七年，憂勞苦瘁，靡監弗違，直似又是一人。凡前次所未經行之名山勝迹，得暇即出遊觀。或一至，或二三至，或歲屢至，值天朗和，人悦豫，則隨意所適，不吝情去留。獨遊葛仙、丹景諸山，或以雨返，或以有故返，連不果，豈山水與人相值，亦有數存，不可強耶？既不可強，則亦安之，意遊焉可也。頃，雪堂及德陽王生勘齋復邀偕往，遂於九月十八日乞假出成都。或仍如前中道返，或徑得登山絶頂，一聽之天。遊人固不能自主，即山靈亦未必能違天也。姑隨所至，信筆紀之。

自弱冠出遊，迄今四十餘年，所涉歷山川道路不可數。計事後追思，徒存仿佛，或并求仿佛亦不得，或再三過，如未曾到者。然目前一息可貴，一息之先後，雖萬年於我何有？矧百年乎繼自今，一舉足必記，庶幾事過境存。

自戊寅起服入京訖，還蜀七年，得詩二册，大半皆遊覽、閒適之作。近思遊覽詩太多，亦令人生厭，擬向後峕以文紀遊。憶在都時，謬以文為海内有識所推，顧多作時藝雜詩，最畏作文。每有所作，皆如不得已然。稍稍可存，為有識所許，未必不緣乎此。今乃欲以文代詩，竊恐荒氣至矣，書以自儆。（下略）

【説明】

《彭遊行記》是一篇不可多得的詳細介紹成都及附近新繁、彭縣地理山川、歷史人文、名勝古迹、風土人情的遊記，長達萬言。書寫流暢，記事詳盡，皆耳聞目睹，且時發議論，廣録野史逸志、民間傳説，讀來令人心曠神怡，頗具地方旅遊和歷史文獻價值。

清光緒十一年（1885）五月，黄雲鵠從分巡四川建昌兵備道，升任四川按察使。到任後與四川撫督相處不協，心情鬱悶，遂稱病告假，外出遊歷。九月十八日至三十日，黄雲鵠自成都啓行，與雪堂、星槎、德陽王勘齋、彭縣僧真全等第二次出遊天彭諸山。黄雲鵠十八日乘輓出成都北門，經萬福橋、玉局觀、威鳳山、崇義橋、龍橋，抵龍藏寺已晚，寺中持火把來迎。入寺與雪堂、星槎等夜話久之，復聽星槎彈琴。十九日，雪堂陪公觀碑林石刻、大殿琴壁、大朗碑亭諸勝，遂至法雲院謁大朗祠。二十日復陪公散步妙音閣，賞四壁所嵌名人書碑後，遂到新繁城中遊唐李衛公東湖，觀通天靈異牌坊。出城經漢章明侯剛墓，過青白江長橋，夜宿彭縣龍興寺。二十一日至丹景山，二十三日至白鹿山，二十四日至葛仙山，二十五日夜宿中正庵，二十七日離中正寺至敖家場、馬目河、軍屯鎮，晚宿龍興寺，二十九日歸龍藏寺，三十日歸成都。

十月初一，黃雲鵠將此行日記整理，名為《彭遊行記》，敘述了十三日內所經道路里程、自然景觀、寺院名勝以及見聞佚事、風土人情等。光緒十二年（1886）正月，黃雲鵠將《彭遊行記》書出，雪堂刻石於龍藏寺碑林。之後，雪堂和尚又將《彭遊行記》刻於《紗籠文選》。其跋云：“此記記彭遊事特詳，記新繁東湖諸古迹尤確，而吾寺亦叨記述無遺，讀之深感不已。爰希梓人刻附所纂《紗籠文選》七卷之末，以備采擇。雪堂含澈謹識。”又云：“祥人廉訪此記，記彭遊事特詳，記新繁東湖諸古迹亦確，吾寺龍藏記述亦復無遺，讀之深感不已，文已附刻所纂《紗籠文選》中。今命小徒融琢、融天、界厚等，將原書墨迹雙鉤泐石於潛西精舍山門左右，以當玉帶之留也。光緒十二年長至日雪堂含澈識并書。”

七、《重遊五斗山行記》碑

【點校】

……書底洞壁左云：“光緒十二年正月望，前益州守黃雲鵠祥人氏，同雪堂長老、錫三道士等十三人冒雪遊此”三十四字。旁一洞書“桫欏仙樹”四字，洞口懸岩有石若床，予遊倦，暫臥其上，殊安穩。予出洞後，何道人書“臥仙岩”三字於壁，可謂好事所云：“仙者不知何謂，若予則一寒儒耳。無論不能仙，即能仙亦非所願。遊山偶然，事非冀冲舉，吾道自足，終古難窮，捨而之他不願也。”

出朝天洞，還仙子洞，飲酒銷寒訖，復書葛仙觀及仙子洞額數道，楹聯十數幅，屏四紙，皆敘述遊山語。夜分乃眠，亦不覺憊，非有祐助，其何能然？枕上作《山中懷友二章》。

前三遊青城，曾作《山中懷友》十九首，有句自嘲云：“尚難忘伴侶，何能入空冥。我非巢許流，未敢欺山靈。”今越十年，憨癡如故，可笑也！

辛亥寅初起，晨飲訖，辭出山。觀長何錫三、洞主人曾大等，皆依依不捨。雪初止未消，道尚易行，下天門關停輿，立望平野千里，青白相錯，連岡堆玉，浩無際涯，平生巨觀也。時風霾屏息，略無寒意，下山入谷，凉氣襲人，手冷足僵矣。過萬年場小憩，至敖鎮復食菽乳，彌佳。前記云：此地菽乳不亞都中之青龍橋鎮，距成都密邇，或可重食，未知何時得再食，青龍橋菽乳令人生戀。缺之思今，閱數月果來此重食，玉泉龍橋則北望無際矣。嘻！

晡時抵彭，宿龍興寺，擬質明聞鳴即行。彭慎齋與何曉山、張仁甫堅留作書，憩息一日，談至夜分始去，旋就寢。五更披衣起，覺寒氣過山上數倍，呵凍作書十數紙。楹聯中有云：“冒雪遊山，別饒清趣；撥雲尋洞，大快平生。”實錄也。

癸丑晴，仁甫、曉山訂早飲，飲訖即行。清白江小憩，新繁西郭外靈慶寺小憩。昳時抵龍藏寺，星槎恐雪大遊不快，予與雪堂同聲應之曰：“快甚！”夜飲訖，敘述遊事久之，寢。

甲寅晴，雪堂懇書《潛西精舍落成辭》，將以上石。予以歸思切，走筆速書，神氣頗完足。投筆即行，龍橋小憩，崇義橋午飲，威鳳山下少坐，入北門，燈上矣。抵寓謁神訖，家人以次晉謁訖，飲少許，寢。此次遊山，較前尤暢，身心健泰，徒侶兼從，無一病者。所至人情悅豫，天氣清和，登山看雪，尤為快事。歸聞家人言，前數日省垣亦大雪，嚴寒為近年所無，山中殊不覺也。光緒十二年正月十九日，祥人黃雲鵠記。

八、《潛西精舍落成辭》碑

【點校】

鳥鳴懷侶兮，馬嘶戀群。竹柏同操兮，蘭蕙同薰。予懷良友兮，載欣載奔。入門上堂兮，考道論文。非儒而儒兮，攻學何勤。未老而傳衣兮，堅却世紛。潛彼西方兮，舊業生塵。精廬可榻兮，蔬圃可芸。門無剝啄兮，案有典墳。江水兮綠沄沄，君思我兮我思君。他時如得兮，蟬蛻埃氛。願為雲龍兮，藏此江濆。右《潛西精舍落成辭》。

光緒十二年正月十九日，重遊五斗山還龍藏寺為雪堂長老書，蘄州黃雲鵠題。

九、《答雪長老送新種蓮子》詩碑

【點校】

湖上種蓮人，貽我新蓮子。
由來君子心，新舊都如此。

苦憶蓮池客，飽聞蓮露香。
神往亦已久，食蓮心更涼。

蓮瓣劇可憐，蓮子長相憶。
領取個中緣，離合情一致。

光緒丁亥夏，答雪長老送新種蓮子之句。戊子初春，為其徒孫月泉書之。黃雲鵠

【説明】

清光緒十三年（1887）夏，雪堂和尚送給黃雲鵠新種蓮子，此蓮子是龍藏寺蓮花池中新種蓮花所産，親種親送，更具特殊意義。黃雲鵠作詩，抒發了對種蓮人的深情與謝意，以及對蓮花品格的高度贊美。次年初春，黃雲鵠書此詩刻石。

十、《辭別雪堂長老》詩碑

【點校】

我有平生交，養晦龍藏寺。
遊覽十年偕，著作千秋俟。

我生癖文字，繕寫苦疏嬾。
嗜痂有雪公，敦促不容緩。

刊石滿碑樓，妙選不惜價。
綠天四壁盈，再辟潛西舍（綠天蘭若、潛西精舍，皆雪堂退院齋名，刊予書最多）。

遊山無遠近，歸途憩綠天。
廿載如一日，殆非今世緣。

草堂梅大佳，東湖花更好。
年年花盛時，遠夢馳天表。

天彭多奇峰，丹景連白鹿（丹景牡丹最勝）。
我來值秋冬，好花看亦足。

雅愛葛仙山，三遊踏春雪。
仙洞許高眠，朝天攬奇迹（宿仙子洞中累日，葛仙山八十一洞唯朝天洞最奇）。

遊山興正濃，忽然起陳臬。
遊公薦達奇，揄揚及風節（護督遊公子代奏牘考，語有“風節素著”云云）。

仲冬月上浣，捧檄再陳臬。
出入生死門，重臨彌業業。

民伍偶勃谿，廷鞫正常事。
事息亦偶然，功罪兩無繫（己丑十月十日新津事）。

秋風灑然至，捧檄之下南。
蓉城客居久，忍淚辭花潭（永寧古稱下南道。重來十四年未出省垣，遊踪殆遍，惟流連百花潭最久，未知是前因抑係定數）。

玻璃江水綠，送我中巖遊。
三石峙巖窟，廿年宦迹留（山深處見前官建南時舊諭）。

難覓吊黃樓，涪溪感先澤。
回瞻百感生，終古有餘惻（抵敘州訪吊黃樓已毀，近流杯池半里許，有“涪溪”二大字，乃先文節公謫判涪州，時宰安置戎州。思抵涪任不得，遂改號“涪翁”，尊朝命也。自是所在，題溪曰“涪溪”，壑曰“涪谷”，吁！可傷也）。

忠山瞰大江，拙溪傍新塔。
先靈舊迹存，憑弔意忉怛（忠山以武侯得名，踞全瀘之勝。城東鎮江塔，俗稱新塔。羅漢場溪中有先文節手書“拙溪”二大字。蓋過此墜馬時所作也，至今字迹完好）。

爰有滴乳巖，涪翁舊題詠。
磨崖重勒字，指點煩百姓（在西關外深谷中，泉極甘冽，懸崖下垂，尋訪日久乃獲之）。

就巖迭山石，洞成號雲谷。
課易且暫棲，無心占久速（有記存洞中。題洞外石壁曰：“芸谷老臞棲巖課《易》省過，聽泉焚香飲乳處。”言言實錄也）。

頻將山水樂，書寄舊遊侶。
答俟秋水平，看山下瀘浦（雪老寄書來如此）。

冒暑忽東來，云我行當去。

竟得原秩歸，咄哉真異數（省垣得信較早）。

題罷滴乳泉，舊侶暫分袂。

各養老健身，莫滴窮途淚（雪堂題句勒洞石訖，遂去。雪堂六十八矣，意甚凄惻，作此慰之）。

去去復何戀，所嗟歸計遲。

耿耿一寸心，天地山川知。

光緒十七年辛卯六月，獲原秩旋蘄，得截句二十首，辭別龍藏寺遊山舊侶雪堂長老。芸谷黃雲鵠書於瀘州試院。

【説明】

清光緒十七年（1891）六月，黃雲鵠以原來的官位告老還鄉。他來蜀中為官20多年，臨行前，在瀘州試院作五絕詩69首，詩題作《光緒辛卯六月，獲以原秩旋蘄，辭別蜀中山川士民，得截句六十九首》。此間，雪堂和尚到瀘州為黃雲鵠送行。黃雲鵠又選了其中20首，改詩題為《光緒十七年辛卯六月，獲原秩旋蘄，得截句二十首，辭別龍藏寺遊山舊侶雪堂長老》。之後，雪堂和尚為黃雲鵠編印出版《祥人詩續抄》，其中刊載了黃雲鵠在瀘州試院作的五絕詩69首。

黃雲鵠去蜀歸田三年後的光緒廿一年（1895）初夏，雪堂和尚將這20首五絕詩刻於龍藏寺碑林。詩中突出了黃雲鵠與雪堂長老為平生知交，雪堂和尚著作等身，還不惜代價創建了著名的龍藏寺碑林。詩中記敘了他們二人遊歷成都草堂寺、百花潭，新繁龍藏寺、東湖，彭縣丹景山、葛仙山，青神中岩，宜賓吊黃樓，瀘州忠山、拙溪、滴乳岩等處名勝的經歷。

作者單位：四川省文史研究館

清代詩社唱和總集文獻考述*

王　凱

　　唱和是中國文學史上一種極其普遍的文學現象，其濫觴於先秦，成熟於魏晉，興盛於唐宋，繁榮於明清。① 唱和活動的興盛，促使一大批唱和詩詞專集問世，晉代有 2 種，唐宋有 47 種，元代有 15 種，明代有 172 種，清代約 700 種。從唱和總集數量來看，清代為歷朝之最。因為這個緣故，清代唱和總集的類型、特點、内容也都較前代豐富。在清代所有唱和總集文獻中，詩社唱和總集為其重要類型之一，數量約 150 種，是清代詩人通過結社唱酬編選的作品總集。關於清代詩社唱和總集，目前學界已有所關注，比如劉和文的《清人選清詩總集研究》②、夏勇《清詩總集通論》③ 等，惜并非專論，可供開拓的空間還很大。故此文擬對清代詩社唱和總集文獻予以考述。限於篇幅，兹選 20 種，未及者待以後撰文奉饗。

一、《素心集》不分卷

　　清孫鉉等撰。清康熙三十三年（1694）刻本。國家圖書館有藏。半葉九行，行十九字，白口，單魚尾，四周雙邊。孫鉉，字思九，一字思遠，號雪窗。江蘇青浦（今屬上海）人。

　　* 本文為國家社會科學基金重大項目“明清唱和詩詞集整理與研究”（項目編號：17ZDA258）成果。王凱（1992 — ），男，漢族，河南鶴壁人。唐山師範學院文學院講師。研究方向：清代文學與文獻。
　　① 姚蓉、賈豔豔：《明清詩詞唱和研究述評》，《明清文學與文獻》第八輯，北京：社會科學文獻出版社，2019 年，第 375 頁。
　　② 劉和文：《清人選清詩總集研究》，蕪湖：安徽師範大學出版社，2016 年。
　　③ 夏勇：《清詩總集通論》，北京：中國社會科學出版社，2016 年。

諸生。曾遊徐乾學、宋實穎之門，與王士禛、朱彝尊往來甚密。著有《皇清詩選》《鳳嘯軒詩集》等。《（乾隆）青浦縣志》卷三十有傳①。此為素心吟社（一名青溪吟社）唱和集。卷首有張庚、王世紀、盧元昌、張彥之四人序各一篇，董含題詞一篇。康熙二十四年（1685）春，孫鋐等人於家鄉青浦舉素心吟社，社名"素心"取自陶淵明《移居二首》其一"聞多素心人，樂與數晨夕"②。至康熙三十三年（1694）秋，素心吟社結束，前後綿延近十年，共舉行雅集活動三十六次。從序跋、字體及版心所鐫年份等要素判定，可知《素心集》屬總集套總集類型，根據雅集活動隨吟隨刻，最後將諸集匯為一體。除卷首四篇總序之外，其間小集多有單獨序跋，共計序六篇，跋十四篇。全書共收詩詞1007首，包括詩701首，詞306首。參與唱和人員包括孫鋐、黃朱蒂、王毓任、張德純、范超、袁載錫、林企佩、雷維馨、唐璟、陳旭照等，凡91人，大都為青浦人。張庚序云："每當風之晨，月之夕，諸君子相與賞花酌酒，或分韻，或聯吟，爭奇競勝，體格不一。"足見詩社雅集盛況。

二、《南華九老會倡和詩譜》一卷

清莊宇逵輯。清嘉慶元年（1796）刻本。上海圖書館有藏。半葉十行，行二十一字，白口，單魚尾，左右雙邊。莊宇逵（1755—1812），字達甫。江蘇武進（今屬江蘇常州）人。諸生。嘉慶初，舉孝廉方正，以經學教授鄉里，一時名士皆出其門。著有《春覺軒詩草》。《清代毗陵名人小傳稿》卷五有傳③。此為南華九老會唱和集。卷首有洪亮吉、趙懷玉、楊夢符等人序言，卷末有莊宇逵、程景傳、盧文弨等人跋。乾隆十四年（1749）春，江蘇常州莊清度、莊令翼、莊祖詒、莊杬、莊歆、莊學愈、莊栢承、莊大椿、莊柱九人修香山故事，舉九老會。趙懷玉序云："當乾隆十四年，歲在己巳，莊氏之登大年、儕仕籍而退居林下者，得九人焉。遂舉南華九老會，各繫以詩，歲時宴集，組佩輝映。而族之年逾周甲，未與斯會者，復二十一人，咸依韻和其詩，彬彬乎極一時之盛矣。歲月浸久，頗致散失。吾友達甫懼而輯之，各為小傳，附二十一人於後。""南華九老會"屬宗族型社團，"九老"均出自常州莊氏，自稱莊子後裔。莊子在唐代被追封為"南華真人"，《莊子》一書亦被稱作《南華真經》，故以"南華"命名詩社。集中"九老"均附有小傳，所收作品統押"六麻"韻，全為七律次韻之作。

① ［清］孫鳳鳴纂修：《青浦縣志》卷三十，清乾隆五十三年（1788）刻本，第4頁。
② 逯欽立校注：《陶淵明集》，北京：中華書局，1979年，第56頁。
③ 張惟驤編纂：《清代毗陵名人小傳稿》卷五，常州旅滬同鄉會1944年，第34頁。

三、《蟶山聯唱集》不分卷

清凌霄等撰。清嘉慶間刻本。南京圖書館有藏。半葉十行，行二十一字，黑口，單魚尾，左右雙邊。凌霄（1772—1828），字芝泉，號一飛。江蘇江寧（今江蘇南京）人。諸生。工小學，善書畫，錢塘袁枚重之。曾入畢沅幕府，與洪亮吉、孫星衍相交最厚。著有《測算指掌》《快園詩話》等。《續纂江寧府志》卷十四之四有傳①。此為蟶山吟社唱和集。卷末有黃楚橋跋，鈐"孺子""故人家在桃花岸"。蟶山，掘港之舊稱，乃南通市如東縣，清時為泰州轄。乾嘉時期，泰州經濟富庶，文化繁榮，雅集唱和蔚然成風。在嘉慶二十年（1815）下半年，蟶山詩人結"蟶山吟社"。該社常舉社事，雅集少則七八人，多則四五十人。每次集會之作都為一集，且常附應景圖於集前。所結諸集包括《秋日分詠》《僧寮雅集》《紅豆齋雅集》《叢綠山房雅集》《中秋日桴寄齋雅集》《秋分日十友吟社分體》《九日種玉山房會飲》《文杏山房雅集》《蟶山送別》《蟶山小築圖》《桴寄軒圖》《退一步齋圖》《倚樓圖》，共十三集，統編為《蟶山聯唱集》。是集共收金鐸、應讓、梁承綸、洪允恭、管慎安、吳雲、江本、沈大榮、凌霄、吳壽民等 89 人作品 414 篇，包括詩 396 首，詞 14 首，文 4 篇。唱和形式以分題、分韻為主。黃楚橋跋云："讀《蟶山聯唱》諸集，各體俱備，工力悉敵，既極唱酬之雅，復罄賓主之歡。近社以來，未之有也。"

四、《二柳村莊吟社詩選》一卷附《梅花百絕》一卷

清華文彬等撰。清道光元年（1821）鵝湖小綠天刻本。南京圖書館有藏。半葉八行，行二十二字，黑口，無魚尾，左右雙邊。華文彬（1784—1859），字伯雅，號秋蘋。江蘇無錫人。工詩詞、書法、篆刻、繪事，兼擅琵琶、昆曲。著有《秋蘋印稿》《詩詞草》等。生平見《華氏山桂公支宗譜》②、楊蔭瀏《華秋蘋資料聞見錄》③。此為二柳村莊吟社唱和集。卷首有張立本序。嘉慶年間，張立本掌鐸梁溪，所居鵝湖之二柳村莊，無塵世喧，"宜乎花晨月夕，吟詠其中，蕭然有物外意也"。興之所至，遂與同人結"二柳村莊吟社"，拈題分韻，名噪一時。自嘉慶二十一年（1816）至二十四年，社中諸友頻繁舉行集會，積稿

---

① ［清］蔣啓勳、趙佑宸等纂修：《續纂江寧府志》卷十四之四，清光緒七年（1881）刻本，第 37—38 頁。
② ［清］華文柏等纂修：《華氏山桂公支宗譜》卷三，清同治十一年（1872）詒穀堂刻本，第 20 頁。
③ 楊蔭瀏：《華秋蘋資料聞見錄》，《中國音樂學》1994 年第 4 期。

甚多，後經華文彬等人删選，编成《二柳村莊吟社詩選》。是集收陳蔭庭、蔡文浩、薛金絡、浦鎔、華江涵、華鼎奎、華福奎、華白、華用楫、華文彬等 31 人唱和詩作 191 首，另附華文模《梅花百絶》百首。社員近一半為華氏家族成員。内容分六個主題，即《春曉八詠》《詠唐人》《鵝湖竹枝詞》《詠物四題》《二柳村莊吟社》《暑窗十詠》，為同題唱和。張立本序云："余見其卷中無非逸格俊詞，爽心豁目者多也，因略加采擇以還之。"

五、《問梅詩社詩鈔》四卷

清黄丕烈等撰。清道光間刻本。南京圖書館有藏。半葉十行，行二十一字，黑口，單魚尾，四周雙邊。黄丕烈（1763—1825），字紹武，一字承之，號蕘圃。江蘇長洲（今江蘇蘇州）人。乾隆五十三年（1788）舉人，著名藏書家。著有《蕘言》《士禮居藏書題跋記》等。生平見江標《黄蕘圃先生年譜》①，《（同治）蘇州府志》卷八十三有傳②。道光三年（1823）仲春，黄丕烈邀集同郡尤興詩、彭希鄭往蘇州城西積善庵探梅，乘興決定成立"問梅詩社"，并邀黄氏表兄石韞玉參加。正月廿五日，於尤氏宅延月舫内舉辦第一集，尤興詩首唱，黄丕烈、彭希鄭、石韞玉次韻和之。從道光三年始，至六年末，詩社陸續又有新社員加入，基本每月一集，共舉行正式集會四十八次，大多由尤興詩、黄丕烈、彭希鄭、石韞玉四人輪流作東。第一集石韞玉詩中有"相期風雅招同調，俗士淫哇要别裁"，指明詩社宗旨重在友朋之間提倡聲氣，切劘詩藝。除四十八次正式集會之外，《問梅詩社詩鈔》中間還附録《東籬會記》《消寒會詩》《東籬會展重陽會詩》等集會之作，單獨排定，未被詩社正式納入集會次數之列，由此可見，詩社實不止四十八集。全書共收黄丕烈、尤興詩、石韞玉、彭希鄭、張吉安、蔣寅、潘奕雋、吴雲、吴信中、潘世璜、尤崧鎮、宋鎔、彭藴章、董國華 14 人詩作 410 首，唱和形式包括同題、分韻、次韻。

六、《碧蘿吟館唱和詩詞》五卷

清馬錦等撰。清道光三年至八年（1823—1828）刻本。首都圖書館有藏。半葉十行，行二十一字，黑口，單魚尾，左右雙邊。馬錦（1783—?），字謙尊，號古芸，又號笙谷。

---

① 江標：《黄蕘圃先生年譜》，上海：商務印書館，1939 年。
② ［清］李銘皖等纂修：《（同治）蘇州府志》卷八十三，清光緒九年（1883）刻本，第 23 頁。

浙江海寧人。附貢生，候選運判。擅繪畫，亦工詩。著有《碧蘿吟館詩集》。《海寧州志稿》卷十五①、卷三十一②有傳。此為碧蘿吟館詩社唱和集。卷首有宋咸熙序。《碧蘿吟館唱和詩詞》共分五集：初集為道光三年（1823）春，朱文治訪馬錦，下榻碧蘿吟館，與同人多有唱和；二集為道光四年春，應時良偕徐紹曾、周思兼過訪馬錦，同人相與觴詠，得若干首；三集為道光六年秋，張青選邀朱文治同訪馬錦於瑤華仙館，館中諸名士相與唱和；四集為道光七年春，方成珪訪馬錦，與同人復舉詩課；五集為道光八年春，呂榮訪馬錦於碧蘿吟館，與諸君子流連觴詠，相得甚歡。五集共收詩詞1056首，包括詩1037首，詞19首。唱和人員包括馬錦、朱文治、孟晃、應履塈、馬瀛、李祥金、李遇孫、馬鴻寶、宋咸熙、陸文煥等，凡97人。宋咸熙於序中評馬錦詩："其自然流出，若春雲之捲舒；其妍麗動人，若春花之坼苞。豐約盡致，卓然成家。"

七、《鴛水聯吟集》二十卷

清岳鴻慶等撰。清道光二十一年（1841）刻本。首都圖書館有藏。半葉九行，行十九字，白口，單魚尾，左右雙邊。岳鴻慶，字餘三，一字縵甫。浙江嘉興人。諸生。為忠武王裔。能詩，工鐵筆，兼擅刻竹，嘗刻紫檀大筆筒，與曹山彥齊名。著有《寶爵堂集》。《（光緒）嘉興縣志》卷二十五有傳③。此為鴛水聯吟社唱和集。卷首有李宗昉、黃安濤、翁廣平、黃金臺四人序各一篇。道光十八年（1838）秋，岳鴻慶等人於修暇之候"社開鴛水，課集鴻才"，因結社地點近嘉興鴛鴦湖，故取社名曰"鴛水聯吟社"。吟社成立，并設司社事者五人，"曰岳餘三鴻慶，曰于秋洤源，曰楊小鐵均，曰孫嘯岩漶，曰嚴松圃人壽"。吟社雅集活動自道光十八年始，"事歷三秋，詩刊十集"，最終由岳鴻慶等人編輯成集。是集共二十卷，每卷由兩位司社事者負責集訂、校字。共收錄嚴炳、錢人瑞、孫漶、秦廷樞、周文鼎、吳廷爕、胡錫祉、于源、岳鴻慶、張保衡等174人詩歌900餘首。這些社員多屬江浙人士，大多科第不高却極富才華，在嘉興、蘇州等地頗有名氣。是集所收作品體裁兼備，皆為吟社諸君同題唱和之作，內容以吟詠家鄉風物為主。李宗昉序云："其山川城郭，不啻溫故而知新。所詠鳥獸草木諸什，居然補采風所遺，而備見聞所不及。農桑風俗，又曩此輶軒經過，目睹而耳熟之者。同社諸君，抒情發詠，各擅工妙，宛似萬卷紛披，燭花爛漫。"

① ［清］李圭等纂修：《海寧州志稿》卷十五，民國十一年（1922）鉛印本，第16頁。
② 同上，卷三十一，第12頁。
③ ［清］趙惟崙等纂修：《（光緒）嘉興縣志》卷二十五，清光緒三十四年（1908）刻本，第51頁。

八、《聽雨樓吟社詩鈔》二卷

清王培荀輯。清道光二十九年（1849）刻本。國家圖書館有藏。半葉十行，行二十一字，白口，單魚尾，左右雙邊。王培荀（1783—1859），字景叔，號雪嶠。山東淄川（今山東淄博）人。道光元年（1821）舉人，後以"孝廉方正"獲大挑一等。歷榮昌、豐都、新津、興文知縣，署四川鄉試同考官。著有《聽雨樓隨筆》《鄉園憶舊録》等。生平見《淄博歷史人物》①。此為聽雨樓吟社唱和集。卷首有丁光陛叙、劉德剛叙，次為《凡例》及《聽雨樓吟社姓氏》。道光二十七年（1847），王培荀時任四川榮縣知縣，於公餘之暇，與友朋倡"聽雨樓吟社"。丁光陛叙云："（雪嶠）先生以山左名孝廉出宰是邑，政尚簡要，期與斯民相安無事。其於弭盜能清其源，故榮獨恬然。案牘之暇，與都人士詩酒唱酬，甚盛事也。"又云："丁未冬，倡為詩會，春秋佳日，選勝命題，覽其佳者，擊節稱賞。漸染所及，雖方外衲子，閨中文媛，下逮青衣輩，靡不爭妍鬥麗，以得荷評隲為幸。"《凡例》最末一條叙及選詩標準，云："侄紹德、孫肇元，去歲年均十五，遲士之子志年十六，初學為詩，亦令人會，使有所觀摩，庶得進步。古選詩多列閨媛、方外，至青衣亦所不遺。蓋自《三百篇》作者不一人，不一格，有詩即録，原不必拘。兹刻雖不與會，而有依題作者，間付一二。"據《聽雨樓吟社姓氏》，可知該社成員包括王侃、許崇基、周如璽、廖朝翼、張軒鵬、丁光陛、王培荀、劉德剛、黃潔、楊聯拔等，凡28人，以四川榮縣人居多，包括部分方外、閨媛、青衣等身份人士。是集詩歌多同題共詠，内容主要是詠物。

九、《竹岡吟社詩鈔》二卷

清張偉等撰。清咸豐三年（1853）刻本。上海圖書館有藏。半葉十行，行二十一字，白口，單魚尾，左右雙邊。張偉，字眉雪。江蘇華亭（今屬上海）人。諸生。敦樸好義，喜畫山水，得四王法，兼好吟詠。咸豐年間，與王式金等人結社聯吟，詩多詠俞塘故事。生平見《（光緒）松江府續志》卷二十六②。此為竹岡吟社唱和集。卷首有吳塈跋。道光三十年（1850）元旦，張偉訪王式金，作《庚戌新正訪澹翁於從桂書塾，主人留飲，晨起同

---

① 鄭峰主編：《淄博歷史人物（下）》，北京：新世界出版社，2006年，第255—259頁。
② ［清］博潤等纂修：《（光緒）松江府續志》卷二十六，清光緒十年（1884）刻本，第13頁。

作》七言律詩一首，王式金次其韻，作《蔭庭招同眉翁小飲次韻》，黃家錕作《次眉翁韻》。此後，同里諸君唱和不斷，幾近兩年。因唱和地點在上海竹岡，故稱"竹岡吟社"，社集亦稱《竹岡吟社詩鈔》。由跋中"詩不求工，但言性情而傳為美談，幾遍海宇"數語，可見該社創作態度之一斑。吟社社員共有 10 人，以出現先後為序，依次為張偉、王式金、黃家錕、黃步瀛、諸士瓚、張舒文、鞠有芳、空澄、賈履上、黃煴，主要來自上海、華亭、南匯、奉賢等地，均屬今上海人。所收唱和作品以次韻為主，兼有同題、分題和聯句。

十、《古歡集》六卷

清郁載瑛輯。清咸豐五年（1855）刻本。上海圖書館有藏。半葉十行，行二十一字，黑口，無魚尾，左右雙邊。郁載瑛，字荻橋，浙江平湖人。諸生。擅詩，兼工駢體與倚聲，又精醫理。著有《味雪齋詩鈔》，輯有《觀水唱和詩》等。生平見《兩浙輶軒續錄》卷三十九①。此為古歡社會唱和集。卷首末無序跋。咸豐四年（1854），郁載瑛與同人倡"古歡社會"。王大經《味雪齋詩鈔序》云："荻橋少即工詩，浮沉諸生中幾三十年。歲在甲寅，與予輩結古歡社會，會必以詩，頗極文酒之樂。倡和之集，刻已盈寸。"② 吳恩照《餘事學詩室吟鈔》有《題郁荻橋茂才味雪齋詩卷》詩載："古歡雅社結東湖，佳日壺觴興不孤。雪屋填詞閑按譜，長吟抱膝隱菰廬。"③ 郁載瑛《贈朱雪筠雷》詩亦載："一時赤幟樹騷壇，洛社重開證古歡。"《古歡集》共收錄蔣槐、俞銈、郁載瑛、顧邦傑、賈敦艮、沈汝良、蔣照、馮電烻、時元熙、顧恩培、顧廣譽、顧福增、劉東藩、陳錦、沈筠、許汝敬、黃金臺、張茂修 18 人詩作近 200 首，包括六次集會，每集各一卷，第一集時間為咸豐五年（1855）人日，地點在瘦藤書屋；第二集時間為仲春下澣，地點在東湖；第三集時間為五月，地點在竹溪書屋；第四集時間為仲秋下澣，地點在桂月軒；第五集時間為重九日，地點在乳溪；第六集時間為季冬上澣，地點在味琴室。所收唱和作品包括分韻、分題、同題、聯句四種形式。

十一、《萍花社消寒詩課》九卷

清吳宗麟等撰。清同治六年（1867）刻本。蘇大圖書館有藏。半葉九行，行二十一字，

---

① ［清］潘衍桐編纂，夏勇、熊湘整理：《兩浙輶軒續錄》卷三十九，杭州：浙江古籍出版社，2014 年，第 3044 頁。

② 同上。

③ ［清］吳恩照：《餘事學詩室吟鈔》，清宣統二年（1910）刻本。

白口，單魚尾，左右雙邊。吳宗麟，字冠雲，一字子紱、橋孫。浙江錢塘（今屬浙江杭州）人。欽賜舉人，官户部郎中。工書，宗米芾。著有《可久長室詩存》。生平見《兩浙輶軒續録》卷四十五①。此為蘋花社消寒詩課唱和集。卷首有吳宗麟序，鈐"吳印宗麟""橋孫"。咸豐九年（1859）四月，吳宗麟於滬上舉行畫課，名曰"勝社"。是年冬，又舉"萍花社消寒詩課"。此後，畫社亦用"萍花社"之名。吳宗麟序云："歲己未夏四月，余集諸名士於滬上，舉行畫課，名曰'勝社'。是冬復舉行詩課，名曰'萍花社'，蓋取萍水相逢意也。後畫社亦承其名，行之二三年。"同治三年（1864），在萍花社一次集會中，社員錢吉生、包子梁、王秋言三人合作《萍花社雅集圖》，并由吳宗麟作《萍花社雅集圖記》。記中云："咸豐庚、辛間，余既舉萍花詩社，消寒於上海縣學署問字亭。同治壬戌，復就城西牧龍道院之自在樓船，集江浙諸名士，'結夏'於中，仍名曰'萍花'，從其同也。"②萍花社前後持續數年，起初以詩歌酬唱為主，後擴展至書畫，且逐漸發展成該社主要活動。《萍花社消寒詩課》乃該社咸豐九年、同治元年所作詩歌之結集，所涉唱和成員包括章安行、陳旭彩、藍海、吳宗麟、嚴錫康、徐奏鈞、謝炳、袁師鼇、金安瀾、袁祖志等，凡 19 人。共分九集，前七集大致作於咸豐九年至十一年間，後二集應作於同治元年秋。吳宗麟序云："其時千里煙氛，六橋鋒鏑，值蕩析離居之日，皆枕戈磨盾之秋，故至第七集劃然而止。於次年續舉是課，則非復社中故友矣。二而一之，共成九集。"所收作品唱和形式主要為同題、分題和分韻，内容以吟詠冬日景物為主。

十二、《紅犀館詩課》八卷附《丹山倡和詩》一卷、《海山分韻詩》一卷

　　清姚燮輯。清同治四年（1865）刻本。南京圖書館有藏。半葉十行，行二十一字，白口，單魚尾，左右雙邊。姚燮（1805—1864），字梅伯，號復莊、大某山民。浙江鎮海人。道光十四年（1834）舉人。以詩自負，曾結"枕湖吟社"。子姚景夔、景皋皆為"紅犀館詩課"社員。著有《疏影樓詞》《復莊詩問》等。《煙嶼樓文集》卷七有傳③。此為紅犀館詩課唱和集。卷首有董沛序，鈐"錢塘丁氏正修堂藏書"。咸豐十年（1860），歐景辰倡詩社，因當地象山盛産紅木犀，故以"紅犀"命名寓所，社名亦取作"紅犀詩社"，請姚燮任祭酒。該社社事一月一舉，本欲舉行二十四次集會，因戰亂未能完結，故祇有十集。由

---

①　［清］潘衍桐編纂，夏勇、熊湘整理：《兩浙輶軒續録》卷四十五，第 3591 頁。

②　馮克誠：《清代繪畫史（下）》，北京：中國文史出版社，2005 年，第 479—480 頁。

③　［清］徐時棟：《姚梅伯傳》，《煙嶼樓文集》卷七，清光緒元年（1875）松竹居刻本。

姚燮判定甲乙，編輯成集。前八卷為《紅犀館詩課》，集會地點在紅犀館，主要收王蒔蘭、郭傅璞、鷗景辰等人唱和之作。其中，姚燮社詩作品不具名，各集詩題後，凡刻有小字"擬作"，均為姚燮作品。卷九為《丹山倡和詩卷》，集會地點在丹山（舊稱蓬萊山），姚燮、馬嗣澄、鄧克旬等人以《雨中遊蓬萊山，用壁間韻》為題相唱和。卷十為《海山小集分韻詩卷》，集會地點在海山，詩題為《庚申十一月十七日遊西滬海山，以摩詰詩"高情浪海嶽，浮生寄天地"十字拈鬮分韻，各得五古一章》，歐景岱、郭傅璞、薑鴻瀧等人參與唱和。是書共收姚燮、王蒔蘭、郭傅璞、鷗景辰、姚景臯等 36 人詩詞 983 首，包括詩 976首，伍芝昌《點絳脣》詞 7 首，多同題共詠之作。

十三、《容山鵬賢詩社彙草》一卷

清陳壽清輯，潘楷評。清光緒二十七年（1901）廣東省城十七甫翰章印務局鉛印本。廣東省立中山圖書館有藏。半葉十七行，行三十四字，白口，無魚尾，四周雙邊。陳壽清，字似珊。廣東容奇（今廣東佛山）人。陳元楷子。容山鵬賢詩社主人。曾任刑部湖廣司郎中。《（民國）順德縣志》卷十有載①。潘楷（1793—1862），號小裴。廣東沖鶴（今屬廣東佛山）人。嘉慶二十三年（1818）舉人，道光九年（1829）進士，授刑部主事。著有《別鶴墅文集》《馴鶴墅詩鈔》等。《（光緒）廣州府志》卷一百三十三有傳。② 此為容山鵬賢詩社唱和集。卷首有潘楷序、陳壽清跋、陳景安序，次為潘楷擬作詩數首及《容山鵬賢詩社彙草名次列》。咸豐十一年（1861），陳壽清偕諸友於廣東容山開吟社，擬題賦詩，延潘楷往操選政，評定名次。潘楷序云："庚申歲暮，忽有叩門請見者，乃容奇故人陳玉珊銓部少君似珊也。具道其族內群季，將以明春元夕廣開吟壇，擬題賦詩，屬余往操選政，第其甲乙。"至光緒二十七年（1901），邑人又重開吟社，佳作迭出，故將前後所積之作編輯成集。陳景安序云："邇因吟社重開，名篇續出，既有嗣音，益思前響。遂合新舊之詞章，授梓人以雕刻。爰分前後之編次，供手澤以撫摩，重振藝林，俾公同好。"是集以作品優劣排定名次：第一名馮亮甫，第二名蘇械，第三名黎如瑋，第四名葉茜，第五名李長榮，等等。社員主要來自南海、番禺、新會、龍山、昌滘等地，尤以今廣東佛山人居多。該社活動頗具"詩課競賽"性質，以"同題共詠"進行，最後"擇其尤者榜之壇前"，故其所錄并非詩社作品全部。

---

① 周之貞等纂修：《（民國）順德縣志》卷十，民國十八年（1929）刻本，第 1 頁。
② ［清］史澄等纂修：《（光緒）廣州府志》卷一百三十三，清光緒五年（1879）刻本，第 19—20 頁。

十四、《海上聯吟稿》三卷

清洪文翰輯。清光緒二十一年（1895）補刻本。泰州圖書館有藏。半頁十一行，行二十四字，黑口，雙魚尾，左右雙邊。洪文翰（1833—?），又名洪瑞文，字次芬，一字應昌，號筱圖。安徽歙縣人。縣增貢生，候選儒學生。光緒八年（1882），薦卷獎敘翰林院待詔。著有《晚薌吟館詩草》《海陵雜事詩》等。生平見《梅溪洪氏支譜》①。此為海上聯吟社唱和集。卷首有鄭維淦敘，鈐"鄭維淦印""壽生"。次為吳同甲序，鈐"吳同甲印""棣軒"。卷末有洪文翰跋。由《海上聯吟稿》第一卷《癸亥歲暮雜感次韻》及洪文翰跋"歲月不淹，人生易邁，忽忽三十三年矣"② 可知，海上聯吟社應創始於同治二年（1863），洪文翰自稱"芸香社③後，此其嗣響矣"，故該社亦可視為芸香詩社後續。《海上聯吟稿》共三卷④，卷一為同治二年至三年間袁錦、洪文翰、康發祥三人次韻唱和之作，卷一前附康發祥《正月六日，筱圖、子文以唱和七疊韻詩見質，用其原韻成即事四首》，根據詩前所題時間"甲子（同治三年，1864）"，可知這四首詩作理應附於卷一末；卷二為同治五年趙瑜、袁錦、洪文翰三人同題唱和之作⑤；卷三為同治八年洪文翰、王廣業、趙瑜等18人次韻之作。由袁錦"十載干戈慚寶劍，六街人海避連錢"、洪文翰"艱難時局孤臣似，憂患餘生杞客同"可知是集詩作多反映時事，以至於吳同甲讀後，不禁慨歎"咸豐癸丑以後，感時紀事之詩為可述也"。

---

① ［清］洪文翰纂修：《梅溪洪氏支譜》，清光緒二十四年（1898）木活字本。

② 按：洪文翰跋作於光緒乙未年，即光緒二十一年（1895），此前三十三年正好是同治二年癸亥（1863）。

③ 按：清乾隆五十七年（1792），葉兆蘭等人於泰州組建芸香詩社。嘉慶十三年（1808），社長葉兆蘭將同社諸君十餘年來詩作編輯成《芸香詩鈔》十二卷付梓，這對泰州詩壇影響很大。嘉道以後，泰州地區的文人結社大都受到芸香詩社影響。

④ 按：《海上聯吟稿》并未標識卷數，但各部分却明確標識有時間，即"癸亥""丙寅""己巳"之類，本文所說三卷，即以此時間為依據進行劃分。

⑤ 按：依《海上聯吟稿》編訂順序，第一卷"癸亥（1863）"，第二卷"己巳（1869）"，第三卷"丙寅（1866）"，顯然，該集并未以時間先後為序進行編排。為便於梳理海上聯吟社唱和活動發展脈絡，本文特將"丙寅"調整為卷二，"己巳"調整為卷三，以時間先後，重新對該集集一排定。因此，文中所說卷二即"丙寅"所作之詩，卷三即"己巳"所作之詩。又，吳同甲序在談論《海上聯吟稿》三卷內容時，也是先"癸亥"，次"丙寅"，再"己巳"。可知，這樣處理不僅符合實際，也符合編選者初衷。

十五、《支社詩拾》一卷

清周長庚、林紓輯。民國二十五年（1936）《墨巢叢刻》鉛印本。上海圖書館有藏。半葉十行，行二十一字，白口，雙魚尾，左右雙邊，版心鐫"墨巢叢刻"字樣。周長庚（1843—1893），字辛仲，一作莘仲、星仲。福建侯官（今屬福建福州）人。同治元年（1862）舉人，大挑得選建陽縣教諭，調任臺灣彰化縣。著有《周莘仲廣文遺詩》。《（民國）閩侯縣志》卷七十一有傳①。林紓（1852—1924），原名群玉，字琴南，號畏廬。福建閩縣（今屬福建福州）人。光緒八年（1882）舉人，官候選教諭。著有《畏廬文集》《畏廬詩存》等。《（民國）閩侯縣志》卷七十一有傳②。此為支社唱和集。卷首有周長庚序、林紓序，次為《支社詩拾目錄》《支社同人齒序》、李宗言跋、《支社作者姓氏爵里表》、李宣龔跋。林紓序云："洎壬午，始友李佘曾、次玉兄弟，觀其詠史諸詩，於孝烈忠果之士，抗聲淒吟，積淚滿紙，心悦其同趣。時周辛仲廣文亦未就官，相與招邀同人，結為吟社。月或數集，集必數篇。"此中"壬午"即光緒八年（1882），是支社正式成立時間。至於支社何時結束，朱則傑認為是"光緒十八年壬辰（1892）"③，可知該社前後持續十年有餘。《支社詩拾》曾先後刊刻數次，目前共存三個版本④。關於支社人數，李宗言跋言"吾社凡十有九人"，據卷前《支社同人齒序》《支社作者姓氏爵里表》所列，確為 19 人，分別是黃敬熙、黃春熙、何爾璸、周長庚、林葵、黃育韓、歐駿、林紓、卓孝復、陳衍、李宗言、方家澍、高鳳岐、林珩、李宗褘、方崑玉、王允晳、李宗典、劉蘄。這些人來自永福、侯官、閩縣、長樂四地，均為今福建福州人。是集所收唱和之作主要為同題共詠，全為七言律詩，凡63題146首，多詠史之作。

---

① 歐陽英等纂修：《（民國）閩侯縣志》卷七十一，民國二十二年（1933）刻本，第23頁。

② 同上，第22頁。

③ 朱則傑：《清末福州詩社"支社"考辨》，《廈門廣播電視大學學報》2015年第2期。

④ 按：李秉乾《福建文獻書目（增訂本）》同時著録有《支社詩拾》的三個版本："支社詩拾〔清〕周長庚、林群玉選，清光緒七年（1881）刻本，閩圖；宣統元年鉛印本，閩圖；1936年鉛印本，閩圖。"按：福建省圖書館應藏有這三個版本。其中第一個版本時間著録有誤，應為"光緒十七年（1891）刻本"，光緒七年（1881），支社尚未成立，不可能於此時刊刻。參見李秉乾：《福建文獻書目（增訂本）》，廈門：匯攀印刷（公司），2003年，第21頁。

十六、《碧湖吟社展重陽會詩》不分卷

　　清郭嵩燾輯。清光緒十二年（1886）刻本。國家圖書館有藏。半葉九行，行二十二字，白口，單魚尾，左右雙邊。郭嵩燾（1818—1891），字筠仙，晚號玉池老人。湖南湘陰人。道光二十七年（1847）進士，選庶吉士。歷任蘇松糧儲道、兩淮鹽運使、署廣東巡撫、駐英法公使等職。著有《禮記質疑》《養知書屋文集》等。《清史稿列傳》卷二百三十三有傳①。此為碧湖吟社重陽詩會唱和集。卷首有李楨《碧浪湖展重陽會詩敘》、朱振鏞《碧浪湖秋讌詩敘》，卷末有郭嵩燾跋。光緒十二年（1886）六月十五日，王闓運集諸名士於長沙碧浪湖開"碧浪湖詩社（一名碧湖詩社）"，相歌甚歡，"一時耆賢咸在座右"，而郭嵩燾"鬱関時之孤抱，發寫憂之迻心，獨以人事乣牽，無休暇之日以赴"。是年九月十九，郭嵩燾於兹作展重陽會，與會者二十餘人，人各一詩，少數未赴會者亦補和之，由郭氏判定甲乙。會後，郭嵩燾將此次集會之作輯為《碧湖吟社展重陽會詩》。該集收李楨、易鍾岐、黃式沅、胡棣華、左幹青、郭嵩燾、熊兆松、文廷式、涂景濤、陳三立等31人詩作，唱和形式主要為"同題共詠"，兼有少數次韻之作。以體裁為目編排，分五古5首，七古12首，五律10首，七律16首，共收詩43首。

十七、《湘社集》四卷

　　清程頌萬、易順鼎輯。清光緒十七年（1891）長沙刻本。天津圖書館有藏。半葉九行，行二十一字，黑口，單魚尾，四周雙邊。程頌萬（1865—1932），字子大，號鹿川、石巢，晚號十髮居士。湖南寧鄉人。官湖北高等工業學堂監督、候補道、湖北造紙廠總辦。著有《鹿川田父集》等。《長沙市志》第十六卷有傳②。易順鼎（1858—1920），字實甫、實父，號眉伽。湖南龍陽（今屬湖南漢壽）人。光緒元年（1875）舉人，主兩湖書院經史講席，曾在雲南、廣東等地任道臺。著有《琴志樓編年詩集》等。《清代七百名人傳》有傳③。此為湘社唱和集。卷首有《湘社集總目》。光緒十七年（1891）二月，易順鼎、易順豫兩兄

---

　　① ［民］趙爾巽等撰：《清史稿列傳》卷二百三十三，見周駿富輯：《清代傳記叢刊·綜錄類1》，臺北：明文書局，1985年，第603—605頁。

　　② 長沙市地方志辦公室編：《長沙市志》第十六卷，長沙：湖南人民出版社，2002年，第75—76頁。

　　③ 蔡冠洛：《清代七百名人傳》，北京：中國書店，1984年，下冊，第1827—1829頁。

弟由龍陽赴長沙，途中訪伯璋、中蕃二人，遂有唱和。至長沙，遇寧鄉周家濂，周氏好文喜客，故留居蛻園①。易順豫序云：“順豫少好乘，以二騎行，中實先生因亦得乘，為連句詩。而龍陽至長沙四日道，道短易至，中苦無流連，渡資迂三里，訪伯璋、中蕃千家洲。一夕得百韻詩，湘社始萌芽矣……然社稿積寸許，作者方未已也。”由《湘社集總目》知，社員包括鄭襄、袁緒欽、何維棣、易順鼎、程頌芳、吳式釗、王景峩、姚肇椿、周家濂、程頌萬、易順豫、王景崧，凡12人。是集分四卷，卷一為古今體詩，兼有聯句，多追和李商隱；卷二為詞，內容以詠物為主，成員取徑不一，或宗北宋，或宗南宋；卷三為斷句（詩鐘），分“事對”和“言對”，體制包括分詠體和嵌字體；卷四為《湘社集》序，共八篇，序者依次為易順鼎、何維棣、袁緒欽、姚肇椿、鄭襄、易順豫、王景峩、程頌萬。王景峩序云：“大凡《湘社集》四卷，為古今體詩一百九十一篇，為詞一百一十三闋，為斷句一百連，為序集八篇，總四萬八千一百餘言，作者十有二人。”

十八、《翠屏詩社稿》十卷

清馮譽驄輯。清光緒二十四年（1898）刻本。國家圖書館有藏。半葉十行，行二十一字，白口，單魚尾，四周雙邊。馮譽驄，字雨樵，號西山老樵。四川什邡人。光緒八年（1882）順天鄉試舉人，曾任東川知府、廣南知府。為官清廉，頗有政聲。著有《七硯齋詩草》《綠蕚梅齋詩集》等。生平見張君平《清代詩人馮譽驄》②。此為翠屏詩社唱和集。卷首有馮譽驄所題《詩社牌示》，後附馮氏跋語一則。光緒二十二年（1896）夏，馮譽驄知雲南東川府事，不久，決定成立翠屏詩社。《詩社牌示》曰：“照得本府蒞治茲土，接連觀風、月課，此邦文風已知梗概。諸生於八比之文，雖深淺不一，於法尚不甚謬。至於韻語，則合格者甚少，良由無人提倡風雅之故也。本府一行作吏，筆墨久荒，然日課一詩，雖不能至，心竊向往之。茲擬於文課外，創設‘翠屏詩社’。以五月十五日為始，亦不點名給卷。每月十五會課一次，屆期由本府擬詩題數道，粘帖府署大堂，諸生自行鈔回，寬以時日，脫稿送閱。同寅諸友及在籍紳士有願作者，均請入社。”關於該社起訖時間，馮譽驄跋云：“‘翠屏詩課’起於光緒二十二年夏月，迄於二十三年冬月。”可知其前後持續不足兩年。是集共收馮譽驄、趙永昌、宋培厚、張丕武、胡嗣虞、李重華、劉翊運、史光華、陳

---

① 按：“蛻園”，相傳為唐代“破天荒進士”劉蛻宅院。袁緒欽敍云：“辛卯春二月，與其弟叔由來長沙，居周氏之蛻園。唐時劉蛻嘗為文塚，此其故宅也。保靖胡巡撫曾就其地闢治為園林。廊館修鬱，澄波溶濔，層臺複道，高下隱伏。虹橋凌煙，飛度水際。舟過其下，靚淥陰翳，岸石環薄，文駕錦鴨，飛鳴翔泳。”

② 張君平：《清代詩人馮譽驄》，見什邡市政協學習文史委編：《什邡風物與掌故》，第100—101頁。

鴻圖、湯鈺等 64 人詩歌 604 首。據朱則傑考證，"'翠屏詩社'十五次集會，有九次各兩組題目，另六次各一組題目，凡二十四組。又各組之下，題目一至九個不等，總計有六十七個小題"①。所有這些題目都是馮譽驄擬，并由其首唱，唱和形式主要為同題共詠。所收詩作取材頗為廣泛，有山水田園詩、民族風情詩、社會生活詩、懷古詩、詠物詩等。

十九、《茆桂題襟集》二卷

徐兆瑋輯。清光緒二十九年（1903）刻本。蘇大圖書館有藏。半葉十二行，行二十三字，黑口，無魚尾，左右雙邊。徐兆瑋（1867—1940），字少逵，號虹隱，別署劍心。江蘇常熟人。光緒十五年（1889）進士，入翰林，官編修。民國後，任常熟縣民政副長、國會眾議院議員。著有《虹隱樓詩》《北松廬詩話》等。《常熟市志》有傳②。此為白茆吟社唱和集。卷首有徐兆瑋敘，次為《同人題名》。光緒年間，陸寶樹（枝珊）於茆江結白茆吟社。光緒二十五年（1899），"桂村諸子從之酬唱，郵筒往復，積卷稠叠"，徐兆瑋"擇其尤善者寫付梓人"，於光緒二十九年春編輯成集。"泖桂"即"白茆"與"桂村"之合稱，二者均屬今江蘇省常熟市。由《同人題名》知，社員包括顧錫智、汪貢、陸國楨、宗元、陸寶樹、龔福履、張廷升、徐兆瑋、徐鳳標、徐錫堃、徐鳳書、歸鎬、周福炳、劉福基、王承詒、翁之潤、姚鵬圖，凡 17 人。據徐兆瑋敘載，至光緒二十九年是書成集之時，吟社已發生重大變化，"劍花侄（徐錫堃）墓草已宿，周（福炳）少梅、汪（貢）伯琛又相繼殂謝，吟事稍稍衰矣"，以致徐氏發出"盛會不常，雅材日替，俯仰之間，已成陳迹"之感歎。是集分上下兩卷，多同題之作，以詩居多，兼有少數詞作。內容尤重吟詠當地自然風光，如《茆江漁父詞》《茆江八景分詠》等。

二十、《著涄吟社詩詞鈔》五卷

清沈宗畸輯。清光緒三十四年（1908）廣益印字局鉛印本。蘇大圖書館有藏。③ 半葉

---

①　朱則傑：《"翠屏詩社"考》，《四川師範大學學報（社會科學版）》2013 年第 6 期。
②　常熟市地方志編纂委員會編：《常熟市志》第二十七編，上海：上海人民出版社，1990 年，第 1095 頁。
③　按：此書另有國圖本。國圖本《著涄吟社詩詞鈔》衹收錄著涄吟社第一卷（正課前十課）及加課《題鍾馗畫像〈金縷曲〉》《落花，七律二首，限"江""麻"韻》二課內容，後附《著涄吟社詩鐘集》一卷。而蘇大本《著涄吟社詩詞鈔》包括著涄吟社正課五十課，加課五課，共五十五課內容，并無附錄《著涄吟社詩鐘集》。

十二行，行二十九字，白口，單魚尾，四周雙邊，版心鐫"廣益印字局承印"字樣。沈宗畸（1857—1926），字孝耕，號太侔。廣東番禺（今屬廣東廣州）人。光緒十五年（1889）舉人，任禮部祠祭司。曾作《落花詩》聞名京師。著有《東華瑣録》《繁霜詞》等。《著雝吟社同人小傳》有傳①。此為著雝吟社唱和集。卷首有劉樗《著雝吟社同人録序》、沈宗畸《小引》及《著雝吟社同人録》。光緒三十四年（1908）正月②，沈宗畸於北京創立著雝吟社。劉樗序云："歲戊申，番禺沈子於京師肇立吟社，錫名'著雝'，紀年也。""著雝"取自《爾雅》太歲紀年法"著雍""涒灘"，分別對應干支"戊""申"，實即"戊申吟社"之意。著雝吟社前後持續三年有餘，至宣統三年（1911）六月結束，此後雖有零星活動，但盛況已不復從前③。《今傳是樓詩話》云："沈太侔曩於勝清戊申結著雝吟社於都門。辛亥六月，詩社星散，越兩月即有武昌之變。"④ 著雝吟社以"網羅散佚，甄闡幽隱"⑤ 為宗旨，目的在於保存國粹，繼絕傳統，故社刊之名取作《國學萃編》。由《著雝吟社同人録》知，社員包括成昌、毓寅、瑞瓆、史曾培、宋傳曾、王延釗、易順鼎、袁祖光、唐嘉禾、張瑜等，凡119人。然這祇是就某時段而言，由"曾不逾月，達百餘人，來者未艾"可知，實際人數可能更多。是集共五卷，每卷十課，共五十課（正課），在二卷後有加課三課，卷五後有加課二課，合在一起，共得五十五課⑥，以詩課為主，兼課詞。唱和形式包括同題、限韻，尤以不拘體韻同題唱和為多。

以上所列清代詩社唱和總集，凡20種，包括純粹的詩總集13種，詩詞合刻總集7種，其範圍大致涵蓋清代前、中、後各個時期，可以較為充分地反映出有清一代詩社唱和總集的面貌。由於這類文獻涉及的唱和活動發生在社團之中，故大都呈現出如下幾個特點：（1）唱和成員相對穩定；（2）有規律地舉行集會；（3）持續時間較長；（4）一般擁有盟主或社

---

① 張文森：《著雝吟社同人小傳》，見南江濤選編《清末民國舊體詩詞結社文獻彙編》，北京：國家圖書館出版社，2013年，第10冊，第313頁。

② 按：關於著雝吟社成立時間，學界大致有兩種看法。朱則傑根據著雝吟社第一課第一題《花朝，七律四首，不限韻》，將其起始時間定為光緒三十四年戊申（1908）花朝（二月十五日）。參見朱則傑：《著雝吟社考》，《社會科學戰線》2016年第2期。王雪松、耿傳友通過考證發現《花朝，七律四首，不限韻》并非著雝吟社真正的第一課，著雝吟社社刊《國學萃編》戊申初刊行，第一期有著雝吟社課題徵集廣告一則，詩題為《宮柳，限七律四首，用漁洋〈秋柳〉韻》，為"揚州天貺生畢幾庵徵值課"。廣告説，此次社課徵集"限正月二十前截卷"。此課內容，《著雝吟社詩詞鈔》未見，從廣告看，其發布時間應在正月二十以前，此時吟社已用"著雝"之名。結合著雝吟社初期提前十日刊發社課廣告的規則，著雝吟社成立時間應在正月初十左右，不會晚於正月二十。參見王雪松、耿傳友：《清末著雝吟社考論》，《中國文學研究》2020年第3期。綜上，本文暫定著雝吟社創立時間為光緒三十四年戊申（1908）正月。

③ 按：學界較多學者認為，宣統三年辛亥（1911）六月，是著雝吟社正式結束的標誌，而此後的活動可視作著雝吟社的餘響。參見朱則傑：《著雝吟社考》，《社會科學戰線》2016年第2期；王雪松、耿傳友：《清末著雝吟社考論》，《中國文學研究》2020年第3期。

④ 王揖唐著，張金耀校點：《今傳是樓詩話》，沈陽：遼寧教育出版社，2003年，第248頁。

⑤ 沈宗畸：《本社簡章》，《國學萃編》1908年第1期。

⑥ 按：王雪松、耿傳友通過考察《國學萃編》得知，"至辛亥六月，著雝吟社共進行社課78課"，并將第四十至七十八課繫月整理製表。參見王雪松、耿傳友：《清末著雝吟社考論》，《中國文學研究》2020年第3期。

長；（5）有相似的創作風格或詩學主張。總體來看，清代詩社唱和總集展現出巨大的學術價值，其不僅有助於學界開展清代文人唱和活動及唱和詩詞研究，對清代文人結社研究也大有裨益。而且，作為"社團"與"唱和"的結合體，這類文獻充分體現了唱和與文學集團、文學流派之間的淵源關係，將為人們考察唱和在文學集團、文學流派的形成和發展過程中所發揮的重要作用提供有力的文獻支撐。

作者單位：唐山師範學院文學院

清代蜀詞別集敍録

张芷萱

　　有清一代四川詞人共 47 人，其中有詞集存世者 16 人：費錫璜、先著、李調元、楊繼端、王懷孟、王汝璧、馬若虛、朱鑒成、張慎儀、宋育仁、胡延、張祥齡、曾懿、王曾祺、胡薇元、趙熙。其中，除王懷孟、胡延、張祥齡、胡薇元、趙熙等人的詞集為專集之外，餘皆附於作者的詩集或詩文合集之後。

一

　　《焦螟詞》一卷，費錫璜撰，附於費錫璜詩集《費滋衡詩》後。

　　費錫璜（1664—?），字滋衡，新繁人，費密次子，其祖費經虞因避難由蜀中僑寓揚州，從而費錫璜亦出生於揚州。其幼時遵父命自揚州還鄉省祖墓，時兵燹甫定，而他不憚艱險，遂以孝稱。費錫璜生平豪放不羈，自稱“吾少負倔强，不能屈意當世、附人成名”（《貫道堂文集·詩集自序》）；李天馥曾以鴻博相薦，不就，而先後遊於燕趙、往來皖潁，遍交大江南北諸名士。費錫璜八歲能詩，以詩古文辭著，尤擅樂府。沈德潛《國朝詩別裁集》評價費滋衡詩稱：“滋衡熟古樂府，詩中蒼蒼莽莽，時有古音，然亦不無粗率處。淘汰之，取其古而近雅者，迥異時流。”李調元《蜀雅》稱：“本朝蜀詩，自此度後，滋衡當推為一大宗。……古樂府直接漢魏，五、七律絕亦在李頎、崔顥之間。”費錫璜著有《貫道堂文集》四卷，《掣鯨堂詩集》十三卷，又有《費滋衡詩》五卷，《焦螟詞》一卷，又與沈用濟合編詩論《漢詩説》十卷。

今之所存《焦螟詞》為稿本，無板框，附於《費滋衡詩》之後。卷首題"費滋衡詩"，落款"費錫璜"，下鈐朱文長方印"不隨王李袁鍾錢陳步趨"，此當是費錫璜之印。凌廷堪《校禮堂文集》卷三十二《書〈唐詩説〉殘卷後》稱郎兆夢於友人處得《唐詩説》一卷，卷上"有私印三：一曰'不隨王李袁鍾錢陳步趨'，一曰'費錫璜'，一曰'滋衡氏'"①，亦可為證；并且費錫璜不僅編纂了《漢詩説》，也還曾編《唐詩説》，然該書在當時保存不善，已是"蠹册"②。此外該卷首還有朱文長方印"水竹居書樵曾賞"和朱文方印"中國科學院文學研究所藏書"各一方。《焦螟詞》不見於《掣鯨堂詩集》，根據費錫璜《掣鯨堂詩集自序》所謂"癸巳秋，錫璜自定前後所撰詩"云云，可知費錫璜在整理出版其詩集時删去了詞作的内容，且該集刻於康熙五十二年（1713），則《焦螟詞》的完成在這之前。《焦螟詞》僅有詞作12首，其中《行香子·為許眉先題卷》有"羨妙年、丁卯詞宗"之語，可知費錫璜作詞大概是在康熙二十六年（1687）年前後。

凌廷堪《校禮堂文集》卷二十三《與阮伯元閣學論〈畫舫録〉書》中稱："汪文著其（費錫璜）門人也，録中所載'揚州好'諸詞，即其所作。遠如蔣前民潘雪帆宗定九等，近如厲樊榭杭堇浦陳授衣等。"③

二

《勸影堂詞》3卷，先著撰。康熙五十一年（1712）先著自刻。

先著（1651—1721以後），字渭求，號遷甫、遷夫、蠋齋、染庵，晚號盍旦子，四川瀘州人。神童先汪之後。關於先著生年，學術界或稱不詳，或言其生於順治二年（1646）。按，先著於其詩《除夕雪後訪梅勿庵於寓樓》後自注稱："勿庵齒長者十有八年"④，故先著應生於順治八年（1651）。先著於康熙六十年（1721）為陶煊、張璨的《國朝詩的》作序⑤。這是目前有關先著活動的時間最晚的材料。故先著卒年應在1721年以後。先著一生僑寄大江南北，晚居金陵，偕諸名士往來酬唱無虚日。博覽多聞，工詩、文、樂府長短句，善書畫。與吳綺、周斯盛、李驎、王仲儒、王弘、高懋功、張惣、石濤等人往還；與張惣、徐時盛酬贈唱和，作品集為《夕字唱和詩》；為高懋功《雲中紀程》作序。著有《之溪老

① ［清］凌廷堪撰，紀健生校點：《凌廷堪全集》，合肥：黄山書社，2009年，第3册，第295頁。
② 同上。
③ 凌廷堪著，王文錦點校：《校禮堂文集》卷二十三，北京：中華書局，1998年，第207頁。
④ 《四庫未收書輯刊》編纂委員會編：《四庫未收書輯刊》捌輯，北京：北京出版社，2000年，第28册，第556頁。
⑤ 謝正光、佘汝豐編著：《清初人選清初詩匯考》，南京：南京大學出版社，1998年，第296—297頁。

生詩》八卷，《勸彰堂詞》三卷。二集合刊，名《之溪老生集》，今《四庫未收書輯刊》收録影印。康熙三十一年（1692）與程洪合輯詞選兼詞評集《詞潔》六卷。《之溪老生集》卷首先著自撰《盍旦子傳》可略見其生平。《乾隆江南通志》《嘉慶四川通志》有傳。

《勸影堂詞》3卷，詞199首。今存清康熙刻本，11行21字，黑口，四周單邊。下鈐"冰弦"和"小檀欒室"兩方朱文長圓印。

《勸影堂詞》卷首先著自序稱："詞雖小技，有乖有合，其淺深高下之故，殆不減於詩。詩所不能盡者，以長短句出之，名以詩餘，固與詩同源而別體也。風、騷、五七字之外，乃另有此一境。當其纏綿宛轉，激壯悲涼，尤覺易於感人。然有染不掩姿，雕不病骨，濃不損靈，美不傷薄者，僅以為豔情所托，則末矣。顧昔之為詞者，皆規摹屯田、淮海，體制未超，其後頗知從事於石帚、梅溪，改趨清綺，而造微詣極，終遜古人，何也？宋人之於詞，猶唐人之於詩也，以其人各一面目，故為一代獨絶之作。今人好尚即不免雷同，是以去之尚遠耳。余弱歲頗好此，有詞數十闋，雖不足存，曾為一二知己所寓目，不忍棄之。中年以來，興之所觸，或未嘗廢，然所有亦無幾。昔人有云：我雖不工書，然知書莫如我。夫能者固未有不知，而知者或未必能。謂余稍能別知詞之高下可耳，若謂之能作詞，則未必然。壬辰四月杪，之溪老生自記。"

徐乃昌跋："汪氏振綺堂書録，之溪老生集，國朝先著撰。字蠋齋，又字染庵，號盍旦子，自瀘州遷南京十世矣。光緒丁未夏日，南陵徐乃昌記於小檀欒室。"

吳貫勉《白蘋香》題《勸影堂詞》云："情比山摧落木，聲如露飲凄蚤。花羞玉怯月玲瓏。白眼笑人懵懂。　　吟到海棠怕醒，勾來蝶影迷叢。雕鏤淨剔粉香濃。尤恐清真絶種。"并注："《海棠》《蝶影》二闋尤為絶唱。"[1]

江昱《山中白雲詞疏證》卷二《西子妝慢·白浪搖天》詞後疏證稱："先遷甫謂楊花句云：此詞家李長吉嘔心得來，必如是方可謂之造句。又云：嘔心之句妙在絶不傷氣。此其奪胎於堯章也。其餘諸公便不能。"[2]

謝章鋌《賭棋山莊詞話》續編卷三："萬氏專以四聲論詞，畏其嚴者多低之。瀘州先著尤甚，以為宋詞宮調必有秘傳，不在乎四聲。"

傅增湘《之溪老生集書後》："瀘州先著撰，凡詩八卷，詞三卷，皆手輯付梓者。……詞題曰《勸影堂詞集》。前後無序跋，刻於何時何地，皆不可知，惟《藥裹集》識語題'庚辰九月'。《勸影堂詞》識語題'壬辰四月'，考其時，當在康熙四五十年之後矣。著字蠋齋，一字遷甫，《全蜀詩鈔》言字渭求，《國朝詩鐸》又謂字染庵，晚號盍旦子，博學多

---

① 南京大學中國語言文學系《全清詞》編纂研究室編：《全清詞·順康卷》，北京：中華書局，2002年，第17冊，第10076頁。
② ［宋］張炎撰，［清］江昱疏證：《山中白雲詞疏證》，民國《彊村叢書》本。

聞，工詩及詞，輯有《詞潔》六卷行世，為詞林所重。先氏為吾瀘州舊族，宋代頗有聞人。著生平事迹不可考見，惟知其娶妻朱氏，為朱福玆晉之妹，以客遊江南，遂卜居金陵以終，故他書有載其籍隸江寧者。……今以卷十各詩證之，其暮年踪迹似不出吳越間，所往還則有梅勿庵、儲六雅、何義門、顧秀野諸人，於當時仕宦顯貴絕少酬贈，則其孤懷高趣，是可欽矣。"①

黃裳《來燕榭讀書記》稱："（《勸影堂詞》）卷中有寄懷石濤上人廣陵詞，頗可見大滌生平。先遷甫集罕見，近人考石濤遺事者，俱未見此。卷上有小記云以上二十餘闋皆作於庚申辛酉間，是康熙十九、二十年也。又云以後數十闋亦作於此時。可見寄石濤詞作年，并知一枝棲正在長干。"②

三

《蠢翁詞》2 卷，李調元撰，附於李調元詩集《童山詩集》後。

李調元（1734—1803），字羹堂，號雨村、童山、鶴洲、贊庵、卍齋、蠢翁、臥雪山人。李化楠長子。乾隆二十八年（1763）進士，選翰林院庶吉士。乾隆三十年（1765）至四十一年（1776）間，李調元供職吏部。乾隆四十一年（1776），因與同司掌印滿郎中永保不合，李調元在"年屆京察"中被填"浮躁"解官。未幾，奉旨復官，督學廣東。乾隆四十六年（1781），李調元補授直隸通永道，辦潞河書院。乾隆四十七年（1782），奉旨送《四庫全書》至盛京途中遇雨，致黃箱沾濕。李調元因此落職下獄。乾隆四十八年（1783），李調元於二月一日出臯司獄，二日赴刑部監，三日發遣伊犁。其行至涿州時因病休養於涿州，并得到袁守侗幫助，捐銀二萬兩贖罪。李調元雖免於流放，但仍削職為民，發回原籍③。李調元罷官歸家後，建"萬卷樓"，其中貯經、史、子、集四十櫥，時人稱其為"西川藏書第一家"。嘉慶五年（1800），李調元全家避亂成都時，萬卷樓被土賊所焚。李調元一生著述甚富，據楊懋修《李雨村先生年譜》統計，共一百三十種，涵蓋了經學、史學、文學、書畫、語言學、音韻學、金石學、姓氏學、民俗學等領域。著《童山詩集》42 卷、《童山文集》20 卷、《蠢翁詞》2 卷及《賦話》《詩話》《詞話》《曲話》《劇話》，編《全五代詩》《粵風》《蜀雅》等等，并刊印《函海》三十函一百五十種。李調元家學甚厚，有"叔侄一門四進士，弟兄兩院三翰林"的佳話。其自身也是清中期著名藏書家、文

---

① 傅增湘撰：《藏園群書題記》，上海：上海古籍出版社，1989 年，第 872 頁。

② 黃裳：《來燕榭書跋》，上海：上海古籍出版社，1999 年，第 230 頁。

③ ［清］李調元：《童山自記》，曾德祥主編：《蜀學》第 4 輯，成都：巴蜀書社，2009 年，第 259—281 頁。

學家、戲曲理論家。事迹見《清史列傳》卷七二、《國朝先正事略》卷四四及楊懋修《李雨村先生年譜》、楊世明《李調元年譜略稿》）。

《蠢翁詞》2卷，詞91首。10行21字，花口，左右雙邊。初附於嘉慶元年（1796）萬卷樓本《童山詩集》之後。嘉慶六年（1801），李調元親訂《函海》第三十五函書目中載《蠢翁詞》2卷，實有目無書。道光五年（1825），李調元三子李朝夔修訂《函海》第三十七函，方將《蠢翁詞》收録其中。《清續文獻通考·經籍考》和《清史稿·藝文志》有著録。今之《叢書集成初編》《清代詩文集彙編》等所收《蠢翁詞》皆據此道光《函海》本影印。

丁紹儀《聽秋聲館詞話》卷十二："綿州李雨村觀察調元所刊《函海》一書，搜采升庵著述最多，惜校對未甚精確。其自著《童山詩文集》亦不甚警策，詞則更非所長。惟《浣溪沙》《謁金門》爲集中之最。"并録李詞《浣溪沙·斜掩金鋪日影移》《謁金門·風過處》兩首。此外，丁紹儀在輯録《國朝詞綜補》時，除載録上述《浣溪沙》《謁金門》外，還收録了李調元的小令《如夢令·庭下丁香初結》一闋。

謝章鋌《賭棋山莊詞話》卷三："羅江李雨村調元著《詞話》四卷，其於詞用功頗淺，所論率非探源，沾沾以校讎自喜。"

四

《古雪詩餘》一卷，楊繼端撰。與詩集合刊，嘉慶刻本，9行19字，花口，四周雙邊。

楊繼端（1773—1817），字古雪，四川廣元人。楊璽之女，杭州主簿張問萊室。嘉慶元年（1796），川楚爆發白蓮教起義。三年（1798），楊繼端與張問萊同母親和五弟楊繼昂投奔江蘇省六合縣楊璽任所。五年（1800），張問萊任浙江杭州主簿，楊繼端隨夫赴任。嘉慶十九年（1814），因楊繼端母病，夫婦二人自杭州歸蜀，并於次年返浙。楊繼端工吟詠，其詩詞作品先後於嘉慶十四年（1809）、二十年（1815）整理刊行，即《古雪詩鈔》《續鈔》《詩餘》各一卷。《詩鈔》有吳錫麒、梁同書、石韞玉、徐步雲序，王慧雲女史跋；《詩餘》有徐步雲跋。嘉慶二十一年（1816），楊繼端夫婦回到遂寧老家，次年，楊繼端去世，年45歲。楊繼端去世後，其侄楊世燾將之前於浙江刊行的《古雪詩鈔》《續鈔》《詩餘》彙編成《古雪集》三卷，收録了楊繼端嘉慶二年（1797）至嘉慶二十年（1815）間的詩作448首，詞32闋。《古雪詩餘》還有徐乃昌小檀欒室刊本。楊繼端善丹青，張問陶曾作《題古雪齋七夕雲書心字圖》、戴敦元曾作《楊古雪夫人七夕雲書心字圖》贊之。其小傳亦見沈善寶《名媛詩話》和黃燮清《國朝詞綜續編》等。

黃燮清輯《國朝詞綜續編》，收録楊繼端《百字令·海棠》《買陂塘·西泠送春》《金縷曲·憶母》三首。姜方錟《蜀詞人評傳》録楊繼端《金縷曲·憶母》一闋。

丁紹儀《聽秋聲館詞話》卷十九：“吳越女子多讀書識字，女工餘暇不乏篇章，近則到處皆然，故閨秀之盛度越千古。即以詞論，王氏《詞綜》所采五十餘家，已倍宋元二代；餘輯《詞補》，復得一百七十餘人，兹録其尤雋峭者”云云，并録楊繼端《傷情怨·夜靜庭空月轉》。

況周頤《玉棲述雅》稱，西川楊古雪詩餘《蝶戀花·春陰》《買陂塘·西泠送春》“兩詞佳境，漸能融婉麗入清疏。《買陂塘》處韻十三字，余尤喜之”①。

五

王懷孟《小雲詞賸》。有清咸豐九年（1859）鉛印本，民國成都昌福公司據咸豐本刻印，10 行 19 字，花口，左右雙邊。

王懷孟（1797—1840），字小雲，大竹人。嘉慶十五年（1810）舉人，後屢試不第，曾暫任咸安教習、長寧縣教諭，未幾辭職歸里。王懷孟兄王懷曾，道光年間任職於山東長清。道光二十年（1840），王懷孟前往山東探望其兄。未幾卒於王懷曾官署，年44歲。王懷曾、王懷孟兄弟二人頗有文名，在當時的巴蜀社會中有“蜀中二陸”之譽。王培荀《聽雨樓隨筆》稱：“船山後，蜀中詩名盛者，推二君焉。”② 王懷孟性格剛毅瀟灑，而身不遇時，仕途蹭蹬，英年早逝，“奇才不偶”③。時人對於王懷孟的遭遇深感同情，王柏心稱：“大竹王小雲以童年舉於鄉，與其兄魯之并名噪長安，世方之二陸。魯之蹭蹬為外吏以歿，小雲偃蹇公車，客死中道。海內識與不識，無不高其才而悲其遇者。”④ 孫桐生亦稱王懷孟的遭遇是“詩人之坎壈不遇者”⑤。

王柏心《王小雲詞序》：“大竹王小雲以童年舉於鄉，與其兄魯之并名噪長安，世方之二陸。魯之蹭蹬為外吏以歿，小雲偃蹇公車，客死中道。海內識與不識，無不高其才而悲其遇者。小雲既下世，其同邑江曉帆學使為掇遺詩梓之。遵義唐公從曉帆處乞取其詞槁授柏心別擇之。將謀剞劂，未果而難作，幾失之矣。竟獲全觀察嚴公渭春者，小雲鄉人也，

① ［清］況周頤著，俞潤生箋注：《蕙風詞話·蕙風詞箋注》，成都：巴蜀書社，2006 年，第 570 頁。
② ［清］王培荀：《王懷曾兄弟》，引自 ［清］王培荀著，魏堯西點校：《聽雨樓隨筆》卷二，成都：巴蜀書社，1987 年，第 94、95 頁。
③ 同上。
④ ［清］王柏心：《王小雲詞序》，《清詞序跋彙編》，南京：鳳凰出版社，2013 年，第 1385 頁。
⑤ ［清］孫桐生：《國朝全蜀詩抄》卷三九，成都：巴蜀書社，1986 年，第 429 頁。

持節蒞荆南。柏心語及之，公曰，吾任其梓，子為其序，可乎？既承命，乃序之曰：小雲於詩以奇氣為主，不規規體格，詞亦然。《瑶臺》大解一闋，最雄宕，他豪逸者，往往不減稼軒、龍洲。又好作情語，掩抑悽斷，大類屯田、方回之作。小雲為人寡言笑，儕輩憚其廉勁。至性過人，自謂仗節死難當無怍。嘗與魯之扶襯奉母還蜀，舟艤鄂渚，故善吾鄉劉孝長，柏心因得識君。見季偕遊漢陽山寺，酒酣日落，衝風大作，怒濤如山立。小雲疾呼，艓子渡江。衆起留之，不可，曰：吾適憶母，當往省之。遂挐舟破浪，遥望之，如鳧鷖出没，已而竟達。其後屢舉不第，益鬱鬱無所施，則日酣飲，或怒馬挾弓矢，從少年遊獵，竟坎壈以終。嗟乎！同時齎油素濡柔翰者，相繼登石渠、秉旄、乘傳。君獨見棄良時，銷壯氣於高歌狂醉。當其快意攄寫旗亭壁上，淋漓殆徧，以玉抵鵲，不自愛惜；没而遺編零落，幾至湮淪，非遇嚴公拂拭而表章之，後世誰知有王小雲其人者？則又歎古今瑰奇之士，埋光剗采，終於瓦礫同歸者為不少也。詞凡二百餘闋，汰而存之得七十六首。此不足盡君才，然覽者可以得其概矣。"①

王柏心《與嚴渭春按察書》："昨歲執事入覲際，遠貽手翰，并寄王小雲詞卷梓本。千金諾重，剞劂立成，頓使失志才人，揚眉身後。海内英流，聞此高風，孰不生感？比聞旌節旋楚，天子令執事且福吾民，行以分陝保厘相寄矣。"②

姜方鋄《蜀詞人評傳》："王柏心序《小雲詞賸》云：詞凡二百餘闋，汰而存之，得七十六首，此不足盡君才。然覽者可以得其概矣。按，堅利王子壽先生遺古文名當時，其推重小雲甚至，此《詞賸》即咸豐己未靜倪書屋鋟本也。其詞豪宕而多情語。"③

六

王汝璧《脂玉詞》《蓮果詞》《華不詞》《皖江詞》，附於詩集《銅梁山人詩集》之後，光緒二十年（1894）刻本。

王汝璧（1741—1806），字鎮之，號銅梁山人，福建巡撫王恕少子。弱冠時入贅刑部尚書錢陳群家，并學於錢塵群、沈德潛等江南名士。方其時，王汝璧所作詩，每一篇出，輒為錢陳群激賞，有快婿清才之目。乾隆三十一年（1766）中進士。與程魚門、錢南園聯會賦詩，時稱巨擘。乾隆四十八年（1783）以前，任職吏部，乾隆四十八年（1783）以後，歷任直隸順德府、保定府知府。乾隆五十五年（1790），王汝璧因案降補同知，五十六年

---

① ［清］王柏心著，張俊綸點校：《百柱堂全集》，武漢：崇文書局，2016 年，第 637 頁。

② 同上，第 745 頁。

③ 姜方鋄：《蜀詞人評傳》，成都：成都協美公司鉛印本，1934 年，第 373 頁。

（1791）後，又先後任直隸宣化府同知、正定府知府、大名道道員、山東按察使。嘉慶五年（1800）後，歷任江蘇布政使、江蘇巡撫、安徽巡撫、內閣學士、禮部右侍郎、兵部左侍郎、刑部右侍郎等職。嘉慶十一年（1806）七月，王汝璧卒。王懷孟詩宗韓、孟，有《銅梁山人詩集》形式，《清續文獻通考·經籍考》《尊經書院初集·擬四川藝文志》等著録。有詞集《脂玉詞》《蓮果詞》《華不詞》《皖江詞》四卷。又撰《漢書考證》《夏小正傳考》《星象勾股》數十卷。丁紹儀輯《國朝詞綜補》載録其詞《望湘人·題潘相雲遺照》一闋。

李如筠《銅梁山人詩集序》："上巳春見鎮之先生於上谷，出眎《坳堂詩集》一卷，又從丁學博淦泉所借鈔《長水集》一卷，為先生寓橋李時作。錢文端公於先生有快婿清才之目，尤心賞其詩，每一篇出輒長吟數次，幾於放先生出一頭地。今集中所鈔，皆香樹老人口沫手胝碎壺擊節者也。是時，先生年甫冠，而根源盛大，已欲突過前人。至《坳堂集》則守保定以後之作，出入風騷醞釀、經濟圓渾、超脫聲實相中，置之六代三唐作者之林，可以獨當一面。如筠鈍不能詩，恨不早從先生遊，提鉛握槧垂十年，訖無所成。今始得問津大方，得先生詩，奉以為鴻寶之祕，遂合鈔二集為編，凡四卷。又先生自言通籍後，自為郎迄作郡，有《滕花集》《玉脂山房集》若干卷，皆不欲自存，而謬為朋輩傳寫。又嘗撰《易林注》《漢書考證》諸書及《星象勾股》，闡進之言不下數十卷，但脫稿即皆焚去，散佚者不獨詩也。嗚呼！此可以見先生之志矣。以先生之淹通與衍，加以僕伯古人之才識，顧於馳騁翰墨，則曰聊適己事而已，瓿可覆，帛可享，無毫髮加損於心。今世膚學之士，纔學操觚，便思以梨棗自壽，人知之則以為喜，不知則以為憂，靦然號於眾曰，是區區者，吾將藉以傳也，聞先生之言，當亦立怩焉，汗浹袊也。"①

李符清《銅梁山人詞敘》："鎮之詩詞二卷，余鈔存笥中十年矣。今春謁師於上谷，杯酒話舊，偶論及此，索觀之，輒然曰：此稿久矣，不虞君之為余存也。及還天雄，使署復檢，得十三闋，寄示余，為續入卷末，雖吉光片羽，而慢令中或如七寶樓臺，炫人眼目，或如天風海雨，逼人讀之，令人色舞神飛，直可凌轢唐宋，俯視金元。允宜付之剞劂，以與秦柳蘇辛諸家并傳藝林。郵請於師，師允之，并綴數語以弁首。嘉慶丁巳，海門李符清謹敘。"②

王汝璧《銅梁山人詞自記》："弱冠汗漫江湖，偶弄筆作小詞，輒為好事者攜去。雲間沈沃田徵君，年六十始為詩餘，有白石老仙風調，曾和《揚州慢》闋，為忘年交。歙人江雲溪上舍，詞家玉田生也，揮金且盡，貧不能存，流寓杭之馬塍，為白石葬處，有《橋南借宅圖》，予為題句云：橋南好問仙人卜，商略清寒最可君。可以想見其人。錢塘汪漁亭西曹，學者也，時與大恒、讓山兩僧以機鋒馳騁於南北高峰間。遮予信宿淨慈，有《松風留

① 《（光緒）銅梁縣志》卷之十三，清光緒元年刻本。
② 李符清：《銅梁山人詞敘》，《銅梁山人詞》，清光緒刻本。

客圖詞卷》留傳山舫。及余通籍為郎，不十年來，落月晨星迥然盡矣。惟山舫一闋，片羽僅存，引宮召商，撫時增感。秋蟲春鳥，根觸遂多。乃復不自收拾，落葉隨風，不能成縛。又二十年，薊州丞蔣生勤齋以詞問余，於敝笈中得《玉脂詞》三十闋并《蓮果詞》一卷録以付之。銅梁山人識。"①

<h1 style="text-align:center">七</h1>

馬若虛《海棠巢詞稿》，附於詩集《實夫詩存》之後，清咸豐辛酉年本衙藏板本。

馬若虛②（？—1824），字實夫，原籍錢塘，幼時隨父寓居成都。乾隆四十二年（1777）受業於潼川太守沈澹園。乾隆四十五年（1780）為官貴州銅仁。乾隆四十八年（1783），馬若虛代辦松桃廳同知事，不久因失職去官，遊幕貴州、青海一代。乾隆五十年（1785）馬若虛回蜀，入四川總督孫士毅幕。乾隆五十四年（1789）以後，馬若虛先後四次入藏，在西藏生活了近十年，主要負責協助孫士毅運送物資軍餉和維持戰後藏地穩定工作。嘉慶二十五年（1821），養病成都怡園。道光四年（1824），馬若虛弟李紹祖調任綿州，馬若虛遂移居綿州，未幾病卒。馬若虛長於吟詠，有詩集 5 卷，《移蕉山房詩課》和《蕉緑軒詩抄》是他在乾隆四十一年至四十二年（1776—1777）間從學沈澹園時的課業之作；《來袞亭詩集》作於臨潼；《夜郎殘稿》作於為官貴州時；《海棠巢詩集》是其前後出塞及歸成都後所作。馬若虛有詞集《海棠巢詞稿》1 卷，又名"塞外詞"和"出塞詞"③，初刊於嘉慶年間，原版毀於火，咸豐十一年（1861），其侄李璲於成都獲原刻本重為刻印；詞集前有婁縣姚椿、丹徒嚴學淦、金山周靄聯等人的題詞，後附李璲《續雕海棠巢詞小序》；今《全清詞》收録的馬若虛詞即根據咸豐本整理，《回族典藏全書》收録的《海棠巢詞稿》也據咸豐本影印。黃燮清輯《國朝詞綜續編》收録其《金縷曲·屈指將重九》《少年遊·偶拈佇月樓韻》二首。

婁縣姚椿《摸魚兒·題李實夫塞外詞後》：

問天涯、子規鷓鴣，聲聲也到西否。詞人聽熟陽關調，更向大荒西走。將進酒。

---

① 王汝璧：《銅梁山人詞自記》，《銅梁山人詞》，清光緒刻本。
② 馬若虛原姓李，名若虛，字實夫，因贅陝甘學政馬履泰，又襲姓馬。見 [清] 黃燮清輯《國朝詞綜續編》卷四，《四部備要》本。
③ 婁縣姚椿、丹徒嚴學淦在《海棠巢詞稿》的題詞中稱"題李實夫塞外詞後"，金山周靄聯的題詞名為《貢院題李實夫後出塞詞稿》。

欲説與、蠻姬含笑低垂手。夢中回首。美荔擘輕紅，成都天上，何況六橋藕。　　清歌好，蕃錦氍毹踏皴。珠鬘搖舞，花裏殘碑，一灑興亡淚。誰問唐家甥舅。春色又吹，不老大招，一樹垂楊柳。高峰靈鷲，笑身亦飛來，卷中字字，都付玉龍守。

丹徒嚴學淦麗生《沁園春·題李實夫塞外詞後》：

絕域烏絲，急譜龜茲，當歌慷慨。聽軍門傳箭，龍泉壓雪，穹廬草檄，鹿繡凝霜。海隔昆侖，星飛丹達，一綫銀砂入大荒。（多周）影外，有西風篳篥，殘照牛羊。天魔舞賽空王，且笑倚、蠻姬入醉鄉。問碧犀貢後，人稱佛地，金鵝鑄就，國是唐裝。七寶珊瑚，九霞瓔珞，雲湧花鬘跳月香。馳鐵撥，更紅旗獵火，錦纏毬場。

又：

家世文淵，不喜封侯，觀兵戰場。記山吞古月，琵琶水黑，旗翻凍雪，羅目川黃。葉下如潮，風陰似海，綠壓天低萬木僵。西招後，更南中走馬，看縛降王。　　新詞笑補歸裝，恰采得、燕支貯錦囊。要弓衣繡滿，豪蘇膩柳，金經禮偏，寵姐兜娘。驀地飛花，飄紅出塞，牽夢金城柳萬行。才人筆，把英雄兒女，譜入伊凉。

金山周靄聯肖濂《貢院題李實夫後出塞詞稿》：

烏斯藏接八荒天，棲托偏於子有緣。
可惜一枝青鏤管，浪題唐古忒山川。

無限風懷入小詞，詞中太半比紅兒。
十年前作黔陬客，曾讀烏絲感鬢絲。作者自注：嘉慶十二三年，君手錄數詞寄示，美人香草情見乎詞中，有見懷鄙人一闋，今重讀是稿，為之惘然。

玉簫枉許訂他生，機杼江堧淚濕膺。
早説將人拋半路，肯投淫室咒摩登。

誰攜佳種蒔西招，嫩蕊繁枝得地嬌。作者自注：稿中詠虞美人、五月菊諸作，西藏向無花卉蔬果，而君非誑語者，當從內地移種而植之也。
不獨蠻姬妒顏色，散花天女亦銷魂。

愛近婦人飲醇酒，壯心消盡眼誰青。

旁人莫笑雕蟲伎，曾勒燕然十丈銘。

鴛鴦對對泛汀州。作者自注：藏河多此鳥。爽女番童競拍浮。作者自注：君與予所親見者。

一入迦陵摹續手，瘴鄉端合號溫柔。作者自注：謂《曉妝》《晚浴》諸詞用迦陵韻。

重到蓉城感槼頻，應官暇便訪閑身。

樽前衹願長相見，佛地歸來勝幾人。作者自注：乾隆五十七八年，君與予暨胡雪方別駕、曹霞城方伯俱從事孫文靖西招軍幕。今存者惟君與方伯及予三人而已。方伯昨調任皖江。讀稿中《雜憶》諸詞，不勝今昔之感也。

記向侏儺手代呼，不鬙不穢不襟襦。

多君昵昵屑綢上，解語居然介葛廬。

秋分師姐汗翻漿，鏃院閑如禪誦堂。

露坐中庭百回讀，摩訶池外月如霜。作者自注：今貢院即明代蜀王府王摩訶池，填為蜀藩王正殿。

李璨《續鐫海棠巢詞小序》："《海棠巢詞》，余三先伯壯歲涵詠性情作也。凡在黔、在蜀、在藏所聞所見，無不筆於書，而形為詠歌。周觀察肖濂先生見而奇之曰：是真可法可傳矣！慨然出資代梓，與《實夫詩存》并行。繼因昆圃兄攝篆沙坪棗板署中遭猓夷變，痛燬於火。亟思搜原本重鐫，以為子孫世守計。奈以戎事往來川楚間，不果，乃遲之。又久遍訪親故家，僅得《詩存》三卷，而《海棠巢詞》竟不可得不可獲已。權將《詩存》先行。鏒棗板甫成，孰意此本突於蓉城書肆撿出。余讀之，驚喜過望，即付剞劂，仍偕《詩存》合編成帙。噫！是殆天假之緣，俾三先伯數十年手澤不湮於後，而余竊於繼述之心亦可稍慰。咸豐辛酉長至日潔泉侄璨再筆於蓬溪官廨之止戈軒。"

吳仲雲《杭郡詩續輯》曰："實夫去官後遊蜀，性伉爽，重然諾，談詞如雲，一時賢豪樂從之遊。烏斯藏距蜀西邊萬數千里，實夫繩行沙度，窮歷荒渺，晚乃終老成都。詩多雄偉悲壯之氣。別撰《海棠巢詞》，膩柳豪蘇，兼有其勝。"[1]

《續修四庫全書總目提要》："《海棠巢詞稿》一卷，嘉慶刊本，清李若虛撰。若虛字實

---

[1] 引自 [清] 黃燮清輯《國朝詞綜續編》卷四，《四部備要》本。

夫，錢塘人，嘗入孫文靖幕。是編凡一百五十八首。若虛久在塞上，番邊景物往往入詞。
周靄聯題詩，時有參證。塞外名集頗著於時。若論其詞法，則不可語於大方之家也。其間
無調之詞三首，題曰《自度曲》即可知其妄矣。"①

<h2 align="center">八</h2>

朱鑒成《題鳳館詞稿》，收於詩文合集《題鳳館稿》，附於詩集之後，清同治辛未成都
刻本。

朱鑒成（1819—1865），字眉君，富順人，同治甲子舉人，性耽經史。學使何紹基看重
其人品，邀請入幕。稍後朱鑒成入川督黃宗漢、京兆尹幕府，因與黃宗漢意見不合辭歸。
其後朱鑒成獲鄉選，授中書舍人。卒於任上。朱鑒成歿後，其蜀中友人整理遺著，集成
《題鳳館集》，其中詩稿十二卷，附詞稿、文稿各一卷，今存同治辛未（1871）成都刻本。

顧復初《朱眉君小傳》："（朱鑒成）以余喜為詞，時亦作詞。詞非其措意，顧有騷心
逸韻，意致幽絕，今删存其大半，附刊詩後。"②

姜方鈠《蜀詞人評傳》："鑒成在同光間，治詩古文并有名，而其詞尤為顧道穆復初所
推重。與復初同客袁江，兩人始試為詞，後皆卓然成家云。"③

<h2 align="center">九</h2>

張慎儀《今悔庵詞》，民國《蒫園叢書》本。

張慎儀（1846—1921），字淑威，號芊圃，晚年又號廔叟。四川成都人，原籍江蘇陽
湖。一說為張惠言裔孫，隨宦入蜀，寄籍成都，客蜀中諸監司幕最久。民國後，築室成都
少城西隅，與胡玉津、鄧休庵等人結為詞社。年七十餘歲卒。張慎儀精研訓詁，能詩古文
辭，一生著述豐富，一部分匯刊為《蒫園叢書》，其中有《續方言新校補》《方言別錄》
《詩經異文補釋》《廣釋親》《廔叟摭筆》《今悔庵詩》《今悔庵文》《今悔庵詞》等。未刊
稿有《爾雅雙聲叠韻譜》《忍默宦尺牘》等，今佚。

趙藩《今悔庵詞》題詞：

---

①　中國科學院圖書館整理：《續修四庫全書總目提要》（稿本），濟南：齊魯書社，1996 年，第 16 册，第 506 頁。
②　顧復初：《朱眉君小傳》，《題鳳館稿》，清同治辛未成都刻本。
③　姜方鈠：《蜀詞人評傳》，成都：成都協美公司鉛印本，1934 年，第 376 頁。

三影風流又茗柯，君家微尚意云何。

美人香草《離騷》旨，秋在湘天渺渺波。

綺硯春生一撚紅，華年影事劇匆匆。

無端觸撥旗亭夢，猶在迴腸蕩氣中。

十

宋育仁《城南詞》《問琴閣詞》《庚子秋詞》。《城南詞》一卷，附於清宣統二年（1910）羊鳴山房鉛印本《哀怨集》後；《問琴閣詞》一卷，附於民國考雋堂刻本詩文集《問琴閣叢書》中；《庚子秋詞》，與王鵬運、朱祖謀等人唱和所作，存光緒刻本。

宋育仁（1857—1931），字芸子，又字芸岩，號道復、復庵，別署鷗夷逸客、問琴閣主，四川富順人。是清末"新學鉅子"，被譽為四川歷史上"睜眼看世界"第一人。宋育仁幼年學於浙江，其父母去世後，隨伯父回蜀，學於漢州（今四川廣漢）。宋育仁是成都尊經書院的首屆院生。王闓運對其十分重視，推其為"尊經首選"①，"拔取第一者"②。光緒八年（1882）中舉，撰《周禮十種》及《說文部首箋正》，漸有文名。光緒十二年（1886）中進士，授翰林院庶吉士。光緒十三年（1887），著《時務論》，聲震朝野。光緒十五年（1889），任翰林院檢討。光緒十七年（1891）典試廣西，撰《時務論外編》《守禦論》等論著。光緒二十年（1894），出使英、法、意、比四國，撰《采風記》四卷。光緒二十一年（1895）中日甲午戰爭爆發後，他上書清廷，主張抗日防俄，遭到彈劾。光緒二十一年（1895），宋育仁供職翰林院，受聘於強學會，光緒二十二年（1896），奉旨回川創辦商務、礦務和各類實業，并掌教尊經書院。戊戌政變失敗後，宋育仁被罷官，閒居北京。民國以後，宋育仁以名儒身份受聘於成都國學院，撰《詩經毛傳義今釋》《爾雅今釋》《孝經正義》《禮運確解》等著作，又任《四川通志》局總裁，主修《四川省志》，監修《富順縣志》，民國二十年（1931），因積勞成疾病逝成都。

宋育仁《城南詞後跋》："二十六年八月，在京師與王幼遐給事、朱古微學士朝夕過從，相慰勞苦。先是古微前輩與劉伯崇修撰皆移寓半塘舍，相與拈詩牌限字填小令，已得若干闋。余別居往還，道路有戒，乃取三君詞卷，每調就所倚之闋內拈字依聲為一闋，以

---

① 王闓運：《箋啓》卷一，《湘綺樓詩文集》，長沙：嶽麓書社，1996年，第834頁。
② 王闓運：《湘綺樓日記》，長沙：嶽麓書社，1996年，第824頁。

嗣其音，不知其為漸離之筑，雍門之琴，麥秀之歌也。"

宋育仁《城南詞詩牌填詞跋尾題詩》：

大笑蒼蠅蚍蜋竅聞，城南石鼎調翻新。

欲言不敢思公子，私泣何嫌近婦人。

醉語灞陵呵夜獵，嘯聲山鬼唱秋墳。

綺詞填滿《離騷》怨，祇為婢媛苦憶君。

陳銳《褒碧齋詞話》："宋芸子詞，非頭門，要自情韻不匱。"[1]

姜方鎂《蜀詞人評傳》："宋育仁，字芸子，富順人，光緒進士，有《問琴閣詞》一卷。按《問琴閣詞》，初刻於京師，附詩後，其後又有《城南詞》《庚子秋詞》，多與王半塘、朱古微唱和者，刻《問琴閣叢書》五種中。"[2]

十一

胡延《芘芻館詞集》，光緒二十七年（1901）刻本朱印。

胡延（1862—1904），字長木，號研孫，四川成都人。與宋育仁、張祥齡等同為尊經院生。光緒十四年（1888）任晉司撫幕奏牘，光緒十六年（1890）任平遥知縣，轉即擢任絳州牧，光緒二十二年（1896），入榮禄幕。光緒二十六年（1900），庚子事變，胡延隨扈前往西安，任行在内庭支應局督辦和西安知府。光緒二十七年（1901），官至陝西鳳邠鹽法道、江安糧儲道。光緒三十年（1904），病卒姑蘇。有《芘芻館詞集》5卷，刻於光緒二十九年（1903）金陵糧儲道，前有顧復初於光緒十三年（1887）所作序，其中收録胡延自學生時代至晚年創作的《兜羅綿詞》《寶鬘雲詞》《祇洹珠詞》《恒河鬢影詞》和《雙伽陀詞》五種。此外，胡延還選編了《胡刻四家詞》，收録姜夔《白石道人歌曲》、王沂孫《花外集》、周密《蘋洲漁笛譜》及陳允平《日湖漁唱》等作品。

顧復初《芘芻館詞集序》："研孫先生詞清微婉約，預乎無際，兼南宋作者之長。余劇賞之。研孫顧謂余：曩者尚有流麗疏快之作，今兹則日趨於澀矣。余曰：詞本遣興之具，譬之作小楷書，方欲運法，而筆劃已了，不以澀持之，則無含蓄深厚之趣。余曩嘗執斷字

---

① 唐圭璋編：《詞話叢編》，北京：中華書局，1986年，第4198頁。

② 姜方鎂：《蜀詞人評傳》，成都：成都協美公司鉛印本，1934年，第377頁。

論詩詞，惟斷故轉，惟斷故遠。今研孫澀字之旨，殆與余斷字不謀而合者。嗚呼！詞雖小道，通乎諷喻，未可以淺説罄也。研孫天資超雋，學必詣極，當契余言。適刻《苾芻館詞》將竟，爰題其簡端。光緒丁亥之歲日南至長洲顧復初潛龕。”

陳鋭《袌碧齋詞話》：“胡研孫詞，標格在梅溪、玉田之間，往往風流自賞。”①

夏敬觀《忍古樓詞話》：“成都胡長木延，亦字研孫，光緒間，官江安糧儲道，著有《苾芻館詞》。蜀中多詞人，予所識者，此其一也。……吾友陳伯弢評其詞：標格在梅溪、玉田之間，往往風流自賞，此語甚當。”②

陳作霖：“研孫觀察素工倚聲之學，長調超宋，小令軼唐，感事傷時而出之以藴藉，詞中之杜子美也。”③

姜方錟《蜀詞人評傳》：“胡延，字長木，一字研孫，成都人，官至江蘇糧儲道，所著有《苾芻詞》五卷，即其在金陵時自刻者。”④

十二

張祥齡《吳波鷗語》，載《詞學集刊》1936 年第 3 卷第 1 號；《和珠玉詞》民國趙尊嶽《惜陰堂叢書》本；《雙伽陀詞》胡延《苾芻館詞集》光緒刻本；《子苾詞鈔》民國刻本；《半篋秋詞》，民國刻本。

張祥齡（1853—1903）字子馥、子苾、子綏，號芝馥，四川漢州（今廣漢）人，光緒元年（1875）入學尊經書院，與宋育仁、廖平、楊鋭等同爲尊經首屆院生，在張之洞“尊經五少年”、譚宗浚“尊經十六少年”之列，是“孝達（張之洞）高弟子”⑤，張之洞贊其“敏悟有志，好古不俗，文辭秀發，獨嗜經學、小學，篤信古學，不爲俗説所惑”⑥。張祥齡肄業尊經書院時，與廖平最爲交好，在經學、小學等方面都與廖平志同道合。光緒十一年（1885），張祥齡拔貢，入四川布政使易佩紳幕，其間與易順鼎、江瀚等交遊。是年況周頤入蜀，張祥齡與之建交。後來況周頤回憶：“光緒朝，蜀中詞人張子苾、胡長木延，蕙風

① 唐圭璋編：《詞話叢編》，北京：中華書局，1986 年，第 4198 頁。
② 同上，第 4785—4786 頁。
③ ［清］陳作霖：《冶籠山房叢書》，引自屈萬里、劉光佑：《明清未刊稿彙編》，臺北：聯經出版事業公司，1976 年，第 8 册，第 2638 頁。
④ 姜方錟：《蜀詞人評傳》，成都：成都協美公司鉛印本，1934 年，第 377—378 頁。
⑤ 《張祥齡小傳》，戴安常選編：《近代蜀四家詞》，成都：四川人民出版社，1987 年，第 27 頁。
⑥ ［清］張之洞：《致譚叔裕》，《張之洞全集》，石家莊：河北人民出版社，1998 年，第 10133 頁。

四十年前舊雨也"①。光緒十二年（1886）年底，張祥齡受易佩紳之邀，舉家遷居江蘇，與吳中詞人們往來唱和，"與次香、實甫、由甫唱酬無虛日"②。光緒十三年（1887），張祥齡與鄭文焯、易順鼎、易順豫、蔣文鴻等結吳社於鄭氏壺園，連句和白石詞。光緒十七、十八年（1981—1982），張祥齡繼續與況周頤、鄭文焯等往來唱和。況周頤稱："辛卯、壬辰間，余客吳門，與子苾、書問素心晨夕，冷吟閑醉"③，"壬辰正月二十日，子苾、小坡柳宜橋酒樓連句，和夢窗韻"④。二十年（1894）中進士，授翰林院庶吉士，是年與況周頤、王鵬運在王氏宅四印齋盡和《珠玉詞》。次年散館，任陝西榆林府懷遠知縣。二十六年（1900），調任西安府長安知縣，與湖湘文人易順鼎、樊增祥以及同為尊經書院同學的胡延往來唱和。稍後調補大荔。二十九年（1903），卒於大荔任署。張祥齡中年始為詞，有詞集五卷。光緒十三年（1887）四至八月，張祥齡與鄭文焯、蔣文鴻、易順鼎、易順豫連句和姜夔詞的作品收錄在《吳波鷗語》中；幾人所和《宋六十一家詞》的作品收錄在《子苾詞鈔》中；張祥齡在光緒十八年（1892）後的詞作主要保存在《半簏秋詞》中；光緒二十年（1894），張祥齡在京與況周頤、王鵬運在五日內盡和晏殊《珠玉詞》的作品收錄在《和珠玉詞》中；光緒二十一年（1895），張祥齡赴任陝西前與王鵬運、況周頤等人連句和《宋六十一家詞》的作品收錄在《子苾詞鈔》中；光緒二十六年（1900），張祥齡任長安知縣時，與胡延連句唱和之詞收錄在《雙伽陀詞》中。另著有《詞論》一篇，即《詞話叢編》所錄張祥齡的《半簏秋詞敘錄》。還撰有《受經堂集》《愧林漫錄箋》《六箋》《黃金篇》等學術論著。近來宋桂梅收集整理張祥齡的著作編成《張祥齡集》，是目前收錄張祥齡著作最為完善的一部著作。

易順鼎《連句和白石詞敘》："今年春，與叔問、子苾、叔由舉詞社於吳，次湘自金陵至。四子皆嗜白石深於余，探幽洞微，窮極幼眇。……事起四月，訖八月，而和詞竟。期間余有鍾、廬兩阜之遊，次湘又聽鼓金陵，故所作皆少。至於刊律尋聲，晨鈔暝寫，則叔問之功為多。……叔問者，北海鄭文焯；子苾者，漢洲張祥齡；次湘者，成都蔣文鴻；叔由者，余弟豫也。光緒十三年丁亥仲秋既望五日，常德易順鼎敘。"⑤

馮煦《和珠玉詞序》："半塘老人與子苾、夔笙亦身丁清時，回翔臺省，略同於元獻。夏六月，手《珠玉》一編，字櫎句規，五日而卒業。視元獻不失絫黍，黨亦與蒙相符契，

① ［清］況周頤著，潘琦主編：《況周頤集》，桂林：廣西師範大學出版社，2012 年，第 5 冊，第 77 頁。

② ［清］張祥齡：《臺城路》題序，［清］張祥齡著，宋桂梅編：《張祥齡集》，成都：巴蜀書社，2018 年，第 309 頁。（以下祗出書名、頁碼）

③ ［清］況周頤：《香東漫筆》，［清］況周頤著，潘琦主編：《況周頤集》，桂林：廣西師範大學出版社，2012 年，第 1 冊，第 406 頁。

④ ［清］況周頤：《喜遷鶯》題序，［清］況周頤著，秦瑋鴻校注：《況周頤詞集校注》，上海：上海古籍出版社，2013 年，第 91 頁。

⑤ ［清］易順鼎：《連句和白石詞敘》，《張祥齡集》，第 45—46 頁。

蕲以破或衰世之説邪？爰申此誼於簡端，半塘諸子當不河漢也。昔方千里和清真，今半塘諸子和珠玉，一慢一令，嶷然兩大，亦它日詞家掌故邪？甲午七夕金壇馮煦。"①

王鵬運《和珠玉詞序》："龍集執徐之歲，夔笙至自吳中，為言客吳時與文君叔問、張君子苾和詞連句之樂，且時時敦促繼作，懶慢未遑也。今年六月，暑雨方盛，子苾介夔笙訪余四印齋，出視近作，則與叔問連句和小山詞也。子苾往復循誦，音節琅琅，與雨聲相斷續，遂約盡和《珠玉詞》。顧子苾行且有日，乃畢力為之。閲五日而卒業，得詞一百三十八首。當賡唱叠和，促迫匆遽，握管就短几疾書，汗雨下不止。坐客旁睨且笑，而余三人者不足紀者，重累梨棗為有説矣。刻成，寄子苾吳中，倘為叔問誦之，其亦回首京華夜窗風雨否耶？益信夔笙向者之言不我欺也。光緒甲午荷花生日，半塘老人。"②

況周頤《和珠玉詞跋》："在昔光緒中葉，鯫生薄遊春明，與漢洲張子苾庶常、同邑王半塘給諫，相約連句，盡和《珠玉詞》，僅五夕而脱稿。無求工競勝之見存，而神來之筆，輒復奇雋。往往相視而笑，得意自鳴，宜若為樂可以終古。蓋後此之不堪回首，誠非當日意料所及也。人事變遷垂三十稔，子苾、半塘墓木已拱，海濱聾叟，塊然寡儔，大雅不作，吾衰何望？……張、王有靈，在海山兜率間，或者素雲黃鶴，翩然而來下，當亦引為同調也。《和珠玉詞》曩開雕於廠肆，印行僅數十本。敝簏所有，乃比歲得自坊間者，以示叔雍，為之迴圈雒誦，愛不忍釋。……癸亥五月既望，臨桂況周頤跋於天春樓。"③

嚴偉《半篋秋詞序》："《半篋秋詞》者，外舅張子馥先生感逝之作也。方先生居蜀時，與外姑曾季碩夫人同執贄湘潭王湘綺門下。曾夫人有《桐鳳樓詩》刊，湘綺老人為之序。洎曾殁，先生適客蘇臺，愴懷故劍，情見乎詞，故是篇多感逝之作。偉於勝朝壬寅之歲始入先生甥館，時先生年已五十，尤好倚聲之學。集諸甥袁勵衡、王祖培於大荔衙齋，作《覓春詞》十餘闋。癸卯之春，命偉書春貼，曰：酷好填詞，可惜花間詞侶少；不能飲酒，偏逢世上酒人多。不一月，而先生遘疾遽殁於秦。光陰電瞥，年華駒逝，蓋至今歲，匆匆十寒暑矣。偉於前年返江東，既訪先生軼事於惠山之麓，復謁曾夫人墓於胥門之外。念欲稍存先生詞翰於天壤，莫如是編，爰付貞瑉，摹印千本，原册則俟諸名山之藏。先生政事行誼多過人，詳偉所述行狀，故不書。時甲寅上巳，儀徵嚴偉。"④

宋育仁《半篋秋詞跋》："子馥善談詩，理勝其筆，初未能倚聲也。余自少稍稍學為詞，獨喜南唐小令。以為詞者，詩之餘，濫觴李、温，南唐始導其源，故為母音。北宋其流始圔，故於北宋則喜小山、六一，以為得綿渺雅豔之旨，至南宋波瀾益遠矣。如詩固以

①　[清]馮煦：《和珠玉詞序》，《張祥齡集》，第71—72頁。
②　[清]王鵬運：《和珠玉詞序》，《張祥齡集》，第71—72頁。
③　[清]況周頤：《和珠玉詞跋》，《張祥齡集》，第108頁。
④　[清]嚴偉：《半篋秋詞序》，《張祥齡集》，第117頁。

漢魏六朝為正宗高軌，而唐有歌行律體，匯為具區。吹萬不同，而各中其籟，合之乃成大觀，未可是丹而非素也。南宋稱清真、白石，世之公言，余亦未能易。頗謂玉田、草窗亦其甚雅似者歟？顧皆病其意不深。與子馥別數年，會於吳中，出示其詞盈篋。蓋悼亡以後，始肆力於詞。舉風雲月露，江山花鳥，觸目傷懷，撫今追昔，意屬悼亡者卷幾滿，悉寓於詞。讀之哀感頑豔，悱惻遙集，令人忽忽而悲。夫才人傷心，雖所遇不同，而以伊鬱善感為恒蹊；文章之美，雖體尚各異，而以細齊感人為極則。子馥可謂工詞矣，余自視固不如遠甚。子馥亦數稱清真、白石，所為詞亦時得其真髓。顧其取徑夢窗，尤此持論。叔夏目夢窗如七寶樓臺，拆下不成片段，讀夢窗甲乙稿，所疵良然。子馥自為詞，以夢窗立幹，而兼采南宋酒邊、竹屋、草窗諸家，無夢窗之澀，可謂善取，特以此持論，奉夢窗為不祧乎，則意庸有未盡乎？夫詞太疏則失味，太密則傷韻，疏密得矣而意不深，則不能感人。古人或未兼之，然清真、白石皆以疏快取致，小山、六一皆留意於疏密之間。南唐小令則專以雋永取神味，未可求之一家也。子馥今更好小山詞，益取小山及南唐小令，倚聲而和之，則所云取徑夢窗者，尤昔未也。泛舟吳淞，跋其詞尾，伸筆未竟，已達所屆。即以為臨別之贈言，子馥倘是之乎？光緒甲午仲春既望，宋育仁芸子跋。"①

錢仲聯《近百年詞壇點將錄》："（張祥齡詞）地煞星鎮三山黃信。"②

十三

曾懿《浣月詞》，清光緒二十九年（1903）刻《古歡室詩詞集》本。

曾懿（1853—1927），字伯淵，一字朗秋，四川華陽（今成都市）人。太僕卿曾詠女，光緒己卯舉人、湖南提法使袁學昌室。精醫學，善書畫，工詩詞，有《古歡室詩詞集》，詞一卷名《浣月詞》，另著有《醫學篇》《中饋錄》《女學篇》。詩詞集有其兄旭初、光煦序，繆荃孫、屈蕙纕、嚴謙潤序，易順鼎、秦際唐、張仲炘題詞。曾懿母左錫璿、姑母左錫嘉皆常州才女，其妹曾彥，適張祥齡，亦善詩詞書畫。

曾光煦《古歡室詩詞集序》："（曾懿）至於詩詞各體具備，全從性靈中流出。……《浣月詞》一卷，聲情激越，感遇深遠，尤為可歌可誦。"③

張仲炘《絳都春·敬題伯淵夫人詩詞集》：

①　[清] 宋育仁：《半篋秋詞跋》，《張祥齡》，第164—165頁。
②　錢仲聯：《近百年詞壇點將錄》，見《當代學者自選文庫·錢仲聯卷》，合肥：安徽教育出版社，1999年，第699頁。
③　清光緒二十九年（1903）刻《古歡室詩詞集》本。

雲霞新組。是舊日浣花，雕龍機杼。一片古香，百斛清愁穿珠語。疏林落月懷卿句。便江筆、如花應妒。抵他多少，芳情藻思，悴春工賦。　　還慕。璿閨豔福，洞簫按、鏡裏鳴鸞對舞。漱玉曼聲，徐淑書名爭千古。諸郎詞苑森旗鼓。但餘技、阿娘分與。灑然林下高風，鳳毛幸睹。①

嚴謙潤《齊天樂·敬題伯淵夫人詩詞集》：

春風詞筆清泠語，玉骨珊珊難并。瘦損瓊枝，寫殘花葉，彩筆從來馳騁。清才易證。是明月前身，向人酬贈。減字偷聲，而今未減謝家興。　　佳兒佳婦曾見，都倚聲按拍，賦成香茗。玉簟吟秋，金猊訴夜，爾許風流誰倩。欲休未肯。算老去詞人，教兒還剩。可許吳儂，占騷壇一等。②

《續修四庫全書總目提要》：“（浣月詞）命意遣詞，皆具温柔敦厚之旨，足與前代淑媛媲美。”

十四

王曾祺《聊園詞存》，附於詩集《聊園詩存》後，清光緒十七年（1891）韓城刻本。

王增祺（1845—　　），字師曾，一字也樵，號蜀西樵也，華陽（今四川成都）人，咸豐辛亥舉人，工為製藝文，從學者甚衆，羅綿、葉毓榮輩皆出其門下。年幾五十，始以知縣發江西用，嘗知龍南金谿，并有治績。增祺少好為詩，年甫冠即手録蜀中先輩及朋好之作，或全章、或斷句，刻為《詩緣》。歷官陝西韓城、石泉、洋縣知縣。晚歲還蜀，更取《詩緣》加以刊定，分正續編若干卷，其意在藉詩存人。而近數十年，耆舊凋徂，佚聞莫理，得是編以稍知其姓字梗概，亦有足多焉。著有《詩緣》前編四卷續四卷、正編十卷續十卷，《樵說》十卷續十二卷，《聊園文存》一卷，《聊園詩存》正續二十四卷，《聊園詞存》一卷。

王增祺《聊園詩詞存自序》：“文章千古世，每難言人苦，不自知耳。芟夷而藴崇之，庶幾以少貴乎？亦聊信為吾詩而已。詞附庸於詩者也，故曰餘。吾詞尤吾詩之附庸，僅一卷，聊藉詩以貢，不敢自達於作者。光緒十七年，歲在辛卯仲春，清明前七日蜀西樵也自

---

① 清光緒二十九年（1903）刻《古歡室詩詞集》本。
② 同上。

識於長安西寓北窗鐙下。”①

十五

胡薇元《天雲樓詞》，光緒十年（1886）刻本；《天倪閣詞》，清光緒二十三年（1897）刻本；《衡門詞》，清光緒三十一年（1905）刻本。

胡薇元（1850—1924），字詩林，又字孝博。光緒丁丑進士，授内閣中書。其祖父湖天遊，浙江人，乾隆時期駢文家。胡薇元十四歲前，為其叔父定齋公養子，生活於大興（今屬北京），親炙李慈銘。定齋公死後，胡薇元來到四川，投奔在四川做官的父母。胡薇元先後任職四川的西昌、資陽、華陽，丁父憂起復改知陝西，補西安知府。② 在四川西昌任職時，曾自辦研經書院，後又在嘉定九峰書院和少城書院講學。其於九峰書院講學期間，趙熙、林思進、劉光瀅等人，均是胡薇元弟子。③ 胡薇元晚年在成都與宋育仁、方旭、鄧鴻荃、趙熙諸人結詞社。其自撰的《玉津閣叢書》甲集，收録其《三州學録》二卷、《漢易十三家》二卷、《霜菜亭易説》一卷、《詩緯含神霧訓纂》一卷、《詩緯汜曆樞訓纂》一卷、《詩緯推度災訓纂》一卷、《公法導源》一卷、《道德經達詁》一卷、《湖上草堂詩》一卷、《壺庵五種曲》五卷、《夢痕館詩話》四卷、《歲寒居詞話》一卷。《清代詩文集彙編》收其《天雲樓詩》四卷、《天雲樓詞》二卷、《研經館詩》二卷、《湖上草堂詩》一卷、《船司空齋詩録》四卷、《玉津閣文略》九卷、《導古堂文集》二卷。其還撰有《(光緒）西昌縣志》一卷。

胡薇元《天雲樓詞序》：“詩餘者，古詩之苗裔也。語其正，則南唐二主為之祖。至《漱玉》《淮海》而極盛，高、史其嗣響也。語其變，則眉山導其源，至稼軒、放翁而盡變，陳、劉其餘波也。有詩人之詞，唐蜀五代諸人是也。有文人之詞，晏、歐、秦、李諸君子是也。有詞人之詞，柳永、周美成、康與之之屬是也。薇元弱冠得先徵士稚威公詞讀之，始學為倚聲。稍長，讀古人詞集，獨嗜白石道人詞，以其不使事而質實，不白描而空靈，擺落恒徑，直造單微，差足與漢魏六朝意旨相近，蓋華妙精深而又嫻於音律故也。辛巳在都下，與桐城姚穀、來安孫點縱論諸家，亦同喜白石歌曲，其峭拔清勁處，如野雲孤

---

① 王曾祺：《聊園詞存》，清光緒十七年（1891）韓城刻本。

② 《(民國）華陽縣志》卷六《官師列傳》第六。

③ ［民國］《西昌縣志》卷七《教育志》記載光緒二十年胡薇元任西昌縣令，增設研經書院，并任研經書院山長，“經義治事，兩有所教”。(民國）《華陽縣志》卷六《官師列傳・胡薇元》：“嘉定守聞其名，聘主九峰書院，而榮縣趙御史熙尚為諸生居院中。成都將軍又聘主少城書院。”

飛，去留無際，與蘇、辛之生硬，吳夢窗之凝澀晦昧迥異。姚子之言曰：詞同騷雅，言情則工，言事則拙。孫子曰：作慢詞最是過變，不要斷了曲意。亦仍姜氏之旨，皆與薇元若合符節。夫僕豈見其合而遺其不合耶？抑不合乃所以合耶？抑詞人之詞如天籟忽發、山雨欲來，風味澄曇，不求合而自合耶？或曰音生於心。吾子家無立錐而事親，或不得甘旨，情以鬱而始宣，此又與堯章之羈困無聊者相合矣。光緒十年十二月除夕胡薇元自敍。"①

李少林《天倪閣詞序》："同治辛未迄光緒庚辰，十年中，京師諸老輩提倡風雅，碔砆老人吳縣殷少宗伯，尤一時宗匠。其時以詞稱者馮夢華、熊鞠孫、江韻濤、姚貽孫、何詩孫，而玉津居士以深解律呂為公所激賞。故居士所為詞大都經球砳山房點定，與熊、姜兩太守酬對為多。一日，公問《白石道人歌曲》旁行，自記音節，有能識之者乎。諸君默然，居士起對，以為曲工尺如ム之為合，黃鐘也；マ之為四，大呂也；フ之工，夷則也；川之為凡，應鐘也；久之為六，黃鐘清也。以此類推，亦如琴譜之有勾字等，樂工暗記之譜，非字也，蓋自宋樂工燕樂有之矣。公大悅，以為凌仲子復生。居士嘗言詞分五音，如段安節謂商角同用，顧雨中花、玉樓春諸闋，本押平韻，押入韻則協，押上、去則不可歌；本押仄韻，押上聲則協，押入聲則不可歌矣。古儒者如竇儼、王仁裕皆采音以知世變，古者詩與樂合，後世詩與樂分，古人緣詩而作樂，後人倚調以填詞，宮商之理未有以易也。是故詞者所以濟詩之窮而上承樂府之變也。居士之言如此。所為詞無不協律，無生硬晦澀之音。天倪閣者，居士在都，與炳半聾論詞所居龍樹院之西篠也。光緒辛巳秋，年愚弟李錫彬少林序於宣武城南之七十二鴛鴦館。"②

胡薇元《天倪閣詞自敍》："僕年十四，先慈湯太恭人授經餘暇，以叔高祖稚葳徵君集及太恭人自撰《翠螺詞集》，始學為詞。受律呂大旨最先，提倡者有蔡梅庵太史、湯秋史比部。逮遊四方，蜀客則李薦香、武抑齋，江左詞人則姚貽孫、孫聖與、呂山農、馮畦漁時相過從，無異塡篋之迭和也。今諸子或沒或去，所與遊者獨吳郡顧丈子遠。翁謂詩亡而後詞作，長短句合音之高下抑揚以宣其氣，《三百篇》《楚辭》《漢鐃歌》莫不然。自蘇李河梁畫一，五言不復入樂。李太白'西風殘照，漢家陵闕'開其端，而後古者入律之源可溯，其意頗與僕合。中年以往，憂愁寡歡，寄情騷楫布帆，江上往來，惇惇意有所托之於音，不自料其蕭慘也。"③

趙熙《夜泊涪州懷玉津師并題〈天倪閣詞〉》：

　　夜雪天倪閣，槑花涪上翁。

---

① 胡薇元：《天雲樓詞序》，《天雲樓詞》，光緒十年（1886）刻本。
② 李少林：《天倪閣詞序》，《天倪閣詞》，清光緒二十三年（1897）刻本。
③ 胡薇元：《天倪閣詞自敍》，《天倪閣詞》，清光緒二十三年（1897）刻本。

曾陪尊酒綠，極眺晚霞紅。

江海三年別，乾坤萬事空。

移官杳吟幘，中澤有哀鴻。①

吕賢棨《天倪閣詞跋》："昔儀徵阮文達公撫浙日，選宋人詞之龤於音律者，命伶官譜工尺歌之，不能諧。凌教授仲子廷堪言，古樂與今樂中間尚隔燕樂一關，古雅樂以琴，燕樂以琵琶，今俗樂以三弦。琴之幺弦即琵琶之大弦，三弦又即琵琶四弦而去其弟一弦，由古及今，弦遞小，聲亦遞高，其間遞隔二韻，如琵琶用工字，三弦用上字調是也。今以俗樂工尺合宋詞，宜其扞格，以燕樂合唐宋人詞，斯葉矣。讀玉津居士詞，益信凌君《燕樂考原》之義，因悟毛西河以唐寧王宫中玉笛譜工尺推古樂是猶未知雅樂與燕樂之間耳。辛丑十有一月望，旌德姻年愚侄吕賢棨謹跋於蓉城之噉蔗廬。"②

徐堉《衡門辭序》："今冬在長安得《衡門詞》一卷，曲中警眼與譜上工尺無不熨帖。君幾战者，數不改其兀傲剛直之氣，乃能内斂此心，為周、秦一派作家之詞與蘇、辛之天風海雨豪放逼人迥别異矣哉！"③

崔瑛《衡門辭序》："昨過息壤精舍，見《衡門詞》句法清婉，格調不凡，可謂可頌，甚合古音。但恨不得段柯古、温飛卿、韋端己、吴君特輩寒夜重幰於紅梅一尊，水遷十囊影裏按拍引曼聲歌之。以視白石、梅溪定何如邪？"④

黎承李《衡門詞》題詞："玉津此詞其凄切處如寒湍泄石，霜葉辭柯，哀音忽發，有類清角間，聞者莫不悲之。嘗謂玉津詞初學周草窗，故婉約中下字深穩。自關中返蜀，挾忠直清剛之氣，行間若怒濤飛湍，老大精神可與薩都剌、元好問方駕觀。此卷沉摯悲凉，豈尋常刻録霏青者之所可企邪？"⑤

吴光耀《衡門詞》題詞："讀玉津此詞為之泣下，乃知唯學道之君子而後能愛人也。"⑥

十六

趙熙，《香宋詞》，民國刻本。

---

① 趙熙：《夜泊涪州懷玉津師并題〈天倪閣詞〉》，《天倪閣詞》，清光緒二十三年（1897）刻本。
② 吕賢棨：《天倪閣詞跋》，《天倪閣詞》，清光緒二十三年（1897）刻本。
③ 徐堉：《衡門辭序》，《衡門詞》，清光緒三十一年（1905）刻本。
④ 崔瑛：《衡門辭序》，《衡門詞》，清光緒三十一年（1905）刻本。
⑤ 《衡門詞》，清光緒三十一年（1905）刻本。
⑥ 同上。

趙熙（1867—1948）字堯生，晚號香宋，四川榮縣人。辛亥革命以後，趙熙歸榮縣，以遺民野老自居，與蜀中名士如宋育仁等結錦江詞社，修《四川通志》，總纂《榮縣志》。趙熙著述頗豐，有《香宋詩》《香宋詞》《香宋日記》《辛亥疏抄》《雪王堪尺牘》《花行小集》《林隱君傳》《川南學堂記》和《玉雪雙清》等詩古文詞，還創作川劇《改良活捉王魁》和《改良紅梅閣》等。

夏敬觀《忍古樓詞話》："榮縣趙堯生侍御熙，壬子來滬，寓於龍華寺。余因楊昀谷座上，獲奉清談，兼識胡君鐵華，遂有詩篇酬唱。堯生素不作詞，歸里後於六百日中，成《香宋詞》三卷，丁巳刊於成都。芬芳悱惻，騷雅之遺，固非詹詹小言也。其所賦《婆羅門令》題云：'兩月來蜀中化為戰場，又日夜雨聲不絕。楚人云：后土何時而得乾也。山中無歌哭之地，黯此言愁。'詞云：'一番雨滴心兒醉。番番雨、便滴心兒碎。雨滴聲聲，都裝在、心兒裹。心上雨，干甚些兒事。　　今宵滴聲又起，自端陽、已變重陽味。重陽尚許花將息，將睡也、者天氣怎睡。　　問天老矣，花也知未？雨自聲聲未已，流一汪兒水，是一汪兒淚。'予嘗和之云：'一江水送岷峨外。千江水、盡送吳天外。換谷移陵，黃農世、而今壞。波底淚，流與枯桑海。　　東風雨吹大塊。信茫茫、后土無真宰。荒歌野哭知何所，人未到、有啼鳩先在。　　夢程柳掃，絮雪如灑，似我萍蹤更怪。拼了傷春債，那盼天相貸。'"①。

胡先驌《評趙堯生〈香宋詞〉》："清末趙堯生先生以名御史而能詩。其送楊昀谷官蜀之《竹枝詞》六十首，固已遍傳海內，膾炙人口。然初不為詞也，其為詞始於民國五年，六百日中，已裒然成集。吾國不朽之詞人中又新添一座矣。昔人嘗稱文章在得江山之助，徵諸往事，每每而信。范石湖之詩，自入粵帥蜀後而益奇秀。放翁詩亦成於入蜀之後。大謝之詩，多為模山範水之作。孟襄陽、柳柳州之精粹，亦如英詩人威至威士 Wordsworth，咸從自然界之靈悟中得來。彼'竹外三泄九秋色''水邊村，雁外雨''半夜鐘，千岩瀑，晴雪皓立諸蠻''月中搖夢去。亂灘一葉，風起雪花飛''白雲紅葉畫青城'之影響於詩之靈悟者，豈淺鮮哉？既生於此等名山水之中，日常耳目濡染，皆他人夢想不及之靈境，故不能詩詞則已，倘曰能也，則他人冥思不得之景，闔眼即至。但求能以言語狀之，已為天地間佳景矣。香宋詞人，生於榮德峨眉名山之下，於此故倍能擅場。……然堯生非王佑丞、孟襄陽、陸龜蒙、林和靖諸詩人，僅以高隱為尚，以模山範水為樂者。亦非如姜堯章、史邦卿、虞蒲江、吳夢窗、張玉田諸詞人，徒知'相互鼓吹春聲於繁華世界，嘲明月以謔樂，見賣花而陪笑，能令後三十年西湖錦繡山水猶生清響者'。……總而論之，《香宋詞》之佳處，真有美不勝收之概，而其忠君愛國之忱，尤足增加其價值。人每謂詞為詩餘，雖雕蟲

① 夏敬觀：《忍古樓詞話》，引自趙熙著，王仲鏞主編：《趙熙集》，成都：巴蜀書社，1996年，第1354頁。

小技之流亞。然技寧有大小，要在人為耳。稗官小説，吾人夙視為小道者，在歐西乃為文學之大宗。如《香宋詞》，寧得以雕蟲小技目之耶？雖側豔之詞，足為高格之累，然須知此不過裒録兩年興到之作，傳示戚友，以代鈔胥者耳。近數年來，又知添有佳詞幾許，至最後厘為定稿時，吾知此項無關宏旨之作，必在沙汰之列。則以遺後人者，寧非無瑕之白璧耶？堯生自敘云：‘余於詞，誠所謂不知而作之者。’堯生而不知詞，則姜白石、吳夢窗、王聖與、張玉田，皆不得謂為知詞，中國知詞者亦僅矣。”①

馬一浮：“趙堯老詞大有功夫，無一首率易之作，四五十歲已自成就。集凡三卷，上卷稍遜，中卷漸勝，末卷彌見精彩，亦晚而益工也。如詠園蔬雜花數十闋，無一不佳。讀書多，用事精切，蓋畢生所讀書皆用之於詞矣。惜格調不甚高，可為名家，不可為大家。其於詩卒無所成者，亦以此故。太白詞格之高，亦以其得力於詩者深耳。趙堯生先生詞，在清代當成一家，雖細密不及朱彊村，而雄壯有得於辛稼軒。《生日》一首可見，即此一篇，足以傳世矣”②。

中國古代詞體文學，曾經是宋朝“一代之文學”的象徵，其在元、明時期經歷衰落後，於清代中興。清詞集歷代詞文學之大成，在創作、詞論、圖譜、校勘等諸多領域都取得了令人矚目的成就。清代四川詞人的詞體文學創作，上承元明，下啓近代；在地域上，既有區域文學發展的相對獨立性，又與當時全國詞壇時有影響。它不僅是清詞的一個分支，也是清代巴蜀文學和中國古代巴蜀詞文學的有機組成部分。綜觀這 16 位清代四川詞人的詞集，其總數近兩千首，總體成就縱不能與唐宋蜀詞抗衡，橫不能與江浙詞壇比肩，但總體上却超越元明之巴蜀詞壇，取得了一定成績，在歷代巴蜀各體文學發展中、在有清一代的詞體文學中，均應占有一席之地。

作者單位：四川省社會科學院文學所

---

① 胡先驌：《評趙堯生〈香宋詞〉》，《學術》1922 年第 4 期。
② 馬一浮著，丁敬涵編注：《馬一浮詩話》，上海：學林出版社，1999 年，第 47—48 頁。

施蟄存碑帖觀摭談

田開放　孫曉濤

　　施蟄存是著名的文學家、教育家和翻譯家，也是一位金石收藏家。作為"四窗"之一的"北窗（金石碑版）"，至今仍有着令人難以企及的高度。惜其金石收藏家的身份為文名所掩，知者不多。本文通過對施蟄存金石碑版題跋、友人來往書信的探究，窺其碑帖觀。這不僅有助於加深讀者對施蟄存的認知，還能梳理出整個"北窗"的現實意義。

　　2006年，上海嘉泰拍賣公司將"北山樓"所藏拓片進行整體拍賣，飽含施蟄存畢生心血的近兩千餘張拓片幸而被臺灣收藏家潘思源所購。此後，2012年上海古籍出版社編選的《施蟄存北窗碑帖選粹》，正是由潘氏所得舊拓中選取出的近250張古代墓誌精品。其中不乏有《張景碑》《張遷碑》等經典碑刻拓本，也有多張未曾面世的拓本，可以説提供了絕無僅有的書法碑帖資源。施蟄存的金石收藏逐漸被人所熟知，在華東師範大學出版社編選的《施蟄存全集》中，《北山金石錄》占據了舉足輕重的位置。

　　施蟄存生於清光緒三十一年（1905年），施家世代儒生，家道清貧。施蟄存的父親施亦政為師範學堂書記，對他幼時教育有着頗深的影響。施亦政對古典文學有着極高的造詣，同時詩文、書法俱佳。施蟄存在6歲時就已熟讀《千字文》，13歲閱《水滸傳》等書，入中學便開始閱覽唐詩宋詞，仿舊體詩，15歲在文藝刊物上投稿。據施蟄存回憶，他17歲時就已經開始接觸印石，那時候"我不懂印石的好歹，但是我很喜歡玩印章"[①]。五四運動以後，他深受外國文學作品的影響，從事小説創作，與戴望舒等人創辦《現代》雜誌，用西方心理分析法創作小説，被李歐梵譽為"二十世紀中國現代文學開創者"[②]。1933年，施蟄

---

① 施蟄存著，應國靖編：《施蟄存散文選集》，天津：百花文藝出版社，1986年，第111頁。
② 黃裳、小思、趙昌平等：《夏日最後一朵玫瑰——記憶施蟄存》，上海：上海書店，2008年，第113頁。

存在"青年必讀書"論戰中被魯迅稱為"洋場惡少",這是魯迅對施蟄存的一種誤解。施蟄存被錯劃為"右派"以後曾說:"我在一九五八年以後,幾乎有二十年,生活也岑寂得很。我就學習魯迅……抄寫古碑。這是一個諷刺。因為魯迅從古碑走向革命,而我是從革命走向古碑。"① 這是施蟄存金石碑版研究的起因。

據施蟄存回憶,他"早年即有愛好(搜集碑帖拓本)"②。在抗日戰爭時期,施蟄存任教於雲南大學,就已經開始與沈從文去當地地攤尋訪古物,自然也收集到不少珍貴碑帖。後來他輾轉香港、福建等地也獲得了大量的碑刻拓本,纔逐漸開始對金石碑文產生興趣。施蟄存曾說:"我向來拙於書法,未嘗用功於臨池,對書法亦絕不關心。"③ 但是在他觀賞金石文字之時,也自然會注意文字的結構章法。而當他苦苦找尋歷代書論相互引證之時,經常感慨當時沒有系統的書法理論,同樣也意識到金石碑版的資料極其匱乏。施蟄存也談到"南北舟車,上下求索,力圖用藏品去印證詮釋一段歷史、一個方國、一個疑案"④,這是其研究古代碑帖的重要動力所在,也為文史學家提供了參考價值。他不局限於為了收藏而藏,而是把它們當作重要的歷史文獻,有着頗高的藝術價值。他說:"夫尺波電謝,去古逾遠,陵谷貿遷,藤蘿侵蝕,敲火礪角,巧取豪奪。昔人所見者,今或不存,今之所存,安知其不旋有亡逸耶?"⑤ 施蟄存深感世人對碑帖知之甚少,極為感歎金石碑版的遺失和不受重視。為了惠及後世,施蟄存開始編撰《後漢書徵碑錄》《金石遺聞》《北山樓讀碑記》《唐碑百選》等書,其中有些書作直到 20 世紀 80 年代纔陸續問世,而《水經注碑錄》《北山集古錄》則成了不可多得的古代石刻文獻考證專著。

一、碑帖觀

在涉及金石碑版的研究中,施蟄存始終以學者的態度孜孜不倦地考證、釋義、校正。他曾說:"1940 年後直到如今,我和古代文學,順便和歷史、金石碑版打交道。"⑥ 六十年來,施蟄存以渾厚的知識積澱和敏銳的發現意識成就了"北窗"的驕人成績。他通史料、釋文字、辨真偽,由於深知訓詁之學,他在碑帖的考鑒上表現了扎實的學術功底。施蟄存

---

① 施蟄存:《北山集古錄》,成都:巴蜀書社,1989 年,第 1 頁。
② 陳子善:《不日記》,濟南:山東畫報出版社,2013 年,第 73 頁。
③ 施蟄存:《北山談藝錄》,上海:文匯出版社,1999 年,第 177 頁。
④ 王興康:《施蟄存先生的金石碑帖收藏與研究》,《中華讀書報》2012 年第 14 期。
⑤ 施蟄存著,劉凌、劉效禮編:《北山金石錄》上,上海:華東師範大學出版社,2012 年,第 550 頁。
⑥ 上海教育出版社、上海社會科學院文學研究所編:《中國作家自述 青少年版》,上海:上海教育出版社,2000 年,第 14 頁。

對於金石碑版有着較為深刻的見解，他將碑劃分為三種含義：第一層含義是下棺之石，貫以繩索，下棺入壙，其後逐漸演變為墓碑；第二種含義是用於記事刻石，統稱為碑；第三種含義是指唐宋時摹刻古人書迹，又有“碑”與“帖”之分。

（一）“崇德”觀

施蟄存在《金石叢話》中同樣談到了對碑的認識，他推翻了人們長期以來對於碑的觀念，說：“把一切石刻都稱為碑，把碑作為文體名詞，這兩種都是錯誤的。”[①] 并指出在《説文解字》中對碑的解釋為“豎石也”，大多指的是直立的木板。他認為“夫碑銘所以誄德。盛德之士，自足千古，初無籍乎碑，若或有之，後之人方且珍護之，愛屋及烏之義也。”[②] 這就表明，自古碑之所存者，重在表彰累述死者功德，盛德之人多以碑誦之。在施蟄存看來，倘若徒有碑而無功無德，即便是由鴻才茂學之人為之撰書，也難逃樵夫之手。他不禁發問：“魏書諸碑之獨留比干一石，夫豈偶然？”[③] 因此，歷代金石碑刻的鑄造都有道德支撐，都有民衆愛戴的緣由。在《北周書徵碑録》跋中，施蟄存根據得到的十餘通碑刻多是紀武功、頌治績之作提出：“武功者，為人主定基業也，治績者，為人主收民心也。”[④] 如果沒有惠及臣民的政策，以德施政，此類碑刻也難以完整保存。

歷朝歷代建碑者不在少數，而存留的碑刻却不易見。北魏拓跋一族建碑無數，今存最多的當為洛陽龍門造像，其數目達五六百本之多，而令人不解的是，這些造像却不為史官所録。究其根本，實為當政者德行缺失，正如施蟄存所言“拓跋一代，以滅法始，以佞佛終”[⑤]，喪失信心的民衆纔開始祈福於佛。在施蟄存看來，德行應是立碑之根本。

（二）“務本”觀

施蟄存在評論好友桑凡篆書《説文》部首時，說其書畫皆有造詣，所書李斯篆書尤見功力，所寫《説文解字》部首俱正直端莊，更直言“無一筆失體，無一筆詭異，蓋務本之作也”[⑥]。由此可見，施蟄存對古法用筆的重視以及對字體結構有着嚴格把控。在談論至唐代李陽冰的篆書時，他毫不避諱地說：“然觀其先塋三墳諸刻，結體輒謬，殆猶未多識字耶。”[⑦] 文字本為書寫的基礎，在文字演變過程中出現的許多變體字、異體字甚至於錯字都被一一保留下來。更有書者為尋求變通而對文字進行過度改造，出現了毫無古法的字體。尤其是篆書變體，施蟄存表達了個人看法：“篆固可變，變者，道之所成也，不務本而求

---

① 上海教育出版社、上海社會科學院文學研究所編：《中國作家自述 青少年版》，上海：上海教育出版社，2000年，第14頁。
② 施蟄存：《北山談藝録》，上海：文匯出版社，1999年，第212頁。
③ 同上。
④ 施蟄存著，劉凌、劉效禮編：《北山金石録》上，上海：華東師範大學出版社，2012年，第557頁。
⑤ 同上，第554頁。
⑥ 施蟄存：《北山談藝録》，上海：文匯出版社，1999年，第69頁。
⑦ 同上。

變，所變恒訛，非吾道矣。"① 施蟄存并不反對變體，但要在古法基礎之上進行改變，始終將 "務本" 放於第一位。最後，他也解釋了之所以首推桑凡篆書，是爲了給後世學書者樹立一種典範，"導之從正路入，故曰務本之作也"②，由此可以看出施蟄存對古法的推崇。

施蟄存跋《石鼓文》時，曾評價吳昌碩所臨石鼓 "恨其少肥，古勁不足"③，又說桑凡臨石鼓文 "似又失之瘦，亦不免弱"④。他對二人所作皆不以爲古，認爲 "古" 應當古樸蒼勁，與 "務本" 當是殊途同歸。可見，施蟄存對於桑凡所臨李斯小篆更加青睐，説其有峭拔蒼古之感，整體氣象遠勝於前。古人所説 "君子務求，本立而道生"⑤，書法亦是如此。

（三）"奇特" 觀

施蟄存對唐碑情有獨鍾，顯示出極大的興趣，自然也對唐碑下了很深的工夫。唐代法度被歷代書家所談論，清代書家梁巘《評書帖》中稱 "晉尚韻，唐尚法"⑥。對於法度，施蟄存認爲 "分隸必以漢爲宗，真楷必以唐爲法"⑦。他指出自漢代以來 "真楷融會了南北朝之長，奠定了近代正書的體勢"⑧，到了唐朝，諸多名家 "各擅姿態，愈變愈奇"⑨。唐楷以法度森嚴著稱，在施蟄存的《唐碑百選》的編撰過程中，他挑選出具有代表性的法帖，而不是一味地收録著名碑帖。如《碧落碑》則因字體怪異，極爲奇特，和其他碑刻形成天然對比，也被收録其中。這也是施蟄存在收録拓本時的原則，或是字體工整，或是 "字迹特異，可以備唐碑之一格"⑩。又如《碧落碑》字體結構詭異，文字内容也多不能識，此篆書雖不及唐代李陽冰篆書影響深遠，但也能自成一家，映襯出唐篆的另一發展脈絡，而没有造成李陽冰一家獨大的歷史局面，因此也在收録之列。

施蟄存論及《升仙太子碑》時，祇因其碑額爲武后飛白書，字形結構多像鳥狀，筆力雄强，有男子氣概。但因政治觀念偏差及傳統對婦女的偏見，使此碑并未得到書家贊揚，反而被翁方綱斥爲 "不足道"。施蟄存認爲此碑字體極爲豪放流利，自然有其奇特之處。此外如《陽華岩銘》以籀、篆、隸三種字體書刻，"唐三百年間僅此一刻"⑪。施蟄存收納了唐朝時期不同於主流審美的碑刻，它們同樣顯示了無與倫比的創造力。

---

① 施蟄存：《北山談藝録》，上海：文匯出版社 1999 年，第 69 頁。
② 同上。
③ 同上。
④ 同上。
⑤ 劉兆偉譯注：《論語》，北京：人民教育出版社，2015 年，第 4 頁。
⑥ 梁巘：《評書帖》，崔爾平：《歷代書法論文選》，上海：上海書畫出版社，2018 年，第 575 頁。
⑦ 施蟄存編著，沈建中編圖：《唐碑百選》，上海：上海教育出版社，2001 年，第 1 頁。
⑧ 同上。
⑨ 同上。
⑩ 施蟄存：《北山談藝録》，上海：文匯出版社，1999 年，第 179 頁。
⑪ 施蟄存著，劉凌、劉效禮編：《北山金石録》下，上海：華東師範大學出版社，2012 年，第 997 頁。

(四)“考證”觀

金石學歷經乾、嘉樸學達到了鼎盛時期，出現了以王昶、翁方綱等人為代表的金石學家，他們在鑒賞和考據方面取得了不凡成就。施蟄存亦在考證上下足了功夫，《唐碑百選》有“唐碑三百志千通，證史頻收意外功”①。施蟄存在編録漢碑時以文獻學為基礎，多是查閱歷代典籍，逐一進行校對。他在《孔子廟堂碑》和《等慈寺碑》中就指出趙明誠所定年月的疏漏，并梳理出碑文增刻内容，加以考證，思維縝密，有理有據。他還比較不同時代的兩紙碑帖，或肥或缺，雖都是翻刻本，提及臨摹學書，“城武本似較勝也”②。在各版本相差甚遠之時，施蟄存會從中挑選出佳者，以供書家臨摹。雖然只是簡單的隻言片語，但也能從精煉的語言中體會施蟄存的真知灼見。

施蟄存的“考證”之説不止於此，更對碑刻的文字、體勢、刻石有着相當深入的研究，他能摘録出衆家之言，從中挑選出極為精闢的語言，又能分辨真偽。由於施蟄存的文學出身，對古文字學有着天然的敏感性。他對各種文辭格律、金石題跋都輕車熟路，還能做到旁徵博引，不失偏頗，在金石研究中可謂獨樹一幟。在談及魏碑時，施蟄存亦有精闢的見解：“自漢隸散體，楷書攸作，適會南北異政，文治相左，書法亦因以殊途。”③ 書法的發展與政治體系有着強大關聯，自古帝王喜好也影響着書法的發展：“上有所好，下必甚焉”。施蟄存將金石碑版與其他史學材料相互引證，豐富了金石碑版的藝術影響。

二、碑帖觀的影響

施蟄存對金石碑帖研究的推動有益於當今書法文化的廣泛傳播。施蟄存對碑帖的用功之深、喜愛之切都值得後人學習。他始終以保存石刻文字為己任，不做單獨的臨摹材料，更注重於石刻文獻的系統輯録。他關注發掘文物的勘察情況，其對文獻的考證有着追本溯源的作用。施蟄存的碑帖觀點散見於他的着作中，這些長篇大論無不印證着他的學識。從漢碑到唐碑，再到古器地券，他的著作堪稱“中國的石刻史資料館”④，對於瞭解石刻的歷史及發展狀況有着極為重要的意義。施蟄存所藏碑帖原石有的已被毁壞，因此拓本就變得彌足珍貴。施蟄存在金石碑版上的研究，體現了他嚴謹的治學態度。其所作題跋雖僅有幾百字，但已詳細地概括出碑帖的由來、歷史和特點。在這簡單的碑帖拓本背後，傾注了施

---

① 施蟄存著，劉凌、劉效禮編：《北山金石録》下，上海：華東師範大學出版社，2012 年，第 497 頁。

② 施蟄存編著，沈建中編圖：《唐碑百選》，上海：上海教育出版社，2001 年，第 3 頁。

③ 施蟄存：《北山談藝録》，上海：文匯出版社，1999 年，第 213 頁。

④ 王興康：《施蟄存〈北窗碑帖〉選粹》（一），《書法》2012 年第 11 期。

蟄存一生的心血。從他的碑帖觀中足以窺探其治學之广博，兼顧歷史、文學、考據。施蟄存曾說："故以寓心，亦足娛老，自謂興致不在歐趙之下。"① 其揮灑自如的文筆、堅持考據論證的作風，讓人驚歎。

(一) 碑帖觀的學術影響

從學術角度而言，他完整還原了漢唐以來對碑刻的認識，以他頑强的意志不斷對碑帖進行深度挖掘，力圖去驗證一段歷史。"崇德" 説旨在解釋歷代碑刻的整體精神風貌，强調德行對於古代立碑的重要性，同樣也揭示了歷朝碑刻數量衆多，而存者却寥寥無幾的原因所在。"務本" 説重在關注書家臨習碑帖的過程，所謂重本纔能有所發展。施蟄存説自己"不能書，而好妄論書"②，但從他對於書法的真知灼見以及精闢的題跋術語，可知施蟄存有着極高的書法造詣，而這也離不開他深諳古法的 "務本" 之説。施蟄存同樣關注不被史書記載或是有所偏駁的碑帖評論，這就需要查閱各方文獻資料，保持獨立個性，從中整理、總結出公正的評判之語。"然每獲一古碑，尋其出處，徵其舊聞，必裒集舊説，始少有知解。"③ 看似簡單的考證，却是施蟄存不遺餘力的所觀、所思、所想。

施蟄存碑帖觀中諸多的考究方法與他的治學態度不無關係，他自始至終兼顧諸家學説，采用中西文化相結合的方法。他對待學術始終以敬畏之心考證甄別，在 "北窗" 學術領域中獨樹一幟。

(二) 碑帖觀的現實影響

施蟄存碑帖觀所反映的不僅僅是學術思想，更重要的是其對待學術的渴求之心。從施蟄存身上，我們看到 "為人不避時，治學不避苦"④ 的人生態度。施蟄存在接受著名學者沈建中采訪時就强調了治學與研究的關係，他認為治學就是研究學問，做好基礎的研究工作，纔能獲得正確的研究成果。這亦是其碑帖研究的指導思想。考證之餘，施蟄存認識到現代人對於金石學術語的混淆，深感傳統理論概念的缺失。為此，他定了兩個目標：一為引起讀者興趣，二為使青年工作者正確沿用傳統名詞，這與 "務本" 之説殊途同歸。施蟄存的碑帖觀為人們提供了更為廣泛的視角，使人們更加清晰地欣賞碑帖、瞭解碑帖。

施蟄存身處逆境，不隨境而轉，孜孜不倦地為學界提供研究成果。他對後輩也多加鼓勵，時常以書相贈，哪怕是不可多得的孤本。施蟄存對待學術一絲不苟的態度和對金石碑版的迷戀，為學界樹立了學術典範。正如沈建中所評價的那樣，施蟄存潛心研究，怡然自得，遭遇亂世却能夠身處世外桃源。他是 "雖疲累，有足樂者"⑤ 的真實寫照。

---

① 施蟄存：《北山談藝録》，上海：文匯出版社，1999 年，第 201 頁。
② 同上，第 69 頁。
③ 施蟄存：《水經注碑録》，天津：天津古籍出版社，1987 年。
④ 林祥主編：《世紀老人的話：施蟄存卷》，瀋陽：遼寧教育出版社，2003 年，第 278 頁。
⑤ 施蟄存：《北山談藝録》，上海：文匯出版社，1999 年，第 188 頁。

結　語

　　在施蟄存命運多舛的一生中，他經歷了 20 世紀的諸個時期，"四窗"也同樣見證了當時文人的内心掙扎和對文化的思考。他曾説："今年已九秩，念此從殘故紙，既當散失，没有嗜古者，未必更能聚集……拓本不可再得，不待百年，此物終將絶迹。"[①] 如同李輝所説，功名對於施蟄存來説是無關緊要的，"他們難得的是做人的態度，是對於金石碑版的熱愛和執著"[②]。正是因為有了施蟄存這樣的金石學家一代又一代地前仆後繼，纔使得今天的書法脱離了實用藝術以後依然備受人們喜愛，這亦是施蟄存所追求的"留得鴻爪，不至無迹可尋"[③]。"北窗"之學是施蟄存治學的一種體現，其豐富的碑版著作反映了他對學術研究的孜孜追求，其著作的學術價值，值得我們去探究。

作者單位：鄭州大學書法學院

---

① 施蟄存著，劉凌、劉效禮編：《施蟄存全集》第 10 卷《北山詩文叢編》，上海：華東師範大學出版社，2012 年，第 464 頁。

② 倪文尖編：《文人舊話》，上海：文匯出版社，1995 年，第 136 頁。

③ 施蟄存著，沈建中編：《北山談藝録續編》，上海：文匯出版社，2001 年，第 304 頁。

《中國中古文學史》導言

顧　農

本書觀察的對象是漢末三國兩晉南北朝至隋這一歷史階段的作家作品，也包括文學發展中的種種迹象、掌故、趨勢和規律。

這一段文學時期從東漢末年的董卓之亂（189）起，到隋王朝滅亡（618）為止，前後約有四百三十年左右。這裏的前一半，中樞政權經歷了東漢—曹魏—西晉—東晉—劉宋四次更迭，除了西晉—東晉是同一王朝由掌握全域到偏安於一隅之外，另三次更迭都是權臣取代皇帝，這樣的奪權換代，當時都稱為“禪讓”①。與曹魏政權并列的有蜀漢和孫吳，與東晉并列的是北方的五胡十六國。後一半則繼續了南北對峙的大格局，而南北兩邊都發生了很大變化——南方政權經歷了宋、齊、梁、陳四個半壁河山的王朝；北方先是拓跋鮮卑建立的北魏削平群雄，合為一個北方政權同南方的劉宋對峙，然後又經歷了再次的裂變，形成東魏—北齊與西魏、北周的互相對立，并繼續與南方政權并存。這是一輪新的三國演義。最後在隋文帝楊堅手上纔完成了中國的統一，而到他的兒子隋煬帝楊廣又把政權給弄丟了，接下來的乃是光芒萬丈的大唐王朝。

中古時代這四百多年政局的之紛紜複雜可以説是空前絕後的，這樣的局面自然不能不對文學産生深刻而巨大的影響。

就其中樞而言，通過“禪讓”新上臺的皇帝必然是在前朝之末已經逐步掌握了很大的權力特別是兵權的政要，但他仍有必要作出若干複雜的準備，然後纔能實現改朝換代。在新舊交替之前總有或長或短的一段時間，存在兩個中心——以舊王朝最後一兩個皇帝為象

---

① 曹丕在代漢自立升壇禮畢之時，失口道出一句名言：“舜、禹之事，吾知之矣！”（《三國志·魏書·文帝紀》注引《魏氏春秋》）

徵的舊中心和以行將取代舊朝、自己上臺之權臣為首的新中心——的并列，於是士大夫和文人就存在一個如何站邊或持何種傾向的問題，他們必須深刻地思考怎樣對待各種變化，煞費苦心地處理公和私的種種關係。其中態度始終明朗行動相當得力的作家固然有人，而在另外一些文人那裏，則彷徨、矛盾、痛苦以至於人頭落地的情形就是不可避免的了。魏晉南北朝時代文人死於非命的很不少見，其比例之高令人驚心動魄。

長期的苦難和掙扎孕育出這一段大放異彩的文學。文學的創造力歷來多產生於艱難困苦之中，痛苦使人思慮轉深，情緒激動，唯有長歌可以當哭，這也就是古人常説的"詩窮而後工"。

一

文學史上的建安時代，一般來説包括從東漢末年的中平六年（189）到曹魏景初三年（239）。用"建安"二字來命名這一時段的文學，無非是因為建安年間（196—220）及其前後出現了大批作家，文學創作空前繁榮。用年號來指稱文學史上的某一時段有它方便的地方，也是一個傳統悠久的老辦法，不過一般來説它總要比該年號所包括的歲月多少要長一點。文學史上的建安作家甚多，其中老一代的人物在建安元年（196）之前已經開始了他們的文學活動，而其晚一代人物如曹植等則又在此後的曹魏初年活動了相當一段時間；這一階段的文學同漢末董卓作亂到曹魏前期即文帝曹丕、明帝曹叡在位期間的政治社會狀況關係非常密切。文學史上的建安時代約有五十年，比作為年號的"建安"長一倍。

建安八年（203）曹操在《修學令》中稱："喪亂以來，十有五年"，他正是從中平末年算起的；青龍年間（233—236）太子舍人張茂説："自衰亂以來，四五十載，馬不捨鞍，士不釋甲，每一交戰，血流丹野，創痍號痛之聲，於今未已"（《三國志·魏書·明帝紀》注引《魏略》），他所説的"四五十年"，正大體相當於文學史上的建安時期。

東漢晚期政局非常之糟。先是外戚和宦官的專權大傷了王朝的元氣，稍後爆發的黃巾起義更給這個腐朽的政權以沉重的打擊，中樞無力，軍閥并起；而到中平六年（189）四月漢靈帝死，年僅十七的太子劉辯即位，外戚掌權，頭腦發熱的大將軍何進謀誅宦官，召猛將董卓進京，引狼入室，中央完全亂了，地方實力派討伐董卓和接下來的混戰，把國家拖進了多年的內戰。建安元年（196）以後首都遷到許昌，漢獻帝總算被曹操安頓下來充當傀儡，成為東漢王朝的一個象徵，原先力量不算很強的大英雄曹操從此崛起，逐步控制中樞，形勢稍見起色，士人看到希望。但戰爭仍然連續不斷地打了幾十年，灾荒和瘟疫也肆虐多年，社會動亂，民生凋敝，人口銳減，風衰俗怨。

　　在這一空前痛苦的時代裏也有着正面的東西，這就是在士人中普遍形成了外爭功業、內求自由的精英意識，形成了強調個性、遠離平庸的超越精神，文學的面貌也發生了很大的變化，在深重的苦難中推出了一個空前的高潮。

　　如果不計個體的差異祇就其大的趨向而言，這一階段的文學概貌恰如後來劉勰總結的那樣：

　　　　自獻帝播遷，文學蓬轉，建安之末，區宇方輯。魏武以相王之尊，雅愛詩章；文帝以副君之重，妙善辭賦；陳思以公子之豪，下筆琳琅。并體貌英逸，故俊才雲蒸。仲宣委質於漢南，孔璋歸命於河北，偉長從宦於青土，公幹徇質於海隅，德璉綜其斐然之思，元瑜展其翩翩之樂，文蔚休伯之儔，于叔德祖之侶，傲雅觴豆之前，雍容袵席之上，灑筆以成酣歌，和墨以藉談笑。觀其時文，雅好慷慨，良由世積亂離，風衰俗怨，并志深而筆長，故梗概而多氣也。（《文心雕龍・時序》）

　　這裏簡要地提到當時作為文壇領軍人物的三曹（曹操、曹丕、曹植）和圍繞在他們身邊的王粲（仲宣）、陳琳（孔璋）、徐幹（偉長）、劉楨（公幹）、應瑒（德璉）、阮瑀（元瑜）、路粹（文蔚）、繁欽（休伯）、邯鄲淳（子叔）、楊修（德祖）等一批作家，概括出他們共同的風格：慷慨多氣，志深筆長，深刻地反映了那個痛苦的時代，并指出這種風格的形成與那個特定時代的聯繫。

　　這時還出現了一位偉大的女作家蔡琰，她水準極高，祇因為是個女人，劉勰沒有提到她。中國古代女作家尚有若干，而甚少女性的理論家批評家，這是很吃虧的；如果出幾個女性文學批評家，情況就應當很不同。

　　劉勰列出的王、陳、徐、劉、應、阮六位，再加上一個年輩較高、名氣很大的孔融，先前曾被曹丕稱為“建安七子”，孔融且被列為第一人。其實孔融的情況很不同，曹丕開出這樣一份名單另有其政治上的深意；所以劉勰不予理會，另開上述的十人名單。這是大有道理的——這些人如今一般稱為“鄴下文人集團”，乃是建安文學的主力部隊。

　　在建安時代，自西漢以來一直流行不衰、用以“潤色鴻業”的散體大賦是衰歇了，抒情言志的小賦逐漸占據了主導地位；文人五言詩已經完全成熟，樂府詩的創作非常繁榮，日益與五言詩合流，文辭則漸漸走向華麗——詩歌由配樂演唱到無音樂配合的吟唱朗誦，是一個很大的變化，并成為後來的主流。這一時期的散文創作取得很大的成就，其清峻通脫的文風影響極其深遠，一直到辛亥以至於“五四”以後仍然大行其道，其中最著名的代表就是章太炎和他早年的弟子魯迅。

　　關於建安詩歌，劉勰有如下的歸納：“暨建安之初，五言騰踊。文帝、陳思，縱轡以騁

節；王、徐、應、劉，望路而爭驅。并憐風月，狎池苑，述恩榮，敍酣宴。慷慨以任氣，
磊落以使才，造懷指事，不求纖密之巧；驅辭逐貌，唯取昭晰之能：此其所同也。"（《文
心雕龍·明詩》）這裏談到鄴下文人集團諸公在相對安定的環境中也創作了一批并不直接反
映社會動亂的詩篇，而這些作品仍然帶有"慷慨"的品格，具有强烈的抒情性，而文辭則
以簡明清晰見長。這樣兩個方面如果用一個術語來表達，那就是"風骨"——"慷慨以任
氣"就是"風"，"唯取昭晰之能"則是"骨"。

建安風骨在詩歌史上產生過極其深遠的影響。後來每到詩風萎靡的時候，總有人請出
建安的亡靈來指斥時弊，呼風喚雨，以求復歸於剛健清新的正路。建安文學永遠是中國文
學史上的標杆和驕傲。

二

"正始"是三國曹魏後期的一個年號，前後祇有十年（240—249）——到第十年的四
月已改元為嘉平——在歷史上却大為有名，談到中古時代的思想史、文學史，常常會出現
一個術語："正始之音"[①]，這個時期知識分子發出來的"音"與玄學與詩學關係都非常之
大。文學史上的正始時代固然首先包括這十年，又還要往下延伸，直到曹魏結束、西晉王
朝正式建立（泰始元年，265）的前夜。

一般來説，以某一年號標目的文學史時期總比該年號所包括的年頭略長一點，"建安文
學"是如此，"正始文學"也是如此。

曹魏正始年間的皇帝曹芳（因為中途下臺，没有廟號和謚號，史稱齊王芳）接下明帝
之班的時候還是個小孩子，大權掌握在以大將軍曹爽為首的宗室、官僚集團手中，另一派
以司馬懿為首的實力集團則實行韜晦之計，暗中準備政變奪權。建安時代是明爭，正始時
代則變為暗鬥；明爭使人慷慨奮發，而暗鬥則容易引起疑慮和不安，退避的士人總會多
一點。

在正始微妙險惡的政局夾縫裏，思想、文學界出現了兩股互有聯繫的"正始之音"。

思想史上的"正始之音"指的是當時的玄學清談。

那時的"名士"們一方面把自己的新思想寫下來，一方面很講究進行辯論式的談話以
闡述自己的思想并批評不同的意見，名士們書面表達和口頭表達兩手都很硬。按照東晉著

---

① "正始"一詞早在三國時期以前很久就已經有了，見於《毛詩序》，那并不是年號，而是"正其初始"（從一開
始就把方向搞正確）的意思，由此而衍生的"正始之音"也就是指合於儒家傳統之正宗的聲音。這樣的一種用法影響不
大，也不是這裏所要討論的。

名文學家、學者袁宏（彥伯）在《名士傳》中提出的意見，正始有三大名士：何晏（平叔）、王弼（輔嗣）和夏侯玄（泰初）①。何晏是當時的高官，也是一位重要的思想家和詩人。在思想方面他致力於帶着自己的新思考來挖掘經典中蘊藏的義理，用作思想資料，以闡釋經典的方式巧妙地建構自己的哲學思想社會思想，從而開創了一個嶄新的局面。何晏的基本哲學觀點是：

> 天地萬物皆以"無"為本，"無"也者，開物成務、無往不存者也。陰陽恃以化生，萬物恃以成形，賢者恃以成德，不肖恃以免身，故"無"之為用，無爵而貴矣。（《晉書·王衍傳》）

這樣的概括也包括了王弼的意見。何、王的觀點原是基本一致的，而王弼尤為簡明深刻，具有更嚴整的體系。《世說新語·文學》有兩段記載説：

> 何晏為吏部尚書，有位望，時談客盈坐。王弼未弱冠，往見之。晏聞弼名，因條向者勝理語弼曰："此理僕以為極，可得復難不？"弼便作難，一坐人便以為屈。於是弼自為客主數番，皆一坐所不及。

> 何平叔注《老子》，始成，詣王輔嗣，見王注精奇，乃神伏曰："若斯人，可與論天人之際矣！"因以所注為道、德二論。

王弼的思想比何晏更透徹更圓融。他對老子《道德經》和《周易》作了深入的研究，既有全書的注釋，又有若干專題論文，通過這些論著他確立了"以無為本"的本體論哲學，一舉推倒了過去那些煩瑣沉悶令人厭倦的漢儒經學體系，包括他們津津樂道的宇宙構成論之類，開闢了一個以本體論解釋世界的思想史新時代。王弼英年早逝，何晏、夏侯玄二人則先後被司馬氏殺掉，但後來晉朝的許多知識分子對這三位正始名士的理論貢獻、清談風采仍然十分仰慕；如果在現實生活中出現了類似的人物，便會稱讚其人達到了正始名士的水準。《世說新語·賞譽》載：

> 王敦為大將軍，鎮豫章。衛玠避亂，從洛投敦，相見欣然，談話彌日。於時謝鯤

---

① 袁著《名士傳》今已失傳，這份名單見於《世說新語·文學》"袁彥伯作《名士傳》成"條，為後人提供了重要的綫索和指示。此外還有一個鍾會（字士季，225—264）學術水準也相當高，衹是人品甚差，後來又背叛了司馬氏，袁宏沒有將他列入正始名士的名單。

為長史，敦謂鯤曰："不意永嘉之中，復聞正始之音。阿平（王澄）若在，當復絕倒。"

後來《晉書·衛玠傳》也有同樣的記載。又《世說新語·文學》載：

殷中軍（浩）為庾公（亮）長史，下都，王丞相（導）為之集，桓公（溫）、王長史（濛）、王藍田（述）、謝鎮西（尚）并在。丞相自起解帳帶麈尾，語殷曰："身今日當與君共談析理。"既共清言，遂達三更。丞相與殷共相往反，其餘諸賢略無所關。既彼我相盡，丞相乃歎曰："向來語乃竟未知理源所歸。至於辭喻不相負，正始之音，正當爾耳。"

大將軍王敦誇獎衛玠，丞相王導稱贊殷浩，都標舉"正始之音"來做比較，在他們心目中，正始的玄學清談乃是一個標杆，能達到那樣的水準就算是一流人物了。這種清談的風氣一直貫穿到東晉，并直接促成了玄言詩的繁榮。

文學史上的"正始之音"指的是當時的創作，特別是詩歌創作。

在正始時期除了以何晏為首的一批名士之外，還有後來被稱為"竹林七賢"的一批知識精英，其中阮籍、嵇康二人尤為突出。阮籍的五言《詠懷詩》八十餘首和嵇康的四言詩在文學史上都具有很高的地位，此外何晏、應璩等人也頗有詩作。這樣一些詩篇也曾被稱為"正始之音"。

李善《上〈文選注〉表》有云："楚國詞人，御蘭芬於絕代；漢朝才子，綜聲兌於遙年。虛玄流正始之音，氣質馳建安之體……"這裏將"正始之音"與"建安之體"并列，顯然是指正始時期的文學創作而非玄學清談，《文選》祇錄狹義的"文"，不收理論性的論著。

陳子昂《與東方左史虯〈修竹篇〉序》云：

東方公足下：文章道弊五百年矣。漢、魏風骨，晉、宋莫傳，然而文獻有可徵者。僕嘗暇時觀齊、梁間詩，彩麗競繁，而興寄都絕，每以永歎。思古人，常恐逶迤頹靡，風雅不作，以耿耿也。一昨於解三處見明公《詠孤桐篇》，骨氣端翔，音情頓挫，光英朗練，有金石聲。遂用洗心飾視，發揮幽鬱。不圖正始之音，復睹於茲，可使建安作者，相視而笑。解君云："張茂先、何敬祖，東方生與其比肩。"僕亦以為知言也。故感歎雅製，作《修竹詩》一篇，當有知音以傳示之。

陳子昂批評齊、梁詩風，標舉“正始之音”，有着明顯的現實針對性。他希望東方虯的《詠孤桐篇》和自己的《修竹》詩能在糾正“文章道弊”、提升詠物詩之素質方面起到的積極作用。關於這篇以書作序的著名文件，一般認為其態度是標舉建安風骨以反對齊梁文風，其實這是一種誤解。儘管陳子昂的一些用語，如“漢魏風骨”“骨氣端翔”之類，顯然受到《文心雕龍》的影響，他攻擊六朝頹靡綺麗的文風也與劉勰當年的議論方向大體一致，但著眼點其實并不一樣。陳子昂最重視的是“興寄”，他提倡在詠物之作中有寄托，反對南朝的為詠物而詠物，一味以形似和華彩見工。詠物詩在南朝的畸形興盛是所謂“宮體”的產物，劉勰未及看到，當然也不可能預先作出什麼抵制和批判；陳子昂要對付宮體的流毒，他所高度評價的東方虯的《詠孤桐篇》和他本人的《修竹》詩都是詠物而其中有所寄托的。為了替自己的理論和創作尋找歷史依據，他一下子就看中了“正始之音”，那就是以阮籍《詠懷詩》為代表的傳統，他要召喚歷史上的這一部分亡靈來對抗眼前文壇上“興寄都絕”的頹風，他這樣做是完全合乎邏輯的。“興寄”是正始詩壇的一大特色，陳子昂誇獎東方虯的大作為“正始之音，復睹於茲”，就是欣賞他能夠繼承正始的傳統，通過詠物來抒情寄意，這樣就“可使建安作者，相視而笑”了。他的意思是説正始、建安水準相近，而正始更高，所以他不説建安風骨而説漢魏風骨。他之所謂“漢魏風骨”固然不妨包括建安詩歌，而尤其要包括“正始之音”。

李善、陳子昂在文章裏分別給予崇高評價的“正始之音”是指正始時期阮籍等人的詩歌作品。他們或肯定其文學史地位，或認為可以作為當今創作的楷模。蕭統《文選》錄入阮籍的五言《詠懷詩》十七首，嵇康的《幽憤詩》《贈秀才從軍》五首、《雜詩》《琴賦》，應璩《百一詩》以及何晏的《景福殿賦》，此外還選了正始時期的若干散文。在曹魏後期不過二十多年的時段裏，正始的文人學士取得了異常豐富的成果，在思想史、文學史上大放異彩，這在歷史上是很罕見的，於是“正始文學”即因此而得以確立。

三

西晉王朝的建立較之曹氏代漢費了更大的力氣。先前的漢獻帝根本就沒有做過什麼事情，曹操的最高領導地位是在他直接領導下取得一系列軍事行動的勝利之後獲得的，他完全有條件取而代之，而曹操祇當周文王，由兒子來實施改朝換代。曹魏代漢，雖有阻力，不算很大。司馬氏面臨的情況則不同，為了取代曹魏，須克服巨大的阻力，得做許多功課。

西晉王朝建立後曾反復討論所謂《晉書》斷限問題，亦即決定晉王朝的開始應當從何時起算。當時的意見分為三派：一是正始（240—249）開元説；二是嘉平（249—254）起年説；三是以泰始（265—274）為斷説①。從泰始為斷這一意見按説很容易理解，因為從這時起纔正式改朝换代，可是開始討論這一問題時這一説竟然没有出現，意見的分歧僅僅在於是從正始算起還是從嘉平算起。這是很值得玩味的。西晉的開國之君武帝司馬炎自己没有費什麽勁，靠的是先輩開創的基業。按自魏明帝曹叡死，齊王芳上臺，司馬懿已成為顧命大臣之一，到正始十年（249）司馬懿發動高平陵之變，徹底消滅以另一顧命大臣曹爽為首的政治集團，改元嘉平，從這時起，中樞大權已落入司馬氏之手。無論是從正始開元還是從嘉平起年，都是要把晉王朝的開端放在司馬懿這一代領導人手上，衹是算法有寬嚴之不同而已。

從高平陵之變得手到西晉王朝正式建立，司馬氏同反對派苦鬥了十多年。其間皇帝换了好幾個（齊王曹芳、高貴鄉公曹髦、陳留王曹奂），年號换得更多（正始、嘉平、正元、甘露、景元、咸熙），政局反復震蕩。新王朝的建立標誌着兩個政治中心并列的局面終於結束。此前蜀已被消滅，隨着對吳戰争的勝利（太康元年，280），全國重新統一，出現了空前大好的形勢。可惜好景不長，衹太平了二十年，永康元年（300）趙王司馬倫發動宫廷政變，八王之亂開始，北方少數民族酋長乘機占據中原地盤并迅速膨脹，西晉王朝立即由盛而衰。

西晉文學以八王之亂爆發為界可分為前後兩期，其前期可稱為太康時代，實指晉武帝司馬炎在位的全部以及惠帝司馬衷在位的前半，用年號來説，則包括武帝的泰始（265—274）、咸寧（275—279）、太康（280—289）、太熙（290），以及惠帝的永熙（290）、永平（291）和元康（291—299）——總計三十四五年。

西晉前期使用時間比較長的年號有兩個，一為太康，一為元康，這兩段時局也比較穩定，若取某一年號來指稱西晉前期文學，這二者當居其一，也曾經有人選用元康，例如沈約《宋書·謝靈運傳論》稱"降及元康，潘、陸特秀，律異班、賈，體變曹、王，縟旨星稠，繁文綺合"；近賢羅庸先生講魏晉文學，第一講為《建安文學與正始玄風》，第二講就是《元康文學與過江名士》②。這樣當然也未嘗不可，但考慮到太康是西晉最盛之時，中國的重新統一就在此時，文學的最為繁榮也在此時，傳統文學批評中標舉得最多的也是太

① 《晉書·賈謐傳》："先是，朝廷議立《晉書》限斷，中書監荀勖謂宜以魏正始起年，著作郎王瓚欲引嘉平以下朝臣盡入晉史，于時依違未有所決。惠帝立，更使議之，（賈）謐上議，請從泰始為斷。於是事下三府，司徒王戎、司空張華、領軍將軍王衍、侍中樂廣、黄門侍郎稽紹、國子博士謝衡皆從謐議。騎都尉濟北侯荀畯、侍中荀藩、黄門侍郎華混以為宜用正始開元。博士荀熙、刁協謂宜嘉平起年。謐重執奏戎、華之議，事遂施行。"

② 詳見鄭臨川先生整理之《笳吹弦誦傳薪録——聞一多、羅庸論中國古典文學》一書，上海：上海古籍出版社，2002年，第215—238頁。

康①，所以以"太康文學"來指稱西晉前期的文學更為合適。

西晉文學的後期可稱為永嘉時期，這一時期包括晉惠帝司馬衷的永康（300）、永寧（301）、太安（302—303）、永安（304）、建武（304）、永興（304—305）、光熙（306）、懷帝司馬熾的永嘉（307—312）和湣帝司馬業的建興（313—316），總計十五六年。時間不長，而年號屢屢改換，甚至一年之内换好幾次，這正是政局不穩甚至天下已亂的標誌。

西晉文學的繁榮在前期。鍾嶸《詩品·序》寫道：

> 太康中，三張、二陸、兩潘、一左，勃爾復興，踵武前王，風流未沫，亦文章之中興也。

他又標舉"陸機為太康之英，安仁（潘岳）、景陽（張協）為輔"。《詩品·序》又道：

> 永嘉時，貴黄老，稍尚虚談，于時篇什，理過其辭，淡乎寡味。

鍾嶸正以太康與永嘉分指西晉文學的前後兩期，高度評價其前期，而認為後期詩壇已經陷入玄言詩的泥淖，不足觀了。

早一點的劉勰，看法同鍾嶸非常相近，《文心雕龍·明詩》云："晉世群才，稍入輕綺，張、潘、左、陸，比肩詩衢。采縟於正始，力柔于建安，或析文以為妙，或流靡以自妍，此其大略也。江左篇制，溺乎玄風……"這裏關於西晉未做進一步的分期，而所論實為其前期——作為正面人物提到的"張、潘、左、陸"，正是鍾嶸所説的"三張、二陸、兩潘、一左"，這些作家主要的活動年代都在西晉的前期，祇有張亢活得比較長久，——然後就急轉直下地去談東晉的玄言詩了。劉勰對他最不以為然的文學時段往往根本不提或僅僅一筆帶過，以表示他最大的輕蔑。這乃是一種最有力度的"默殺"。

永嘉時期西晉王朝已經日薄西山，氣息奄奄。其中永嘉（307—312）是西晉後期用得最長的一個年號，也是歷史行將發生巨變的過渡時期。到這時候，誰都明白司馬氏的政權在中原是呆不下去了，唯一可行的辦法是將中樞安排到長江以南去。司馬睿於永嘉元年（307）進駐建康（今南京），代表了政局的未來，中原士人紛紛大舉南遷，形成了一個"四海南奔"的可悲而壯觀的景象②。這時候在前一階段十分活躍的作家大部分已成古人，

---

① 宋人嚴羽《滄浪詩話·詩體》中甚至有"太康體"的提法，就此他解釋説："晉年號，左思、潘岳、三張、二陸諸公之詩。"明人許學夷《詩源辯體》（卷五）云："以太康較魏末，則為中興，以建安視太康，實為再變。知此，則永嘉以後可類推矣。"如此等等。

② 李白詩有句云："四海南奔似永嘉。"（《永王東巡歌》其二）

其中頗多死於八王之亂者，水準最高的潘岳和陸機這兩位即分別死於趙王司馬倫與成都王司馬穎之手。西晉前期文學的繁榮完全被內亂打斷了。

在西晉後期的這十幾年中，不少文人為逃避苦難的現實而一味沉溺於玄談，玄風大舉侵入詩歌創作，"于時篇什，理過其辭，淡乎寡味"。永嘉玄言詩已大量亡佚，現在能見到的，以盧諶《贈劉琨》的一組（《文選》卷二十五）最為典型。在這種風氣之中而能超出流俗、寫出優秀作品的是劉琨和郭璞，其中劉琨年輩較長，他先前曾與潘岳、左思、陸機等人同在"二十四友"之列；郭璞則是新一代作家，他的許多作品已是進入東晉以後的收穫。

<h1 style="text-align:center">四</h1>

東晉王朝有一百零幾年（317—420），文學史的這個段落比建安、正始、西晉都要長，但成就却不如前三個階段，給人印象深刻的大作家和著名作品比較少。當然，這時出現了一個陶淵明，他是整個中古時代最偉大的文學家，有這一座高峰即足以彌補東晉這一大片丘陵地的缺憾而有餘。

東晉時代，司馬氏皇室雖然還算是高踞於一切臣民之上的最高權威，但這祇是象徵性的，事實上它必須緊緊依靠若干高級貴族世家，如王、庚、郗、桓、謝諸家來共同維持局面。其間王敦、桓溫先後有問鼎之意，因為種種原因未能得手，而桓溫之子桓玄是正式取代東晉上臺稱帝的，但他很快就失敗了，其意義在於一方面沉重打擊了東晉王朝，一方面給出身下層的軍官劉裕一個重大的機遇，稍後他打敗了桓玄，然後又苦心經營多年，終於建立了一個新的王朝——宋。

東晉皇室的軟弱無力和世家大族輪番共同掌握政權，形成了中國歷史上空前絕後的門閥政治，這一局面在思想文化方面的反映是基本上沒有權威，多元并存，思想活躍，各得其所。玄學大盛，而儒、釋、道也一道繁榮，儒家思想仍為正宗，名僧與名士并駕齊驅，道教在上層和下層都廣泛傳播。無論你主張什麼，都沒有行政力量來干預，祇是產生了頻繁而活躍的清談式的辯論。

但是在這種格局下，文學創作却出現了式微之勢。當然也不能說東晉除了陶淵明就全都不行，這裏有意思的作家還是不少的，如郭璞、袁宏、王羲之、孫綽等等；但更多的士人似乎不願意在文學上多花工夫，寧可去清談，或著子書，或信手寫一點玄言詩。東晉的士人非常注意保持貴族精英的身段，采取超越世俗的態度，追求詩意自由的人生，寫詩作文，僅為餘事。即如最傑出的名士兼高官謝安，文學修養極高，但他或在東山高卧，或發揮軍政韜略，全都瀟灑之至，却很少動筆寫文章。在他看來，像曹植、阮籍、陸機那樣的活法，大約都是無事忙，找罪受。陶淵明的作品在東晉算最多的，而在他自己，却祇是"自娛"而已，并没有藉此不朽的意思。他對不朽毫無興趣，曾大聲疾呼道："應盡便須盡，無復獨多慮！"（《形影神‧神釋》）這樣的選擇和取向也自有其道理，比起人生來，文學到底相當次要。

陶淵明晚年已入劉宋。晉宋易代進行得比較自然，對陶淵明雖有某種刺激，不算很强。前人以"忠憤"論陶雖然并非毫無根據，但是實在太過了。

此後的謝混等人，祇是東晉文學的餘波。其他由晉入宋的諸家，放到後面去處理。

與東晉幾乎同步的，是北方的五胡十六國，這裏有成就的作家比較少，為行文的方便起見，姑列於西晉一章之末去敘述。

五

中古後期指南北朝的二百年，讀這一階段的文學作品，給人最深刻的印象，是南方作家們思想比較自由，文采大為焕發，充滿了求新求變的進取精神，他們積極探索的成果對此後中國古典文學的發展作出了重大的貢獻。北方則比較堅持傳統思想，同時也善於學習新的東西，守正創新，貞剛有力。

如果分頭來説，南朝可以分作三段，這就是劉宋、南齊至梁前期、梁大同（元年，535）以後至陳。北朝從政局來説，固然可以分作北魏、西魏至北周和東魏至北齊三個部分，但文化文學方面的變化不算很大。結束南北對峙統一了全國的隋，雖然為時不長，却極其重要，這是一個做總結的時代，一個繼往開來的時代。其第二代元首楊廣（隋煬帝）是一位優秀的作家，在中國古代的帝王中實為水準最高之一人。他在揚州的墓葬完整地保存至今。

劉宋王朝的建立基本結束了先前東晉門閥政治的格局，統治的基礎大為擴大了，但新的皇室作為行伍出身的暴發户，其成員中多有毫無原則、爭權奪利之徒，内部鬥爭十分激烈，時見人頭落地。這時從事文學的大抵有三部分人，一是皇室成員中没有什麼野心而醉心於文化者，躲進文學以避難，典型人物是主編了《世説新語》等書的臨川王劉義慶；二是正在走向没落的老貴族，他們舊夢漸醒，於是也逃進文學，通向山水，典型人物如謝靈運；三是正在官場裏奮鬥的文人學士，如顏延年、鮑照等人。謝、顏、鮑合稱元嘉三大家，舊時還有元嘉體的説法，其實元嘉時代的詩文并無統一的體制，總的特色也許可以説是聲色大開、雅俗并陳，預示着一個文學新時代的到來。

　　江淹也是劉宋時代的大作家，但他年輩稍晚，其文學活動下延到齊梁，祇是到那時他已經"才盡"了。蕭齊文學一個最重要的中心在竟陵王蕭子良的西邸，這裏人才濟濟，其中的傑出人物被稱為"八友"。這一批新銳文學家熱衷於聲律的研究，并用來改造和提升五言詩，這就產生了永明體。謝朓是當時寫這種新體詩最優秀的詩人，而沈約則在一個相當長的時段裏扮演文壇領袖的角色。江淹未能進入新潮，自然落伍了，但他的詩賦在文學史上仍然有其崇高的地位。時髦與否是一回事，水準高下又是一回事，二者往往不一定能夠重合。

　　前"竟陵八友"之一的蕭衍後來成了梁王朝的開國皇帝，而且一當就是將近五十年之久。天下太平，文風昌盛。這時不僅創作非常繁榮，而且出現了理論批評的熱潮，又有編纂總集的風氣。劉勰的《文心雕龍》動手於齊，寫定於梁；鍾嶸《詩品》、蕭統《文選》、徐陵《玉臺新詠》都是梁代文壇的新收穫。蕭統是當朝太子，但他活不過父皇；接下來從中大通三年（531）起充當太子的蕭綱大約知道接班尚遠，一頭扎進文學，他和身邊的文人提倡比永明體更新的詩體，進一步講究詩歌的音樂美，各種新技巧的試驗風起雲湧，形成一個聲勢浩大的"宮體"（東宮體、太子體）運動。這一新潮文學運動從梁的大同以後直至於陳，始終轟轟烈烈，陳後主陳叔寶的小朝廷簡直像是宮體詩人的沙龍，這樣的政權顯然是不能長久的。北方文壇也大受最能體現"新變"之宮體詩風的影響，一直到隋以至初唐，此風仍方興未艾。

　　前人談南朝文學往往多將齊梁連稱，如杜甫《戲為六絕句》詩中有"恐與齊梁作後塵"之句，從此"齊梁"就成了萎靡文風的一個代名詞。其實杜甫是在寫詩，話不必說得很精確，而且他還要考慮詩句的格律，所以體會這種言論不能死於句下。劉師培先生在講課的時候，將自兩漢以迄唐初的文學分為六個時期：（1）兩漢，（2）魏，（3）晉宋，（4）齊梁，（5）梁陳，（6）隋及初唐，并就五、六兩個段落的劃分有如下的具體說明：

> 梁武帝大同以前與齊同，大同以後與陳同，故可分隸兩期。
> 初唐風格，與隋不異，故可合為一期。（詳見《漢魏六朝專家文研究·緒論》）

　　可知他之所謂"齊梁"指齊與大同以前之梁，而"梁陳"則是大同以後之梁與陳。在大同元年（535）前不久的中大通三年（531）四月，三十一歲的太子蕭統非正常死亡，稍後他的弟弟二十九歲的蕭綱被立為太子。這不僅是政治局面的大變化，也是文學風氣大變化的轉捩點。先前蕭統當太子時主導文壇風會，其文學見解的主旨略見於他的《文選·序》，他在近現代作家方面推崇形成於南齊永明年間的竟陵八友，尤其是一直活動到蕭梁天監年間的沈約、任昉和此前不幸短命死矣的謝朓三人；而對前代文學的取捨，則大抵以思想比較正統（“典”）、文采相當華綺（“麗”）為旨歸，眼光與議論同沈約比較靠近。因為對歷代相傳的名篇采取寬鬆的態度，《文選》顯得比較多元，比較豐富。新任太子蕭綱則反對以正統思想來指導和規範文學，提倡“放蕩”而豔麗的文風。幾年後他完全站穩了脚跟，在他主持下，一個大規模的“宮體”運動風靡了全國。這一派甚少寬容明朗的文學史見解，大抵祇顧當下的新變。蕭統是學者型的文學家，非常注意研究文學史，而個人創作成就不算高；蕭綱則是才華橫溢的作家，較少關心文學史問題。

六

就其在歷史上的作用和對隋唐歷史發展的影響而言，北朝比南朝更重要，但是北朝的文壇不如南方那樣活躍，作家比較少，而且這裏比較穩重，流行的是中原舊傳統與南方新風氣的嫁接，出現了温子昇、邢劭、魏收三位大才子。庾信由南而北，成了這裏文壇的翹楚和驕傲，他内心深處的矛盾和痛苦凝聚為《擬詠懷》《哀江南賦》等名篇，形成了如杜甫所謂“暮年詩賦動江關”的文學景觀。薛道衡則是北朝至隋最後一位大詩人，可惜他被楊廣殺掉了。

更值得稱道的是北朝散文的繁榮，酈道元《水經注》、楊衒之《洛陽伽藍記》、顏之推《顏氏家訓》這三部書，代表了中國古典散文的新高潮。

隋王朝的統一全國是中國政治史上的大事，也促成了南北文人的大會師，為此後唐代文學高潮的到來準備了條件。許多老一輩的文人經歷了南朝、隋和初唐，代表人物如虞世南；老一輩的學者也是如此，代表人物有《文選》學的開山祖師曹憲。

唐代文學的研究一向是大熱門，但如果不瞭解其先導的南北朝和隋，許多事情就無從領會，難明其妙。

北魏作家向南方學習，重點在於永明—天監年間的主流文學，這一股風氣延續到東魏和北齊，他們可以説大抵是“齊梁”派。

西魏和北周沒有接受多少前北魏的文人，文化比較落後，但自從庾信、王褒等一批在江陵的後期蕭梁文人進入北方以後，這裏有了學習的榜樣，創作走的是宮體路綫，也可以説屬於“梁陳”派一系；後來隋滅陳，大批陳王朝的文人進入新的政治體制，隋煬帝楊廣醉心於陳的文化，“梁陳”派得到了更長足的發展，其流風餘韻一直下達初唐。劉師培將初唐與隋劃歸一段，認識非常深刻，亡國之君隋煬帝和一代明主唐太宗儘管為政風格完全不同，而寫起詩來皆為宮體，陳朝的宮體遺老在隋及初唐活躍了多時。

但是“齊梁”一派并未倒臺，祇是暫時退居於學術領域。隋及初唐有蕭統的後輩和揚州學者曹憲等人研究《文選》，稍後因李善《文選》注的問世而"《文選》學"漸盛，到玄宗時又出現了五臣注。"《文選》學"的繁榮同盛唐詩歌高潮的到來大體同步。至此謝朓和庾信都得到很高的評價，"齊梁"派、"梁陳"派的精華得到了新的綜合和發展。

"齊梁"—"梁陳"以及隋至初唐—盛唐，就是這一段文學史的正—反—合。

七

根據上述對於文學史分期的看法，本書分為六章，又以比較重要的作家為單位再分為若干節。但是這樣就產生了一個老大的問題，就是民間文學和那時流行的口頭文學批評這兩方面的內容，難以在這種以時期為經、作家為緯的框架裏予以安排，而"棄置不復道"又是絕對不行的，於是特為在最後安排了一章兩節來予以安置。這是一個不得已的辦法。撰寫文學史，內容固然是個大問題，而結構也令人大傷腦筋。幸而最後出場的往往是重要的，開會的時候總是大人物後到，戲劇名角也往往到壓軸的一齣纔親自出馬。

無論在哪個朝代，民間歌謠總是存在，并且會對文人產生某種影響。必須強調的是，這種影響在中古時代特別明顯。曹植、鮑照、休上人這些詩人注意向民歌學習是人們熟知的，孫綽、王獻之等名士、高官曾經向南朝時大為流行的《子夜歌》學習，寫自己的愛情詩，則注意的讀者就少得多。尤其值得注意的是，大詩人陶淵明也曾注意吸收《子夜歌》等民歌的營養，他自己也會唱民歌，并且寫進自己的詩裏去了。其《蠟日》詩云：

> 風雪送餘運，無妨時已和。梅柳夾門植，一條有佳花。
> 我唱爾言得，酒中適何多！未能明多少，章山有奇歌。

"蠟日"是古代年終的一大節日，遠近的鄉親們聚在一起祭祀萬物，同時豪飲高歌，盡興狂歡，正所謂"一國之人皆若狂"（詳見《禮記‧郊特牲》）。這個節日起源很早，後來漸漸不太流行，但在偏遠的農村仍然照過不誤。陶淵明在詩裏說，這時雖然還有點風雪，但天氣已經開始趨暖，門邊的梅樹已經開花。過節了，大家喝酒唱歌，互相欣賞，非常適意。本地民歌，大家當然很理解；而另有人唱起章山那邊的山歌來，這就不大聽得懂了（"未能明多少"）。"章山"是《山海經‧中山經》裏曾經提到過的山，據說這就是在廬山北面的障山，那裏離陶淵明他們的住處應當有一段距離。

歸隱後的陶淵明就生活在民眾之中，參與他們的民俗活動，同他們一起欣賞民歌，他自己自然也會唱，所以這裏纔有"我唱爾言得"這樣的詩句。

　　那時南方民歌裏多有表現愛情的五言四句小詩，名目甚多，以《子夜歌》最為出名。這些短歌大抵用女子的口吻大唱她們的愛情和哀怨，影響很大。這樣的民歌陶淵明也聽了很多，對那些女孩子非常憐愛同情。他的《擬古》九首其七寫道：

> 日暮天無雲，春風扇微和。佳人美清夜，達曙酣且歌。
> 歌竟長歎息，持此感人多。皎皎雲間月，灼灼葉中華。
> 豈無一時好，不久當如何？

　　青春易逝，人生苦短，詩人陶淵明對此亦復感慨繫之。此詩被選入《文選》（卷三十，雜擬上），又曾進入《玉臺新詠》（卷三）。鍾嶸在《詩品》裏也曾特別提到此詩，指出這乃是陶詩的一個重要側面，由此可知大家都非常關心陶淵明同民歌的聯繫。

　　愛情在陶淵明的詩裏簡直不去抒寫，而另見於他的《閒情賦》，其中火暴的句子很多，特別是關於"十願"的那一段，如火如荼，一往情深。魯迅曾據此指出，此賦表明陶淵明有時其實很"摩登"，又說他這樣寫是取用了《子夜歌》的遺產：

> 　　被選家錄取了《歸去來辭》和《桃花源記》，被論客贊賞着"采菊東籬下，悠然見南山"的陶潛先生，在後人的心目中，實在飄逸得太久了，但在全集裏，他却有時很摩登，"願在絲而為履，附素足以周旋，悲行止之有節，空委棄於床前。"竟想搖身一變，化為"阿呀呀，我的愛人呀"的鞋子，雖說後來因為"止於禮義"，未能進攻到底，但那些胡思亂想的自白，究竟是大膽的。①
>
> 　　讀者的讀選本，自以為是由此得了古人文筆的精華的，殊不知却被選者縮小了眼界，即以《文選》為例罷，没有嵇康《家誡》，使讀者祇覺得他是一個憤世嫉俗，好像無端活得不快活的怪人。不收陶潛《閒情賦》，掩去了他也是一個既取《子夜歌》意，而又拒以聖道的迂士。②

　　這些都是前人未嘗道及的深刻觀察，一舉打破了此前關於陶淵明陳陳相因的成見。

　　《子夜歌》中關於抓緊相愛、時不我待這一層意思表現得非常迫切而且坦誠，又往往涉及貼身的衣物，試從《樂府詩集》（卷四十四）中略舉幾例以見一斑：

---

①《且介亭雜文二集·"題未定"草（六至九）》，魯迅：《魯迅全集》，北京：人民文學出版社，1981年，第6卷，第422頁。
②《集外集·選本》，同上，第7卷，第137頁。

年少當及時，蹉跎日就老。若不信儂語，但看霜下草。(《子夜歌》)

梅花落已盡，柳花隨風散。歎我當春年，無人相要喚。(《子夜四時歌·春歌》)

綠攬迮題錦，雙裙今復開。已許腰中帶，誰共解羅衣？(《子夜歌》)

叠扇放床上，企想遠風來。輕袖拂華妝，窈窕登高臺。(《子夜四時歌·夏歌》)

　　民間天真無邪的姑娘，就敢於把話説得這麼直截了當；陶淵明學了一點，士人們就不大肯接受了。蕭統本來對陶淵明評價甚高，但被他的《閒情賦》嚇到了，遂嚴肅地指出，這一篇乃是他的瑕疵，“無是可也”(《陶淵明集序》)。其實陶淵明并沒有把大膽進行到底，他仍然講究“止於禮義”，不料仍為蕭統所不容。當然學民歌也不能完全跟着走，學一點，就得及時地加以“雅化”，在敏感的地方務必含蓄一點，這纔是文人創作的坦途。陶淵明在他的詩裏簡直不去寫什麼愛情，大約正是他謹慎的表現。

　　關於中古民歌，除了提供一點概述之外，重點分析的是幾首著名的作品，它們是：《孔雀東南飛》《西洲曲》《木蘭辭》《敕勒歌》。同民歌比較靠近的是民間的謡諺，被記録下來的往往同政治有關，自當一道予以論述。

　　為中古文學寫史，筆者不想寫成現在已經很多了的教科書模樣，儘管作為此書之準備材料的，有我多年來的一大批講稿和授課提綱。内容不求面面俱到，有看法就多談一點，其餘則少談或乾脆不談。此即老話之所謂有話則長，無話則短，或者竟無。文字不甚講究整齊修飾。總之，説什麼，怎麼説，都比較自由放鬆，希望讀起來不至於很吃力傷神。中古時代的文人本來就追求自由和放鬆，然則談論這一時段的人和文，似乎也可以甚至應當如此吧。

作者單位：揚州大學文學院

李源澄求學治學經歷及其學術人生

李弘毅

李源澄（1909—1958），字浚清，四川犍為人，曾經師從蒙文通、廖平、章太炎和歐陽竟無等先生。著有《秦漢史》《經學通論》《諸子概論》和《魏晉南北朝史》等，是一位著名歷史學家和教育家。因遭受政治迫害，英年早逝，享年49歲。由於他深陷於特殊年代，其人與著述也就湮沒不彰了。

一、求學過程與工作經歷

1925—1926年底，李源澄在近代著名國學大師趙熙（1867—1948）主持的榮縣縣立中學讀書；1927—1933年底，在公立四川大學中國文學院學習，中間又經蒙文通先生介紹師從於廖季平先生學習經學；1931年在成都錦江公學教國文，并研究經學諸子；1932年到開封師從邵次公（瑞彭）先生學習曆算；1933年又轉至南京內學院學習，并從事宋明理學研究，另還師從歐陽竟無先生學習了佛學。其間又因家庭困難找工作，於1934年借在考試院作科員之機，繼續從事諸子及宋明理學研究；時至1935年，由著名子學家伍非百先生介紹在蘇州章氏國學講習會任教，并拜章太炎先生為師，同時兼課於無錫國學專科學校；1936年—1937年間，在無錫國學專科學校教國學概論、國文等課，并不斷研究歷史，直至抗戰全面爆發後纔回到四川；1937年—1938年間，曾短期在川大作講師，後離職在成都自修，并從事歷史和經子方面的研究；1938年—1939年間，在成都蜀華中學教國文，并繼續探討歷史和經子之學；1939年—1941年間，在浙江大學史地系任副教授，主要講授秦漢史、魏晉南北朝史和中國文化史，同時探討魏晉玄學。其中 1941 年下半年經顧頡剛先生介紹還兼任了大理民族文化書院教授，主要講授經學、史學和研究歷史；1942 年（上半年）由蒙文通先生介紹在成都四川圖書館任編纂；1942 年—1944 年間，在四川大學任教授，開設了《禮記》、經學通論、《周官》《莊子》、秦漢史和魏晉南北朝史等專業課程。1944 年（下半年）經伍非百先生介紹去南充西山書院任教，主要教經學、諸子，潛心探討歷史和諸子之學；1945 年—1947 年間，在自辦靈岩書院（在灌縣靈岩山）任教，主要向學生傳授經學和史學；1947 年—1948 年間，經方國瑜先生介紹任雲南大學教授并兼任五華學院教授，專授經學通論、魏晉南北朝史，也仍然在研究歷史；1948 年—1949 年間，受到梁漱溟先生之邀請，任勉仁文學院教授①，主要教秦漢史、中國文化史；1949 年—1950 年，任四川教育學院教授兼史地系主任，教秦漢史、魏晉南北朝史；1950 年—1952 年，任西南師範學院教授兼史地系主任、副教務長、院務委員（系主任已辭去），此時仍然給學生開設中國學術思想史、中國通史和教材教法等課。雖然職務升遷了，然而承擔的事務就更為繁重了，但是李源澄先生却始終未放棄自己所熱愛的教學工作。

二、治學特色與理性提升

"積土成山，風雨興焉；積水成淵，蛟龍生焉。"從李源澄先生的求學經歷上可以看出，他邁出的每一步，均顯得十分踏實，其中最應感謝蒙文通先生對於他的精心培養。後來蒙默先生曾對李源澄先生在蜀中的求學經歷作了細緻描述：

> 先君子議《經學抉原》為講章，源澄先生適就讀該校，得侍講席，甚為相得。先君子固倡廖氏之學者，源澄先生得聞其緒論而羨之。一九二九年，先君子為函介源澄先生至井研廖家問學，時廖氏已老病不能講授，唯解惑答疑而已，前後略有數月，故源澄先生亦得及門廖氏。逾二年，廖氏卒，而源澄先生遂為廖氏關門弟子焉。②

筆者依據檔案材料也找到一條於此匹配之史料："一九三〇年我在中國文學院畢業，學

---

①　梁先生云：他"二月赴成都，三月赴北平，四月赴昆明，并為此事奔走咨訪。於成都曾訪葉石蓀廖、李浚清源澄，懇求相助。"（見梁漱溟撰《勉仁文學院院創辦緣起及其旨趣——代發刊辭》，1948 年油印本《勉仁文學院院刊》。）由此可見私人辦學之辛苦。

②　《蜀學後勁——李源澄先生》，西華大學、四川省文史研究館蜀學研究中心主辦：《蜀學》第二輯，成都：巴蜀書社，2007 年，第 42—52 頁。

生生活結束，我已是二十一歲了，我在經學上的根柢就在此時奠定，後來寫成了三部經注，一本《經學通論》，經學論文約二十篇。"① 兩相對應，也就詳細揭示出了李源澄先生的求學之路全是在蒙文通先生的精心安排下進行的，并且經過自己不懈努力，也很早就確立了研究特色。時至 1932 年，蒙文通先生又將他帶到了開封的河南大學，此時他還師從過邵次公（瑞彭）先生學習律曆陰陽之學。關於這一段求學經歷，盧前先生是這樣敘述的："余與文通主講大梁，君（指李源澄）亦來止。同舍淳安邵次公瑞彭，精疇人之術，君又從肄業。既二年，渡江謁宜黃歐陽先生，受内典。"② 在當時之情況下，李源澄先生感覺到 "在開封住了幾個月，覺得這種學問無好多意義，邵先生要供給我吃飯，我也不安"③。顯然他此時心情正處於極度矛盾中，恰好突然有機會讓其擺脫困境，能够選擇更適合自己的發展方向去繼續問學。據陳垣先生云："現南京支那内學院長歐陽居士留之住院編纂佛學，先生倘有意網絡人才，此其時也。"④ 李源澄先生曾於 1952 年去看望來重慶開會的蒙文通先生，據蒙先生回憶説，李源澄言："他想忘我真不容易。"⑤ 據筆者分析，此言蘊涵兩層意思。第一層，李源澄自言過："我在學校裏是專治經學，教師中對我影響最大的是蒙文通先生。"⑥ 隨後蒙先生又將他推薦給了自己的老師廖季平先生，并且使之成為繼他之後又一廖學傳人。李源澄先生在二十一歲時就已建立起了自己的研究特色。關於這一點，蒙默先生這樣敘述道："他（指蒙文通先生）的經學師承廖季平先生，下啓李源澄先生。"⑦ 他還撰有《從廖季平先生到李源澄先生的經學片論》（提綱）一文來加以詳述⑧。即使李源澄先生在及門章太炎先生之後，太炎先生也仍然稱他為 "井研高第"⑨。由此證明李源澄先生的經學理論是在蒙文通先生的精心培育下得到夯實，并在廖季平先生處獲得提升的，可見其師承關係非常明晰。第二層，也仍然是蒙文通先生親自帶他在治學道路上繼續前行，并且還開拓出了更為廣闊的文化視野，獲得了更加深邃的理解。故此看來，李源澄先生怎麼能不對蒙文通先生懷有感激之情，并恭敬恪守學生之禮呢？

　　俗話説："師傅引進門，修行靠個人。"李源澄先生在求學之道路上就是這樣走過來的，他對於自己的成長過程也有詳細敘述：

----

① 《我的簡單歷史》，見西南大學藏李源澄檔案。

② 李源澄：《諸子概論》，上海：開明書店，1936 年，序。

③ 李源澄：《我的簡單歷史》，見西南大學檔案館藏李源澄檔案史料。

④ 陳垣：《陳垣來往書集集》，北京：生活·讀書·新知三聯書店，2010 年，第 243—244 頁。

⑤ 1965 年 3 月 29 日《蒙文通證明材料》，西南大學檔案館藏李源澄檔案。

⑥ 李源澄：《我的簡單歷史》，見西南大學檔案館藏李源澄檔案史料。

⑦ 《貫通四部 圓融三教》，載林慶彰主編：《經學研究論叢》第十五輯，臺北：臺灣學生書局，2007 年，第 325—332 頁。

⑧ 見 2008 年 9 月 10 日—13 日四川師範大學、臺灣 "中央" 研究院中國文哲研究所合辦：《"經學與中國哲學" 國際學術研討會論文集》，第 405—408 頁。

⑨ 見章太炎：《答李源澄書》，《國風半月刊》，1935 年。

我是學西漢今文學的，但對於讖緯之學，全未用過功，聞淳安邵次公先生深於陰陽五行曆算之學，於是找朋友幫忙，到開封從邵先生學。在開封住了幾個月，覺得這種學問無好多意義，邵先生要供給我吃飯，我也不安。南京內學院是歐陽竟無先生講學的地方，藏書頗多，也不限於研究佛學，四川人從歐陽先生學的人很多。我就在一九三三年到南京，歐陽先生對於寒士是供給的，我在那裏生活也就無憂了。但是我并不喜歡佛學，在舊來所學經子之外，專門讀理學書籍。①

説明最初他是北上問學，雖然生活上不用擔心，但對於學術上的精進之處覺得很不對路，當時就產生了極度焦躁不安的矛盾心情。當在轉道江南後，能閲讀到的文獻也就更多了，尤其是能看到大量理學書籍，這對於啓迪他的智慧起到了非常關鍵性作用。當然在這裏，也不得不結合一下蒙文通先生的治學精要。其實在蒙文通先生的治學中，學問最高深處也仍然是他對宋明理學之探討。蒙默先生曾這樣説過："他（指蒙文通先生）自己感覺他最深的學問是宋明理學。"② 這方面的精要論述均集中在其 "《理學劄記》和《理學劄記補遺》" 之中，并且 "就這兩本，這是他晚年的東西"③。很顯然，李源澄先生的治學路徑完全是沿着蒙文通先生的腳步在前行。目前以李源澄先生所刊發的論文來看，如果按照林慶彰先生在《李源澄著作目錄》中分類的方式，涉及經學、哲學思想、政治法律、社會、經濟、傳記、文學、劄記、序跋和詩評十大項。其中的哲學思想、政治法律和社會方面的論述，很明顯就與他的理學研究有關聯，并且這些論文在他發表的論文中所占比重較大。據此説明，蒙文通先生親自帶他東下江南，不僅拓寬了他的知識面，主要的還是促使了李源澄先生在治學理念上的提升，最終促成了他在治學思路上的質變。這種質變過程始終是與國家、民族之命運休戚相關。諸如處於抗戰時期，李源澄還發表了一些聲援抗戰的重要學術論文。

在談到李源澄先生的治學特長時，蒙文通先生明確指出："先生（指廖季平）弟子遍蜀中……犍為李源澄俊卿，於及門中為最少，精熟先生三傳之學，亦解言禮。"④ 談到他的史學，錢穆先生從治史觀和方法論上論述了李源澄先生所取得的突出成就："今年（1946）春，李君浚清自灌縣山中來，出示新著《秦漢史》一編⑤，讀之有幸與鄙見相合者，有鄙見所未及者，私自忖之，浚清其殆今之所謂善讀史者耶，其書則亦章氏之所謂圓而神之類

---

① 李源澄：《我的簡單歷史》，見西南大學檔案館藏李源澄檔案史料。
② 《貫通四部　圓融三教》，載林慶彰主編：《經學研究論叢》第十五輯，臺北：臺灣學生書局，2007 年，第325—332 頁。
③ 同上。
④ 蒙文通：《廖季平先生傳》，蒙文通：《經學抉原》，上海：上海世紀出版集團，2006 年，第200 頁。
⑤ 所言 "灌縣山中來"，也就是説我大伯的《秦漢史》一書是在自辦靈岩山書院時期撰寫并殺青的。

也。浚清將以行世，而索余為之序。余謂讀浚清書者，姑亦如蘇東坡之所謂，聊當又是一番讀遷、固書可也。若汗漫忽視遷、固書若不屑，則亦不足以讀浚清之書，因拈章氏論史之意而序以歸之。"① 錢先生在這裏所言及的"圓而神"，也正是乾嘉學者評價從事歷史研究的人所要達到的崇高境界。其實境界就是一個標準，凡於學問中有所突破，就應以"境界為最上，有境界，則自成高格"②。另外，賴高翔先生還將李源澄先生的治學提升劃分出了三個階段，這就是"實根柢於蒙文通先生，遇廖氏而深邃，經章氏而廣大。故三先生最服膺，而與蒙先生師弟子誼尤篤"③。不管李源澄先生在後來治學的道路上取得了多大成就，但他均稱自己為蒙門弟子，這就是李源澄先生所言"他想忘我（蒙文通先生）真不容易"的重要原因。

李源澄先生對於幫助過自己在學術上成長并使之獲得新知的先生尤其感恩，他與章太炎先生間的深厚師生情誼就屬於這類情況。關於李源澄先生與章太炎先生是如何發生聯繫的，李源澄先生曾有這樣的記錄：

> （1934 年）我從出川以後，即間或發表學術文章，因為發表《公、穀補證序例》，就同章太炎先生討論經學問題，我曾去蘇州看過章先生。一九三五年章先生在蘇州辦章氏國學講習會，約我去講三禮，我自己也想去從章先生問學，就到了蘇州，因為錢少，我又在無錫國學專科學校兼課。章先生在一九三六年去世，我就在無錫專任了。④

按上所述，有三個問題最應值得說明：第一，這裏所言的"《公、穀補證序例》"，也就是指刊於 1933 年 10 月《國風》第 8 期上的《〈公羊〉〈穀梁微〉序例》一文。李源澄先生此論文是他在支那內學院師從歐陽竟無先生學習佛學期間而完成的；第二，李源澄先生與章太炎先生之間的學術結緣，最初僅是因"討論經學問題"而開始，大概所言"討論經學"之焦點也就是指《〈公羊〉〈穀梁微〉序例》一文中涉及的具體"問題"，故此纔有了後來李源澄先生上章太炎先生書三通；⑤ 第三，李源澄是章太炎先生邀請他去"講三禮"時纔入師門"問學"的。據此可見，李源澄先生同章太炎先生的師生之情是建立在牢固的"學問"基礎上的。時至 1936 年 6 月 14 日，章太炎先生溘然病故，終斷了李源澄先生繼續

---

① 李源澄的《秦漢史》在當時被編入到了 1947 年上海商務印書館出版的一套《復興叢書》之中。
② 王國維：《人間詞話》，北京：中華書局，2009 年。
③ 賴高翔：《李源澄傳》，林慶彰、蔣秋華主編：《李源澄著作集》（四），臺北："中央"研究院中國文哲研究所，2008 年，第 1783 頁。
④ 李源澄：《我的簡單歷史》，見西南大學檔案館藏李源澄檔案史料。
⑤ 李源澄三次發表《上章太炎先生書》，目前第一通仍未發現，餘下的分別載於《學術世界》第一卷第二期（1935 年 7 月）和《制言》第五期（1935 年 11 月 16 日）。

"問學"之機會。當獲悉章太炎先生突然逝世之消息後，李源澄撰寫了《章太炎先生學術述要》一文，藉以表達對恩師的深刻懷念之情。此論文載於該年 7 月刊出的《中心評論》第十七期上。編者也於《編輯後記》中這樣寫道："李源澄先生是章太炎先生晚年的得意門生，這一次先生逝世，本刊特請先生代撰《章太炎先生學術述要》一文，以資紀念。"於此可見，學界對他在轉益多師中所取得的學術成就十分看重。在論述到章太炎先生的治學特色時，李源澄先生是這樣認為的："先生學問廣博，在國學方面，殆無書不讀，然非漫衍無歸宿者可比。其成就有專門之業，有不足為專門之業。即其不足為專門之業者，比之前賢，亦無愧色。是以先生一身，可化若干學者。先生實合若干學者為一身，而又能血脈貫通，如手足頭目之息息相關。"① 他於此文中還特別強調："吾論先生，皆一出本心，不為阿私，先生之所以教我者如是。恐人或不諒，不可不一言吾之態度。惟其認識不清之處，斯當負其責任耳。" 按此可以看出，李源澄先生在治學方面不僅具有嚴謹的一面，即凡事勤於思考，決不人云亦云，勇於提出自己的獨立見解；還具有剛直的一面，即在學術面前求真務實，"不為阿私"，即使與自己的老師在學術研究上發生分歧時，也不會苟同，展現了一位學者骨子裏所具有的不淫、不移和不屈的高貴品質。他之所以有這樣獨特的學術內涵，顯然與蒙文通先生帶他東下江南訪學并獲得新知有着密切聯繫。李源澄先生曾這樣說過："我的民族意識極強，這是受歐陽竟無先生和章太炎先生的影響。我講史學表面上是完全在做考證，實在我心中還是有所探求，絕不是為學術而學術。"② 可以明顯看出，此時之李源澄先生在治學理念上發生了重要變化。看他後來之學術研究，以及所從事的社會工作等，均是同國家興亡、民族尊嚴緊密聯繫在一起的。我想邵次公預言"李生年少，而其學如百尺之塔，仰之不見其際"，大概也就是指此類文化內涵吧！

　　李源澄先生對於治學目的是有自己看法的，曾自言道："我覺得學問這個東西，如其是為資格而來的就搞不好，不如在山中與少數青年朋友共學。"③ 這其實回答了人們從教育學上去探索他為何要努力去書院講學，以及選擇自己去辦學的真實原因。僅就這一點，吳宓先生也給予了極高評價："竊念澄之為學，夙為宓所欽佩。惟有才而不能下人，喜獨樹一幟。故抗戰以來，厯歷各大學（浙大、川大、雲南），參加或自辦書院（民族文化、靈巖、五華、勉仁），犧牲個人之薪金地位，辛苦自營，不可不謂有志之士，特立而獨行者。"④ 其實這也是吳宓先生對他個性特點的細緻刻畫。現在看來，李源澄先生的這種"獨行"個性，恰好是建立在繼承和弘揚中華民族優秀文化基礎之上的。其所展現出來的崇高師德風

① 李源澄：《章太炎先生學術述要》，《中心評論》1936 年第 17 期，第 20—23 頁。
② 李源澄：《我的簡單歷史》，見西南大學檔案館藏李源澄檔案史料。
③ 見自撰：《我的簡單歷史》，西南大學檔案館藏李源澄檔案。
④ 吳宓：《吳宓日記續編》第 3 冊，北京：生活·讀書·新知三聯書店，2006 年，第 282 頁。

範，仍然值得今日教育工作者去藉鑒和學習。

三、著作整理與研究概況

在論述到當代中國教育史之發展問題時，必然要涉及李源澄先生的事迹。關於此事的提起，還得從其母校四川大學古籍所舒大剛教授於 2006 年舉行的一次"晚清蜀學座談會"談起。當時臺灣"中央"研究院文哲所林慶彰教授也應邀參加了本次學術研討會。後來林先生回到臺灣後，就開始著手對李源澄先生的文獻進行收集與整理，并说："2006 年 7 月 28 日與"中央"研究院中國文哲所經學文獻組同仁……各大學經學研究者一起赴四川成都'晚清經學家遺迹考察'。二十九日起與四川大學古籍所合辦'晚清蜀學座談會'，會中蒙文通教授哲嗣蒙默教授除談到父親蒙文通先生之外，也相當多的時間談李源澄……也就開始收集李源澄的著作。"① 這是屬於治學者社會良知之展現，更根植於他們對於中華優秀學術文化的厚愛。終於在 2008 年，林慶彰先生整理編輯的《李源澄著作集》四卷在臺灣"中央"研究院出版了。内地學者也隨之采取多種方式開展對李源澄先生學術教育思想的探討和研究。首先，四川師範大學的王川教授，在史料十分匱乏之艱難情況下仍然苦心探索，并且獲得了"四川思想家研究中心"重點專案——《民國學者李源澄編年事輯》之支持。由於歷史原因，至今有些管理部門不敢面對現實，即使去收集李源澄史料也仍會受到阻攔，據此可看出，王川教授從事的李源澄先生研究十分不容易。2012 年，他撰寫的《李源澄先生年譜長編（1919—1958）》終於在中華書局出版。關於年譜撰寫之重要性，清儒章學誠云："年譜之體，仿於宋人考次前人撰著，因而譜其生平時事，與其人之出處進退，而知其所以為言，是亦論世知人之學也。"② 由此可見，此項研究是屬於"論世知人之學"，并蘊涵着深厚的學術韻味。其次，臺灣商務印書館早在 1966 年就率先重刊了李源澄的《秦漢史》。隨後四川大學出版社在 2010 年編輯二十世紀儒學大師文庫時，整理出版了一部《李源澄儒學論集》。進而華東師範大學出版社也相繼重刊了他的《諸子概論》《經學通論》等代表著作。我於 2016 年應邀去臺灣"中央"研究院參加古籍方面的學術會議時，林慶彰先生還告訴我，他們還將出版一部《李源澄著作集續編》。時至 2017 年，四川大學舒大剛教授在編纂《巴蜀全書》時，又將林慶彰編輯的《李源澄著作集》進行了修訂和補遺，并形

---

① 林慶彰：《李源澄著作集》序，林慶彰、蔣秋華主編：《李源澄著作集》，臺北："中央"研究院中國文哲研究所，2008 年。

② 《韓柳二先生年譜書後》，《章氏遺書》卷八，吳興劉氏嘉業堂刻本。

成了一部如今的《李源澄集新編》，其學術價值在於"又訪得《徐季廣〈孟學大義〉跋》《東漢太學之風氣》《學習〈實踐論〉後對歷史學的體會》《靈岩書院李院長源澄致文院長函》四篇文章。《新編》將其匯之一處，編為《補遺》，附於原書正文之後、附錄之前，以饗讀者。此外，《著作集》亦有因錄入排版而造成文稿内容大段缺漏者，《新編》也作了補充"①。經過編輯者的旁收博采，又為李源澄先生的文獻收集整理增添了新的内容。2019年，巴蜀書社又依據《李源澄集新編》中的《秦漢史》進行了重新校定。2022年5月我又應邀去四川師範大學參加"李源澄先生誕辰112周年學術研討會"，并且獲得了一部由犍為縣政協文化旅遊和文史資料委員會與犍為歷史文化研究會編輯的《李源澄研究與史料集》。雖然這是一部内部出版物，但從文獻價值來看，絲毫也不比正式出版物品質差，此文獻的最大特點就是從一些檔案、日記等珍貴史料中輯佚出了新材料。由此可見，學術界對於李源澄先生之學術教育和思想史研究還在逐漸推出新成果。

在學界對李源澄先生的著作整理和學術思想深入探討的不斷推進下，如何從更深層角度去發掘出他所遺留下來的手稿、信函等珍貴史料，顯然是研究者創新研究中最為艱巨的任務。吳宓先生曾言：他從"方版箱中取出李源澄魏晉南北朝史所抄之筆記若干册（1967年整理，擬寄與繆越者)"②。從時間來看，這也正處於轟轟烈烈的"文化大革命"中，在自身都難保之情況之下，吳宓希望把這些資料安全送到李源澄先生的生前好友處保存。當得知此信息後，我曾拜托托好友去向繆先生家人詢問過，回復是沒看見。吳宓先生還云："以李源澄、蒙文通之論著及書函，各編成一包。王恩洋之學術論著（已引、未印），昔已編成一大包，皆置架上。"③據此看來，二位先生被散佚的史料仍有很多，值得去深入尋找。當然我也深知研究者囿於史料有限之苦惱，相關的探索很難展開研究。陳寅恪先生言："一時代之學術，必有其新材料與新問題。取用此材料，以研求問題，則為此時代學術之新潮流。治學之士得預於此流者，謂之預流。其未得預者，謂之未入流。此古今學術之通義，非彼閉門造車之徒所能同喻者也。"④看來研究者的任務還頗為艱巨，任重而道遠。

綜上所述，從李源澄先生的成長經歷和求學過程可以看出，他在學術上邁出的每一步都付出了艱辛勞動。由於他對中華優秀學術文化的不懈追求，勤於思考，已在相關學術領域建立起了自己研究的典型特色，對於華夏學術文化史之探索，中國當代教育思想史之探討，做出了重要貢獻。由於生不逢時，讓其英年早逝，不僅是中國學術思想史上的悲哀，也給中華文化教育發展造成了巨大損失。今天之所以來紀念他，探討其百折不撓的高士風

---

① 李冬梅：《李源澄集新編》整理前言，林慶彰、蔣秋華主編：《李源澄集新編》第一册，成都：四川大學出版社，2017年。

② 吳宓：《吳宓日記續編》第9册，北京：生活·讀書·新知三聯書店，2006年，第20頁。

③ 吳宓：《吳宓日記續編》第10册，北京：生活·讀書·新知三聯書店，2006年，第391頁。

④ 陳寅恪：《敦煌劫餘録序》，陳垣：《敦煌劫餘録》，臺北：臺灣新文豐出版公司，1985年。

骨，也是給予治學者一種警示，希望人們少走彎路，認清形勢，特別要慎重把握和珍惜自己的美好時光，努力為促進中國學術文化之深入研究，推動中華教育思想之健康發展做出自己的卓越貢獻。

作者單位：西南大學圖書館

新見李源澄致蘇繼廎書信考釋[*]

陳　鶴

　　四川籍學者李源澄先生是我國近代著名的經學家、史學家，曾在四川、雲南等多所學校任教。1945—1947 年，李源澄在四川灌縣（今都江堰市）靈岩山創辦"靈岩書院"，邀請名師，培育人才。新近發現李源澄致商務印書館負責人蘇繼廎書信一通，通過考釋，可以確定該信撰寫於 1947 年 9 月 3 日。同時，該書信也反映出靈岩書院的停辦與灌縣匪患嚴重有較大關係，昭示了社會繁榮穩定是辦學育人的必要條件。

　　李源澄先生（1909.7.7—1958.5.4），字浚清，四川犍為人，我國近代著名的經學家、史學家。李源澄早年受業於蒙文通、廖平、章太炎等先生，先後執教於無錫國學專修學校、成都蜀華中學、四川大學、浙江大學（貴州遵義）、西山書院（四川南充）等學校。1945 年春，李源澄從南充西山書院辭職，返回成都，於四川灌縣（今都江堰市）城北靈岩山，藉助主持釋能請、傳西法師之力，於靈岩寺創辦"靈岩書院"。辦學期間，李源澄曾邀請多位著名學者來院講學，培養了多名優秀人才。1947 年秋，因種種原因，靈岩書院停辦。此後，李源澄輾轉雲南大學、昆明五華文理學院、勉仁文學院（重慶北碚）等學校任教。中華人民共和國成立後，李源澄一直擔任西南師範學院（今西南大學）教授。李源澄著述甚多，出版有專著《諸子概論》《李源澄學術論著初編》《經學通論》《秦漢史》等。王川教授撰寫有《李源澄先生年譜長編（1909—1958）》一書，詳細梳理考訂了李源澄的生平事

---

　　* 本文為成都市哲學社會科學重點研究基地"成都歷史與成都文獻研究中心" 2018 年度規劃專案《成都高校歷史教授口述史》（專案編號：CLWX—18YB004）成果。陳鶴，男，漢族，1987 年生，四川成都人。歷史學博士，四川師範大學歷史文化與旅遊學院講師，中華傳統文化學院特約副研究員。

迹和學術成就①。林慶彰、蔣秋華、李冬梅等將李源澄已刊著作編輯爲《李源澄集新編》三册（四川大學出版社，2017 年）。2021 年 5 月 13 日，由四川師範大學中華傳統文化學院、四川大學國際儒學研究院、政協四川省犍爲縣委員會、犍爲歷史文化研究會聯合主辦的 "李源澄先生誕辰 112 周年學術研討會暨《李源澄研究與史料集》出版發行會"，在四川師範大學獅子山校區舉行。②

　　隨着近年來新史料的不斷發現，李源澄研究也在不斷推進中。筆者近見一通新的李源澄書信，爲諸家著述所未收，因此有整理考釋之價值。該書信共 2 頁，寫在 "靈岩書院用箋" 上。今録文如下，并略作考釋，以求教於學界師友。該信全文如下（標點、分段爲筆者所加）：

　　繼廎先生著席：

　　滬上友人來書謂，拙著《秦漢史》已出版，請轉達貴館負責人，望（?）速航寄來山爲禱。此間因匪患，學者視爲畏途，遂決定在數月內暫行結束。弟已應雲南大學及五華學院聘，書院學生即安置五華學院。弟擬於十月底赴昆明，務懇早日寄到。累瀆清神，愧悚之至！尚此敬頌

　　撰祺！

弟李源澄敬上
九月三日

一、收信人蘇繼廎小考

　　收信人 "繼廎先生"，即蘇繼廎。蘇繼廎（1894—1973），安徽太平人，中國近現代編輯家。北京大學商學院畢業，曾任中國公學教師。1924 年考入商務印書館，歷任編輯、編審、編審部部長、《東方雜誌》主編等職。曾編寫教科書《外國地理（復興高級中學教科書）》（商務印書館 1923 年）、《商業地理》（商務印書館 1924 年）等。1941 年加入新加坡中國南洋學會爲基本會員，爲《南洋學報》撰寫南洋史地論文多篇，受到國內外學者的重

① 王川：《李源澄先生年譜長編（1909—1958）》，北京：中華書局，2012 年。陳鶴曾作增補，見陳鶴：《〈李源澄先生年譜長編〉輯補》，成都歷史與成都文獻研究中心編：《成都研究（第二輯）》，成都：四川人民出版社，2020 年，第 167—1173 頁。

② 陳鶴：《李源澄先生誕辰 112 周年學術研討會暨〈李源澄研究與史料集〉出版發行會在四川師範大學舉行》，《四川師範大學學報（社會科學版）》2021 年第 4 期。

視。在商務印書館總管理處駐渝期間，1942 年蘇繼廎任編輯部代理主任。總編輯王雲五因政治活動頻繁，對編輯部很少過問，編輯部的各項工作，在蘇繼廎主持下具體進行。同時，蘇繼廎兼管《東方雜誌》的編輯工作。蘇繼廎通曉英文、法文，1954 年退休後，仍孜孜不倦地撰寫有關中外交通史的學術著作，撰寫了《島夷志略校釋》（中華書局 1981 年）和《南海鈎沉錄》。1962—1963 年參加《辭海》修訂工作，編撰有關中西交通史的條目。①

　　1947 年，李源澄《秦漢史》一書在商務印書館出版，為此寫信給商務印書館負責人之一的蘇繼廎，催促郵寄樣書給作者，實屬理所當然。

二、寫作時間考

　　關於這通書信的寫作時間，筆者考訂應為 1947 年 9 月 3 日，原因有以下幾點。第一，信中提到 "拙著《秦漢史》已出版"。李源澄《秦漢史》一書於 1947 年 4 月在商務印書館出版②。當時樣書還未寄到，可見《秦漢史》剛出版不久。第二，信中有 "此間因匪患，學者視為畏途，遂決定在數月內暫行結束" 的語句，正好印證了灌縣靈岩書院 1947 年秋被迫停辦之事。第三，信中還提到李源澄 "已應雲南大學及五華學院聘，書院學生即安置五華學院。弟擬於十月底赴昆明"。據王川教授撰寫的《李源澄先生年譜長編（1909—1958）》，1947 年 11 月李源澄先生 "與傅平驤先生到達雲南昆明，在雲南大學執教，（李源澄）先生兼任史學教授，并任私立五華文理學院教授"③。書信與年譜的時間點正好吻合。

　　綜合以上原因，筆者判斷，這通書信的寫作時間應該是 1947 年 9 月 3 日。

---

① 蘇繼廎先生的傳記見重慶市新聞出版局：《重慶市志·出版志（1840—1987）》，重慶：重慶出版社，2007 年，第 592 頁；《安徽歷史名人詞典》編輯委員會：《安徽歷史名人詞典》，合肥：安徽教育出版社，2008 年，第 1042 頁。相關回憶文章見吳鐵聲：《懷念蘇繼廎先生——并記石濤〈畫譜〉的出版》，《商務印書館九十年——我和商務印書館（1897—1987）》，北京：商務印書館，1987 年，第 606—612 頁；石坤林：《憶商務老編輯蘇繼廎先生》，高崧編選：《商務印書館九十五年——我和商務印書館（1897—1992）》，北京：商務印書館，1992 年，第 367—369 頁；蕭新祺：《我與史學家蘇繼廎先生的交往》，北京市政協文史資料委員會編：《北京文史資料（第 65 輯）》，北京：北京出版社，2002 年，第 61—68 頁。關於蘇繼廎主編《東方雜誌》的研究，可參見陶海洋：《現代文化的生長點〈東方雜誌〉（1904—1948）研究》，合肥：合肥工業大學出版社，2014 年，第 555—599 頁。

② 李源澄：《秦漢史》，上海：商務印書館，1947 年。

③ 王川：《李源澄先生年譜長編（1909—1958）》，北京：中華書局，2012 年，第 88 頁。

三、灌縣匪患及靈岩書院停辦原因探析

關於灌縣靈岩書院在 1947 年停辦的原因，一般認為是“因經費匱乏而難以為繼”①。而李源澄先生這通親筆信函，則為我們透露了另外一個重要原因——“此間因匪患，學者視為畏途”。

民國年間，因為軍閥混戰、政治不清，加之天災人禍，成都及周邊地區常有匪患。灌縣則為匪患比較嚴重的地區。1934 年，《四川月報》就曾報導“川西各縣，自去年大戰（按：即劉文輝、劉湘之間爆發的二劉大戰）以來，匪勢即異常猖獗，其間尤以灌縣為甚。”“綜計（灌縣）全縣現有土匪，當在三千以上”②。民國二十四年（1935）來川旅行的薛紹銘觀察到：“灌縣過去歷年均駐有重兵，但土匪之多却與軍隊成為正比例。軍隊祇管打仗，不管剿匪，剿匪是委托於地方豪紳。”“人民出了這麼多的捐和稅，土匪的擾亂仍然是照常。”③ 抗日戰爭勝利後，成都地區的匪患仍然有增無減。1946 年 2 月，連成都主城區也是“匪風甚熾，黃瓦街及少城公園（按：今成都市人民公園）均有攔路搶劫之事發生”④。到了 1947 年，更因為天災人禍，灌縣發生了多起重大事件。當年 2、3 月間，“春荒，無糧上市，石羊、中興等鄉的饑民‘吃大富（戶）’、奪糧倉”。6 月，“夏荒，無米上市，餓死者隨時可見，饑民挖觀音土、剝樹皮充饑”。6 月 26 日，“紫東街和城郊塔子壩等地，有三四百人圍攻糧富（戶），開倉搶糧”⑤。糧荒等經濟問題加劇了社會的動蕩，許多平民被迫成為土匪，尋求活路。在這樣的大背景下，灌縣匪患嚴重，學者視為畏途，也就毫不奇怪了。

辦好一所學校，穩定的社會環境必不可少。1947 年的灌縣靈岩書院，面臨經費短缺、匪患猖獗等嚴峻形勢，不得不被迫停辦，在四川教育史上留下了深深的遺憾。這一史實也昭示了社會繁榮穩定是辦學育人的必要條件。

作者單位：四川師範大學歷史文化與旅遊學院

---

① 王川：《李源澄先生年譜長編（1909—1958）》，北京：中華書局，2012 年，第 84 頁。
② 佚名：《灌縣土匪猖獗》，《四川月報》第 4 卷第 2 期，第 127 頁。
③ 薛紹銘：《黔滇川旅行記》，重慶：重慶出版社，1986 年，第 170 頁。
④ 何一民：《成都通史（民國時期）》，成都：四川人民出版社，2011 年，第 542 頁。
⑤ 四川省灌縣志編纂委員會：《灌縣志》，成都：四川人民出版社，1991 年，第 16 頁。

附件：

繼廎先生著席 滬上吾人
來書诮　拙著秦漢史已出
版请转寄一
贵馆负责人民连航寄
来此为傳此间因逃惹学
者視为畏途遂决定数
月内新行徒来第
南大学及五華学院雲
书院学生　　　　　　華

学院華擬於十月底起
民吐務懇早日寄刊
景慶——惆悵之正若此
清神
敬頌
撰祺　弟 李源澄敬上九詢

靈巖書院用箋

中國早期狼之歷史鏡像抉微*

黄交軍　李國英

　　狼起源於新大陸，距今逾五百萬年，屬哺乳綱食肉目犬科犬屬，與人類淵源頗深，因環境變遷、氣候惡化、城市擴張、人類活動等多重因素狼群逐漸遠離大眾視野，其身影漸行漸遠淪為傳說。受民間口耳訛傳、近代西方強勢話語影響，狼於現代漢語辭彙系統多被定格為殘忍狡詐、冷酷無情、恩將仇報等醜惡角色。18 世紀著名博物學家（法）布封甚至強調“（總而言之）狼身上的一切：卑劣的相貌、粗野的外形、駭人的叫聲、難聞的氣味、邪惡的天性與兇殘的習性，無不招人憎惡，真是生而有害、死而無益的一種野獸”。本文以文化自信為理論視閾，通過深入考察《説文》等字書辭典蘊含的關於狼之斑斕厚重的文字記憶、知識碎片，力圖真實再現中國先民有關狼之生命書寫、尚武表徵、倫理敘事等歷史鏡像、精神群雕與世界圖景。

一、天降蒼狼：自然法則視野下早期中國狼之生命書寫

　　“狼”字甲骨刻辭常見，殷墟卜辭作“𤜵”（合集 11228）、“𤝐”（殷契佚存七八五），

---

　　* 本文為國家社科基金西部專案“西南地區少數民族媒體語言生活調查研究”（18CYY020）、貴州省哲學社會科學規劃課題“語言類型學視閾下貴陽方言聲調的實驗研究”（20GZZD42）、貴州省教育廳高校人文社會科學研究項目“文化人類學視野下的身份困惑與民族秘史——話説貴州穿青族的前世今生”（2016ZC011）、貴陽學院院級專案立項資助課題“《説文解字》與中國先民生態文化研究”（10976200903）成果。

睡虎地秦簡為 "**狼**"（日甲 33 背），隸定 "**狼**"（三國魏受禪表碑）①。觀其古文字形態，屬形聲兼會意，取 "犬（中）之良" 義。"狼" 字的繪形賦義訂音過程飽含着初民對狼這一自然物種的形象感知、原始思維與由衷敬意。吟詠動物韌性、歌頌生命傳奇、尋求物我共鳴是全人類的普遍共性、永恒主題、核心訴求。古聖先哲 "近取諸身，遠取諸物"（《易·繫辭下》），藉助托物言志、借景抒情等藝術形式，很早就將生命書寫對象從人類自身（如患者疾病描寫）拓展至狼等動物世界，從而全息締構起天、地、人、物、神、鬼等六位一體的互動關聯網絡世界②，精心演繹出早期中國認識世界、解釋世界、改造世界的認知模式。通檢《説文》《爾雅》等狼族字詞，其古形、古音、古義及古訓無不洋溢着華夏先民對狼自然野性、生命韌性、群體共性諸特徵的賞識欽慕之情。

（一）歸屬部首：犬與豸（古代猛獸部字）

狼乃曩時一常見大型食肉野獸，古人為其象形製符。遍檢《説文》《爾雅》狼系字族，主要從屬於犬部、豸部，彰顯着先民對狼之種屬判斷與動物觀念。

①犬（quǎn）。《説文·犬部》："**犬**（犬），狗之有縣蹏者也。象形。孔子曰：'視犬之字如畫狗也。'凡犬之屬皆從犬。"③ 漢字結構系統內狼從犬，而犬乃典型之象形造字，本義特指大狗，後犬、狗通名，《禮記·曲禮》："效犬者左牽之。" 孔穎達疏："狗、犬通名。若分而言之，則大者為犬，小者為狗。故《月令》皆為犬，而《周禮》有犬人職，無狗人職也。但《燕禮》亨狗，或是小者，或通語耳。"④ 現代動物基因學最新研究成果證實：狗之祖先來自於東亞的狼⑤，這一科學事實有力地揭示了華夏大地史前人類曾與狼密切接觸的民族秘辛，顛覆了人們印象中狼桀驁不馴、難以親近的錯誤認知及心理偏見。初民充分認識到狼之種種優點，故將狼捕獲并加以豢養馴化，最終進化為今日全世界家喻户曉、喜聞樂見的狗。

②豸（zhì）。《説文·豸部》："**豸**（豸），獸長脊，行豸豸然，欲有所司殺形。凡豸之屬皆從豸。"⑥ 《説文繫傳》："豸豸，背隆長貌。"⑦ 豸屬指事字，甲骨文作 "**豸**"（合

---

① 李圃主編，《古文字詁林》編纂委員會編纂：《古文字詁林》，上海：上海教育出版社，2003 年，第 6498 頁。（以下衹出注書名、頁碼）

② 黃交軍：《從〈説文解字〉看中國先民的 "天、地、人" 全息意識》，《廣東技術師範學院學報（社會科學版）》2013 年第 10 期。

③ ［東漢］許慎撰，（北宋）徐鉉校定：《説文解字》，北京：中華書局，1963 年，第 203 頁。（以下衹出注書名、頁碼）

④ ［漢］鄭玄注，［唐］陸德明音義，［唐］孔穎達疏：《禮記注疏》，上海：中華書局，1936 年，第 658 頁。（以下衹出注書名、頁碼）

⑤ 《瑞典研究人員證實狗的祖先起源于東亞南部某地馴養的狼》，《科技與生活》2011 年第 23 期。

⑥ 《説文解字》，第 197 頁。

⑦ 丁福保編纂：《説文解字詁林（附索引）》，北京：中華書局，2014 年，第 9479 頁。（以下衹出注書名、頁碼）

13521)，鐘鼎文為""（亞鷹父丁瓶）①。貓、虎等猛獸習慣低伏趨行，待接近目標即伺機躍起擒殺獵物。《説文通訓定聲》："豸，今貓伺捕物狀如是。"②《説文部首訂》："豸，指事。炯案：説解以豸豸然為釋，當是形容長脊所行之貌。又曰：欲有所司殺形者。司即伺之借字，謂長脊之獸，其形與物欲有所伺殺者同。篆文畫其蹙項曲身，而屈申豸豸然之狀自見也。"③ 狼類字詞與豸部深度聯繫，可互換通用，確證前賢視它為猛然襲擊、快捷有效的捕獵高手。

《爾雅》號稱辭書之祖，彙集先秦古籍諸多古詞古義，是"博物不惑，多識於鳥獸蟲魚之名"（郭璞《爾雅·序》）的儒家經典。《爾雅》首創按義類進行編排的體例，對天地萬物進行歸類釋讀，將狼列入"釋獸篇"。然《説文》作為中國乃至全球的第一部字典，全書將9353字"以540部首為分類導引、以字詞本義為系聯網絡、以天地人合一為宇宙理念"④ 進行分別部居、以類相從，做到字各有依、秩序井然。狼族字詞歸於犬、豸部，而犬、豸乃《説文》540部之一，是上古轄統獸類動物的主要部首、表意符號、詞義集成，表明狼在早期中國意義明確，認知充分，被納入狡獸凶蟲的知識範疇，是值得黎民百姓認真對待、加以防範的動物。

（二）族群譜系：狼之博物強識和格物致知

宋玉《招魂》："豺狼從目，往來侁侁些。懸人以娭，投之深淵些。"朱熹集注："從，豎也。侁侁，衆貌。豺狼得人，先懸其頭，用之娭戲，已乃擲於深淵而棄之也。"⑤ 狼乃豎目凶獸，喜群居出行，善於耐遠奔跑。先民對其極為重視，動物地位排列相當靠前，古屬五牲（即麋、鹿、麝、狼、兔。《左傳·昭公二十五年》："為六畜五牲三犧。"杜預注："麋、鹿、麝、狼、兔。"孔穎達疏引服虔曰："五牲，麋、鹿、熊、狼、野豕。"鄭玄注："當無熊而有狼。"）⑥ 之一。《爾雅·釋獸》："狼，牡貛，牝狼，其子獥，絕有力迅。"北宋邢昺疏："此辨狼之種類也。舍人曰：狼，牡名貛，牝名狼，其子名獥，絕有力者名迅。孫炎曰：'迅，疾也。'"⑦ 上古時期人們稱母狼為狼、雌狼，公狼、雄狼名貛，狼崽、狼子喚獥，而狼群中出類拔萃的絕對王者叫迅。通覽《爾雅》《説文》等字書辭典，狼族譜系約略如下：

---

① 《古文字詁林》，第6292頁。
② 《説文解字詁林（附索引）》，第9480頁。
③ 同上。
④ 黃交軍：《〈説文〉鳥部字、隹部字研究》，桂林：廣西師範大學，2008年，第52頁。
⑤ ［南宋］朱熹集注：《楚辭集注》，上海：上海古籍出版社，1979年，136頁。
⑥ 許嘉璐主編：《中國古代禮俗詞典》，北京：中國友誼出版公司，1991年，第85頁。
⑦ 《〈爾雅〉〈廣雅〉〈方言〉〈釋名〉清疏四種合刊（附索引）》，上海：上海古籍出版社，1989年，第320頁。
（以下祇出注書名、頁碼）

（1）牝狼母狼

③狼（láng）。《説文·犬部》："**狼**（狼），似犬，銳頭，白頰，高前，廣後。從犬，良聲。"① 段玉裁《説文解字注》（以下簡稱段《注》）："似犬，銳頭白頰，高寿廣後，詳其狀可識別也。毛傳曰：狼，獸名。《釋獸》曰：狼，牡貛。許謂貛即貒。"② 狼古指母狼，後為狼類動物的總名通稱。又同"**鄉**"，《重訂直音篇·犬部》："狼，獸似犬，同**鄉**。"③屬形聲字，從犬旁，良作聲符，聲中有義，表"（獸中）優良；卓異"義④，凸顯了先民欣賞敬慕狼之遠古資訊。據説狼外出覓食前，習慣預測獵物藏匿方向，《本草綱目·獸部·狼》："狼，毛狗。時珍曰：《禽書》云：'野狼逐食，能倒立，先卜所向，獸之良者也。'故字從良。"④ 人們敏鋭觀察到狼覓尋獵物時嗅覺靈敏、聽覺發達，可以為獵人追蹤鳥獸方向提供有益借鑒。《埤雅·釋獸》亦曰："狼，大如狗，青色，作聲諸竅皆沸，蓋今訓狐鳴則亦後竅應之。豺祭狼卜，又善逐獸，皆獸之有才智者，故豺從才，狼從良作也。里語曰：'狼卜食。'狼將遠逐食，必先倒立，以卜所向，故今獵師遇狼輒喜，蓋狼之所向，獸之所在也。其靈智如此。"⑤ 漢代西域地區遂有以狼為族名者，如"狼何"古族，屬小月氏之一部，西漢宣帝時遊牧於敦煌以西地區，與羌人關係密切⑥，狼何種族又名"狼（琅）何羌"，其首領狼何被稱為"羌侯"。《漢書·趙充國傳》："（羌侯狼何果遣使至匈奴借兵）狼何，小月氏種，在陽關西南。"⑦ 懸泉漢簡出土有"琅何羌"⑧，確鑿印證着《漢書》史籍有關"狼何"族名的記載屬實。漢字作為歷史活化石，載錄了西北草原民族對蒼狼敬畏慕歎、勤習鑒識的遠古幽思。

（2）雄狼公狼

④貛（huān）。《説文·豸部》："**貛**（貛），野豕也。從豸，蓎聲。"⑨ 貛字先秦古文作"**獾**"（海1.20）⑩。貛同獾、貒，《方言》卷八："貛關西謂之貒。"⑪ 段《注》："《爾雅》：

---

① 《説文解字》，第206頁。

② ［東漢］許慎撰，［清］段玉裁注：《説文解字注》（第2版），上海：上海古籍出版社1988年，《説文解字注》，第477頁。（以下衹出注書名、頁碼）

③ ［明］章黼編，（明）吳道長重訂：《重訂直音》篇七卷，《續修四庫全書》編纂委員會編：《續修四庫全書》經部小學類第231冊，上海：上海古籍出版社，1995年，第518頁。

④ ［明］李時珍：《本草綱目》，太原：山西科學技術出版社，2014年，第1258頁。

⑤ ［北宋］陸佃：《埤雅》，王樹山、尚恒元、申文元等輯：《古今俗語集成》第1卷，太原：山西人民出版社，1989年，第18頁。

⑥ 周偉洲、王欣主編：《絲綢之路辭典》，西安：陝西人民出版社，2018年，第363頁。

⑦ ［東漢］班固撰：《漢書》，長春：吉林人民出版社，1995年，第792頁。（以下衹出注書名、頁碼）

⑧ 胡平生、張德芳：《敦煌懸泉漢簡釋粹》，上海：上海古籍出版社，2001年，第162頁。

⑨ 《説文解字》，第198頁。

⑩ 徐在國：《傳抄古文字編》，北京：綫裝書局，2006年，第957頁。

⑪ 《〈爾雅〉〈廣雅〉〈方言〉〈釋名〉清疏四種合刊（附索引）》，第892頁。

'狐貍貒貐醜。' 貐作貗。蓋貒、貗本一字。貗乃貒之或體。"① 許慎誤訓"貗"作"野豬",實屬公狼,即狼貗。《字彙·豸部》:"貗,音歡,狼之牡者。"② 又名狗貗,性兇猛,體型粗壯,善掘土,穴居山野。《廣雅·釋獸》:"貒,貗也。"郝懿行疏:"貗貒疊韻,貒豚雙聲兼疊韻,貗貒同物,故古通名。"③ 藿表聲兼表義,含藿之字多有"(體)大"義,故貗表"公狼體大有力"義。魯迅小説名篇《故鄉》中有一動物叫"猹",實乃貗狼,見魯迅《致舒新城》信函云:"'猹'字是我據鄉下人所説的聲音,生造出來的,讀如'查'。現在想起來,也許是貗罷。"④

⑤貒(tuān)。《説文·豸部》:"貒(貒),獸也。從豸,耑聲。讀若湍。"⑤ 貒字古文作"貒"(海1.21)、"貒"(海4.29)⑥。貒同貗,即豬貗。《説文繫傳》:"《爾雅》注:貒,豚,一名貗。"⑦ 亦屬狼類,《説文句讀》:"貒,似豕而肥。李時珍曰:貒,豬貗也;貗,狗貗也。二種相似而略殊。"⑧ 貒身體肥圓,《正字通·豸部》:"貒,豬貗,一名貗狢,狀似小豬,體肥,行鈍,穴居,足尾短,褐毛,尖喙,能孔地,食蟲肉。"⑨ 耑為音旁,亦表義,與貒、湍、端等字同源互通,取"肥大;盛大"義。貒子又名貗,《爾雅·釋獸》"貒子貗"郭璞注:"貒,豚也。一名貗。"⑩ 西南諸國流行尊貒狼、白狼古俗,《後漢書·和帝紀》有"旄牛徼外白狼、貗薄夷率種人內屬"⑪。

(3) 獌狼貙狼

⑥獌(màn)。《説文·犬部》:"獌(獌),狼屬。從犬,曼聲。《爾雅》曰:'貙獌,似貍。'"⑫ 獌同貓,亦從豸旁,《字彙·豸部》:"貓,狼屬,一名貙。貙貓似貍者,能捕獸。"⑬ 獌字常見於戰國楚簡,字形作"獌"(曾16)、"獌"(包2.271)、"獌"(天策)、"獌"(望2策)⑭,可知曉獌屬南方狼類,是一種像貍的野獸,乃捕獸能手,體型較大。段

① 《説文解字注》,第458頁。
② [明]梅膺祚撰,[清]吳任臣編:《字彙》,上海:上海辭書出版社,1991年,第989頁。(以下祇出注書名、頁碼)
③ 《〈爾雅〉〈廣雅〉〈方言〉〈釋名〉清疏四種合刊(附索引)》,第720頁。
④ 《魯迅文集全編》編委會編:《魯迅文集全編》,北京:國際文化出版公司,1995年,第2447頁。
⑤ 《説文解字》,第198頁。
⑥ 徐在國:《傳抄古文字編》,北京:綫裝書局,2006年,第957頁。
⑦ 《説文解字詁林(附索引)》,第9502頁。
⑧ 同上。
⑨ [明]張自烈編,[清]廖文英補:《正字通》,北京:國際文化出版公司,1996年,第2249頁。(以下祇出注書名、頁碼)
⑩ 《〈爾雅〉〈廣雅〉〈方言〉〈釋名〉清疏四種合刊(附索引)》,第323頁。
⑪ [南朝宋]范曄:《後漢書》,長沙:嶽麓書社,1994年,第72頁。(以下祇出注書名、頁碼)
⑫ 《説文解字》,第206頁。
⑬ 《字彙》,第618頁。
⑭ 滕壬生:《楚系簡帛文字編》(增訂本),武漢:湖北教育出版社,2008年,第848頁。

《注》："《釋獸》曰：貙似貍。郭云：今貙虎也。大如狗，文似貍。《釋獸》又曰：貙獌似貍。郭云：今山民呼貙虎之大者為貙豻。按郭語則二條一物也，故許貙下獌下皆稱貙獌似貍。郭注《子虛賦》云：蟃蜒，大獸，似貍，長百尋。"① 獌亦同𧤬、猫，《字彙補·豸部》："𧤬，獸名。李白《大獵賦》'窮奇貙𧤬'蕭士赟注：本亦作獌。"② 獌得名"（狼）體型曼長"，《説文約注》："獌之言曼也。謂其形體長也。謝靈運《山居賦》自注云：'獌，似貛而長，狼之屬也。'"③

⑦貙（chū）。《説文·豸部》："𧲲（貙），貙獌，似貍者。從豸，區聲。"④ 貙同貚、貐，屬猛獸，段《注》："貍篆下曰：似貙。其狀互見也。《釋獸》：'貙似貍。'又曰：'貙獌，似貍。'《犬部》獌下曰：'狼屬。'引《爾雅》：'貙獌似貍。'貙常以立秋日祭獸。"⑤ 與獌同類，均為狼獸，《説文句讀》："當云：貙，獌也。似貍者。《字林》：'貙，似貍而大，一名獌。'甚明白也。若疑《犬部》獌下云'狼屬'，則郭注曰：'今山民呼貙虎之大者為貙豻。'《釋獸》又云：'貙似貍。'郭注曰：'今貙虎也。大如狗，文如貍。'比類觀之，可以見矣。"⑥貙字殷周金文寫作"𤝔（𤟟卣）"（集成 5249）⑦，隸定為"𤟟（同貙）"，用作人名。秦簡亦有記載，書為"𧲲睡·日甲 71 背"⑧。可見狼早至西周時即為部族所膜拜，故取為人名紀念。民間觀念中貙狼亦屬諳時祭天之靈獸，兩漢時期即流行"貙劉"的祭祀古禮。《正字通·豸部》："漢立秋日郊禮畢揚威武曰貙劉，猶周表貉也，貙於時殺物故應之。《風俗通》曰：'嘗新始殺而食曰貙膢。'按膢、劉字別義同。劉音留，膢音閭，劉亦讀閭膢，亦讀留。《律曆志》'貙劉'即《風俗通》'貙膢'也。"⑨

（4）豺狼胡狼

⑧豺（chái）。《説文·豸部》："𧱏（豺），狼屬，狗聲。從豸，才聲。"⑩ 段《注》："《釋獸》曰：豺，狗足。許云狗聲。似許長。其聲如犬，俗呼豺狗。"⑪ 豺字已見於西周早

---

① 《説文解字注》，第 477 頁。
② ［清］吳任臣：《字彙補》，上海：上海古籍出版社 1996 年，第 212 頁。
③ 張舜徽：《説文解字約注》，武漢：華中師範大學出版社，2009 年，第 2431 頁。（以下祇出注書名、頁碼）
④ 《説文解字》，第 198 頁。
⑤ 《説文解字注》，第 457 頁。
⑥ 《説文解字詁林（附索引）》，第 1304 頁。
⑦ 張亞初編著：《殷周金文集成引得》，北京：中華書局，2001 年，第 1076 頁。（以下祇出注書名、頁碼）
⑧ 張守中撰集：《睡虎地秦簡文字編》，北京：文物出版社，1994 年，第 150 頁。（以下祇出注書名、頁碼）
⑨ 《正字通》，第 2251 頁。
⑩ 《説文解字》，第 198 頁。
⑪ 《説文解字注》，第 457 頁。

期金文，字形作“𤣩（尉）”（量侯簋 集成3908）[1]，秦簡為“豺”（睡 日甲77背）[2]，同尉、犲，即豺狼，俗稱豺狗。豺（狼）狀如犬而比狼身小，群棲山林，習性殘猛，喜歡成對成群出動獵食。《倉頡解詁》云：“豺，似狗，白色，有爪牙，迅捷，善搏噬也。”[3]“才”作聲符亦表義，或説表“體瘦如柴”義。《正字通·豸部》：“豺音柴，狼屬、長尾、白頰、色黄，陸佃曰：俗云瘦如豺。豺，柴也。豺體細瘦故謂之豺棘。”[4] 軍謹按：豺當取“才幹；勝任”義，《本草綱目·獸部》：“按《字説》云：豺能勝其類，又知祭獸，可謂才矣，故字從才。豺，處處山中有之，狼屬也。俗名豺狗，其形似狗而頗白，前矮後高而長尾，其體細瘦而健猛，其毛黄褐而鬅鬙，其牙如錐而噬物，群行虎亦畏之。”[5] 由豺、狼等字詞的語義溯源可證舊時先民對狼生命韌性、聰敏機智的高度肯定、賞識推崇之意。

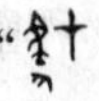

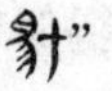

⑨犴（àn）。《説文·豸部》：“犴（犴），胡地野狗。從豸，干聲。𤟤（犴），犴或從犬。《詩》曰：‘宜犴宜獄。’”[6] 犴字楚系簡帛作“𤟤”（曾侯乙墓楚簡1 正）、“𤟤”（包山楚簡2.271）[7]，睡虎地秦簡作“犴”（日甲71背）[8]，先秦古文作“𤟤”（海1.20）、“犴”（海4.28）[9]。犴同豻，亦屬狼，俗稱胡狼。段《注》：“《禮記·玉藻》《周禮·巾車》注皆云：‘犴，胡犬也。’《正義》皆云：‘胡當作狐，與犬合所生。’按犬有名狼名狐者，見《廣雅》。但此注胡犬，證以《説文》、高誘《淮南注》、熊安生《禮記正義》云：‘胡地野狗。’”[10] 犴屬形聲兼會意，幹表音，亦表義，表“高大；能幹”義，詞語有幹練、幹才、幹員、幹吏等。《説文解字約注》：“視南方家畜之狗為高大，俗亦稱狼犬。狗之高大者曰犴，猶大鳥為�，駿馬為驔，并雙聲語轉耳。許所引《詩》，乃《小雅·小宛》文。今詩作豻。”[11] 古人注意到犴有食腐習性，經常於屠宰場與墓地周圍出没，故將之與死亡聯繫在一起，古埃及巫師創造的阿努比斯神是阿拉伯神話死神，身上長着胡狼頭，掌管地獄，審判靈魂善惡[12]。信徒們向其虔誠禱告，祈求保護亡者。匈奴民俗以胡狼為尊，古代中原往

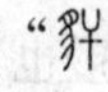

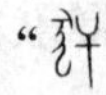

① 《説文解字約注》，第1073頁。
② 《睡虎地秦簡文字編》，第150頁。
③ ［晉］郭璞：《倉頡解詁》，黄奭：《黄氏逸書考》（江都朱氏補刊本），揚州：廣陵古籍刻印社，1984年，第27頁。
④ 《正字通》，第2245頁。
⑤ ［明］李時珍：《本草綱目》，太原：山西科學技術出版社，2014年，第1258頁。
⑥ 《説文解字》，第198頁。
⑦ 滕壬生：《楚系簡帛文字編》（增訂本），武漢：湖北教育出版社，2008年，第848頁。
⑧ 《睡虎地秦簡文字編》，第150頁。
⑨ 徐在國：《傳抄古文字編》，北京：綫裝書局，2006年，第956頁。
⑩ 《説文解字注》，第458頁。
⑪ 《説文解字約注》，第2335頁。
⑫ （英）大衛·麥克唐納主編，程高齡等譯：《世界動物大百科全書》，哈爾濱：黑龍江科學技術出版社，2009年，第71頁。

往用胡狼借指匈奴。

（5）狦狼犺狼

⑩狦（shān）。三國魏張揖《廣雅·釋獸》："狦，狼也。"王念孫疏："《廣韻》：'狦，獸名，似狼。'《説文》：'狼，似犬，鋭頭，白頰，高前，廣後。'《毛詩義疏》云：'其鳴能小能大，善為小兒啼聲以誘人，去數十步止。其勇捷者，人不能制，雖善用兵者，不能克之。其膏可以煎和，其皮可以為裘。'"① 狦同狚、狦、狦，乃狼屬，本義指惡健犬，《説文·犬部》："狦（狦），惡健犬也。從犬，删省聲。"② 狦乃一種似狼的野獸，段《注》："狦，《廣雅》曰：'狼也。'"③ 狦狼性情兇猛，力量強勁。《爾雅義疏·釋獸》："《廣雅》云：'狦，狼也。'是狼，一名狦。"④ 狦狼是古代匈奴人所崇拜的猛獸，史載匈奴呼韓邪單于即以狦作名字，見《類篇·犬部》："狦，漢有單于稽侯狦。《博雅》：'狼也。'"⑤《漢書·宣帝紀》："匈奴呼韓邪單于稽侯狦來朝，贊謁稱藩臣而不名。"注："應劭曰：狦，音訕。"⑥

⑪犺（gǎng）。《集韻·蕩韻》："犺，犺狼，獸名。"⑦ 犺即犺狼，又名"狼犺"。該獸據説又像猴，《集韻·蕩韻》亦曰："犺，犺狼，獸名。似猴。"⑧ 犺字秦簡作"犺"（睡.日甲55）、"犺"（睡.日甲52）⑨，本義指健壯的狗，如《説文·犬部》："犺（犺），健犬也。"⑩ 引申為健壯，《廣雅·釋詁》："犺，健也。"王念孫疏證："犺者，《説文》：'健，犺也。'犺與犺通。"⑪ 犺屬形聲兼會意，亢表聲，亦表義，亢有"高"義。可見犺狼是一種力量強健、性情剛烈之狼獸。據典籍記載，犺狼可馴養供役使。黃衷《海語》："犺，獸名，出暹羅之崛隴，短小精悍，目圓睛黃，木食如猿猱。古樚蒙密者率數十巢山居。夷獠畜之備驅使，蒙以敝絮，飲以醨酒，食以鮏鮍輒喜，舉族受役至死不避。嘗令入山采鶴頂、象齒、犀角，皆如期而獲，輸其主，雖它姓奪之，必不與。舶人編竹為籠置犺，所往來之徑機取之以獻夷王，王衣犺以番綿，飼犺以嘉寶，犺以非其主，終不附。稍近煙火，淚目而死。"⑫ 可悉犺狼不僅本領高強且忠貞不貳，與狼類擅服從諸特徵高度契合。

---

① 《〈爾雅〉〈廣雅〉〈方言〉〈釋名〉清疏四種合刊（附索引）》，第722頁。
② 《説文解字》，第204頁。
③ 《説文解字注》，第474頁。
④ 《〈爾雅〉〈廣雅〉〈方言〉〈釋名〉清疏四種合刊（附索引）》，第320頁。
⑤ ［北宋］司馬光：《類篇》，上海：上海古籍出版社，1988年，第359頁。
⑥ 《漢書》，第90頁。
⑦ 宗福邦、陳世鐃、蕭海波主編：《故訓匯纂》，北京：商務印書館，2003年，第1413頁。（以下祇出注書名、頁碼）
⑧ 同上。
⑨ 《睡虎地秦簡文字編》，第156頁。
⑩ 《説文解字》，第205頁。
⑪ 《〈爾雅〉〈廣雅〉〈方言〉〈釋名〉清疏四種合刊（附索引）》，第393頁。
⑫ 王祖望主編：《中華大典·生物學典·動物分典》4，昆明：雲南教育出版社，2015年，第27頁。

（6）頭狼巨狼

⑫迅（xùn）。《説文·辵部》："訊（迅），疾也。從辵，卂聲。"① 段《注》："迅疾叠韻。"② 該字約始見於戰國，字形作"🦴（陰）"、"🦴"③，本義指疾速。亦可作獸名，指狼群"絕有力者"，見《爾雅》。明何楷《詩經世本古義》卷十四曰："《爾雅》云：'狼牡，貛牝，狼其子獥，絕有力迅。'狼為總名，分之則有貛、狼、獥、迅四名，然狼之名獨歸之牝者。羅願云：'鳥之類雄摯於雌，獸之類牝猛於牡，以乳獲其子，非可得犯也。'是以羆為熊之牝而羆猛於熊，狼為貛之牝而狼名獨著，虎猛者稱乳虎蓋其類也。"④

⑬獦（gé）。《山海經·東山經》："（北號之山）有獸焉，其狀如狼，赤首鼠目，其音如豚，名曰獦狙（jū），是食人。"郝懿行箋疏："經文獦狙當為獦狚（dàn），《玉篇》《廣韻》并作獦狚。"⑤ 獦狙指上古傳説中的一種狀如狼之獸名，形體巨大，當指狼王或狼神。《類篇·犬部》："猲狚，獸名，巨狼也。"⑥ 《集韻·曷韻》亦曰："獦，獦狙，巨狼。"⑦ 《説文·犬部》："獦（獦），短喙犬也。從犬，曷聲。《詩》曰：'載獫獦獢（xiāo）。'《爾雅》曰：'短喙犬謂之獦獢。'"⑧ 段《注》："獦獢，雙聲字也。"⑨ 獦先秦古文作"🦴"（海 5.15）、"🦴"（海 5.15）⑩。獦屬形聲，從犬，曷聲，本義指短嘴犬，亦指巨狼頭狼，是先民對軀體高大、身手矯健之狼王的誇張化、陌生化、神異化描寫。《山海經圖贊·獦狙獸䎱雀》云："獦狙狡獸，䎱雀惡鳥；或狼其體，或虎其爪，安用甲兵，擾之以道。"⑪

（7）狼崽狼子

⑭獥（jiào）。《爾雅·釋獸》："狼，其子獥。"邢昺疏："此辨狼之種類也。舍人曰：狼，其子名獥。"⑫《玉篇·犬部》："獥，狼子獥。"⑬ 獥先秦古文作"🦴"（海 5.31）⑭。獥

---

① 《説文解字》，第 40 頁。
② 《説文解字注》，第 71 頁。
③ 徐在國：《傳抄古文字編》，北京：綫裝書局，2006 年，第 156 頁。
④ ［明］何楷，何燾注：《詩經世本古義》，溪邑謝氏文林堂刻本，清嘉慶二十四年（1819），第 211 頁。
⑤ ［清］郝懿行：《山海經箋疏》，成都：巴蜀書社，1985 年，第 143 頁。
⑥ ［北宋］司馬光：《類篇》，上海：上海古籍出版社，1988 年，第 362 頁。
⑦ 《故訓匯纂》，第 1430 頁。
⑧ 《説文解字》，第 204 頁。
⑨ 《説文解字注》，第 473 頁。
⑩ 徐在國：《傳抄古文字編》，北京：綫裝書局，2006 年，第 983 頁。
⑪ ［晉］郭璞著，王招明、王暄譯注：《山海經圖贊譯注》，長沙：嶽麓書社，2016 年，第 133 頁。
⑫ 《〈爾雅〉〈廣雅〉〈方言〉〈釋名〉清疏四種合刊（附索引）》，第 320 頁。
⑬ ［梁］顧野王：《大廣益會玉篇》，北京：中華書局，1987 年，第 110 頁。
⑭ 徐在國：《傳抄古文字編》，北京：綫裝書局，2006 年，第 995 頁。

本義指狼崽狼子，《篆隸萬象名義·犬部》："獶，狼子。"① 《廣韻·嘯韻》亦云："獶，狼子。"② 《四聲篇海·犬部》："狼子曰獶。"③ 獶一說為母狼，見《集韻·嘯韻》："《爾雅》：'狼其子獶。' 一曰牝狼。"④

⑭犮（bá）。《篆隸萬象名義·矢部》："犮，小狼。"⑤ 犮本指小狼幼狼。犮屬形聲兼會意字，犮為聲符，指狼、犬奔跑不順的樣子。《說文·犬部》："犮，走犬皃。從犬而丿之。曳其足，則剌犮也。"⑥ 段《注》："剌犮，行皃。"⑦ 剌犮，亦作"剌犮、剌八"，形容兩足分張而行貌，《說文繫傳》："兩足相背不順，故剌犮也。"⑧ 楊樹達《積微居小學述林·釋步犮》指出："剌犮或作剌犮。按人兩足分張而行為剌犮，犬曳足而行為剌犮，皆言其行之不正也。犮讀如拔，剌犮倒言之為拔剌也。犮義本為兩足分張，引申為弓張也。今長沙尚稱足行不正者為剌犮矣。"⑨ 因狼崽幼狼腿弱無力難於支撐，走路時無奈呈一瘸一拐之狀，故以犮為名。

（三）匡謬正俗：狼之動物隱秘和歷史真相

"如何至神物，遭此狼狽凶"（唐·韓愈《月蝕詩效玉川子作》）。歷代典籍有關狼之經典謎題最著名者首推"狽（狼）"傳說，古往今來眾說紛紜，迄無定論：一說承認狽是名詞，主張狼、狽本是一物，南宋趙次公持此說，見唐杜甫《溪漲》"蛟龍亦狼狽，況是鱉與魚"九家注引趙次公曰："狼狽本一獸，各半其體相附而行，苟失其一，則無據矣，故倉皇失據者謂之狼狽。"⑩；目前學界較有影響力、代表性的說法判定"狼狽"屬聯綿詞，"'狽'就是'狼狽'，'狽'不能單獨使用，說明'狽'本身并不具有意義，祇是記音符號。足以證明'狽'是一個不成詞語素，'狼狽'是連綿詞"⑪。狼狽同狼跋、狼跟、狼貝、郎貝、剌址等⑫，是同詞異寫，"不是兩種什麼獸名；它是一個主謂結構合成詞，而不是一個聯合結構合成詞"⑬；或將"狼狽"分成兩義："'狼狽¹（指困頓窘迫貌）'是'狼跋'

① （日）釋空海：《篆隸萬象名義（附解題、索引）》，臺北：臺聯國風出版社，1975 年，第 1191 頁。

② 《故訓匯纂》，第 1432 頁。

③ ［金］韓孝彥、韓道昭：《大明正德乙亥重刊改并五音類聚四聲篇海十五卷》，明正德十五年（1520）刻本，第 96 頁。

④ 《故訓匯纂》，第 1432 頁。

⑤ （日）釋空海：《篆隸萬象名義（附解題、索引）》，臺北：臺聯國風出版社，1975 年，第 869 頁。

⑥ 《說文解字》，第 205 頁。

⑦ 《說文解字注》，第 475 頁。

⑧ 《說文解字詁林（附索引）》，第 1012 頁。

⑨ 楊樹達：《積微居小學述林全編》（上冊），上海：上海古籍出版社，2007 年，第 132 頁。

⑩ ［唐］杜甫著，［宋］趙次公注，林繼中輯校.：《杜詩趙次公先後解輯校》，上海：上海古籍出版社，2012 年，第 468 頁。

⑪ 張聖薈：《探究"狼狽"》，《語文學刊》2013 年第 19 期。

⑫ 符定一：《聯綿字典》，北京：中華書局，1954 年，第 410 頁。

⑬ 謝芳慶：《"狼狽"辨釋》，《古漢語研究》1995 年第 3 期。

的變體；'狼狽[2]（比喻彼此勾結）當為'狼'的複音化'。"[1] 考索史書古籍，"狼狽"一語最早詞源 "或言狼狽是兩物，狽前足絕短，每行常駕於狼腿上，狽失狼則不能動，故世言事乖者稱狼狽"[2]。有學者批評該論為俗詞源，"俗詞源是不能科學考察詞源的"[3]，甚至指出《酉陽雜俎》"關於狽的説法既無典籍可證，又無實物可驗，'其書多詭怪不經之談，荒渺無稽之物'，其説是不足為據的"[4]。"狽"并非空穴來風、游離世界的孤島，而是有據可依、有案可稽的，其真實答案隱藏在以《説文》為代表的漢字體系之中，筆者據甲金文等地下出土資料、傳世文獻典籍、動物百科知識與親歷者口述信史相互印證闡發，對"狽（狼）"這一語言史、文化史千古疑案力圖作出全新的、統一的、有説服力的正確闡釋與科學解讀。

⑮狽（bèi）。《玉篇·犬部》："狽，狼狽也。"[5] 狽屬狼，《説文》失收，有學者據此推測它為民間虛構訛傳[6]。事實上狽字早已載於甲金文，殷墟卜辭作"🔣"（京都673）、"🔣"（粹1552）[7]，商代晚期金文為"🔣"（狽元作父戊卣 集成5278）、"🔣"（集成5278）[8]，西周早期金文記成"🔣"（寧狽父丁罍 集成9242）、"🔣"（作狽寶彝器 集成10539）[9]，小篆作"🔣"。徐中舒明確指出："狽，從犬從🔣（貝），《説文》所無，《玉篇》有此字：'狽，狼狽也。　[釋義] 人名。🔣狽系……京。狽犬告曰：有大 [狐]'。　（《合集》27900）"[10] 楊升南、朱玲玲認為"狽犬告曰：有大 [狐]"該片卜辭中"狽"應作地名，"商王為每次出獵都有所收穫，在狩獵地區設有專職官吏，甲骨文中稱為'犬'。各地的犬官在甲骨文中的表示方式為'地名＋犬＋釋名'"或'地名＋犬'（如'狽犬'即狽地的犬官）"[11]。無論作人名或地名，首先可以肯定其本義屬動物，其本義卜辭罕見用例，表明"狽"之創字或在殷商之前，具有極為重要的上古史價值。究其源乃民間傳説中的一種罕見的似狼野獸，據説它有先天的肢體缺陷，依現代動物生殖學知識當為畸形狼類。《類篇·犬部》："狽，獸名，狼屬也。生子或欠一足、二足，相附而行，離則蹎，故猝遽謂之狼

① 張海鷹：《"狼狽"考辨》，《辭書研究》1997年第2期。
② [唐] 段成式撰，曾雪梅校釋：《酉陽雜俎校釋》，濟南：山東人民出版社，2018年，336頁。
③ 鄭明友：《"狼狽"源流考論》，《通化師範學院學報》2009年第11頁。
④ 謝芳慶：《"狼狽"辨釋》，《古漢語研究》1995年第3期。
⑤ [清] 王韜撰，寇德江標點：《淞濱瑣話》，重慶：重慶出版社，2005年，第111頁。
⑥ 張海鷹：《"狼狽"考辨》，《辭書研究》1997年第2期。
⑦ 劉釗、洪颺、張新俊編纂：《新甲骨文編》，福州：福建人民出版社，2009年，第555頁。
⑧ 《殷周金文集成引得》，第1067頁。
⑨ 同上，第1067頁。
⑩ 徐中舒：《甲骨文字典》，成都：四川辭書出版社，2003年，第1104頁。
⑪ 楊升南、朱玲玲：《遠古中華》，上海：上海書店，2015年，第555頁。

狽。"① 狽同"貝",《後漢書·任光傳》:"(更始二年春)世祖自薊還,狼狽不知所向。"②

　　軍謹按:甲金文已充分證實狽之上古存在事實,它與狼屬兩獸,相傳二者相互合作方能正常行走或覓食,"(汪穎曰)狽足前短,知食所在;野狼足後短,負之而行,故曰野狼狽"③,二獸外出捕食牲畜時,狼用前腿,狽用後腿,共同協作達到跑得快、爬得高之雙贏目的。《酉陽雜俎·廣動植·毛篇》:"臨濟郡西有狼塜。近世曾有人獨行於野,遇狼數十頭,其人窘急,遂登草積上。有兩狼乃入穴中,負出一老狼。老狼至,以口拔數莖草,群狼遂競拔之。積將崩,遇獵者救之而免。其人相率掘此塜,得狼百餘頭殺之。疑老狼即狽也。"④ 鑒於自然界狼、狽互幫互助、相輔相成的寄生共生關係,狽字應取"負;背"義,《蘇氏演義》卷上云:"狼者,犳也;狽者,狼之類。西漢東方朔《神異經》云:狽無前足,一云前足短,不能自行,附狼背而行,如水母之有蝦也。若狼為巨獸,或獵人逐之而逸,即狽墜於地,不能取濟,遂為衆工所獲。失狼之背,故謂之狼狽。狽字者,形聲也,犬獸也。貝者,背也,以狽附於狼背,遂犬邊作貝。"⑤ 蘇鶚所論言之鑿鑿,堪稱洞見,可從。由狽字可推曉先民早已認識到狼群團結、不離不棄之習性。

　　⑯豻(nà)。《說文·豸部》:"𧳝(豻),獸,無前足。從豸,出聲。《漢律》:'能捕豺豻,購百錢。'"⑥ 豻同狙、豽、貀,《龍龕手鑒·豸部》:"豻,或作豽。獸名,似狸也。"⑦ 古文作"𧳶"(海5.17)⑧,本義指古書記載的一野獸名,長有豹紋,有角,兩足,《玉篇·豸部》:"豻,似豹無前足。"⑨ 豻一說似虎而黑,無前兩足,如晉呂忱《字林》:"獸無前足,似虎而黑者,名豻。"⑩ 或云豻為海狗,三國吳沈瑩《臨海志》:"豻,狀如鹿形,頭似狗,出東海水中。"⑪ 宗奭《本草衍義》亦曰:"豻,今出登、萊州,狀非狗、非獸、非魚。前腳似獸,尾即魚,身有短青白毛,毛有黑點。"⑫ 軍謹按:"豻"字最早見於《爾雅·釋獸》:"豻無前足。"郭璞注:"晉太康七年,召陵扶夷縣檻得一獸,似狗,豹文,有角,兩足,即此種類也。"郝懿行義疏:"《異物志》云:似狸蒼黑,無前足,善捕鼠。

---

① [北宋]司馬光:《類篇》,上海:上海古籍出版社,1988年,第362頁。

② 《後漢書》,第322頁。

③ [明]李時珍:《本草綱目》,太原:山西科學技術出版社,2014年,第1258頁。

④ [唐]段成式撰,曾雪梅校釋:《酉陽雜俎校釋》,濟南:山東人民出版社,2018年,第336頁。

⑤ [唐]蘇鶚:《蘇氏演義》,金沛霖主編:《四庫全書子部精要》(中),天津:天津古籍出版社,1998年,第660頁。

⑥ 《說文解字》,第198頁。

⑦ [遼]釋行均:《龍龕手鑒》,《四部叢刊續編》(一二),上海:上海書店,1984年,第59頁。

⑧ 徐在國:《傳抄古文字編》,北京:綫裝書局,2006年,第956頁。

⑨ [清]王韜撰,寇德江標點:《淞濱瑣話》,重慶:重慶出版社,2005年,第112頁。

⑩ [晉]呂忱:《字林》,清嘉慶二十四年(1819),第112頁。

⑪ 王祖望主編:《中華大典·生物學典·動物分典》4,昆明:雲南教育出版社,2015年,第269頁。

⑫ [宋]寇宗奭:《本草衍義》,北京:商務印書館,1957年,第88頁。

與前説合矣。"① 據《爾雅》"貜"名物描述，它實即秦漢時期之"狽（狼）"，秦漢時期未收錄"狽"字的真實動因在於其以"貜"字出現，延至隋唐文人筆記亦時有記録：史載唐明皇幸潞州，道由金橋，羽儀甚盛，詔吳道玄、韋無忝、陳閎，令同製《金橋圖》，"聖容及上所乘照夜白馬，陳閎主之。橋樑、山水、車輿、人物、草樹、鷹鳥、器仗、帷幕，吳道玄主之。狗馬、騾驢、牛羊、駱駝、貓猴、豬貜，四足之屬，韋無忝主之。圖成，時謂'三絶'焉"②，與《酉陽雜俎》等典籍記載時代相吻合。

　　狽與狼經常一起闖入人類視野，故兩字在漢語體系中逐漸凝固成詞，《字彙·犬部》："狽，狼狽。狼前二足長，後二足短；狽前二足短，後二足長。狼無狽不立，狽無狼不行，若相離則進退不得矣。"③ 二字連用往往具有貶義。清樂鈞《耳食録》卷五"狼狽"條云：

　　海州（今江蘇連雲港）多狼患。莊民捕得其稚者殺之，或剔目決足，仍縱之去，意以警狼。其後，莊民某暮從他鎮返，遭數狼於道。狼似相識，并力而前。某亟走避稻積上，狼不能登，環而守之。夜既深，狼忽散去。某亦不敢下，以待天明，冀行者之助己也。俄而狼大至，有小狼銜大狼尾行。視之，瞎狼也，即某前剔其目者。其來也，將甘心於仇，以快其志。又一狼負一狽至。狽足前短後長，外於狼背，熟視稻積，忽銜稻一束望後擲之。群狼喻意，爭銜稻，稻積將塌。會向晨，有荷鋤及擔者數人來，某大呼救。數人操具奔至，狼乃始解去。由此觀之，濟狼之惡者狽也，狽策而狼攻。《酉陽雜俎》所載事類此。④

　　穿越民俗訛傳的重重迷霧，狼狽一語恰是古人對狼族寄生互助關係的語言描述及生動記録。狽據科學解釋，其產生原因無非兩類：其一是先天缺陷，即畸形小狼⑤，造成前腿先天不足、孱弱無力。《説文約注》引《爾雅·釋獸》精闢指出："'貜無前足。'非謂有兩足也，謂前兩足甚短小，人不易見之，遠望若但有兩後足耳。"⑥ 其二是後天因素：狼圍捕大型獵物時肢體受損，或不慎落入獸夾陷阱鉗斷前肢，或衰老行動不便。而狼群不會遺棄同伴，這些有殘疾的狼隨狼族捕獵時會依附借助其他成員，於是出現狼狽互助出行狩獵的動物奇觀。狼狽一詞昭示出狼之團結友愛、不屈不撓的堅強意志，是中華先民近效人身，遠法宇宙，以天地萬物中的强者仁者為師的歷史見證。

① 《〈爾雅〉〈廣雅〉〈方言〉〈釋名〉清疏四種合刊（附索引）》，上第 322 頁。
② ［宋］李昉等編：《太平廣記》2，北京：團結出版社，1994 年，第 978 頁。
③ 《字彙》，第 614 頁。
④ ［清］樂鈞著，陳成國點校：《耳食録·耳郵》，長沙：嶽麓書社，1986 年，第 240 頁。
⑤ 莊之模等編：《狽是什麼動物》，《生物世界漫遊》，北京：北京少年兒童出版社，1993 年，第 121 頁。
⑥ 《説文解字約注》，第 2335 頁。

二、狼威神州：天人合一視閾下早期中國狼之尚武表徵

"青雲衣兮白霓裳，舉長矢兮射天狼。"① 狼作為狡獸，始終是橫亘於億兆黎民面前的一塊試金石。古有射狼屠狼以逞勇志之說，詩經時代先民即已吟詠逐狼戮狼之辭。《詩經·國風·齊風·還》："子之昌兮，遭我乎猺之陽兮。并驅從兩狼兮，揖我謂我臧兮。"② 狼性貪殘，主人公能同時追殺兩狼，足見勇氣可嘉。無獨有偶，橫掃六國的"赳赳老秦"被列國諸侯畏稱"虎狼之國"③，而秦之國威被譽為"虎狼之勢"。從某種程度而言，大量以狼為意義核心的"系列字詞融聚奔湧而成古代漢語的歷史洪流，折射出華夏各族自強自立自尊自愛的集體共識"④、思想底蘊、人文特色。

（一）狼顧迷蹤："（狼）藉"之詞源本義與軍事啓示

"八曰舉狼章，則行山。"⑤ 狼乃個性鮮明、聰慧異常的地域動物，很早就引起人類重視、效仿，早在春秋時期中華先民就將狼進行圖案化、符號化、暗語化。狼成為將帥排兵布陣、行軍指揮的旌旗象徵、號令標識。"狼藉"一詞亦屬狼類智慧，今人却習焉不察，故而亟待糾誤。

⑰藉（jí）。《説文·艸部》："虊（藉），祭藉也。一曰艸不編，狼藉。從艸，耤聲。"⑥ 藉同籍。狼藉，指衆多、紛亂。西漢司馬相如《上林賦》："它它藉藉，填阬滿谷。"郭璞曰："言交橫也。"⑦ 藉藉叠用指離披雜亂貌。《漢書·江都易王非傳》："國中口語藉藉。"顏師古注："藉藉，喧聒之意。"⑧ 亦形容衆口喧騰，《漢書·陸賈傳》："賈以此遊漢廷公卿間，名聲籍甚。"王先謙補注引周壽昌言："籍甚，《史記》作'藉甚'，蓋'籍'即'藉'，用白茅之藉，言聲名得所藉而益盛也。"⑨ 細審"狼藉"初義，指狼智慧超群，為避免天敵發現其棲居行蹤，故而會弄亂現場掩蓋自己的痕迹氣味。

狼是小心謹慎的高智商動物，除了用"狼藉"掩蓋蹤迹，還會"狼行""狼顧"，俗稱一步一回頭。狼行走時低頭并頻頻反顧，以防其他動物偷襲。《神異賦》："狼行虎吻，機

---

① ［戰國］屈原輯：《楚辭》，哈爾濱：北方文藝出版社，2018 年，第 30 頁。
② 陳戍國導讀，陳戍國校注：《詩經全本》，長沙：嶽麓書社，2019 年，第 114 頁。
③ ［西漢］劉向編，顏興林譯注：《戰國策》，南昌：二十一世紀出版社，2015 年，第 16 頁。
④ 黃軍軍、李江義：《鼎立華夏：漢字文學化背景下〈説文解字〉"鼎"之文化審視》，《語文學刊》2021 年第 3 期。
⑤ ［春秋］管仲著，覃麗豔譯注：《管子》，南昌：二十一世紀出版社，2016 年，第 109 頁。
⑥ 《説文解字》，第 24 頁。
⑦ ［南朝梁］蕭統編，［唐］李善注：《昭明文選》，長春：吉林人民出版社，1998 年，第 133 頁。
⑧ 《漢書》，第 1696 頁。
⑨ 倉修良主編：《漢書辭典》，濟南：山東教育出版社，1996 年，第 1118 頁。

深而心事難明。”注：“行而頭低及時時反顧者曰‘狼行’。”① 後世擬況為人有所畏懼或後顧之憂。《戰國策·齊策》：“秦雖欲深入，則狼顧，恐韓、魏之議其後也。”② 古代相術家往往據此來評判臧否人物，如用“狼顧”指回頭張望時面向後而身不動，以姿態似狼故名。金張行簡《人倫大統賦》上“狼顧性狠而難名”徐延年注：“狼顧者，謂四顧而身不轉。”③ 典載司馬懿有此異相，見《晉書·宣帝紀》：“魏武察帝（司馬懿）有雄豪志，聞有狼顧相，欲驗之，乃召使前行，令反顧，面正向後而身不動。”④

（二）虎賁狼衛：“條狼（氏）”之官職意蘊

“慈寧之安輿，乃迤出於殿闕，條狼執鞭，誦訓夾軓。”⑤ “條狼”全稱“條狼氏”，周朝設置有“條狼氏”一職，主掌清除道路、驅避行人，如《周禮·秋官·序官》“條狼氏下士六人”東漢鄭玄注：“杜子春云：‘條當為滌器之滌。’玄謂滌，除也。狼，狼扈道上。”⑥ 明末思想家顧炎武《日知錄·街道》考證云：“古之王者，於國中之道路，則有條狼氏滌除道上之狼扈，而使之潔清。”⑦ 後泛指帝王出行時的衛士。北宋龔鼎臣《東原錄》曾疑惑云：“物有以類而名之者，鵝曰舒鴈，馬曰飛兔，皆名之美者也。至於人則有曰鷹犬、曰虎狼者，豈不愧於鵝馬乎？”⑧ 事實上用狼比擬人物是古人常見的一種隱喻，取狼剽悍忠義之特點。

（三）烽火狼兵：力挽狂瀾、拱衛華夏之擎天柱石

狼在遠古時即已被氏族部落奉若神明，并成為宗教圖騰。“昔者黃帝合鬼神於泰山之上，駕象車而六蛟龍，畢方并鎋，蚩尤居前，風伯進掃，雨師灑道，虎狼在前，鬼神在後，騰蛇伏地，鳳皇覆上，大合鬼神，作為清角。”⑨ 據典籍記載可知狼族部落曾加入黃帝聯盟，為中華民族的大融合、大一統立下過不朽功勳。《列子·黃帝》：“黃帝與炎帝戰於阪泉之野，帥熊、羆、狼、豹、貙、虎為前驅，雕、鶡、鷹、鳶鳥為旗幟。”⑩ 《大戴禮記·五帝

① ［五代］陳摶：《神異賦》，天人主編：《中國傳世奇書》第2集（下），呼和浩特：内蒙古人民出版社，2003年，第916頁。

② ［西漢］劉向編，顏興林譯注：《戰國策》，南昌：二十一世紀出版社，2015年，第136頁。

③ ［金］張行簡：《人倫大統賦》，賴詠主編：《中國古代禁書文庫》第6卷《宋代禁書》，北京：大眾文藝出版社，2010年，第2466頁。

④ ［唐］房玄齡等撰：《晉書》，北京：中華書局，1976年，第5頁。

⑤ ［清］姚鼐：《聖駕南巡賦并序》，馬積高、葉幼明主編：《歷代詞賦總匯清代卷》第12冊，長沙：湖南文藝出版社，2014年，第11555頁。

⑥ ［西漢］毛亨傳，（東漢）鄭玄箋，［唐］孔穎達疏，梁運華整理：《四庫家藏：周禮注疏》3，濟南：山東畫報出版社，2004年，第947頁。

⑦ ［清］顧炎武著，［清］黃汝成集釋，秦克誠點校：《日知錄集釋》，長沙：嶽麓書社，1994年，第443頁。

⑧ ［北宋］龔鼎臣：《東原錄》，北京：中華書局，1985年，第8頁。

⑨ ［戰國］韓非：《韓非子》，哈爾濱：北方文藝出版社，2018年，第2版，第45頁。

⑩ ［戰國］列禦寇：《列子》，西安：陝西旅遊出版社，2006年，第49頁。

德》亦載："（軒轅）教熊羆貔豹虎以與赤帝戰於阪泉之野，三戰，然後得行其志。"① 有學者指出《山海經·大荒經》載録的多處 "使四鳥、虎、豹、熊、羆"，實即 "一地一族軍隊的編制、制度，或部隊的代號或旗幟上的標記之類。如某隊為虎隊，某隊為狼隊等"②。換言之，今日炎黃子孫仍湧動着狼族的尚武自强血脈。

　　明朝軍隊不僅有狼將，"明將有號秃尾狼者，驍悍善戰"③，更有 "狼兵" 或稱 "狼師""狼土""狼土兵" 聞名於世。他們主要是招募於南方少數民族的 "狼人"（同 "俍人"，居住於兩廣交界處，性情剛烈，民風剽悍），其部落首領或君主尊稱 "狼主"。《明史·張經傳》："（正德三十三年）五月，朝議以倭寇猖獗，設總督大臣……經征兩廣狼土兵聽用。"④ 朝野亦盛譽 "狼兵素勇，為賊所憚"⑤，魏源更是强調 "明代征剿，動調土兵。而土司兵中又以廣西之狼兵，湖廣永順、保靖之苗兵為最。以少擊衆，十出九勝，天下莫强焉"⑥，甚至瓦氏夫人親率狼兵保家衛國、痛擊倭寇，狼兵紀律嚴明，秋毫無犯。《倭變事略》卷三載："瓦氏，土司岑彭妻也。以婦人將兵，頗有紀律，秋毫無犯。"⑦ 明末名將袁崇焕天啓年間率領狼兵出征遼東，重傷努爾哈赤，取得寧遠大捷，成為明朝抗擊後金有史以來首場勝利，狼兵之威名自此震徹南北。

（四）狼名利器：文明古國禦侮抗倭之發明創造

　　狼於北方草原大漠常見，邊境戍守軍隊施展才智，就地取材，發現狼糞焚燒之煙霧方圓數十里均清晰可見，遂利用烽煙來傳遞軍事情報。《資治通鑒·後漢高祖天福十二年》："契丹焚其市邑，一日狼煙百餘舉。" 胡三省注："陸佃《埤雅》曰：古之烽火用狼糞，取其煙直而聚，雖風吹之不斜。"⑧ 在通訊尚不發達的上古時期，狼煙是邊防軍有效的預警信號，《漢書·匈奴傳》載："北邊自宣帝以來，數世不見煙火之警，人民熾盛，牛羊布野。"⑨ 負責管理與施放烽煙的警衛哨兵，稱為烽子戍卒，因燃狼煙，簡稱狼卒。

　　古代中國作為 "四大發明" 的發源地，其發明創造從未止步。以軍事為例，人們研製出多種以狼為名的軍械兵器。如狼牙棒，又稱骨朵、狼牙鎚，其用堅重之木為棒，長四五尺，上端長圓如棗，遍嵌鐵釘，形如狼牙，《武經總要前集》卷十三："取堅重木為之，長

---

① 方向東譯注：《大戴禮記》，南京：江蘇人民出版社，2019 年，第 202 頁。

② 吕子方：《中國科學技術史論文集》（下册），成都：四川科學技術出版社，1984 年，第 22 頁。

③ 趙爾巽等撰：《清史稿》卷 226，長春：吉林人民出版社，1995 年，第 7352 頁。

④ ［清］張廷玉：《明史》第 4 册，長沙：嶽麓書社，1996 年，第 2981 頁。

⑤ 《明英宗實録》卷三十五，廣西壯族自治區民族研究所編：《〈明實録〉廣西史料摘録》，南寧：廣西人民出版社，1990 年，第 335 頁。

⑥ ［清］魏源：《聖武記》卷十四，魏源全集編輯委員會編校：《魏源全集》第 3 册，長沙：嶽麓書社，2004 年，第 564 頁。

⑦ 吳永章：《南方民族史新説》，北京：民族出版社，2017 年，第 93 頁。

⑧ ［宋］司馬光編著，胡三省注：《資治通鑒點校整理本》，北京：中華書局，2011 年，第 3261 頁。

⑨ 《漢書》，第 2251 頁。

四五尺，異名有四：曰棒，曰楡，曰杵，曰桿。植釘於上，如狼牙者，曰狼牙棒。"① 又名狼牙棍，《水滸傳》第五五回："（秦明）出到陣前，馬上橫着狼牙棍。"② 亦有"狼牙錘"，形如狼牙棒，較短，《中國民間故事選·天牛郎配夫妻》説："一進三門，鬼呲呀舉起狼牙錘就要打你。"③ 狼筅（即筤筅，亦稱狼牙筅）相傳乃明時抗倭名將戚繼光所研發，其械形體重滯，械首尖鋭如槍頭，械端有數層多刃形附枝，呈節密枝堅狀。《練兵實紀雜集·軍器解上·狼筅解》："狼筅乃用大毛竹上截，連四旁附枝，節節枒杈，視之粗可二尺，長一丈五六尺。人用手勢遮蔽全身，刀鎗叢刺，必不能入，故人膽自大，用為前列，乃南方殺倭利器。"④ 狼筅為戚繼光操練"鴛鴦陣"之武器標配，乃明軍抗倭殺敵制勝的法寶。《智囊補·兵智·鴛鴦陣》即指出："戚繼光每以鴛鴦陣取勝。其法二牌平列，狼筅各跟隨牌，每牌用長鎗二枝夾之，短兵居後。"⑤ 古代亦開發出狼牙箭等攻擊性武器，如唐李賀《長平箭頭歌》説："白翎金簳雨中盡，直餘三脊殘狼牙。"王琦匯解："三脊者，箭頭作三脊形，俗謂之狼牙箭，蓋言其鋒利如狼之牙也。"⑥ 其箭鏃因形似狼牙而鋭利，故名。《宋史·兵志十一》載："是歲，始造箭曰狼牙，曰鴨觜，曰出尖四楞，曰一插刃鑿子，凡四種推行之。"⑦

（五）奇人狼相：文韜武略、彪炳史册之英雄豪傑

先民篤信奇人必有異相，即"名人非常論"⑧。相術師們認為傑出人物降臨時往往會天賦異稟、與衆不同，甚至相傳"今之世，梁有唐舉，相人之形狀顏色而知其吉凶妖祥"⑨，可謂古代文化觀念的一大特色。遍索典籍群書可知，歷代聖王名將之容顏姿態多已被異化、陌生化，且其出生經歷也被神化、祥瑞化，從而使得異相與其不世功業相輔相成。因此，審視五官相貌亦是品評窺測古代中國政治人物的重要入口。如越王勾踐有"狼步"之狀，秦始皇在臣民及其政敵眼中是半人半獸的神異之貌。王莽亦具狼相，司馬懿有"狼顧"之相，甚至連諸葛亮也被説成"亮身杖强兵，狼顧虎視"⑩。剔除以成敗論英雄的王朝史觀及個人好惡因素，這些有關古代傑出的政治家們身兼狼相的諸多傳聞，折射出人們對英雄人物的異化、頌揚，堪稱早期中國文化史上的一道靚麗風景。

作為進化成功的物種之一，狼始終是中華先民高度關注的重點、焦點、熱點。古人觀

① 周緯：《中國兵器史稿》，天津，百花文藝出版社，2006 年，第 290 頁。

② ［明］施耐庵、羅貫中：《水滸傳》，長春：時代文藝出版社，2019 年，第 456 頁。

③ 賈芝、孫劍冰編：《中國民間故事選》，北京：作家出版社，1958 年，第 100 頁。

④ ［明］戚繼光著，邱心田校釋：《練兵實紀》，北京：中華書局，2001 年，第 305 頁。

⑤ ［明］馮夢龍輯，齊林、王雲點譯：《智囊補》，哈爾濱：黑龍江人民出版社，1987 年，第 677 頁。

⑥ ［唐］李賀著，［清］王琦等注：《李賀詩歌集注》，上海：上海人民出版社，1977 年，第 300 頁。

⑦ （英）大衛·麥克唐納主編，程高齡等譯：《世界動物大百科全書（上）》，哈爾濱：黑龍江科學技術出版社，2009 年，第 4054 頁。

⑧ 黃交軍：《〈山海經〉西王母"戴勝"正解》，《廣東技術師範學院學報（社科版）》2014 年第 6 期。

⑨ ［戰國］荀況：《荀子》，長春：吉林大學出版社，2015 年，第 15 頁。

⑩ ［晉］陳壽：《三國志》，北京：中華書局，1959 年，第 585 頁。

察狼貌、諳習狼性、師法狼鬥志的做法是一脈相承的。以狼為師、以狼為魂、大力汲取狼身上的正能量，凸顯了早期中國 "天人合一" "天地人合一" 的古典哲學的人文內涵，延至今日仍魅力不減。

三、白狼獻瑞：萬物有靈視角下早期中國狼的倫理敘事

"獺祭魚，然後虞人入澤梁；豺祭獸，然後田獵。"① 學界同仁對狼及狼文化抱有一種根深蒂固的偏見。有學者強調："狼在漢文化裏一直是個反面角色，兇狠而狡猾。長期以來，狼被公認為害獸，被視為人類的 '敵人'。人們對狼的認識：其嘴尖、口闊、眼斜、耳豎；性情貪婪、狡詐、兇暴，令人生畏。狼在各種各樣的文本中，通過放大了的隱喻，成了防不勝防的惡魔。"② 中華先民認識事物及現象推崇一分為二的辯證哲學，評判萬事萬物以公允見長。狼在古時確有 "貪獸" "猛獸" 之訾稱，然而鮮為人知的是，狼也兼有 "祭獸" "智獸"、"靈獸" 等雅號，充分反映出上古先民取用有度、取用有時、取用有法的保護動物、合理利用自然資源等經典命題、生態理念與生存哲學。狼遵時依候、祭獸祀天的行為被倫理化、禮儀化、人格化，成了貫通 "天時、地利、人和" 的智慧動物、感恩生靈，是國民積極效法的重要目標。動物世界與人類倫理相通相連相關，人類可通過詩書禮教、和諧德治等對動物進行有效的情理感召，使之發生本性轉變，成為益獸、義獸乃至瑞獸，甚至成為聖王賢君太平盛世、萬物祥和之極致象徵。

（一）狼跋其胡：《詩·豳風·狼跋》與周公至德的文化聯繫

跋胡（疐尾）或作狼胡、狼跋、前跋後疐、進退狼跋等，典出《詩·豳風·狼跋》，漢唐經師們常將該辭彙詁作 "處境艱難，進退維谷"。如《文選·左思〈吳都賦〉》："輕禽狡獸，周章夷猶，狼跋乎紖中，忘其所以睞睇，失其所以去就。" 呂延濟注："狼跋，狼狽也。獸皆狼狽於網中，忘其看視，失其去就，恐懼之甚也。"③ 然審讀《詩經》原旨，《狼跋》屬周朝國民對周公旦的讚美詩，是對周公德高望重、完美品行之政治隱喻。如《詩·豳風·狼跋》："狼跋其胡，載疐其尾。公孫碩膚，赤舄幾幾。" 毛傳："碩，大；膚，美也。"④《詩序》云："《狼跋》，美周公也。周公攝政，遠則四國流言，近則王不知，周大夫

---

① 《禮記注疏》，第 42 頁。
② 馬建章、楊廣濤、馬逸清：《中國狼文化研究》，《野生動物雜誌》2005 年第 2 期。
③ ［南朝梁］蕭統編，［唐］李善注：《昭明文選》，長春：吉林人民出版社，1998 年，第 87 頁。
④ ［清］王先謙：《湖湘文庫（甲編）：詩三家義集疏》1，長沙：嶽麓書社，2011 年，第 570 頁。

美其不失其聖也。"① 舊題孔鮒《孔叢子·記義》亦曰："於《東山》見周公之先公而後私也，於《狼跋》見周公之遠志所以為聖也。"② 這無形中構成了一個經典悖論："（喻艱難窘迫）狼跋"這一貶義詞與周公有何相通相似之處，二者豈非互相矛盾？

⑱跋（bá）。《說文·足部》："跋（跋），蹎跋也。從足，犮聲。"③ 段《注》："跋，經傳多叚借沛字為之。《大雅》《論語》'顛沛'皆即'蹎跋'也。"④ 跋古文作"跋"（海5.17）⑤，本義指跌倒、僕倒。犮作聲符，表"犬跑貌；曳其足剌犮狀"，跋則會意為"狼（或犬）足拖曳不及致（前後踐踏而）跌倒"。《詩·豳風·狼跋》："狼跋其胡，載疐其尾。"毛傳："老狼有胡，進則躐其胡，退則跲其尾，進退有難，然而不失其猛。"⑥ 跋字後來引申為跋涉，指陸地行走，《詩·鄘風·載馳》："大夫跋涉，我心則憂。"毛傳："草行曰跋，水行曰涉。"王先謙《集疏》："《韓詩》曰：'不由蹊遂而涉曰跋涉。'謂事急時不問水之淺深，直前濟渡，視水行如陸行。"⑦

⑲跰（bèi）。《說文·足部》："跰（跰），步行獵跋也。從足，貝聲。"⑧ 徐鍇《繫傳》："躐，礙（礙）也。跋，艸行也。"⑨ 跰同跋，《類篇·足部》："跰，步行躐跋也。或作跋。"跰本義亦指踩、踐踏。段《注》："獵今之躐字，踐也。《毛傳》曰：'跋，躐也。'老狼進則躐其胡，獵跋猶踐踏也。"⑩ 引申為"行不正"，《集韻·泰韻》："跰，躐跰，行不正。"

⑳胡（hú）。《說文·肉部》："胡（胡），牛顄垂也。從肉，古聲。"⑪ 徐鍇《繫傳》："牛頷下垂皮也。"⑫ 胡字戰國金文作"胡"（七年相邦鈹 集成11712）⑬，本義為牛脖子下的垂肉。狼有"狼胡（狼脖子下的垂肉）"，上古相傳龍有"龍胡（龍頸懸肉）"，《漢書·郊祀志上》："有龍垂鬍鬚下迎黃帝。"顏師古注："胡，謂頸下垂肉也。"⑭ 朱熹《詩集傳》："胡，頷下懸肉也。"⑮ 引申為動物頷、頸之下垂處（垂肉或皮囊）皆可稱胡。段《注》：

---

① ［清］王先謙：《湖湘文庫（甲編）：詩三家義集疏》1，長沙：嶽麓書社，2011年，第569頁。
② 郭丹主編：《先秦兩漢文論全編》，上海：上海遠東出版社，2012年，第367頁。
③ 《說文解字》，北京：中華書局，1963年，第47頁。
④ 《說文解字注》，第83頁。
⑤ 徐在國：《傳抄古文字編》，北京：綫裝書局，2006年，第195頁。
⑥ ［清］王先謙：《湖湘文庫（甲編）：詩三家義集疏》1，長沙：嶽麓書社，2011年，第569頁。
⑦ 同上，第114頁。
⑧ 《說文解字》，第47頁。
⑨ 《說文解字詁林（附索引）》，第2748頁。
⑩ 《說文解字注》，第83頁。
⑪ 《說文解字》，第89頁。
⑫ 《說文解字詁林（附索引）》，第4546頁。
⑬ 《殷周金文集成引得》，第589頁。
⑭ 《漢書》，第938頁。
⑮ ［宋］朱熹注：《新刊四書五經：詩經集傳》，北京：中國書店，1994年，第100頁。

"牛自頤至頸下垂肥者也。引伸之凡物皆曰胡。如老狼有胡、鶘胡、龍垂胡顬（髯）是也。"①

中世紀的西方動物學者普遍認為狼脖子僵硬，不能轉頭，要轉衹能全身一起轉。如13世紀的博物學家、古波斯僧侶巴特洛邁烏斯·安戈里克斯在《物之屬性》第18卷中曾斷言："除了五月打雷的時候，狼不可能在一年中的任何一個月中將脖子向後轉動。"② 事實上狼脖子是可以轉動的，"狼的脖子是直的，人的手是彎的"③，因狼頸粗直，轉動相對不靈活，民間將頸椎腫脹硬化的症狀俗稱"狼脖子病"。且狼性多疑，狼類懼怕、提防天敵偷襲，故而狼群巡行時常常回頭，走走停停，保持高度警惕，見《史記·蘇秦傳》："夫以一齊之强，燕猶狼顧而不能支；今以三齊臨燕，其禍必大矣。"張守節正義："狼性怯，走常還顧。"④ 又《漢書·食貨志上》："失時不雨，民且狼顧。"顏師古注引李奇曰："狼性怯，走喜還顧。言民見天不雨，今亦恐也。"⑤ 民諺云："狼若回頭，必有緣由。不是報恩，就是報仇。"⑥ 可見在古人看來，狼乃有情有義、恩怨分明的動物。

㉑瞫（shěn）。《説文·目部》："瞫（瞫），深視也。一曰下視也。又，竊見也。從目，覃聲。"⑦ 瞫古文作"瞫"（海3.36）⑧，同覗，指（如狼般）往深處看，《玉篇·目部》："瞫，深視皃。"⑨ 古時即用作人名，段《注》："《左傳》有晉人狼瞫。"⑩ "狼瞫取戈以斬囚。"⑪ 狼與瞫意義相通相近，故姓名同義連用。觀《左傳》，狼瞫其人公私分明、血性剛烈、忠君愛國，故春秋史家盛譽道："君子謂：'狼瞫于是乎君子。'詩曰：'君子如怒，亂庶遄沮。'又曰：'王赫斯怒，爰整其旅。'怒不作亂而以從師，可謂君子矣。'"⑫ 國學大師梁啓超亦充分肯定道："若先軫、狼瞫者，可謂春秋時武士道之代表矣。狼瞫不敢被黜，以失其勇名也，不肯犯上，以是非武士之道德也。左氏評之曰君子，宜矣。……故必俟國家有戰事，乃率先陷敵陣，一死以揚國威。如此者，謂之大勇。嗚呼！是可為百世師矣！"⑬

① 《説文解字注》，第173頁。
② （古波斯）巴特洛邁烏斯·安戈里克斯（Bartholomaeus Anglicus）. De proprietatibus rerum（物之屬性）Volume XVIII［M］. Turnhout, Brepols, 2007年，第21頁。
③ 趙世傑譯：《諺海》第3卷《維吾爾族諺語卷》，蘭州：甘肅少年兒童出版社，1991年，第120頁。
④ 《史記》，第1691頁。
⑤ 《漢書》，第876頁。
⑥ 山長武：《古調今彈》，北京：中國商業出版社，2019年，第160頁。
⑦ 《説文解字》，第72頁。
⑧ 徐在國：《傳抄古文字編》，北京：綫裝書局，2006年，第328頁。
⑨ ［梁］顧野王：《大廣益會玉篇》，北京：中華書局，1987年，第21頁。
⑩ 《説文解字注》，第133頁。
⑪ ［春秋］左丘明撰，吳兆基編譯：《春秋左傳》，北京：京華出版社，1999年，第233頁。
⑫ 同上。
⑬ ［民］梁啓超著，馮保善評點：《新評中國之武士道》，長春：吉林出版集團有限責任公司，2008年，第14頁。

"《詩》美周公不失其聖，正言狼者。虎善擬其前，狼善顧其後，而又其靈智有才，故雖防胡疐尾而能不失其猛，此周大夫之所以譬周公也。"① 與"（進退兩難的）狼跋"傳統觀點迥異的是，該辭彙、該詩旨實為周朝國民緊密結合狼謹慎的動物習性進行"詩言志"的結果，將狼小心謹慎、顧慮周全的生存本能與周公隱忍為公、忠君體國之君子美德契合無間，既類於上古君子慎獨的高貴品質，也符合"窮則獨善其身，達則兼善天下"② 的儒家王道理想。故《狼跋》鄭玄箋云："喻周公進則躐其胡，猶始欲攝政，四國流言，辟之而居東都也；退則跆其尾，謂後復成王之位，而老，成王又留之，其如是，聖德無玷缺。"③ 可見狼在《詩經》時代尤其是早期中國的藝術形象頗為高大，評價比較正面，是狼文化的一大特色。

（二）白狼吉兆：殷周狼瑞與聖王明君之源流稽考

"裸國原狼種，初生賴豕噓。吒吒通鳥語，嫋嫋學蟲書。"（清·黃遵憲《人境廬詩草·新嘉坡雜詩十二首（其五）》）視狼為瑞、祀狼為尊、以狼為祖是人類認知自身早期歷史、解讀民族起源信仰的一種世界通例，對學界破譯中國狼文化具有人類學的重大價值。遍考中國各民族古史，不僅遠古黃帝時已有狼族部落，歷史上犬戎、烏孫、匈奴、高車、突厥、蒙古等北方民族亦崇狼敬狼，如《漢書·張騫傳》："（烏孫王號昆莫）子昆莫新生，傅父布就翕侯抱亡置草中，為求食，還，見狼乳之，又烏銜肉翔其旁，以為神。"尚狼慕狼之風俗在華南區域也多有歷史孑遺，如《水經注異聞錄》卷下二八七"裸國"條云："徐狼，外夷皆裸身。男以竹筒掩體，女以樹葉蔽形。外名狼朓，所謂裸閩者也。雖習俗裸祖，猶恥無蔽。惟依瞑夜，與人交市，闇（暗）中臭金，便知好惡。明朝曉看，皆如其言。"

（1）南疆狼猇

㉒猇（huāng）。《玉篇·犬部》："猇，狼也。"④ 猇，獸名，狼類。《類篇·犬部》："猇，狼屬。"猇同猇、朓，古時用作國名，《正字通·犬部》："猇，舊注'狼屬'。按狼朓即躶（裸）國，音荒，譌作猇。"《廣韻·曉韻》："朓，狼朓，南夷國名。"狼朓即裸國，國名。相傳其人民不穿衣服，屬熱帶民族。《水經注疏》卷三十六："文自立為王。於是出兵攻大岐界、小岐界、式僕、徐狼、屈都、幹魯、扶單等國，皆滅之。篇中所紀諸地名，皆夷王國也。屈都、徐狼并見前。或夷椎蠻語。會貞按：狼朓裸種，朱作脫裸種。外名狼朓，所謂裸國者也。"

---

① ［北宋］陸佃：《埤雅》，王樹山、尚恒元、申文元等輯：《古今俗語集成》第 1 卷，太原：山西人民出版社，1989 年，第 18 頁。

② ［戰國］孟子：《孟子》，哈爾濱：北方文藝出版社，2018 年。

③ ［清］王先謙：《詩三家義集疏》1，長沙：嶽麓書社，2011 年，第 569 頁。

④ ［梁］顧野王：《大廣益會玉篇》，北京：中華書局，1987 年，第 110 頁。

（2）白狼狛狼

"矯矯白狼，有道則遊。應符變質，乃銜靈鈎。"① 奉白狼為祥瑞是早期中國原始的民族信仰，先民篤信白狼是能帶來福運的精靈瑞獸。如《天中記》卷六十《狼》說："白狼者，金狼精也。商湯為天子，都於亳。有神手牽白狼，口銜金鈎而入湯庭。'"西漢緯書《春秋緯》亦云："湯帝白狼握禹篆。"白狼即白色之狼，因其罕見，上古以為祥瑞，"白狼，王者仁德明哲見"（《瑞應圖記》）。古人相信天人感應，白狼之所以出現，象徵着聖主賢君的賢明。《尚書·中侯》載："湯率白狼，握禹篆。"相傳商湯都亳時，"有神牽白狼，銜鈎"（皇甫謐《帝王世紀》）。"鈎"指畫圓的工具即圓規，神人手牽白狼，白狼口銜靈鈎向商王賀喜，說明商湯的言行舉止高度吻合聖王明君道德規範的至高標準，也是臣民躬行研習的人間典範。

㉓狛（bó）。《說文·犬部》："狛，如狼，善驅羊。從犬，白聲。"② 狛乃獸名，狀似狼，善於驅逐羊群。《說文義證》卷三十："狛，善驅羊者，《史記》：'辟使豺狼之逐群羊也。'"猣、貃、獏為狛之異體，《集韻·鐸韻》："狛，獸名似狼，或書作猣。"《幹祿字書》亦曰："貃、狛，蠻貊字。上通下正，其獸名者，字亦作獏。"相傳該獸頭上有角，見李白《大獵賦》："扼土狛，殪天狗。"王琦注引《古賦辨體》："狛，似狼有角。"白作聲符，聲中有義，表"（色）白"。《後漢書·西南夷傳》"哀牢夷，出貃獸"注引《南中八郡志》曰："貃大如驢，狀頗似熊。多力，食鐵，所觸無不拉。"又注引《廣志》曰："貃色蒼白，其皮溫暖。"

㉔獏（mò）。《說文·犬部》："獏，似熊而黃黑色，出蜀中。從豸，莫聲。"③ 獏同狛，亦屬白狼。段《注》："獏，似熊而黃黑色，出蜀中，即諸書所謂食鐵之獸也。見《爾雅》《上林賦》《蜀都賦》注、《後漢書》。《爾雅》謂之白豹。《山海經》謂之猛豹。今四川川東有此獸。薪采攜鐵飯甑入山，每為所齒。其齒則奸民用為偽佛齒。字亦作貊，亦作狛。"④ 獏與狛音近義同，指古時活躍於巴蜀地區的白狼。《說文約注》亦云："《玉篇》獏下云：'白豹也。'貊下云：'蠻貊也。'分為二字二義甚明。戴氏《六書故》并為一字，且引《說文》亦作貊。考以貊為獏，已見《後漢書·西南夷傳》，蓋二字音本近也。"⑤

通檢上古可靠史料，白狼在為王者仁德時均出現過。例如周穆王征伐犬戎時收穫過白狼賀禮，《國語·周語上》："王不聽，遂征之，得四白狼、四白鹿以歸。"韋昭注："白狼、白鹿，犬戎所貢。"素有西周一代中興賢王之譽的周宣王亦曾遇白狼吉兆，《宋書·符瑞

---

① ［晉］郭璞注，王招明、王暄譯注：《山海經圖贊譯注》，長沙：嶽麓書社，2016年，第73頁。

② 《說文解字》，第206頁。

③ 同上，第198頁。

④ 《說文解字注》，第457頁。

⑤ 《說文解字約注》，第2333頁。

志》載："白狼，周宣王得之而犬戎服。" 更為重要的是，因白狼在炎黄子孫心目中的重要地位，有直接以白狼命名其氏族者，如漢時西南地區有邦國即叫 "白狼"（屬羌），其首領稱白狼王，白狼國首領唐菆及槃木等部落舉族於永平年間（58—75）歸順漢朝，并向漢明帝獻頌詩三章（《遠夷樂德歌》《遠夷慕德歌》《遠夷懷德歌》），歌頌中央政權的英明領導。這段記載見於《東觀漢記》卷十九："明帝時為益州刺史，移書屬郡，喻以聖德，白狼王等百餘國重譯來庭，歌詩三章，酺獻之。" 歌詞内容反映出白狼羌遊牧的經濟生活及同中原地區保持經濟、文化聯繫的强烈願望，是研究西南民族及古代藏緬語族語言的珍貴歷史文獻。白狼族以白狼為標識，本質為狼圖騰崇拜。古羌族亦有一支名參狼羌，"十三年，武都參狼羌與塞外諸種為寇，殺長吏"（《後漢書·馬援傳》），後被隴西太守馬援討降。可見白狼作為祥瑞之象徵在狼文化及中華古代歷史上占有重要地位。

延至中世紀，白狼作為表徵祥瑞的靈異動物仍屢有記述，其出現也被演繹為朝廷廣施仁義、恩澤天下的徵兆和證明。如 "調露元年（679），霧開如日初耀，有白鹿白狼見"（《唐書·五行志》），又 "（唐高宗時）袁師年十二喪父母，以孝聞。晝夜負土為墳。又葬曾祖父母，經二十載，其功始畢。有白狼號鳴於墓側，詔旌表其門"（《舊唐書·程袁師傳》）。武周天授二年（691），敦煌百姓陰守忠發現白狼祥瑞且上表朝廷，受到武則天嘉獎，陰氏後成世家大族，"祖子守忠，唐任壯武將軍、行西州岸頭府折沖、兼充豆盧軍副使"[①]。近代出土的敦煌文獻 P. 2005《沙洲都督府圖經》亦云："白狼，右大周天授二年得百姓陰守忠稱：'白狼頻到守忠莊邊，見小兒畜生不傷，其色如雪者。'刺史李無虧表奏：'謹檢《瑞應圖》云："王者仁智明忿即至，動准法度則見。" 又云："周宣王時白狼見，犬戎服者。" 天顯陛下仁智明哲，動準法度，四夷賓服之徵也。又見於陰守忠莊邊者，陰者，臣道，天告臣子并守忠於陛下也。'"[②] 西北地區的陰氏家族通過向朝廷進獻白狼與五色鳥祥瑞等完成了從普通百姓向敦煌望族的政治身份的華麗轉變，後於莫高窟的崖面鑿建大量石窟，其中完整保存了唐代不少的壁畫、塑像等珍貴資料，對今人研究唐朝的社會經濟、政治軍事、文化思想等價值不可估量。敦煌莫高窟第 321 窟北側至今遺留有兩尊白狼塑像[③]。傳世文獻與文物不但印證了白狼作為古代祥瑞，具有政治隱喻功能，也折射出它在陰氏家族發家史上的特殊地位。白狼以神獸、天獸的嶄新身份進入佛教洞窟，承擔護法、護教的宗教職責，表明其已滲入華夏文化的更高層面。

作者單位：貴陽學院文化傳媒學院

---

①　鄭炳林：《敦煌地理文書匯輯校注》，蘭州：甘肅教育出版社，1989 年，第 111 頁。

②　上海古籍出版社、法國國家圖書館編：《法藏敦煌西域文獻》（1），上海：上海古籍出版社，1995 年，第 43 頁。

③　樊錦詩、蔡偉堂：《奥登堡敦煌莫高窟資料的價值》，敦煌研究院編：《2000 年敦煌學國際學術討論會文集—紀念敦煌藏經洞發現暨敦煌學百年·石窟考古卷》，蘭州：甘肅民族出版社，2003 年，第 326 頁。

中華烹飪餐飲與傳統文化

安希孟

　　烹飪是化害為益、趨利避害、去粗取精、取精用宏、由表及裏的矛盾事物轉化過程。沒有腥臊惡臭，就沒有香脆肥美，二者對立而統一。和味覺單一的飛禽走獸、水族昆蟲菌類相比，人類的食域（飲食範圍）、味域（味覺範圍）最為廣泛：動植物的分布具有地域性、物候性、季節性，受氣溫溫、地理環境局限，但人類能够廣收博采；食草動物和食肉動物各有所好，而人類的飲食却是綜合性的。人類智能把食材中的種種缺憾轉化為對人類有益的餐飲美食。某些不受待見的味道，反而成為美食。這是食物的兩重性。經由烹飪，具有負面味道酸苦澀辛辣沖的食物由消極價值轉而具有積極功能。美味和辛辣酸澀連在一起。被克服的味道往往具有豐富的物質營養。相生相克，相克也相生。人類需要把强烈而有害的刺激性味道和食材經由烹飪轉化為積極營養元素。人類烹調技術可以化腐朽為神奇，使各類對立的味道調和折中，融為一體。

　　山珍海味、肉蛋河鮮、豆腐粉條，葷素雜糅，五味調和，主輔搭配，互相滲透。餐飲烹飪是多元的，不排除合理有益的異味。異味在綜合中保留優點，克服缺點。對於我們而言，其所體現的多元文化、混合主義特別重要。

　　鍋灶廚衛、爐臺餐桌、煎炸燉炒、刀勺碗碟、櫥櫃灶具……與烹飪有關的周邊文化也與時俱進，中西匯通，花樣迭出。傳統烹飪正經歷革命性變化。鄉野村衆婦姑，很多人早已放棄傳統飲食花樣，牛奶、麵包、麥片等洋餐進入窮街陋室、坊隅巷陌、水鄉山寨。餐飲業吸收現代科技，剔除不文明、不衛生的陋俗，飯菜名稱也廢止個別不雅語彙。伙頭軍也要有洋證書、學位，得不斷研修，接受考核，門店得有食品衛生部門頒發的營業資格證書，得接受衛生檢查。取其精華，去其糟粕，推陳出新，洋為中用，這些原則同樣適用於餐飲業。

本文所討論的烹飪食材，主要是秋風茅屋中普通勞動者的大衆食材。諸如古代皇室官宦等富貴人家，其衣冠、鞋屨、飲食、乘輿、起居、言談、禮儀、節慶、宗教儀規等，與草廬布衣原本大有不同。本文没有收集他們的食譜菜單和廚子的烹飪絶技。

一、調和鼎鼐，善均五味

所謂中和之美，不是折中，而是指兩個極端互相調節融合。調和者，蓋因有矛盾也。烹飪是彌合矛盾與對立，分析綜合，調和、調節矛盾，獲得對立統一。中國烹任是科學也是藝術。五味之所以能令人口爽，在於互相搭配，不是一種味道單兵獨大。民以食為天，食以味為先，味以鮮為魂，并以香為範。

中國烹飪講究調和鼎鼐，善均五味。矛盾的主要方面和次要方面，主要矛盾和次要矛盾，通過品質互變，發生轉化。對立的統一，使難聞的味道、不適的口感，轉化為膾炙人口之美味。酸辣鹹淡、香臭甜苦，不是絶對的，在不同條件下，也可以向對立面轉化。

膳食科學指導下的烹飪過程是化害為益、精益求精的矛盾轉化過程。許多原始材料含有有害成分，經過高溫和佐料的化合作用，成為營養物質，被人類有機體吸收，轉化為營養成分。食料與佐料、主食與副食、熱炒與冷盤、葷菜與素餐、稀與稠、香與臭、苦與甜、軟與硬、脆與綿、鹹與淡，是主與副、綱與目的關係，是對立統一，并且互相發生轉化，這叫矛盾同一性。例如佐料，指烹飪時使用的配料、調味品，又叫作料、調味料。佐料除了提味，并無别的營養飽腹作用。它們刺激胃蕾，增加人的食欲和飯量。佐料為主食服務，其種類豐富多樣。若祇有單一屬性，則會使菜品單調乏味、雷同枯燥、味同嚼蠟。

在漢語文獻中，餐飲烹飪與政治文化生活密切關聯。《吕氏春秋》中伊尹對紂王所説的，其實就是"治大國若烹小鮮。"（《道德經》第六十章①。治理大國就像烹調小魚，油鹽醬醋料要恰到好處。如今的烹飪與古代相比，既有共性、規律，也有個性、變化；既有繼承、因襲，也有創新、發明。炊事、飲食、烹飪、餐飯與人類社會生活密切相關，連接着道德倫理與社會文化生活。例如，鹽的生產和食用表明古代人類的飲食進入了真正的烹調時期。鈉在神經興奮的傳遞中擔任着重要角色。大約在神農氏（炎帝）與黄帝時期，中國人開始煮鹽。夙沙氏是以海水製鹽用火煎煮的鼻祖，後世尊崇其為"鹽宗"。古人調味，先要用鹽和梅，故《尚書》稱："若作和羹，爾惟鹽梅。"五味之中鹹為首，所以鹽在調味品中也位列第一。由於鹽的重要性，春秋時代齊國要徵收鹽稅，漢武帝時更是壟斷鹽鐵經營。

---

① ［春秋］老子著，焦亮譯：《道德經》，北京：華齡出版社，2017 年。

　　孫中山在《建國方略》中説：“烹調之術本於文明而生，非深孕乎文明之種族，則辨味不精；辨味不精，則烹調之術不妙。中國烹調之妙，亦足表文明進化之深也。”① 食譜的多樣，標誌着思想文化的多元。没有純粹單一的味道，每一道菜肴，都是多元味道的組合。

　　錢鍾書認為，哲學家的理想職業是廚師。他説：“伊尹是中國第一個哲學家廚師，在他眼裏，整個人世間好比是做菜的廚房。”伊尹以美食談論政治。“他將最偉大的統治哲學講成惹人垂涎的食譜。這個觀念滲透了中國古代的政治意識，所以自從《尚書·顧命》起，做宰相總被比喻為‘和羹調鼎’。”② 宰者，宰殺也。

　　中式烹飪講究以合適的技法搭配相應的食材。這叫具體問題具體分析，看菜吃飯，量體裁衣，體現了矛盾的特殊性。每一種食材都有其天性，要掌握好它的性質，纔能“因材施烹”，這纔是廚藝的至高境界。

　　烹飪的發展還推動了歷史進程。例如近代新航路開闢，其最初動機是到印度尋找香料。香料是一種氣味特殊的植物製品。“香料王國”印度曾是東西方香料貿易的集散中心。印度的馬拉巴爾地區是胡椒的主要產地。由於阿拉伯人的貿易控制，歐洲胡椒價格大漲。歐洲人祇得尋找前往印度的新航路，却意外發現了新大陸。所以新大陸又叫西印度，因為人們以為那裏就是印度。當地的土著人被稱為印度人（印第安人）。又如在我國產量較高的玉米、土豆、紅薯，以及鳳梨、木瓜、番茄等蔬果，都是中原没有而由外傳入的。

二、五味三材，火為之紀

　　博物學家布封（Buffon，1707—1788）説：“初民拿石塊打着石塊，一定不久就打出火來了；他們一定又掌握到了火山的烈焰，或者利用到了那些熾熱的熔岩，因而把火傳播開來，在森林裏、叢莽裏給自己打出了一個世界。”③ 有關人類用火的起源，研究者們都帶有臆測性質，但不能否認的是，文明起源於火和熟食。有了火，纔有烹飪技巧，纔有了阻遏野獸的可能。火種的保存是家庭部落出現的標誌。這是文明邁開的一大步。它比石器工具的發明還早，更是人類出現的標誌（以前認為人類出現的標誌是直立行走或工具的發明）。

　　“上古之世……民食果蓏蚌蛤，腥臊惡臭而傷害腹胃，民多疾病。有聖人作，鑽燧取火以化腥臊，而民説之，使王天下，號之曰燧人氏。”④ 人類的烹飪技術借鑒了原始森林的大

---

① 孫中山：《三民主義》《建國方略》。
② 錢鍾書：《寫在人生邊上》，北京：生活·讀書·新知三聯書店，2000 年。
③ （法）布封（Buffon）著，任典譯：《布封文鈔》，北京：人民文學出版社，1958 年，第 74 頁。
④ 《韓非子·五蠹篇》。

火，後來人類掌握了用火，便通過熏、炙、煮、蒸製作熟肉。人類也許會從敵對的部族中偷取火種，據為己有，所以就有了普羅米修斯從天上竊火的神話。其結果就是火的使用範圍擴大，火種熄滅的幾率減小。有了火種，人類可以吃熟食、取暖、驅趕野獸。一如普羅米修斯從天上竊火給人間，雖然是逆天大罪，却帶給了人間福音。

人類大腦的進化和吃熟食有關。早期人類大腦的進化，主要依靠從食物中攝取能量。熟食提高了人類的能量獲取。在吃肉方面，烹飪可以改變肉纖維的結構，使之更容易消化。烹飪是人類生理進化中必不可少的環節。2009 年，理查德（Richard Wrangham）出版了《着火：烹飪如何使我們成為人類》一書。他認為，烹飪對人類進化有着深遠影響——促使直立人的出現。

烹飪把文明人和野蠻人區別開來。人類不再過着飲血茹毛、生吞活剝、食肉寢皮的生活。這對人類理智的進步具有極大作用。火使得負面味道變成積極味道，難怪西方有聖火之說，中國古代有燧人氏之傳說。烹飪之術是稍晚出現的，有賴於火的使用。人類的進化史，就是烹飪技巧的進步史。原始烹飪方法經歷了火烹時代、石烹時代、陶烹時代、青銅鼎時代。火烹是原始的烹飪方法，即將動植物用火炙烤至熟。《禮記》記載了四種烹飪方法，即炮、燔、烹、炙。"昔者先王……未有火化，食草木之實、鳥獸之肉，飲其血，茹其毛。……後聖有作，然後修火之利……以炮（燒、烤）以燔（烤）以烹以炙。"① 石烹時代，水洞溝人三萬年前已經用燙石製作熟食。《古史考》載："神農時，民方食穀，釋米加燒石上而食之。"這就是石烹法，在石板或石塊下生火，將其燒熱，上面放置穀粒進行焙炒至熟。我國北方仍流傳着一種風味食品，稱為石子饃。大約一萬年前，人類掌握了製陶，開始用鍋碗瓢盆來加工和盛裝食物。這是人類第一次炊事革命。在使用陶器開始真正烹飪的時候，人類的飲食便與動物有了根本的區別，具有了文化屬性。然後有青銅鼎。

漢語"煙火"，即炊煙，也指熟食。道家稱辟穀修道為不食煙火食。電光石火，是人類最早熟悉的火。有了火，纔有了烹飪。人類掌握了火，開始用燒烤及煙熏的方式料理食物，而後又發明了坑和窯，學會了烤和煮。所以就有了"火"食。伙食者，大夥也，大鍋飯，但也和火有關，因為烹調離不開火。

《呂氏春秋·孝行覽》說："凡味之本，水最為始。五味三材，九沸九變，火為之紀。時疾時徐，滅腥去臊除羶，必以其勝，無失其理。調和之事，必以甘、酸、苦、辛、鹹。先後多少，其齊甚微，皆有自起。鼎中之變，精妙微纖，口弗能言……"② 酸甜苦辣鹹五味和水木火三材都決定了味道，味道燒煮九次變九次，火很關鍵。通過不同的火勢，可以達到滅腥去臊除羶的目的。

---

① 《禮記·禮運篇》。
② ［戰國］呂不韋著：《呂氏春秋》，上海：上海古籍出版社，1989 年。

三、化腥臊膻為美味：調料篇

食材依靠佐料輔助，纔能適口充腸。食材有腥臊膻膩味，要靠佐料化除。例如膻味和臊味，可以通過蔥、薑、蒜、白酒消除，還可用丁香、豆蔻、砂仁、當歸、白芷、肉桂、草果、陳皮、杏仁等消除。這些佐料可以讓湯汁鮮美。佐料本身嗆鼻麻舌，并不爽口適鼻，但却可以通過烹飪將矛盾轉化，袪除食材的異味。中國的烹飪，本身就是一門哲學。

在中國人的餐桌上，辛辣的調料十分多，重要的有花椒、薑、茱萸、扶留、藤桂、胡椒、芥茉、辣椒等。有的人不喜歡吃味道刺激的蔬菜，一聞到氣味就想嘔吐。古人發現，臊膻羶腥胺，是原始食材的五大異味，需要用香料去異增香。然後再佐以烹飪，把異味轉化為美食。

殷商時期，人們用青梅去除異味。先秦時已用梅子烹飪魚肉，并已開始使用花椒、桂皮、薑、蔥、芥、薤、韭。史載，人類最早使用的天然香料是桂皮。後來，中原又從西域引進大料、丁香、胡椒、陳皮、木香、山奈、白芷、茴香、良薑、甘草、肉蔻、砂仁等名貴天然香料，用於烹飪食物。

異味雖然具有負面性，但也具有積極意義。異味祇是現象，烹飪家和美食家能透過現象看本質。食物是氣味、味道、營養、藥理的載體和基礎。醇厚濃郁的異味可能是營養豐富的外在表現，反之，味道匱乏乃因營養成分闕如。異味經由烹飪之術，去粗取精，揚長避短，纔能"哀悁悁之可懷兮，良醰醰而有味"。[1] 這也是一種矛盾轉化。

調料是輔料，為主料服務，使主料更有味道。味道的複雜，就是美。珍饈美味來自腥臊膻澀。美食始於"惡食"。《呂氏春秋·本味篇》是伊尹以"至味"説湯的故事，本意是説明任用賢才，但不經意間記述了食品和調料，提出了最古老的烹飪理論。"夫三群之蟲，水居者腥，肉獲者臊，草食者膻。惡臭猶美，皆有所以。""滅腥去臊除膻，必以其勝，無失其理。調和之事，必以甘酸苦辛鹹。""故久而不弊，熟而不爛，甘而不濃，酸而不酷，鹹而不減，辛而不烈，淡而不薄，肥而不膩。"有"惡臭"，斯有美食。但惡臭轉化為美食，有一個過程和手段。去惡、入味、借（增）香，就是烹調的訣竅。

---

① ［漢］王褒：《洞簫賦》。

四、別有風味的臭味——香和臭的對立統一

腐爛變質本是壞事，但聰明的人類却利用黴變製作美食佳釀。在一些特殊微生物的作用下，變質的食物產生了獨特的風味。例如，古人以發酵大豆做黄醬，用小麥做面醬。黄醬和麵醬都由米麴黴發酵而成。另外一種發酵，就是做醋和釀酒。發酵也屬於利用食品的腐敗製作美食。

臭味常常標誌着食物的腐敗，但有的"臭食"却是美味，經過有益菌發酵，蛋白質會分解為各種氨基酸，有利於消化。比如納豆，秦漢時已有。納豆是以黄豆為原材料，通過枯草桿菌發酵製成的豆製品。聞起來臭，有黏性，但却有營養價值，長期食用能維護身體健康。和納豆屬一樣的還有豆瓣醬。

還有腐乳，在發酵過程中，豆腐中的澱粉轉化成酒精和有機酸，生成帶有香味的酯類及其他一些成分。安徽徽州有毛豆腐，也叫徽豆腐，是當地的一種特色美食。臭鱖魚是魯菜中的經典。臭麵筋是武漢和南京的招牌小吃，聞起來奇臭，吃起來却美味可口。臭羊肉也是"腐敗"的美味。皮蛋發明於14世紀的明朝，氣味難聞，但經過醋、香油等調料的中和，變得十分美味。變質莧菜梗的，氣味直衝鼻腔，有人避之不及，有人甘之如飴，是寧波人餐桌上的常客。

異味撲鼻的芫荽，即香菜，香味過於濃鬱，有人覺得就是臭味。香椿名為香，但其强烈的刺激味道，其實也是臭。香臭并非今人所說的截然對立，而是對立統一。《玉篇·犬部》："臭，香臭總稱也。""臭"，後來專指穢惡之氣，與"香"相對。

人類不僅是美食家，也是惡食家。有些東西名稱、形狀、味道、口感不雅，但也是美食，如醜橘、螃蟹、核桃、蘑菇、猴頭，等等。再如牛糞火鍋，其實就是牛癟火鍋，在熬製過程中會產生一種令人不適的牛糞味道。另外還有毛雞蛋，看上去就令人毛骨悚然，但它有極高的營養價值。福建寧化有田鼠乾，是將田鼠抓住，去除腸內臟，用米飯或者米糠烤香，再用調料調香，成為寧化人喜愛的美食。蝗蚱，又叫蝗蟲，蟲災嚴重時，農民將其去掉頭、肢、翅、內臟，再放入油鍋油炸，便變成油香四溢的油炸蝗蚱。重慶有一道特色菜叫毛血旺，以毛肚雜碎為主料，將生血旺現燙現吃，其味道麻辣鮮香四味俱全。

如今烹飪已走出家庭灶樹，成為社會化的事物，作為餐飲業的重要一環，其科學性、法規性得到理論指導和社會保障。人人都能成為評論菜肴的美食家。

五、含辛茹苦：生活離不開辛酸苦辣

面對形形色色的味道，人類需要足够的勇氣。酸甜苦辣鹹，多種不同的味道，按完美的比例混合在一起，便是絕世佳肴。辨別香臭美醜、肥瘦甘苦，就有了愛恨喜厭、親疏遠近，味道和氣味因而就寄寓了深沉的感情。

人類的食材和佐料多種多樣，并不完全是令人愜意的正面味道。烹調便是假惡醜與真善美的統一，每種滋味都有其存在的意義。

酸，本義指酒發酵後散發出的像醋一樣的氣味或味道。遠古人類發現釀酒酸敗時，酒會變成酸味料，就人為地故意使酒酸敗，製取這種酸味。酸味食物有很多，如沙果、山楂、柠檬，這些天然的酸性物質能促進礦物質的吸收。許多時候酸可以轉化為甜。比如未熟的水果酸澀不甜，因為含有檸檬酸、酒石酸、蘋果酸和單寧檸檬酸。在成熟過程中，果味由酸變甜。再如山楂雖然酸澀，却具有消食健胃、化濁降脂的功效。

過於濃烈的甜，就轉化為苦。齁甜，達到甜的極致，就是苦。捨棄任何一方，甜苦便不復存在。調和味道離不開苦味。人類對苦味的感知能力可以回溯到五十萬年以前。《詩經·大雅·綿》："菫茶如飴。"鄭玄箋："其所生菜，雖有性苦者，甘如飴也。"可能苦味食物具有某種醫療效果，人類對苦味感知能力的進化是"平衡選擇"。苦味可以促進食欲，也可以清心、健腦、泄熱、排毒。例如人們接受度較高的苦瓜，就具有清熱消暑、養血益氣、補腎健脾、滋肝明目的功效。當然，如果天天受苦，苦若成為常態，就不是享受了。

在語彙裏，"辛辣"多含貶義，如辛苦、毒辣，但它們也是美味。辛辣味可以促進消化液分泌，增進食欲。它們是日常生活中不可缺少的調味品。辛辣、刺激的食物，包括辣椒、洋蔥、大蒜、生薑、胡椒、花椒等。人類食辣的歷史很長。公元前 2000 年，秘魯當地的印第安人就吃辣椒，并開始種植辣椒。食物中的辣味由辣椒素或揮發性的硫化物提供。辣椒素具有鎮痛作用，還能提高新陳代謝，具有燃脂、減肥的功效。洋蔥富含具有揮發性的硫化物，可以殺菌消炎。大蔥含有具有刺激性氣味的揮發油和辣素，能祛除腥膻等油膩厚味和菜肴中的異味，產生特殊香氣。大蒜有刺激性辛辣味，含有揮發油，有殺菌作用。長期食用大蒜，癌症發病率會明顯降低。

中國特色的麻辣美食，還有麻辣拌菜，其中主要包括土豆片、海帶結、豆皮、丸子、魚丸、甘藍、寬粉、油菜、白菜、悶子、豆泡、蟹棒、蘑菇、素丸子（又稱紅丸子）等，做法和麻辣燙相似，加鹽、陳醋、糖、花生碎、辣椒、孜然、麻油等，拌匀後食用，有醬香、酸甜、酸辣、麻辣、鹹辣、甜辣、酸甜麻辣等口味。

又有麻辣燙，主要食材為魚、肉、豆製品、麵條、白菜、金針菇、海帶、蔬菜等，底湯配撒尿牛肉丸。

本文不是有關餐飲烹調的科技論文。通過食材和味道的多樣化與五味雜陳的烹飪哲學，我們理解的是文明形態和體制的複雜性。飲食一道有關文化、文明，是一種社會現象，烹飪則是哲學理論、思想觀念的外化。

作者單位：山西大學哲學社會學學院

淺析古蜀神話對巴蜀道教的影響

宋　峰

　　巴蜀地區特殊的地理位置和優越的生活環境，造就了獨具特色的文化氛圍。當地的諸多文化傳統和一系列神話傳説，具有典型的本土地域文化特徵，其中頗為醒目的便是古蜀神話傳説。神話作為一種"敘事"行為，具有神秘且有效的力量，是對部族歷史記憶的傳遞與變形。① 以天府傳説與天門傳説為代表的古蜀神話，反映了古蜀人對自身歷史的追憶與加工，是巴蜀地區自古以來流傳甚廣的神話傳説。此外，巴蜀地區既是孕育道教形成的温床，同時又是道教自我調整及發展壯大的沃土。那麼，古蜀神話與巴蜀道教的產生和形成之間，是否存在着某種必然聯繫呢？為了解答這一問題，本文將從古蜀國與"天府傳説"、古蜀人的天門觀念、古蜀人的魚鳧神話等三個方面，針對巴蜀地區流傳的古蜀神話與巴蜀道教之間的關係進行梳理與分析。

一、古蜀國與"天府傳説"

　　巴蜀地區自古以來便擁有得天獨厚的自然環境，如《漢書·地理志》曰："巴、蜀、廣漢本南夷，秦并以為郡。土地肥美，有江水沃野、山林竹木疏食果實之饒。"②肥沃的土

---

　　① "就神話（mythos）最古老意義的力量來説，fabula（敘事）不是作為'虛構'的傳説而具有力量，而是某種秘密的和有效的力量，正如其詞源所顯示的，它具有近似於 fa—tum（命運）的能力。"（美）阿蘭·鄧迪斯編，朝戈金譯：《西方神話學讀本》，桂林：廣西師範大學出版社，2006 年，第 126 頁。

　　② ［漢］班固撰，［唐］顏師古注：《漢書》，北京：中華書局，1962 年，第 1645 頁。

地與充足的水源，使得巴蜀地區植被茂密、物産豐富，民衆容易解決生計問題，故而史書稱讚此地“亡凶年憂，俗不愁苦”①。類似記載又見《後漢書·公孫述傳》：“蜀地沃野千里，土壤膏腴，果實所生，無穀而飽。”②衣食無憂的巴蜀民衆積極開發各種物産資源，并藉此帶動了當地手工業的發展：“女工之業，覆衣天下。名材竹幹，器械之饒，不可勝用。又有魚鹽銅銀之利，浮水轉漕之便。”③手工業的蓬勃發展，則進一步帶動了金屬冶煉與製造的發展。加之巴蜀地區縱橫交錯的水利系統，以上種種因素使得巴蜀地區的經濟發展迅速，當地居民很早便過上了舒適富足的生活。如《華陽國志·蜀志》曰：“是以蜀人稱郫、繁曰膏腴，綿、洛為浸沃也。又識齊水脈，穿廣都鹽井、諸陂池。蜀於是盛有養生之饒焉。”④因此説，豐富的自然資源與發達的經濟基礎，為巴蜀地區孕育出先進的巴蜀文明提供了堅實的物質保障。

作為巴蜀地區的核心地帶，成都平原歷來就有“沃野千里，號為陸海”的説法。成都平原河流縱橫、泉水充盈，山林茂盛、土壤肥沃，園圃瓜果四季代熟。“地稱天府，原曰華陽。故其精靈，則井絡垂耀，江漢遵流。《河圖括地象》曰：‘岷山之地，上為井絡，帝以會昌，神以建福。’”⑤由此可見，成都平原被視為天帝居住的“天府”，是受到諸神祝福與庇護的地方。晉代常璩在《華陽國志》中指出，獨特的地理環境與生活方式，造就了當地居民精明敏捷、聰明多智的特點：“其卦值坤，故多斑綵文章。其辰值未，故尚滋味。德在少昊，故好辛香。星應輿鬼，故君子精敏，小人鬼黠。”⑥因此，這裏的文化氛圍濃厚，民衆機敏勤勞。成都平原豐富的物産與礦藏資源、濃厚的文化氛圍，被視為是受到上天眷顧的證據，因而自古以來便享有“天府之國”的美譽。

從古蜀王蠶叢氏開始，巴蜀人民就對桑蠶農耕注入了極大的熱情，將它們作為主要的生活方式。蠶叢氏改良蠶種，教導民衆養蠶繅絲，并且拓展絲製品貿易。杜宇統治時期則大力發展稻作農耕，大幅提升了糧食生産力，同時積極開疆拓土，“以褒斜為前門，熊耳、靈關為後户，玉壘、峨眉為城郭，江、潛、綿、洛為池澤；以汶山為畜牧，南中為園苑”⑦。杜宇統治時期的古蜀國，疆域北至漢中、南達宜賓、東越涪水、西抵青衣江，成為西南地區首屈一指的大國。古蜀國以農桑興邦，奠定了天府之國的物質基礎，創造了豐富多彩的

---

① ［漢］班固撰，［唐］顏師古注：《漢書》，北京：中華書局，1962 年，第 1645 頁。
② ［南朝宋］范曄撰，［唐］李賢注：《後漢書》，北京：中華書局，1982 年，第 535 頁。
③ 同上。
④ ［晉］常璩撰，任乃強校注：《華陽國志校補圖注》，上海：上海古籍出版社，1987 年，第 133—134 頁。
⑤ 同上，第 133 頁。
⑥ 同上。又如《太平寰宇記》卷七二《十道志》云：“巴蜀土地肥美，有江水沃野，山林竹木，蔬食果實之饒，橘柚之園，郊野之富，號為近蜀丹青文采。家有鹽泉之井，户有橘柚之園，紙惟十色，竹則九種，卭竹蒟醬。”
⑦ 同上，第 118 頁。

農耕文化①。豐富的物産與先進的農耕技術，使古蜀國的百姓們生活富裕、衣食無憂，并持續惠及後世子孫。

在一些出土的漢代畫像磚上，對於當時巴蜀地區的農林生産情況有着生動而又形象的刻畫。而出土的各種陶俑和陶塑，則是對巴蜀地區本土飲食、生産、畜牧、娛樂等社會生活的真實寫照。這些考古發現，可以與《華陽國志》中"其山林澤漁，園圃瓜果，百穀蕃廡，四節代熟"②的描述相互印證。發達的農業水準與富庶的生活水準，使得蜀地在唐宋時期仍保持着"天府之國"的地位，享有"揚一益二"的贊譽。

成都平原獨特的地理環境，使得生活在這片土壤上的民衆們都對它敬愛有加。自古蜀時期以來，成都平原就流傳着這樣一則神話傳説：成都的地下乃是一片汪洋，成都則由一巨大鼇魚用背托起，"鼇魚眨眼，大地翻身"。正是由於這個原因，成都的大街小巷留下了許多與水有關的地名。這則世代相傳的有關成都平原的"創世神話"，可以藉助對神話定義的概括性描述來進行解釋，即：這是關於受到上天眷顧的"天府"的宗教性敘述，它涉及成都平原的起源與創世，是生活在此的民衆們用來維護當地固有的生活習俗與文化秩序的保障③。由這種關於成都平原的"創世"神話所引申出的具有地方特色的生活習俗，又進一步增強了民衆對於成都平原受到上天眷顧的神聖地位的認可。例如，成都平原的更夫們在中華人民共和國成立以前祇打二更不打三更，害怕因為報天明而導致平原下沉。這種風俗不僅盛行於成都平原地區，而且還進一步擴展影響到了成都平原周邊的樂山、眉山等地區。這種文化現象表明，雖然由於歷史上數次人口大屠殺的緣故，生活在成都平原的民衆絕大多數都是從外地遷徙而來的非本地人口，然而却出於對成都平原的"天府之國"的地位的認可，不約而同地遵循着當地的原住民所傳承下來的神話傳説與生活習俗，自覺地參與到對於當地神聖性的維護與文化秩序的重建行動當中④。

在這則關於成都平原的奇特的宇宙起源過程描述中，我們可以發現：它的主要目的便是為了凸顯成都平原的特殊性，進而凸顯成都平原的唯一性。"神話極其嚴肅地講述了某些最為重要的事情。此外，它還是這個世界的一種生活方式，一種擺正自己與外物的關係，

---

① 范仲遠、張孟冬：《論成都平原遠古文明的濫觴與發展》，《西南民族大學學報（人文社會科學版）》2012 年第 6 期。

② ［晉］常璩撰，任乃强校注：《華陽國志校補圖注》，上海：上海古籍出版社，1987 年，第 113 頁。

③ 勞里·杭柯認為："神話是關於神祇們的故事，是一種宗教性的敘述，它涉及宇宙起源、創世、重大的事件，以及神祇們典型的行為，行為的結果則是那些至今仍在的宇宙、自然、文化及一切由此而來的東西，他們被創造出來并被賦予了秩序。"（美）勞里·杭柯：《神話界定問題》，見（美）阿蘭·鄧迪斯編，朝戈金等譯：《西方神話學讀本》，桂林：廣西師範大學出版社，2006 年，第 61 頁。

④ 勞里·杭柯指出："神話傳達并認定社會的宗教價值規範，它提供應遵循的行為模式，確認宗教儀式及其實際結果的功效，樹立神聖物的崇拜。神話的真正環境是在宗教儀式和禮儀之中。神話意外的儀式行為包含對世界秩序的保護，靠着效法神聖榜樣防止世界陷入混亂之中。"同上，第 61 頁。

是在尋求自我的過程中探索答案的方式。"①古蜀人將自己天府平原的認識與理解，通過與"天府"相關的一系列神話傳説，表達了自己的生活方式和與外界的關係，形成了獨具特色的"天府傳説"，并在日常生活當中延續了下來。

這種宇宙起源神話産生的主要動因是為了確立特定地區自"開天闢地"伊始便具備神聖性，而這種神聖性則是當地文化起源及文化價值獲取神聖性的基石。這種神聖性不僅為日後"天府之國"的説法提供了充分的神性依據，同時也為整個巴蜀地區營造出了一種神聖氛圍。作為一種獨特的文化現象，天府傳説的持續流傳，不但能夠與巴蜀地區巫教的盛行相呼應，同時也能够部分説明緣何巴蜀地區既是孕育道教形成的温床，又一直以來都是道教自我調整及發展壯大的沃土。

二、古蜀人的天門觀念

天門觀念歷史悠久，如《山海經・大荒西經》認為天門是日月所入之地②，《楚辭・大司命》中亦有"廣開兮天門"之説，洪興祖認為天門便是天帝居住的紫微宮門③。《淮南子・原道訓》則直接將天門與昆侖并提："經紀山川，蹈騰昆侖，排閶闔，淪天門"。④ 可見天門觀念的出現頗為久遠。

古蜀人同樣信奉天門觀念。他們認為天門是天國的門户，是分隔人神兩界的關隘。天門之説的確立與巴蜀地區的一位重要人物密切相關，那就是李冰。據《華陽國志》載，李冰"能知天文地理，謂汶山為天彭門，乃至湔氐縣，見兩山對如闕，因號天彭闕，仿佛若見神"⑤。天彭門即指天門。李冰稱汶山為天彭門，表明他知道天庭所在的昆侖山即岷山，故稱岷山為天門。進入天門的入口門闕"天彭闕"就在湔氐縣，即如今位於都江堰市西境的灌口山。《太平寰宇記》卷七十三《導江縣》條下轉引李膺《益州記》指出，灌口山便是古代所謂的"天彭闕"。由此可見，天門之説不僅流行於岷山地區和長江中上游流域，同時也已經在古蜀人心中流傳甚久。《水經注・河水》引《昆侖説》稱："昆侖之山三級……上曰層城，一名天庭，是為太帝之居。"⑥ 正由於昆侖（岷山）被視為天庭的門户天門，使

---

① （美）阿蘭・鄧迪斯編，朝戈金等譯：《西方神話學讀本》，桂林：廣西師範大學出版社，2006年，第275頁。
② 袁珂：《山海經校注》，上海：上海古籍出版社，1980年，第402頁。
③ 洪興祖注曰："漢樂歌云：'天門開，詄蕩蕩。'《淮南子》注云：'天門，上帝所居紫微宮門也。'"［宋］洪興祖撰，白化文、許德楠、李如鸞、方進點校：《楚辭補注》，北京：中華書局，1983年，第68頁。
④ 何寧：《淮南子集釋》，北京：中華書局，1998年，第16頁。
⑤ ［晉］常璩撰，任乃强校注：《華陽國志校補圖注》，上海：上海古籍出版社，1987年，第132—133頁。
⑥ ［清］王國維校，袁英光、劉寅生整理標點：《水經注校》，上海：上海人民出版社，1984年，第1頁。

得岷山地區擁有深厚的宗教文化土壤，成為後世道教能夠在岷山地區産生并得到迅速發展的原因之一。

將靈魂與天門觀念聯繫在一起，是蜀地的一大習俗。如《蜀王本紀》載，李冰"謂汶山為天彭闕，號曰天彭門，云亡者悉過其中，鬼神精靈數見"①。這種觀念與由岷山神化而來的聖山昆侖有很大的關係。因為昆侖是"太帝之居"，因此登之可以不死、可以見神靈。② 昆侖（岷山）有"不死藥""不死樹"，因此説歸隱岷山之人皆能仙化不死。除了仙化不死之外，昆侖（岷山）還能令人死而復生③，故此蜀人有"魂歸昆侖"的説法。這種死而復生之人，則被稱之為"化民"。"化民"觀念後來被道教所吸納，演變成為道教的"屍解"之説。如《後漢書·王和平傳》云："北海王和平，性好道術，自以當仙。濟南孫邕少事之，從至京師。會和平病殁，邕因葬之東陶。有書百餘卷，藥數囊，悉以送之。後弟子夏榮言其屍解，邕乃恨不取其寶書仙藥焉。"李賢注云："屍解者，言將登仙，假托為屍以解化也。"④ 所謂屍解，便是假死以解化、進而復生以登仙的一種方法。屍解之法是道教對"死而復生"的化民理論的繼承與發展，并且成為道教最為重要的修仙理論之一。

天門觀念的産生與古蜀國的宗教習俗密不可分。三星堆出土的 K2③: 201—4 玉璋，其圖案形象地刻畫了古蜀國的祭祀情景，展現了古蜀王國的宗教習俗，展示了濃郁的古蜀文化特徵。除了神山與祭司之外，兩座神山之間還刻有一懸空圖案。有學者將它作為載有人員的船形符號來解讀⑤，也有人認為這一圖案描繪了一艘有人站立着的向上飛騰的船，反映出蜀人以船運載死者靈魂回歸祖先起源的聖地蜀山的宗教觀念⑥。這類觀點的結論頗值得參考。將該圖案與昆侖崇拜、天門傳説進行結合，我們可以推斷，圖案中所刻畫的圖形乃是天門的象徵。

三星堆玉璋圖案中的天門象徵，後來逐步演化為雙圈的符號造型。1988 年 1 月簡陽縣鬼頭山東漢岩墓出土的 3 號石棺畫像，畫面中間是一座單簷廡殿式雙闕，闕的上面極其醒目地鑴刻了"天門"二字。通過對簡陽石棺畫像的畫面及榜題文字進行分析，我們可以認

---

① ［漢］揚雄撰，［明］鄭樸輯：《蜀王本紀》，見四川大學圖書館編：《中國野史集成》第 1 冊，成都：巴蜀書社，1993 年，第 213 頁。

② 《淮南子·地形訓》稱："昆侖之丘，或上倍之，是謂涼風之山，登之乃不死；或上倍之，是謂玄圃，登之乃靈，能使風雨；或上倍之，乃維上天，登之乃神，是謂太帝之居。"何寧：《淮南子集釋》，北京：中華書局，1998 年，第 328 頁。

③ 《蜀王本紀》曰："望帝治汶山下邑曰郫，化民往往復出。"［漢］揚雄撰，［明］鄭樸輯：《蜀王本紀》，見四川大學圖書館編：《中國野史集成》第 1 冊，成都：巴蜀書社，1993 年，第 211 頁。

④ ［南朝宋］范曄撰，［唐］李賢注：《後漢書》，北京：中華書局，1982 年，第 2751 頁。

⑤ 陳德安、魏學峰、李偉綱：《三星堆——長江上游文明中心探索》，成都：四川人民出版社，1998 年，第 45 頁。

⑥ 陳德安：《淺釋三星堆二號祭祀坑出土的"邊璋"圖案》，《南方民族考古第三輯》，成都：四川科學技術出版社，1991 年，第 88 頁。

定這是對"天門"之內天國景象的具體描繪①。這不僅説明了石棺畫像上雙闕的性質和象徵含義，同時也是對古蜀人魂歸天門觀念的有力佐證。20世紀80年代在巫山東漢墓中出土的7件鎏金銅牌飾件，用雙勾筆法刻出了隸書"天門"二字，證明了天門觀念在巴蜀地區的長期流傳。這些鎏金銅牌畫像，也構成了一組以西王母為中心的"天門"内的完整圖景②。

天門觀念同昆侖崇拜、神樹崇拜、日神崇拜等共同構成了古蜀人絢麗多彩的精神世界，并對道教的産生以及整個南方文化系統的發展産生了深遠影響。結合茂縣牟托一號石棺墓中出土的描繪有翼龍飛升上山圖的春秋時期青銅鈕鐘，以及廣漢三星堆遺址祭祀坑中出土的羽人和羽獸，這些出土實物充分證明了古蜀人"魂歸天門"的觀念已逐步融入到羽化登仙思想當中。秦漢時期羽化登仙思想在蜀地的廣泛傳播，為道教在岷山地區的崛起提供了很大的便利。正由於岷山是天庭的門户天門，因此屬於岷山山脈的青城山在後世逐步成為道教總領衆神的神仙祖庭。

三、古蜀人的魚鳧神話

除了"天府"傳説、"天門"傳説之外，影響較大的古蜀神話還有魚鳧神話。魚鳧氏是古蜀國五代蜀王中繼蠶叢、柏灌之後的第三個氏族。從考古發現來看，三星堆第三期出土器物中有鳥紋飾與魚紋飾大量并存的現象。這不僅反映出三星堆第三期文化同時與鳥圖騰部族和魚圖騰部族有着密切聯繫，而且還部分折射出了魚鳧氏取代柏灌氏的歷史事實。

魚鳧的"鳧"字有多種通假字。《讀史方輿紀要》説魚鳧津又名魚涪津，在四川彭山縣東北二里處。③《後漢書·郡國志》云："南安（今樂山）有魚涪津"，魚符津（即魚涪津）長約數百步，在縣北三十里。"④《山海經·大荒西經》曰："有魚偏枯，名曰魚婦"；⑤《左傳·文公十六年》馬宗璉《補注》曰："《水經·江水》'又東逕魚腹縣故城南。"楊伯峻在案語中指出："魚則當在今四川省奉節縣東五里。"⑥賈誼《鵬鳥賦》中的"鵩"字即"鳧"的假借字。以上的符、涪、婦、腹、服、鵩等字都是鳧的假借字，魚鳧、魚符、魚涪、魚婦、魚腹、魚服、魚鵩都指的是魚鳧。

---

① 趙殿增、袁曙光：《"天門考"——兼論四川漢畫像磚（石）的組合與主題》，《四川文物》1990年第6期。
② 同上。
③ ［清］顧祖禹撰，賀次君、施和金點校：《讀史方輿紀要》，北京：中華書局，2005年，第3354頁。
④ ［南朝宋］范曄撰，［唐］李賢注：《後漢書》，北京：中華書局，1982年，第3510頁。
⑤ 袁珂：《山海經校注》，上海：上海古籍出版社，1980年，第416頁。
⑥ 楊伯峻編著：《春秋左傳注》，北京：中華書局，1981年，第619頁。

清代顧祖禹在《讀史方輿紀要》卷六十七"溫江縣"條指出，魚鳧城在溫江縣城北十裡，相傳為古魚鳧國都城①。魚鳧遺址位於今成都市溫江區萬春鎮報恩村。古城遺址呈新月形，埂長 1810 米，目前保存較完整有 1300 米。1996 年 10 月至 12 月進行了初次發掘勘探，出土了大量的陶片和體形較小、打磨精美的石斧、石鑿、石錛等石器，以及房址、城墻、墓葬等大量文化遺存。經過試掘，證實該城距今 4000 年左右，早於廣漢三星堆遺址，屬新石器時代。柏灌與魚鳧的王墓均在溫江境内的壽安鄉，同魚鳧遺址萬春鎮緊鄰。其第一期屬新石器晚期，絕對年代距今 4000—5000 年，第二期至第四期的年代相當於夏到商末周初。同時還出土有大量鳥頭柄勺，這些鳥頭長喙帶鈎，頗似魚鷹。在三星堆遺址一號坑出土的金杖上雕有鳥、魚和穗形紋等圖案，它們與溫江魚鳧城出土的金杖鳥、魚紋相似，這一現象可能與傳説中的魚鳧王、杜宇王有關。

《太平御覽》卷八八八引《蜀王本紀》云，魚鳧王到湔山狩獵時仙去，民衆們在湔山前為其立廟祭祀。《華陽國志·蜀志》也有關於魚鳧王在湔山忽得仙道的記載②。魚鳧王打獵的湔山，是湔水的發源地，古代又稱玉壘山，即今成都平原西北九頂山。魚鳧王在那裏遭到放逐，之後舉族向南遷徙。"嚴格説來，講述起源、宇宙創生論、神譜、超人英雄的傳奇的故事是神話。而且我們還看到講述這些故事的人認為它們是'真實'的，非常明確地和'虛構'的故事相區别。這種區别不僅存在於内容之中，而且通過明顯的外部標誌表明神話内在的性質。"③我們可以發現，魚鳧王在九頂山得道仙去的故事，作為一種超人英雄的傳奇而被其後裔認定為是"真實"的，并且在族群内部以神話傳説的方式加以傳頌。

據《輿地紀勝》《太平寰宇記》《元豐九域志》《讀史方輿紀要》、嘉慶《四川通志》等諸多典籍記載，岷江南下區域有很多與"魚鳧"相關的地名。除了上文提到的記載外，《太平寰宇記》載彭山縣東北二里有魚鳧津，《續漢書》提到南安（今樂山）岷江邊有漁涪津，漁涪津在《南北八郡志》中記作魚鳧津。在後世方志中，南溪縣北三十里有魚符津，永寧縣有魚鳧關，符縣（今合江）有巴符關，奉節漢代稱魚復縣，沔陽縣東十五里有魚復城，松滋縣有巴復村，等等。以上列舉的種種重名的地望絶非巧合，而是古蜀人通過地名標注出了當年魚鳧族的逃亡路綫：他們沿岷江南下到達川南，再順長江東去直至鄂西。在這一漫長的遷徙過程中，魚鳧族後裔牢記魚鳧王湔山升仙等本民族神話傳説，并通過世世代代的口耳相傳將它們延續了下來。

魚鳧族的後裔將祖先魚鳧王視為自己族群的保護者，并且以得道成仙的方式賦予其合法的神話力量，進而將其神明化，使得不同歷史時期内魚鳧族後裔能够通過魚鳧神話獲得

① ［清］顧祖禹撰，賀次君、施和金點校：《讀史方輿紀要》，北京：中華書局，2005 年，第 3146 頁。

② ［晉］常璩撰，任乃强校注：《華陽國志校補圖注》，上海：上海古籍出版社，1987 年，第 118 頁。

③ （美）阿蘭·鄧迪斯編，朝戈金等譯：《西方神話學讀本》，桂林：廣西師範大學出版社，2006 年，第 123 頁。

内心的身份認同感。魚鳬神話的核心是魚鳬王所獲得的神聖性，而這種神聖性的表達方式隨着詮釋者的改變而不斷變遷。但是，這種神聖性的主體地位并未受到影響，這就説明了為何在後世會有許多與"魚鳬"相關的地名存在。魚鳬族後裔在遷徙的過程中，將魚鳬神話的神聖性"分享"給了他們所遷徙到的各個地區，而這一"分享"過程反過來又豐滿了魚鳬神話。神話及其文化象徵是連續而又不連續的。保證這種連續的核心内容是易於變化而非靜止的，因此神話的有些因素就會在流傳過程中發生丢失的現象。神話和標誌的變化是在複雜的歷史背景下發生的，故而不會趨向於完全不連續。文化象徵即使在自身發生變化時，也會在某一層次上隨着社會群體和利益的變化保持連續性①。後來，魚鳬神話被巴蜀道教所吸收，魚鳬王所獲得的神聖性也以道教的方式加以詮釋，成為道教修仙思想的重要組成部分。

在中國的文化傳統中，并不存在一段人與神完全分隔的早期時代。"如果從本質上來考察，英雄崇拜不僅僅是尊敬；它不僅包括崇敬之情，而且懷有畏懼之心；不祇是虔敬，而且是奉承。因而，當一位民族英雄或死去的祖先受到崇拜時，他也就具有了某些不僅僅是出於表達尊敬的、為了葬禮或死後榮譽的成分。"②中國文化中的諸神大多都是已經死去的人，他們都是存在於特定的歷史範圍之内的。尤其是道教中的諸神，大多數都是曾經生活在現實生活或者民衆的想象當中的、對民衆的日常生活產生了重大影響的人。這些人在死去之後被神格化為神仙，并且持續對民衆的日常生活產生影響。從這個角度來看，魚鳬神話的發展不僅與魚鳬族後裔對魚鳬王的追憶與紀念有關，而且還與巴蜀地區的天府傳説、天門信仰有着必然的聯繫。在神話與歷史的交織中，魚鳬神話的流傳範圍日益擴大，其影響力也日漸增強，并藉助於道教這個"放大器"而得到了更大的拓展及延伸。

四、結語

通過結合考古材料和文獻記載，對古蜀國的"天府"傳説、"天門"傳説和魚鳬神話進行考察，我們可以發現：古蜀神話與巴蜀地區根深蒂固的巫教傳統互為表裏，同巴蜀道教有着十分緊密的聯繫。古蜀神話不僅為巴蜀地區神聖氛圍的營造提供了動力，同時也對巴蜀道教的產生及發展注入了活力。

古蜀人通過"天府"傳説來強調成都平原地區自古以來便具備神聖性，進而強調本土

---

① （美）杜贊奇：《刻劃標誌：中國戰神關羽的神話》，見（美）韋思諦編，陳仲丹譯：《中國大衆宗教》，南京：江蘇人民出版社，2006年，第95頁。

② （美）阿蘭·鄧迪斯編，朝戈金等譯：《西方神話學讀本》，桂林：廣西師範大學出版社，2006年，第143—144頁。

文化的起源與價值所具備的神聖性，為整個巴蜀地區營造出了一種神聖氛圍。天府傳説的持續流傳，能夠部分説明緣何巴蜀地區既是孕育道教形成的温床，同時又一直以來都是道教自我調整及發展壯大的沃土。此外，從古蜀人的"魂歸昆侖"思想當中，衍生出了"化民"觀念。這種死而復生的觀念後來被道教所吸納，演變成道教假死以解化、進而復生以登仙的"屍解"理論，并且成為道教最重要的修仙理論之一。

魚鳧神話的發展不僅與魚鳧族後裔對魚鳧王的追憶與紀念有關，而且還與巴蜀地區的天府傳説、天門信仰有着必然的聯繫。古蜀人"魂歸天門"的傳統觀念又進一步與道教羽化登仙思想相融合，成為道教仙學思想的主要源頭之一。而魚鳧王在湔山的"得道仙去"，則成為早期道教仙學理論的重要例證。

隨着魚鳧王後裔的不斷遷徙，魚鳧王"得道仙去"的神話也隨之沿途流布，為道教的傳播起到了一定的推動作用。這不僅能夠解釋緣何在漢代《列仙傳》中巴蜀地區的仙人占有較高比例，同時也能夠説明道教為何能夠在岷山地區迅速崛起。正由於岷山是天庭的門户天門，因此屬於岷山山脈的青城山在後世逐步成為道教總領衆神的神仙祖庭，并進一步提升了巴蜀地區道教在全國道教發展過程中所占據的地位。

作者單位：四川大學道教與宗教文化研究所

巴相鼓的源流及其社會歷史意義

繆永舒

巴相鼓是我國西南川東北地區古代"巴渝舞"伴鼓，由於歷史遠去，記載缺乏，長期以來使我們對之瞭解甚微。有學人將巴相鼓稱"巴象鼓"，民間則將巴相鼓誤稱"八仙鼓"。本文根據有關史料、出土文物、民間巴相鼓表演習俗，對巴相鼓源流及社會歷史意義做一些探索。

一、巴相鼓的起源與特徵

巴相鼓是巴渝舞的伴鼓，而巴渝舞是巴人作戰的"武舞"，這在學術界看法是基本一致的①。巴人英勇善戰，在出土的甲骨文中有不少記載，如"壬申卜，爭、貞令婦好從沚聝伐巴方，受有（祐）"（《粹》1230），"貞王勿住令婦好從沚聝伐巴方，弗其受有祐"（《乙》961），"貞，我將人伐巴方"（《鐵》259.2），"貞王從沚聝伐巴"（《丙》25），"王勿從沚聝伐巴"（《丙》25），"癸丑卜，亘，貞王從奚伐巴"（《乙》7741），"貞，巴方不敗"（《乙》8171），"辛未卜，爭，貞婦好其從沚聝奚巴方，王自東奚伐重阱於婦好立"（《乙》2948），等等。

上引甲骨文材料，大致内容為：商王武丁時與巴方發生過多次戰爭，均未能獲勝。最後，武丁親自統率商朝著名女將軍婦好、名將沚聝出征，并徵集了村社衆人參戰。武丁精

---

① 董其祥：《巴史新考續編》，重慶：重慶出版社，1993 年，第 141 頁。

心謀劃，部署兵力，設下埋伏，并親自領兵向巴方陣地發動進攻，纔將巴方的潰兵趕進婦好設立的埋伏圈裏，取得勝利。雖然武丁取得了戰爭勝利，但巴軍英勇善戰，要全部消滅他們絕非易事。這在卜辭中亦有記載，如"辛未卜，賓，貞沚震啓巴，王勿住從止"（《乙》7818），"貞沚震啓巴王從"（《合》223）。也就是説，武丁曾派名將沚震去開導安撫巴人，但巴人與商王朝結下的深仇大恨是不可能從根本上消除的。所以，在商末周武王伐紂時，巴人便參加伐紂聯軍，成為滅商的主力軍之一。故《華陽國志》載："周武王伐紂，實得巴蜀之師，著乎《尚書》。巴師勇鋭，歌舞以凌殷人，前徒殷人倒戈。故世稱之曰，'武王伐紂，前歌後舞'也。""前歌後舞"的"巴師"是誰呢？根據史料記載，"廩君"王巴，是巴人歷史上新的轉折。《世本》稱："廩君之先，故出巫延，巴郡南郡蠻，本有五姓：巴氏、樊氏、瞫氏、相氏、鄭氏，皆出於武落鍾離山。其山有赤黑二穴，巴氏之子生於赤穴，四姓之子皆生黑穴。未有君長，俱事鬼神。""廩君名曰務相，姓巴氏，與樊氏、瞫氏、相氏、鄭氏凡五姓，俱出皆爭神，乃共擲劍於石，約能中者，奉以為君。巴氏子務相，乃獨中之，衆皆歎。又令各乘土船，雕文畫之，而浮水中，約能浮者，當以為君。餘姓悉沈，惟務相獨浮。因共立之，是為廩君。乃乘土船，從夷水至鹽陽……廩君於是君乎夷域。"這則記載出自《世本·姓氏篇》，《世本》最晚是秦漢之間的人所作，司馬遷作《史記》，多據《世本》，這應是記載巴族最古老的傳説。其後《晉書》《太平寰宇記》等均有類似的記述。也就是説，巴人善戰的祖先應指廩君，其名曰務相。在原始部落聯盟時期的戰爭，一般都是由部落首領親自指揮作戰，故在甲骨文中所反映的巴人戰爭中，英勇善戰的巴人的最高統帥應是務相，而務相作戰的特點是"前歌後舞"，這便是巴渝舞，即以鼓為伴的"武舞"。故巴相鼓最早得名與"務相"之名有關，其理由有四：

其一，"原始歌舞是維護民族社會秩序的重要遊藝"①。原始部落除了維持生存的狩獵、種植活動，最重要的任務是抵禦外族的侵掠。巴渝舞就是在這種社會背景下產生的"武舞"，它除了戰時用以統一步調，使人們同心協力抵禦外敵外，在平時也是維護本族部落之間秩序的重要"遊藝"。根據相關史料記載，在巴人同族部落之間，爭執和内鬥時有發生，部落聯盟的君主要出面協調解決。而在本族血緣紐帶關係下的爭鬥，其解決方式雖有別於對外的直接戰爭方式，但又不能僅靠血緣、兄弟關係就可以調解矛盾、統一管理，於是這種"武舞"便成了"維穩"的必要手段。而鼓又是"武舞"的重要器具，其命名需具有權威性、震懾力，所以以廩君之名"務相"來為鼓命名應是最佳選擇。對外，利用鼓指揮戰鬥，可以激勵士氣，提高戰鬥力；對内，利用鼓伴奏的"武舞"，也有利於化解各種矛盾，維護社會秩序。

---

① 李澤厚、劉綱紀：《中國美學史》第一卷，北京：中國社會科學出版社，1987年，第122頁。

其二，以祖先名字命名器物是祖先崇拜的民族習俗。如果說巴渝舞是後人根據善此舞的巴人所居住的渝水地方名而取名，那麼，巴相鼓之得名，同樣與巴人在渝水兩岸的祖先君王廪君之名"務相"有關。因為巴相鼓在渝水一帶世代相傳且延續至今（後文介紹），一個重要原因就是祖先崇拜。這個一民族習俗的文化特點，在幾千年的歷史變遷中保持着原始性和穩定性。

其三，清前期吳密《詠巴西雜韻》中已稱巴相（象）鼓："閭苑錦色秀，江山十二樓。歌舞巴渝盛，古風尚存留。巴相（象）鼓聲驟，列隊環街遊。今朝聞遺響，遙念范三侯。"吳密為外地（江西）人，巴相（象）鼓是其親臨現場所見，有感而發，非憑空妄言。與之同時期的其他文學作品中也有類似記述。

其四，巴相鼓在歷史變遷過程中，名稱雖有變化，但其性質和特徵均未發生根本性改變，戰爭"武舞"和維護社會秩序的職能一直保留在巴相鼓舞的遺風之中。

巴相鼓的得名既然與"務相"有關，那麼，作為巴渝舞的伴鼓，其在戰爭中也具有指揮的職能。其理由有三：

一是從鼓的配置數量來看。班固在《漢書》中說："巴俞鼓員，三十六人。"我們知道，在實際演出中，鼓不論大小，不可能由兩人以上共敲一鼓，尤其是有柄鼓，這樣動作很難協調一致，更無法施展，更不用說在作戰時，就更不方便了。這樣，三十六人的鼓隊陣容，便可理解為有三十六面鼓。據《漢書·禮樂志》載："漢宮廷樂官屬有巴俞鼓員。"這是宮廷表演時的鼓隊陣容，說明當時在一定程度上還保留着"巴渝舞"的原始意味。因為鼓的聲音很大，一般情況下，宮廷的室內表演不可能有這麼多人，祇有在大的廣場上有重大活動時纔有可能。而在古代戰爭中，這麼多面鼓齊鳴，一是為了鼓勵士氣、震懾敵人；二是為了便於大部隊作戰的統一指揮。故巴相鼓是巴人"前歌後舞"的指揮鼓。

二是從巴渝舞曲牌的内容來看。《晉書·樂志》載："（巴渝）舞曲有《矛渝本歌曲》《（安）弩渝本歌曲》《安臺本歌曲》《行辭本歌曲》總四章。其辭既古，莫能曉其句度。"[1] 矛、弩是古代的兩種兵器，在巴文化地區的考古發掘中出土較多，尤其"手心紋""虎紋"銅矛為巴文化之一大特點。矛主要用於近距離作戰使用，弩則是遠距離作戰使用，前者好比現代戰爭中的步槍、衝鋒槍，後者好比大炮、高射炮之類。故舞曲《矛渝本歌曲》《（安）弩渝本歌曲》實際上描寫的是巴人在戰爭中使用武器和布陣的情況。在戰場上，需要根據不同情況使用不同武器，或凡是參戰者都持有兩種武器，遇到不同情況變換使用；在較大規模的群體戰爭中，也許有專門的持矛方陣隊伍，或者專門的弩射手方陣隊伍。

《安臺本歌曲》《行辭本歌曲》又為何意呢？"臺"字較好理解，即修築高而平的建築

---

① 劉琳校註：《華陽國志》卷一《巴志》，成都：巴蜀書社，1984 年，第 38 頁。

物，安臺即建築的過程。"安臺"可以理解為是古代人打仗前修築工事，或阻撓敵方來侵的障礙物。"行辭"較難理解：行，去，前行；辭，《說文解字》釋為"不受也"。辭字小篆寫作（篆文字形），籀文寫作（籀文字形），甲骨文寫作（甲骨文字形）。從籀文、甲骨文可以看出，其左邊為臺字，前面已解釋臺為障礙物；右邊為辛字，辛為艱辛，從甲骨文可以看出，戴着高帽的人彎腰都難以越過障礙。這樣我們將"行辭"連起來解釋，即是進退。打仗有進，也有退，當敵弱時前進，但當遇到難以攻破的障礙時，為保存實力，便暫時退下來。這是對巴人戰略戰術的描寫。

值得注意的是，這四種戰爭中使用的歌曲，為什麼有兩種用了"安"字。"安臺"我們已清楚了是修築工事或障礙物。而"安弩"是何意？古代的弩與後來的箭在使用上有所不同。箭是直接拉弓射出，而弩是借助機栝發出，和"安臺"一樣，事先有一個工作過程，所以都用了"安"字。

在古代戰爭中，幾百上千人的隊伍作戰時，要實現上述"歌"和"舞"的目的，靠一個人（無論是巫師還是軍隊指揮者）是難以實現的，而指揮眾人在瞬息萬變的戰爭中隨機應變的是鼓隊。鼓隊的總指揮用小鼓指揮鼓隊，鼓隊用鼓點的變化將命令傳達給眾將士。故，"周武王伐紂""歌舞以凌""前歌後舞"絕非在唱歌跳舞，將士們的"歌"是合着鼓聲齊吼"衝""殺"，以提高士氣，震懾敵人；"舞"是隨着鼓聲變換陣容，揮動手中武器，在震耳欲聾的鼓聲和吼聲中衝鋒陷陣。這是對當時戰場的實況寫照。故司馬相如《子虛賦》中說："千人唱，萬人和，山陵為之震動，川谷為之蕩波。"這種用鼓指揮作戰的情形，在現代反映古代戰爭的電視劇中仍有不少體現。

三是從巴相鼓的形制和使用方法上來看。巴相鼓與其他鼓在形制上和使用方法上不同。今天我們所看到的巴相鼓與古人所使用的雖不完全一樣，但仍保留着基本形制和使用方法。即：木製，扁圓形，兩面蒙獸皮，一根木棒從扁圓形鼓身穿過。一手握住木棒，一手揮舞鼓鞭，不論在行軍時或是在衝鋒戰鬥時都可以隨意敲打。這種形式的鼓可能在其他地方找不到，是古代巴人創造的一種特殊的"樂鼓"，極為便於在戰爭中使用。在原始部落時代，巫擔負着組織和指揮"舞蹈"的職能，稱"巫師"；而軍隊的指揮者也稱"師"，不少部落首領兼有巫及軍隊指揮"師"的職能。先民在播種、打獵、出征之前都要占卜，然後模擬演習。而在眾多人進行演習，尤其是大部隊要對外作戰時，指揮者用鼓指揮鼓隊，鼓隊根據指揮人的鼓點變化，用鼓向大部隊發出號令，以達到統一指揮的目的。

所以，從巴相鼓的配置數量、曲牌含義、鼓的形制和使用方法來看，其都與實戰關聯，巴相鼓是指揮巴人勇猛作戰、"前歌後舞"的秘密武器。

二、八仙鼓非巴渝舞伴鼓

流傳至今的巴相鼓舞，在閬中曾被稱為"八仙鼓"。有學者稱八仙鼓在明清時期盛於閬中，是本地重大節會必備的鼓舞，如正月初一"飄香會"，正月十五府城隍廟"上元大燈會"，三月十八的"城隍會"，三月二十七日的太清宮三天"賽臺會"，五月十五太清宮的"瘟祖會"等都離不開"八仙鼓"作壓軸節目表演。為此，不少人認為八仙鼓是巴渝舞遺風，即八仙鼓為巴渝舞伴鼓。

八仙，即民間傳說中道家的八個仙人：漢鍾離、張果老、韓湘子、鐵拐李、曹國舅、呂洞賓、藍采和、何仙姑。①八仙的傳說起源甚早，可追溯至東漢三國時期。牟融《理惑論》說："王喬、赤松、八仙之籙，神書百七十卷。"但此"八仙"并無實指，係泛指列仙。又有所謂"淮南八仙"，是指漢代淮南王劉安的八個門客，即蘇菲、李尚、左吳、田由、雷被、毛被、伍被、晉昌八人，世稱"八公"。魏晉以來，《神仙傳》《録異記》等道家著作以劉安好方伎，遂附會八公為八仙。晉代有"蜀中八仙"，指容成公、李耳、董仲舒、張道陵、莊君平、李八百、范長生、爾朱。晉譙秀《蜀紀》稱八人均在蜀得道成仙。唐代也有八仙，為"酒中八仙"，即李白、賀知章、李適之、李璡、崔宗之、蘇晉、張旭、焦遂，八人皆好飲酒賦詩，杜甫曾作《飲中八仙歌》詠其事。元代後稱八仙還有上、中、下八仙：上八仙是指：福星、禄星、壽星、張仙、東方朔、陳摶、彭祖、驪山老母；壽星、王母、觀音、斗姆、黎山老母、聖母娘、金刀娘（原文缺一）；東方朔、李大仙、王禪、王敖、毛遂、白猿、二郎神②。《何仙姑寶卷》中的下八仙是廣成子、鬼谷子、孫臏、劉海、和合二仙、李八百、麻姑（原文缺一）。《八仙上壽寶卷》中的下八仙則是張仙、劉伯温、諸葛亮、苗光裕、徐茂公、魯寧秀、牛郎、織女。在鼓詞《孫悟空大鬧蟠桃會》中的下八仙又是羅聖主、張仙、魯班、張千、李萬、和合二仙、劉海、劉伶、杜康（原文多一）。一般將李鐵拐、呂洞賓這組八仙列為中八仙。另外，在文物鑒定中還有"暗八仙"，即葫蘆、掌扇、花籃、道情筒、蓮花、拂塵（或寶劍）、笛子和尺板八樣八仙使用的東西。在眾多八仙中，民間最喜愛、流傳最廣泛的數道家八仙，因為道家八仙迎合了社會各階層人們的心理需要。雖然自元至明清，八仙之具體人物有增減變動，但總體上來說，道家八仙在民間大出風頭，極受歡迎。

① 《辭源》第一冊［子297］，北京：商務印書館，1986年。
② 馬書田：《華夏諸神》，北京：北京燕山出版社，1990年，第159頁。

说八仙鼓不是巴渝舞伴鼓，至少有三個方面的理由：一是八仙起源時間與巴渝舞相差甚遠。巴渝舞至少起源於武王伐紂之前，而武王伐紂，根據西周利簋的銘文記載，發生時間約在公元前 1046 年。而八仙一詞雖然最早可以上溯至東漢，但真正形成八仙班隊是唐宋以後，也就是说，形成八仙鼓之名的時間最早也就是唐宋時期。二是八仙的内涵特徵與巴渝舞、"武舞"的戰爭屬性風馬牛不相及。八仙出身不同，有將軍、皇親國戚，也有叫花子、道士等，彼此的年齡也不一樣，分別代表了男、女、老、幼、富、貴、貧、賤。三是有關巴渝舞（巴相鼓）的史料記載流傳有序，而對八仙（鼓）的史料記載混亂，很難有準確解釋，就連民間流傳最廣的道教八仙，其人物的各個版本也不盡相同。如傳説中的八仙之首李鐵拐，其姓名就有七個之多，所處時代也有六七種説法，所以八仙大多為虛構人物，無史可考。而他們每個人升仙的故事和形象在不同時期也有不同的説詞，如李鐵拐，民間最熟悉的是他那副又黑又瘦、又醜又拐的怪模樣。但在《列仙全傳》中人却说他本來長得十分魁梧，是一位相貌堂堂的偉丈夫。八仙中唯一的仙女何仙姑，她的籍貫一説是廣州增城縣人，一説為湖南永州（零陵）人，但有趣的是，福建、浙江、安徽、廣西等地也都有各自的何仙姑。關於她得道成仙的經過，《續通考》説她十五歲時，夢神人教食雲母粉，後於景龍中白日飛升；《集仙傳》則説她十三歲時入山采藥，遇純陽仙師，賜之一桃，道："食此盡，他日當飛升。"自是不饑不渴，洞知人事休咎，後屍解。八仙中還有一位社會名氣最大的呂洞賓，被全真教奉為北五祖之一，通稱"呂祖"，其呂祖廟、呂祖祠遍佈全國各地，許多道觀中亦設有呂祖殿或呂祖閣。他也是八仙中傳説最多的一位。大多傳説都稱他飽讀詩書，道法高深。他既有詩仙、劍仙、酒仙之譽，也有色仙之號，如《東遊記》《呂仙飛劍記》《醒世恒言》等均載有呂洞賓"三戲白牡丹"的故事。

以上所列舉的八仙中三仙的傳説故事可以充分證明，八仙與鼓有没有聯繫姑且不論，僅從八仙的生平故事便可以斷定，八仙鼓與巴相鼓没有任何文化内涵和歷史源流上的關聯。最大的可能是漢代以來道教興起，民間迎合道教，誤將巴相鼓稱為"八仙鼓"，抑或是二者的地方口音相似，而使"八仙鼓"變為巴相鼓的俗稱。所以，八仙鼓絕不是巴渝舞的伴鼓巴相鼓。

三、巴相鼓的宮廷流傳與演變

《史記·司馬相如列傳》引用了《子虛賦》，晉人郭璞注"巴渝"曰："巴西閬中有渝水，僚人居其上，皆剛勇好舞，漢高祖募取以平三秦，後使樂府習之，因名巴俞舞也。"唐顏師古注曰："巴渝之人，剛勇好戰，初高祖用之克平三秦（今陝西境），美其功力，後使樂府習之，因名巴渝舞也。"直到劉宋時代，范曄在《後漢書》中説："閬中有渝水，其人多居水左右，天性勁勇，初為漢前鋒，數陷陣，俗喜歌舞，高祖觀之曰：此武王伐紂之歌也。乃命樂人習之，所謂巴渝舞也。"以上都是漢晉間人對巴渝舞的記載，詳略細節雖有異，但基本内容一致，證明了在今四川東北部嘉陵江閬中渝水一帶地方，居住着原巴人的一支（後稱賨人，或稱板楯蠻、僚人），並且流傳着一種具有古老民族特色的舞蹈，因發源於巴郡渝水流域，以地為名，故稱巴渝舞。而巴渝舞為鼓伴奏舞，故將其伴鼓稱為巴相鼓（或巴渝鼓），即可稱巴渝舞為巴相鼓舞。

值得注意的是，巴相鼓進入宫廷樂府後，因表演場地和統治階級的需要，鼓名和表演形式都有了不少改變。如鞞（bǐng）鼓：鞞：《説文解字》解釋為："騎鼓也。"王注："此是漢制，古不騎馬，大司馬，旅率執鞞。"可見"鞞"是執在手上的扁鼓，這一"舞器"最早來自軍中。漢章帝曾選過《鞞舞曲》五篇，曹植新作五篇。鞞鼓舞發展到南朝梁時名為《鞞扇舞》，《古今樂録》説："《鞞舞》，梁謂之《鞞扇舞》，即《巴渝》是也。鞞扇，器名也。鞞扇上舞作《巴渝弄》，至《鞞舞》竟。""鞞扇"顧名思義，疑是鞞鼓的形制有了改變，"鞞"是雙面扇圓形有柄小鼓。

另一個與鼓相關的字"鼙"（pí），《辭源》解釋為："軍鼓。一説騎鼓，見《説文》。禮樂記：'君子聽鼓鼙之聲，則思將帥之臣。'"

以上字意解釋説明：（1）不論鞞鼓還是鼙鼓均來自軍中，為"旅帥"所執鼓；（2）它們皆來源於"巴渝"；（3）因表演需要，其在形制上有所改變。

再舉與鼓相關的字：鞀（táo），《周禮·春官·小師》："掌教鼓，鞀、祝、敔、塤、簫、管、弦、歌。"《周禮注》："鞀，如鼓而小，持其柄搖之，旁耳還自擊。"《毛詩正義》卷二十之三："猗與那與，置我鞉鼓。"鄭玄箋雲："置，讀曰植，植鞉鼓者，為楹貫而樹之，美湯受命伐桀，定天下而作舊（舊）樂，故歎之，多其改夏之制，乃始植我殷家之樂鞉與鼓也。鞉雖不植貫，而搖之亦植之類。"這個"鞀"鼓

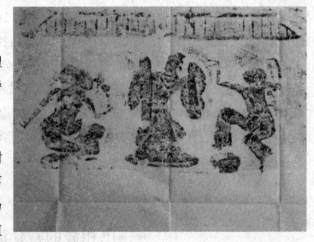

圖一

的解釋進一步説明，巴相鼓在不同時期已做了不同的改變，有用足演奏的，有樹起來演奏的，還有懸空演奏的。尤其"置鼓"源自"伐桀定天下"的舊樂，即為巴相鼓，而"楹貫而樹之"可能與後來的"建鼓"有關。

鼓的變化從出土的漢畫像磚、漢代陶俑中也可以得到進一步證明。如圖一蹋鼓舞漢磚拓片，中間舞者雙手持有楯牌類道具，左右二舞者手持不同武器，且似戴有面具，腳下蹋着有節奏的鼓點，伴以他們相互打鬥、騰挪跳躍的輕捷舞姿。

圖二是將雜技與鼓相結合，中間舞者身著長袖舞衣，正從鼓上躍起，回首睨顧倒立舞伴，將鼓舞的美感和意境表達得淋漓盡致。

圖二

圖三，建鼓舞俑。此俑較獨特，將人頭設計成鼓。這不禁讓我們思考一個問題：這是將人頭設計成鼓，還是人頭上戴一個鼓？它與三星堆出土的青銅面具有異曲同工的藝術想像力，説明當時在表演時，隨着表演者的移動，鼓也可以隨之移動。

至於一個人擊鼓吟唱的形象，在四川地區出土較多，亦為一大特點，如圖四至圖六。這種俑，俗稱説唱俑，又作俳唱俑。《説文》："俳，戲也"，即"以其戲言，謂之俳；以其樂言，謂之倡，亦謂之優"。《漢書·霍光傳》則稱"擊鼓歌詠作俳倡"。這是一種集擊鼓、説唱、表演、舞蹈等多種形式於一體的綜合性表演藝術。表演者大多以擊鼓説唱為主，兼及舞蹈，他們神態誇張，適合雅俗共賞。

圖三

圖四　　　　　　　　圖五　　　　　　　　圖六

巴相鼓舞流入宮廷後，雖然表演內容有不少改變，但一直爲統治階級所利用。鄭樵《通志·樂略》記載，漢高祖劉邦時"命樂人習之"，并被提煉整理，列入燕樂百戲之一；同時配製舞曲四篇，一曰《矛渝》，二曰《安弩》，三曰《安臺》，四曰《行辭》。這時的巴相鼓舞還保留着巴人的原始性，故"其辭既古，莫能曉其句讀"。漢武帝時，爲招待來京都的四夷之客，舉行過巴相鼓的盛大演出。曹魏建安七子之一、文學家王粲曾問巴渝師季管種玉歌曲意義，并請他歌唱出來，然後加以校正，而改創新詞四篇：《矛俞新福歌》《弩俞新福歌》《安臺新福歌曲》《行辭新福歌曲》。

魏黄初三年（224），爲頌揚曹操的武功，改巴相鼓舞爲昭武舞。到西晉時，又改之爲宣武舞，命傅玄更制新辭，用以宣揚司馬氏的武德。新辭共四篇：《惟聖皇篇》，矛俞第一；《短兵篇》，劍俞第二；《軍鎮篇》，弩俞第三；《窮武篇》《安臺行亂（辭）》第四。景初元年（237），尚書奏考覽三代禮樂遺曲，據功象德奏作武始、咸熙、章斌三舞。東晉桓玄將篡位，尚書殿中郎袁子明啓增蒲八渝（即：濮巴渝），又恢復了巴相鼓舞的舊名。南朝梁正式恢復了巴相鼓舞的名字。隋文帝時，采用牛弘建議，認爲矛俞、弩俞等，"既非正典，悉罷不用"（《隋書》卷十五《音樂志》）。直到唐代，清樂商中還有巴相鼓舞曲的名目。"隋亡，清樂散缺，存者繞六十三曲。"五代蜀國王建喜音樂，後來出土的王建墓樂舞石刻，曾被相關專家稱爲"唐樂燦爛歷史的最可靠實物資料"。在其石刻樂器中鼓類樂器有九種，分別是答臘鼓、毛員鼓、都曇鼓、雞婁鼓、腰鼓、齊鼓、羯鼓、靴牢鼓、杖鼓，但這些鼓絕大部分都屬於龜玆樂鼓。"巴渝，漢高帝命工人作也。"（《新唐書》卷二十二《禮樂十二》）。綜上所述，巴相鼓在宮廷延續了千年之久，後因失去其藝術土壤，最終退出了歷史舞臺。

四、巴相鼓的民間流傳與演變

當巴相鼓在宮廷日趨枯萎，以致衰落失傳之際，民間的巴相鼓在廣大人民群衆中却長期保持着旺盛的藝術活力，且隨着時間的推移，在原巴人生活的不同地區形成了多種多樣的表演形式。

《華陽國志·巴志》記載："漢時，縣民朱辰，字元燕，爲巴郡太守，甚著德惠。辰卒官，郡獠民北送及墓。獠蜑鼓刀辟踴，感動路人，於是葬所草木頃許皆傚之曲折。"這是東漢時巴郡獠蜑人民送巴郡太守朱辰歸葬，擊鼓操刀，辟踴舞蹈，連路人都爲之感動。這種持刀的舞蹈與古代巴相鼓舞的"執杖而舞"是基本一致的。唐段安節著《樂府雜錄》載："舞有稱巴渝者，爲巴夷所擅，袒臂紋面，擊鼓呼嘯，執矛跳躍，壯極勇武，難入樂府。"

這段記載將民間巴人擊鼓跳舞的形象和所使用的道具都說得極為生動，與前面所引典籍中記載巴相鼓的特徵完全吻合。唐代大詩人白居易在《郡中春宴詩》中云："薰草席鋪坐，藤枝注酒樽。……蠻鼓聲坎坎，巴女舞蹲蹲。"詩人記載了在川東巴人生活的地方，在用藤條作管子吸飲咂酒的宴會上，人們敲擊蠻鼓、翩翩起舞的生動場面。這裏的"蠻鼓"之舞雖與巴相鼓舞的"執仗而舞"性質不同，但在表演形式上是一脈相承的。

宋高承《事物紀原》載："見有舞巴渝之歌者，傳為武王伐紂之遺風。舞者執長柄獸皮鼓，以鞭擊之，後隨弓矛盾衆，踴躍呼號，分合有序。或山立，或雁行；蜿蜒若遊龍，奔騰似猛虎；呼嘯勝雷鳴，威勢觀者驚。勇哉、美哉，未盡善矣，實不謬也！"這段記載告訴我們，在宋代，巴地還可以見到原汁原味的巴相鼓舞。

此外，對閬中渝水一帶巴人繼承巴相鼓舞遺風的描寫和記載也不少。如杜甫《南池》詩曰："峥嶸巴閬間，所向盡山谷。安知有蒼池，萬頃浸坤軸。呀然閬城南，枕帶巴江腹。……南有漢王祠，終朝走巫祝。歌舞散靈衣，荒哉舊風俗。"杜甫這首詩所描寫的是在閬中七里壩所見的祭祖場景。《保寧府志》卷五十六《藝文志》云："清黎學錦《宋張烈侯祠碑記》載：為迎神之曲，使歌以祀侯……娛侯靈兮巴渝舞。"這則材料亦說明閬中人有用巴相鼓舞祭祀祖先和英烈的習俗。清人吳偉業《閬州行》詩曰："四坐且勿喧，聽我歌閬州。閬州天下勝，十二錦屏樓。歌舞巴渝盛，江山士女遊。"

以上文獻記載，說明在閬中渝水一帶，古代巴人所創造用於指揮戰爭的巴相鼓，歷經幾千年遺風延續不斷。在沒有戰爭的時代，鼓與舞主要用於拜祖、迎神、祀典等重大活動儀式。這一點從閬中馬馳壩社區（相鄰七里壩，為七里鄉轄區，舊同屬慈悲鄉）祖輩相傳的打巴相鼓習俗可以得到進一步證實。據這個社區一位九十多歲的李姓社員回憶，他家祖祖輩輩都會打巴相鼓，1949年以前主要是在"城隍會""賽臺會""瘟祖會""飄香會"上進行表演。20世紀50年代，他有個叔叔在閬中航運公司工作，公司有一個巴相鼓隊，逢年過節或其他地方有重大活動時都會請鼓隊去打巴相鼓。現在這個社區還有一百多個社員會打巴相鼓。他們的曲牌也是代代相傳，常用的有"老牌子""新牌子""白鶴展翅""團結一心""冷錘"等。表演時根據場景變化，這些曲牌會交叉轉換，以表現不同的氛圍、意境和效果。

值得一提的是，今川北渝水一帶保留至今的儺戲，其面具衆多，有各種神的形象，如圖七、圖八，與我們前面提到的漢陶俑形象有着驚人的相似。製作這些儺戲面具的人并不知道漢代陶俑的樣子，或者說在這些儺戲面具製作之前根本還未出土漢代陶俑。我在一個收藏家那裏看到了儺戲唱詞的手抄本，裏面有不少名字與巴人祖的先七姓名字相似或相同，所以可以推測，儺戲面具和漢陶俑的這些形象來源於巴人英勇善戰的祖先英雄形象，均有懷念、祭拜祖先之意。而儺戲本身之所以長期在民間存在，主要原因在於其功能是驅邪治病保平安。誰能擔當這一任務呢？在巴地先民那裏，祖先即是“神”，能够驅邪、治病、避災、保平安。肩負各種職能的代表祖先英雄形象的面具，正是祖先崇拜思想意識的體現，也是巴相鼓舞遺風賴以長期存在的群衆基礎。

圖七　　　　　　　　　　　　　　　　圖八

五、巴相鼓的社會歷史意義

從歷史文獻記載看，巴相鼓是巴渝舞唯一的伴奏樂器，也就是説没有巴相鼓，就没有巴渝舞。實際上巴渝舞可稱為巴相鼓舞，它是由古代生活在渝水兩岸巴人創造的獨特藝術形式。

藝術在不同的社會背景下具有不同歷史意義。前面論及巴相鼓得名於最早的部族聯盟首領之名務相，在那種背景下，先民的藝術活動同原始圖騰和巫術活動密切相關。他們“執仗而舞”，英勇善戰，例如在甲骨文中就記載了商王武丁多次向巴人發動戰爭却均以失敗告終。當巴相鼓舞被統治階級納入宮廷典章，便被列入“樂”部藝術，巫術禮儀及歌舞藝術最終在政治和歷史面前作出了讓步。尤其是曹魏和西晉時期，統治階級為了歌頌自己的功德，對巴渝舞曲進行了修改，使從渝水生長起來的民間藝術失去了賴以生存的土壤而日漸枯萎，以至於“其聲與曲俱訛失，十不得其一二”而消亡。

值得慶幸的是，巴相鼓在閬中渝水兩岸民間，經歷幾千年的風雨歷程，至今仍保留了那種"含混多義"的"神秘"的原始含義。

《文心雕龍·神思》篇云："文之思也，其神遠矣。故寂然凝慮，思接千載；悄焉動容，視通萬里；吟詠之間，吐納珠玉之聲；眉睫之前，捲舒風雲之色：其思理之致乎？故思理為妙，神與物遊。神居胸臆，而志氣統其關鍵；物沿耳目，而辭令管其樞機。"這段話雖然講的是文藝創作過程，但用來說明巴相鼓在民間流傳幾千年至今仍然存在的緣由，似乎也恰如其分。後人看到巴相鼓，就會想起勤勞質樸、英勇善戰的巴人祖先；而冥冥之中的巴人祖先聽見巴相鼓，便會庇佑子孫無災無難、吉祥平安。"神與物遊""神與物交""人心即物心，即天心"，這是中國古代對藝術的根本看法，即一切藝術都是天人之和。這種物感說，去掉其宗教迷信色彩，對於藝術創作、藝術傳承以及古代藝術的研究仍具有啟示性和指導性意義。為此，巴相鼓的社會歷史意義可概括為以下幾個方面：

第一，巴相鼓是古代巴人勤勞睿智、英勇善戰的精神象徵。

本文通過對有史記載"巴渝舞"的重新解讀，明確了"巴相鼓"是巴人祖先廩君時期所創造的一種鼓樂。在三千多年前，巴人祖先靠自己的辛勤勞作、聰明智慧創造出用來征服自然、征服來犯敵人的別具一格的"武器"，這在當時是了不起的"科技發明"，因為要解決"鼓"體的連接、獸皮的固定、發音的洪亮問題，還要方便攜帶和操作。甲骨文載武丁多次派人伐巴，都以失敗告終；史載武王伐紂，巴師勇銳，靠"前歌後舞"取勝。假若這種鼓在當時容易製造，其他部落當然也可以仿製，但唯獨巴人所有，充分體現出巴人的聰明睿智。而這種鼓的"武舞"形式一直延續到今天，巴人的子孫們一見到巴相鼓，便會想起祖先英勇善戰的英雄形象；一聽到巴相鼓，便會激起一種"雄起"的戰鬥精神；一打起巴相鼓，便有一種無與倫比的自豪感和滿滿的文化自信。這種不可估量的精神力量激勵了一代代巴人子孫，"為有犧牲多壯志，敢叫日月換新天"，戰天鬥地，改造自然，美化環境，昔日巴人的古都閬中被列為全國歷史文化名城，古渝水之上飛起三條"長虹"，漢王祠旁已是高樓林立的閬苑新城……巴相鼓魂永在，巴人精神代代相傳。

第二，巴相鼓藝術形式簡明易傳，雅俗共賞。

巴相鼓的形身為木質，即使在青銅製作技術較為發達的時代也沒有改變過；其鼓面的獸皮雖然有所變化，但質地為"皮"這一點一直沒有改變；擊鼓的鼓鞭為竹質，也基本延續至今。其曲牌在不同時期有所變化，前文已提到，在其進入宮廷後會有所創新和改編。而在民間，由於鼓樂的演奏特點，其曲牌相對簡明易記，便於流傳，因而曲牌大多是口口相傳，沒有文字記載。古代宮廷為接待賓客，會演奏鼓樂；而在民間，在相當長的歷史時期內，"鼓舞"都是作為重大活動的壓軸節目進行表演。其中巴相鼓是必須參加表演的，故素有"無鼓不成會"之說。

　　第三，巴相鼓是研究古代巴文化的活化石。

　　巴相鼓是巴渝舞的伴奏樂器，雖然在衆多的史料記載中没有明確鼓的形制、伴奏曲牌、伴奏方式，但對照巴相鼓實物，我們便可從一些零散的記載中獲得較為全面的歷史資訊。如《尚書大傳·周傳》載：“惟丙午，王還，師乃鼓噪，師乃慆，前歌後舞。格於上天下地，咸曰孜孜無怠。”大意是：在丙午這天，迎接（祖先）君王，像（軍）師一樣指揮（巴相鼓）齊鳴，衆人（高興）喜悦，跳起（先王）歌舞，感動了（祖先）君王，光輝普照四方，永遠（無怠）天長地久。這條記載已將巴相鼓活動的目的和形式展現出來。又如《鹽鐵論·刺權篇》説：“山中素女，撫流徵於堂上，鳴鼓巴渝，交作於堂上。”[⑦]通常認為，巴渝舞是“武舞”，舞者和鼓員都是强壯男子，但這條記載裏的鳴鼓人却是“山中素女”。據七里鄉的老人回憶，他們小的時候，村裏就有一支以女子組成的巴相鼓隊，農閑時常到相鄰鄉村演出。

　　現在的巴相鼓，穿過鼓身的鼓柄一般在一米左右，表演時左手握住鼓柄，并將之抵在腰上，右手揮鼓鞭擊打，證明巴相鼓表演的具體方式一直保留着“原創”形式。

　　在巴文化研究中，對於“渝水”這一地名一直有不同的解釋：有人稱渝水即古時宕渠水，有人説重慶合川以下的嘉陵江與渠江合流為渝水，也有人説渝水泛指重慶，等等。從巴相鼓的遺風可以看出：東漢時應劭《風俗通》中所説“閬中有渝水”的説法應是可信的，它在《華陽國志》之《巴志》、《漢中志》中的《疆域示意圖》中被標注為“西漢水”[①]。故史書中的“西漢水”即指“閬中渝水”。

　　巴文化研究中的另一個問題，即“巴子雖都江州，或治墊江，或治平都，或治閬中，其先王墓多在枳”[②]。閬中為什麼會成為巴人最後的“國都”？我們從巴相鼓舞可以推測，閬中渝水兩岸所居的巴人英勇善戰，當巴國受到鄰國攻擊時，閬中便成為巴國的大後方，故巴人纔將都城遷至閬中。

　　第四，巴相鼓可助推閬中的鄉村振興和文旅融合步伐，是最具本土特色的文化亮點。

　　馬馳壩社區現有巴相鼓隊員一百餘人，他們在老一輩巴相鼓藝人傳授下，能打五種曲牌，除本地重大節慶活動演出外，經常應邀為外地重大節慶活動演出。據該社區負責人介紹，這個社區（原來的村）絕大部分人都為李姓，其祖墳碑上有記載，他們祖祖輩輩都會打巴相鼓。近年來他們到各地演出，也都保存有影像資料。建議該社區將這些資料集中起來，建一個巴相鼓舞陳列館（或博物館），便於外地學者和遊客參觀學習。社區已規劃建設巴文化廣場，廣場作為巴相鼓排練、教學、演出場所；并且還與白塔中學協商，建議他們組織一個女子鼓隊。這樣社區今後有老年隊、青壯年隊、學生隊、女子隊，將成為渝水地

區巴相鼓的傳承基地，也是該地區二萬多群衆的文化活動陣地。這些舉措必將極大地豐富廣大群衆的文化生活，增加鄉村振興的本土文化新亮點。

閬中古城區內現有的巴相鼓表演隊，可進一步增加表演人員，增加表演曲牌。建議在古城重點遊覽景區設立固定表演場地，每逢節假日為外來遊客表演。文化部門應組織創研巴相鼓文創産品，讓廣大群衆和外地遊客不僅觀賞巴相鼓表演，還能够將巴文化"帶回家"。1991 年閬中文化部門組織的巴相鼓隊參加南充地區絲綢文化節開幕式表演後，曾引起多家新聞媒體關注，四川電視臺、中央電視臺相關頻道曾播放了巴相鼓舞專題片。我們應該在此基礎上進一步深研巴相鼓的巴文化內涵，將巴相鼓搬上更大的舞臺，讓渝水兩岸巴人祖先創造的巴相鼓舞這朵藝術奇葩，在新的歷史時期更加燦爛奪目。

結　語

巴相鼓是居住在閬中渝水兩岸的巴人在 3000 多年前，為了生存和抵禦外敵所創造的巴渝舞的伴鼓。之所以稱為"伴鼓"，是針對當時打仗人多鼓少而言；但隨着歷史變遷，鼓成為舞之主角，可以説，没有鼓便没有巴渝舞。因此，對巴相鼓的認識和研究，在巴渝舞研究中具有重要意義。

巴相鼓之得名，源於巴渝舞為"武舞"的特徵，而"武舞"的主角（指揮）最早為巴人君王廩君務相，則鼓是"武舞"中控制秩序的關鍵，必須由"主角"指揮，所以鼓以"務相"命名的推測，既符合巴渝舞最初的性質特徵，也與民族文化習俗相一致。後人所稱"八仙鼓"，與巴渝舞的内涵和特徵毫無關聯；至於巴俞舞、巴象鼓，前者與巴渝舞同音通稱，後者是巴相鼓的同音俗稱。故而將這種藝術形式命名為巴相鼓具有合理性。

閬中與七里壩相鄰的馬馳壩，相傳為古代將軍馴馬的地方，今為白塔鄉馬馳壩社區，其在史料記載的"閬中渝水兩岸巴人"之範圍内。他們至今仍在打巴相鼓，其鼓的形制保留着鼓身中間穿柄的原始性；表演時左手持鼓柄，將鼓柄抵在腰間，沿襲着"連腰以歌"的"初創"形式，這些足以説明巴相鼓屬於巴渝舞遺風。

巴相鼓在巴文化研究中具有"活文物"的文化價值。自古以來，文人筆下素稱"蜀有相，巴有將"，巴相鼓的傳承證明渝水兩岸巴人英勇善戰的精神一直延續至今。自廩君務相之後，歷朝歷代都有可歌可泣的武將。今天，能説出真實姓名且居住在渝水兩岸的"閬中籍"（今閬中轄區遠小於古代閬中範圍）巴人子孫中，在現當代歷史上就已誕生了十位將軍①，充分印證了巴人天性勁勇的文化基因。

　　過去對巴相鼓的討論較少，參考資料也不多，本人不揣簡陋，作了一些探索。本文係
"拋磚"之作，期盼"引玉"，以匡不逮。

作者單位：四川省人民政府文史研究館

---

① 十位將軍分別是：杜光華、汪易、蔣光誠、安東、安志敏、宋獻章、宋烈、莫春和、白崇友、梁天喜。

四川涼山地區文昌信仰碑刻文獻輯存*

楊榮濤

　　文昌帝君又稱梓潼帝君、梓潼真君、梓潼神君，是一位在内地乃至海外華人社區受到崇祀并有廣泛影響力的神祇。學術界普遍認爲文昌信仰源於古時的星神崇拜和四川民間的梓潼神崇拜。文昌信仰之於涼山地區有其特殊性，因爲涼山的越西被認爲是文昌帝君的出生地，被譽爲“文昌故里”。涼山地區作爲“藏羌彝走廊”中一個重要的文化單元，考察該區域文昌信仰的衍流具有一定的價值。據筆者梳理，截至目前，涼山地區文昌信仰的相關研究主要集中於越西文昌信仰的挖掘，且主要針對當代文昌信仰情況的描述。①

　　碑刻文獻作爲考察文昌信仰的資料，對探尋地域文昌信仰的歷史圖景具有重要的作用。故本人在前輩的基礎上，試對涉及涼山地區文昌信仰的碑刻②加以梳理，并輯録相關文獻於下，以資研究者參考。

---

　　* 本文爲四川省人文社會科學重點研究基地地方文化資源保護與開發研究中心 2021 年一般項目“清代川西民族地區文昌信仰碑刻文獻收集整理與研究”（項目編號：DFWH2021—024）、中國博士後科學基金第 69 批面上資助“地區專項計劃”項目“明清西南文昌信仰碑刻文獻收集整理與研究”（項目編號：2021M693783）的階段性成果。

　　① 相關研究詳見袁文友、耿福全《越西打造文昌文化》，牟光學《文昌帝君故里——越西中所》，楊壽康《越西文昌文化的現狀及其發展對策探討》，余澤生《淺談越西文昌文化》《淺談越西、梓潼文昌文化的相融交匯》，李平貴《天下文昌根在越西》，郭繼全《文昌文化淺義》，陳立東、景志明《越西全域旅遊開發及文昌文化資源利用研究》，袁豔、景志明《越西縣文昌音樂文化的特點及發展前景》，范芮《道教神文昌帝君在西南少數民族地區的信仰情況淺探——以甘阿涼地區爲中心》等論。

　　② 本文的“文昌信仰碑刻文獻”指與文昌信仰相關的碑刻文獻，即凡涉及文昌信仰的碑刻文獻都涵括在内，其不僅僅爲標題中含有“文昌”的碑刻文獻，也不僅僅爲立於文昌廟的碑刻文獻；時間下限爲 1949 年。據筆者搜集整理，涼山地區文昌信仰碑刻分布於越西、會理和雷波三地。此外，因新冠疫情防控、交通等因素，筆者未能至涼山地區田野調查以獲取相關碑刻文獻，目前呈現的相關資料來源於圖書館和網絡數據庫。

一、越西的文昌信仰碑刻文獻

（一）金馬山重修文昌宮記

萬曆十四年，閼逢敦牂冬，守己行部逾嶲城，從戎帥吳子道之翠微之巔，顧而誶曰："此古文昌宮，歲久圮壞，有侍御薛君繼茂者，過而念之，為捐橐中裝若干，命文傑脩葺而未就也，可無一謁？"守己因捨輿拾級上，瞻拜宇下四顧躊躇，見山形屢屬展布其後，而聳拔之峯見蒼煙翠靄間，螺聚甑累，縹緲極目。其宮外不數武，頹眠山阯，石壁削如，壁下洞口谽谺，大小以十數，各有清流瀵出，瀺灂潚湋，匯而為溪，清澈可鑒，瀠洄繞宮前，徐折而東，若不欲去然。且也曲行沙石間，矯若驚蛇之馳峻阪。宮左一石，突若百斛，困有臥羸虒吻痕，旁有籀文百餘，漫漶不可復讀。守己詢所自始，為壬申古蹟也。其山為金馬，其溪為龍泉。北距嶲城不十里而遙，往牒有可稽者。

按《文昌化書》，帝君初為雪山大仙；久之，移樓劍嶺；西漢末，又寓形邛池；晉武帝太康八年，復生越嶲。故其自序有曰："越裳之西，越嶲之南，兩越之間，有金馬山，勝景清絕。張翁夫婦予累生之父母也，於是生焉。"其地蓋指此云。夫帝君初為雪山，繼處邛池，距此俱不數舍而近，最後復生金馬山，遂為枌榆之區。雖一移居七曲，隮位紫微而神遊六合，不無桑梓之念。故《飛霞洞記》云："吾舊生越嶲，自唐大斥土宇，民不堪命，越嶲遂淪。嗚呼！吾將安歸！"其軫念故土，蓋無一日忘諸其抱也。

我朝肅清華夏，越嶲介在滇、蜀之間，辟諸宮墻，若中堂然尤帝君所樂遊者，其鄉人崇奉之私眠，他處尤宜加嚴。迺廟貌雖具，棟宇弗隆，樓觀黯闇，門垣庳隘，弗稱所以尊崇至意。固薛君欲加增飾，而捐金幾何，能充堂構之費哉？曰："子為我宏之，吾為子倡。"於是守己捐金亦若干，檄吳子董理而後去。越明年，吳子擢遊擊將軍，往戍雅棃，有撫夷通判鄭子友諒者，毅然以為己任，復捐金而率導。掌印指揮使徐韶、陳文龍，先後經畫其事。二子亦各有所輸，而鄉縉紳及青衿慕義者，又皆競勸樂施，共考厥成。迺卜吉，撤舊柱礎而易之為高，加舊之三棟，題磚石，廊宇殿角，燦然一新。又跨棟為坊，大書其額"表厥帝里"。祠後舊有桂籍樓，併加塗茨，開拓綺疏，以豁觀望。其前為門四楹，繚以周垣，以備樵蘇之闌入者。又改砌礤道，使迎流而納其祥，於是始稱大觀矣。以安神明，以重典禮。

又明年春，鄭子友諒問記於守己，用紀歲月。守己竊念，文昌六星戴匡斗魁，上次四曰司祿、次五曰司命，載在《天官》，史籍炳若。帝君以歷世名碩，修證帝位，實筦文昌之司，則其掌桂籍，職貢舉，士子之禄秩進退，皆由校勘者無疑。薄海内外苟欽知，崇其化，無不蔚然鳳起，羽翼天朝。而越嶲為發祥之所，金馬為毓秀之鄉，帝心在所拳拳者，乃歷代以來，未聞有名世出乎其間，豈天之降才爾殊哉？凡以漸染夷風自外，帝君之陶鑄耳。裔土固多蚩氓，其世禄之家，紈綺膏粱，凡民之秀，黨庠術序，口六籍而腹七書者，何限顧心匪粹白，行多瑕纇，質之周孔之訓，判若蒼素。然其為帝君所紬抑明甚，若之何得為濫竽也？

方今帝宮鼎新，威靈益赫，出王遊衍，蓋有與多士相為陟降者，一念之動，神明必與知之，倘能洗心滌行，奉以周旋，毋矯餙於睹聞而恣肆於闇室，毋臨保其洪鐘而怠墮其旦明，帝心有不簡在而昇之明揚之列者？吾不信矣。否則，慆淫匪彝，神所必棄。唐李可為明鑒。己多士勗諸，敢因為記而及之，以為多士勸，復係之詩，用備春秋責備云：

越嶲之南金馬山，君昔降神斯鄉間。遨遊濁世自翩翩，夢承天符授水仙。神移古淵辟塵喧，職司禄秩掌天銓。桂籍予奪尤森然，累陟帝位坐微垣。昭臨下土遍人寰，言念桑梓眤鄉關。鈞陶能無振英賢，山畔宮牆久頹顛。為購梁木易高堅，棟宇軒翔稱大觀。神來降節堪高縣，歲事常修嚴吉蠲。為薦溪毛與豚肩，帝君來思駕白鸞。參旗九遊滿山巔，簡閱士行無尤愆。儼然居歆溢歡顏，譽髦斯士多騰騫，牖兹下民億萬年。①

（二）紫微碑

紫微星燦照龍泉，棟宇宏開敞法筵。

山結金胎佳氣繞，水分仙窟慶源②綿。

主持喉舌扶皇運，管理圖書啓後賢。

從此夷風看丕變，臨祠仰止思依然。③

（三）文昌帝君寶誥

大悲大願，大聖大慈，九天輔元開化靈應張仙大帝七曲毓聖天尊。文昌左宮七十二化之法身，百千萬劫之運數，育嗣天下，演教人間。金彈竹弓隨身帶，孤神寡宿滅行蹤。扶小子而衢通關，蔭閨房而護産難。聰明日益，痘疹滅消。難育者，祈之便育，難痊者，禱之必痊。

大清康熙辛丑年二月初三日立④

---

① 明兵備道范守己撰於明萬曆十六年（1588）。［清］馬湘纂，［清］孫鏘增修：（光緒）《越雋廳全志》卷二之十《寺觀》，清光緒三十二年（1906）鉛印本。

② 《文昌故里水鎮中所》中為"纏綿"。鄒向志、陳霖收集整理：《文昌故里水鎮中所》，北京：中央文獻出版社，2015年，第66頁。

③ 此碑原立於金馬山文昌宮。明代學者顧汝學題詩并書，陰刻。越西首屆文昌文化論壇編委會：《中華文昌文化的内涵與現代價值》，成都：四川民族出版社，2016年，第368頁；鄒向志、陳霖收集整理：《文昌故里水鎮中所》，北京：中央文獻出版社，2015年，第66頁。

④ 越西縣余澤生、郭繼全等云此碑原立於越西天星關開天皇寺南路旁，碑高2.5米左右，寬1米多，現不存，碑文内容來自越西新民醫院退休老中醫吳仕春抄録的文本。越西首屆文昌文化論壇編委會：《中華文昌文化的内涵與現代價值》，成都：四川民族出版社，2016年，第369、391頁；梓潼旅遊文化研究中心編：《中華文昌文化：第二屆海峽兩岸學術研究論文集》，成都：成都時代出版社，2016年，第547頁。

（四）文昌書院記

　　嘗考先王牖民之術，莫急於教。庠序、學校，三代所以為教也，歷千百年而司徒之職不廢，至今黨庠術序之內，絃誦之聲相聞。休哉！教化行而風俗美，師道立則善人多，信不誣也。蜀自文翁敷教，化及遐陬，成都有錦江書院，各府州縣書院不一。其名越嶲，為卭部州，後改衞、改廳，不改越嶲者。《化書》載晉武帝太康八年丁未，文昌帝君降生於越嶲之金馬山，左有象石，右有龍泉，其泉谽谺數處，皆自石縫中出，故讀"越嶲"，音為"髓"，莫或更焉。將謂降聖人處聖人所惓戀。乃數百年來無一名世，城闕譏於子衿，學宮鞠為茂草。諒係一綫鳥道，地瘠民貧，讀書以識字為限，鄉紳以入學為歸，聖人縱有桑梓之念，頑石豈果點頭自化哉？然文昌帝君呵護越嶲，正自未艾。所遺常住，田地既闊且腴，向為夷人隱耕。前承衞主廳主親勘清理，招佃收租，不缺於焚獻，修葺猶待其多儲。而竟以修葺縣攔者，得毋虛麻之未免也。

　　嘉慶元年丙辰，幸蒙公祖汪諱金笏（字青嶽，號心田，湖南長沙府善化縣丙午科舉人，吏部推選）蒞任斯土，下車以來，操屬冰壺，勤愼廉幹，懷保百姓，政簡弄清，雅愛斯文，崇隆學校。憫茲窄部之子弟，提攜窮困之生徒，詳准上憲，撥給金馬山田租，設立文昌書院。凡越屬生童，不需一束，均得入院肄業，按月觀課。捐廉獎賞，作育人材，大公無類。更欲立書舍，給膏火，招徠來學，以廣栽培。爰豎倉廒於署內，着落經管於學齋。公私相關，非為旦夕計，為萬世計也。更詳慮周到，徒仗廟租，窪水易涸，復捐清廉三十金交學齋許詳齡等收管，併合前存公項銀十金，就於文昌宮借放生息，以預膏火及立書齋之舉，與夫有志上進能赴鄉會試津貼路襯。

　　創始期於垂後，亘千古而莫替焉，良法美意，弗可殫述。惟願肄習其中者，尊聞行知，明體達用，生徒日益，師資漸增，決有發科發甲於將來者，又豈為一鄉一邑計哉？蓋書院以"文昌"名，上窺天之六府，追崇越嶲之孝子也。撥焚獻之餘租，廣陰隲之聖化，俾沐具惠，而銘其振作文教之盛心耳。是為記。①

（五）修建文昌書院記

　　越嶲，古邛莋地，相傳文昌夫子顯化之區。土瘠民貧，風俗純樸。方今聖天子崇文重道，海隅向化，涵濡修養，百有餘年，以薰以蒸，人文蔚起。同類有志之士，振

---

　　① 廩貢生郭如玉撰於清嘉慶四年（1799）。碑殘缺，現存於越西縣文管所。［清］馬湘纂，［清］孫鏘增修：（光緒）《越雋廳全志》卷五之一《書院》，清光緒三十二年（1906）鉛印本；陳穀嘉、鄧洪波主編：《中國書院史資料》（中冊），杭州：浙江教育出版社，1998 年，第 1322—1323 頁。

奮自興，而亦官斯土者之責也。前汪明府勵精圖治，於金馬山清丈餘田，得歲租數十石，剖而分之，一以供神廟香火之資，一以充書院膏火之費。牒府立案，文卷炳然。自捐廉俸給首事生息於城內。文昌宮左右兩廂修葺數椽，為諸生肄業之所。其作人苦心真不可滅。夫有其舉之，莫或終之，歷任皆有志未逮。余奉檄代庖斯土，於地方公事未未敢稍懈，興利除弊，其難其慎，前任汪君之美意踵而行之，以成盛舉。於是傳集首事等，量資輕重，勉力而行，庀材鳩工，不兩月而落成之。困限於地，為小室九間，大門一座。瞻廟貌之威嚴，體菁莪之雅化，成人有德，小子有造，跂予望之至，欲廣其規模，增其舊制，以光大前人之業，當俟後之君子云爾。

署四川寧遠越嶲撫民水利管糧府加五級記錄次吕偉儀撰文
寧遠府越嶲廳儒學教授周士澐 訓導程履宜　督工
首事生員范遵賢 杜天福 許祥林 馮廷華　仝立
大清嘉慶十四年歲次己巳仲冬月　下浣　吉旦①

（六）文昌故里碑記

文昌帝君，職司科名禄命。滿清入立中華，諭府廳州縣春秋致祭，如關廟典禮。宣統初年，詔停科舉，祀典因之廢除。然帝君之靈，猶在人間，士民奉為陰騭典型，城鄉市鎮，廟祀如故。查化書載晉武帝太康八年丁未，文昌帝君降生於越嶲之金馬山，左有象石，右有龍泉。迄今考之，越嶲城南十五里中所壩場西二里即金馬山，上有文昌古廟，象石龍泉，與化書所載相符。象石者，石形如象，高四尺許，長丈餘，鐫有“文昌勝迹”四大字，旁多小字，磨滅不能卒讀，查係明朝東衛指揮鐫記。龍泉由金馬山麓湧出，即成巨浸，四時清潔，蜿蜒東流，形如遊龍。泉源處鐫“勝境清絶”四大字，亦明世之物。據此想見，山明水秀，如聖賢誕降之所。詩曰：“維嶽降神，生甫及申”，是其明證。縣志謂文昌帝君降生於金馬山，似非虛誣。世傳名山縣有親書碑，梓潼縣有靈應洞，謂之靈氣流行可也。謂為文昌化生於彼，則待詳焉。謹綴概略，質之博雅君子，此記。②

---

① 該碑為紅砂石質，圓首長方形，碑額陰刻“永垂萬古”四個楷書大字，高 128 厘米、寬 65 厘米、厚 15 厘米，清嘉慶十四年（1809）立，碑現存於越西縣文管所。［清］馬湘篆，［清］孫鏘增修：（光緒）《越嶲廳全志》卷五之一《書院》，清光緒三十二年（1906）鉛印本；陳穀嘉、鄧洪波主編：《中國書院史資料》（中册），杭州：浙江教育出版社，1998 年，第 1323—1324 頁；涼山彝族自治州博物館編著：《涼山歷史碑刻評注》，北京：文物出版社，2011 年，第 105 頁；越西首届文昌文化論壇編委會：《中華文昌文化的内涵與現代價值》，成都：四川民族出版社，2016 年，第 382—383 頁。

② 《越西文史資料選輯》第 3 輯、余澤生《淺談越西文昌文化》云此碑為民國初年鄉人培修廟宇時所立。中國人民政治協商會議越西縣委員會文史資料徵集委員會：《越西文史資料選輯》（第 3 輯）1988 年，第 146—147 頁；越西首届文昌文化論壇編委會：《中華文昌文化的内涵與現代價值》，成都：四川民族出版社，2016 年，第 368—369 頁。

二、會理的文昌信仰碑刻文獻

（一）重建東山文昌閣序

凡祠宇之設，前人必有卓見，而議始原，未可聽其銷沉於荒煙蔓草中，況開化宗主，霽爽所在，為塵，凡福澤本源之地，其切緊，更當何如？然創始有人，繼美弗覯前人議始之深心、妥靈之精意，鮮有不與瓦礫并没者。會無城左之東山，層巒聳翠，環拱有情。登其巔，煙火萬家盡在；俯視河山，多景悉歸目中，殊大觀也。山之巔舊有文昌閣，閣前有魁星樓，其始創建於明嘉靖，經元胡平甫（名衡）。會之人悉謂："先明數百年，教化大行，人文炳蔚，科第藉藉，稱盛求之登仕版者，未嘗一日乏人，皆賴胡平甫助興文運之力。"居多代，而季也。兵刑氣熾，禮樂道微，舊閣一飄零於風雨，再踐毀於樵牧，荊棘銅駝，深可浩嘆。俎豆之氣被蝕於烽燹者，久之。而胡平甫始建之美意，幾莫可識，且百有餘年，人文落落，晨星科第不能直追隆盛。幸得縉紳王生問仁訪古討幽，深知此閣為人文攸關，謂："修廢振圮，非里人之任，而誰任之？"爰自倡捐，更募紳士以及重本諸人，重建以繼前徽。樓閣二悉還舊觀，俾仁厚孝友之宗、正直聰明之聖，得以妥靈如昔，以致吉靄昭回天上，栽培廣被人間，文武秋闈，屢科領薦者，亦不少讓明盛。足徵王純修斯舉，見固符於胡平甫，而功效亦同於胡平南矣。況後此之英豪輩出，擢科食爵，翊昌運而光仕籍，更有未可以易量者乎？考厥重建斯閣之永，工始於康熙丙寅春仲，而落成則是年之六月朔有八日也。其首事者，則諸生王純。修募化者，則僧照川也。例不可以無書，故勒之碣石，以垂不替。至繼此踵事增華，勿令勝以塵封，則又深有望於崇本樂善之君子。①

（二）代衛侯江重修東山寺引

壬戌之夏，予來涖茲土，巡視城郭，環眺山川，見玉壚逶迤而來，兩山爰止於郭外，夾拱城闕，若左右翼然，誠風氣所萃合，形勢之攸關也。乃顧西山，梵宇崔燦，古塔侵雲，偉然有輔依之勢。轉盼東皋，岑巒鬱峙，隱隱舊址，彷彿其間，詢之故老，僉曰："明代盛時有文昌閣，是時民殷國富，賢傑輩出，科甲名宦代不乏人，且風淳俗美，媲於中州，蓋地靈人傑焉。自好事者廢之，遂凌替寖衰以至今日。"予聆之，不禁憮然有感，思欲復之而尚未逮，適遊府吳公膺簡命來茲蒞鎮，晉接之下，光霽照人，抒誠布公，仁嚴并至，卓然有寬大之風而於經畫調劑之宜，若庖丁之於牛，皆從容中窾而周悉孜孜焉。惟欲以有裨於

---

① 衛教授穆健行撰。［清］鄧仁垣修，［清］吳鍾崙纂：（同治）《會理州志》卷十一《藝文》，清同治九年（1870）刊本。

士庶、有補地方者為事。予仰其德，誨感其遇合而其樂甚、和衷之有濟也。[①]

（三）重修黌宮碑記

天地之文，久而彌燦；聖人之教，遠而益彰。會理州，古三絳地也。漢時，置會無縣，屬越嶲郡。遠人羈縻之勿絕而已，司馬相如曰："父兄之教不先，子弟之率不謹"。雖蜀猶不免矧邛、筰以南哉。唐則六詔連和焉，伏波立銅柱以示武功，而未遑修文教焉。宋藝祖以玉斧畫大渡河，曰："外此，吾不有也。"斯地遂檳為外裔，其尙骩覿文教哉？

以文教而治及遐荒，自前明始，而尤盛於我朝。明洪武二十五年，沐國公平建昌路，設會川衛，遂立學校，漢人躐至，從征之功臣，皆中原名族奉命留守此地，子孫逐家焉。後更昌熾，如成化之李陽州瓛；宏治時之劉瓚、劉松；嘉靖時之高崑、胡邦耀、胡衡、胡衢、許朝漢；崇禎時之倪應璧、許登龍、鄔源一數或則制行端正不媿科名，或則奏績循良，列於名宦，真漢唐來所未有。

國朝康熙二十九年，始設會理州於會理村，專管會理者。保、苦、竹三土目地方，設會川衛，管會川地方。設迷易所，管迷易地方。皆立學校以廣教化，維時州學、衛學猶分而未合也。康熙四十九年，若黎谿、若普隆、若還易、若紅卜苴、若北路土目，皆率領夷衆部落以投誠。康熙五十四年，披砂土目亦率領涼山野夷以投誠。雍正六年，遂裁會川衛，移會理州於會川城。乾隆二十七年，又裁迷易所歸州，而會理州之地乃大前。此學校分而為三，於是合而為一，設正副學師，定文武學額。州屬東、西、南、北，廣延凡五百餘里。漢人占籍者居多，咸彬彬乎，有禮讓風，烏虖！盛矣。

今夫鳩工庀材，率作興事，後人之因似較易於前人之創矣。雖然創，何以難以其建也？因何以易以其修也？若修也，而倍難於建因也。而大過於剙，誠非易易事矣。

會理州文廟創自前明，歷有年所，匪特殿宇傾頹抑，且規模狹隘，不及時興修，其何以肅跪拜而壯觀瞻？當此之時，而議擴基址，興版築，工費浩繁，有不望而畏難者。其誰而孰知至聖聲靈已有以默牖其衷乎？前州德牧倡義興修，衆紳士踴躍捐輸，工未半而奉調以去，如是者，有年。繼任劉牧，踵而行之，如是者，有季。嗣是再接再厲，而工未畢也。

余履任後，屢趨勸以竣其事，如是者，又有年。向之不以為難，而以勇心將其事者，至是而事竟成矣。紳士中之尤為出力者，有馬迨、劉份、胡莊立之徒；啟其緒，有張國欽、許仕清、吳安邦、馬赴、胡晢、張瑞極、胡明遠之徒；董其事，有馬定章、馬定化、葉舒泰、黃立寬、重爾典、楊裕昆、張文璘、余登、撒澍、張鵬南、姚文沛、嚴爾仁、馬定衛、余惀、馬定揚之徒；分其勞，專任其事，總理一切，始終不憚勞者，武舉蘇必和也；贊勸其事，歷久而不倦者，文生賀裔詔、程紹湯，武生蘸櫻也。募化不分漢夷，不分士民，各

---

① 倪應軫撰。［清］鄧仁垣修，［清］吳鍾崙纂：（同治）《會理州志》卷十一《藝文》，清同治九年（1870）刊本。

量其力之厚溥為助，共得銀二萬三百餘金。自嘉慶辛未二月，迄道光辛卯正月，積二十年而功始告成。始成大成殿，尊先師也。繼成崇聖祠，隆追祀也。繼成東、西兩廡，昭從祀也。繼成月臺及戟門，戟門之左、右為鄉賢、名宦祠，兩傍為樂噐、祭房及更衣所，其下為櫺星門，兩傍為忠孝節義祠，門外為泮池、園橋及宮牆，宮牆兩傍為禮門、義路，周圍牆垣共一百二十八丈有奇，自内及外，丹楹黝砌，一一如制，左右建正、副學署，以次蔵事而附於黌宮焉。唐哉皇哉，皇哉唐哉，必如是宮牆美富而後為聖人之居也。問："建屬三縣一廳，規模皆如是壯麗乎？"曰："不能也。"問："川省通都大邑，體制皆如是崇嚴乎？"曰："不能也。"

余樂觀其成，具其事之巔末，并臚列姓名以聞於大憲，丈表揚盛舉，獎勸善人，固有司之責也。工既竣，或有謂予者曰："子仕於楚，所至皆允。士子請培補文風，輒多應驗，得毋有意於斯士乎？"余應之曰："功名為氣燄所必開，此邦之人不請帑金為集腋，計以成此鉅工，揆之以理，天必佑之，蓋人傑則地自靈也。如必以青鳥子之言，為是可就文廟內巽方立燈以催文運，并於南城外之果園山酌修白塔，與東山形勢相犄角，抑所以存古蹟也，抑吾尤有望者。"州人士好義急公，倍於他屬，將見登巍科而掇腴仕者，亦必倍於往昔。弟士先氣節而後功名，出入是禮門、義路者，當何如砥礪礪耶？州人士不染浮華，不殖貨利，風俗醕茂，有其基矣。從此，益交相勸勉，以孝弟、忠信為本，根以禮樂、詩書為潤澤，處則為砥行立名之士，出則為純良忠藎之臣，以仰副聖天子作人雅化，在遠不遺文教，覃敷尊師重道之至意，其在斯乎？其在斯乎。

是役也，凡捐助以及將事者，例得備書勒諸貞珉，以為好善者勸。爰集其梗槩，如此外。此則，又有東山文昌宮及金江書院，費用不貲，悉賴文廟捐項分為津貼，益以見州人士之好善不倦，洵堪加尚也。後之官斯土者，當更有以振興文教而樂育人材，蘄同於聲名文物之邦，是則予之所厚望也夫。[1]

（四）外翰林秉翁先生廉潔急公碑記

師儒之席，原與司牧同，衡故明刑教，稼而外，即申命夔之典，三代立學之隆，載在典册，勿論已。自漢迄明，主斯任者，率皆名儒耆宿，故能教洽膠庠，化行海甸。今天子加意右文軼拸往代，"萬世師表"之匾戒諭子衿之文，宸翰肫肫，無異放勳之旨，每於師訓缺出，必命撫憲大臣親試於庭，賢，然後任使。蓋以得其人則理，非其人則否。其慎重，何嚴且切也。

任斯職者，雖各凜冰兢，而求其訓課惟謹，化導多方，急公愛人，廉隅自矢，莫有如我秉翁先生者。先生，諱健行，字純九，號秉貞，瀘江望族，以垂髫年登庚午鄉薦。初任

---

[1]　知州吉鍾穎撰。［清］鄧仁垣修，［清］吳鍾崙纂：(同治)《會理州志》卷十一《藝文》，清同治九年（1870）刊本。

榮陽，賢聲嘖嘖。歲丙戌，榮遷吾郡，至之日，居無學署，搆茅屋，數椽子處於中，蒭米僕賃之貲，惟取薄俸以自給。在昔庠中舊例，凡有丁父母憂及頂補事件，率有贄餽以為常。先生一切檗捐之，無所取，即佳辰令節，分當有獻者，皆聽之不與，較在他人，尚苛求之不足，而先生之操潔守廉，類如此，此猶其小者也。

吾郡文廟歲久傾頹，雖衆力合成之，財竭而功半焉。惟時王先生，諱問仁者，建櫺星坊，置正殿、兩廡、神龕，而財力匱乏，正殿之四隅復傾壞，莫葺四圍，垣墉倒為曠野，兩廡徒壁立而未獲裝飾。先生愀然曰："是非我之責而誰委耶？"乃自捐薄俸，慘澹經營，殿廡之傾者修之，垣墉之廢者築之，迄今侖奐巍然，宫墙之美甲於全蜀，此豈慳吝者所能乎？然猶其分內事也。

又見文廟旁舊有文昌宫，殿宇飄零，廟貌褻甚，先生慨捐十金首倡修建，其慕義急公，類如此，此猶其一節也。

文廟舊有學田數處，今復增種數石，歲收之租，前之司鐸率多擁以自奉，先生曰："是衆人樂捐之美，而可自私乎？"因之置公廩，歲所收積於其中，使廉慎者主之，凡吾庠之喪、莫能塟室、莫能婚、與夫膏油難繼者，咸於此中給之，即宫墙中所當用以補缺者，皆取辦焉，是從前所侵蝕者，今則舉而公之，又且垂之久遠，其立法愛人，類如此。

又於課文講學之暇，召多士於庭，命之曰：敦孝弟，尚廉恥，務詩書，以答聖朝養士至意，耳提面命，至再，至三，邇來士敦實行，俗尚絃歌，皆先生之善教成之，其成材造士類如此。

吾郡人士咸見其實心實政，不一而足，方之蘹湖、鹿洞，何以加？兹思欲連名公舉於當憲，以為職此者勸，而越在極邊，距省數千里，無以表嘉惠而示來，兹因丐余一言以壽諸石。[①]

三、雷波的文昌信仰碑刻文獻

雷波文昌廟碑记

雷波在蜀之西南隅，蕞爾巌疆，素號僻陋。百餘年閒，仕宦、學業、聲明文物，無所稱意者。山水險惡，鍾毓無靈，地有以限之，而汶汶至是與？抑亦人事之培成有

---

① 舉人鄧菁撰。[清]鄧仁垣修，[清]吴鍾崙纂：（同治）《會理州志》卷十一《藝文》，清同治九年（1870）刊本。

未盡善也?

予下車伊始，周視城垣，因登南城樓，望西南諸山，爽氣如挹。對岸峰巒秀麗、層疊朝拱。東插一峰，如屏橫障之。金江下流，縈迴似帶，山水停峙，交映若此。此而曰地下產材，夫將誰期? 後於朔日，循舊例謁先師廟，并展禮諸祠。見文昌帝君廟在東山之麓，地既荒遠，廟宇亦極狹狹隘，因念帝君以孝友之德，闡苞符之蘊，佑啓人文，化成天下。凡有血氣，莫不尊親。而邊地荒凉，其崇奉而祠祝之者僅若此，宜神之不享，地之不靈，人材之不出也。

予以舊躬忝為民牧，凡事之切於吾民，為職分所當盡者，罔不次第修舉。況興學校，禮神明，感通幽明，肇開文運，尤非一時一事之利。若因陋就簡，固而安之，其何以盡予守土者責也? 爰擇城內正街，昔年學署舊址，地勢面南宏敞，氣脈融結，乃集都人士而謀之。僉曰："此善地也。" 鍾毓靈秀，妥侑神靈於斯為稱。遂集數百金，建正殿一楹，抱廈三間，廳之東為朝房，門外照牆一座，以六年春經始，至秋落成。廟貌輝煌，丹青炳耀，庶幾展誠敬，薦馨香。通真宰之靈，啓文明之運。濟濟多士，從此登桂籍、躡青雲，名宦鄉賢，連鑣接軌，無非帝君之默相裁成，而為予之所厚望也。謹序。①

作者單位：四川師範大學、成都文物考古研究院

---

① 通判彭兆薌撰於清同治六年（1867）。［清］秦雲龍修，［清］萬科進纂：（光緒）《雷波廳志》卷之十九《祠廟》，清光緒十九年（1893）刻本；龍顯昭、黃海德主編：《巴蜀道教碑文集成》，成都：四川大學出版社，1997 年，第492—493 頁。

稿　約

　　一、本刊由四川師範大學中華傳統文化學院與四川省人民政府文史研究館聯合主辦。

　　二、本刊爲國學研究之大型學術集刊，刊載有關中國傳統文化學術問題考證、文史公案評議、歷史文獻研究、國學運動史及國學家研究等研究論文，亦刊載國學運動重要史料及國學新著評論，由巴蜀書社出版。

　　三、本刊倡導以歷史唯物主義爲指導的探求真知的學術態度、科學嚴謹的研究方法、遠大廣博的學術視野。鼓勵學術創新，要求來稿務必以審慎的態度對待持論及觀點，做到持之有故，言之有據。

　　四、來稿請嚴格遵守學術規範，杜絕抄襲與敷衍。文章篇幅長短不限，以不超過兩萬字爲宜；行文風格亦不拘泥，文言與白話均可；文章標題要求平實準確地概括正文內容，一般不要另加副標題；引文除較爲珍稀的資料外，力避二手轉引。注釋引文請作者在投稿前逐條核對明確。稿件中涉及版權部分（如圖片及較長之引文），請事先徵得原作者或出版者同意，本刊不負版權責任。

　　五、本刊注釋采用頁下注形式，每頁重新編號。具體參考格式如下：①×××（作者）：《×××》（書名），×××（出版社）××××（年份）×××（版次），第×頁。②×××（作者）：《×××》（文章名），《×××》（期刊名）××年第×期。③×××（作者）：《×××》（文章名），《×××》（報紙名）×年×月×日第×版。④（國籍）×××（作者）：《×××》（書名），×××譯，×××（出版社）×××（年份）×××（版次），第×頁。⑤×××（作者）：《×××》（書名）卷×（漢字），×××版。（徵引綫裝書）⑥×××（作者）：

《×××》（文章名），《×××》（書、刊名），×××出版社××××（年份）×
××（版次）。徵引文獻，首次引用時標明版權即可。調查、訪談之類資料，可采
取夾注、隨文注、圖表來源注等方式處理。

六、本刊為繁體橫排本。請將稿件的繁體電子文本（尤請注意繁簡轉換之間
容易產生的誤字）發往指定電子郵箱，并請注明作者姓名、單位、電話、電子郵
箱、通訊地址等資料，以便聯絡；同時提供該稿件的紙質繁體文檔，并將電腦無法
打印出來的文字在紙質文檔上標明，寄往我處。如來稿為手寫稿，請提供規範的繁
體文本，以稿紙繕寫清楚，寄往我處，同時提供該稿件的繁體電子文本。

七、本刊對來稿有刪改權，如不願刪改，請於來稿中注明。

八、來稿刊出後，一律贈送樣刊兩本，并參照國家新稿酬標準，酌付稿酬
(含相關網絡著作權使用費)。

九、歡迎海內外同仁賜稿。

投稿郵箱： guoxuejikan@126.com
聯　繫　人： 張芷萱
電　　　話： 13438324674
通訊地址： 成都市静安路5號四川師範大學文學院

圖書在版編目（CIP）數據

國學. 第十一集/四川師範大學中華傳統文化學院，四川省人民政府文史研究館主辦. —成都：巴蜀書社，2022.12
ISBN 978-7-5531-1868-0

Ⅰ.①國… Ⅱ.①四…②四… Ⅲ.①社會科學–中國–叢刊
Ⅳ.①C55

中國國家版本館 CIP 數據核字（2023）第 003983 號

GUOXUE

國　學（第十一集）

四川師範大學中華傳統文化學院

四川省人民政府文史研究館　主辦

責任編輯　王　雷
封面設計　張迪茗
出　　版　巴蜀書社
　　　　　成都市錦江區三色路 238 號新華之星 A 座 36 層
　　　　　郵政編碼：610023
　　　　　總編室電話：(028) 86361843
網　　址　www. bsbook. com
發　　行　巴蜀書社
　　　　　發行科電話：(028) 86361856
經　　銷　新華書店
印　　刷　成都蜀通印務有限責任公司
　　　　　（電話：028 – 64715762）
版　　次　2023 年 6 月第 1 版
印　　次　2023 年 6 月第 1 次印刷
成品尺寸　260mm × 185mm
插　　頁　2
印　　張　30. 25
字　　數　650 千字
印　　數　1400 冊
書　　號　ISBN 978-7-5531-1868-0
定　　價　76. 00 圓